Cour. Forsch.-Inst. Senckenberg, **114:** 1 – 319; Frankfurt am Main, 15. 11. 1989

D1928825

Johannes Matthias Starck

Zeitmuster der Ontogenesen bei nestflüchtenden und nesthockenden Vögeln

Mit 205 Abbildungen und 16 Tabellen

Ausgeschieden aus dem Bestand
22.03.2023
RUB / Fakultät für Biologie und
Biotechnologie

Die Untersuchungen wurden als Dissertation am Institut für Anatomie und Cytobiologie der Justus-Liebig-Universität in Gießen unter der Obhut von Prof. Dr. Dr. H. R. Duncker vorgenommen.

ISSN 0341-4116
ISBN 3-924500-51-7

Courier Forschungsinstitut Senckenberg

Herausgeber:
Prof. Dr. Willi Ziegler, Senckenbergische Naturforschende Gesellschaft, Frankfurt am Main

Verfasser:
Dr. Johannes Matthias Starck, Eberhard-Karls-Universität, Zoologisches Institut, Lehrstuhl Spezielle Zoologie,
Auf der Morgenstelle 28, D-7400 Tübingen 1.

© Alle Rechte bei der Senckenbergischen Naturforschenden Gesellschaft.
Fotomechanische Wiedergabe nur mit ausdrücklicher Genehmigung.

Herstellung und Vertrieb:
Senckenbergische Naturforschende Gesellschaft, Senckenberganlage 25, D-6000 Frankfurt am Main 1.

Für den Inhalt ihrer Beiträge sind die Autoren allein verantwortlich.

Umschlaggestaltung:
Margret Roser

Druck:
Druckerei Kempkes, Offset- + Buchdruck GmbH, Gladenbach

Meinem Vater

zum 80. Geburtstag gewidmet

Inhaltsverzeichnis Seite

I EINLEITUNG

1. Forschungsstand 1
2. Problemstellung 4

II MATERIAL UND METHODEN

1. Material 7
2. Makroskopische und mikroskopische Methoden 8
3. Morphometrische Methoden 9
4. Nomenklatur und Taxonomie 11

III NESTFLÜCHTER - NESTHOCKER

1. Definition 13
2. Systematische Übersicht über Nestflüchter und Nesthocker bei Vögeln 14
3. Allgemeine Daten zur Biologie der untersuchten Arten 21

IV NORMENTAFELN

1. Einleitung 33
2. Stadienbeschreibung 35
3. Stadienvergleich 40
4. Stadiendauer und Entwicklungszeit 42
5. Diskussion der Befunde 43

V EMBRYONALENTWICKLUNG DES INTEGUMENTES

1. Einleitung 73
2. Äußere Form der Federanlagen - Generelle Entwicklungsmuster 74
3. Histologie der Federanlagen
   - A) Frühe Embryonalentwicklung 75
   - B) Ausgestaltung und Differenzierung der Federanlagen. 76
4. Entwicklung der Federanlagen bei Nestflüchtern und Nesthockern
   - A) Federentwicklung bei Coturnix coturnix 76
   - B) Federentwicklung bei Lonchura oryzivora 78
   - C) Federentwicklung bei Melopsittacus undulatus 80
5. Zusammenfassung der Untersuchungsergebnisse zur Federentwicklung 82
6. Diskussion der Befunde 83

VI EMBRYONALENTWICKLUNG DES SKELETES

1. Einleitung 109
2. Die Embryonalentwicklung des Skeletes von Coturnix coturnix 110
3. Die Embryonalentwicklung des Skeletes von Turnix suscitator 121
4. Die Embryonalentwicklung des Skeletes von Cairina moschata 130
5. Die Embryonalentwicklung des Skeletes von Melopsittacus undulatus 139
6. Die Embryonalentwicklung des Skeletes von Lonchura oryzivora 149
7. Die Embryonalentwicklung des Skeletes von Columba livia f.dom. 158
8. Zusammenfassung der Ergebnisse. 164
9. Diskussion des Kapitels 166

VII POSTNATALE ENTWICKLUNG DES GEHIRNES

1. Anatomie des Vogelgehirnes - Allgemeiner Überblick 169
2. Postnatale Entwicklung des Gehirnes. 175
   - A) Entwicklung des Gehirnes von Turnix suscitator 180
   - B) Entwicklung des Gehirnes von Cairina moschata 192
   - C) Entwicklung des Gehirnes von Melopsittacus undulatus 199
   - D) Entwicklung des Gehirnes von Lonchura oryzivora 214
   - E) Entwicklung des Gehirnes von Columba livia f.dom. 226

3. Morphometrische Untersuchungen zur Entwicklung des Gehirnes
A) Einleitung 237
B) Morphometrie des Gehirnes von Turnix suscitator 238
C) Morphometrie des Gehirnes von Cairina moschata 241
D) Morphometrie des Gehirnes von Melopsittacus undulatus. 244
E) Morphometrie des Gehirnes von Lonchura oryzivora 251
F) Morphometrie des Gehirnes von Columba livia f.dom. 258
4. Allometrische Beziehungen zwischen Hirngewicht und Körpergewicht
A) Allgemeine Allometriegleichung 264
B) Wachstumsallometrien des Gehirnes 266
C) Zusammenfassung und Vergleich 274
5. Diskussion der Befunde 275

VIII DISKUSSION DER ERGEBNISSE
1. Zeitmuster der Ontogenesen 279
2. Evolution der Ontogenesen 289

IX ZUSAMMENFASSUNG. 297
Summary 300

X SCHRIFTENVERZEICHNIS 307

I EINLEITUNG

In der Ontogenese und dem Wachstum der Vögel ist eine der auffälligsten Erscheinungen der große Unterschied in ihrer Embryonal- und Nestlingsentwicklung, der durch die Einteilung der Vögel in Nestflüchter und Nesthocker begründet wird. Die Nestflüchter schlüpfen als weit entwickelte Jungtiere, die laufen und sich orientieren können, die von den Eltern nur geführt werden, aber selbständig Nahrung aufnehmen und die ein Dunenkleid besitzen und nur zur Unterstützung ihrer Thermoregulation gehudert werden. Schlüpflinge der Nesthocker führen kein so selbständiges und mobiles Leben, sondern zeigen in den Organsystemen der Orientierung, Bewegung und Thermoregulation eine weitgehende physiologische Unreife.

Ein vergleichender Überblick über die Schlüpflinge und Nestlinge in einer Vielzahl taxonomischer Gruppen der Vögel zeigt jedoch, daß das einfache Begriffpaar Nestflüchter-Nesthocker der natürlichen Vielfalt nicht gerecht wird. So nehmen Nestflüchter wie die Großfußhühner keinen Kontakt zu ihren Elterntieren auf und sind vom Moment des Schlupfes an vollkommen selbständig. Die Schlüpflinge von Entenvögeln und zahlreichen Hühnervögeln folgen zwar als nestflüchtende Küken den Eltern, suchen ihre Nahrung aber völlig selbständig. Küken der Strauße, Nandus und Emus, aber auch die Küken einiger Gruppen der Hühnervögel wie Perlhühner und Truthühner bekommen die Nahrung von den Eltern gezeigt. Schließlich gibt es die große Gruppe der Nestflüchter, deren Schlüpflinge sofort nach dem Schlupf mit den Eltern das Nest verlassen, jedoch noch längere Zeit gefüttert werden. Diese findet man vor allem unter den Kranichartigen und Schnepfenvögeln.

Zwischen den Nestflüchtern und Nesthockern stehen Möven, Raubmöven, Sonnenrallen, Flamingos sowie der Kagu und der Hoatzin, deren Jungvögel motorisch selbständig sind und bei Bedrohung das Nest verlassen können, dorthin aber immer wieder zurückkehren und dort auch von den Eltern gefüttert werden. Für diese Jungen wurde von PETERS & MÜLLER (1951) der treffende Begriff des Platzhockers eingeführt.

Unter den Nesthockern herrscht eine ähnliche Vielfalt unterschiedlicher Entwicklungswege wie bei den Nestflüchtern. So schlüpfen Reiher, Störche, Ibisse aber auch Falken, Geier und Sekretäre bedunt und mit offenen Augen und Ohren, sind aber motorisch inaktiv und verlassen das Nest nicht. Schlüpflinge der Pinguine, Albatrosse, Sturmvögel, Tropic-Vögel und der Eulen sind bedunt, doch sind ihre Sinnesorgane noch verschlossen und öffnen sich erst nach mehreren Tagen Nestlingszeit. Schließlich schlüpfen Pelikane, Tölpel, Kormorane, Fregattvögel, Ölvögel, Tauben, Papageien und Singvögel, um nur die wichtigsten Gruppen zu nennen, ohne Federkleid mit geschlossenen Augen und Ohren.

I.1 Forschungsstand

A) Untersuchungen zur Evolution von Ontogenesetypen

Die vergleichende Untersuchung von Nestflüchtern und Nesthockern und ihrer Entwicklung ist eng mit dem Namen ADOLF PORTMANN verbunden, der die Thematik der Evolution von Ontogeneseabläufen aufgriff und in den Jahren von 1934 bis 1965 zusammen mit Mitarbeitern zahlreiche Arbeiten dazu publizierte. Seine Untersuchungen umfassten in gleichem Maße die Embryonal- und Postnatalentwicklung der Vögel und der Säugetiere.

Funktionelle Fragestellungen über den Reife- und Funktionsgrad von Organen beim Schlupf und deren ökologische Bezüge wurden von PORTMANN bewußt ausgeklammert. Seine Befunde wurden in ein strikt hierarchisch gegliedertes "*System der Morphologischen Wertigkeit*" eingefügt, für dessen Aufbau die Kenntnis der Ranghöhe eines Merkmals oder ganzen Organismus, sein "*Elevationsgrad*", ausreichen soll.

Die Vorstellungen PORTMANNs werden im Anschluß an die Befunddarstellung in den einzelnen Kapiteln diskutiert. Hier seien nur die Hauptthesen seiner Forschungen referiert:

1) Nestflüchter stellen den ursprünglichen Ontogenesetyp innerhalb der Gruppe der Vögel dar. Dabei seien die Großfußhühner (*Megapodiidae*) als basale Vogelgruppe einzustufen (PORTMANN 1936,1938). Ihre einzigartige Brutbiologie, bei der die Eier unter Ausnutzung solarer Wärme, Fermentationswärme oder vulkanischer Erdwärme ausgebrütet werden und die Elterntiere keine Brutpflege betreiben, müßte als "Reptilien-Erbe" eingestuft werden.

2) Nesthocker schlüpften in einem Entwicklungszustand, der 11-14 Tage alten Nestflüchterembryonen entspricht (PORTMANN 1939,1959.) Die geringe Körpergröße und Zeitmangel aufgrund fehlender Dotterreserven zwängen sie zum frühzeitigen Schlupf. Dadurch ließe sich bei ihnen nach dem Schlupf eine Postembryonalzeit von der Jugendzeit abgrenzen. Die Postembryonalzeit umfasse die gesamte Zeit vom Schlupf bis zur Selbständigkeit der Jungvögel von den Eltern; die Zeit bis zum Erreichen der Geschlechtsreife wird als Jugendzeit bezeichnet (PORTMANN 1938).

3) Die Anlagen der Federn würden embryonal bei beiden Ontogenesetypen gleich angelegt, verharrten bei Nesthockern dann aber auf einem embryonalen Entwicklungszustand und entwickelten sich erst nach dem Schlupf weiter. Zum Schutz der embryonalen Federanlagen nach dem Schlupf würden sie in Coriumtaschen versenkt. Die Versenkung der Federanlagen sei ein "*morphologisch ranghohes Merkmal*" dem der Stellenwert eines amniotischen Verschlusses zukomme (PORTMANN 1942,1954,1955,1962,1963; WEBER 1950).

4) Das postembryonale Wachstum der Nestflüchter erfolge relativ langsam, das Wachstum der Nesthocker sehr schnell mit einem Gewichtsmaximum vor dem Ausfliegen. Entsprechende Wachstumscharakteristika ließen sich an den Gewichten einzelner Organsysteme feststellen, wobei die vorauseilende Größen-Entwicklung des Verdauungtraktes bei den Nesthockern besonders ausgeprägt sein soll, während die Gewichtsentwicklung der Sinnesorgane und des Gehirnes verlangsamt sei (NEFF 1973; PORTMANN 1936, 1937, 1938, 1955, 1962; PORTMANN & SUTTER 1940; PORTMANN & VISCHER 1942)

5) Auf der Basis allometrischer Vergleiche des Gewichtes der Endhirnhemisphären zum Gewicht des Hirnstammes von Hühnervögeln definiert PORTMANN Cerebralisations-Indizes. Er stellt dar, daß alle Nestflüchter gering cerebralisiert seien, hohe Cerebralisation gebe es nur bei Nesthockern. Doch kämen auch unter den Nesthockern Formen mit geringer Cerebralisation vor, wie die Tauben und der Alpensegler. Daraus sei die "*Präzedenzregel*" abzuleiten, nach der sich zuerst der Ontogenesemodus vom Nestflüchter zu Nesthocker ändern müsse, bevor eine höhere Cerebralisation einsetzen könne.

6) Die Form eines Gehirnes könne Aussagen machen über den "*Elevationsgrad*" einer Spezies (STINGELIN 1958; STINGELIN & SENN 1969).

7) Die postnatale Gewichtszunahme des Gehirnes der Nestflüchter sei gering im Vergleich zu Nesthockern (PORTMANN 1942, 1946, 1947, 1955, 1962; KOCHER 1948; SUTTER 1943, 1951).

Die Thematik der Abwandlung von Ontogenese-Abläufen in der Stammesgeschichte der Vögel wurde bisher von keiner anderen Arbeitsgruppe bearbeitet.

B) Vergleichend ethologische Untersuchungen

Die Grundlagen für eine differenzierte Einteilung der Schlüpflinge und ihrer postnatalen Entwicklung legte NICE (1962) in ihrer Monographie über die Verhaltensentwicklung nestflüchtender Vögel. Das von ihr vorgeschlagene System unterscheidet anhand des Entwicklungszustandes beim Schlupf acht Ontogenesetypen bei Vögeln, deren Definition auf Merkmalen der motorischen Selbständigkeit, der Bindung an das Nest, der Form der Nahrungsaufnahme sowie der Entwicklung des Gefieders und der Sinnesorgane beruht.

Eine Fülle ethologischer und ökologischer Informationen ist dem Werk von SKUTCH (1976) zu entnehmen, in dem eine vergleichende Verhaltensforschung der Eltern-Nachwuchs-Beziehung bei Vögeln vorgestellt wird. - Zahlreiche Informationen über Ernährung und Nistplatz sind dieser Monographie sowie dem Artikel über die Vögel von STRESEMANN (1934) in KÜCKENTHALs Handbuch der Zoologie entnommen.

C) Die Beziehung zwischen Körpergewicht der Weibchen, Eigewicht, Gelegegröße, Brutdauer und Ontogenesetyp

Die Beziehungen zwischen Körpergewicht der Weibchen, Eigewicht, Gelegegröße und Inkubationsdauer spielen in der Diskussion um die Evolution der Ontogenesetypen bei Vögel immer wieder eine Rolle. So besteht bis heute die Ansicht, daß Nestflüchter bezogen auf das Körpergewicht der Weibchen größere Eier legten und länger brüten würden als gleich schwere Nesthocker. Diese sollten aufgrund ihrer geringeren Körpergröße nur kleine Eier legen können, deren Dottervorrat nicht für eine lange Brutzeit ausreiche, so daß die Jungen früh und auf einem unreifen Entwicklungsstadium schlüpfen müßten. Bereits von HEINROTH (1922) wurden Eigewichte und Adultgewichte der Weibchen von 436 Arten dokumentiert und in einem allometrischen Vergleich mit der Brutdauer zusammengestellt. Eine Beziehung zwischen diesen Daten und dem Ontogenesetyp konnte HEINROTH nicht feststellen. Er hebt hervor, daß sich eine Verbindung des Ontogenesetypen nur mit der Nahrung der Art und ihrer Nistplatzwahl erkennen lasse: "*...wir finden Nesthockertum nur dort, wo das Flugvermögen zum Aufsuchen der Nahrung unbedingt notwendig ist.*" (HEINROTH 1922;p.283) - RAHN et.al. (1975) berechnen mit einem Datenmaterial für mehr als 800 Arten, das in RAHN et al. (1985) auf Daten für mehr als über 1200 Arten ergänzt wurde, die allometrischen Beziehungen zwischen Eigewicht und Körpergewicht der Weibchen für 17 Ordnungen. Die Allometriegerade besitzt in jeder Ordnung eine charakteristische Lage, während die Steigung der Geraden in allen Ordungen gleich ist. - Die Beziehung zwischen Eigewicht und Brutdauer wird von HOYT (1980) analysiert. Danach besteht eine direkte allometrische Beziehung zwischen Körpergewicht, Eigewicht und Brutdauer, jedoch ist keine dieser Größen mit dem Ontogenesetyp korreliert.

Der adaptive Wert dieser Größen in Bezug auf die ökologischen Bedingungen der Arten wie Nistplatzwahl, Feinddruck, Nahrungsangebot werden in zahlreichen neueren Arbeiten diskutiert (Zusammenfassung in: CAREY (1983), WINKLER & WALTERS (1983)). Den Anpassungswert des speziellen Ontogenesetyps für die Selektionsbedingungen des Nestlingslebens und für die Ernährungsweise der Art hat jedoch zuletzt STRESEMANN (1934) besprochen.

D) Vergleichende Untersuchungen des postnatalen Wachstum der Vögel

Das postnatale Wachstum des Gesamtkörpergewichtes wurde von RICKLEFFS (1967-1979a,b) an über hundert verschiedenen Vogelarten untersucht. Mit der von ihm erarbeiteten Methode der Darstellung von Wachstumskurven durch Exponentialfunktionen und der Ableitung von Kurvenkonstanten (RICKLEFFS 1967) wurde es möglich, den Verlauf von Wachstumskurven einem allometrischen Vergleich zu unterziehen und so auch Arten zu vergleichen, die sich in Körpergewicht und Wachstumsdauer stark unterscheiden. Für die hier untersuchte Fragestellung sind drei Hauptergebnisse seiner Untersuchungen von besonderer Bedeutung:

1) Er definiert die postnatale Wachstumsrate als die Gewichtszunahme des Jungvogels pro Tag, bezogen auf das Körpergewicht des Adulttieres. Die Wachstumsrate ist negativ allometrisch mit dem Gesamtkörpergewicht des Adulttieres korreliert; je größer das Adultgewicht ist, umso kleiner ist die Wachstumsrate.

2) Die Beziehung zwischen Wachstumsrate und Körpergewicht folgt in den einzelnen Vogel-Ordnungen jeweils einer eigenen allometrischen Funktion.

3) Auf dem systematischen Niveau von Familien besitzen Nestflüchter eine signifikant niedrigere Wachstumsrate als Nesthocker. Zwischen diesen verschiedenen Formen besteht jedoch ein Überlappungsbereich. Damit hat sich PORTMANNs Vermutung, daß das postnatale Wachstum der Nestflüchter und der Nesthocker eine jeweils verschiedene Dynamik besitze, als richtig erwiesen.

Die Monographie von O'CONNOR (1984) über Wachstum und Entwicklung der Vögel, ist eine wichtige Quelle für Detaildaten über die physiologische und ethologische Entwicklung. In dieser Abhandlung werden Nestflüchter und Nesthocker einander immer wieder gegenübergestellt, die Prinzipien, nach denen die ontogenetische Entwicklung im Verlaufe der Evolution abgewandelt wurde, stehen jedoch nicht im Vordergrund der Fragestellung.

Die vergleichende Untersuchung verschiedener Ontogenesetypen der Vögel und die Frage nach ihrer Evolution ist in den letzten Jahrzehnten in den Hintergrund des allgemeinen morphologischen Interesses getreten. Der bisherige Stand unserer Kenntnisse zu dieser Problemstellung ist im Wesentlichen von PORTMANN erarbeitet worden. Einige Detailprobleme, wie die Beziehungen zwischen Körpergewicht der Weibchen, Eigewicht, Brutdauer und postnatalem Wachstum des Gesamtkörpergewichtes sind inzwischen gut untersucht. Die zugrundeliegenden morphologischen Fragestellungen sind jedoch in vielen Aspekten noch immer ungeklärt.

I.2 Problemstellung

Bis heute gibt es kein befriedigendes Entwicklungs-Modell, das unter funktionellen Gesichtspunkten die Evolution der Ontogenesen innerhalb der Vögel erklären könnte. Eine postulierte "*Ranghöhe*" morphologischer Merkmale besitzt keinen Erkenntniswert. Sie kann unter evolutionsbiologischen Gesichtspunkten nichts zu einer Ordnung der Vielfalt der Ontogeneseformen beitragen. Ein solcher Ansatz verschließt sich vielmehr einem funktionellen Verständnis der unterschiedlichen Schlüpflingsgestalten. Die Struktur-Veränderungen in den einzelnen Organen, die den Abwandlungen von Ontogenesen zugrunde liegen müssen, sind weiterhin zum größten Teil unbekannt.

In dieser Studie sollen anhand vergleichend anatomischer Untersuchungen der exemplarisch ausgewählten Organsysteme Integument, Skelet und Gehirn und ihrer ontogenetischen Entwicklung die Unterschiede zwischen nestflüchtenden und nesthockenden Vögeln dargestellt werden. Diese Befunde werden dann unter funktionellen und evolutionsbiologischen Gesichtspunkten diskutiert.

Verschiedene Formen von Nestflüchtern und Nesthockern sind ohne unmittelbar erkennbare phylogenetische Zusammenhänge auf die Ordnungen der Vögel verteilt; teilweise unterscheiden sich sogar innerhalb einzelner Familien die Arten durch die Weise, wie ihre Jungen aufwachsen. Nur in Arbeiten von HEINROTH (1922) und STRESEMANN (1934) wird der Versuch unternommen, den Ontogenesetyp als Anpassung durch Selektion an die ökologischen Bedingungen zu verstehen. - Ein Vergleich der Ontogenesetypen mit ökologischen Parametern der Brutbiologie soll zu einem Grundverständnis der Vielfalt an Ontogenesetypen und ihrer Verteilung im System der Vögel beitragen.

Ein grundlegendes Problem beim Vergleich ontogenetischer Reihen sind die Entwicklungszeit-Differenzen zwischen verschiedenen Arten. So schlüpfen die Jungen einiger Vögel bereits, wenn andere Arten erst ein Drittel oder die Hälfte ihrer Embryonalentwicklung durchlaufen haben. Diese Unterschiede sind unabhängig vom Ontogenesetyp. Daher eignet sich die physikalische Zeit schlecht als Bezugspunkt für den interspezifischen Vergleich der Embryonalentwicklung. Der Vergleich von Ontogeneseabläufen muß auf der Basis gleicher Entwicklungsstadien erfolgen, die einander direkt gegenüber gestellt werden können. Dies sollte durch die Erstellung von Normentafeln geschehen, die die Embryonal-Entwicklung einiger Vogelarten nach äußerlich vergleichbaren, identischen Entwicklungschritten untergliedern. Erst so ergibt sich die Möglichkeit, Abwandlungen in der Differenzierung einzelner Organe und damit auch der gesamten

Embryonalentwicklung zu erkennen. Im Zusammenhang mit der Entwicklungszeit können dann Zeitpläne der Organentwicklung aufgestellt werden. Erst dann besteht auch die Möglichkeit, Unterschiede im Zeitmuster der Entwicklung zu klären.

Auf der Grundlage einer solchen Stadiengliederung schien die Untersuchung der Federentwicklung besonders geeignet, Unterschiede zwischen den verschiedenen Ontogenesetypen darzustellen. Die Entwicklung der Feder ist einerseits makroskopisch gut aufgearbeitet, andererseits aber nur in wenigen Teilaspekten ihres histologischen Baues gut bekannt. Die von PORTMANN beschriebene Retardierung ihrer Entwicklung und das Sondermerkmal der Versenkung in Coriumtaschen bei Nesthockern sollte die Möglichkeit bieten, das Ausmaß der Abänderung der einzelnen Differenzierungsschritte zu untersuchen.

Die Embryonalentwicklung des Skeletsystems ist bisher nur aus Einzelbefunden an nestflüchtenden Arten bekannt. Eine Dokumentation der Skelet-Entwicklung bei Nesthockern fehlt. Bei den großen Unterschieden zwischen Nestflüchtern und Nesthockern in Bezug auf die mechanischen Belastungen und die postnatale Wachstumsgeschwindigkeit des Skeletes ihrer Schlüpflinge, sollten die Unterschiede in den Zeitplänen ihrer Skeletentwicklung deutlich zutage treten.

Die großen quantitativen Unterschiede zwischen Schlüpflingsgehirnen und Adultgehirnen sind seit den umfassenden Untersuchungen PORTMANNs bekannt. Unbekannt blieb hingegen, welche Strukturen diesen quantitativen Unterschieden zugrunde liegen und wie weit die Entwicklungsunterschiede beim Schlupf gehen können. Das zentrale Nervensystem steuert als übergeordnetes Koordinationsorgan die vegetativen Funktionen des Schlüpflings wie Atmung, Nahrungsaufnahme und -transport, es steuert dessen motorischen Aktivitäten und es verarbeitet Informationen aus den Sinnesorganen. Auch beim unreifen Nesthocker müssen die strukturellen Voraussetzungen für die Erfüllung der vegetativen Grundfunktionen ausgebildet sein. Für die verschlossenen Sinnesorgane ist dagegen noch keine Informationsverarbeitung notwendig und die motorischen Aktivitäten sind auf einfache Haltereflexe und das Sperren zur Nahrungsaufnahme beschränkt. Aus einem Vergleich des zytologischen Differenzierungszustandes mit der quantitativen Entfaltung der untersuchten Hirnareale sollten Rückschlüsse auf die konstruktiven Grundbedingungen der Embryonalentwicklung, aber auch auf die Umgestaltungsmöglichkeiten in den zeitlichen und strukturellen Differenzierungsabläufen möglich werden.

Aus dem Vergleich der Abwandlungen der drei untersuchten Organsysteme bei Nestflüchtern und Nesthockern und durch den Bezug auf allgemeine brutbiologische Kenntnisse über diese Arten, soll ein Verständnis dieser Ontogenesetypen erarbeitet werden, das ihre evolutive Abwandlung unter dem Einfluß funktioneller und konstruktiver Notwendigkeiten berücksichtigt.

II MATERIAL UND METHODEN

II.1 Material

A) Arten und Tierhaltung

Mit der Auswahl der Arten sollten Vögel verschiedener Ontogenesetypen und unterschiedlicher morphologischer Bauprinzipien erfaßt werden. Zugleich sollten sie sich auch in Käfighaltung leicht züchten lassen und damit umfangreiche Materialsammlungen ermöglichen.

Als Nestflüchter wurden die Europäische Wachtel (*Coturnix coturnix* LINNE 1758), das Binden-Laufhühnchen (*Turnix suscitator* GMELIN 1789) und die Moschus-Ente (*Cairina moschata* LINNE 1758) ausgewählt. Als Vertreter der Nesthocker wurden der Wellensittich (*Melopsittacus undulatus* SHAW 1805), der Reisfink (*Lonchura oryzivora* LINNE 1758) und die Brief-Taube (*Columba livia* GMELIN 1789 f.dom.) herangezogen.

Von Wellensittich und Reisfink wurden in einer Gemeinschaftsvoliere von 16 qm Grundfläche Koloniezuchten eingerichtet, in der Wachteln als Bodenvögel eingesetzt waren. Die Laufhühnchen wurden in mehreren getrennten Zuchtgruppen gehalten, die sich anfangs aus 2 Hähnen und einer Henne, später nur noch aus paarweise gehaltenen Tieren zusammensetzten. Tauben und Moschus-Enten wurden nur kurzzeitig und in begrenzter Zahl in Freivolieren gehalten.

Bei 1-2 täglichen Kontrollen der Zuchtanlagen wurden Legedaten der Eier, Schlupf-und Entwicklungszeiten und der Zeitpunkt des Ausfliegens protokolliert. Stets wurden Eifrischgewichte, die Gewichte bebrüteter Eier sowie die Lebendgewichte der Schlüpflinge und heranwachsenden Vögel festgestellt. Wellensittiche und Reisfinken konnten selber brüten. Die Eier aller anderen Arten wurden in Brutmaschinen ausgebrütet.

Die Kunstbrut erfolgte in Flächenbrütern je nach Art bei einer Temperatur zwischen 37.0-38.0 ^{o}C und einer relativen Luftfeuchte von 70-80%. Die Eier wurden täglich 15-20 Minuten belüftet und konnten dabei abkühlen. Alle Eier wurden mindestens 5 mal am Tage gewendet. Sobald die Eier angepickt waren, wurden sie in mehrstündigem Abstand mit Wasser besprüht, um ein Austrocknen der Schalenhäute und Verkleben der Schlüpflinge zu vermeiden.

B) Präparate

Zur Erstellung der Normentafeln wurden von allen Arten, beginnend mit dem ersten Bruttage bis zum Schlupf, Embryonen präpariert. Um bei der Bestimmung der Stadien genau genug differenzieren zu können, wurden für jeden Bruttag der einzelnen Arten mindestens 10 Embryonen präpariert.

Die histologische Untersuchung des Integumentes erfolgte an Embryonen, die nach den Normentafeln bestimmten Stadien zugeordnet worden waren. Jedem einzelnen beschriebenen Stadium liegen mindestens drei Präparate von verschiedenen Embryonen einer Art zugrunde.

Für die Untersuchung des Skeletsystems wurden pro Stadium ebenfalls mindestens drei Embryonen jeder Art untersucht.

Für die Beschreibung der postnatalen Entwicklung des Gehirnes wurden makroskopische Gehirnpräparate jeweils mehrerer Schlüpflinge, 5 Tage alter, 10 Tage alter und 15 Tage alter Jungtiere sowie von ausgewachsenen Tieren angefertigt. Die mikroskopisch-anatomische Beschreibung und die Morphometrie beruhen auf einzelnen ausgewählten Präparaten, die in Serie geschnitten wurden.

II.2 Makroskopische und mikroskopische Methoden

A) Fixierungen

Größere Embryonen, Nestlinge und Adulttiere wurden durch Perfusion des Gefäßsystems mit Fixierungslösung fixiert. Den Tieren wurde Heparin i.p. injiziert zur Vermeidung intravasaler Blutgerinnung, anschließend wurden sie mit Nembutal i.p. anaesthesiert. Die Perfusion erfolgte unmittelbar nach dem Tod durch Atem- und Kreislaufstillstand über den linken Ventrikel und begann mit der Spülung des Gefäßsystems mit physiologischer Kochsalzlösung. Im Anschluß wurde mit Bouin, mit gepuffertem 4% Formol oder mit 2.5% Glutardialdehyd fixiert. Die Präparate wurden 1-2 Tage nachfixiert. - Frühe Embryonal-Stadien wurden durch Immersion in der Fixations-Lösung fixiert.

B) Aufhellungspräparate

Zur Darstellung der Skeletentwicklung wurden Aufhellungspräparate von Totalpräparaten von Embryonen nach der Methode von DINGERKUS & UHLER (1977) hergestellt. Bei dieser Methode wird an eviszerierten Präparaten Knorpel mit Alcianblau und Knochen mit Alicarinrot angefärbt, während alle anderen Anteile der Präparate durch eine Behandlung mit Trypsin, KOH und Glycerin vollständig aufgehellt werden. Eine Knorpelfärbung findet nur dort statt, wo interzellulare Knorpelmatrix (Proteoglycane, Chondroitinsulfat) abgelagert ist. Die Knorpel- und Knochenfärbung ist sehr empfindlich und färbt schon kleinste Knorpelelemente und zarteste Knochenlamellen an. Die Darstellung von Vorknorpel ist nicht möglich. Für die Skeletentwicklung ergibt sich daher ein Bild, das nur histologisch ausgebildete Knorpel- und Knochenelemente berücksichtigt.

Die Präparate wurden mit Hilfe einer Präparationslupe mit Zeichenspiegel als Halbseiten-Präparate gezeichnet.

C) Lichtmikroskopie

Bouin- oder Formol-fixierte Präparate wurden nach Einbettung in Paraffin auf einem Grundschlittenmikrotom geschnitten. Von Embryonen oder Gehirnen wurden grundsätzlich komplette Schnittserien hergestellt. Übersichtspräparate wurden mit der Trichromfärbung nach Masson-Goldner oder mit Haematoxylin-Eosin gefärbt (ROMEIS 1968). Schnittserien durch Hirne wurden nach KLÜVER & BARREREA (1953) angefärbt. - Die mikroskopischen Präparate wurden an einem OLYMPUS Photomikroskop photographiert.

D) Transmissions-Elektronenmikroskopie

Fixierung mit 2.5% Glutardialdehyd in 0.1 m Phosphatpuffer für 24-48 Stunden, Nachfixierung mit 1% Osmiumtetroxidlösung in 0.1 m Phosphatpuffer 1 Stunde. Die Einbettung erfolgte in Epoxidharz. Färbung der Semidünnschnitte mit Toluidinblau, Kontrastierung der Ultradünnschnitte mit Uranylacetat und Bleinitrat. Die transmissions-elektronenmikroskopische Untersuchung erfolgte an einem Phillips EM 201.

Zur Untersuchung der Federanlagen wurden kombinierte Semidünn- und Ultradünnschnittserien hergestellt, wobei nach jedem 5. oder 10. Semidünnschnitt 2-5 Ultradünnschnitte angefertigt wurden.

E) Raster-Elektronenmikroskopie

Fixierung wie für Transmissions-Elekronenmikroskopie. Nach der Osmierung wurde nach der Critical-point-Methode über Kohlendioxid getrocknet. Die Präparate wurden 5 Min. mit Gold besputtert und anschließend an einem Phillips PSEM 500 untersucht.

II.3 Morphometrische Methoden

A) Wachstumskurven

Die Entwicklung des Gesamtkörpergewichtes von Nestlingen und Küken aller untersuchten Vogelarten wurde durch tägliche Wägungen bis zum Erreichen des Adultgewichtes bestimmt. Die Wägegenauigkeit lag bei 1/100 Gramm, die Wachtumskurven wurden mit auf 1/10 Gramm gerundeten Werten gegen das Alter aufgetragen.

Die Wachstumsrate, die Gewichtszunahme pro Tag, ist abhängig vom Adultgewicht (RICKLEFFS 1967-1972). Der Vergleich von Wachstumskurven kann also nicht von den Ursprungsdaten ausgehen, sondern muß sich auf Kurven-Funktionen stützen, die den Kurvenverlauf unabhängig vom Adultgewicht beschreiben und einen allometrischen Vergleich möglich machen. Das Wachstum des Gesamtkörpergewichtes folgt einer Exponential-Funktion mit sigmoidem Verlauf. Die Beschreibung des Wachstums ist mit drei verschiedenen Funktionen möglich:

Logistische Funktion: W=A/(1+EXP(-K*(T-t)))
Gompertz-Funktion: W=A*(1+EXP(-EXP(-K*(T-t))))
Bertalanffy-Funktion: W=A*(1-EXP(-K*(T-t)))EXP3

A = Adultgewicht
W = Gewicht zum Zeitpunkt T
K = Arttypische Wachstumskonstante
T = Alter in Tagen
t = Zeitpunkt des Wendepunktes der Wachstumskurve in Tagen

Die Funktionen unterscheiden sich in der Steigung der Kurve und in der Lage des Wendepunktes voneinander. Der Wendepunkt der Logistischen Funktion liegt bei 0.5 der Zeit, die zum Erreichen des Adultgewichtes benötigt wird, bei der Gompertz-Funktion bei 0.41 und bei der Bertalanffy-Funktion bei 0.29.

Für die Kurvenanpassung des Wachstumsverlaufes und die Berechnung der Kurvenparameter werden die Ursprungsdaten anhand von Tabellen (RICKLEFFS 1967) in Funktionswerte übertragen und die Genauigkeit der Kurvenbeschreibung graphisch oder durch Regressionsrechnung auf die Ursprungsdaten bestimmt. Die Kurvenanpassung mit der geringsten Abweichung oder der höchsten Korrelation zu den Ursprungsdaten bietet die beste Beschreibung des Wachstums.

Für den interspezifischen Vergleich von Wachstumskurven ist die Wachstums-Konstante K von besonderer Bedeutung. Sie ist ein dimensionsloser Wert, dessen Berechnung sich aus der verwendeten Wachstums-Funktion ergibt. Die Wachstums-Konstante K ist für jede Art charakteristisch und unabhängig vom adulten Gesamtkörpergewicht und der Wachstumsdauer. Sie ist ein Maß für die Wachstumsdynamik einer Art. Hohe Werte von K zwischen 0.2 und 0.5 bedeuten ein sehr schnelles Wachstum, niedrige Werte unter 0.1 geben ein langsames Wachstum an.

Der t10-t90 Wert gibt als Reziprokwert der Wachtumsrate die Dauer der Zeit an, die für das Wachstum des Körpergewichtes zwischen 10% und 90% des Adultkörpergewichtes benötigt wird. Das Intervall zwischen 10% und 90% des Adultkörpergewichtes wird gewählt, da in diesem Bereich der Kurvenverlauf am gleichmäßigsten ist.

Erst die Berechnung der Wachstumskurven gestattet einen interspezifischen Vergleich des Wachstums des Körpergewichtes und macht damit Aussagen über die Bedeutung unterschiedlich schnellen Wachstums möglich.

B) Morphometrische Methoden zur Bestimmung der Hirnvolumina

Die postnatale Volumensentwicklung des Gehirns wurde mit einem Computer-unterstützten volumetrischen Messverfahren (MIZE 1985; HUIJSMANS 1986; YOUNG 1987) untersucht. Von jeder Art wurden die Gehirne von 5 postnatalen Alters-Stadien untersucht. Die Vermessung erfolgte an Klüver-Barrera-gefärbten Schnittserien (Schnittdicke 15 um). Mit einem Präparate-Projektor wurden die Schnitte nacheinander auf ein Digitalisier-Tablett projeziert, und die interessierenden Hirnabschnitte durch Umfahren mit dem Cursor als Konturlinien digitalisiert. Zur Datenspeicherung und Verarbeitung stand ein handelsüblicher Personal-Computer mit einem Morphometrie- und 3-D Rekonstruktions-Programmpaket zur Verfügung. Die Vermessung der digitalisierten Strukturen erfolgt nach Abschluß der Digitalisierung über den Aufruf einer Programmoption, unter der, nach Eingabe eines Skalierungsfaktors, die Fläche jeden Einzelschnittes nach Strukturkanälen getrennt gemessen wird. Die Schnittfläche wird mit der Schnittdicke zum Schnittvolumen multipliziert; durch Summation der Schnittvolumina erhält man das Gesamtvolumen.

Die Genauigkeit der Volumensbestimmung wird von der apparativen Messgenauigkeit, die sich aus Hard- und Software-abhängigen Parametern ergibt, und von dem Verhältnis Schnittzahl zu Objektgröße bestimmt: die apparative Messgenauigkeit wurde auf 0.5 mm auf dem Digitalisiertablett bestimmt. Je nach Vergrößerung bei der Projektion der Schnitte (zwischen 11.2x und 32x) ergibt sich eine Auflösung zwischen 0.044 mm und 0.015 mm.

Die Volumensbestimmung aus der Vermessung von Serienschnitten ist eine mathematische Annäherung. Die Berechnung regelmäßig geformter Körper (Kugel, Ellipsoid) kann mit wenigen äquidistanden Schnitten mit großer Genauigkeit erfolgen (HENNIG 1960). Die Größe des Rechenfehlers hängt dabei von der Lage des ersten Schnittes ab (Abb.1a). Bei Schnittserien durch unregelmäßig geformte biologische Präparate wird die Lage des ersten Schnittes vom Zufall bestimmt und kann nicht beeinflußt werden. Die einzige Möglichkeit den mathematischen Fehler gering zu halten besteht darin, so viele Schnitte zu messen, daß die Lage des ersten Schnittes unwesentlich wird. Es mußte daher für frontale Querschnittserien durch Vogelgehirne ein Verhältnis von Schnittzahl zu Präparatgröße bestimmt werden, das es erlaubt den systematischen Fehler möglichst gering zu halten.

An einer exemplarischen Schnittserie aus 241 Schnitten wurde eine Fehlerrechnung durchgeführt. Abb.1b zeigt die Abhängigkeit des maximalen Fehlers von der Anzahl der gemessenen Schnitte. Die Fehlerkurve nähert sich asymptotisch der Null-Linie. Schon bei der Vermessung von 50 äquidistanten Schnitten ist der maximale systematische Fehler kleiner als 1% des tatsächlichen Volumens. Wird die Zahl der gemessenen Schnitte noch weiter erhöht, so wird der systematische Fehler nur unwesentlich verringert. Der maximale Fehler übersteigt 2% des tatsächlichen Volumens erst, wenn weniger als 20 äquidistante Schnitte vermessen werden (STARCK & KRIETE 1989). Diese Ergebnisse bestätigen die mit anderer Methodik und anderem Material von ZILLES et al. (1982) vorgestellten Messerien.

Bei der Messung der Hirnvolumina wurde daher grundsätzlich darauf geachtet, daß von jeder Struktur mindestens 50 äquidistante Schnitte vermessen wurden. Die Vorgabe 50 Schnitte muß sich bei der gleichzeitigen Vermessung von 10 verschiedenen Strukturen auf die kleinste Struktur beziehen. Von den anderen Strukturen wurde folglich eine erheblich größere Anzahl (zwischen 200 und 350) von Schnitten vermessen. Entsprechend liegt der maximale Fehler unter 1%.

C) Statistik

Die statistische Aufarbeitung der Messwerte erfolgte auf einem IBM-XT kompatiblen Personal-Computer unter Benutzung von STATGRAPHICS (STSC Inc.1986).

II.4 Nomenklatur und Taxonomie

Die Nomenklatur anatomischer Begriffe sowie ihre lateinische und deutsche Schreibweise richten sich nach BAUMEL (1979) und AHLHEIM (1979). - Die Taxonomie der Arten richtet sich nach PETERS (1934-1979). Abweichungen sind angegeben und begründet.

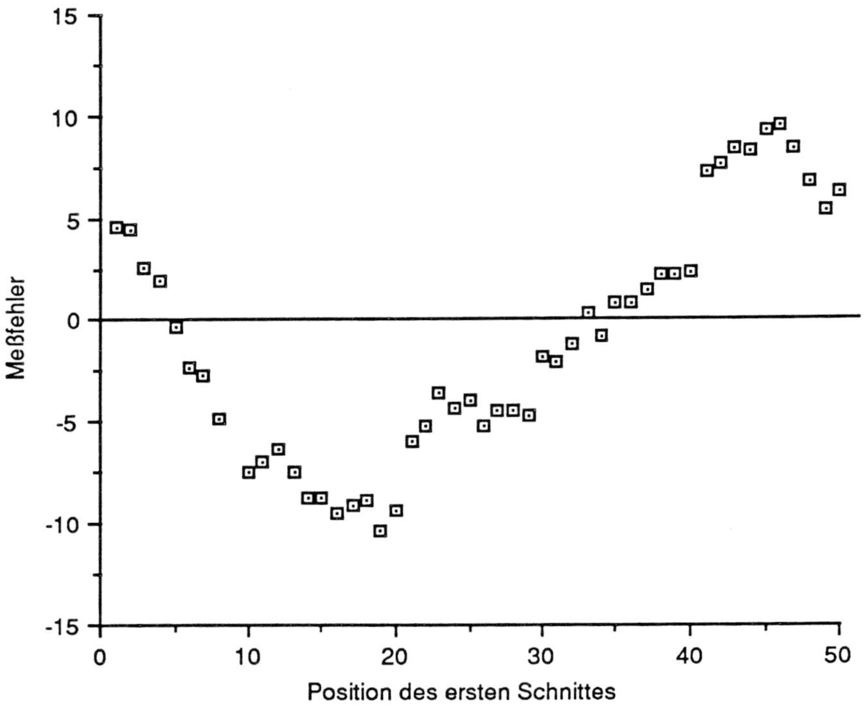

Abb.1a. Meßfehler in Abhängigkeit von der Position des ersten Schnittes einer Schnittserie. - X-Achse: Position des ersten Schnittes, Y-Achse: Maximaler Fehler (in mm^3)

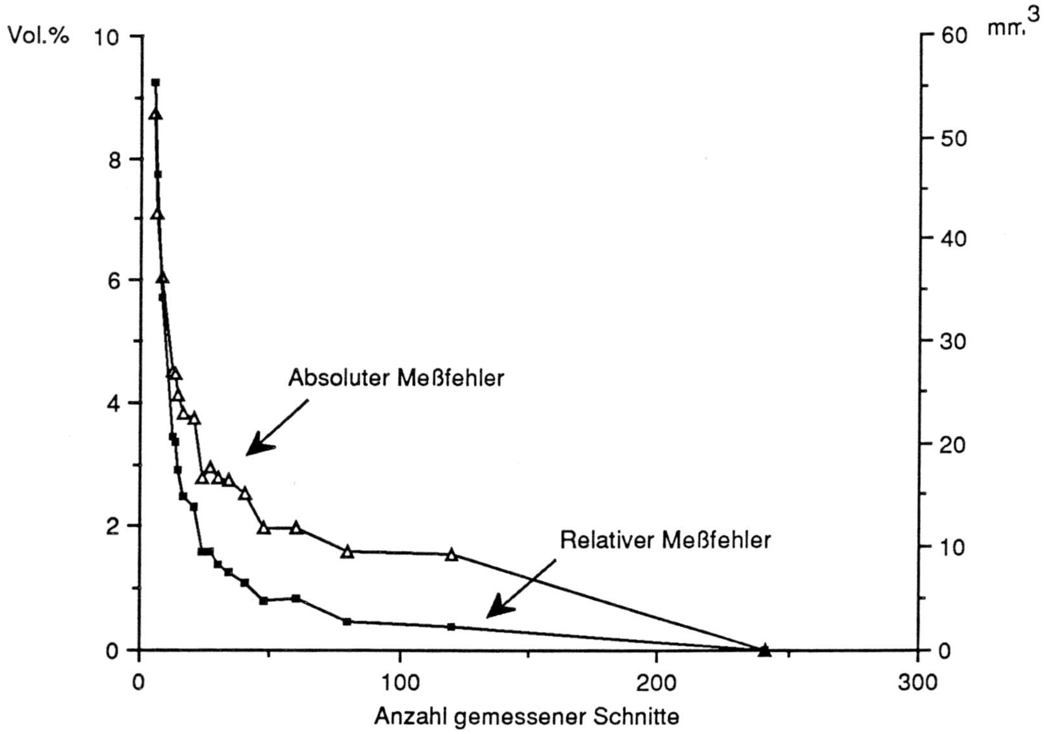

Abb.1b. Absoluter und relativer Meßfehler in Abhängigkeit von der Anzahl gemessener Schnitte. Die Gesamtzahl gemessener Schnitte betrug 240. Das Volumen der Struktur beträgt 165.41 mm^3. - X-Achse: Anzahl gemessener Schnitte, Y-Achse: Relativer Fehler (in % des Gesamtvolumens) und absoluter Fehler (in mm^3)

III NESTFLÜCHTER - NESTHOCKER

III.1 Definition

Zur Charakterisierung des Entwicklungszustandes der Vögel beim Schlupf wurde das System von NICE (1962) übernommen und nur in wenigen Punkten umgestellt. Die Schlüpflinge werden in diesem System anhand ihrer motorischen und lokomotorischen Aktivität, dem Grad der Selbständigkeit der Nahrungsaufnahme sowie dem Entwicklungszustand des Gefieders und der Sinnesorgane acht verschiedenen Ontogenesetypen zugeteilt.

NESTFLÜCHTER

Typ 1: Die Schlüpflinge sind motorisch und lokomotorisch sehr aktiv und von den Eltern bereits völlig unabhängig. Die Eltern betreiben keine Brutpflege.
Beispiel: *Megapodiidae*

Typ 2: Die Schlüpflinge sind motorisch und lokomotorisch aktiv. Sie folgen den Eltern, suchen sich die Nahrung aber selbständig.
Beispiel: *Anatidae, Tinamidae, Jacanidae*

Typ 3: Die Schlüpflinge folgen den Eltern und bekommen von ihnen die Nahrung gezeigt, sie fressen selbständig.
Beispiel: *Meleagrididae, Struthionidae*

Typ 4: Schlüpflinge und ältere Küken folgen den Eltern und werden von diesen gefüttert.
Beispiel: *Cracidae, Turnicidae, Gruidae, Rallidae, Otidae*

PLATZHOCKER

Die Schlüpflinge sind motorisch und lokomotorisch aktiv und können das Nest verlassen. Sie kehren dorthin aber immer wieder zurück und werden von den Eltern gefüttert. Schlüpfen mit dunigem Neoptil und öffnen die Augen sofort nach dem Schlupf.
Beispiel: *Laridae, Stercorariidae*

NESTHOCKER

Typ 1: Motorisch aktiv, verlassen das Nest aber nicht und werden lange von den Eltern gefüttert. Schlüpfen mit dunigem Neoptil und öffnen die Augen sofort nach dem Schlupf.
Beispiel: *Ciconiidae, Falconidae, Ardeidae*

Typ 2: Motorisch inaktiv, verlassen das Nest nicht und werden lange von den Eltern gefüttert. Die Schlüpflinge sind bedunt, öffnen die Augen aber erst nach einigen Tagen.
Beispiel: *Strigidae, Phaethontidae, Columbidae*

Typ 3: Motorisch inaktiv, werden von den Eltern lange gefüttert. Schlüpflinge unbefiedert oder nur mit wenigen "Signal-Federn". Augen und Ohren sind beim Schlupf verschlossen und öffnen sich erst einige Tage später.
Beispiel: *Psittacidae, Passeriformes*

III.2 Systematische Übersicht über Nestflüchter und Nesthocker bei Vögeln

A) Ernährung und Nistplatz

Nestflüchter vertreten unter den Vögeln einen ursprünglichen Ontogeneseweg, von dem ausgehend Nesthocker evoluierten. Ein Versuch, die acht beschriebenen Ontogenesetypen mit dem phylogenetischen System der Vögel in Übereinstimmung zu bringen scheitert jedoch. Die verschiedenen Formen der Nesthocker finden sich auch in zahlreichen Gruppen, die nach morphologischen Merkmalen (STRESEMANN 1934; CRACRAFT 1981, 1986, 1987) oder DNA-DNA-Hybridisierungsversuchen (SIBLEY & AHLQUIST 1985a,b, 1987,1988) als ursprünglich angesehen werden.

Die Ontogenesetypen in den einzelnen Familien lassen sich jedoch in eine Ordnung bringen, wenn man sie in Bezug zu der Ernährungsweise und den Nistplätzen der Vögel stellt. So wird die Verteilung der Ontogenesetypen einer biologischen Interpretation zugänglich, die zugleich die Grundlinien der Radiation der Vögel widerspiegelt. In der Tabelle 1 ist für alle *non-passeriformen* Vogelfamilien der Ontogenesetyp, die Ernährungsweise und der Brutplatz angegeben. Die Ordnung der *Passeriformes* wird als einheitlicher Block behandelt. Tabelle 2 setzt Ontogenesetyp und Ernährungsweise in Bezug zu den Nistplätzen.

Eine vorsichtige Generalisierung bei der Einteilung nach Ernährungsweise und Nistplatz ist notwendig, wenn ein Überblick über die Vielfalt gewonnen werden soll. Die Nahrungstypen enthalten dabei implizit Informationen über die Art ihrer Gewinnung.

ERNÄHRUNG/NAHRUNG

I - Omnivor
II - Generell pflanzliche Nahrung
III - Generell tierische Nahrung
IV - Invertebraten
V - spezialisiert auf Insektenjagd
VI - Fisch
VII - Vögel, Reptilien
VIII - Kleinsäuger
IX - Aas
X - Folivor
XI - Kleinsämereien
XII - Frugivor
XIII - Blütensäfte

NISTPLATZ

A - Bruthügel
B - Bodenmulde
C - natürliche Höhlen
D - Nestbauten am Boden
E - Felsen / Steilküsten
F - Baumnester / Horste
G - ergrabene Höhlen
H - Brutparasitismus

Unter den Nestflüchtern der Typen 1 bis 3 findet man ausschließlich omnivore Vögel oder generalisierte Pflanzen- und Tierfresser, die ihre Nahrung unspezialisiert aufsammeln. Vom Tag des Schlupfes an nutzen die Küken die Nahrungsnische der Elterntiere selbständig. Das setzt voraus, daß die

Jungtiere die Nahrung der Eltern am Boden finden und auch von der Größe her selbständig aufnehmen können. - Alle Formen sind Bodenbrüter oder brüten in Bodenhöhlen. In der Gruppe der Großfußhühner ist die Brutbiologie hoch spezialisiert. In dieser Familie werden verschiedene Formen physikalisch oder mikrobiologisch erzeugter Wärmeenergie zur Erbrütung der Eier ausgenützt. Ebenso wie die Großfußhühner stellen einige auf Bäumen brütende Enten-Arten eine Ausnahme dar. Mit Sicherheit liegt hier ein spezialisiertes Brutverhalten vor; die Küken springen nach dem Schlupf aus dem Nest, das sie dann nicht mehr aufsuchen.

Familien der Nestflüchter des Types 4, die ihre Küken führen und füttern, sind in einigen Aspekten der Nahrung und der Nistplatzwahl spezialisiert. In fast allen Gruppen findet sich ein stärkerer Anteil tierischer Nahrung, die nicht nur bei Gelegenheit aufgenommen, sondern gesucht und gefangen wird. Bei der Nahrungssuche und dem Beutefang folgen die Küken den Elterntieren, von denen sie gefüttert werden (*Gruidae, Haematopodidae, Rallidae, Turnicidae* und *Pedionomidae*). Die motorische Leistungsfähigkeit der Küken reicht aus, um den Eltern zu folgen; ihre Koordinationsfähigkeit ist jedoch noch nicht hinreichend entwickelt, um sofort selbständig Nahrung zu fangen. Elterliches Verhalten gleicht diesen Mangel aus und hält die Küken in der arttypischen Nahrungsnische. Gebrütet wird fast immer in Bodennestern. - Ein Sonderfall in dieser Gruppe sind die Früchte und Blätter fressenden Hokkohühner (*Cracidae*), die meist in Baumnestern brüten und deren Küken auch auf den Bäumen bleiben. Dort werden sie von den Eltern mit Fruchtstückchen gefüttert.

In der Gruppe der Platzhocker (Möven, Raubmöven) findet man eine noch weitere Spezialisierung der Ernährung, teilweise mit extensiver Jagd verbunden oder längeren Wegen zu den Nahrungsplätzen, die von den Küken nicht zurückgelegt werden können. Alle Platzhocker sind Bodenbrüter, die Küken können das Nest verlassen. Eine Ausnahme bildet hier der Hoatzin (*Opisthocomus hoazin*), der auf Bäumen an den Ufern großer Flüsse des tropischen Südamerika brütet. Der *Hoatzin* frißt sehr spezialisiert ausschließlich Blätter verschiedener Arum-Arten, mit denen er auch seine Küken füttert. Die Küken springen bei Gefahr aus dem Baumnest, in das sie aber immer wieder zurückklettern.

Unter den 3 Typen der Nesthocker finden sich fast ausschließlich Nahrungsspezialisten. Diese Spezialisation reicht von den fischfressenden *Spheniscidae* und *Procellariidae*, über zahlreiche Familien (*Muscicapidae, Indicatoridae, Meropidae, Picidae*), die ihre Hauptnahrung im Insektenfang gewinnen, sowie Frucht- und Samenfresser (*Coliidae, Musophagidae, Columbidae, Psittacidae, Passeriformes*) bis zu den nektarsaugenden *Trochiliidae, Nectariniidae* und *Lorinae*. Ausdauernde Jagdflüge, wie sie carnivore Arten (*Accipitridae, Cathartidae, Strigidae*) durchführen, lange Sammelflüge der körnerfressenden Arten (*Passeriformes, Psittacidae*) oder gar Schwirrflüge nektarfressender Arten (*Trochiliidae, Nectariniidae*) wären selbst für extrem selbständige Küken unmöglich. Die Fütterung der Jungvögel und damit ein wesentliches Merkmal des Nesthockens ist eine zwingende Voraussetzung für die Spezialisation auf bestimmte Formen der Nahrung. - In der gleichen Art und Weise findet man nur in den Gruppen der Nesthocker die zahlreichen verschiedenen Baumnester, Nisthöhlen oder Nester an Steilhängen der Meeresküsten. Bodennester gibt es in diesen Gruppen, deren Jungtiere nicht weglaufen können, kaum und wenn, dann meist nur in großen Kolonien an Brutplätzen wo die Bejagung gering ist oder ganz fehlt (*Spheniscidae, Procellariidae*, Ausnahmen einige *Passeriformes*).

B) Diskussion der Tabelle

Unter den Reptilien weichen die Nahrungsspektren von Adulttieren und Jungtieren weit auseinander, was durch die großen Unterschiede in der Körpergröße bedingt ist. Bei Säugetieren und Vögeln sind Eltern und Junge hingegen immer in die gleiche Nahrungsnische eingegliedert. Die Zeit, in der die Jungtiere noch nicht zu selbständigem Nahrungserwerb befähigt sind wird bei den Säugetieren durch das Säugen überbrückt.

Bei Vögeln findet man analoge Verhältnisse: in omnivoren Arten oder bei generellen Tier- und Pflanzenfressern können die Jungtiere sofort nach dem Schlupf das natürliche Nahrungsangebot nutzen und

	OMNIVOR	VEGETAR.	ANIMAL.	INVERTEBR.	FISCH	AAS	spez. INSEKTEN	VÖGEL REPTILIEN	KLEINSÄUGER	FRUGIVOR	FOLIVOR	KLEINSÄMEREIEN	BLÜTENSÄFTE		
1 MEGAPODIIDAE	X	X	X											NESTFLÜCHTER 1	A
2 APTERYGIDAE		X												NESTFLÜCHTER 1	C
3 ANATIDAE	X	X	X											NESTFLÜCHTER 2	B / F
4 ANHIMIDAE			X											NESTFLÜCHTER 2	D
5 JACANIDAE			X	X	X									NESTFLÜCHTER 2	D
6 PHALAROPODIDAE			X	X										NESTFLÜCHTER 2	B
7 PTEROCLIDIDAE			X	X										NESTFLÜCHTER 2	B
8 RECURVIROSTRIDAE	X	X	X	X										NESTFLÜCHTER 2	B
9 CHARADRIIDAE	X	X	X											NESTFLÜCHTER 2	B
10 SCOLOPACIDAE	X	X	X											NESTFLÜCHTER 2	B
11 TINAMIDAE	X	X	X											NESTFLÜCHTER 2	B
12 CASUARIIDAE	X	X	X											NESTFLÜCHTER 2	B
13 RHEIDAE	X	X	X											NESTFLÜCHTER 3	B
14 NUMIDIDAE	X	X	X											NESTFLÜCHTER 3	B
15 PHASIANIDAE	X	X	X											NESTFLÜCHTER 3	B
16 TETRAONIDAE	X	X	X											NESTFLÜCHTER 3	B
17 MELEAGRIDIDAE	X	X	X											NESTFLÜCHTER 3	B
18 STRUTHIONIDAE	X	X	X											NESTFLÜCHTER 3	B
19 DROMAIIDAE	X	X	X											NESTFLÜCHTER 3	B
20 ROSTRATULIDAE		X												NESTFLÜCHTER 3	B
21 MESOENATIDAE	X	X	X											NESTFLÜCHTER 3	D
22 ARAMIDAE			X	X										NESTFLÜCHTER 3	
23 THINOCORIDAE			X	X										NESTFLÜCHTER 3	B
24 HELIORNITHIDAE		X	X	X										NESTFLÜCHTER 3	B / D
25 CHIONIDIDAE		X	X	X		X								NESTFLÜCHTER 3	D
26 GAVIIDAE		X	X	X	X									NESTFLÜCHTER 4	
27 GLAREOLIDAE			X	X	X									NESTFLÜCHTER 4	B
28 GRUIDAE		X	X	X	X									NESTFLÜCHTER 4	D
29 OTIDAE		X	X											NESTFLÜCHTER 4	B / D
30 PSOPHIIDAE		X	X											NESTFLÜCHTER 4	C / D
31 RALLIDAE		X	X	X	X									NESTFLÜCHTER 4	D
32 TURNICIDAE		X	X	X										NESTFLÜCHTER 4	D
33 PEDIONOMIDAE		X	X	X										NESTFLÜCHTER 4	D
34 PODICIPEDIDAE			X	X	X									NESTFLÜCHTER 4	D
35 HAEMATOPODIDAE				X	X									NESTFLÜCHTER 4	B
36 CRACIDAE										X	X			NESTFLÜCHTER 4	F
37 BURHINIDAE			X	X	X	X								PLATZHOCKER	B
38 EURYPIGIDAE				X										PLATZHOCKER	F
39 HYDROBATIDAE					X									PLATZHOCKER	E
40 LARIDAE			X		X	X								PLATZHOCKER	E / B
41 OPISTHOCOMIDAE										X				PLATZHOCKER	F
42 PHOENICOPTERIDAE		X	X											PLATZHOCKER	D
43 RHYNCHOPIDAE				X	X									PLATZHOCKER	D
44 RHYNOCHETIDAE				X	X									PLATZHOCKER	D
45 STERCORARIIDAE				X	X	X		X	X					PLATZHOCKER	E
46 ACCIPITRIDAE				X	X	X		X	X					NESTHOCKER 1	F
47 AEGOTHELIDAE				X			X							NESTHOCKER 1	F
48 ARDEIDAE				X	X	X	X							NESTHOCKER 1	D / F

Tabelle 1. Systematische Übersicht über die Ontogenese-Typen bei Vögeln, ihre Nahrung und Brutplätze.

	OMNIVOR	VEGETAR.	ANIMAL.	INVERTEBR.	FISCH	AAS	SPEZ. INSEKTEN	VÖGEL REPTILIEN	KLEINSÄUGER	FRUGIVOR	FOLIVOR	KLEINSÄMEREIEN	BLÜTENSÄFTE		
49 BALAENICIPITIDAE					X									NESTHOCKER 1	D
50 CAPRIMULGIDAE							X							NESTHOCKER 1	F
51 CARIAMIDAE		X	X	X			X	X						NESTHOCKER 1	D
52 CATHARTIDAE						X			X					NESTHOCKER 1	F
53 FALCONIDAE							X	X	X					NESTHOCKER 1	F
54 CICONIIDAE				X	X			X	X					NESTHOCKER 1	F
55 HEMIPROCNIDAE							X							NESTHOCKER 1	D
56 MUSOPHAGIDAE				X						X	X			NESTHOCKER 1	F/G
57 NYCTIBIIDAE							X							NESTHOCKER 1	F
58 PELECANOIDIDAE				X	X									NESTHOCKER 1	F
59 PODARGIDAE				X					X					NESTHOCKER 1	F
60 SAGITTARIIDAE								X						NESTHOCKER 1	D
61 SCOPIDAE				X	X									NESTHOCKER 1	D
62 THRESKIORNITHIDAE				X	X									NESTHOCKER 1	F
63 DROMADIDAE				X	X									NESTHOCKER 1	G
64 COLUMBIDAE				X						X		X		NESTHOCKER 2	F
65 DIOMEDEIDAE				X	X									NESTHOCKER 2	B
66 PHAETHONTIDAE				X	X									NESTHOCKER 2	D
67 PROCELLARIIDAE				X	X									NESTHOCKER 2	B/G
68 SPHENISCIDAE				X	X									NESTHOCKER 2	B
69 STRIGIDAE				X	X			X	X					NESTHOCKER 2	F
70 TYTONIDAE				X	X			X	X					NESTHOCKER 2	F
71 ALCIDAE				X	X			X	X					NESTHOCKER 3	E/G
72 ANHINGIDAE				X	X									NESTHOCKER 3	F
73 APODIDAE							X						X	NESTHOCKER 3	F
74 BUCCONIDAE							X							NESTHOCKER 3	
75 BUCERROTIDAE										X				NESTHOCKER 3	G
76 CAPITONIDAE							X			X				NESTHOCKER 3	G
77 COLIDAE										X		X		NESTHOCKER 3	F
78 CORACIIDAE							X							NESTHOCKER 3	G/C
79 CUCULIDAE							X			X				NESTHOCKER 3	H
80 FREGATIDAE					X									NESTHOCKER 3	D
81 GALBULIDAE							X							NESTHOCKER 3	C
82 INDICATORIDAE							X							NESTHOCKER 3	H
83 MEROPIDAE							X							NESTHOCKER 3	G
84 MOMOTIDAE							X							NESTHOCKER 3	G
85 PHALACROCORACIDAE					X									NESTHOCKER 3	F
86 PICIDAE							X			X				NESTHOCKER 3	G
87 PSITTACIDAE											X	X	X	NESTHOCKER 3	G
88 RHAMPHASTIDAE							X			X				NESTHOCKER 3	G
89 SULIDAE					X									NESTHOCKER 3	K/B
90 STEATORNITHIDAE										X				NESTHOCKER 3	C
91 TODIDAE							X							NESTHOCKER 3	G
92 TROCHILIIDAE													X	NESTHOCKER 3	F
93 TROGONIDAE												X		NESTHOCKER 3	C
94 UPUPIDAE							X	X	X					NESTHOCKER 3	C
95 ALCEDINIDAE					X		X							NESTHOCKER 3	G
96 PASSERIFORMES							X		X		X			NESTHOCKER 3	F/G/C

Tabelle 2. Das Diagramm stellt die Beziehungen zwischen dem Ontogenese-Typ, der Nahrung und dem Brutplatz bei Vögeln dar. Vogelfamilien mit nestflüchtenden Jungtieren zeigen keine oder nur eine geringe Nahrungsspezialisation, während in Vogelfamilien mit platzhockenden oder nesthockenden Jungtieren eine stärkere Spezialisation in der Ernährung besteht. Generalisten fehlen unter diesen Formen. Die Wahl des Nistplatzes ist in gleicher Weise mit dem Ontogenese-Typ verbunden: Bodennester gibt es bei allen Formen während die Spezialisierung auf Nistplätze an Kliffs, in Bruthöhlen, in Baumnestern oder auch Brutparasitismus nur bei den Platzhockern und den verschiedenen Typen der Nesthocker vorkommen. - Der Grauwert des Rasters gibt einen Anhaltspunkt für die Anzahl von Vogelfamilien, die einem Nahrungstyp angehören.

Helles Raster: 1 - 5 Familien
Mittleres Raster: 6 - 10 Familien
Dunkles Raster: > 10 Familien

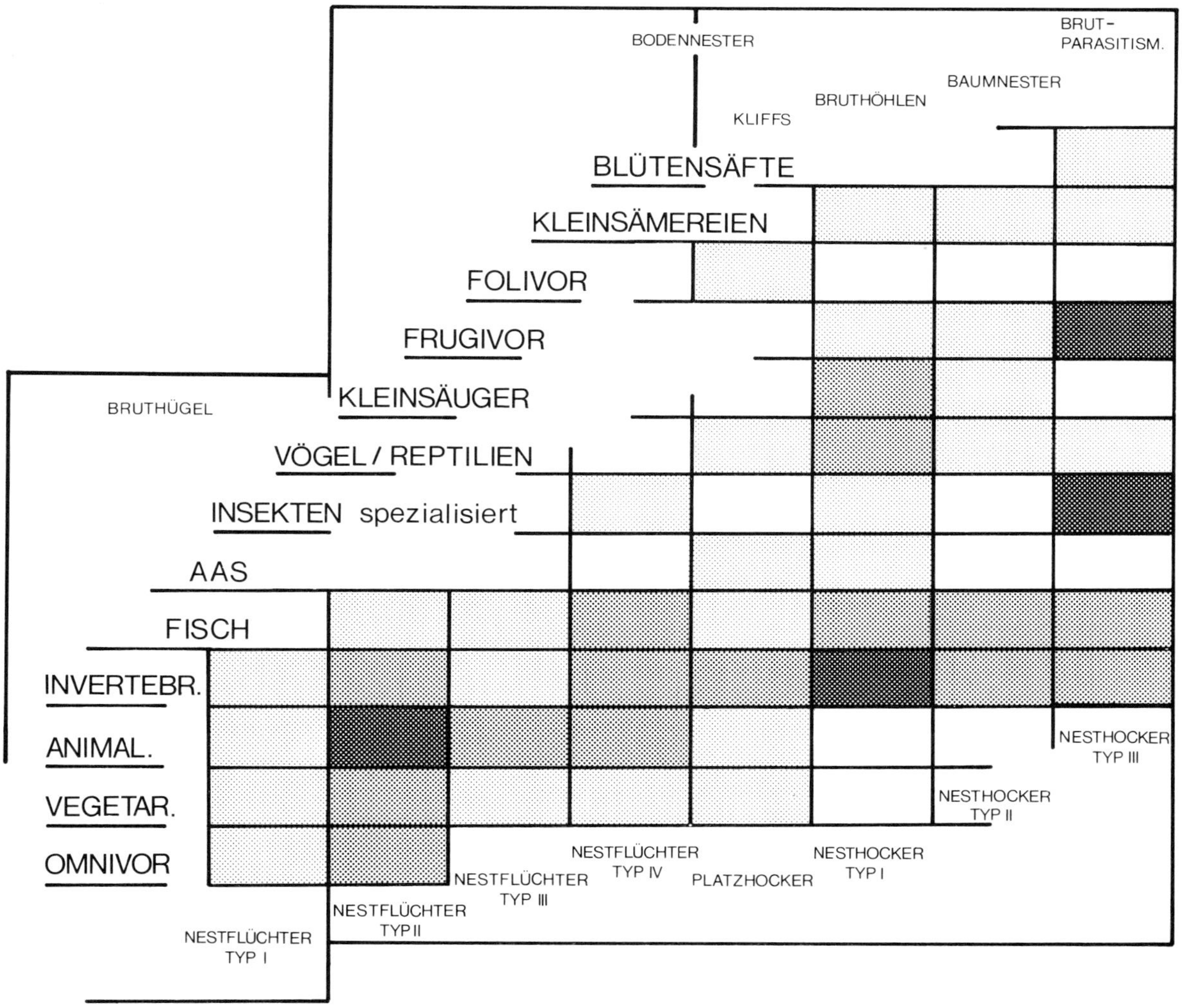
BODENNESTER
BRUT-PARASITISM.
BAUMNESTER
BRUTHÖHLEN
KLIFFS
BLÜTENSÄFTE
KLEINSÄMEREIEN
FOLIVOR
FRUGIVOR
BRUTHÜGEL
KLEINSÄUGER
VÖGEL / REPTILIEN
INSEKTEN spezialisiert
AAS
FISCH
INVERTEBR.
ANIMAL.
VEGETAR.
OMNIVOR
NESTHOCKER TYP III
NESTHOCKER TYP II
NESTFLÜCHTER TYP IV
NESTHOCKER TYP I
NESTFLÜCHTER TYP III
PLATZHOCKER
NESTFLÜCHTER TYP II
NESTFLÜCHTER TYP I

die gleiche ökologische Nische wie die Eltern besetzen. Unter den Nahrungsspezialisten können die Jungtiere dies nicht, was dann durch das Fütterungsverhalten der Elterntiere ausgeglichen wird, so daß die Nestlinge mit Hilfe des elterlichen Verhaltens in die arteigene Nahrungsnische eingegliedert sind.

Es lässt sich der einfache und eindeutige Zusammenhang festhalten, daß Ontogenesetyp und Ernährungsweise gekoppelt sind. Für den Nistplatz besteht eine gleiche einfache und zwingende Beziehung. Nur solche Vögel können auf Bäumen, in Baumhöhlen oder an steilen Felswänden nisten deren, Küken im Nest sitzen bleiben. Das Verbleiben der Jungen im Nest ist aber auch eine Präadaptation für die Nutzung der Nahrungsnischen der Carnivorie und der Frugivorie ebenso wie der Nahrungsspezialisation auf Kleinsämereien und Blütensäfte.

Unter dem hier vorgestellten Gesichtspunkt wird die These PORTMANNs, daß die nestflüchtenden Küken zahlreicher Vögel ein "Reptilien-Erbe" seien, problematisch. Das Verhältnis der Reptilien-Schlüpflinge zu ihren Eltern gleicht ökologisch dem Verhältnis zweier sympatrischer Arten. Durch den Unterschied in der Körpergröße und den entsprechenden Unterschied im Größenspektrum der Nahrung vermeiden sie Konkurrenz miteinander. Diese unterschiedliche Einnischung von Eltern und Jungen mag ein Faktor sein, der die Evolution echter Brutpflege bei Reptilien verhindert. - Bei nestflüchtenden Vögeln ist es anders: Nestflüchter gibt es nur dort, wo die Schlüpflinge sofort die ökologische Nische der Eltern einnehmen können.

Diese Fragen können und sollen hier nicht endgültig geklärt werden. Es sei damit aber angedeutet, daß ein nestflüchtendes Reptil und ein nestflüchtender Vogel vor dem Hintergrund verschiedener ökologischer Beziehungen zu sehen sind. Die Hypothese, daß das Nestflüchtertum der Vögel mit dem der Reptilien homolog sei und in seiner heutigen Form direkt aus ihm abzuleiten sei, kann aus diesen Überlegungen heraus nicht bestätigt werden.

Es steht aber außer Zweifel, daß im Ontogenesetyp des Nestflüchters der für Vögel ursprüngliche Ontogeneseweg zu sehen ist. Hierfür spricht, daß in allen ursprünglichen Vogelgruppen Nestflüchter vorkommen. Das Nesthockertum ist dagegen, auch wenn es in ursprünglichen Familien wie zum Beispiel den Pinguinen vorkommt, immer mit eindeutigen Spezialisationen der Nahrung und des Nahrungserwerbes verbunden und lässt sich als abgeleitetes Merkmal erkennen.

III.3 Allgemeine Daten zur Biologie der untersuchten Arten

Bei der Diskussion der Befunde aus den vergleichend anatomischen Untersuchungen von Nestflüchtern und Nesthockern müssen eine Reihe allgemein biologischer Daten berücksichtigt werden. Viele Daten über das Wachstum des Körpergewichtes und die Entwicklung der Küken und Nestlinge mußten für diese Arbeit original erhoben werden. Diese Daten sind hier steckbriefartig zusammengestellt.

A) Europäische Wachtel - *Coturnix coturnix*

Spezies: *Coturnix coturnix* LINNE 1758

Familie: *Phasianidae*

Ordnung: *Galliformes*

Allgemeines: Die Europäische Wachtel ist wie die Japanische Wachtel domestiziert. Im Habitus unterscheidet sie sich kaum von der Wildform, ist mit 120g Adultgewicht jedoch etwas größer als die Wildform mit 100g

Geographische Verbreitung: In 8 Subspecies in der Palaearktis und Afrika; Zugvogel. Die europäische Unterart brütet in europäischen Gebieten und zieht im Winter in das tropische Afrika bis zum Senegal, Tschad-See und Somalia.

Habitat: Ursprünglich Gras- und Buschsteppen, in Regionen intensiver Landwirtschaft auch Felder und Waldraine.

Sozialsystem: Die Hähne besetzen Reviere, in die sie meist mehrere Weibchen anlocken. Brut und Aufzucht der Jungen erfolgt ausschließlich durch die Weibchen.

Nahrung: sehr weites Nahrungsspektrum, in dem die vegetabilische Ernährung (Triebspitzen, Sämereien) einen großen Anteil einnimmt.

Nistplatz: Bodennester

Brutzeit: Unter natürlichen Bedingungen Mai bis Oktober. Die domestizierten Formen legen ganzjährig.

Gelegegröße: Unter natürlichen Bedingungen 8-14 Eier; die domestizierten Formen legen jeden Tag 1-2 Eier.

Eigewicht: 9.9g (Median aus 319 Ei-Gewichten). Variation zwischen 5.4g und 14.6g. Die Variationsbreite beträgt 9.2g.

Inkubationsdauer: 16 bis 18 Tage; die Bebrütung der Eier erfolgte im Brutschrank bei 37.8 ^{O}C und 70% bis 80% relativer Luftfeuchte.

Schlupfzustand: Nestflüchter Typ 2; die Küken sind sehr selbständig und finden ihr Futter alleine; sie werden von der Henne gehudert. Das Schlupfgewicht beträgt 7.6g (Median von 82 Schlupfgewichten).

Postnatale Entwicklung: Die Entwicklung nach dem Schlupf verläuft schnell. Besonders die Hand- und Armschwingen wachsen sehr rasch. Ihr Wachstum beginnt sofort nach dem Schlupf. Sie sind nach 10 bis 12 Tagen so weit ausgewachsen, daß kurze Fluchtflüge unternommen werden. Nach 6 bis 8 Wochen werden die Wachteln geschlechtsreif.

Ernährung der Jungen: Kein Unterschied zu den ausgewachsenen Tieren.

Gewichtentwicklung: Wachteln erreichen nach 2 bis 3 Monaten ihr Adultgewicht von durchschnittlich 120g (Abb.3). In den ersten 5 Lebenstagen ist das Wachstum relativ gering. Nach dem 5. Tag wachsen die Küken recht konstant, bis um den 40. Tag die Gewichtzunahme nachlässt. Die Wachstumskurve des Gesamtkörpergewichtes folgt einer Gompertz-Gleichung mit der Wachstumskonstanten K=0.065. Diese auf der Grundlage eigener Gewichtmessungen berechnete Wachstumskonstante stimmt mit der Wachstumskonstanten K=0.069, die von RICKLEFFS (1973) für *Coturnix coturnix* angegeben wird, überein. Der Wendepunkt der Kurve liegt bei Tag 23. Das t10-t90 Intervall beträgt 47 Tage. Der relativ frühe Wendepunkt der Kurve und ihr Einschwenken auf einen flacheren Verlauf ist charakteristisch für Nestflüchter. Das nach Absolutwerten schnelle Wachstum steht in Bezug zu dem geringen Körpergewicht der Wachtel. Im Vergleich zu anderen

Hühnervögeln weicht die Wachtel nicht von der charakteristischen allometrischen Beziehung zwischen Wachstumskonstante und Körpergewicht ab.

B) Binden-Laufhühnchen - *Turnix suscitator*

Spezies: *Turnix suscitator* GMELIN 1789
Familie: *Turnicidae*
Ordnung: *Gruiformes*
Allgemeines: Die Kenntnis der Biologie der *Turniciden* ist gering und begründet sich vor allem auf Gefangenschaftsbeobachtungen an *Turnix lepurana* (HOESCH 1959, 1960), *Turnix tanki* (SETH-SMITH 1903) und *Turnix varia* (SETH-SMITH 1905). Der Bericht über die Zucht von *Turnix suscitator* (HAUTH 1890) ist nicht mehr zugänglich. Seither wurde *Turnix suscitator* nicht nachweislich gezüchtet. Freilandbeobachtungen gibt es praktisch nicht; die wenigen Berichte beschränken sich auf die Beschreibung des Fluchtverhaltens (PENDLETON 1947) oder verlassener Nistplätze (NORTH 1891).

Die Schlüpflinge der *Turniciden* gehören zu den Nestflüchtern des Types 4. Sie sind motorisch höchst aktiv, werden aber noch 10 Tage vom Vater gefüttert. Die Inkubationsdauer liegt je nach Art zwischen 12 und 14 Tagen. Dies ist die kürzeste Inkubationsdauer bei nestflüchtenden Vögeln.

Geographische Verbreitung: *Turnix suscitator* besitzt mit 19 Subspecies ein kontinuierliches Verbreitungsgebiet von Nordwest-Indien mit Vorkommen in den Regionen von Bombay und Neu Delhi bis nach Ceylon im Süden und nach Malaysia und China im Südosten und Osten. Die Nordgrenze der kontinentalen Verbreitung bildet der Himalaya. Eigene Subspezies kommen auf Java, Sumatra, Sulawesi, Bali und Lombok vor; ebenso sind die Philippinen und Riu-Kiu Inseln durch zahlreiche Unterarten ausgezeichnet. Östlich der Wallace-Linie kommt *Turnix suscitator* nicht vor (WHITE & BRUCE 1986; eigene Daten aus dem British Museum, Zoölogisch Museum Amsterdam, Rijksmuseum Leiden).

Habitat: *Turnix suscitator* ist eine charakteristische Art des Graslandes. Weite tropische Grasflächen (*Alang-Alang*) sind ihr Habitat, sie dringt mit den Grasländern von Meereshöhe bis in montane Höhenstufen vor (1200 m). - Sie ist ein reiner Bodenvogel, der nie aufbaumt. Die Fortbewegung findet fast ausschließlich am Boden statt, nur bei der Flucht fliegen die Vögel senkrecht auf und gleiten dann im flachen Winkel wieder zu Boden, wo sie regungslos verharren.

Nahrung: Sehr breites Nahrungsspektrum: Körner, frische Pflanzen, Früchte, Insekten, Larven auch Spinnen werden zu gleichen Teilen gefressen. Insekten werden mit großer Sicherheit und Schnelligkeit gefangen.

Sozialsystem: Unbekannt; außerhalb der Brutzeit wahrscheinlich paarweise oder einzeln lebend. In der Brutzeit sind die Weibchen sukzessiv polyandrisch. Balz und Nestbau durch das Weibchen, das auch brütet, bis das Gelege vollständig ist. Sie verläßt dann aber Eier und Nest und überläßt die weitere Brut und die Aufzucht der Jungen dem Männchen. Das Weibchen beginnt zur gleichen Zeit mit einem anderen Hähnchen ein neues Gelege. Die Jungtiere werden ausschließlich vom Vater geführt und gefüttert. Nach ca. 3 Wochen werden sie selbständig und dann vom Vater vertrieben. - Unter den artifiziellen Bedingungen eingeschränkter Gefangenschaftshaltung haben sich feste Bindungen zwischen Paaren entwickelt. Bestand solch eine feste Bindung, wurde ein zweites Männchen meist von der Henne vertrieben.

Nistplatz und Nester: In versteckten Winkeln zwischen Sträuchern werden kuppelförmige Nester aus Gräsern und kleinen Zweigen gebaut. Der Nestbau wird im Wesentlichen vom Weibchen vorgenommen, indem sie Nistmaterial, das vor ihr liegt, mit dem Schnabel packt und schräg über den Rücken nach hinten wirft, bis um sie und über ihr ein Kuppelnest aufgeschichtet ist (Gefangenschaftsbeobachtung).

Brutzeit: In Abhängigkeit von der geographischen Lage und dem Klima des Verbreitungsgebietes. In Gegenden mit geringen jährlichen Schwankungen von Temperatur und Niederschlag wurden außer im November und Dezember über das ganze Jahr Eier oder Jungtiere gefunden (RENSCH 1931; MEISE 1941; VERHEIJEN 1964; WHITE & BRUCE 1986; eigene Daten aus genannten Museen: insgesamt 15 Beobachtungen in 117 Jahren!). Unter künstlichen Haltungsbedingungen legen die Tiere das ganze Jahr hindurch.

Adultgewicht: Männchen: 50g bis 55g; Weibchen 75g bis 80g. Der umgekehrte Sexualdimorphismus ist nicht in allen Subspecies so stark ausgeprägt.

Gelegegröße: 2-4 Eier pro Nest. Der zeitliche Lege-Abstand zwischen zwei Eiern beträgt in der Regel 2 Tage.

Eigewicht: 5.05g (Median aus 301 Eiern). Variation zwischen 3.64g im Minimum und 6.37g im Maximum. Variationsbreite 2.73g.

Inkubationsdauer: 13 bis 14 Tage; die Bebrütung erfolgte im Brutschrank bei 37.2°C und 70%-80% relativer Luftfeuchtigkeit.

Schlupf-Zustand: Nestflüchter Typ 4; das durchschnittliche Schlupf-Gewicht liegt bei 3.42g (Median aus 54 Schlüpflingsgewichten; Minimum = 2.59g; Maximum = 4.63g). Die Schlüpflinge werden innerhalb weniger Stunden sehr lebhaft und folgen dem Vater oder der versorgenden Person. Nahrung wird sofort nach dem Schlupf angenommen, ein postnataler Gewichtsverlust ist daher auch nicht zu beobachten.

Postnatale Entwicklung: Die Aktivität der einen Tag alten Küken ist sehr groß und sie beginnen (im begrenzten Raum der Aufzuchtbox) selbständige Wege zu gehen. Dennoch müssen die Küken durchschnittlich 8 Tage gefüttert werden. Im Alter von 6 Tagen beginnen die Küken vereinzelt selbständig Futter aufzunehmen. Mit 10 Tagen fressen sie selbständig (vergl. HOESCH 1959,1960 für *Turnix sylvatica*). Nach 3 bis 4 Wochen verlieren die Jungtiere die Bindung an die Familie; wenn keine Ausweichmöglichkeiten geboten werden, können die Agressionen zwischen den Tieren so weit führen, daß es zu Verletzungen kommt. Die Geschlechtsreife ist im Alter von 3 bis 5 Monaten erreicht.

Das Wachstum des Gefieders beginnt sofort nach dem Schlupf. Bereits am ersten Tag sind die Hand- und Armschwingen 1 bis 2 mm ausgewachsen, tragen aber noch die Neoptildunen an ihrer Spitze. Am sechsten Tag öffnen sich die Federscheiden der Hand- und Armschwingen, Konturfedern an Brust und femoralem Trakt folgen einen Tag später. Das Jugendgefieder ist um den 16. Tag vollständig entwickelt; am selben Tag beginnt seine Mauser und im Alter von 30 Tagen ist das zweite Jugendgefieder vollständig. Die Entwicklung des ersten, sexualdimorph ausgebildeten Adultgefieders schließt sich direkt an und wird im Alter von ist 60 bis 80 Tagen abgeschlossen. - Ab dem 12. Tag proben die Küken Flatterflüge und am 16. Tag ist das Flugvermögen so weit entwickelt, daß bei Erschrecken mehrere Meter weite Fluchtflüge unternommen werden.

Die gesamte Entwicklung ist auf eine sehr schnelle Entwicklung des Lokomotions-Apparates ausgerichtet. Das arttypische Fluchtverhalten, kurze schnelle Steigflüge, kann schon nach 2 Wochen ausgeführt werden.

Ernährung der Küken: Die Küken werden fast ausschließlich mit Insektenlarven ernährt, die der Hahn fängt und mit denen er die Küken füttert. Das Nahrungsspektrum der Jungtiere unterscheidet sich in dem hohen Anteil proteinreicher Nahrung deutlich von dem der Eltern.

Gewichtentwicklung: Die Gewichtentwicklung der Jungvögel ist sehr schnell. Nach ca. 50 Tagen haben die Männchen 90% des Adultgewichtes erreicht (Abb.4). Die Weibchen unterscheiden sich in ihrer Gewichtentwicklung bis zu dieser Zeit nicht von den Männchen. Sie wachsen nach Erreichen des männlichen Adultgewichtes über einen längeren Zeitraum weiter und erreichen mit 4 bis 6 Monaten ihr geschlechtsspezifisches Adultgewicht von 75g bis 80g. - Das relative Wachstumsmaximum liegt um den 10. postnatalen Tag, an dem die Jungtiere eine tägliche Gewichtzunahme von 15% bis 20% gegenüber dem Vortag verzeichnen. Ab dem 15. Tag fällt die Wachstumsrate wieder auf Werte zwische 5% bis 10% ab. Nach dem 25. Tag übersteigt das tägliche Wachstum nur in Ausnahmefällen 5%.

Für *Turnix suscitator* wurde nach Anpassung der Gewichtwerte an die Gompertz-Gleichung eine Wachstumskonstante von 0.073 berechnet. Der Wendepunkt der Wachstumskurve des Gesamtkörpergewichtes liegt bei 18 Tagen. Das t10-t90 Intervall dauert 42 Tage.

Ein Vergleich mit den Wachstumskonstanten von verschiedenen Arten der *Galliformes* und der *Gruiformes* (RICKLEFFS 1973) zeigt daß die Wachstumskonstante von *Turnix* sehr hoch liegt. Der t10-t90 Wert gibt ein vergleichsweise kurzes Wachstumsintervall bei *Turnix* an. Innerhalb eines systematisch weit gespannten Vergleichs von *Galliformes* und *Gruiformes* ist *Turnix suscitator* die Art mit der höchsten Wachstumskonstante und dem kürzesten t10-t90 Intervall (Abb.2). Die Wachstumskonstante und das Körpergewicht stehen nach der multiplikativen Allometrie-Gleichung über die Allometrie-Konstante -0.32

miteinander in Beziehung. Der Korrelations-Koeffizient beträgt 0.85. *Turnix* weicht nicht von der Regressionsgraden ab. Ihre Wachstumskonstante entspricht dem Wert, der nach der Allometrierechnung innerhalb der *Galliformes* und *Gruiformes* erwartet wird. Das schnelle Wachstum der *Turnix*-Küken ist keine Sonderanpassung, sondern eine negativ allometrisch mit der Körpergröße gekoppelte Eigenschaft. Je niedriger das Adultgewicht liegt umso schneller wachsen die Jungtiere heran.

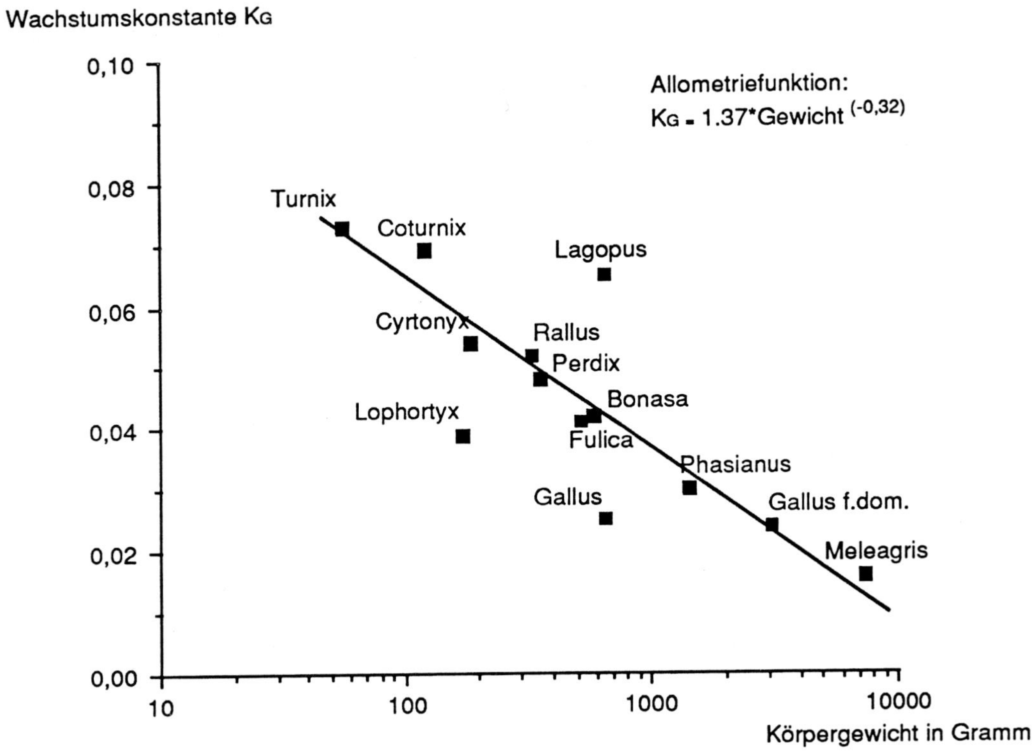

Abb.2. Allometrische Beziehungen zwischen der Wachstumskonstanten (K) und dem Körpergewicht. - X-Achse: Logarithmus des Körpergewichtes, Y-Achse: Wachstumskonstante (K)

C) Moschus-Ente - *Cairina moschata*

Species: *Cairina moschata f. dom.* LINNE 1758

Familie: *Anatidae*

Ordnung: *Anseriformes*

Allgemeines: Die Moschus-Ente ist eine schon lange domestizierte Form, die durch die Domestikation aber nur geringe morphologische Veränderungen erfahren hat. - Die Größe der Moschus-Enten schloß eine eigene Haltung und Zucht aus. Bruteier wurden von einem landwirtschaftlichen Betrieb erworben.

Geographische Verbreitung: Mittel- und Südamerika

Habitat: Flußläufe und Seen

Sozialsystem: Feste Paarbindung

Nahrung: Vegetabilisch: Gras, Wasserpflanzen, auch wasserlebende Invertebraten

Nistplatz: Boden- und Baumnester

Brutzeit: bei der domestizierten Form im Frühjahr und Sommer

Gelegegröße: unter natürlichen Bedingungen 10 Eier; domestizierte Formen legen mehr.

Eigewicht: Der Median von 112 Eigewichten liegt bei 80g. Die Eigewichte sind zwischen den Extremwerten von 96g im Maximum und 61g im Minimum normalverteilt.

Inkubationsdauer: 32-35 Tage; die Eier wurden im Brutschrank bei 37.0-37.5^{O}C und 80% Luftfeuchtigkeit bebrütet.

Schlupfzustand: Nestflüchter Typ 2; Enten haben abgesehen von den Großfuß-Hühnern die selbständigsten Schlüpflinge. Die lokomotorische Aktivität der Schlüpflinge ist sehr groß, sie können ausdauernd laufen und schwimmen.

Postnatale Entwicklung: Die Küken sind vom Schlupf an sehr selbständig. Sie folgen den Eltern bei der Nahrungssuche, gehen dabei aber auch ganz eigene Wege. Die Gefiederentwicklung verläuft sehr langsam, erst nach 4-5 Wochen beginnen die Konturfedern auszuwachsen. Auffällig ist hier die Entwicklung der Hand- und Armschwingen, die als letzte Federn auswachsen. Flugfähigkeit wird von den Enten erst sehr spät mit dem Erreichen des Adultgewichtes erlangt. Die Fluchtwege der Küken gehen daher immer auf das Wasser, auf dem sie sich mit großer Geschwindigkeit schwimmend fortbewegen.

Gewichtentwicklung: Es liegen nur unzureichende eigene Daten zur Gewichtentwicklung der Moschus-Ente vor. Da sich der Verlauf der Gewichtentwicklung bei allen anderen Arten sehr gut mit der Gompertz-Gleichung oder der Logistischen Gleichung beschreiben ließ, wurde mit den Daten von RICKLEFFS (1973) eine Modellkurve für die Moschus-Ente berechnet, und für Vergleichszwecke herangezogen. Die Kurve wurde nach der Gompertz-Gleichung berechnet und baut auf einem Schlüpflingsgewicht von 60g und einem Adultgewicht von 3000g auf. Als Wachstumskonstante wurde der Wert von 0.038, den RICKLEFFS (1973) für die Hausente angibt, eingesetzt (Abb.5).

D) Wellensittich - *Melopsittacus undulatus*

Species: *Melopsittacus undulatus* SHAW 1805
Familie: *Psittacidae*
Ordnung: *Psittaciformes*

Allgemeines: Wellensittiche sind extrem widerstandsfähige r-Strategen, die als Strich-Vögel die Trockengebiete Australiens durchstreifen. Unter günstigen Nahrungsbedingungen schreiten sie sofort zur Brut. Diese treten in ihrem natürlichen Biotop nur sporadisch auf, wenn nach ausgiebigen Regenfällen ein kurzfristiges Wachsen, Blühen und Fruchten ephemerer Pflanzen der zentral-australischen Trockensteppen eine ausreichende Ernährungsgrundlage bietet. Dauern die günstigen Bedingungen an, so wird im Anschluß an die erste sofort eine zweite Brut großgezogen. Wellensittiche besitzen mit 7-8 Jungen pro Brut die höchste Jungen-Zahl unter den Papageien. - Die natürliche Wellensittich-Populationen brechen entsprechend dem instabilen ökologischen Charakter ihres Verbreitungsgebietes immer wieder zusammen, wachsen aber während kurzer Phasen günstiger Ernährungsbedingungen wieder sehr schnell zu großen Schwärmen an.

Durch diese Populationsdynamik ist der Wellensittich für eine erfolgreiche Zucht in Menschenhand prädestiniert. Schon ab ca. 1850 wurden Wellensittiche in großer Zahl nach Europa importiert, von 1855 datiert die erste (deutsche) Nachzucht in Gefangenschaft. Heute ist der Import von Wellensittiche verboten. Die leichte Zucht der Vögel ermöglicht es, den ungeheurer großen Markt für diese Vögel abzudecken. Alle "europäischen" Wellensittiche müssen als domestiziert angesehen werden. Auch wildfarbene Tiere sind mehr Beiprodukt einer intensiven Zuchttätigkeit, die sich an Standard-Vorstellungen der Rassen-Zucht orientiert, als Zeichen für Naturnähe des Zuchstammes.

Geographische Verbreitung: Australien mit Ausnahme eines kleinen feuchteren Küstenstreifens.

Habitat: Gras- und Trockensteppen Inner-Australiens

Nahrung: Samen von Gräsern, Früchte und andere vegetabilische Nahrung. Gelegentlich werden auch Insekten oder andere Kleintiere gefressen.

Sozialsystem: Schwarmvogel; Paare sind saisonal bis lebenslang monogam. An der Aufzucht der Jungen sind Männchen und Weibchen zu gleichem Anteil beteiligt.

Nistplatz und Nester: Als Nester dienen Baumhöhlen. Eine Ausstattung der Baumhöhle findet nicht statt.

Brutzeit: Die Brutzeit richtet sich nach den Umwelt-Bedingungen. Unter günstigen Umständen wird gebrütet, auch mehrere Bruten hintereinander großgezogen. Ungünstige (Ernährungs-) Bedingungen verhindern eine Brut oft über mehrere Jahre hinweg.

Gelegegröße: 7 Eier im Durchschnitt. Die Eier werden im Abstand von 2 Tagen gelegt. Gebrütet wird ab dem ersten Ei.

Eigewicht: Der Median von 359 Eiern liegt bei 2.41g. Das Minimum der Meßwerte lag bei 1.355g, das Maximum bei 3.656g; Variationsbreite = 2.301g.

Inkubationsdauer: 16 bis 18 Tage (Extreme: 15 bis 19 Tage). Die Brut beginnt sofort nach der Ablage des ersten Eies. Im gleichen zeitlichen Abstand, in dem die Eier gelegt wurden, schlüpfen dann die Jungtiere.

Schlupfzustand: Nesthocker Typ 3; Augen und Ohren sind geschlossen. Durchschnittliches Schlupfgewicht = 1.82g (Median aus 101 Tieren). Die Schlüpflinge sind sehr spärlich auf der dorsalen und der femoralen Federflur befiedert. Diese Neoptildunen brechen innerhalb kurzer Zeit ab, so daß die Nestlinge nach 2 Tagen unbefiedert sind.

Postnatale Entwicklung: Die Nestlingszeit dauert 29 bis 32 Tage. Die Augen der Nestlinge öffnen sich nach 4 bis 5 Tagen. Im Durchschnitt haben die Nestlinge dann ein Gewicht von 10g erreicht. Am 10. Nestlingstag beginnen die Dunen des Jugendgefieders auszuwachsen und hüllen den 14 Tage alten Nestling mit einem dichten Dunengefieder ein. Diese Dunen sind echte Jugenddunen. Die Konturfedern beginnen erst nach 3 Wochen Nestlingszeit auszuwachsen. Nach 30 Tagen ist der Jungvogel vollständig befiedert und fliegt aus.

Die Jungvögel werden in den ersten Tagen intensiv vom Weibchen gehudert. In dem gleichen Maß, in dem nach 2 Wochen der Nahrungsbedarf der Nestlinge ansteigt, sinkt die durchschnittliche Huderzeit, da nun beide Elterntiere vermehrt Futter eintragen müssen. Zu diesem Zeitpunkt haben die Jungvögel ein Dunengefieder ausgebildet und eine gewisse thermoregulatorische Selbständigkeit erreicht. - Nach dem Ausfliegen kehren die Vögel nur gelegentlich in die Nisthöhle zurück. Über die Dauer von 2 Wochen bleiben sie aber in der Nähe der Eltern und werden noch gefüttert. - 2 Monate nach dem Ausfliegen werden Wellensittiche geschlechtsreif.

Ernährung der Nestlinge: In den ersten Tagen nach dem Schlupf mit Kropfmilch; später mit Samen, die von den Eltern gesammelt und in der Bruthöhle den Nestlingen vorgewürgt werden. Die Fütterung der ganz jungen Nestlinge erfolgt weitgehend durch das Weibchen, das seinerseits vom Männchen gefüttert wird. Nach 10 Tagen beteiligt sich auch das Männchen intensiv an der Fütterung der Jungtiere.

Gewichtentwicklung: Die postnatale Gewichtentwicklung erfolgt sehr rasch. Von einem durchschnittlichen Schlupfgewicht von 1.82g wachsen die Nestlinge innerhalb von 24 Tagen auf das Adultgewicht von 42g heran (Abb.6). In der letzten Nestlingswoche erreichen sie ein Maximalgewicht, das das Adultgewicht bis zu 18 % (Maximum 47.5g) überschreitet. Bis zum Ausfliegen um den 30. Tag fällt das Gewicht wieder auf durchschnittlich 40g ab. Das stärkste Wachtum ist zwischen dem 5. und dem 15. Tag zu verzeichnen, wenn die Tiere täglich zwischen 1.8g und 2.2g (Maximalwert: 3.19g am 12. Tag) wachsen. Die Wachstums-Konstante wurde mit 0.231 bestimmt; der t10-t90 Wert liegt bei 18.9 Tagen. - Das Gesamtwachstum kann damit als rasch beschrieben werden. Die Kurvenanpassung an die Logistische Gleichung belegt ein sehr schnelles Anfangswachstum und den Wendepunkt der Kurve bereits nach 11 Tagen. Das postnatale Wachstum besitzt damit die typischen Charakteristika der non-passeriformen Nesthocker. Im Vergleich zu den Singvögeln ist die Wachstumskonstante jedoch noch relativ niedrig.

Die Beurteilung der Wachstums-Charakteristika des Wellensittichs sollte primär im Vergleich zu anderen Papageien-Arten erfolgen. Der Wellensittich ist innerhalb der Papageien eine Zwerg-Form. Ein gleich niedriges oder geringes Adult-Körpergewicht besitzen nur die Arten der Gattungen *Micropsitta* und *Forpus*. Die ökologische Einnischung als r-Strategen mit großer Zahl der Nachkommen, kurzer Brut- und Nestlingszeit, sowie einer stark schwankenden Populationsgröße sind ebenfalls Ausnahmen innerhalb der Gruppe der Papageien, die allgemein K-Strategen sind und nur 2 Eier pro Gelege in einer durchschnittlichen Brutzeit von 30 Tagen ausbrüten. Wachstumskonstanten sind bisher für *Psittacidae* nicht berechnet worden. Die Gewichtentwicklung einiger großer Papageien-Arten wurde von HANSON (1987) dokumentiert, doch sind die Zeit-Abstände zwischen den Meßwerten zu groß, um die Wachstumskonstanten zuverlässig zu berechnen. Dennoch zeigt schon ein Vergleich der Ursprungsdaten, daß die postnatale Gewichtentwicklung des Wellensittichs im Vergleich zu anderen Papageien sehr schnell verläuft. Der Wellensittich hat nach 24 Tagen das Adultgewicht erreicht, während die größeren Papageien dies erst mit 40-50 Tagen Nestlingszeit erreichen. Man muß jedoch annehmen, daß auch innerhalb der Familie der Papageien eine charakteristische allometrische Beziehung zwischen Körpergröße und postnataler Wachstumsgeschwindigkeit besteht, wie es von RICKLEFFS (1968) für verschiedene andere systematische Gruppen gezeigt wurde. Mit der Verringerung der Körpergröße ist eine Beschleunigung der postnatalen Entwicklung gekoppelt. Hierin könnte eine Erklärung zu finden sein, warum nur Zwergformen innerhalb der Papageien (*Melopsittacus, Micropsitta, Forpus, Agapornis*) r-Strategen sind. Nur bei diesen Gattungen ist die körpergrößenabhängige Entwicklungsgeschwindigkeit so schnell, daß sie instabile Biotope besiedeln und in der kurzen Zeit günstiger Bedingungen ihre Jungen aufziehen können. Größere Papageien mit entsprechend längerer Entwicklungzeit können solche Biotope nicht ausgenutzen.

E) Reisfink - *Lonchura oryzivora*

Species: *Lonchura oryzivora* LINNE 1758
Familie: *Estrildidae*
Ordnung: *Passeriformes*
Allgemeines: *Lonchura oryzivora* wird von MAYR (1968) zur Gattung *Lonchura* und Untergattung *Padda* gestellt und dann als *Padda oryzivora* bezeichnet. CHRISTIDIS (1987) stellt anhand von Chromosomenuntersuchungen und Elektrophorese-Daten fest, daß *Lonchura oryzivora* zur Gattung *Lonchura* zustellen sei, behält aber in widersprüchlicher Weise die Benennung *Padda* bei.

Reisfinken sind in ihrem natürlichen Verbreitungsgebiet schon sehr früh domestiziert worden und kommen heute in verschiedenen Farbschlägen in unzähligen Volierenhaltungen vor.

Zur Materialgewinnung wurde eine Kolonie-Zucht eingerichtet. Der Grundstock der Zucht wurde von 20 wildfarbenen Paaren gebildet.

Geographische Verbreitung: Ursprünglich endemisch auf Java und Bali; als Kulturfolger des Menschen im gesamten Indo-Malayischen Raum verbreitet; vereinzelt entstanden Populationen auch in Tansania und auf Hawaii. Die Art geht heute überall stark zurück.

Habitat: Der ursprüngliche Lebensraum des Reisfinken waren große tropische Grassteppen mit spärlichem Baumbestand, heute vor allem in landwirtschaftlich genutzen Gebiet.

Sozialsystem: Außerhalb der Fortpflanzungszeit treten die Vögel in großen Schwärmen auf. Während der Brutperiode sind sie saisonal monogam; die Paare sind weitgehend aufeinander abgestimmt, die Balz ist unauffällig. Beide Partner brüten im Wechsel und beteiligen sich an der Jungenaufzucht (ROBILLER 1978).

Nahrung: Grassamen, in Kulturfolge vor allem Reis (Name!)

Nistplatz: Aus Gräsern und kleinen Zweigen wird in Astgabeln von Bäumen oder Sträuchern ein umfangreiches Kugelnest gebaut. Die Paare brüten einzel, wenn auch der Abstand zwischen den Nesten gering sein kann.

Brutzeit: Es stehen keine Freiland-Daten zur Verfügung. VOOS (1950) und VERHEIJEN (1964) geben für die Gattung *Lonchura* eine Abhängigkeit der Brutzeit von Beginn der Regenzeit an.

Gelegegröße: 4 bis 6 Eier. Die Eier werden im Tagesabstand gelegt. Die Brut beginnt meist nach der Ablage des vierten Eies.

Eigewicht: 2.06g (Median aus 390 Eiern). Das kleinste befruchtete Ei wog 1.59g, das schwerste 2.59g. Die Variationsbreite liegt bei 1g.

Inkubationsdauer: 18 Tage; 13 Tage Brutzeit, wie ROBILLER (1978) angibt, konnte an den eigenen Tieren nicht beobachtet werden. Zwischen der Ablage des ersten Eies und dem Brutbeginn liegen meist vier Tage. Entsprechend dem verzögerten Brutbeginn schlüpfen die ersten Küken mehr als 20 Tage nach der Ablage des Eies. Der Schlupf des gesamten Geleges ist auf 2 Tage zusammengedrängt.

Schlupfzustand: Nesthocker Typ 3; die Schlüpflinge sind unbefiedert; Augen und Ohren sind verschlossen. Schlupfgewicht = 1.59g (Median von 131 Schlüpflingen).

Postnatale Entwicklung: Die Nestlingszeit dauert 26 bis 30 Tage. Die Augen öffen sich zwischen dem 8. und dem 10. Tag; die meisten Nestlinge wiegen dann ungefähr 10g. -Zwischen dem 7. und dem 9. Nestlingstag beginnen die Konturfedern auszuwachsen und die Spitzen der von Federscheiden umhüllten Federn treten über die Epidermisoberfläche. Die Federscheiden öffnen sich zwischen dem 12. und 14 Nestlingstag, wenn sie 4 bis 5 mm lang ausgewachsen sind. Nach ca. 20 Tagen ist das Gefieder komplett entwickelt. Die Jungvögel fliegen nach 26 bis 30 Tagen Nestlingszeit aus. Sie bleiben noch 2 Wochen bei den Eltern und werden von diesen gefüttert, bevor sie selbständig werden.

Ernährung der Nestlinge: Grassamen, junge Pflanzensprossen und Blätter, Insekten. Der Anteil animalischer Kost liegt wahrscheinlich über dem der Adulttiere.

Gewichtentwicklung: Vom Schlupfgewicht von 1.59g wachsen die Vögel innerhalb von 18 Tagen zum Adultgewicht von 24g heran (Abb.7). Das postnatale Gewichtsmaximum ist nicht sehr stark ausgeprägt und liegt maximal 8% bis 10% über dem Adultgewicht. Die Wachstumskurve zwischen dem Schlupf und dem 20. Tag folgt einer Logistischen Wachstumsgleichung mit der Konstanten 0.357 und dem Wendepunkt der Kurve am 9. Tag. Der t10-t90 Wert ist 13.2 Tage. - Im Vergleich zu Wachstumsdaten anderer Singvögel ist die Wachstumskonstante relativ niedrig, liegt aber noch deutlich im Singvogelbereich zwischen 0.3 und 0.6.

F) Taube - *Columba livia f.dom.*

Species: *Columba livia f.dom.* GMELIN 1789

Familie: *Columbidae*

Ordnung: *Columbiformes*

Allgemeines: Gezüchtet wurde mit einem Brieftauben-Stamm.

Geographische Verbreitung: Die Stammform ist in 14 Subspecies in den gemäßigten und subtropischen Zonen der Palaearktis und Afrikas verbreitet. Die Verbreitung der domestizierten Form ist weltweit.

Habitat: Offene Landschaften, subtropische Steppengebiete und Randzonen von Wüsten; Kulturfolger.

Sozialsystem: Als Kulturfolger in unterschiedlich großen Gruppen auftretend; monogame Paarbindung.

Nahrung: Überwiegend Samen und Früchte, nehmen aber auch animalische Kost auf; Kulturfolger weitgehend omnivor.

Nistplatz: Felsvorsprünge und Klüfte, bei kulturfolgenden Tieren auch an allen nur möglichen Stellen von Gebäuden. Das Nest wird aus wenigen Zweigen gebildet, häufig unterbleibt ein Nestbau ganz.

Brutzeit: Frühjahr und Sommer.

Gelegegröße: 2 Eier, die im Abstand von 2 Tagen gelegt werden.

Eigewicht: 18.4g (Median aus 36 Eiern); die Variationsbreite beträgt 5.7g, mit einem Maximum von 22.1g und einem Minimum von 16.4g.

Inkubationsdauer: 17 bis 19 Tage; die Bebrütung der Eier erfolgte im Brutschrank bei 37.8^{O}C Nestlingen von dem dünnen Neoptil bedeckt, das durch das starke Wachstum des Körpers immer schütterer erscheint. Die Dauer der Nestlingszeit beträgt 30 Tage. Die Jungtiere werden noch im gleichen Jahr geschlechtsreif.

Ernährung der Jungen: In den ersten Nestlingstagen überwiegend mit Kropfmilch. Nach 10 Tagen beginnt eine langsame Umstellung auf die Nahrung der Adulttiere.

Gewichtentwicklung: Die Schlüpflinge wachsen sehr schnell heran und haben nach 10 Tagen Nestlingszeit mit 300g bereits das 20-fache Gewicht des Schlüpflings erreicht. Aus Platzgründen konnte keine umfangreiche Aufzucht von Tauben stattfinden, so daß für die eigene Berechnung der Wachstumskonstante nicht ausreichend Daten vorliegen. RICKLEFFS (1968) gibt für *Columba palumbus* eine Wachstumskonstante von 0.221. Bei annähernd gleichem Adultgewicht wie die Brieftaube kann die Wachstumskonstante von *Columba palumbus* übernommen und der Wachstumsverlauf der Haustaube nach der Gompertz-Gleichung angemessen beschrieben werden (Abb.8).

Abb.3. Wachstumskurve des Gesamtkörpergewichtes von *Coturnix*. - Die Gewichtentwicklung wird mit der Gompertz-Gleichung: W=160*EXP(-EXP(-0.065*(Alter-22))) beschrieben. W = Gewicht zum Zeitpunkt T, Adultgewicht = 160g, Wachstumskonstante = 0.065, Wendepunkt der Kurve im Alter von 22 Tagen.

Abb.2. Wachtumskurve des Gesamtkörpergewichtes von *Turnix*. - Die Gewichtentwicklung wird mit der Gompertz-Gleichung: W=55*EXP(-EXP(-0.073*(Alter-18))) beschrieben. W = Gewicht zum Zeitpunkt T, Adultgewicht = 55g, Wachstumskonstante = 0.073, Wendepunkt der Kurve im Alter von 18 Tagen.

Abb.5. Wachtumskurve des Gesamtkörpergewichtes von *Cairina*. - Die Gewichtentwicklung wird mit der Gompertz-Gleichung: W=3000*EXP(-EXP(-0.038*(Alter-37))) beschrieben. W = Gewicht zum Zeitpunkt T, Adultgewicht = 3000g, Wachstumskonstante = 0.038, Wendepunkt der Kurve im Alter von 37 Tagen.

Abb.6. Wachstumskurve des Gesamtkörpergewichtes von *Melopsittacus*. - Die Gewichtentwicklung wird mit der logistischen Wachstumsgleichung: W=42/(1+EXP(-0.231*(Alter-11))) beschrieben. W = Gewicht zum Zeitpunkt T, Adultgewicht = 42g, Wachstumskonstante = 0.231, Wendepunkt der Kurve im Alter von 11 Tagen.

Abb.7. Wachstumskurve des Gesamtkörpergewichtes von *Lonchura*. - Die Gewichtentwicklung wird mit der logistischen Wachstumsgleichung: W=23/(1+EXP(-0.3572*(Alter-9))) beschrieben. W = Gewicht zum Zeitpunkt T, Adultgewicht = 23g, Wachstumskonstante = 0.3572, Wendepunkt der Kurve im Alter von 9 Tagen.

Abb.8. Wachstumskurve des Gesamtkörpergewichtes von *Columba*. - Die Gewichtentwicklung wird mit der Gompertz-Gleichung: W=450*EXP(-EXP(-0.221*(Alter-6))) beschrieben. W = Gewicht zum Zeitpunkt T, Adultgewicht = 450g, Wachstumskonstante = 0.221, Wendepunkt der Kurve im Alter von 6 Tagen.

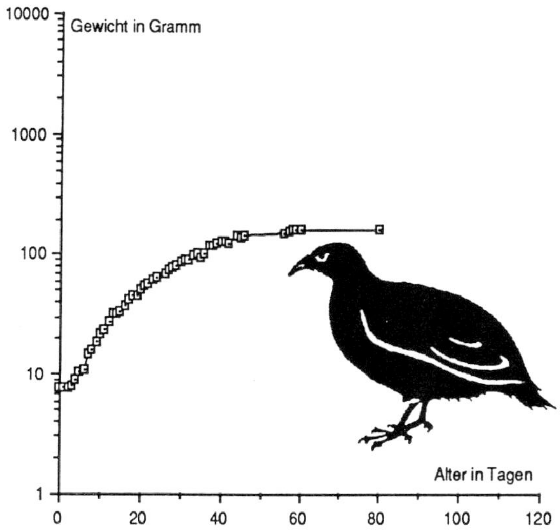

Abb. 3. *Coturnix coturnix.* Wachstumskurve des Gesamtkörpergewichtes.

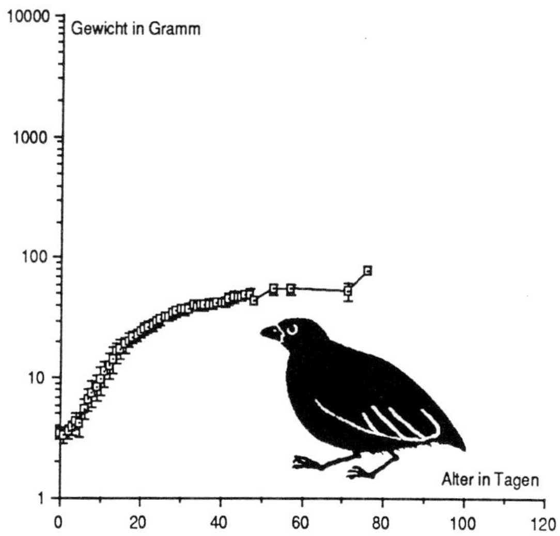

Abb. 4. *Turnix suscitator.* Wachstumskurve des Gesamtkörpergewichtes.

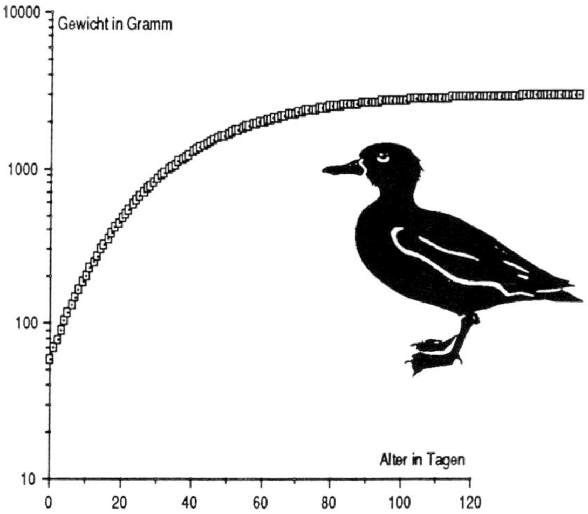

Abb. 5. *Cairina moschata.* Wachstumskurve des Gesamtkörpergewichtes.

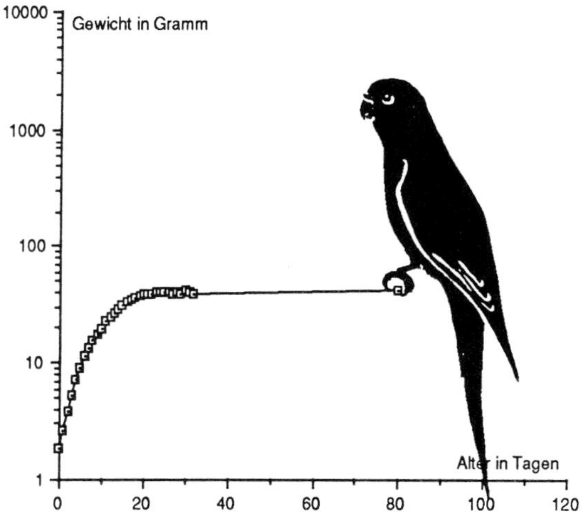

Abb. 6. *Melopsittacus undulatus.* Wachstumskurve des Gesamtkörpergewichtes.

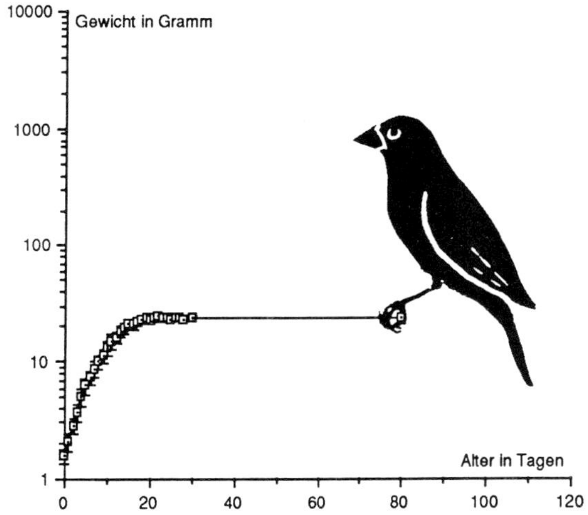

Abb. 7. *Lonchura oryzivora.* Wachstumskurve des Gesamtkörpergewichtes.

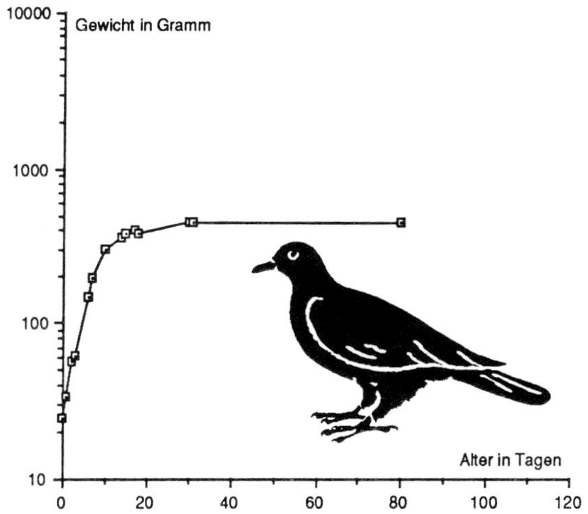

Abb. 8. *Columba livia f.dom.* Wachstumskurve des Gesamtkörpergewichtes.

IV NORMENTAFELN

IV.1 Einleitung

Für eine Reihe von Vogelarten bestehen bereits Normentafeln, die für die vergleichende Zusammenstellung des gesammelten Materials und die Erstellung der Normentafeln eine wichtiger Bezugspunkt sind. Für das Haushuhn (*Gallus gallus f.dom.*) wurde von KEIBEL & ABRAHAM (1900) eine Normentafel erstellt, die durch die Normentafel von HAMBURGER & HAMILTON (1951) ersetzt wurde. Der Atlas zur Embryonalentwicklung des Haushuhnes von RENOUX (1971) beschreibt die Embryonalentwicklung der ersten vier Bebrütungstage ausschließlich anhand von Altersstadien. Die Embryonalentwicklung des Bronze-Truthuhnes (*Meleagris gallopavo f.dom*) wird von MUN & KOSIN (1960) anhand der Normentafel für das Haushuhn von HAMBURGER & HAMILTON beschrieben und artabhängige Abweichungen angegeben. Die Normentafel für *Coturnix coturnix* (PADGETT & IVEY 1960) ist ebenso auf eine Bestimmung der Embryonalentwicklung des Wachtel nach den Normentafeln für das Haushuhn beschränkt. HENDRICKX & HANZLIK (1965) stellen eine Normentafel für die Virginia-Wachtel (*Colinus virginianus*) vor, die sich ebenfalls vollständig an die Normentafel für das Haushuhn anlehnt, aber aufgrund kleinerer Abweichungen auch zu einer anderen Stadiengliederung kommt. Die Embryonalstadien des Kiebitz (*Vanellus vanellus*) wurden von GROSSER & TANDLER (1909) zusammengestellt. Normalstadien der Hausente (*Anas boschas*) wurden von KOECKE (1958) beschrieben. KOECKE bezieht sich bei der Stadiengliederung bereits auf die Arbeit von HAMBURGER & HAMILTON (1951). REMPEL & EASTLICK (1957) stellen einen Vergleich der Zeitabläufe in der Entwicklung verschiedener Haushuhnrassen vor. Von KLEPACEK (im Druck) wird ein Stadien- und Zeitvergleich von Wachtel und Haushuhn aufgestellt. Die Normentafel zur Entwicklungsgeschichte des Wellensittichs von ABRAHAM (1901) ist heute leider nicht mehr zugänglich. Kürzlich wurde von YAMASAKI & TONOSAKI (1988) eine Normentafel der Embryonalstadien des Japanischen Mövchens (*Lonchura striata f.dom.*) publiziert, die sich in der Beschreibung und Einteilung der Stadien sehr stark an die Normentafel von HAMBURGER & HAMILTON (1951) anlehnt.

Der Vergleich der Embryonalentwicklung von Organsystemen innerhalb einer Art und zwischen verschiedenen Arten setzt voraus, daß gleiche Entwicklungszustände von Embryonen miteinander verglichen werden. Die Entwicklungszeit ist primär als Vergleichsgrundlage ungeeignet, da sehr große Unterschiede in der Gesamtdauer der Embryonalentwicklung bestehen. So schlüpfen viele Singvögel schon nach einer Embryonalzeit von 11 bis 14 Tagen, während zum Beispiel die Küken des ebenfalls nesthockenden Königs-Albatross (*Diomedea epomophora*) erst nach 79 Tagen Brutzeit schlüpfen. In diesem Zeitraum haben viele Singvögel bereits die Geschlechtsreife erreicht. Aber auch innerhalb einer Art gibt es Unterschiede im Zeitpunkt des Schlupfes, die mehrere Tage betragen können. Zum Beispiel schlüpfen Wellensittiche nach einer Brutzeit von 16 bis 19 Tagen, der Mittelwert ist 18 Tage. Auch innerhalb einer Art können daher gleich alte Embryonen unterschiedlich weit entwickelt sein.

Da diese Entwicklungszeit-Unterschiede sowohl einen intraspezifischen als auch einen interspezifischen Vergleich von Embryonalentwicklungen erschweren, wurden für den Vergleich der hier untersuchten Arten Normentafeln der Embryonalentwicklung erstellt. In den Normentafel dienen Entwicklungsstadien, die anhand der äußeren Gestaltentwicklung eindeutig beschrieben werden können, als Bezugssystem. Sie sind von der Entwicklungszeit, die benötigt wird, um diesen Zustand zu erreichen, unabhängig. Die Stadien-Merkmale der hier untersuchten Arten wurden durch den Vergleich umfangreicher Embryonenserien von jeder Art und durch den Vergleich der gemeinsamen Entwicklungsmerkmale der verschiedenen Arten festgestellt. Normentafeln für den Artvergleich bauen daher im Wesentlichen auf Entwicklungsmerkmalen auf, die bei allen verglichenen Arten vorkommen und somit Merkmale eines ursprünglichen Entwicklungsweges sind. Arteigene Charaktere werden zur Beschreibung von spezifischen Sonderwegen herangezogen.

Die Kriterien zur Definition eines Stadium müssen auch pragmatischen Gesichtspunkten gerecht werden: sie sollen schnell und ohne große technische Hilfsmittel möglichst schon am lebenden Embryo erkannt werden. Daher wurden bei jungen Embryonen auch von außen sichtbare Merkmale der inneren Organisation zur Stadieneinteilung herangezogen, bei älteren hingegen überwiegend Merkmale der Gestaltentwicklung und des Integumentes. Größenangaben sind aufgrund der enormen individuellen Unterschiede für intra- und interspezifische Vergleiche und Stadieneinteilungen ungeeignet.

Die hier vorgestellte Normentafel ist ein zusammenfassendes Ergebnis von 6 einzelnen Normentafeln, die für systematisch weit getrennte und im Ontogeneseweg sehr verschiedene Vogelarten erarbeitet wurden: *Coturnix coturnix* (Europäische Wachtel), *Turnix suscitator* (Bänder-Laufhühnchen), *Cairina moschata* (Moschus-Ente), *Melopsittacus undulatus* (Wellensittich), *Lonchura oryzivora* (Reisfink), *Columba livia f.dom.* (Brief-Taube). Das Haushuhn kann anhand der Tafeln von KEIBEL & ABRAHAM (1900), HAMBURGER & HAMILTON (1951) und für die frühen Stadien mit den ausführlichen Beschreibungen von PATTEN (1925) und FREEMAN & BRACEGIRDLE (1982) in diesen Vergleich einbezogen werden.

Im Abbildungsteil zu den Stadienbeschreibungen werden Abbildungen von allen 6 Arten in einer Tafel zusammengefaßt. Für viele, jedoch nicht alle Entwicklungsstadien sind zum Vergleich Embryonen mehrerer Arten abgebildet. Die "vermischte" Zusammenstellung der Normentafel mit Abbildungen von verschiedenen Arten mag ungewöhnlich sein und zur Diskussion herausfordern. Es war das Ziel, die generelle Verwendbarkeit der Normentafel zu unterstreichen und gleichzeitig endlose Wiederholungen der Stadienbeschreibungen zu vermeiden.

Die hier vorgestellte Normentafel lehnt sich formal an die Normentafel von HAMBURGER & HAMILTON (1951) an, baut aber vor allem bei den mittleren und späten Stadien auf ganz anderen Stadienmerkmalen auf, wobei Größenmerkmale ganz wegfallen. Daß trotz unterschiedlicher Kriterien das Ergebnis vergleichbar ist, spricht für die generelle Gültigkeit der Normentafeln. Eine Referenz zu der Stadieneinteilung in den zitierten Normentafeln ist in Tabelle 3 gegeben.

Die verschiedenen Aspekte von biologischer Entwicklung erfordern eine klare Sprachregelung.

ENTWICKLUNG: Bezeichnet ohne Zusatz hier ausschließlich ontogenetische Entwicklungsvorgänge. Werden stammesgeschichtliche Vorgänge angesprochen, so wird dies ausdrücklich formuliert.

PHYSIKALISCHE ZEIT: Zeit gemessen in Tagen, Stunden, und Minuten.

ENTWICKLUNGSDAUER: physikalische Zeit die für einen genau bestimmten ontogenetischen Entwicklungsvorgang benötigt wird. Beginn und Ende der untersuchten Entwicklung müssen angegeben sein (in Tagen, Stunden).

BRUTDAUER: (Inkubationsdauer) Physikalische Zeit, während der ein Ei bebrütet wird (in Tagen, Stunden).

RELATIVE ENTWICKLUNGSZEIT: Dauer eines Entwicklungsvorganges in Prozent der Gesamtentwicklungdauer; die Gesamtdauer einer Embryonalentwicklung, die mit dem Schlupf abgeschlossen ist, wird gleich 100% gesetzt.

ALTERSSTADIUM: hier dient die physikalische Zeit als Bezugspunkt. Fixpunkte sind der Beginn der Embryonalentwicklung (in der Praxis meist der Brutbeginn) oder der Schlupf (in Tagen und Stunden).

GRÖßENSTADIUM: die Körpergröße als Scheitel-Steiß-Länge ist das Ordnungsmaß.

EMBRYONAL-STADIUM: Ein Embryonal-Stadium ist ein Entwicklungszustand, der anhand äußerer Merkmalskombinationen von vorangehenden und nachfolgenden Entwicklungszuständen eindeutig unterschieden werden kann. Die Beschreibung der Embryonal-Stadien ist unabhängig von der Entwicklungs-Dauer.

ZEITPLAN: Abfolge von Differenzierungs-Schritten einer Struktur in Bezug zur Entwicklungszeit.

ZEITMUSTER: Die räumlich geordnete und in ihren Zeitplänen aufeinander abgestimmte Entwicklung von mehreren Einzelstrukturen.

IV.2 Stadienbeschreibung

Die Stadien der Normentafeln sind auf den Abbildungen 9 bis 77 zusammengestellt. Die Abbildung der Embryonen sind jeweils mit der Stadien-Nummer bezeichnet.

STADIUM 1 Zweischichtige Keimscheibe; der zentrale Bereich des Blastoderm wird von der Subgerminalhöhle unterlagert und hebt sich als Area pellucida von dessen Randbereich, der Area opaca, ab. Zwischen Area pellucida und Area opaca ist ein Gebiet hoher Zelldichte, die Randzone ausgebildet (Abb.9).

STADIUM 2 Frühe Anlage des Primitiv-Streifens. Der Primitiv-Streifen tritt in der Mitte der Keimscheibe als zelldichte Region auf. Er streckt sich über die halbe Länge der Area pellucida aus (Abb.10).

STADIUM 3 Der Primitiv-Streifen hat die volle Länge erreicht. Seitlich sind die Felder des neu gebildeten Mesoderm als opake Regionen erkennbar.

STADIUM 4 Die Primitiv-Rinne ist über die ganze Länge des Primitiv-Streifens ausgebildet (Abb.11).

STADIUM 5 Primitiv-Rinne; Primitiv-Grube (HENSENscher Knoten) und Notochord sind ausgebildet. Der HENSENsche Knoten liegt im vorderen Viertel des Embryo; von dort reicht die Anlage der Chorda dorsalis bis an das Vorderende des Embryo. Das Mesoderm hat sich seitlich als "Mesoderm-Flügel" bis auf die Höhe des Notochord vorgeschoben. Mesodermfreie Gebiete vor dem rostralen Ende des Embryo bilden das "Proamnion" (PATTEN 1925). In diesem und den folgenden Stadien unterscheidet es sich deutlich als optisch klare Region vor dem Embryo gegenüber den dichteren mit Mesoderm ausgestatteten lateralen Bereichen (Abb.12).

STADIUM 6 Der HENSENsche Knoten ist bis in die Mitte der Primitv-Rinne verlagert, das Notochord entsprechend verlängert. Das Vorderende der Embryonalanlage ist durch die Kopffalte markiert. Die Kopffalte tritt gelegentlich erst zusammen mit den Neuralfalten und dem ersten Somitenpaar auf; bei Wellensittich und Reisfink ist sie nur sehr schwach ausgebildet (Abb.13).

STADIUM 7 Ein Somitenpaar ist ausgebildet. Am Vorderende des Embryo falten sich die Neuralfalten auf (Abb.14).

STADIUM 8 Die Neuralfalten berühren sich in der Mittellinie, der Kopfschild ist leicht abgehoben. 4-6 Somitenpaare sind ausgebildet (Abb.15,16)

STADIUM 9 Das Neuralrohr ist bis zur Hälfte des Embryo geschlossen. Rostraler Neuroporus weit offen; Augenbläschen ausgebildet; eine zarte Einschnürung des kaudalen Abschnittes der Hirnanlage (Sulcus rhombo-mesencephalicus) stellt die Grenze zwischen rhombencephalem und tectalem Proliferationsgebiet dar. Die Herzanlage ist paarig; nur am rostralen Ende sind die Gefäße verschmolzen; 7-9 Somitenpaare (Abb.16,17).

STADIUM 10 Das Neuralrohr ist bis zum hinteren Drittel des Embryo geschlossen. Rostraler uns kaudaler Neuroporus erhalten. Gehirnanlage durch zwei zarte Einschnürungen untergliedert: Augenbläschen, Anlage des Diencephalon und Tectum sowie die Anlage des Rhombencephalon. Herzanlage unpaar. 10-12 Somitenpaare (Abb.18,19).

STADIUM 11 Das Neuralrohr ist bis zum Hinterende des Embryo geschlossen. Der rostrale Neuroporus ist geschlossen, der kaudale offen. Die Augenbläschen sind an ihrer Basis eingeschnürt und leicht nach hinten gebogen. Die unpaare Anlage des Telencephalon beginnt vorzuwachsen. Das Diencephalon und das Tectum sind als Bläschen abgegrenzt, das Rhombencephalon wird von mehreren Einschnürungen untergliedert. Lateral des Rhombencephalon sind zwei flache Ohrgruben ausgebildet. 13-15 Somitenpaare. Das Herz ist leicht nach rechts gebogen. Vor dem Embryo faltet sich das mesodermfreie Proamnion auf. Das Ausmaß der Auffaltung des Proamnion variiert zwischen den Arten; beim Wellensittich überdeckt es die Augenbläschen, beim Reisfink erreicht es grade das Prosencephalon, bei der Wachtel ist es nur eine flache Falte, die den Embryo nirgends bedeckt (Abb.20,21).

STADIUM 12 Beginnende Seitwärts-Biegung der Kopfregion. Die Ohrgrube ist tiefer eingesenkt, besitzt aber noch eine weite Öffnung. 16-18 Somitenpaare. Im mittleren Bereich des Embryo ist das Seitenplatten-Mesoderm als Falte abgegrenzt. Das Herz ist leicht S-förmig gebogen (Abb.22).

STADIUM 13 Der Vorderkopf ist gegenüber dem Rumpf um 90^{0} abgewinkelt. Das unpaare Telencephalon wächst weiter vor. Die Augenbläschen sind zu Bechern invaginiert. Diencephalon und Tectum sind leicht vorgewölbt, der Neuralkanal im Rautenhirn verbreitert. Die Ohrgrube ist zum Ohrbläschen eingestülpt, steht aber noch über eine Öffnung mit dem extraembryonalen Raum in Verbindung. 19-21 Somitenpaare; das gesamte Seitenplattenmaterial hebt sich als Seitenfalte vom umgebenden extraembryonalen Gebiet ab. Das S-förmig gewundene Herz lässt eine Untergliederung in eine größere sino-atriale Region und den kleineren Ventrikel erkennen (Abb.23,24).

STADIUM 14 Diencephalon und Tectum sind weit aufgewölbt, das Cerebellum als kleine Brücke über dem Rautenhirn erkennbar. Die Augenbecher sind eingestülpt und die Linsenplakoden ausgebildet. Die Öffnung des Ohrbläschens ist verschlossen. 22-25 Somitenpaare; aufgrund der Überlagerung durch das Amnion sind die Somite in späteren Stadien nicht mehr exakt zählbar. Die lateralen Körperfalten sind bis in die mittlere Region des Embryo ausgebildet. Die beiden vorderen Visceralbögen und -furchen sind ausgebildet (Abb.25).

STADIUM 15 Das Telencephalon ist deutlich vergrößert; Diencephalon, Tectum und Cerebellum sind durch flache Furchen voneinander abgegrenzt. Ohrbläschen oval gestreckt. Anlage der Iris als Doppelkontur des Augenbechers erkennbar. Drei Visceralbögen und Visceralfurchen sind ausgebildet. In der Körpermitte deutet eine leichte Verdichtung der Seitenplatten die Anlage der vorderen Extremität an. Die Ausdehnung des Amnion variiert auch innerhalb einer Art (Abb.26).

STADIUM 16 Visceralbögen verbreitert, daher sind die Visceralfurchen nicht mehr gut erkennbar. Das Ohrbläschen ist in die obere Pars vestibularis und die untere Pars cochlearis unterteilt. Am rostralen Ende des Kopfes sind die Nasengruben flach eingesenkt. Die Torsion des Herzens ist so weit fortgeschritten, daß die Anlage des Ventrikels die kaudale Herzspitze bildet. Flügelanlage und Beinanlage bilden lang gestreckte Wülste der seitlichen Körperwand, die Schwanzknospe ist vom Rumpf abgesetzt (Abb.27).

STADIUM 17 Im Dach des Diencephalon ist die Epiphyse knopfartig abgesetzt. Telencephalon und Tectum bilden ungefähr gleich große, noch unpaare Blasen. Die Nasengruben sind tief eingesenkt. Die Anlagen der vorderen und hinteren Extremitäten sind vom Rumpf leicht abgesetzt; die Schwanzknospe ist nach ventral gebogen. Das Amnion ist weitgehend geschlossen; gelegentlich ist ein mehr oder weniger großer Amnionnabel erhalten. Am kaudalen Ende der Darmbucht ist die Allantois-Anlage als brückenartige Gewebeleiste ausgebildet (Abb.28,29).

STADIUM 18 Das Telencephalon zeigt die ersten Andeutungen einer Gliederung in Hemisphären. Die Anlage der Kiefer wird von dem Maxillarwulst und dem Mandibularbogen gebildet. Beide Strukturen sind gleich lang. Der Mandibularbogen ist der längste Visceralbogen. Der zweite Visceralbogen ist gegenüber den vorangehenden Stadien verbreitert und überlagert zum Teil den dritten Bogen. Vierter Visceralbogen und Visceraltasche sind ausgebildet. Die stumpf gerundeten vorderen und hinteren Extremitätenknospen sind vom Rumpf abgesetzt; sie sind mehr als doppelt so breit wie lang, und weisen mit dem distalen Pol nach kaudal. Die Schwanzknospe ist ventral eingerollt. Die Allantois ist zu einem kleinen, nicht vaskularisierten Bläschen ausgewachsen (Abb.30).

STADIUM 19 Die Anlage des Telencephalon bildet zwei Bläschen, die an der Basis miteinander verbunden sind. Das unpaare Bläschen des Tectum ist mindestens so groß wie das Telencephalon. Der Augenbecher und die Augenbecherspalte sind vollständig geschlossen. Die Extremitätenknospen sind so lang wie breit; sie weisen mit dem distalen Pol nach hinten. Allantois als Bläschen von der Größe des Tectum (Abb.31,32).

STADIUM 20 Der zweite Visceralbogen ist an der Basis verbreitert und überlagert den dritten Bogen. Die Extremitätenanlagen sind asymmetrisch: ihr Vorderrand ist zur hinten gelegenen Spitze stark gebogen, der Hinterrand verläuft gerade. Die Allantois ist von variabler Größe und vaskularisiert. Im Artenvergleich werden Unterschiede in der Größenentwicklung der Augen und des Gehirnes erkennbar. Bei Wachtel, Laufhühnchen, Moschus-Ente und Taube sind im Vergleich zum Gesamtgehirn die Augen und das Tectum größer als bei Wellensittich und Reisfink (Abb.33-35).

STADIUM 21 Die Größenunterschiede in der Entwicklung der Hirnregionen und der Augen treten zwischen den verschiedenen Arten deutlicher hervor als im vorangegangenen Stadium; Struktur-Unterschiede bestehen aber nicht. In den Augen beginnt spätestens jetzt die Pigmentbildung. Der Maxillarbogen ist als eigenes Element abgesetzt und deutlich länger als der Mandibularbogen. Die erste Visceralspalte ist durch distale Verschmelzung von erstem und zweitem Visceralbogen geschlossen. Der dritte und der vierte Visceralbogen werden vom zweiten weit überlappt und sind nicht mehr frei sichtbar. Die Extremitätenknospen sind länger als breit, nach hinten gebogen und abgeflacht. Das distale Ende der Extremitätenanlagen ist noch nicht verbreitert (Abb.36,37).

STADIUM 22 Der erste und der zweite Visceralbogen tragen ein kompliziertes Oberflächenrelief aus zahlreichen Höckern. Die erste Visceralspalte ist zu einer kleinen runden Öffnung geschlossen und nach dorsal verlagert. Der zweite Visceralbogen ist weiter abgesetzt und überlagert nun als Operculum den dritten und den vierten Bogen. Das distale Ende der Extremitätenanlagen ist plattenförmig verbreitert und deutet den Beginn der Differenzierung des Autopodium an. Eine proximale Abwinkelung untergliedert die Extremitätenanlagen in Stylopodium und Zeugopodium (Abb.38,39).

STADIUM 23 Die Maxilla reicht bis an den Rand der Nasengruben, von der sie aber durch eine Furche abgesetzt bleibt. Das Autopodium der hinteren Extremität ist dreieckig; schwach angedeutet finden sich drei Zehenstrahlen, deren mittlerer der längste ist. Das Autopodium der Vorderextremität ist asymmetrisch gerundet und hat noch keine Fingerstrahlen ausgebildet (Abb.40).

STADIUM 24 Die Furche zwischen Maxilla und Nasenumrandung ist etwas abgeflacht. Die beiden Mandibulae bilden ein Dreieck, dessen Spitze zwischen den Maxillae liegt. Das Höckermuster auf dem ersten und zweiten Visceralbogen wird flacher und ist nur noch auf dem proximalen Abschnitt der Mandibula um die Öffnung der ersten Visceralspalte zu finden. Drei Zehenstrahlen der hinteren Extremitätenanlage und ein Fingerstrahl der vorderen sind deutlich erkennbar (Abb.41-43).

STADIUM 25 Die inneren Ränder der Nasenanlage bilden zusammen mit der Maxilla die Anlage des Oberschnabels. Die Mandibula ist bis auf 2/3 der Maxilla-Länge vorgewachsen; ihre Spitze liegt zwischen den Ästen der Maxillae. Das Höckermuster ist weitgehend verstrichen und undeutlich; es bildet aber noch die Umrandung der ersten Visceralspalte. Der zweite Visceralbogen umfaßt als Operculum ein Drittel der gesamten Cervikalregion. Er ist von der Mandibula weiter abgerückt; die Halsbildung beginnt. - Wachtel, Laufhühnchen, Moschus-Ente und Taube haben sehr große Augen, ein großes Tectum und ein relativ kleines Telencephalon, während Augen und Tectum bei Wellensittich und Reisfink klein sind und das Telencephalon stark entfaltet ist. Trotz der Größen-Unterschiede bestehen keine grundsätzlichen Unterschiede in der Gestaltentwicklung (Abb.44).

STADIUM 26 Die erste Visceralspalte bildet die äußere Ohröffnung am basalen Ende der Mandibula. Zwei Grenzfurchen deuten die Linie der Verschmelzung von erstem und zweitem Visceralbogen an. An der vorderen Extremität sind alle drei Fingerstrahlen ausgebildet, der mittlere ist am längsten. Der vierte Zeh der hinteren Extremität ist angelegt und durch eine schwache Rinne von der dritten getrennt (Abb.45).

STADIUM 27 Die Ohröffnung ist vom Kiefer vollständig getrennt; die Mandibula ist bis an das Vorderende der Maxilla und die Unterseite der Schnabelanlage vorgewachsen. Das Operculum des zweiten Visceralbogens ist bis auf einen schwachen Wulst verstrichen. Bei der Moschus-Ente ist er aber bei allgemein vergleichbarem Entwicklungszustand erhalten. Die Phalangen sind äußerlich durch Furchen gut abgrenzbar, aber nicht freigestellt (Abb.46).

STADIUM 28 Der Oberschnabel trägt einen kleinen Eizahn. In allen untersuchten Arten nimmt der Schnabel arteigene Proportionen an. Das Operculum des zweiten Visceralbogens ist bis auf winzigen epidermalen Haken verschwunden. Die ersten 1-2 Skleralpapillen, die Anlagen der Skleralknochen, sind auf der hinteren Augenhälfte sichtbar. Im nasalen Winkel des Auges ist die Anlage der Nickhaut ausgebildet. Das interdigitale Gewebe zwischen Zehen und Fingern ist bei allen Arten tief eingesenkt. Erste Federanlagen im Tractus pterylae pelvicis sind im Höckerstadium erkennbar (Abb.47).

STADIUM 29 Es sind 4-6 Skleralpapillen entwickelt; vorne maximal zwei, alle anderen in der hinteren Augenhälfte. Die Federanlagen der Rückenflur reichen bis in die Cervikalregion. Die Interdigitalhaut ist am distalen Rand zwischen den Phalangen leicht konkav eingezogen (Abb.48,49).

STADIUM 30 Es sind 7-10 Skleralpapillen vorhanden. Die Nickhaut bildet ein sichelförmiges Häutchen am nasalen Rand des Auges. Das Operculum ist bei allen Arten außer bei *Cairina* völlig verstrichen, bei der er noch als keiner Dorn sichtbar ist. Finger und Zehen sind deutlich voneinander abgesetzt, aber noch nicht freigestellt. Die Anlagen der Schwanzfedern und ihrer oberen und unteren Deckfedern sind ausgebildet. *Cairina* besitzt in diesem Entwicklungsstadium noch keine Federanlagen. - Die arttypische Grundform des Schnabels ist jetzt entwickelt (Abb.50,51).

STADIUM 31 Der vollständige Kreis von 13-15 Skleralpapillen, je nach Art, ist ausgebildet. Die Augenlider sind als Doppelfalte angelegt, aber noch nicht über die Augen vorgewachsen. Die Nickhaut überdeckt in der nasalen Hälfte des Auges ungefähr 1/3 der Strecke zwischen Augenwinkel und nasalen Skleralpapillen. Das interdigitale Gewebe wird vom distalen Rand her reduziert und die Phalangen werden freigestellt; Reste des interdigitalen Gewebes bleiben aber vorerst bestehen. Der zweite Phalange der Hand ist stark verlängert. Federanlagen treten bei Wachtel und Wellensittich in der gesamten dorsalen Flur bis in den cervikalen Bereich auf; auch in den Tractus femoralis, scapularis und pectoralis treten nun Federanlagen auf. Bei Taube, Reisfink und Moschus-Ente erscheinen sie erst in dem folgenden oder übernächsten Stadium in gleicher Deutlichkeit. Bei der Verwendung der embryonalen Pterylose als Stadienmerkmal müssen derartige Artunterschiede berücksichtigt werden (Abb.52-54).

STADIUM 32 Die Augenlider haben in der unteren Augenhälfte den Kreis der Skleralpapillen erreicht. Der Schnabel ist bei Moschus-Ente, Taube und Wachtel verlängert, beim Reisfink an der Basis verbreitert und beim Wellensittich lässt sich eine leichte Krümmung des Unterschnabels feststellen. Spätestens mit diesem Stadium setzt die arteigene Ausgestaltung der Hornstrukturen des Schnabels ein. Das Operculum der Nasenöffnungen bei Laufhühnchen und Taube und der Nasenwulst des Wellensittichs sind angelegt. Beim Wellensittich treten die ersten Leisten ("Hornzähne") am Schnabel auf. Die Phalangen an Hand und Fuß sind vollständig freigestellt. Beim Wellensittich hat die Verlagerung des ersten und vierten Zeh begonnen. Bei den anderen Arten sind die Umkonstruktionen nicht so extrem und daher auch nicht so deutlich zu erkennen. Die Verlagerung des ersten Zeh setzt auch bei ihnen in diesem Stadium ein. Die Federanlagen des dorsalen, femoralen, skapularen und pektoralen Traktes sowie die Rectrices haben das Papillenstadium erreicht. Artlich verschieden sind die ersten Federanlagen am Kopf (Tractus superciliaris, auricularis und genalis) vorhanden (Abb.55-57).

STADIUM 33 Die Nickhaut ist in der vorderen Augenhälfte bis an die Skleralpapillen herangewachsen; die Augenlider umschließen ein großes Oval und berühren mit ihrem oberen und unteren Rand den Kreis der Skleralpapillen. Die Federanlagen haben am ganzen Rumpf das späte Papillenstadium erreicht. Bisher sind nur Konturfedern angelegt. Die Anlagen der Hand- und Armschwingen sind im Höckerstadium erkennbar. Die Reihe der Armschwingen wird von den zugeordneten Deckfedern begleitet (Abb.58-60).

STADIUM 34 Die Nickhaut ist bis über die Skleralpapillen gewachsen, die Augenlider sind bis an sie heran gewachsen. Die Anlagen aller Hand- und Armschwingen sind als spätes Papillenstadium entwickelt; die Handschwingen zusammen mit ihren großen Deckfedern, die Armschwingen mit ihren großen und mittleren Deckfedern. Die Konturfedern aller Federflure sind vollständig angelegt; bei der Ente werden sie erst im folgenden Stadium komplett sein. Als Sondermerkmal der Reisfinken wächst der Schnabelwulst, der eine Dermisverdickung im Schnabelwinkel ist (Abb.61).

STADIUM 35 Nickhaut und Augenlider sind bis an die Pupille herangewachsen. Bei Wachtel, Moschus-Ente, Wellensittich und Taube treten in den Federfluren zwischen den Anlagen der Konturfedern und in den Federrainen Anlagen der Dunenfedern auf. Laufhühnchen und Reisfink besitzen als Adulttiere keine Dunenfedern; es werden auch embryonal keine angelegt. Die (Kontur-)Federanlagen der hinteren Rückenflur und des femoralen Traktes sind zum Fadenstadium ausgewachsen (Wachtel, Laufhühnchen, Moschus-Ente, Wellensittich, Taube). Bei Wachtel und Laufhühnchen wird Melanin eingelagert, die dunigen Neoptilfedern der anderen Arten sind unpigmentiert (Abb.62,63).

STADIUM 36 Die Embryonen der bedunt schlüpfenden Arten besitzen stark verlängerte Federanlagen. Bei Wellensittich und Reisfink bestehen keine grundsätzlichen Unterschiede in der Pterylose zum vorangegangenen Stadium. Alle Arten zeigen auf der Vorderseite des Laufes die Anlagen der Hornschuppen, die sich noch nicht überlappen. Die Sohlenseite des Fußes trägt ein Warzenmuster (Abb.64-66).

STADIUM 37 Die Augenöffnung ist bis auf eine schmale Lidspalte geschlossen. Die Federanlagen der Nestflüchter und der Taube sind zu einer dichten Körperbedeckung ausgewachsen. Die Versenkung der Federbasis in die Tiefe der Dermis kann daher nicht beobachtet werden. Beim Wellensittich wachsen hingegen nur wenige Konturfederanlagen fadenförmig aus, beim Reisfink gar keine. Die Versenkung der durch die transparente Haut hindurchschimmernden Federanlagen kann bei ihnen sehr gut verfolgt werden. Die Schuppen des Laufes überlagern sich dachziegelartig, das Warzenmuster der Unterseite ist deutlicher ausgebildet. Der dorsale Anteil der Krallenanlage ist verhornt; der ventrale noch nicht (Abb.67,68).

STADIUM 38 Die Augen sind durch die Lider vollständig geschlossen. Die Federanlagen von Wellensittich und Reisfink sind am Rumpf weitgehend versenkt, am Kopf noch nicht vollständig. Die äußere Ohröffnung der beiden Arten wird von einer häutigen Membran bis auf einen schmalen Schlitz verschlossen. Die Krallen sind nun auch ventral verhornt. Die dünne Peridermschicht über Schnabel und Krallen verhornt und wird als Ganzes abgestoßen (Abb.69-71).

STADIUM 39 Dieses Stadium ist ein Wachstumsabschnitt, das mehrere Tage andauern kann, ohne daß besondere äußere Veränderungen festzustellen sind. Das äußere Erscheinungsbild der Embryonen gleicht den Schlüpflingen. Tragen die Schlüpflinge besondere Pigmentierungsmuster des Schnabels wie die Taube, so werden sie in diesem Stadium ausgebildet. Bei Wellensittich und Reisfink wird die äußere Ohröffnung häutig verschlossen. - Das Ende dieses Stadium und der Beginn des folgenden Stadium werden mit dem Anpicken der Schalenmembran, dem Belüften des Eies und dem langsamen Übergang von der Allantoisatmung zur

Lungenatmung definiert. - Eine eindeutige, morphologische Stadienabgrenzung ist nicht mehr möglich (Abb.72,73).

STADIUM 40 Ei angepickt, Beginn der Lungenatmung (Abb.74,75).

STADIUM 41 Der Chorio-Allantois-Kreislauf verödet und der Dottersack wird eingezogen (Abb.76,77).

STADIUM 42 Schlupf

IV.3 Stadienvergleich

Der erste Abschnitt der Embryonalentwicklung bis zum Stadium 17 verläuft in allen untersuchten Arten gleich. Mit der Bildung der Keimblätter, der Neurulation, der Bildung der Somiten und des Coelom, der Hirnanlage und deren Untergliederung (in Telencephalon, Diencephalon, Mesencephalon und Tectum sowie Rautenhirn und Cerebellum), der Anlage der Kopfsinnesorgane, des Herzens und der Auffaltung der Embryonalhüllen wird die embryonale Grundorganisation aufgebaut.

Dabei besteht eine individuelle Variabilität in den Zeitabläufen der Entwicklung einiger Organsysteme. So können die Medullarwülste sowohl vor als auch gelegentlich nach der Bildung des ersten Somitenpaares aufgefaltet werden. Derartige Unterschiede wurden auch zwischen Embryonen einer Art gefunden. HAMBURGER & HAMILTON (1951) weisen bei der Beschreibung der Normalstadien des Haushuhnes darauf hin. Die "verspätete" Auffaltung der Medullarwülste, die KOECKE (1958) bei *Anas boschas* beobachtete, muß ebenso als Zeichen individueller Variabilität angesehen werden und nicht als besonderes Artmerkmal. Auch bei der Moschus-Ente wurden derartige Zeitdifferenzen in der Auffaltung der Medullarwülste beobachtet, während schon in den Folgestadien häufig wieder Entwicklungsgleichheit vorliegt. Ähnlich verläuft die Bildung der Embryonalhüllen, die sich stadiengleich auffalten, aber individuell variabel verschlossen werden.

Mit Stadium 20 werden Größenunterschiede in der Entwicklung der Augen und des Gehirnes zwischen den Arten erkennbar. Wachtel, Laufhühnchen, Moschus-Ente und Taube entwickeln große Augen und ein großes Tectum. Beim Wellensittich und beim Reisfink bleiben Augen und Tectum im Verhältnis zum Gesamtgehirn deutlich kleiner. Dennoch erfolgt die Anlage der Skleralpapillen, der Nickhaut und das Vorwachsen der Augenlider in allen Arten in genau der gleichen Weise und im gleichen zeitlichen Ablauf. Das Wachstum des Tectum als primärem Projektionsgebiet der Retina ist eng mit dem Wachstum der Augen gekoppelt. Die charakteristischen Unterschiede in den Hirnproportionen der adulten Individuen verschiedener Arten, die sich auch in den großen Volumenunterschieden des Tectum zeigen, werden durch Wachstumsunterschiede in diesem Stadium angelegt. Trotz der beginnenden quantitativen Unterschiede sind in den Folgestadien 21 und 22 noch keine grundlegenden Differenzen im Zeitmuster der Gesamtentwicklung zu erkennen. Das schließt nicht aus, daß nach der Entwicklung des Grundbauplanes nun an Einzelstrukturen oder -organen arteigene Merkmale und Veränderungen der Größenverhältnisse auftreten, die Verschiebungen ihrer Zeitpläne zur Folge haben. Für die Entwicklung des Gehirnes, insbesondere für die Beziehungen zwischen Organgröße und Differenzierungshöhe, werden diese Verschiebungen in Kapitel VII.3 ausführlich dargestellt.

In den folgenden Entwicklungsschritten werden die Organanlagen in gruppentypischer Art differenziert: Bis zum Stadium 22 wachsen die Extremitätenknospen aus und erfahren die erste Untergliederung in Stylopodium, Zeugopodium und Autopodium. Zwischen Stadium 22 und Stadium 25 werden die Zehen- und Fingerstrahlen angelegt und das interdigitale Gewebe leicht eingesenkt. Bis zur Auflösung des interdigitalen Gewebes im Stadium 31 verläuft die Gestaltentwicklung der Extremitäten gleich. Sobald die Phalangen im Stadium 32 oder Stadium 33 freigestellt sind, rücken sie aus der flachen Fußplatte in ihre spätere Position. Beim Wellensittich rücken der erste und der vierte Zeh um 180° nach hinten in Oppositionsstellung und bilden den typischen zygodactylen Papageienfuß. Bei Wachtel, Moschus-Ente,

Reisfink und Taube ändert nur der erste Zeh seine Position und rückt auf die Hinterseite des Laufes. Laufhühnchen (*Turnicidae*) besitzen als typische Laufvögel nur drei Zehen; der erste Zeh ist reduziert.

Trotz der unterschiedlichen weiteren Entwicklung der Grundstruktur finden die einzelnen Entwicklungsschritte wie der Positionswechsel der Zehen bei allen Arten im gleichen Zeitplan statt. Beim Wellensittich rücken der erste und der vierte Zeh zur gleichen Zeit in retrograde Position, zu der bei Wachtel, Reisfink und Taube der erste Zeh in retrograde Stellung wandert.

Dies lässt sich auch für die weitere Ausgestaltung des Integumentes des Fußes zeigen: die Anlagen der Schuppen auf dem Lauf und des Schwielenmusters auf der Sohlenseite treten im Stadium 36 zum ersten Mal auf. Die Verhornung der Krallen und die Ausdifferenzierung des Schuppenmusters erfolgt in den Stadien 37 und 38 und verläuft in allen Arten stadienparallel, trotz unterschiedlicher Form der Schuppen, die vielreihig bei der Wachtel, zweireihig beim Laufhühnchen, einreihig bei der Moschus-Ente und dem Reisfink oder als Papillen beim Wellensittich ausgebildet sind.

Auch die Entwicklung des Schnabels zeigt die zunächst stadiengleiche Anlage der Grundorganisation im Stadium 25. Ab Stadium 28 zeigen die verschiedenen Partien des Schnabels unterschiedlich starkes Wachstum und entwickeln in jeder Art die typischen Proportionen. So verbreitert sich die Schnabelbasis der Moschus-Enten deutlich, während zugleich der Schnabel stark in die Länge wächst. Beim Wellensittich entwickelt der Oberschnabel die typische Krümmung, der Schnabel der Reisfinken ist schon auf diesem frühen Stadium kurz und kräftig, während der Schnabel der Tauben deutlich in die Länge wächst.

Die arteigene Ausgestaltung der Hornstrukturen beginnt im Stadium 32. Beim Laufhühnchen, der Wachtel und der Taube werden in diesem Stadium die Strukturen des Operculum angelegt, das jederseits das Nasenloch überdeckt. Die Hornränder des Taubenschnabels, die eine Anpassung an die Ernährung der Nestlinge darstellen, beginnen nun auszuwachsen. Beim Wellensittich ist eine leichte Krümmung des Unterschnabels festzustellen, und die "Hornzähne" wachsen aus. -Zwischen den Hornstrukturen und den nicht epidermalen, akzessorischen Bildungen der Dermis muß unterschieden werden: die wulstartige Verdickung des Schnabelwinkels der Reisfinken ist eine Bildung des Mesenchym der Dermis, die im Stadium 36 gebildet wird und von dem epidermalen Differenzierungsgeschehen am Hornschnabel völlig unabhängig ist.

Die embryonale Pterylose folgt bei allen Arten weitgehend dem gleichen Zeitplan. Bis zum Stadium 33 sind die Anlagen aller Konturfedern ausgebildet. Bei *Cairina moschata* ist die Anlage der Federn um 1-2 Stadien verzögert. Die Federentwicklung wird in Kapitel V ausführlich vergleichend dargestellt.

In den Stadien 39 bis 41 besitzt der Embryo bereits die Gestalt des Schlüpflings. Ohne daß äußerlich weitere Differenzierungsschritte erkannt werden können, wächst der Embryo bis zum Schlupf jedoch noch deutlich. In diesem Abschnitt der Embryonalentwicklung findet auch die Umstellung von der Allantois-Atmung auf Lungenatmung statt, verödet der Allantoiskreislauf und wird schließlich kurz vor dem Schlupf der Dottersack in die Leibeshöhle eingezogen.

Zusammenfassend lässt sich die Embryonalentwicklung in vier Großabschnitte gliedern:

Entwicklungsphase I

Frühentwicklung. Sie beginnt mit den ersten Furchungsteilungen und reicht bis zur Ausbildung der Körpergrundgestalt (bis Stadium 22).

Entwicklungsphase II

Ausbildung der Organstruktur und erste Gewebedifferenzierung. (bis Stadium 33).

Entwicklungsphase III

Fortgeschrittene Organdifferenzierung zu arttypischen Baumerkmalen (bis Stadium 38).

Entwicklungsphase IV
Wachstums- und Ausreifungsphase (bis zum Schlupf).

In diese Stadieneinteilung können auf die in der Literatur ausführlich beschriebenen Arten Haushuhn (HAMBURGER & HAMILTON 1951) und Japanisches Mövchen (YAMASAKI & TONOSAKI 1988) eingeschlossen werden. Die Embryonalentwicklung aller bisher beschriebenen Vogelarten lässt sich nach einem einheitlichen und generalisierten Stadiensystem in eindeutig definierte Entwicklungszustände untergliedern. Dies erscheint zunächst unabhängig davon, ob der Vogel als Nestflüchter oder Nesthocker schlüpft.

IV.4 Stadiendauer und Entwicklungszeit

Jedes Embryonalstadium tritt während eines bestimmten, zeitlich begrenzten Abschnittes in der Embryonal-Entwicklung auf. Dies kann in Kurven dargestellt werden, die die Embryonalstadien in Beziehung zur physikalischen Zeit oder zur relativen Entwicklungszeit setzen. Die Abbildungen 78 bis 84 stellen diese Beziehungen zwischen Stadienfolge und Entwicklungszeit für die 6 hier untersuchten Arten dar. Nach Literaturangaben aus HAMBURGER & HAMILTON (1951) und KLEPACEK (im Druck) wurde eine entsprechende Zeit-Stadien-Kurve für das Haushuhn erstellt (Abb.84).

Der Abschnitt der gesamten Entwicklungszeit, in dem ein bestimmtes Stadium in einer Art gefunden werden kann, überschneidet sich mit den Abschnitten des vorhergehenden und des nachfolgenden Stadium. Die eigentliche Dauer eines Embryonalstadium stimmt daher in der Zeitangabe nicht immer mit der Angabe für die Dauer des Zeitabschnittes überein, in dem ein bestimmtes Stadium mit einer gewissen Wahrscheinlichkeit vorgefunden wird.

Die verhältnismäßig große Streubreite bei Wellensittich (Abb.81) und Reisfink (Abb.82) ist bedingt durch die Naturbrut und die im 12-24 Stundentakt durchgeführten Gelegekontrollen. Dadurch ergibt sich für die Brutzeitangaben eine Auflösungsgrenze von 24 Stunden. Hinzu kommt, daß Reisfinken bis zum dritten oder vierten Ei nur unregelmäßig brüten, teilweise lagen Eier bis zu einer Woche unbebrütet. Der Brutbeginn lässt sich bei ihnen nur durch genaue Beobachtung feststellen, die Angaben der Brutdauer behalten aber eine gewisse Unsicherheit.

Bei Wachtel (Abb.78), Laufhühnchen (Abb.79), Wellensittich (Abb.81), Reisfink (Abb.82) und Taube (Abb.83) gleichen sich die Kurven der zeitlichen Abfolge der Stadien in den ersten 5-6 Tagen vollkommen. Am fünften Entwicklungstag ist bei allen Arten das Stadium 22 erreicht, in dem die Körpergrundgestalt ausgebildet und die erste Phase der Embryonalentwicklung abgeschlossen ist.

Die Entwicklung der Moschus-Ente weicht im Zeitverlauf der Stadienfolge zunächst ab. Bei ihr beginnt die Embryonal-Entwicklung zwei Tage verzögert; die frühesten Embryonal-Stadien können bei dieser Art erst nach 2 Tagen Bebrütung gefunden werden (Abb.80). Zieht man diese 2 Tage von der ursprünglichen Zeit-Stadien-Kurve ab, so gleicht der Kurven-Verlauf dem der anderen Arten in den ersten 6 Tagen. Das Zeitmuster der Entwicklung stimmt also prinzipiell mit dem der anderen Arten überein, auch wenn es um zwei Tage verschoben ist. Nach fünf Tagen Entwicklungszeit ist auch bei der Moschus-Ente die Körpergrundgestalt ausgebildet.

Bis zum achten und neunten Tag der Embryonalentwicklung haben alle Arten mit Ausnahme der Moschus-Ente das Stadium 33 erreicht, die frühe Phase der Organ- und Gewebedifferenzierung ist abgeschlossen. Erst danach treten die ersten Abweichungen in der Zeitfolge der Stadien zwischen den Arten auf. Die Unterschiede in der Gestaltentwicklung und der Gewebedifferenzierung bleiben jedoch trotz abweichender Zeitpläne gering, die Zeitmuster der Entwicklungen der verschiedenen Arten stimmen weitgehend überein. Die durchschnittliche Stadiendauer während der Entwicklungsphase II liegt bei allen Arten gleichermaßen bei 12 Stunden. Die einzelnen Stadien können dabei, entsprechend der Variabilität der Entwicklungszeit, während eines Zeitabschnittes von 1 bis 2 Tagen gefunden werden.

In den folgenden Stadien 34 bis 38, in denen die Organe ausdifferenzieren und sich die arttypischen Merkmale entwickeln, werden auch immer größere Unterschiede in den Zeitplänen und vor allem der Stadiendauer deutlich. Bei *Turnix*, der Art mit der kürzesten Brutzeit, verläuft die Entwicklung sehr rasch; Die Stadiendauer in der Entwicklungsphase III liegt bei 12 bis 18 Stunden. Die durchschnittliche Stadiendauer bei *Melopsittacus* ist auf 12 bis 24 Stunden, bei *Lonchura* auf 6 bis 24 Stunden, bei *Columba* auf 24 Stunden und bei *Coturnix* auf 12 bis 24 Stunden ausgedehnt. Bei *Cairina* wird die durchschnittliche Stadiendauer bereits etwas länger und beträgt 24 bis 48 Stunden.

Geradezu sprunghaft werden die Unterschiede in der Dauer der letzten Embryonalstadien deutlich. Nur beim Laufhühnchen ist das Stadium 39 mit einer durchschnittlichen Dauer von 21 Stunden gegenüber den vorangegangenen Stadien nur geringfügig verlängert. Zwischen dem Erreichen des Stadium 39 und dem Schlupf vergehen maximal 3 1/2 Tage (Abb.79a). Dieser Zeitraum entspricht 25% der gesamten Entwicklungszeit (Abb.79b). Der Schlupfzeitpunkt ist variabel und kann um 2 Tage variieren. Ein deutlicher Schwerpunkt des Schlupfes liegt auf dem 14. Tag.

Bei der Wachtel ist Stadium 39 mit 24 bis 36 Stunden deutlich länger als beim Laufhühnchen. Zwischen dem Erreichen des Stadium 39 und dem Schlupf vergehen 4 Tage (Abb.78a). Die spätembryonale Wachstumsphase IV hat einen Anteil von 22% an der Gesamtentwicklungszeit (Abb.78b).

Sehr stark ausgeprägt ist die Verlängerung des Stadium 39 bei der Moschus-Ente. Das Stadium 39 dauert bei ihr als Wachstums-Stadium 4 Tage (Abb.80a); dies entspricht 11% der gesamten Embryonalentwicklungs-Zeit (Abb.80b). Zwischen Stadium 39 und dem Schlupf vergehen durchschnittlich 9 Tage. Damit beträgt die spätembryonale Wachstumsphase 25% der gesamten Entwicklungszeit.

Bei Wellensittich (Abb.81a), Reisfink (Abb.82a) und Taube (Abb.83a) dauert das Wachstumsstadium 39 zwischen 18 Stunden und 24 Stunden. Seine Dauer ist damit relativ kurz und mit der Dauer des Stadium 39 beim Laufhühnchen (21 Stunden) vergleichbar. Die Gesamtdauer der spätembryonalen Wachstumsphase in den Stadien 39 bis 42 dauert zwischen 2 1/2 Tagen beim Reisfink und 3 1/2 Tagen beim Wellensittich und der Taube. Ihr Anteil an der gesamten Embryonalentwicklungs-Zeit liegt zwischen 14% beim Reisfink (Abb.82b) und 19% bei der Taube (Abb.83b) und beim Wellensittich (Abb.81b).

IV.5 Diskussion der Befunde

Der Vergleich der zeitlichen Abfolge der Embryonalstadien bei verschiedenen Arten zeigt, daß die frühen und mittleren Embryonalstadien bei den untersuchten Arten, bei Nestflüchtern ebenso wie bei Nesthockern, in der gleichen zeitlichen Folge auftreten. Der verzögerte Entwicklungsbeginn bei der Moschus-Ente verschiebt die Zeit-Stadien-Kurve um zwei Tage. Das ändert aber nichts an der grundsätzlichen Übereinstimmung mit den anderen Arten, denn es wird die gesamte Zeit-Stadien-Kurve verschoben; die Relationen zwischen den Stadien bleiben gleich und können mit den anderen Arten sehr gut verglichen werden. Dies gilt auch für das Haushuhn, dessen Zeit-Stadien-Kurven (Abb.84a,b) sich bis zum Stadium 39 mit den Kurven der hier untersuchten Arten weitgehend zur Deckung bringen lässt.

Große Unterschiede treten erst in den späten Embryonal-Stadien auf. Hier ist es vor allem das Stadium 39, das eine ganz verschiedene Dauer im Verlauf der gesamten Embryonalentwicklungs-Zeit einnehmen kann. Dies reicht von 18 bis 24 Stunden beim Reisfink, dem Wellensittich und der Taube bis hin zu 96 Stunden bei der Moschus-Ente. In diesem Stadium findet der größte Teil des Körper-Wachstums und der Ausreifung der Gewebe statt.

Die Zeitfolge der Stadien in den frühen und mittleren Embryonalstadien ist bei allen Arten sehr ähnlich und verläuft weitgehend parallel. Abweichungen treten auch zwischen Nestflüchtern und Nesthockern nicht auf; die Abfolge der Entwicklungs- und Differenzierungsschritte, die zur Ausbildung des Vogelkörpers führen, sind in diesen Stadien in ein sehr starres Zeitmuster gefügt, das allem Anschein nach nicht durchbrochen werden kann. Erst im Stadium 39 scheinen nach dem Erreichen einer bestimmten Differenzierungshöhe Abwandlungen in dem Zeitmuster möglich zu werden, die dann über die Dauer dieser spätembryonalen Entwicklungsphase den Entwicklungszustand des Schlüpflings bestimmen.

Die geringe Zahl von 6 untersuchten Arten lässt keine Aussagen darüber zu, wie groß der ursprüngliche Anteil der spätembryonalen Wachstumsphase an der gesamten Embryonalzeit ist. Geht man davon aus, daß nestflüchtende Vögel den ursprünglichen Typ darstellen, so scheint ein Anteil der spätembryonalen Wachstumsphase von ungefähr 20% bis 25% der gesamten Embryonalzeit, wie ihn Wachtel und Laufhühnchen zeigen, der stammesgeschichtlich ursprüngliche Zustand zu sein.

Die lange Brutzeit der Moschus-Ente und die lange Dauer der spätembryonale Wachstumsphase von 9 Tagen sind auf der Basis dieser Befunde als abgeleitet anzusehen. Der weit ausgereifte Schlupfzustand der Entenküken und ihre große Selbständigkeit, vor allem aber der weit ausgereifte Differenzierungszustand ihres Gehirnes beim Schlupf, das in einigen Teilen sowohl in der Größenentwicklung als auch in zytologischen Ausreifung Adultähnlichkeit erreicht (s.Kapitel VII), können nur im Zusammenhang mit der starken Verlängerung der letzten Embryonalstadien in der vierten Entwicklungsphase verstanden werden.

Auf der anderen Seite weist die Kürze der spätembryonalen Wachstumsphase beim Reisfink, dem Wellensittich und der Taube, die bei diesen Arten zwischen 13% und 19% der gesamten Entwicklungszeit beträgt, auf eine Brutzeitverkürzung hin. Entsprechend ist der zytologische Ausreifungsgrad der Gewebe dieser Arten beim Schlupf gering.

Die Brutzeitverkürzung bei Singvögeln ist von PORTMANN (1938,1939,1955,1959) anhand eines umfangreichen Materials diskutiert worden. Der Bezugspunkt seines Vergleiches war die physikalische Brutdauer. Dadurch wurden bei seinem Vergleich der Embryonalgestalten jedoch völlig verschiedene Entwicklungszustände erfaßt. So vergleicht er 10 bis 14 Tage alte Embryonen von lang brütenden Nestflüchtern mit Schlüpflingen von Singvögeln und schließt aus diesem Vergleich auf eine Retardierung der Singvogel-Schlüpflinge. - Dieses Vorgehen ist aus den eingangs genannten Gründen problematisch. Auf diese Art ist es nicht möglich differenziert aufzuzeigen, in welchen Entwicklungsstadien Abwandlungen überhaupt erst stattfinden können.

Stadium	HH	Keibel	Abraham	Koecke	GT	Yama	Hendr	Mun
1	1					1		1
2	2					2		2
3	3		1		1	3		3
4	4	1-1a	2	4	2	4		4
5	5	2-2a	3	5	3	5		5
6	6	3		6		6		6
7	7	4-6	4	7	4	7		7
8	8	8-12	4A-6	8	4A-7A	8		8
9	9	13-17	7-8A	9	7B-8A	9		9
10	10	18-20	9	10	9	10		10
11	11	21-23	10-10A	11	10-10A	11		11
12	12	24-26	10B-10C	12		12		12
13	13	27-29	11-12	13	10B-12	13		13
14	14	30-34	13	14	12A	14		14
15	15	35-43	14	15	13	15		15
16	16	44-46	15	16	14	16		16
17	17	47-51	16	17	15-16	17		17
18	18	52-55	17-17A	18	17-17A	18-19		18
19	19-20	56-61	18	19	18-19	20		19-20
20	21	62-64	19	20-21	20-21	21		21
21	22	65-67	20			22		22
22	23-24	68-70	21-22	22-24	22	23-24	24	23-24
23	25	71-75	22	25-26	23	25		25
24	26	76-77	23-24		24	26	25	26
25	27	78-79	25	27-29	25-26	27		27
26	28	80	26		27	28	26	28
27	29	80a	27			29		29
28	30	81	28	30-31		30-31	27	30
29	31	82-87	29		28-29	32		31
30	32	88-89	30	32-33	30	33	28	32
31	33	90-91a	31		31	34		33
32	34	92	32	33-35	32	35-36	29	34
33	35		33	36		37-38		35
34	36			37		39	30	36
35	37			37		40	31	37
36	38			38		41		38
37	39			39-41		42	32-33	39
38	40			42-44			34	40
39	(41)			45			35	41
40	(42)						36	42
41	43-45					43-45	37-40	43-45
42	46			46		46	41	46

Abb. 9. *Coturnix coturnix*, Stadium 1. - Ungefärbtes Präparat, Vergr. 22.3x

Abb.12. *Coturnix coturnix*, Stadium 5. - Ungefärbtes Präparat, Vergr. 27.5x

Abb.10. *Melopsittacus undulatus*, Stadium 2. - Ungefärbtes Präparat, Vergr. 30.5x

Abb.13. *Coturnix coturnix*, Stadium 6. - Ungefärbtes Präparat, Vergr. 22.7x

Abb.11. *Coturnix coturnix*, Stadium 4. - Ungefärbtes Präparat, Vergr. 29.9x

Abb.14. *Columba livia*, Stadium 7. - Ungefärbtes Präparat, Vergr. 28.2x

Abb.15. *Columba livia*, Stadium 8. - Ungefärbtes Präparat, Vergr. 26.2x

Abb.16. *Melopsittacus undulatus*, Stadium 8-9. - Ungefärbtes Präparat, Vergr. 29.5x

Abb.17. *Coturnix coturnix*, Stadium 9. - Osmium-fixiertes Präparat, Vergr. 23x

Abb.18. *Lonchura oryzivora*, Stadium 10. - Ungefärbtes Präparat, Vergr. 23.8x

Abb.19. *Coturnix coturnix*, Stadium 10. - Ungefärbtes Präparat, Vergr. 23x

Abb.20. *Lonchura oryzivora*, Stadium 11. - Ungefärbtes Präparat, Vergr. 21.1x

Abb.21. *Coturnix coturnix*, Stadium 11. - Ungefärbtes Präparat, Vergr. 17x

Abb.22. *Cairina moschata*, Stadium 12. - Ungefärbtes Präparat, Vergr. 16.5x

Abb.23. *Coturnix coturnix*, Stadium 13. - Ungefärbtes Präparat, Vergr. 16x

Abb.24. *Coturnix coturnix*, Stadium 13. - Ungefärbtes Präparat, Vergr. 16x

Abb.25. *Coturnix coturnix*, Stadium 14. - Ungefärbtes Präparat, Vergr. 13.5x

Abb.26. *Columba livia*, Stadium 15. - Ungefärbtes Präparat, Vergr. 14.4x

Abb.27. *Cairina moschata*, Stadium 16. - Ungefärbtes Präparat, Vergr. 11.7x

Abb.28. *Cairina moschata*, Stadium 17. - Ungefärbtes Präparat, Vergr. 10.5x

Abb.29. *Melopsittacus undulatus*, Stadium 17. - Ungefärbtes Präparat, Vergr. 16.2x

Abb.30. *Melopsittacus undulatus*, Stadium 18. - Ungefärbtes Präparat, Vergr. 20.9

Abb.31. *Columba livia*, Stadium 19. - Ungefärbtes Präparat, Vergr. 12.2x

Abb.32. *Cairina moschata*, Stadium 19. - Ungefärbtes Präparat, Vergr. 11.3x

Abb.33. *Turnix suscitator*, Stadium 20. - Ungefärbtes Präparat, Vergr. 15x

Abb.34. *Cairina moschata*, Stadium 20. - Ungefärbtes Präparat, Vergr. 10x

Abb.35. *Melopsittacus undulatus*, Stadium 20. - Ungefärbtes Präparat, Vergr. 8.9x

Abb.36. *Lonchura oryzivora*, Stadium 21. - Ungefärbtes Präparat, Vergr. 15.3x

Abb.37. *Cairina moschata*, Stadium 21. - Ungefärbtes Präparat, Vergr. 9.8x

Abb.38. *Columba livia*, Stadium 22. - Ungefärbtes Präparat, Vergr. 11.8x

Abb.39. *Melopsittacus undulatus*, Stadium 22. - Ungefärbtes Präparat, Vergr. 12.8x

Abb.40. *Columba livia*, Stadium 23. - Ungefärbtes Präparat, Vergr. 11x

Abb.41. *Coturnix coturnix*, Stadium 24. - Osmium-fixiertes Präparat, Vergr. 10.5x

Abb.42. *Cairina moschata*, Stadium 24. - Bouin fixiertes Präparat, Vergr. 8.1x

Abb.43. *Coturnix coturnix*, Stadium 24. - Osmium-fixiertes Präparat, Vergr. 10.5x

Abb.44. *Columba livia*, Stadium 25. - Bouin-fixiertes Präparat, Vergr. 10.3x

Abb.45. *Cairina moschata*, Stadium 26. - Bouin-fixiertes Präparat, Vergr. 7x

Abb.46. *Columba livia*, Stadium 27. - Bouin-fixiertes Präparat, Vergr. 8.7x

Abb.47. *Columba livia*, Stadium 28. - Bouin-fixiertes Präparat, Vergr. 6.9x

Abb.48. *Cairina moschata*, Stadium 29. - Bouin-fixiertes Präparat, Vergr. 5.8x

Abb.49. *Lonchura oryzivora*, Stadium 29. - Ungefärbtes Präparat, Vergr. 9.8x

Abb.50. *Cairina moschata*, Stadium 30. - Ungefärbtes Präparat, Vergr. 5.1x

Abb.51. *Lonchura oryzivora*, Stadium 30. - Bouin-fixiertes Präparat, Vergr. 8.6x

Abb.52. *Cairina moschata*, Stadium 31. - Bouin-fixiertes Präparat, Vergr. 4.6x

Abb.53. *Melopsittacus undulatus*, Stadium 31. - Ungefärbtes Präparat, Vergr. 9.8x

Abb.54. *Coturnix coturnix*, Stadium 31. - Bouin-fixiertes Präparat, Vergr. 9.5x

Abb.55. *Lonchura oryzivora*, Stadium 32. - Bouin-fixiertes Präparat, Vergr. 7.6x

Abb.56. *Columba livia*, Stadium 32. - Bouin-fixiertes Präparat, Vergr. 6.7x

Abb.57. *Melopsittacus undulatus*, Stadium 32. - Bouin-fixiertes Präparat, Vergr. 9.3x

Abb.58. *Cairina moschata*, Stadium 33. - Ungefärbtes Präparat, Vergr. 4.1x

Abb.59. *Coturnix coturnix*, Stadium 33. - Bouin-fixiertes Präparat, Vergr. 6.6

Abb.60. *Lonchura oryzivora*, Stadium 33. - Bouin-fixiertes Präparat, Vergr. 7.7x

Abb.61. *Lonchura oryzivora*, Stadium 34. - Bouin-fixiertes Präparat, Vergr. 7x

Abb.62. *Columba livia*, Stadium 35. - Bouin fixiertes Präparat, Vergr. 4.3x

Abb.63. *Coturnix coturnix*, Stadium 35. - Ungefärbtes Präparat, Vergr. 5.3x

Abb.64. *Columba livia*, Stadium 36. - Bouin fixiertes Präparat, Vergr. 3.1x

Abb.65. *Melopsittacus undulatus*, Stadium 36. - Ungefärbtes Präparat, Vergr. 6.6x

Abb.66. *Lonchura oryzivora*, Stadium 36. - Bouin-fixiertes Präparat, Vergr. 8.1x

Abb.67. *Lonchura oryzivora*, Stadium 37. - Ungefärbtes Präparat, Vergr. 5.8x

Abb.68. *Cairina moschata*, Stadium 37. - Bouin-fixiertes Präparat, Vergr. 1.9x

Abb.69. *Coturnix coturnix*, Stadium 38. - Ungefärbtes Präparat, Vergr. 2.5x

Abb.70. *Lonchura oryzivora*, Stadium 38. - Ungefärbtes Präparat, Vergr. 5.3x

Abb.71. *Melopsittacus undulatus*, Stadium 38. - Ungefärbtes Präparat, Vergr. 4.9x

Abb.72. *Columba livia*, Stadium 39. - Ungefärbtes Präparat, Vergr. 2x

Abb.73. *Cairina moschata*, Stadium 39. - Ungefärbtes Präparat, Vergr. 1.2x

Abb.74. *Melopsittacus undulatus*, Stadium 40. - Ungefärbtes Präparat, Vergr. 3.9x

Abb.75. *Columba livia*, Stadium 40. - Ungefärbtes Präparat, Vergr. 2.1x

Abb.76. *Melopsittacus undulatus*, Stadium 41. - Ungefärbtes Präparat, Vergr. 3.6x

Abb.77. *Coturnix coturnix*, Stadium 41. - Ungefärbtes Präparat, Vergr. 2.3x

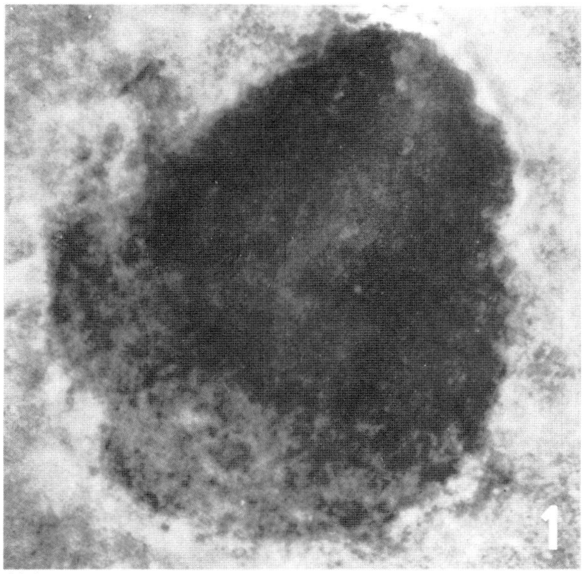

Abb. 9

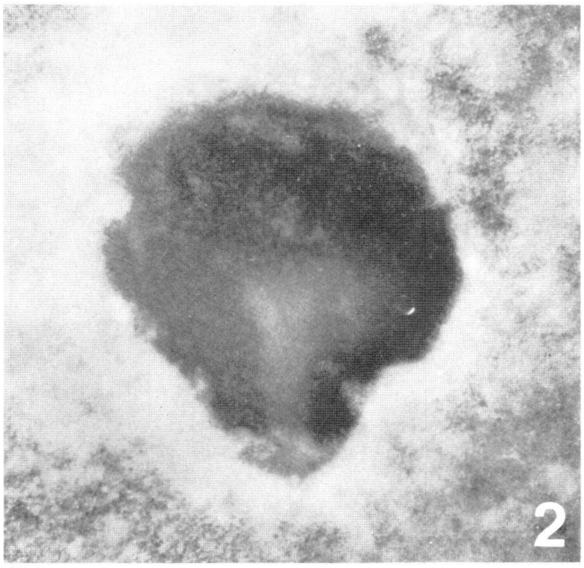

Abb. 10

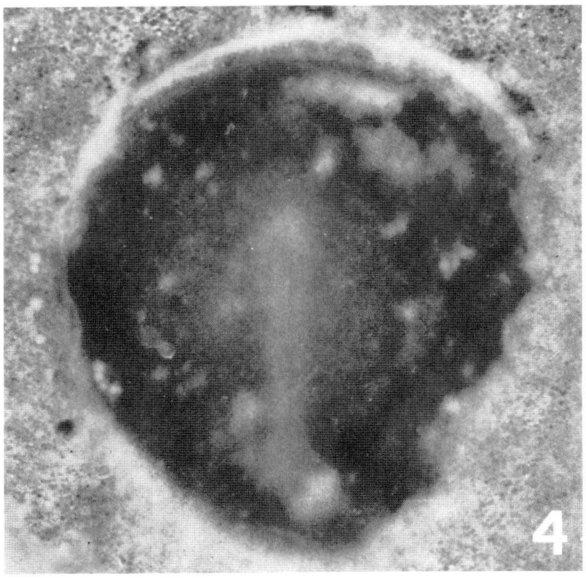

Abb. 11

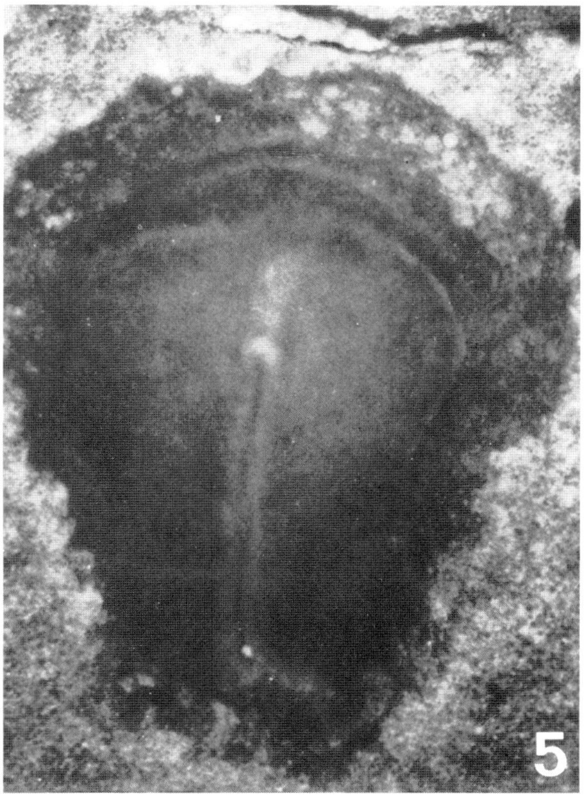

Abb. 12

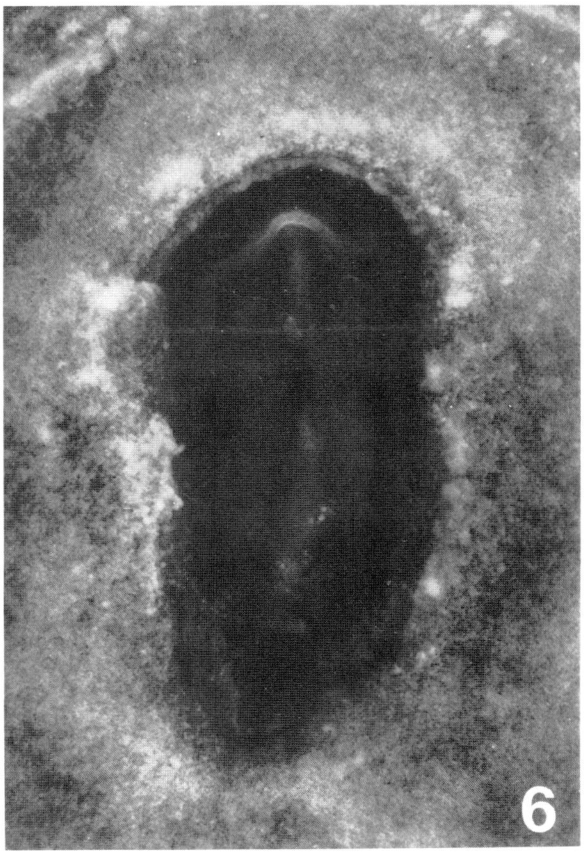

Abb.13

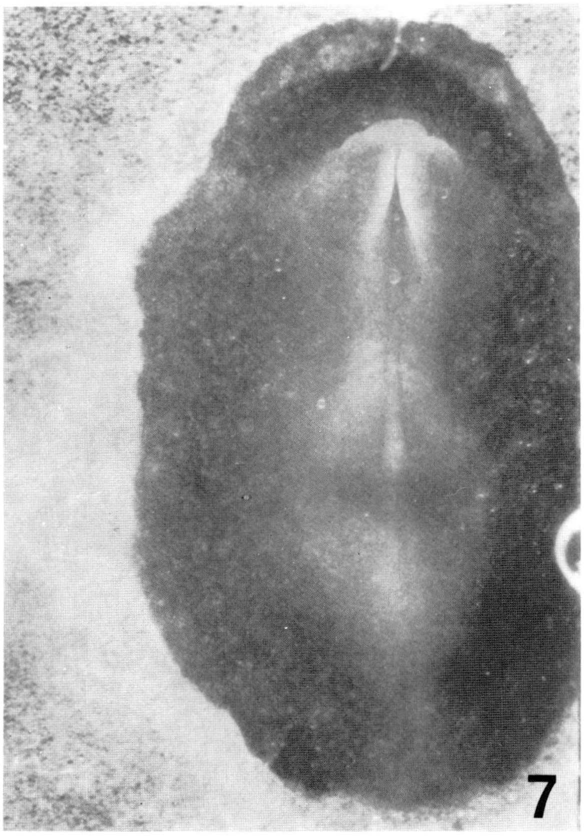

Abb.14

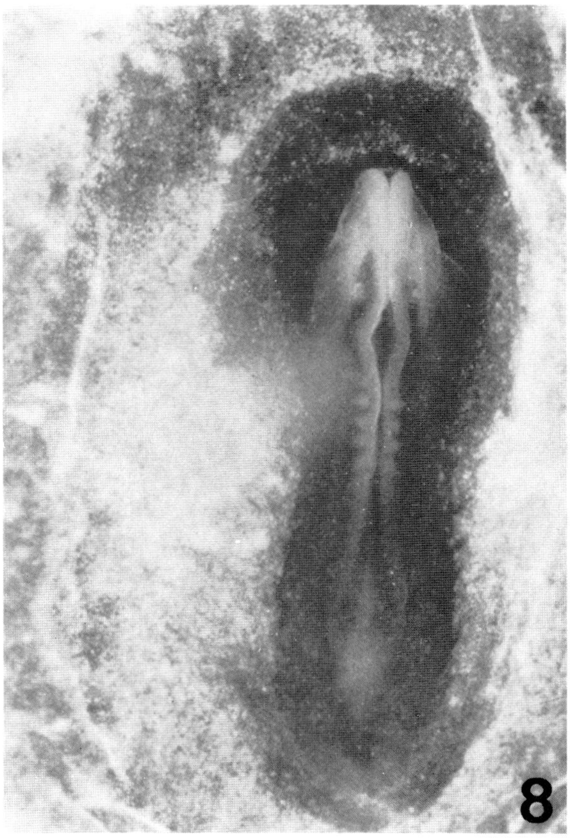

Abb.15

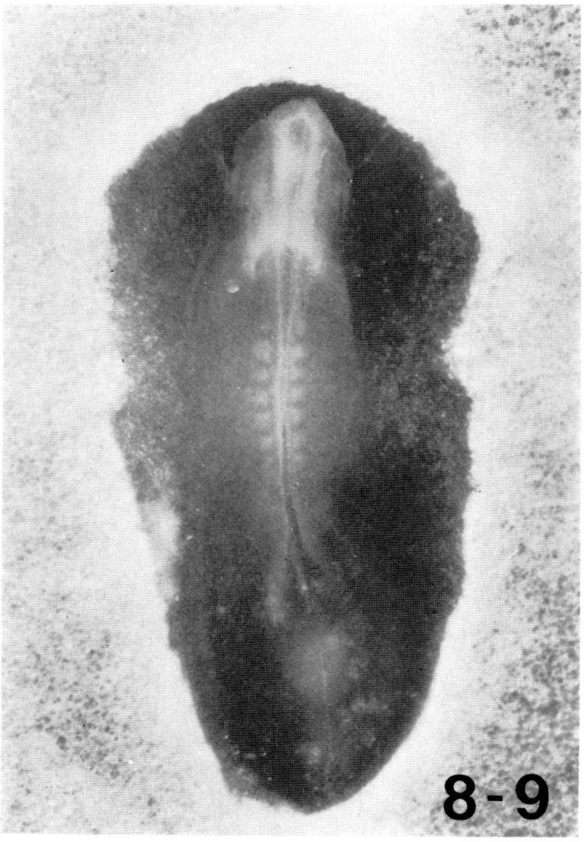

Abb.16

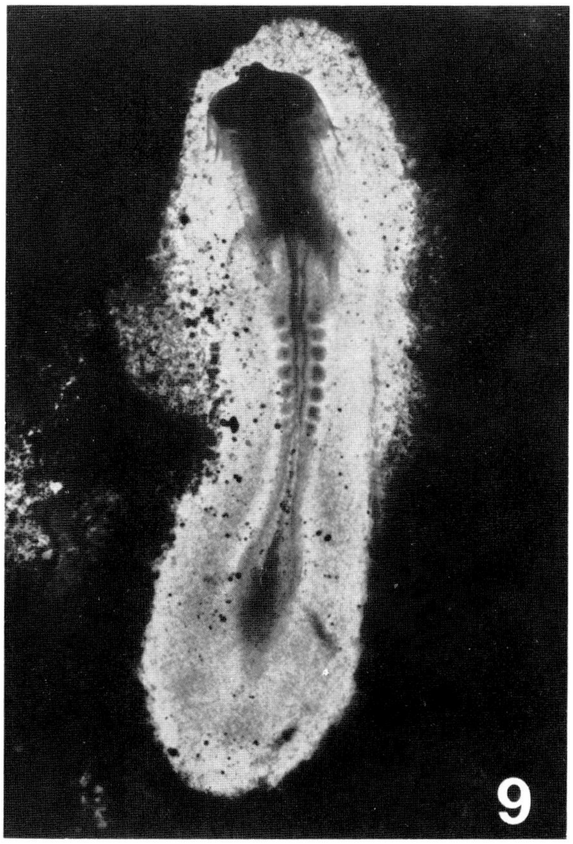

Abb.17

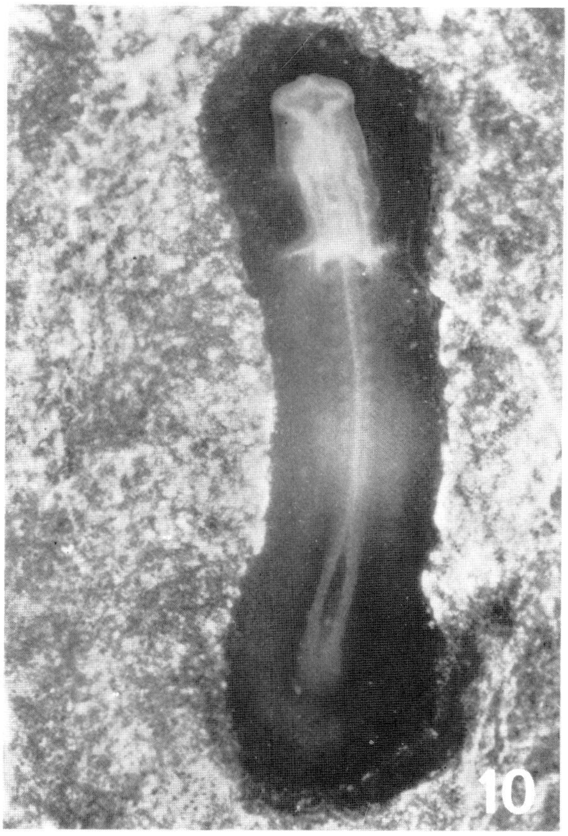

Abb.18

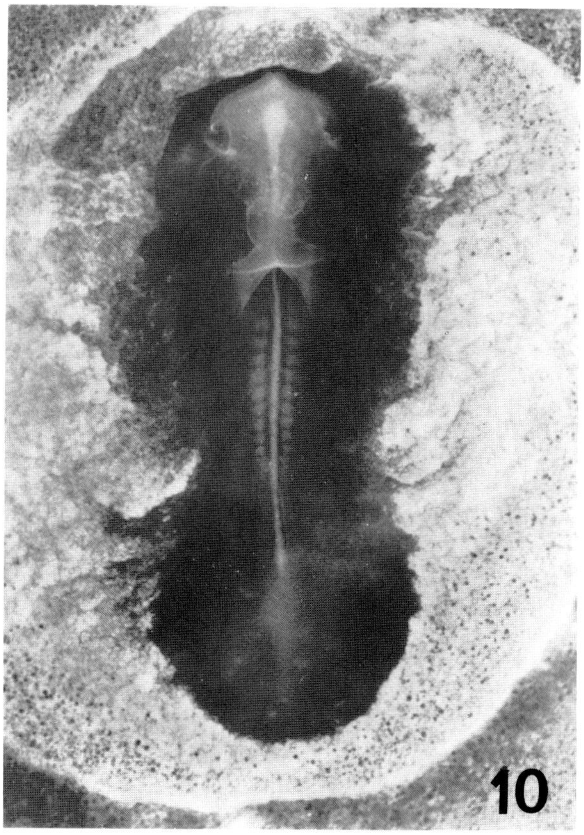

Abb.19

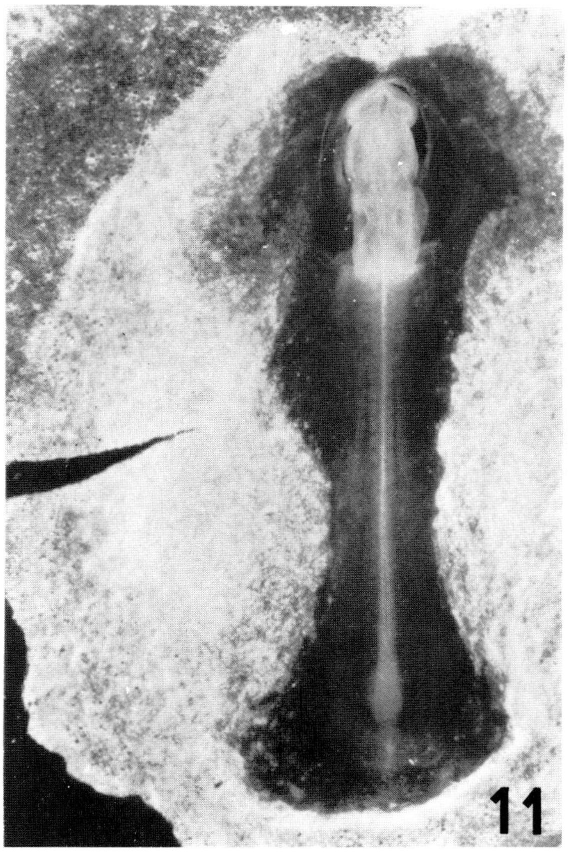

Abb.20

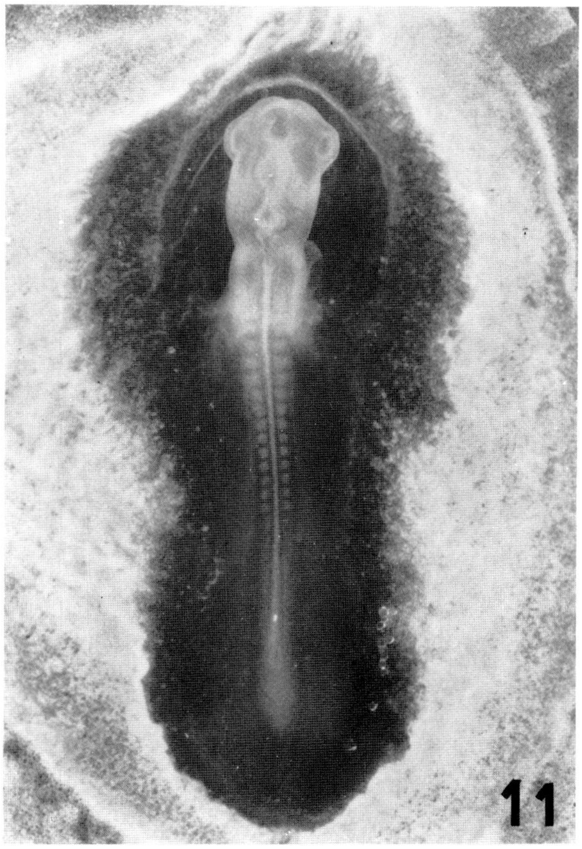

Abb.21

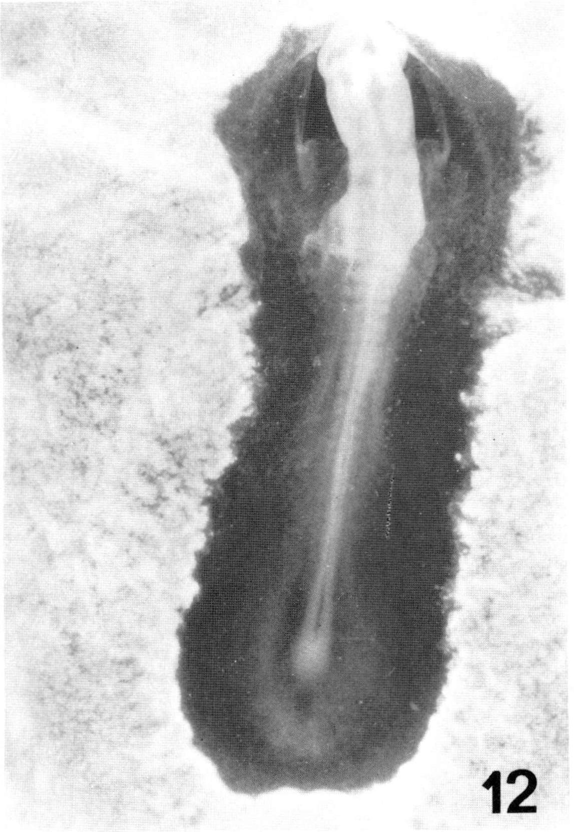

Abb.22

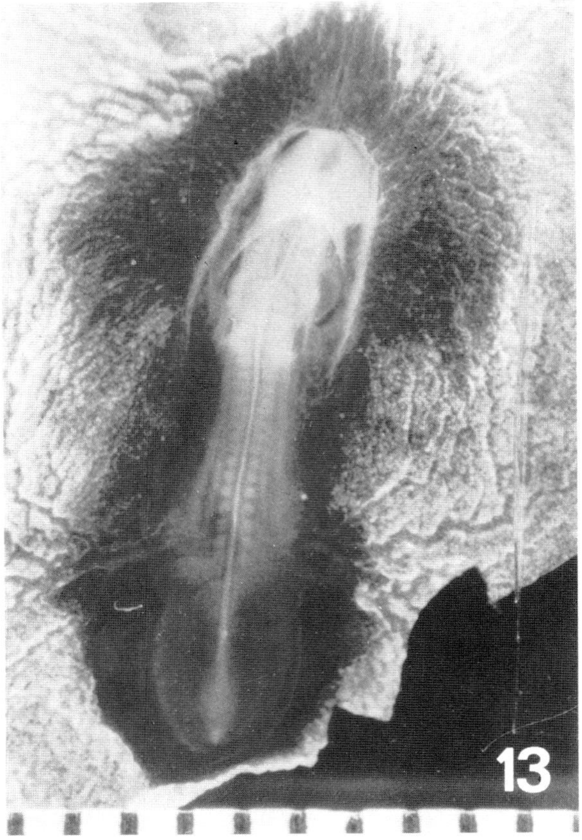

Abb.23

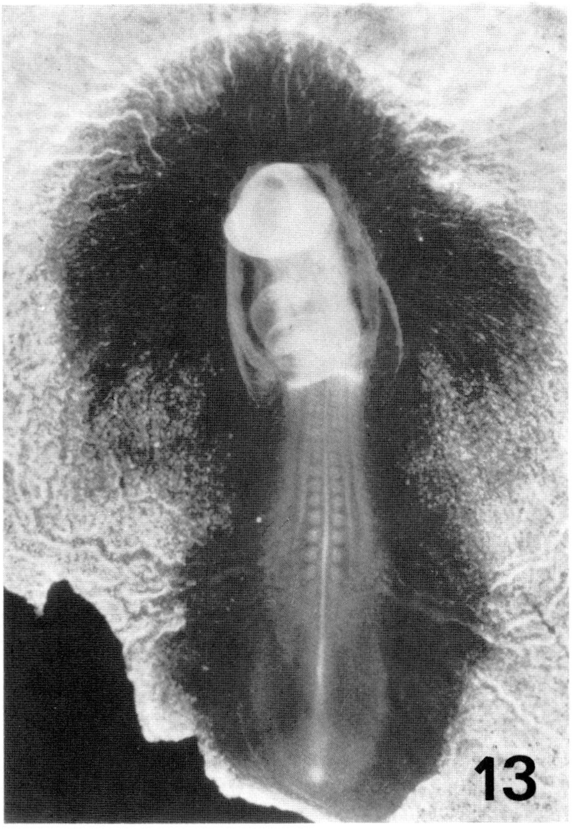

Abb.24

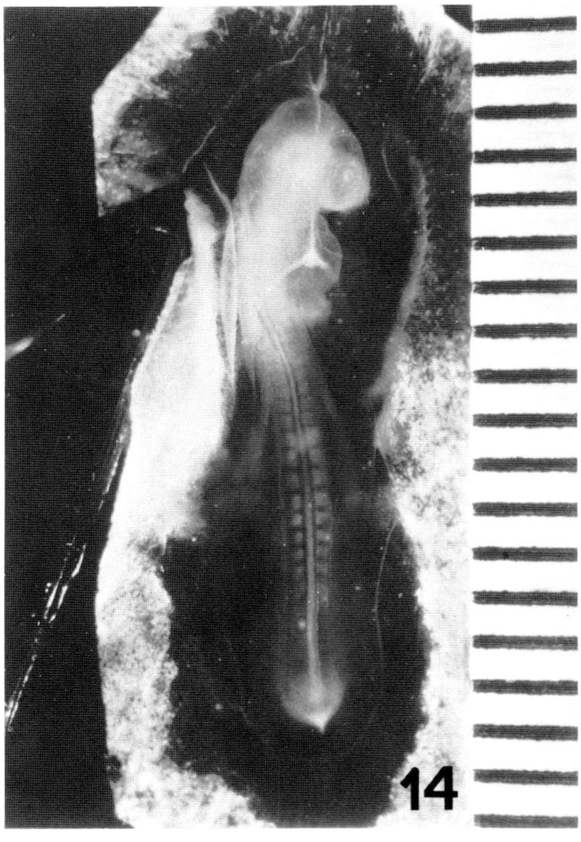

Abb.25

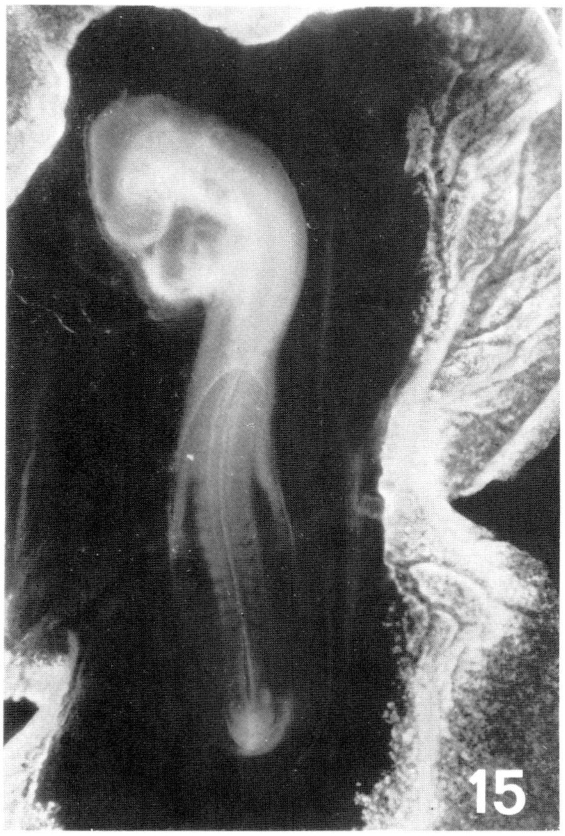

Abb.26

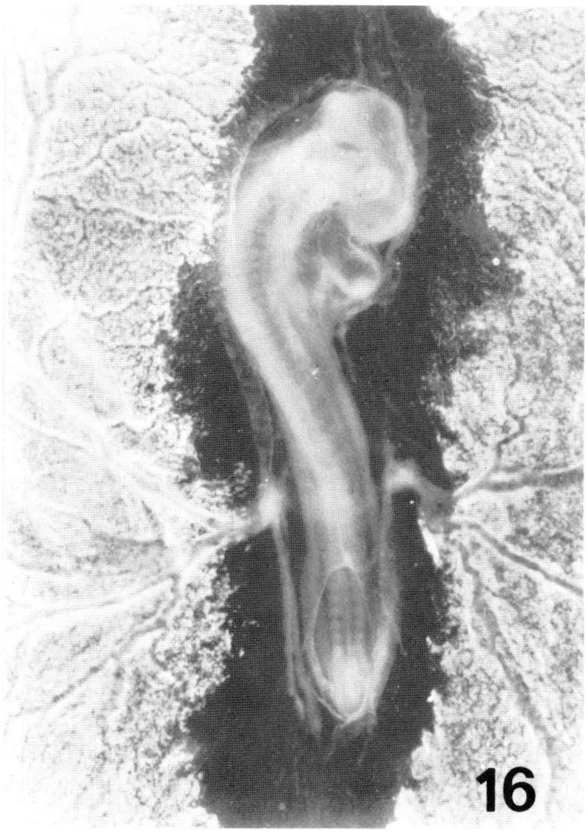

Abb.27

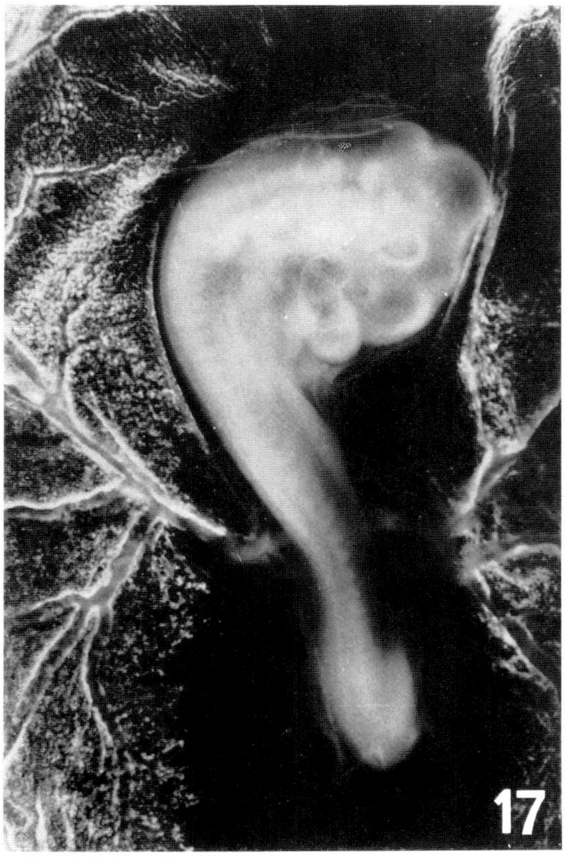

Abb.28

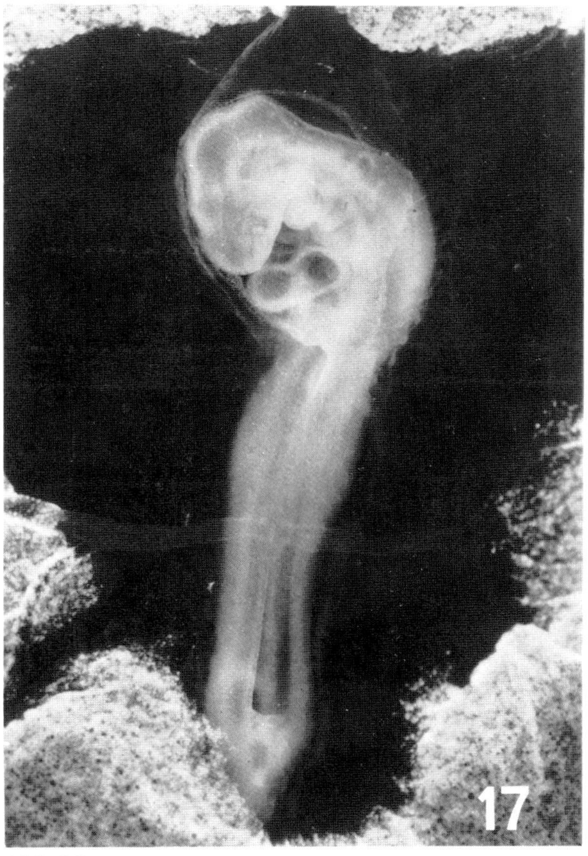

Abb.29

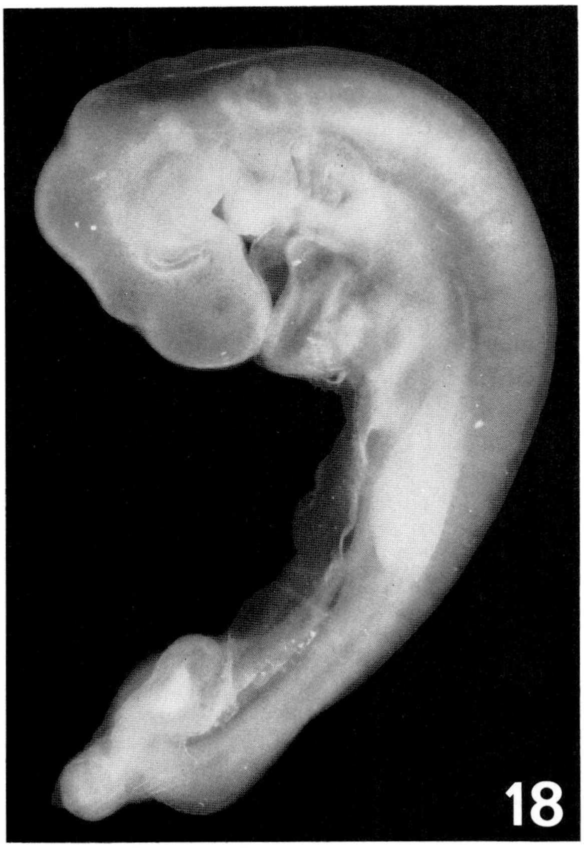

Abb.30

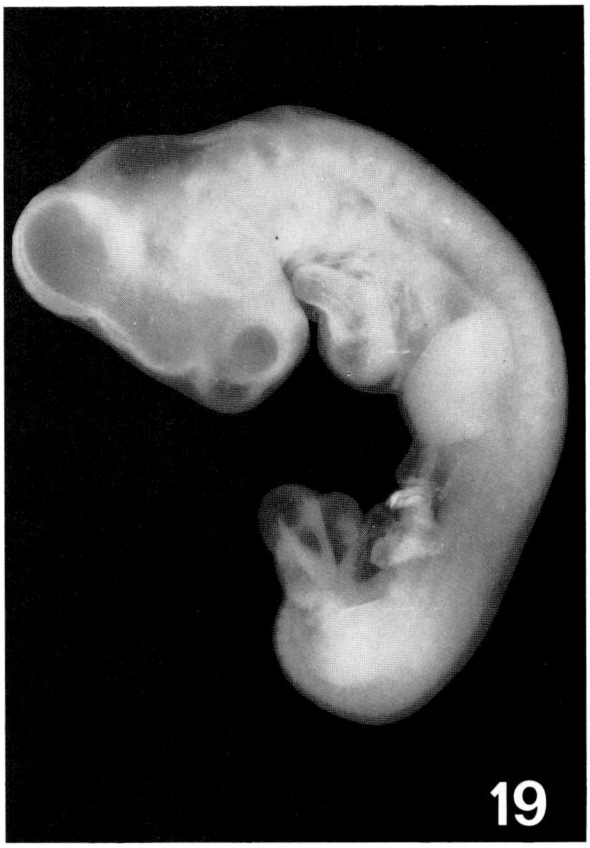

Abb.31

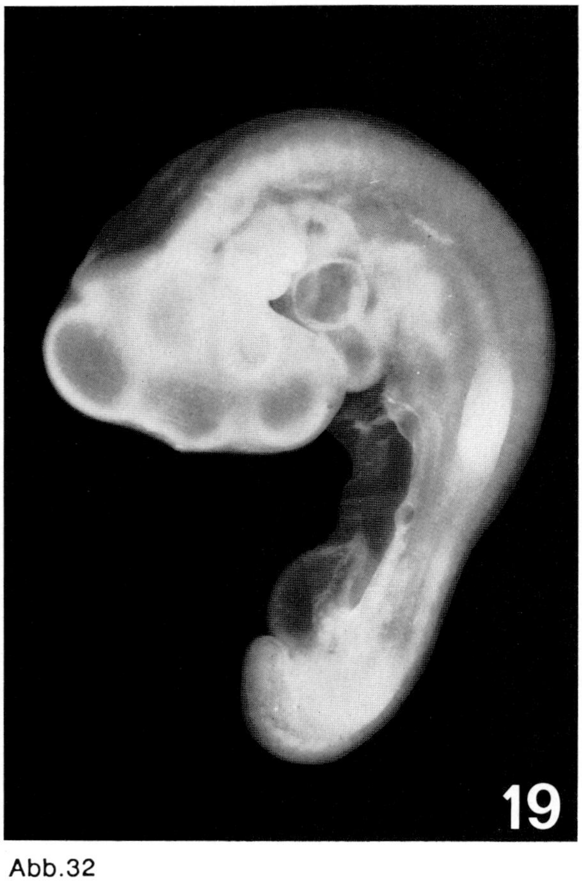

Abb.32

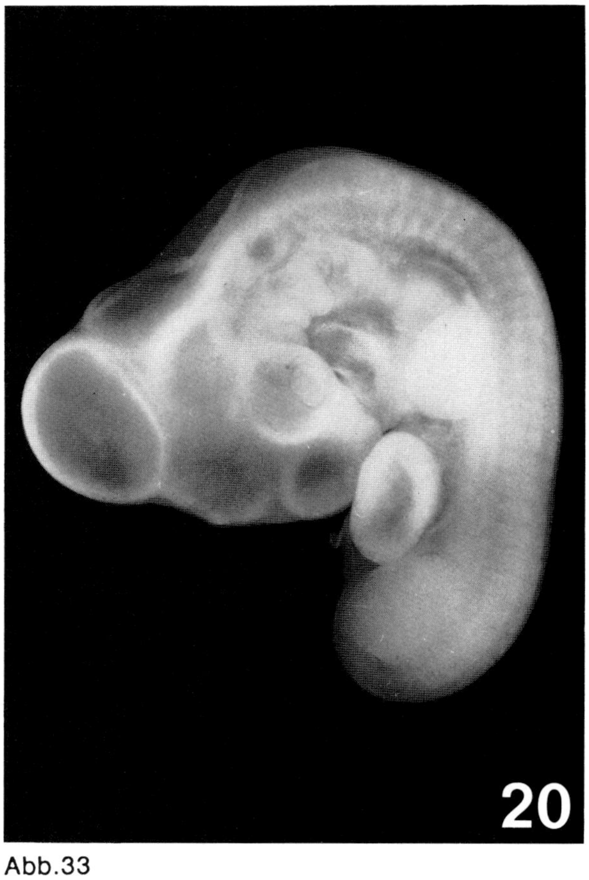

Abb.33

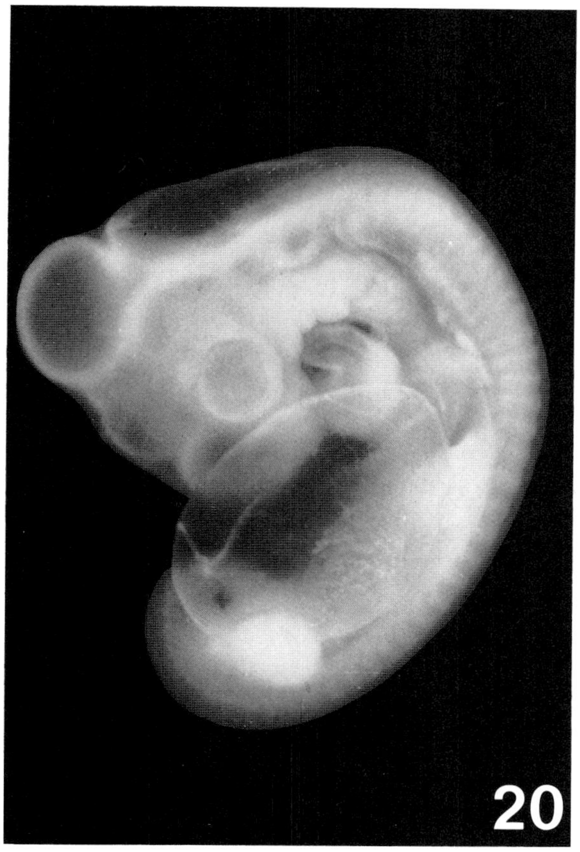

Abb.34

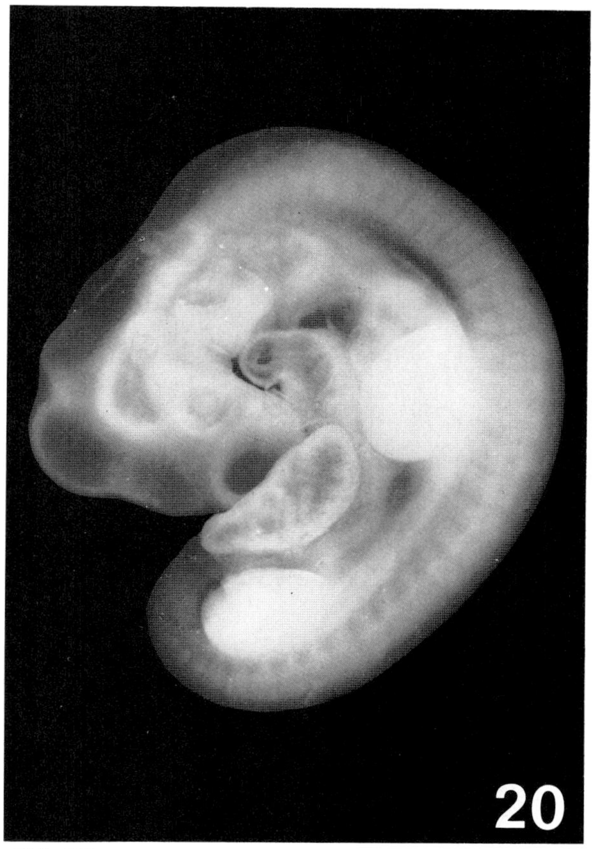

Abb.35

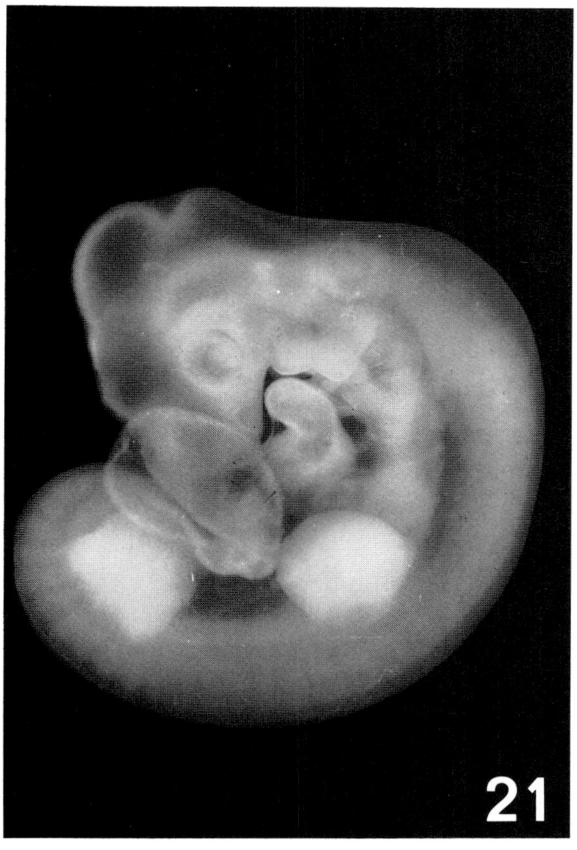

Abb.36

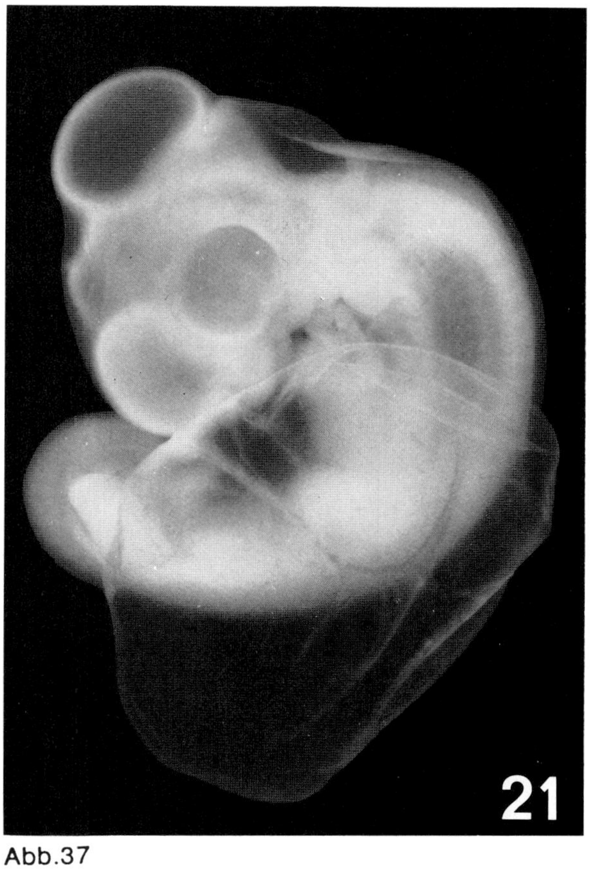

Abb.37

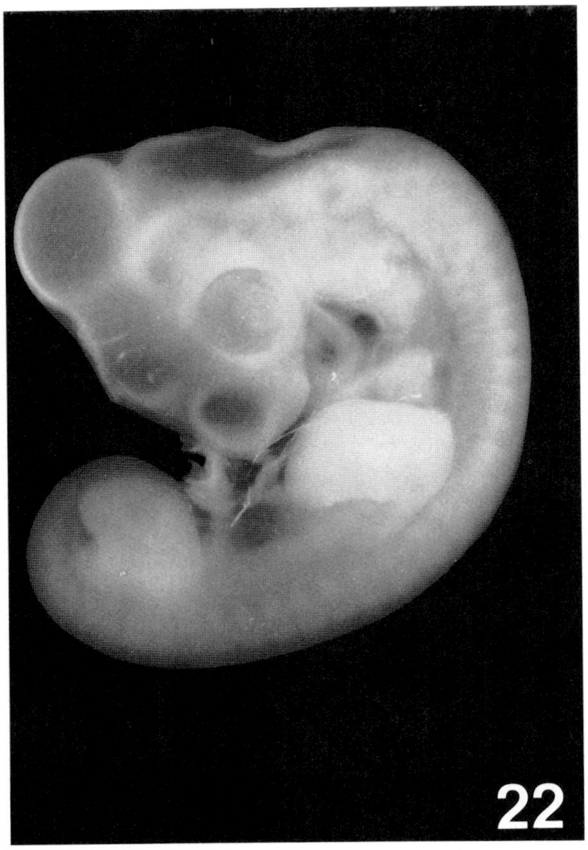

Abb.38

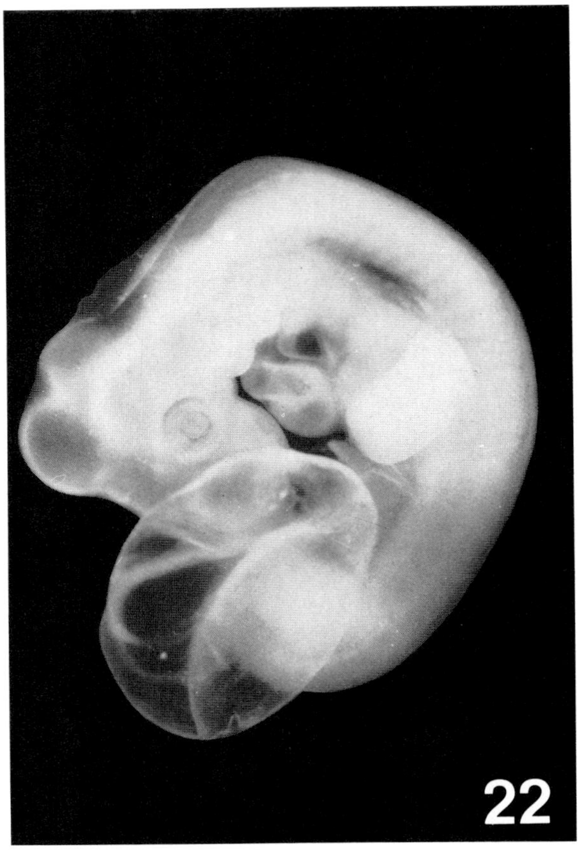

Abb.39

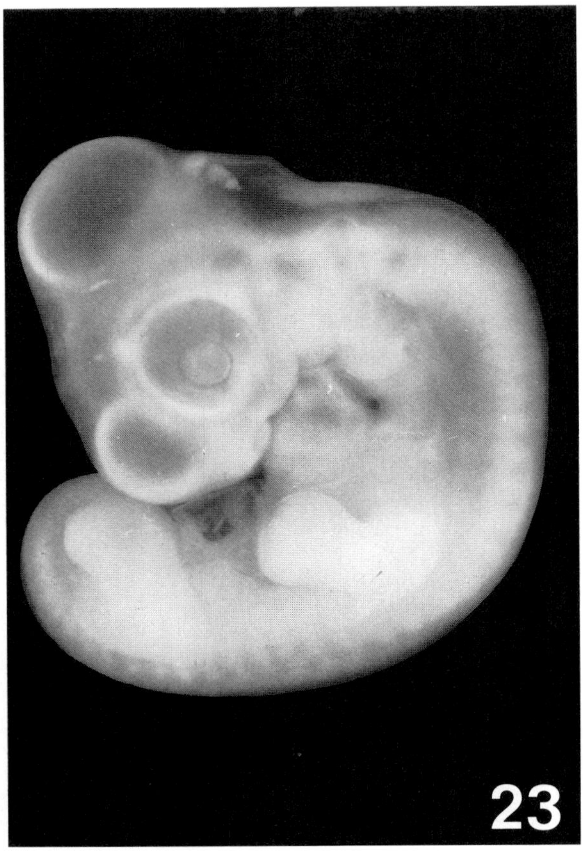

Abb.40

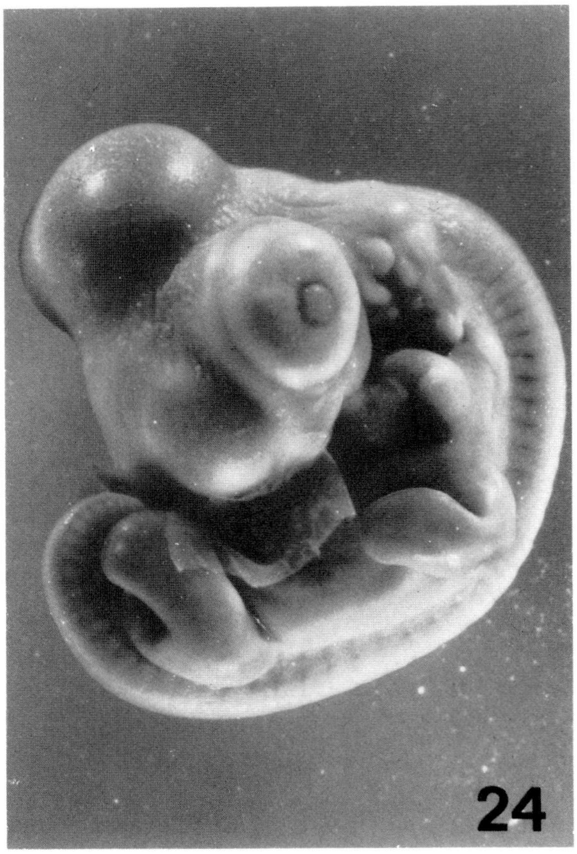

Abb.41

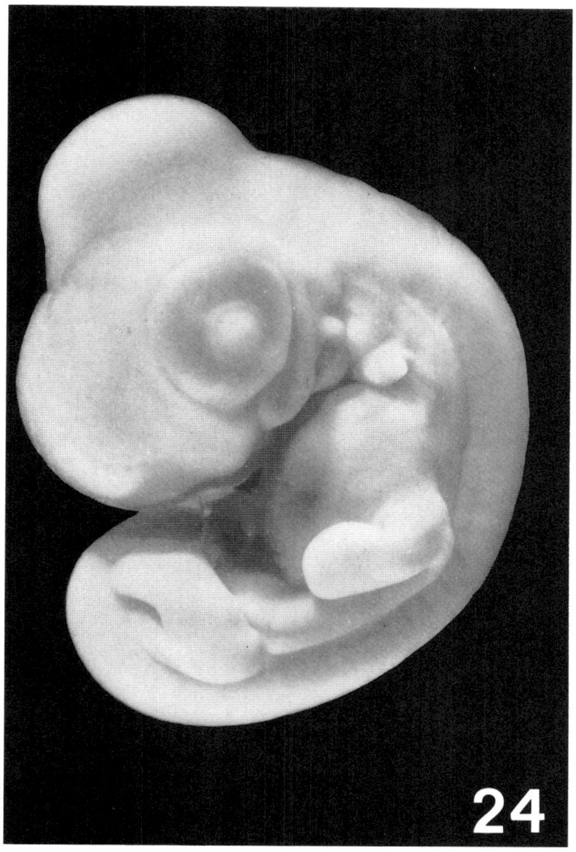

Abb.42

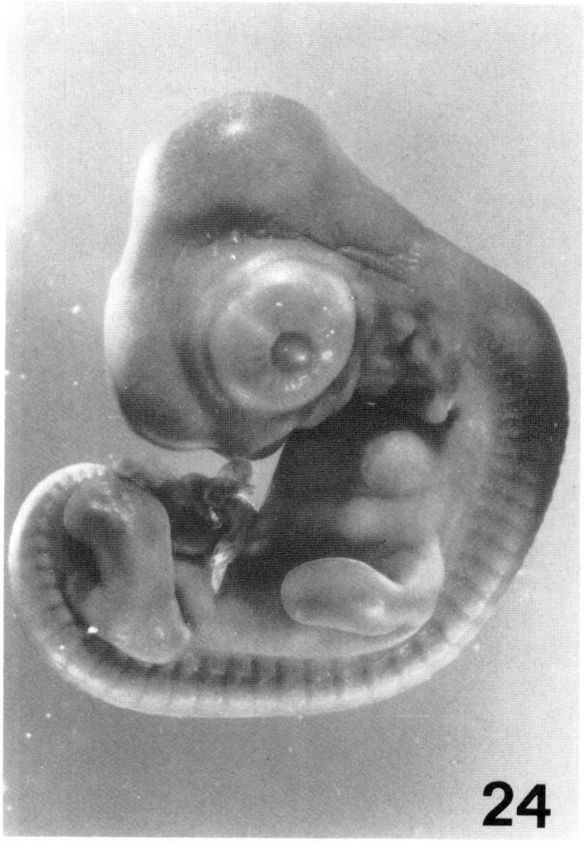

Abb.43

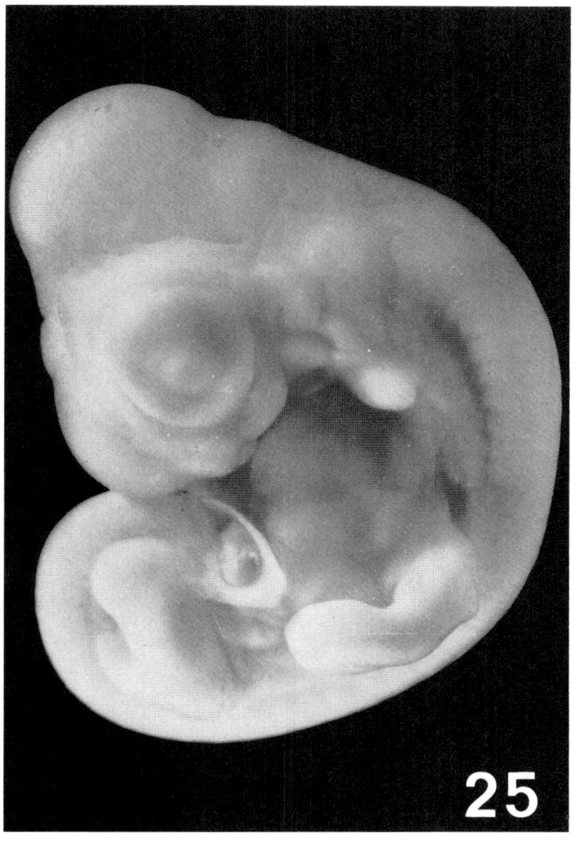

Abb.44

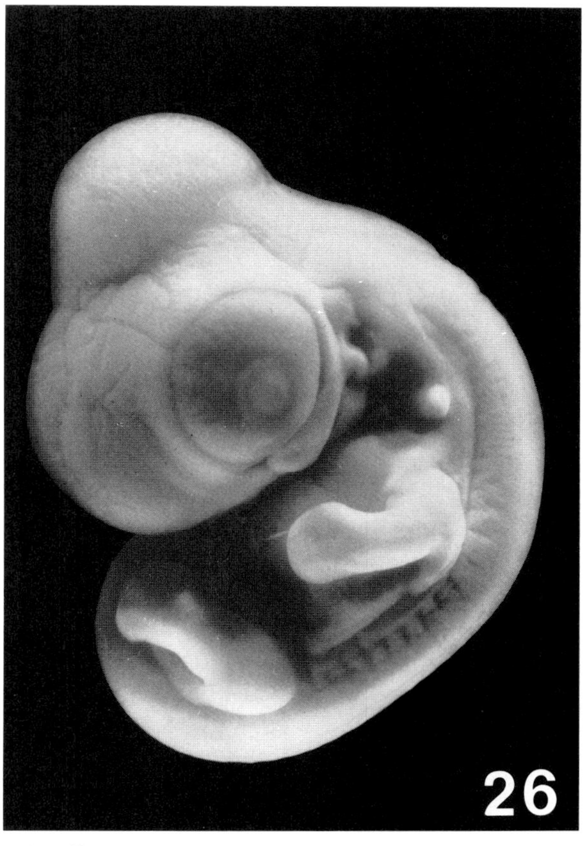

Abb.45

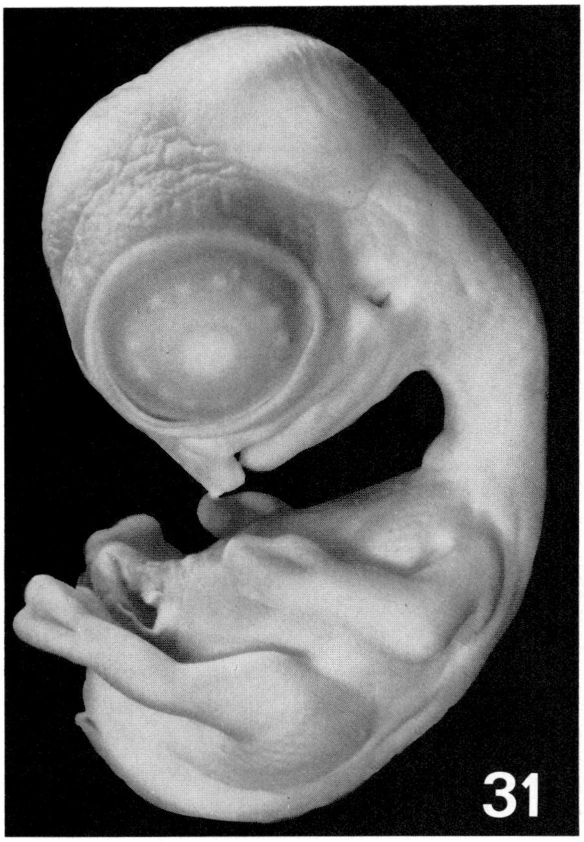

Abb.54

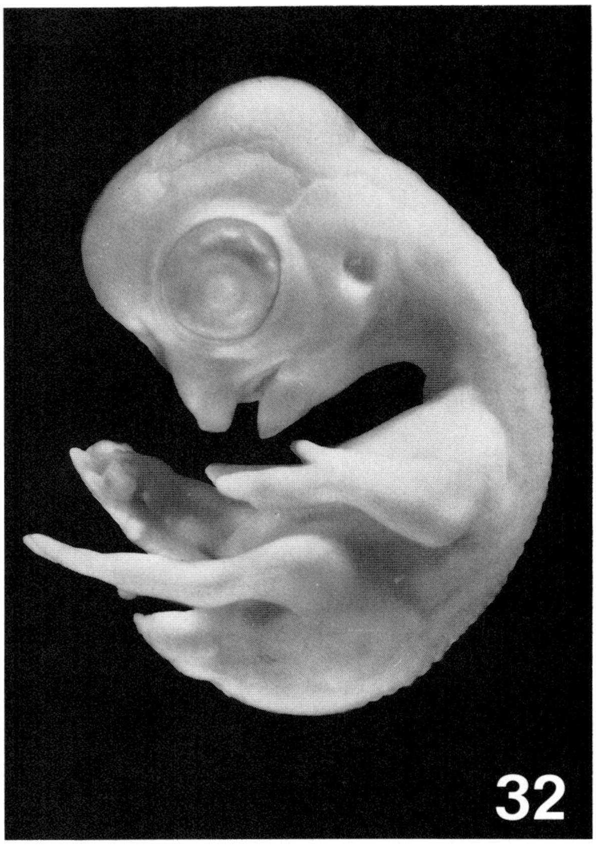

Abb.55

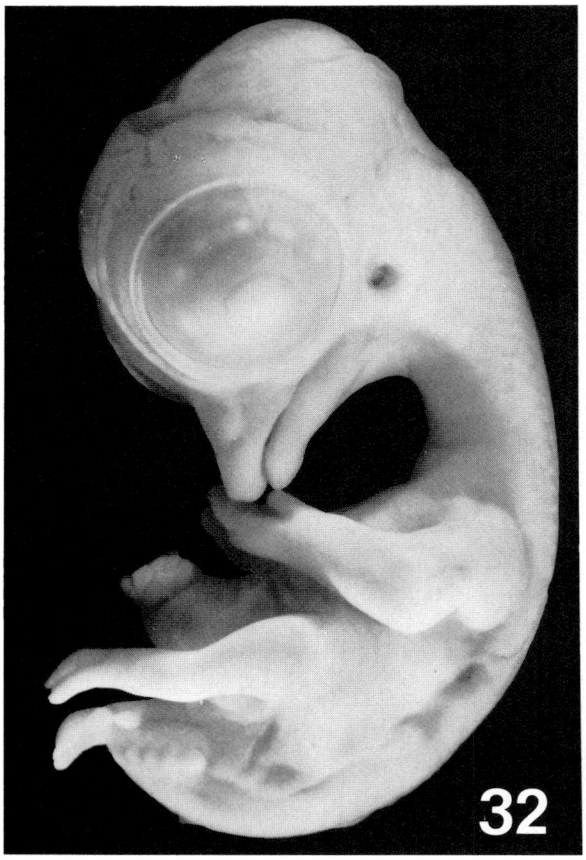

Abb.56

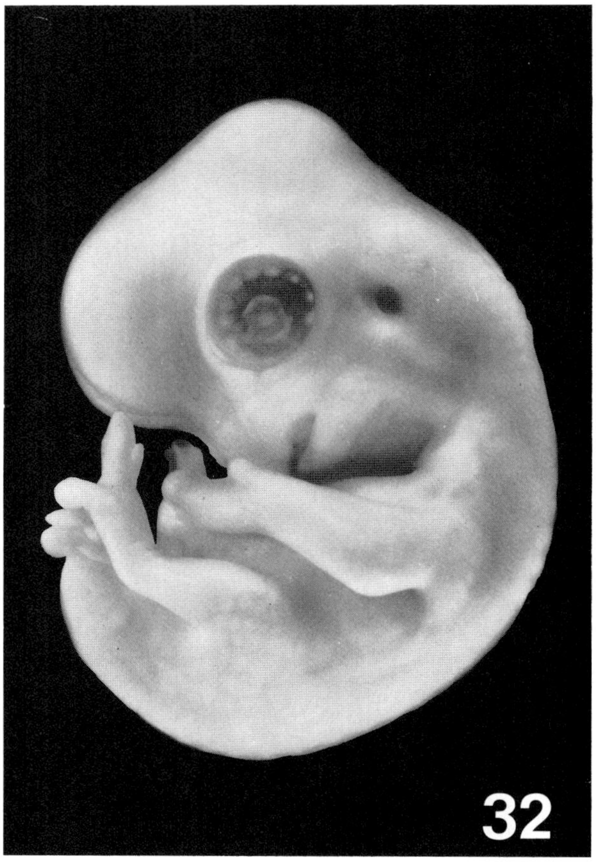

Abb.57

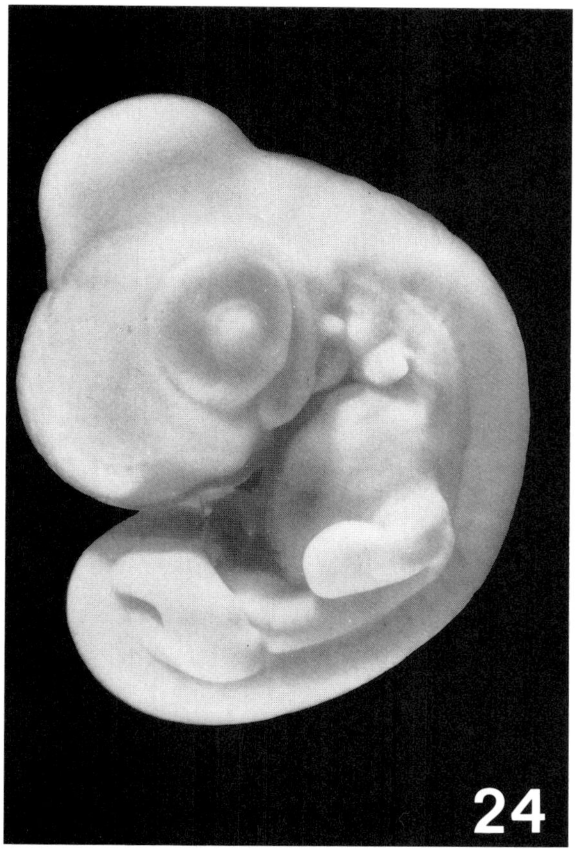

Abb.42

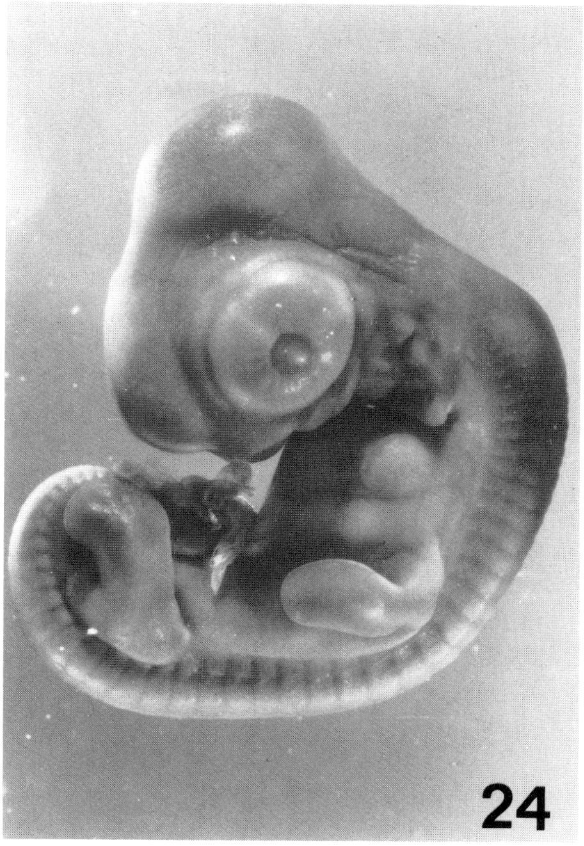

Abb.43

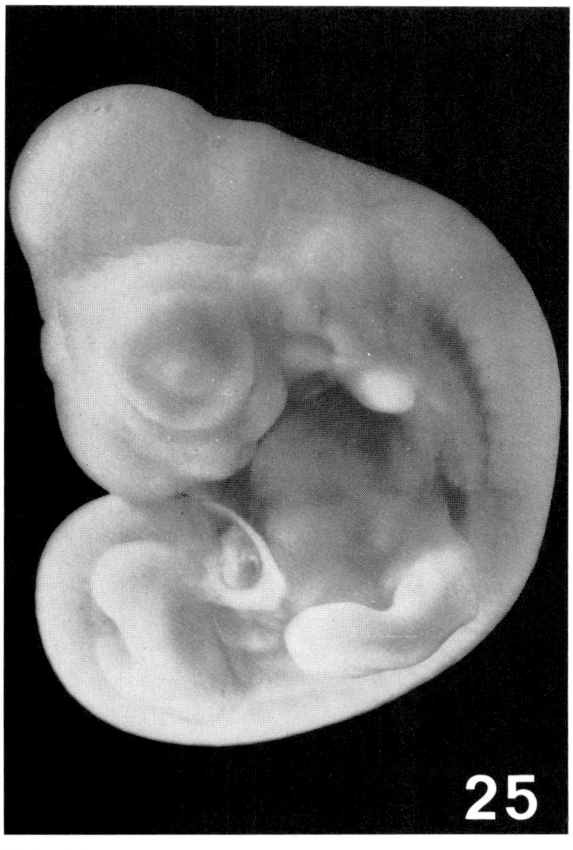

Abb.44

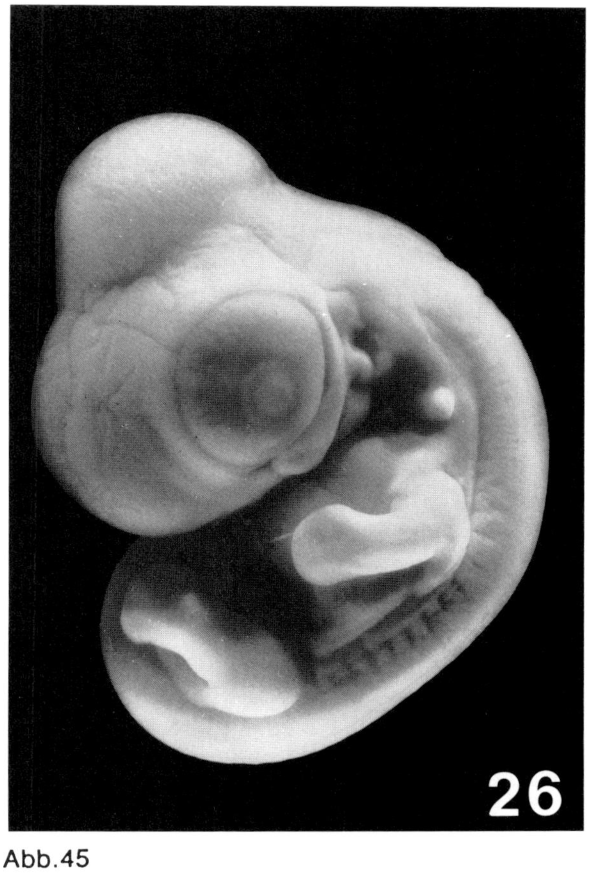

Abb.45

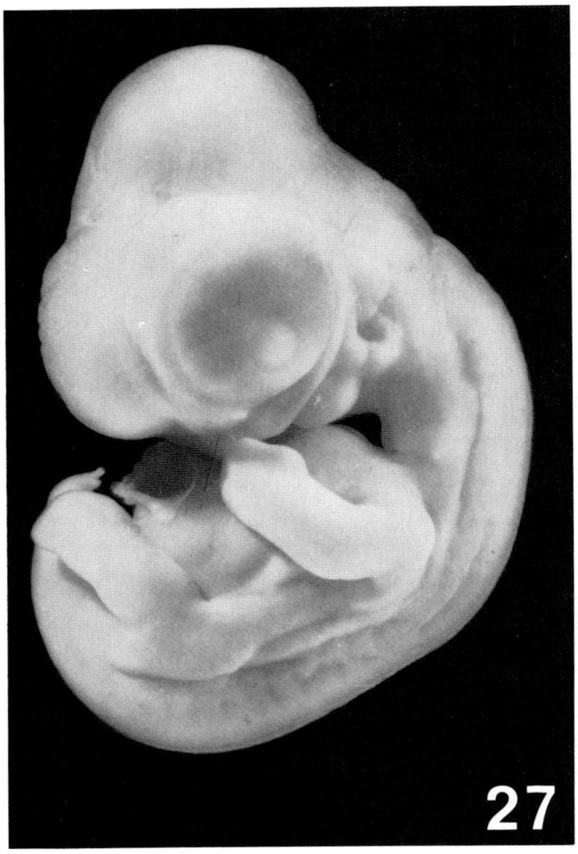

Abb.46

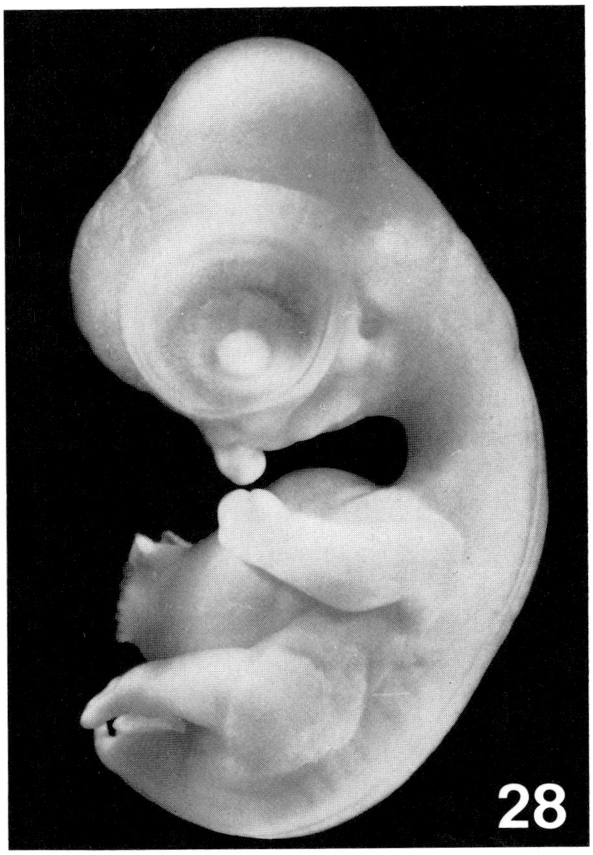

Abb.47

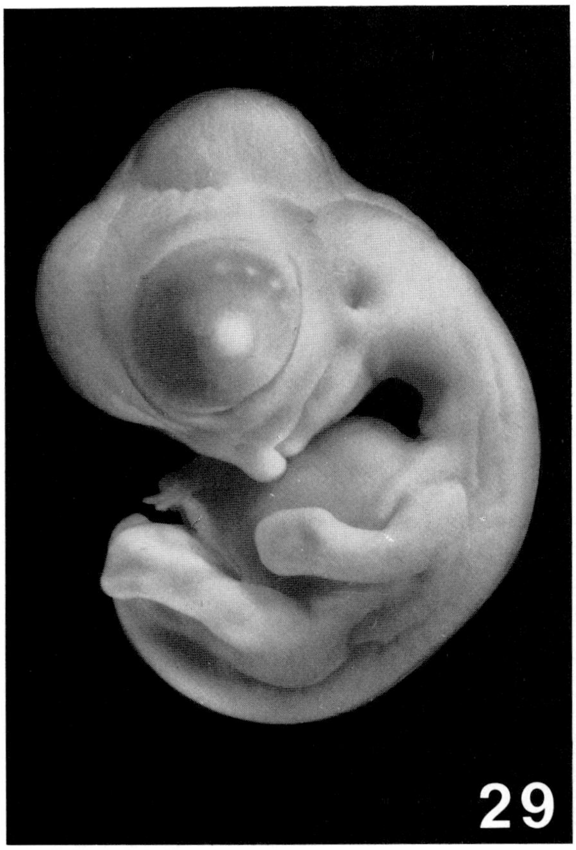

Abb.48

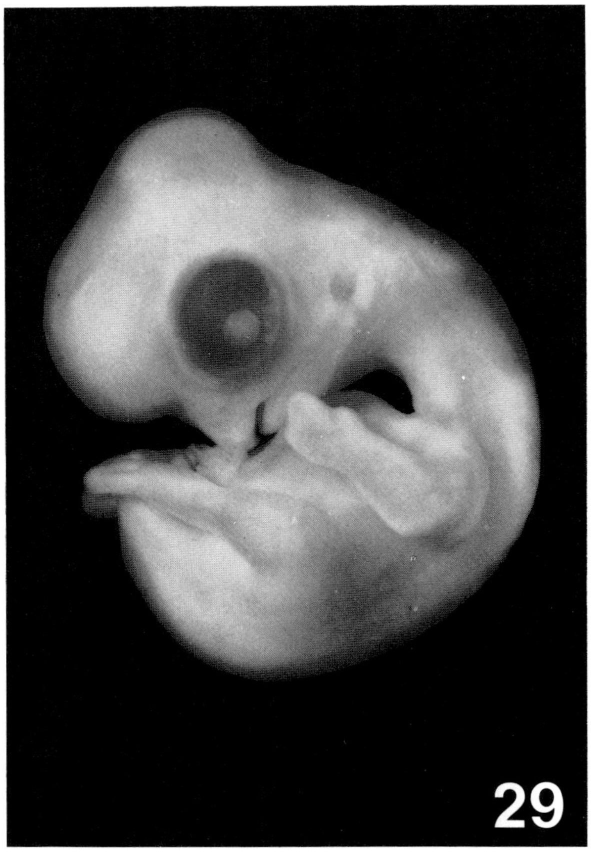

Abb.49

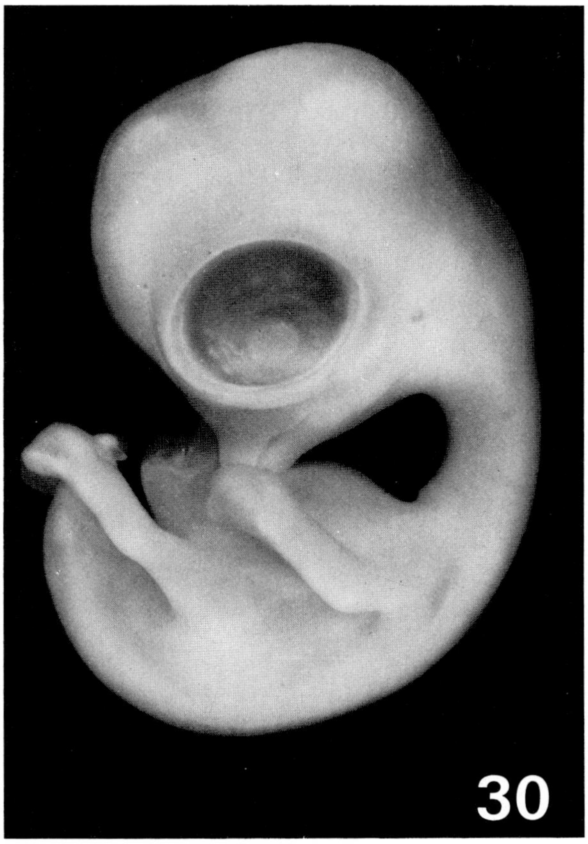

Abb.50

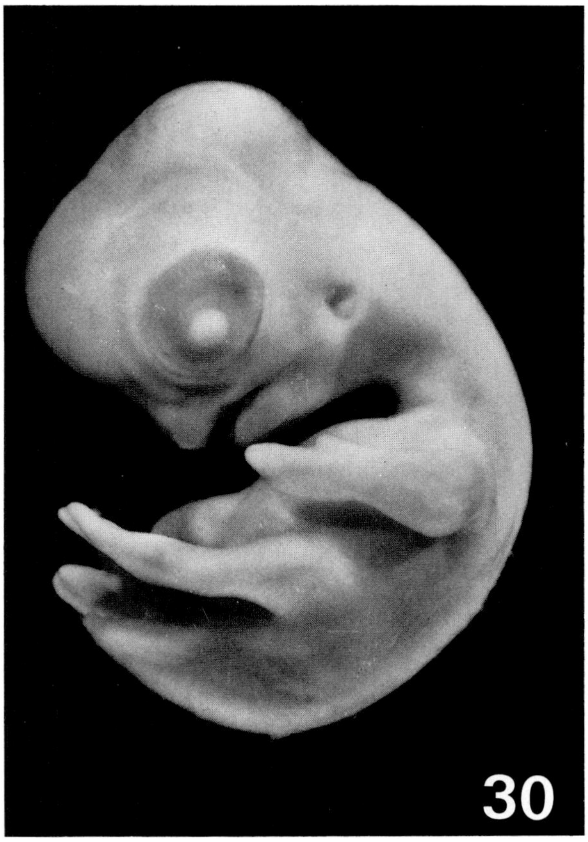

Abb.51

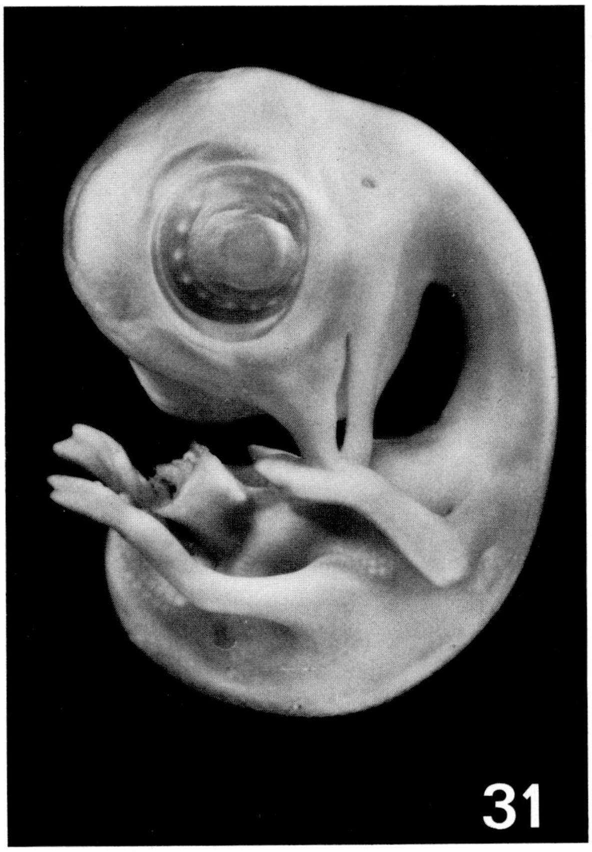

Abb.52

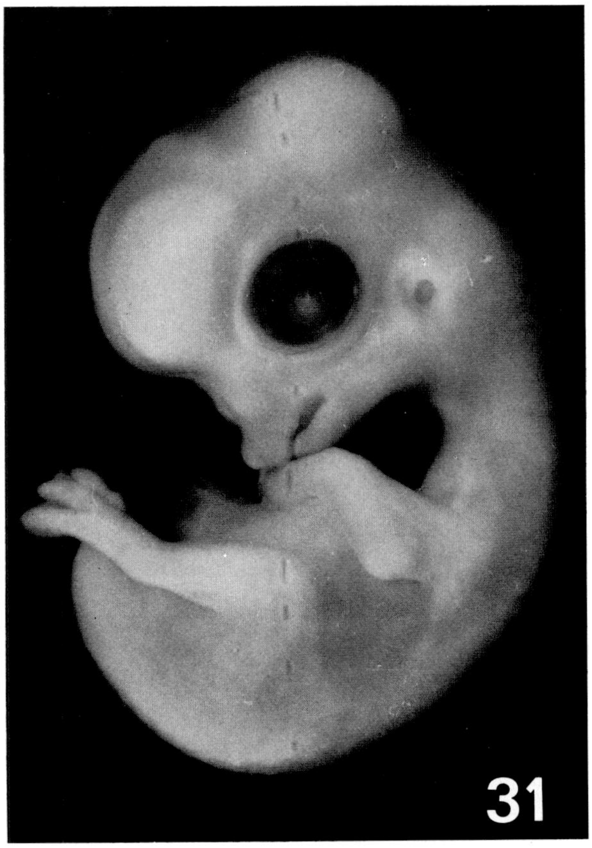

Abb.53

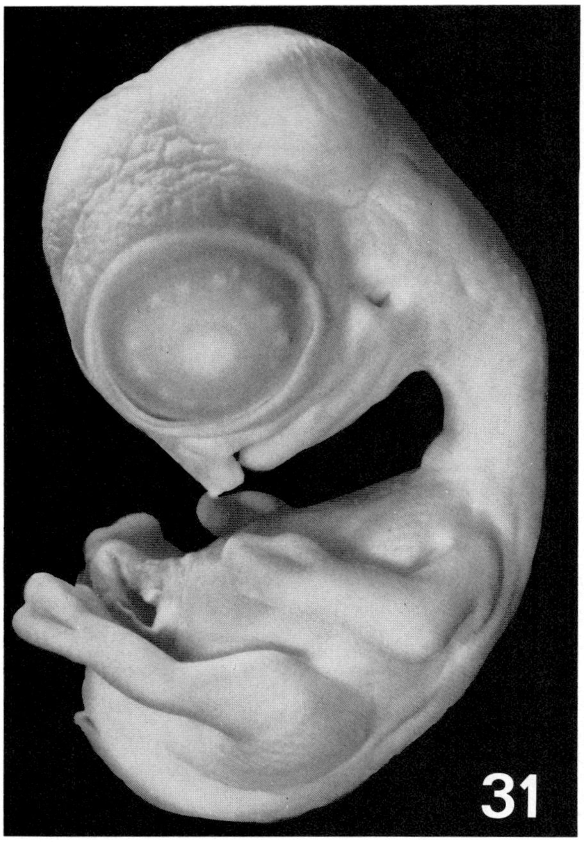

Abb.54

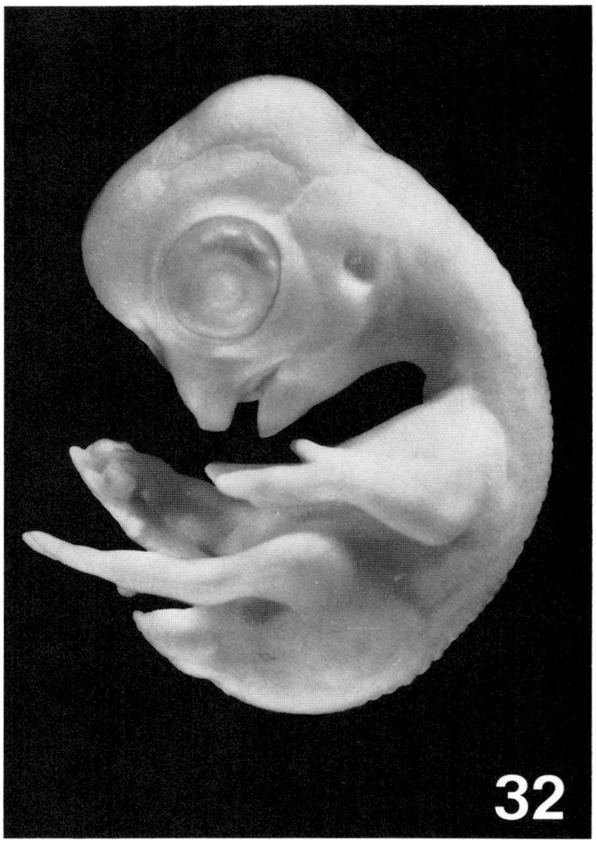

Abb.55

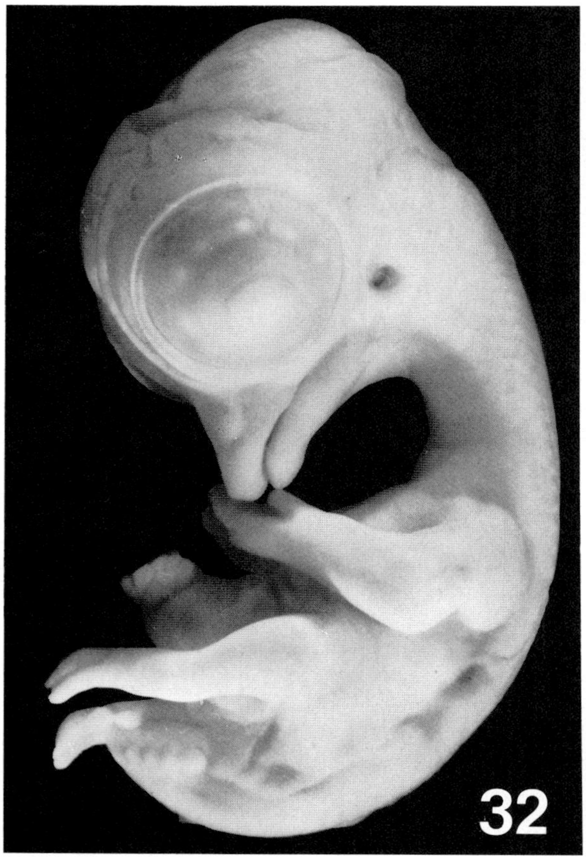

Abb.56

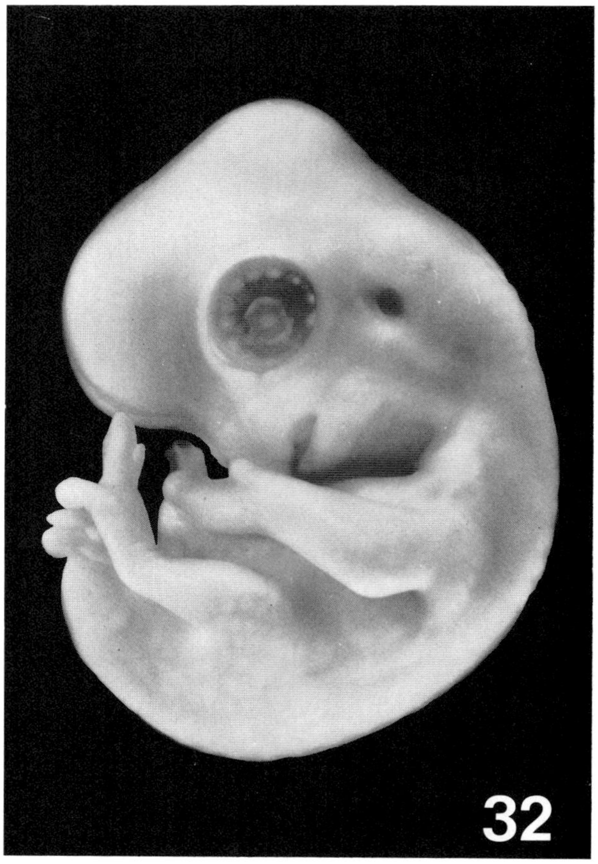

Abb.57

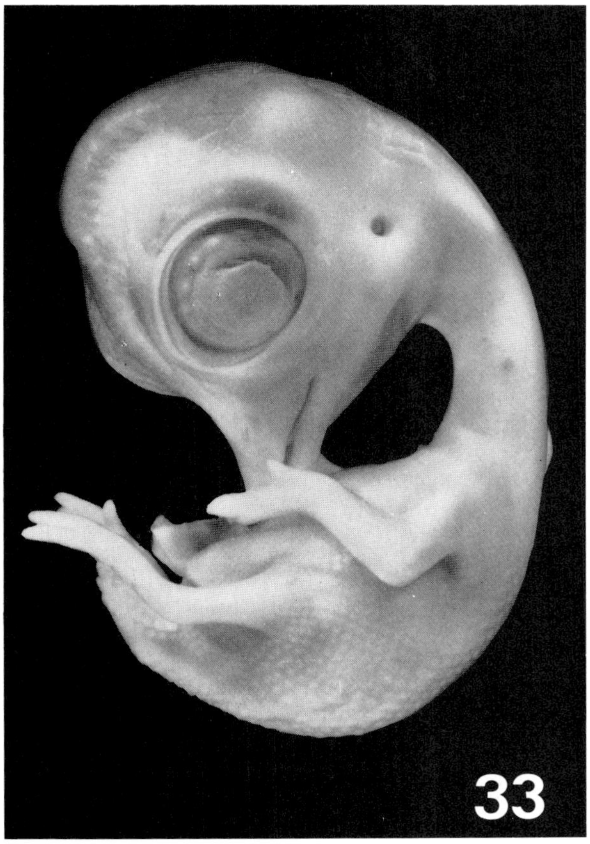

Abb.58

Abb.59

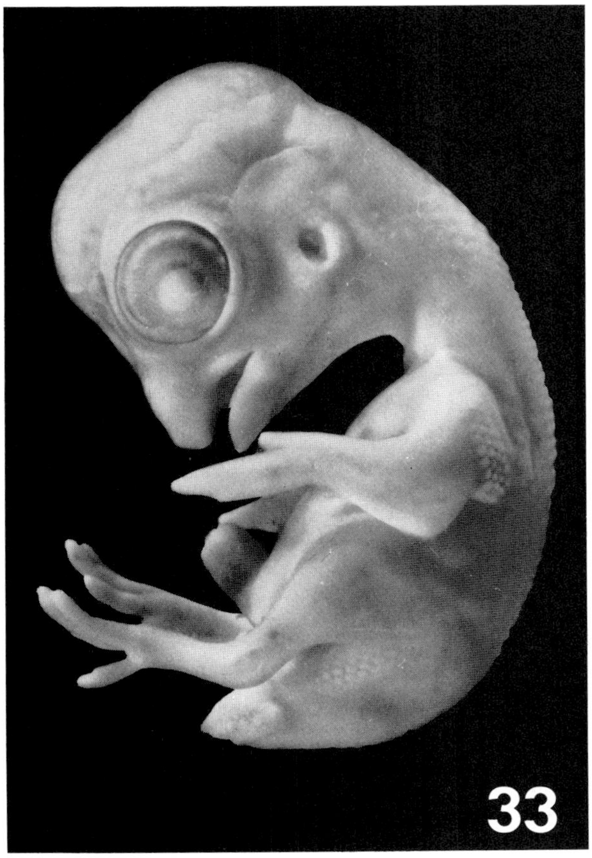

Abb.60

Abb.61

Abb.62

Abb.63

Abb.64

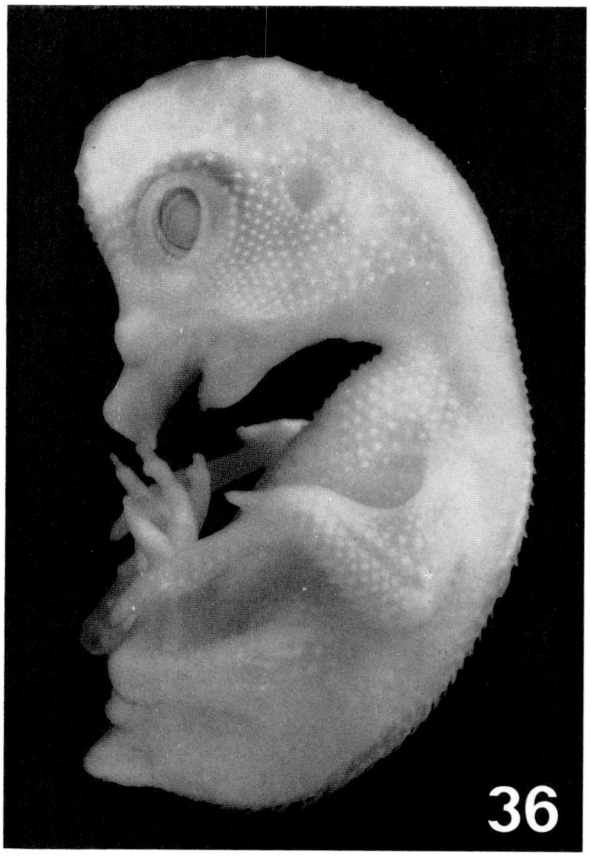

Abb.65

Abb.66

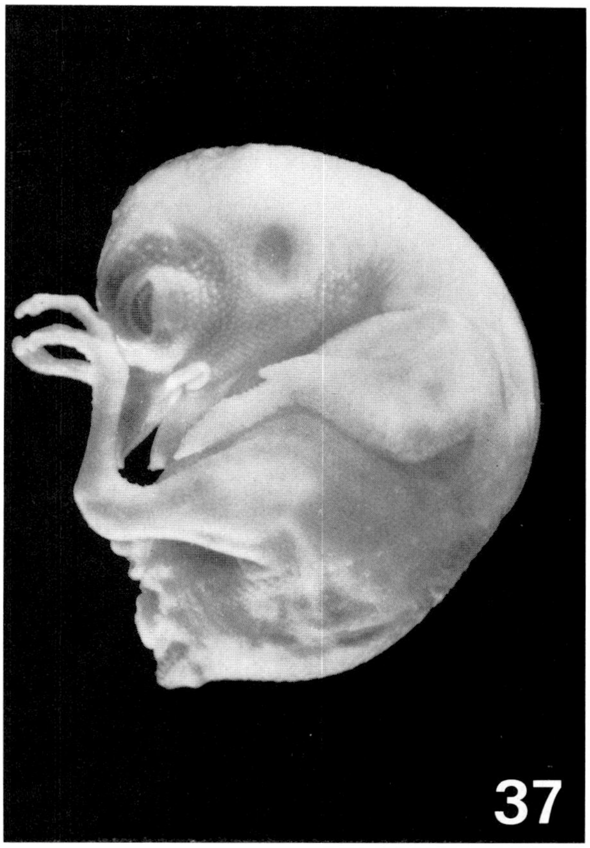

Abb.67

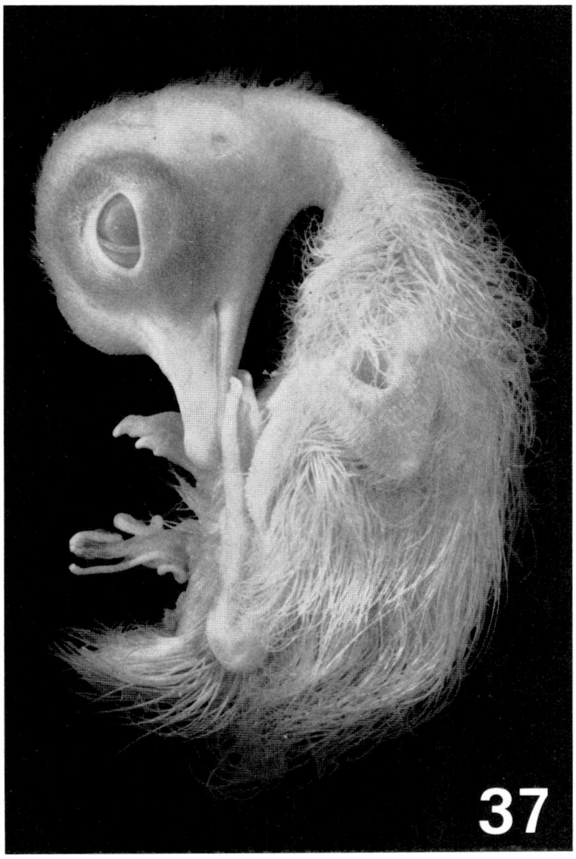

Abb.68

Abb.69

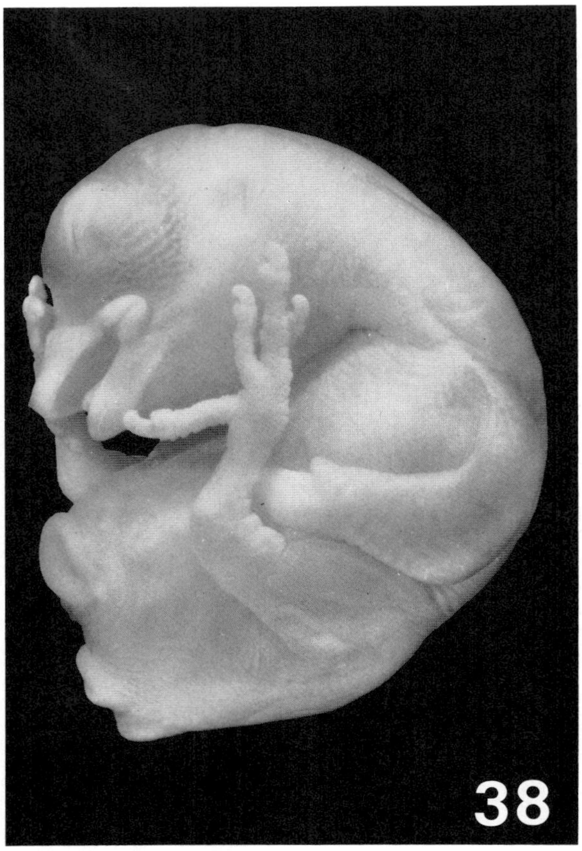

Abb.70

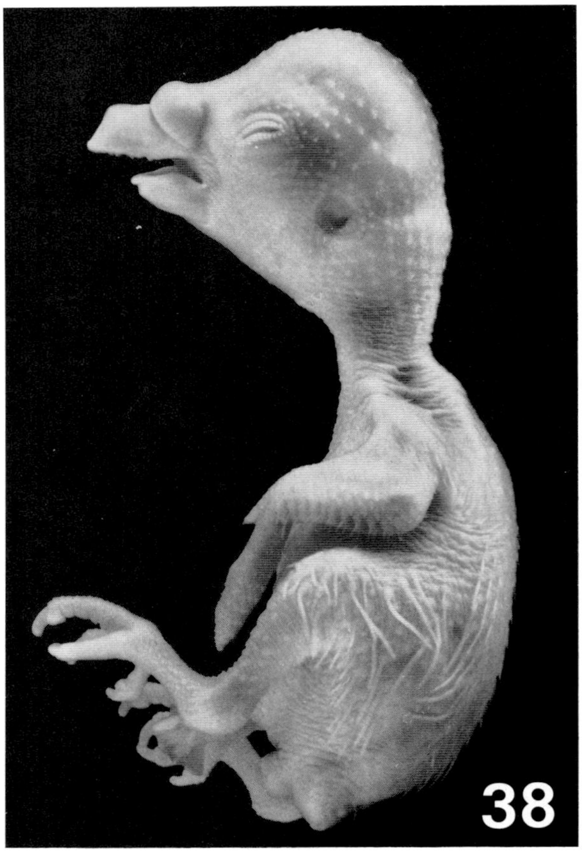

Abb.71

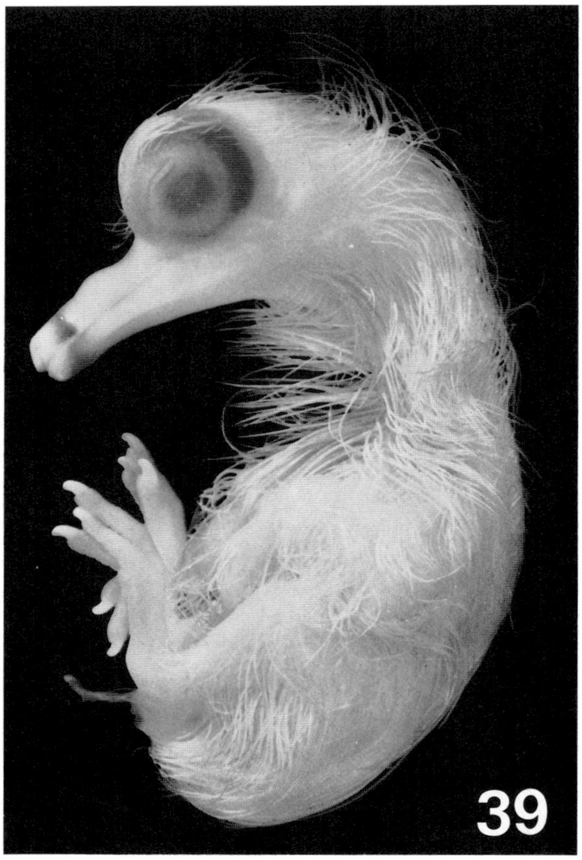

Abb.72

Abb.73

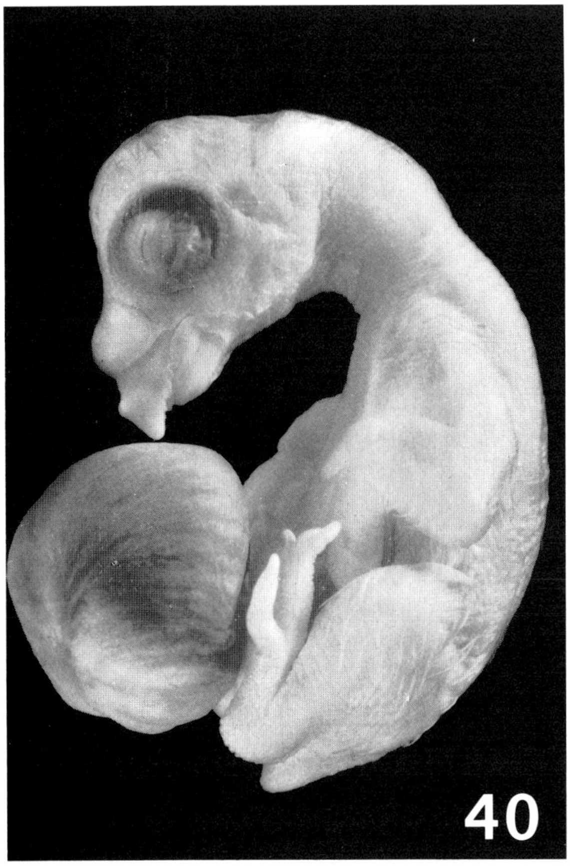

Abb.74

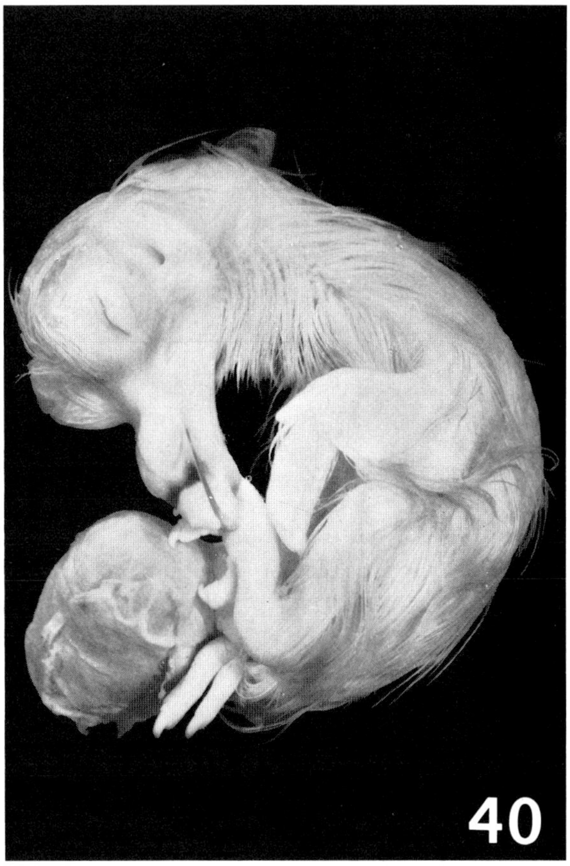

Abb.75

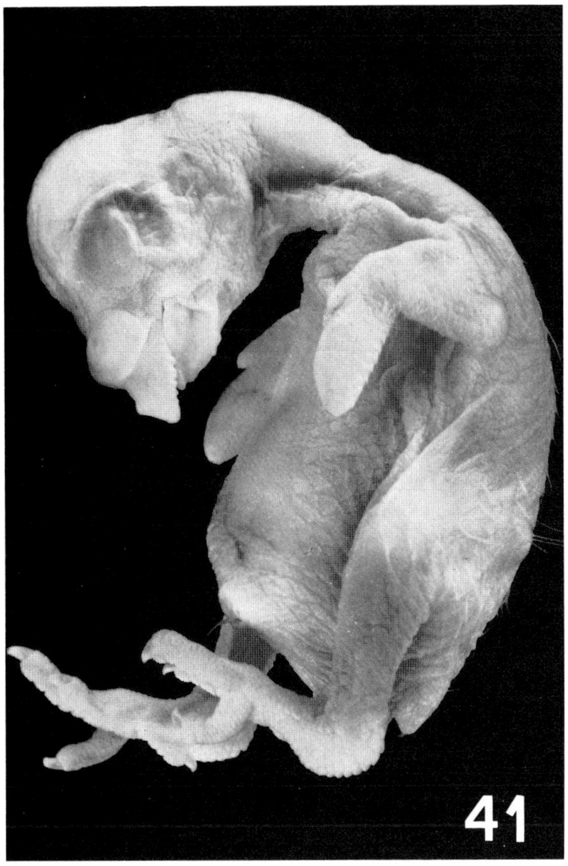

Abb.76

Abb.77

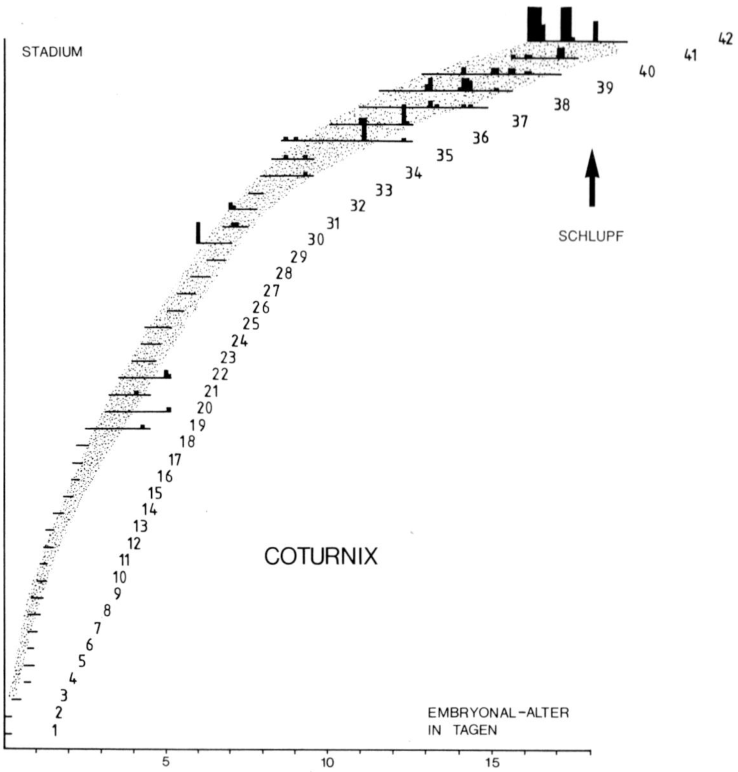

Abb.78a. *Coturnix coturnix*, Zeit-Stadien-Kurve der Embryonalentwicklung. - X-Achse: Embryonalalter in Tagen, Schlupf nach 18 Tagen; Y-Achse: Stadium; Die Höhe der vertikalen Balken gibt die Anzahl der untersuchten Embryonen jeden Alters an

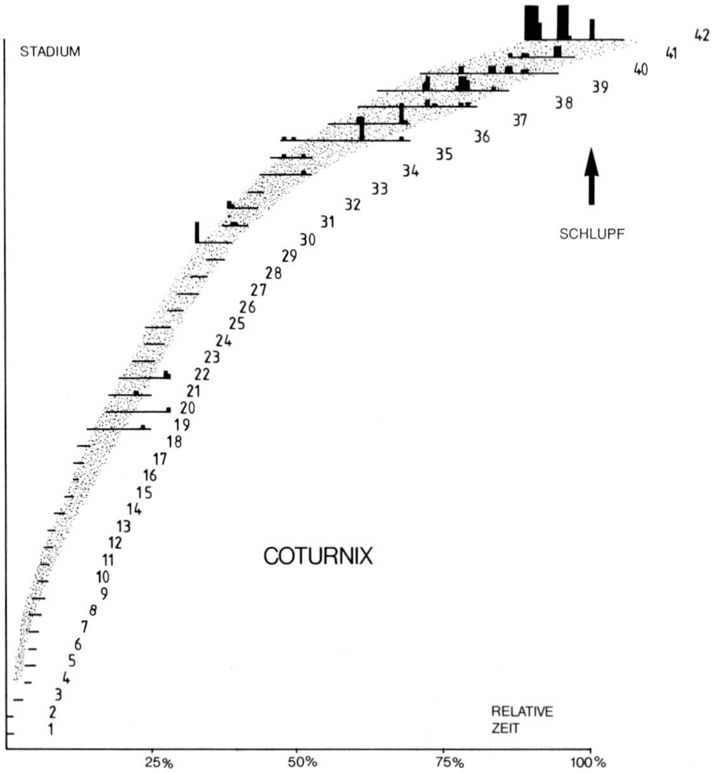

Abb.78b. *Coturnix coturnix*, Relativzeit-Stadien-Kurve der Embryonalentwicklung. - X-Achse: Relatives Embryonalalter (Schlupf=100%); Y-Achse: Stadium

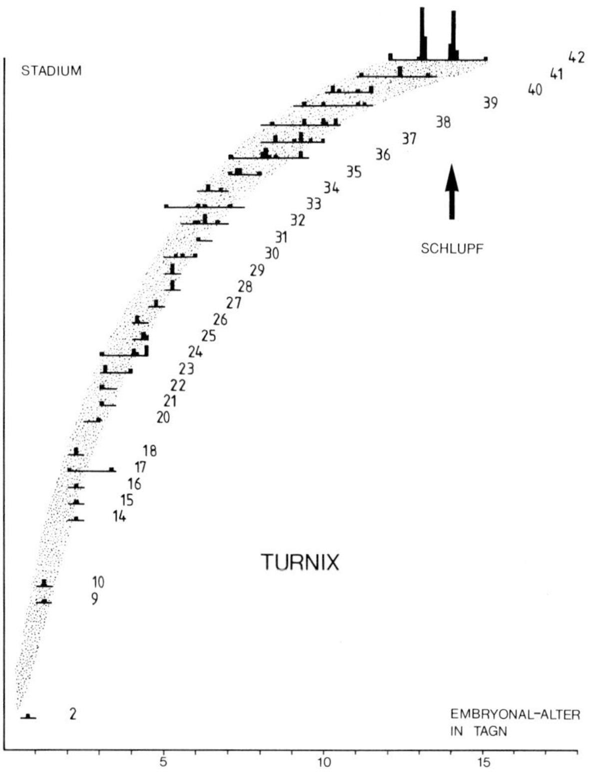

Abb.79a. *Turnix suscitator*, Zeit-Stadien-Kurve der Embryonalentwicklung. - X-Achse: Embryonalalter in Tagen, Schlupf nach 14 Tagen; Y-Achse: Stadium

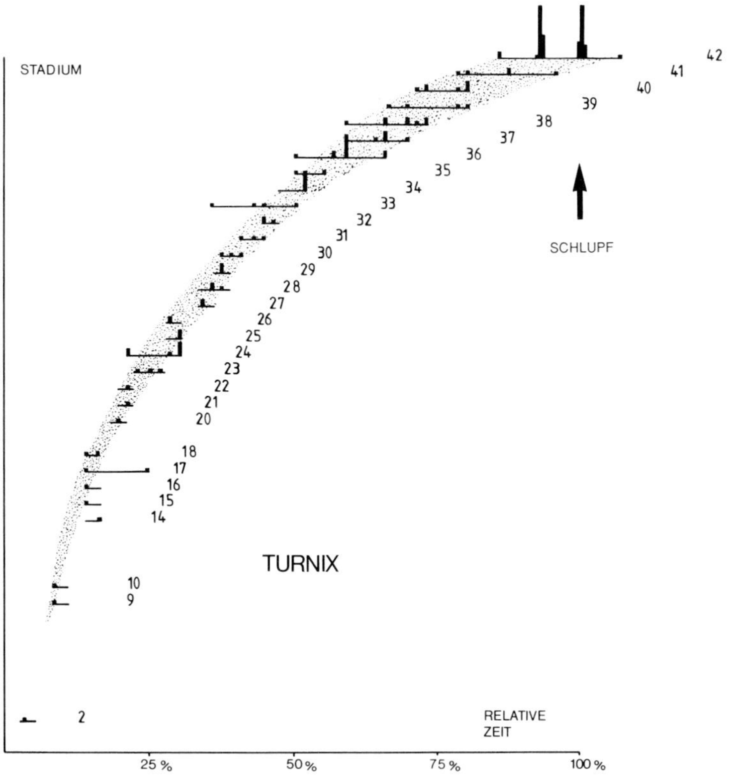

Abb.79b. *Turnix suscitator*, Relativzeit-Stadien-Kurve der Embryonalentwicklung. - X-Achse: Relatives Embryonalalter (Schlupf=100%); Y-Achse: Stadium

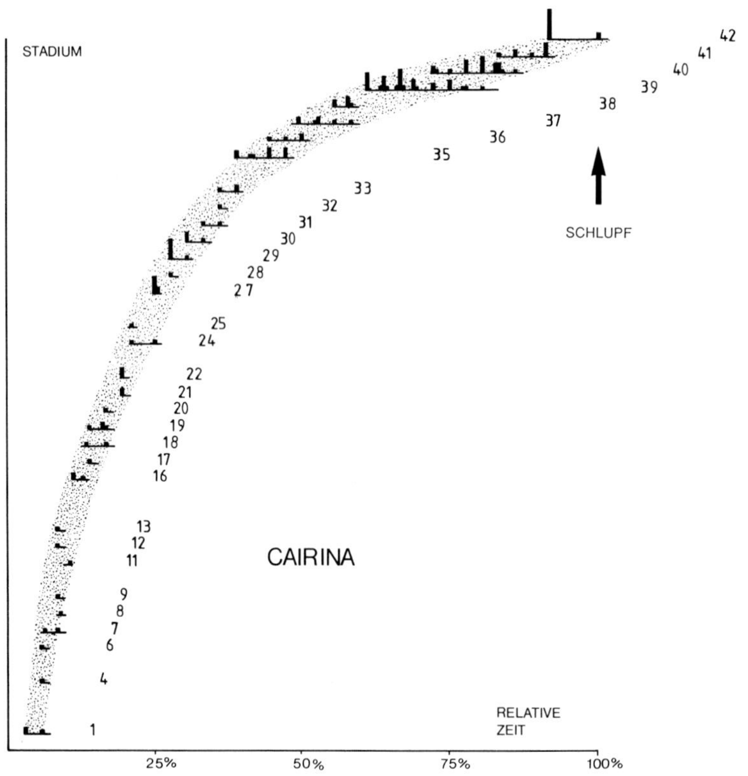

Abb.80a. *Cairina moschata*, Zeit-Stadien-Kurve der Embryonalentwicklung. - X-Achse: Embryonalalter in Tagen, Schlupf nach 35 Tagen; Y-Achse: Stadium

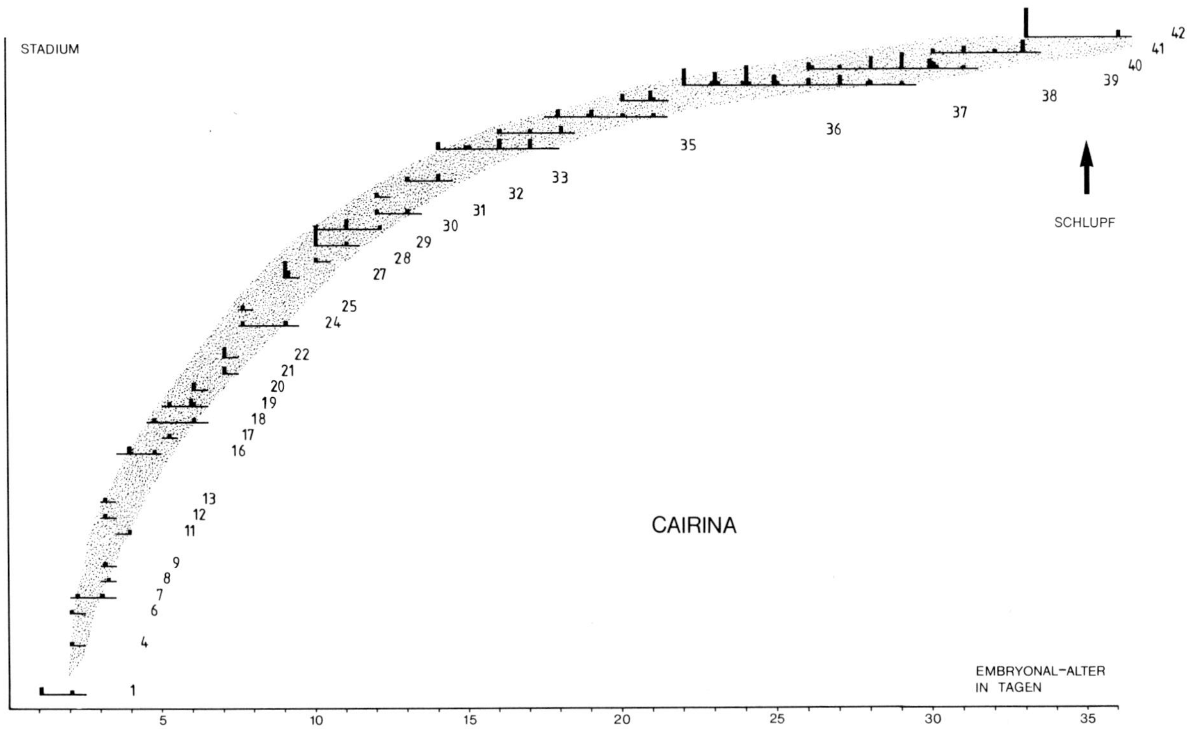

Abb.80b. *Cairina moschata*, Relativzeit-Stadien-Kurve der Embryonalentwicklung. - X-Achse: Relativen Embryonalalter (Schlupf=100%); Y-Achse: Stadium

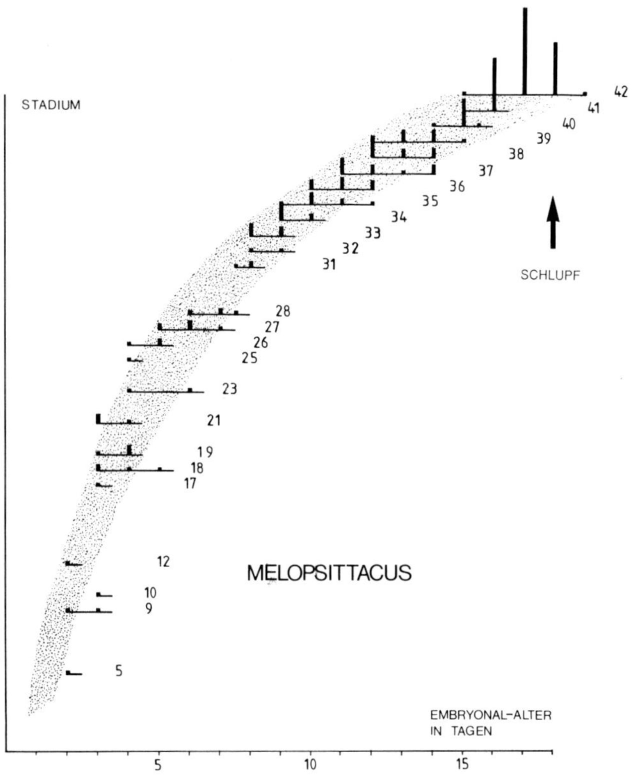

Abb.81a. *Melopsittacus undulatus*, Zeit-Stadien-Kurve der Embryonalentwicklung. - X-Achse: Embryonalalter in Tagen, Schlupf nach 18 Tagen; Y-Achse: Stadium

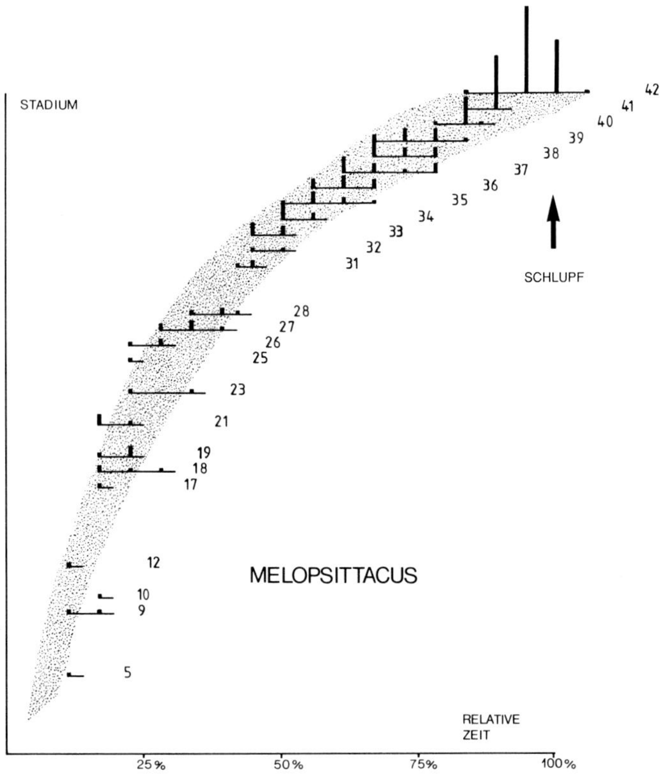

Abb.81b. *Melopsittacus undulatus*, Relativzeit-Stadien-Kurve der Embryonalentwicklung. - X-Achse: Relatives Embryonalalter (Schlupf=100%); Y-Achse: Stadium

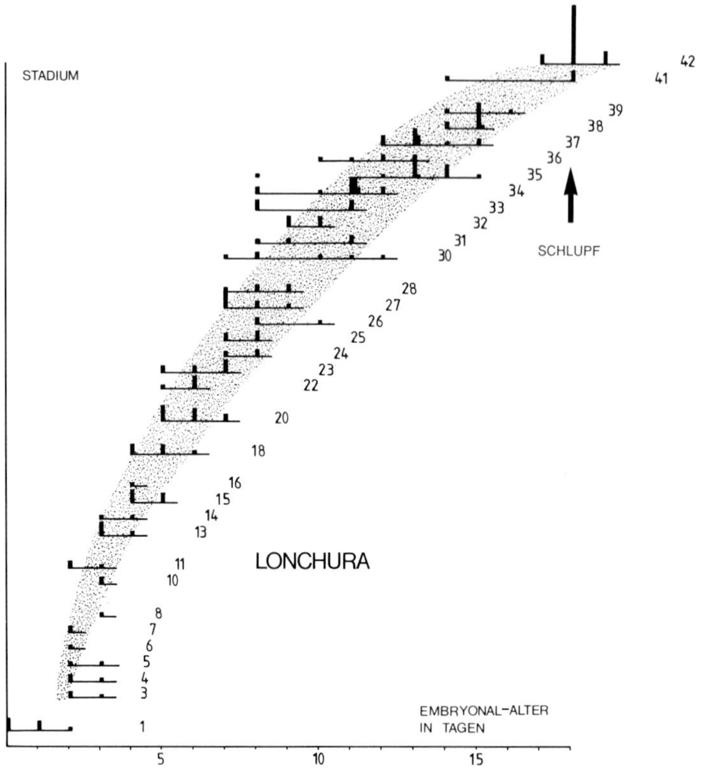

Abb.82a. *Lonchura oryzivora*, Zeit-Stadien-Kurve der Embryonalentwicklung. - X-Achse: Embryonalalter in Tagen, Schlupf nach 18 Tagen; Y-Achse: Stadium

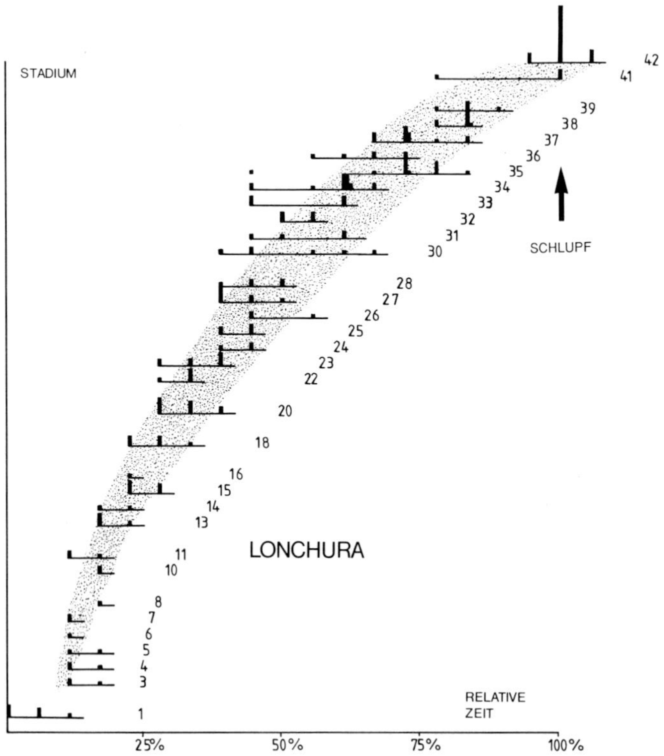

Abb.82b. *Lonchura oryzivora*, Relativzeit-Stadien-Kurve der Embryonalentwicklung. - X-Achse: Relatives Embryonalalter (Schlupf=100%); Y-Achse: Stadium

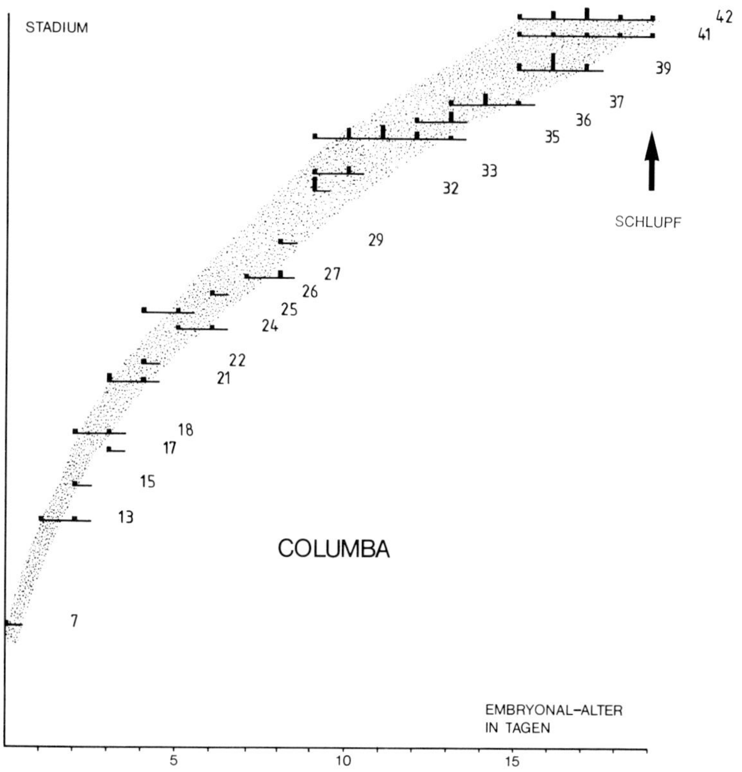

Abb.83a. *Columba livia*, Zeit-Stadien-Kurve der Embryonalentwicklung. - X-Achse: Embryonalalter in Tagen, Schlupf nach 19 Tagen; Y-Achse: Stadium

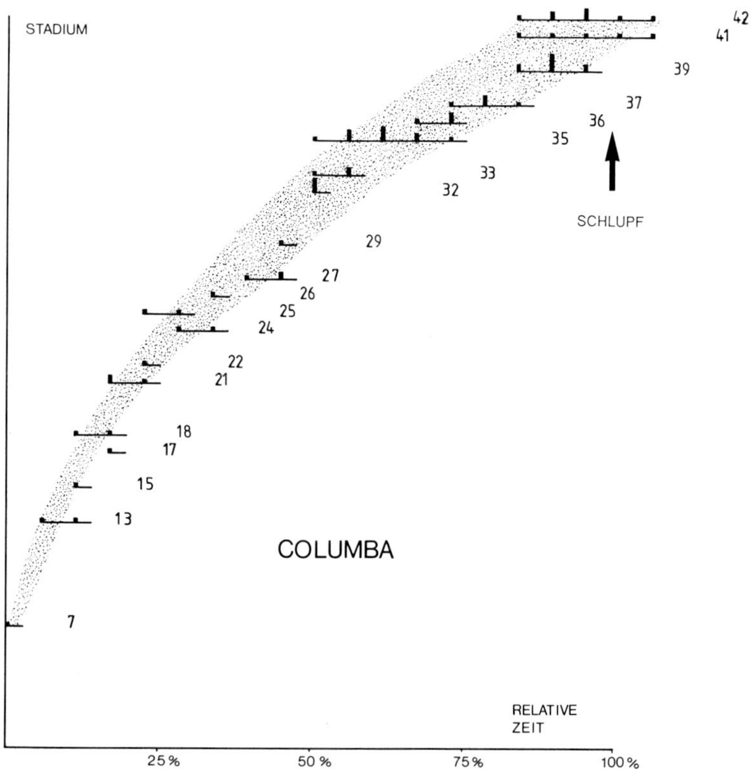

Abb.83b. *Columba livia*, Relativzeit-Stadien-Kurve der Embryonalentwicklung. - X-Achse: Relatives Embryonalalter (Schlupf=100%); Y-Achse: Stadium

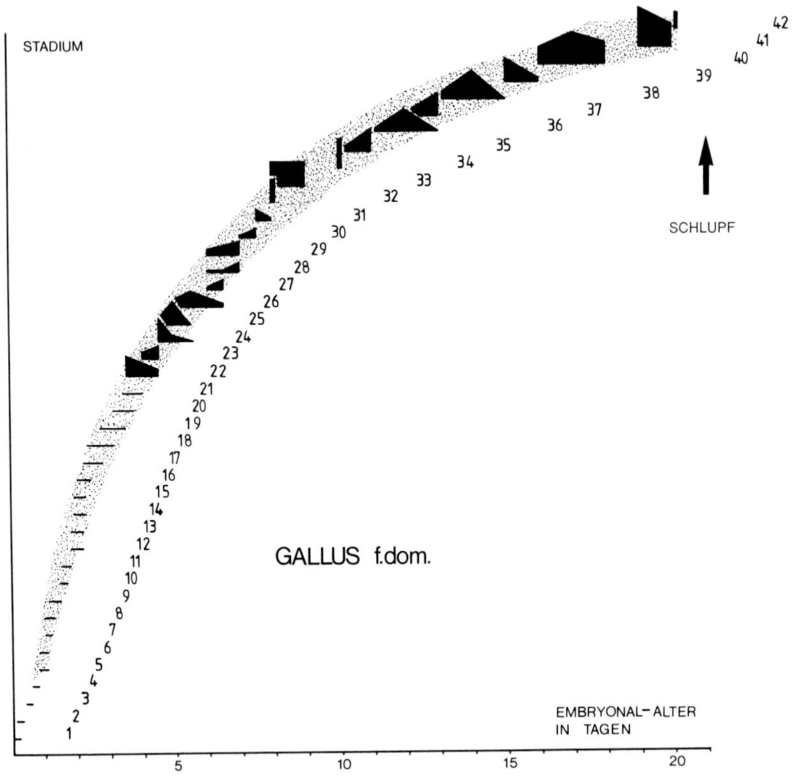

Abb.84a. *Gallus gallus f.dom.*, Zeit-Stadien-Kurve der Embryonalentwicklung. - X-Achse: Embryonalalter in Tagen, Schlupf nach 21 Tagen; Y-Achse: Stadium

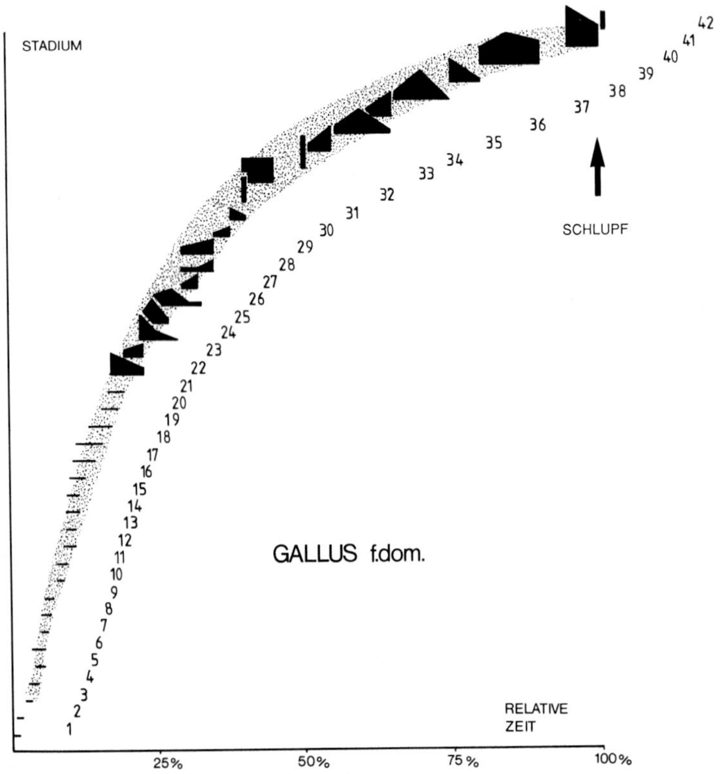

Abb.84b. *Gallus gallus f.dom*, Relativzeit-Stadien-Kurve der Embryonalentwicklung. - X-Achse: Relatives Embryonalalter (Schlupf=100%); Y-Achse: Stadium

V EMBRYONALENTWICKLUNG DES INTEGUMENTES

V.1 Einleitung

Die großen Unterschiede in der Differenzierung des Integumentes zum Zeitpunkt des Schlupfes, besonders in der Ausbildung der Federn, gehören zu den augenfälligsten Unterschieden zwischen nestflüchtenden und nesthockenden Vögeln. Der Entwicklungszustand des Schlüpflingsgefieders umfaßt ein weites Spektrum an Unterschieden. Das reicht von den vollständig ausgebildeten Konturfedern bei den Großfußhühnern (*Megapodiidae*), über ein reines Dunengefieder bei den meisten Nestflüchtern und zahlreichen Nesthockern, so bei Eulen, Tagraubvögeln, Tauben, Flamingos, Pinguinen, Reihern, Störchen, Ibissen und Ziegenmelkern bis zu den völlig unbefiederten Schlüpflingen bei zahlreichen Singvögeln, aber auch bei Schwalben, Nektarvögeln, Kolibris, Spechten, Papageien (vergl. Tabelle 1). So ist es verständlich, daß die Ausbildung des Schlüpflingsgefieders von NICE (1962) neben der Art der Nahrungsaufnahme und der Mobilität der Schlüpflinge als Einteilungskriterium für Schlüpflinge in 8 verschiedene Klassen herangezogen (Kapitel III.1) wurde.

Das Schlüpflingsgefieder (Neoptil) wird von der dunig entwickelten, ersten Generation der Konturfedern gebildet. Seine Federn gleichen strukturell Dunenfedern. Sie besitzen eine ringförmige Schaftanlage (Spule) von der strahlig Rami und Radii abgehen. Echte Dunenfedern werden dagegen schon embryonal in eigenständigen Federkeimen angelegt. Sie sind nie an der Bildung des Neoptilgefieders beteiligt.

Das Schlüpflingsgefieder besitzt für die Thermoregulation und den Verdunstungsschutz der nestflüchtenden Jungvögel eine wesentliche funktionelle Bedeutung. Sein "Verlust" bei unbefiederten Nesthockern muß durch das elterliche Verhalten des Huderns ersetzt werden. Beziehungen zwischen dem Grad der Ausbildung eines Dunengefieders bei Nesthockern oder Platzhockern (Möven, Alken) und der durchschnittlichen Huderzeit durch die Eltern sind bisher nicht belegt, erscheinen aber wahrscheinlich.

Diese so deutlich sichtbaren Unterschiede in der Ausbildung des Schlüpflingsgefieders und ihre einfache Beschreibbarkeit, ebenso wie die gut begründeten funktionellen Zusammenhänge veranlaßten schon früh Studien über die Strukturunterschiede des Schlüpflingsgefieders im Zusammenhang mit Untersuchungen zur Evolution der Ontogenesetypen bei Vögeln (PORTMANN 1938; GERBER 1939; BROMAN 1941; BECKER 1959; BURCKHARDT 1954; GOLLIEZ 1966). In diesen Arbeiten steht die äußere Formentwicklung der Vogelfeder im Mittelpunkt der Untersuchung. Die von PORTMANN (1954,1963) entwickelte Hypothese über die "*Morphologische Wertigkeit*" des Schlüpflingsgefieders deutet das Schlüpflingsgefieder der *Megapodiidae* als evolutiven Ausgangspunkt, von dem aus durch fortschreitende Embryonalisierung der Schlüpflinge auch das beim Schlupf vorhandene Gefieder reduziert würde. Die bei allen nackt schlüpfenden Nesthockern von außen erkennbare Versenkung der Federanlagen wird von ihm als embryonale Sonderbildung zum Schutze der in einem frühembryonalen Zustand verharrenden Federanlagen verstanden (s.u.). Die Versenkung der Federanlagen wird als "*morphologisch hochwertiger amniotischer Verschluß*" (WEBER 1950) angesehen.

Für die hier untersuchten Arten soll der Zeitpunkt des ersten Auftretens der Federanlagen sowohl in absoluter, physikalischer Zeit als auch in relativer Brutzeit bestimmt und der Ablauf der anschließenden morphogenetischen Prozesse bei den verschiedenen Ontogenesetypen dargestellt werden. Die Differenzierung der Federanlage in Rami, Radii und Federscheide sowie ihr Anschluß an die Federmuskeln werden untersucht. Die Federmuskeln nehmen bei dieser Betrachtung eine zentrale Stellung ein, da nur ihre Tätigkeit Stellungsänderungen der Feder erlaubt und damit erst eine Regulation der Gefiederfunktion ermöglicht. Beschreibung und Vergleich der Entwicklung des Gefieders müssen daher besonders die Entwicklung des dermalen Verankerungs- und Bewegungsapparates der Federn beachten. Epidermale Feder und mesodermaler Versorgungs- und Verankerungsapparat gehen auf unterschiedliches embryonales Ursprungsmaterial zurück; werden aber im Zusammenschluß zu einer funktionellen Einheit.

Die histologische Untersuchung der Federanlagen wurde immer an der dorsalen Federflur durchgeführt, da diese bei allen untersuchten Vögeln gleichermaßen ausgebildet ist und nicht der starken Variation des Pterylosemusters zwischen den Taxa unterliegt. Für jede untersuchte Art stellt die Entwicklung des Neoptilgefieders in der dorsalen Federflur beispielhaft die Entwicklung ihres Gefieders auch aller anderen Federfluren dar.

Die Verwendung der Nomenklatur hält sich an die von LUCAS & STETTENHEIM (1972) festgelegte und von SAWYER et al. (1985) übernommene Einteilung.

V.2 Äußere Form und generelle Entwicklungsmuster

In der Embryonalentwicklung treten die Federanlagen zunächst als flache Vorwölbungen der Epidermis auf. Sowohl die zeitliche als auch die räumliche Abfolge ihres ersten Auftretens ist bei allen untersuchten Arten in den Grundzügen gleich. Variationen des Pterylosemusters wirken sich vor allem in der gruppenspezifischen Ausdehnung einzelner Federflure, der Anzahl der Federanlagen oder deren Reduktion aus. Alle definitiven Federn werden bereits embryonal angelegt: zuerst werden in den Federfluren nach geordnetem Muster die Konturfederanlagen differenziert (erste Federfolge nach GOLLIEZ 1966), im Anschluß daran die zwischen ihnen liegenden Dunenfederanlagen (zweite Federfolge). In der dritten Phase werden in direktem Lagebezug zu den Konturfedern die Fadenfedern (Filoplumae) angelegt (GERBER 1939; BROMAN 1941; GOLLIEZ 1966). Auf die Variationen dieses embryonalen Pterylosemusters soll hier nicht im Detail eingegangen werden, da diese Befunde gut bekannt sind und sich aus der Analyse des Pterylosemusters keine grundlegenden Aufschlüsse über Zusammenhänge zwischen Entwicklung des Integumentes und Ontogenesetyp erwarten lassen.

Die ersten flachen Epidermisaufwölbungen treten im kaudalen Abschnitt der Rückenflur (Pteryla dorsalis) auf. Sie sind bei der Wachtel, dem Laufhühnchen, dem Wellensittich, dem Reisfinken und der Taube im Stadium 28 zuerst zu erkennen (Abb.47). Bei der Moschus-Ente treten sie etwas verzögert im Stadium 31 (Abb.52) auf. Sehr schnell folgen die Federanlagen der Pteryla femoralis (Stadien 30 bis 32), der Pteryla interscapularis (Stadien 31 bis 34) und der Pteryla scapularis (Stadien 31 bis 32). Bis zu den Stadien 34 und 35 (Abb.61-63) sind in allen Federfluren Federanlagen ausgebildet. Entsprechend ihrer Anordnung in den Federfluren kann man sie auch am Adulttier noch nach ihrer Position wiedererkennen und sie daher schon jetzt als Konturfederanlagen ansprechen. Nach der Abfolge ihres Auftretens sind die Federanlagen verschieden weit entwickelt; die ältesten Anlagen der Pteryla dorsalis sind im Stadium 34 bereits zum frühen Fadenstadium entwickelt, wenn die jüngsten Anlagen in der Pteryla interscapularis erst das Papillenstadium erreicht haben (vergl. GERBER 1939).

Wenn die Konturfedern komplett angelegt sind, werden die Anlagen der Dunenfedern gebildet, die sich zwischen die Konturfederanlagen einschieben. Dies lässt sich beim Wellensittich besonders gut von außen beobachten (Abb.65). Bei Wachtel, Ente und Taube ist nur für kurze Zeit das Auftreten der zweiten Folge von Federanlagen von außen zu verfolgen. Durch das starke Wachstum der Konturfederanlagen, die während der Entwicklung der Dunenfederanlagen zum Fadenstadium auswachsen, kann die weitere Dunenfederausbildung nicht mehr beobachtet werden, da sie völlig von den Konturfederanlagen überdeckt werden. Weder Reisfink noch Laufhühnchen besitzen als Adulttiere Dunenfedern. Bei ihnen werden auch embryonal keine Dunenfederanlagen gebildet.

Während bei Wachtel, Laufhühnchen, Ente und Taube die Federanlagen zu langen fadenförmigen Gebilden über die Oberfläche des Integumentes auswachsen, erreichen bei Wellensittich-Embryonen nur sehr wenige Federn des dorsalen und des femoralen Traktes das Fadenstadium, beim Reisfinken keine. Bei diesen beiden Arten ist daher die Versenkung der Federanlagen in die Dermis sehr gut zu beobachten. Bis kurz vor dem Schlupf (Stadium 39 beim Wellensittich; Stadium 40 beim Reisfink) sind bei diesen beiden Arten alle Federanlagen versenkt.

V.3 Histologie der Federanlagen

A) Frühe Embryonal-Entwicklung

Die lichtmikroskopische Untersuchung zeigt als früheste erkennbare Federanlage eine leichte Verdichtung des mesodermalen Mesenchym (Stadium 28; Abb.85,86). Die überdeckende Epidermis ist ein zweischichtiges Epithel, dessen basale Schicht von hochprismatischen Zellen mit großen interzellulären Räumen aufgebaut wird (Abb.90). Diese basale Lage der Epidermis, das Stratum basale, bewahrt lebenslang ihre Teilungsaktivität, mit der sie für alle Wachstums- und Regenerationsprozesse verantwortlich ist. Das Stratum basale wird von einer Basallamina gegen die Dermis abgegrenzt. Oberflächlich wird es von einer Schicht sehr dünner, flach ausgezogener Zellen, dem Periderm, überdeckt. Während der weiteren Embryonalentwicklung bleibt das dünne Periderm unverändert über der Epidermis und den Federanlagen erhalten. Erst gegen Ende der Embryonalentwicklung verhornt es und wird nach dem Schlupf gemeinsam mit nachgewachsenen, verhornten Lagen des Stratum corneum abgeschilfert.

Die subepidermale Mesenchymverdichtung (Abb.87,88) wird als Induktor der Federanlage angesehen, der Zellteilungen im Stratum basale anregt und so zur Vielschichtigkeit der Epidermis der Federanlage führt. Die vielschichtige und leicht höckerförmig aufgewölbte Epidermis wirkt ihrerseits auf die mesodermale Mesenchymverdichtung zurück, indem sie die Lage der späteren Federschaftanlage bestimmt (KOECKE & KUHN 1962). Auf einem frühen Papillenstadium ist die basale Lage der Epidermis mehrschichtig, das Periderm zeigt keine Unterschiede zum vorangegangenen Stadium. Unter dem weiter verdichteten Mesenchym treten vermehrt Kapillaren auf (Abb.86,88).

In den folgenden Differenzierungsvorgängen wächst das Stratum basale der Epidermis in der Randzone der Federpapille nach unten in das Mesenchym hinein (Stadien 29 bis 32). Dadurch umgibt nun das Stratum basale, das durch diese Einfaltung eine doppellagige Epithelfalte bildet, eine zentrale Mesenchympapille (Pulpa) allseitig. Das Periderm ist an der Einsenkung nicht beteiligt und behält seine ausschließlich oberflächliche Lage bei. Gleichzeitig mit der Einsenkung der Epidermis wird die zentrale Federpapille durch starke Zellvermehrung des Mesenchym weiter nach außen vorgeschoben und Kapillaren wachsen ein; das späte Papillenstadium oder frühe Fadenstadium (Abb.89) ist erreicht. Im Querschnitt durch dieses Entwicklungsstadium ist eine kreisförmige Federanlage zu erkennen, deren zentrales Pulpamesenchym von einer doppellagigen Epithelfalte umgeben wird. Die innere Epithellage, die mit einer Basallamina gegen die Pulpa abgegrenzt wird, ist die Anlage des Federepithels, die äußere, die von einer Basallamina gegen das Mesenchym der Dermis abgegrenzt wird, ist die Anlage des Follikelepithels. - In den folgenden Stadien (Stadien 37 und 38) wird die Federanlage weiter in die Dermis versenkt und bekommt dadurch röhrenförmige Gestalt. Der basale Bereich einer solcherart versenkten Federanlage gewinnt als Federfollikel Anschluß an Stränge von verdichtetem Mesenchym, die sich durch die Längsstreckung und dichtere Lagerung ihrer Zellen von dem umgebenden Mesenchym der Dermis abheben (Abb.91,92). Es handelt sich hierbei um die Anlagen der Federmuskeln. Ein ultrastruktureller Nachweis der Myofibrillen ist zu diesem Zeitpunkt der Embryonalentwicklung noch nicht möglich, ihre Differenzierung zu Muskelzellen erfolgt erst später.

Die Grundstrukturen der Feder sind damit ausgebildet: die zentrale mesodermale Federpulpa mit dem Zentralgefäß wird von dem eigentlichen, epidermalen Federepithel umgeben; nach außen schließt sich das Follikelepithel an, dessen epidermale Zellen die Follikelscheide bilden werden. Damit wird nicht nur eine Schutzhülle um die sich differenzierende Feder entstehen, sondern auch ein Gleitraum für die wachsende und sich nach außen vorschiebende Feder gebildet.

Die Vorgänge der Mesenchymkondensation und der Induktion der Mehrschichtigkeit der überlagernden Epidermis (Stadium 28), der papillenartigen Aufwölbung der frühen Federanlage (Stadien 31 bis 34) und deren anschließende Einsenkung (Stadien 35 und 36), verbunden mit der Bildung der Federpulpa und des Federfollikels, sowie dessen Verknüpfung mit den Anlagen von Strängen glatter Muskulatur (Stadien 37 und

38) sind grundlegende morphogenetische Prozesse, die als Differenzierungsschritte der Federentwicklung bei allen Vogelarten gleichartig ablaufen. Bei den hier untersuchten Arten erfolgen sie nicht nur strukturell in der gleichen Art und Weise, sondern auch nach einem gleichen absoluten und relativen Zeitplan.

B) Ausgestaltung und Differenzierung der Federanlagen

In dem anschließenden Entwicklungsabschnitt zwischen Stadium 35 und dem Schlupf ergeben sich nach der bis hierher strukturell und zeitlich sehr einheitlichen Entwicklung der Federanlagen wesentliche Unterschiede in der nun folgenden Differenzierung des verhornenden epidermalen Anteils der Feder. Die weitere Entwicklung der epidermalen Federanlage, der mesodermalen Federpulpa und des mesodermalen Verankerungsapparates müssen daher für die einzelnen Ontogenesetypen getrennt behandelt werden. Als Vertreter der Nestflüchter wurde exemplarisch die Wachtel untersucht. Die an ihr beschriebenen Befunde können gleichermaßen auch an dem Laufhühnchen, der Moschus-Ente oder der Taube erhoben werden.

V.4 Entwicklung der Federanlagen bei Nestflüchtern und Nesthockern

A) Federentwicklung bei *Coturnix coturnix*

1) Lichtmikroskopische Befunde

Bei der Wachtel wachsen in Stadium 35 (Abb.63) die Federanlagen zu langen fadenförmigen Gebilden aus, während gleichzeitig ihre Basis weiter in die Dermis versenkt wird. Das Zentralgefäß der Federpulpa reicht bis an die Spitze der Federanlage (Abb.89). In der Dermis differenzieren sich Mesenchymstränge zu Anlagen der Federmuskeln. Die Differenzierung der Feder unterliegt einem von der Federspitze zur Basis fortschreitenden Gradienten. Je nach Schnittebene werden daher unterschiedliche Zustandsbilder der Differenzierung erfaßt. Im basalen Bereich der Federanlage, dem in die Dermis eingesenken Federfollikel, besteht die äußerste Lage des Federepithels aus abgeplatteten verhornenden Zellen, die die Federscheide bilden. Sie geht ohne scharfe Grenze in die vom Follikelepithel gebildete Follikelscheide über (Abb.93). Durch den Verhornungsprozess können nun in beiden Epithelien ein Stratum germinativum, in dem ein Stratum basale sowie ein Stratum intermedium unterschieden werden, und das verhornte Stratum corneum erkannt werden. Die Wachstumsbewegung der Feder zerreißt sehr schnell den Zusammenhang der aneinander liegenden verhornten Schichten und es entsteht der Follikelspalt als Gleitraum für die wachsende Feder (Abb.91,93). Im apikalen Bereich der Federanlage hat sich das Stratum germinativum des Federepithels in radiär und längs orientierte Epithel-Leisten angeordnet, die von außen septenartig in den Pulpa-Querschnitt einschneiden (Abb.94-96). Die weiteren sehr unterschiedlichen Differenzierungsschritte der Zellen dieser Epithelleisten verlaufen in strenger räumlicher Ordnung der beteiligten Zellgruppen. Die zentralwärts liegenden Zellen der Leisten vergrößern sich und werden zur Ramogensäule. Von dieser gehen astförmig zwei Reihen von Zellen ab, die als Radiogensäulen die Anlagen der Radii darstellen. Die randlichen Zellen jeder Epithelleiste nehmen langgestreckte Form an und grenzen als Marginalplatte benachbarte Leisten gegeneinander ab. Zentral trennt eine Axialplatte die beiden Radiogensäulen voneinander (Abb.95,96). Die Zellen der Marginalplatten und der Axialplatten verhornen ohne Zusammenhalt zu bewahren, zerfallen zu Federpuder und stellen so die Rami und Radii frei (Abb.97). Bevor der Verhornungsprozess abgeschlossen ist, lagern Melanozyten der Federepidermis über lange Fortsätze durch Zytokrinie Melaningranula in den Zellen der Radiogensäulen ab (Abb.94). Die Melanozyten werden im Folgenden nicht berücksichtigt, da sie aus der Neuralleiste einwandern und keinen Einfluß auf den Ablauf der Federmorphogenese nehmen. Der Pigmentierungsvorgang wird durch die Verhornung der Zellen beendet.

Die Ausdifferenzierung der Neoptildunen umfaßt eine Reihe von Zellteilungen und Zelldifferenzierungen, die in eindeutiger und räumlich und zeitlich aufeinander abgestimmter Folge eintreten. Bis zum Schlupf sind diese Vorgänge der Ausbildung der hornigen Dunenfeder bei den untersuchten Nestflüchtern abgeschlossen. Die Neoptildune bleibt bis dahin von der hornigen Federscheide umschlossen, die dann aber innerhalb kurzer Zeit abschilfert.

2) Elektronenmikroskopische Befunde

Die Verhornung der Epidermiszellen kann entweder unter starker Formveränderung der Zellen stattfinden, wie in den nicht befiederten Hautarealen, oder unter Erhalt der Zellform und Ausbildung spezieller Hornstrukturen, wie in den Federn.

Der erste Vorgang ist an der Epidermis, dem Follikelepithel und während der Bildung der Federscheide auch an dem Federepithel zu beobachten. Er entspricht dem normalen Verhornungsprozess der Haut, bei dem die Zellen des Stratum corneum stark abplatten, so daß sie im histologischen Schnitt als dünne Hornlamellen erscheinen. Die Zellen des Stratum germinativum sind hier durch eine große Zahl von Desmosomen ausgezeichnet, von denen aus dichte Bündel von Tonofilamenten in das Zytoplasma einstrahlen. Nach distal nimmt die Zahl der Desmosomen noch weiter zu, das Zytoplasma besitzt eine granuläre Grundstruktur, und vereinzelt sind Keratohyalin-Granula zu finden. Die äußeren Zellagen sind stark abgeplattet und vakuolenreich, die Kernstruktur löst sich auf. Zwischen den dünnen Hornlagen des Stratum corneum lässt sich eine interzelluläre Lipidschicht nachweisen, die für verhornte Epithelien aller Vertebraten charakterisierend ist.

Der zweite Vorgang der Verhornung findet an den Federn statt, wo die Zellen der Ramogen- und Radiogensäulen während der Verhornung nicht nur ihre Gestalt, sondern auch den Zusammenhang untereinander bewahren (Abb.97). Eine Abplattung der verhornenden Zellen findet nicht statt; vielmehr werden sehr charakteristische und hoch spezialisierte Zellformen ausgebildet, die dann die Radioli aufbauen. Alle Merkmale verhornter Zellen können auch an ihnen gefunden werden. Die Zellmembranen sind erhalten und durch zahlreiche degenerierte Desmosomen miteinander verbunden. Das Zytoplasma ist frei von Organellen und besteht aus einer einheitlichen Matrix, die im Zentrum der Zelle etwas elektronendichter ist als in der Peripherie. Kennzeichnend für den Verhornungsprozess ist auch hier wieder die Ablagerung einer interzellulären Lipidschicht. Die Zellen der Marginal- und Axialplatten zerfallen zu Puder (Vergl.Abb.123,124 für den Wellensittich).

SAWYER et al. (1985) weisen mit Immunfluoreszenz-Techniken und biochemischen Methoden eine unterschiedliche biochemische Zusammensetzung des Feder-Keratin, des Keratin der Schuppen und der Haut nach. Beta-Keratin gilt als Hauptbestandteil der Federn des Hühnchens, während in nicht befiederten Hautbereichen alpha-Keratin vorherrscht. Obgleich eine biochemisch differenzierte Analyse vorliegt, ist bisher noch keine funktionell und entwicklungsgeschichtlich schlüssige Beziehung zwischen der biochemischen Zusammensetzung und der unterschiedlichen Histogenese verschiedener Areale des Integumentes bekannt.

3) Differenzierung der dermalen Federmuskeln

Zum Zeitpunkt des Schlupfes sind die dermalen Federmuskeln bei der Wachtel sowohl in der räumlichen Anordnung als auch zytologisch zu einem funktionsfähigen Zustand ausdifferenziert. An der basalen Spitze jedes Konturfederfollikels setzten 4 Haupt-federmuskeln an (Abb.98,101), die an den Halsteil des jeweils benachbarten Federfollikels führen. Entsprechend ihrer Zugrichtung wirken sie als

Erektoren oder Depressoren. Federmuskeln benachbarter Federn überkreuzen sich (Abb.100). Im Einzelnen kann das Arrangement der glatten Federmuskulatur durch zusätzliche Nebenfedermuskeln sehr kompliziert werden (LUCAS & STETTENHEIM 1972)(Abb.99).

Der Differenzierungszustand glatter Muskelzellen läßt sich lichtmikroskopisch nicht feststellen. Erst die elekronen-mikroskopische Darstellung ermöglicht eine eindeutige Ansprache glatter Muskelzellen und deren Abgrenzung gegenüber Fibrozyten.

Die glatten Muskelzellen der Federmuskeln sind im Längsschnitt sehr lange, schmale Zellen, deren längsovaler Nucleus ungefähr in der Mitte der Zelle liegt und ihren Durchmesser fast ausfüllt (Abb.103). Im Querschnitt sind Zelle wie Kern rund. Glatte Muskelzellen besitzen eine sehr charakteristische Kompartimentierung: perinucleär liegt ein Zytoplasmamantel, der an den Endpolen des Kernes zu Zytoplasmakappen ausgezogen ist. In diesem Zytoplasmamantel befindet sich ein Großteil der Zellorganellen, vor allem zahlreiche Mitochondrien und ein ausgedehntes rauhes endoplasmatisches Retikulum. Mikrofilamente des Zytoskeletes lassen sich an Stellen geringerer Dichte nachweisen. Das filamentfreie Zytoplasma ist von Glykogengranula dicht angefüllt (Abb.104,105). Ein gleicher Zytoplasmasaum umhüllt die Muskelzelle auch peripher direkt unter der Zellmembran. Dort sind jedoch nicht so viele Mitochondrien zu finden. Den Großteil der Zelle nimmt eine dichte Matrix von Myofibrillen ein, die vorwiegend parallel der Längsachse der Muskelzelle orientiert sind. Bei der hier angewendeten Fixierungsmethode (2.5% Glutardialdehyd und Nachfixierung mit 1% Osmiumtetroxyd) sind die Myosinfilamente nicht stabil, nur Actinfilamente bleiben erhalten (BLOOM & FAWCETT 1986). Im elekronenmikroskopischen Bild ist daher auch nur ein Typ von Myofibrillen in unregelmäßiger Anordnung zu erkennen.

Charakteristisches Merkmal glatter Muskelzellen sind über die Myofibrillen hinaus elekronendichte Stellen im Sarkoplasma, zu denen die Myofibrillen hin konvergieren (dense bodies). Ähnliche elektronendichte Stellen, an denen ebenfalls Myofibrillen ansetzen, liegen auch der Zellmembran von innen an (dense areas) (Abb.103-105). "Dense areas" und "dense bodies" werden in glatten Muskelzellen aller Metazoen gefunden (MATSUNO 1987) und funktionell mit den Z-Streifen der quergestreiften Muskulatur verglichen (PANNER & HONIG 1967). Ebenfalls charakteristisches Merkmal glatter Muskelzellen sind die in großer Zahl auftretenden Einstülpungen der Zellmembran (Caveolae intracellulares) (Abb.104,105). Die Caveolae intracellulares treten häufig in fester Lagebeziehung zu peripher gelegenen Zisternen des glatten endoplasmatischen Retikulum auf. Die Caveolae werden als Analoga des T-tubulären Membraneinstülpungs-Systems zur Leitung des Aktionspotentials ins Innere der Zelle, das glatte endoplasmatische Retikulum als Analogon des sarkoplasmatischen Retikulum angesehen (BÜSSOW & WULFHEKEL 1972).

In ontogenetischen Untersuchungen können daher neben dem Nachweis der Myofibrillen die Caveolae intracellulares als ein direkter Beleg für die Funktionsfähigkeit der glatten Muskelzellen gelten.

Der Vergleich der Ultrastruktur der glatten Muskelzellen der Federmuskeln von Wachtelschlüpflingen mit den dermalen Federmuskeln adulter Wachtel zeigt, daß die Muskelzellen bei den Schlüpflingen voll ausdifferenziert sind. Alle Struktur- und Funktionsmerkmale voll ausgebildeter glatter Muskelzellen sind bereits in den Federmuskeln frisch geschlüpfter Wachtelküken vorhanden.

Da bei der lichtmikroskopischen Untersuchung der Federmuskeln von Schlüpflingen der Moschus-Ente, Laufhühnchen und Taube keine Unterschiede zu den Wachteln bestehen, wurde auf eine elektronenmikroskopische Untersuchung dieser Arten verzichtet.

B) Die Federentwicklung bei *Lonchura oryzivora*

Reisfinken schlüpfen völlig unbefiedert. Die Entwicklung der Federanlagen vom Höckerstadium bis zum späten Papillenstadium (Stadien 32 bis 36; Abb.55,58,63) lässt sich bei äußerer Betrachtung der Embryonen gut verfolgen. In den anschließenden Embryonalstadien bis kurz vor dem Schlupf (Stadien 37 bis 40; Abb.67,70) werden die Federanlagen in die Dermis versenkt und sind dann von außen nicht mehr erkennbar. Entsprechend den oben dargestellten Befunden durchlaufen die Reisfinken diese morphogenetischen Grundprozesse der Federbildung bis zum Schlupf. Das fehlende Wachstum der Federspitze scheint der wesentliche Unterschied zu den besprochenen Nestflüchtern zu sein, die mit einem dunigen Neoptilgefieder schlüpfen. Die subepidermalen Vorgänge der Federentwicklung bei Singvögeln sind jedoch bisher völlig unbekannt. Sie sollen hier am Beispiel der Federdifferenzierung eines Reisfinken-Schlüpflings besprochen werden.

1) Lichtmikroskopische Befunde

Der histologische Querschnitt durch die Federanlage eines Schlüpflings zeigt eine zwar kleine, doch mit allen Attributen einer echten Federanlage ausgestattete Anlage (Abb.106-108,111). Die Federscheide und das Follikelepithel sind im apikalen Bereich verhornt (Abb.106,107), an der Basis befinden sich die Epithelzellen in einem intermediären Zustand der Verhornung (Abb.108). Die verhornte Spitze der Feder liegt im Follikelkanal und erreicht gerade die Oberfläche der Epidermis. Sie wird von dem verhornten Periderm überzogen, das sie teilweise durchbricht (Abb.109,110).

In einem Schnitt durch die Basis des Follikels sind die Epithelleisten noch zu erkennen (Abb.108). Diese sind hier jedoch sehr zellarm und ihre Zellen nicht weiter differenziert. Die Zellteilungsaktivität des Federepithels ist gering und die Aufgliederung in Ramogen-Säule, Radiogen-Säule, Axial- und Marginalplatten unterbleibt. Gleichzeitig laufen jedoch die Grundvorgänge der Verhornung ab, ohne den räumlichen Ordnungszustand zu erreichen, wie er zur Ausbildung einer Neoptildune bei der Wachtel nötig ist. - Im dermalen Bindegewebe sind Zellstränge ausgebildet, die am Federfollikel angreifen. Es handelt sich um Federmuskeln (Abb.111), deren Aufbau aus glatten Muskelzellen auf dieser lichtmikroskopischen Ebene jedoch nicht eindeutig diagnostizierbar ist.

Der Längsschnitt durch eine Federanlage zeigt deren Entwicklungszustand deutlich (Abb.111). Das Follikelepithel ist über die ganze Länge von der Einsenkung der Epidermis bis zur Federpulpa abzugrenzen. Der Follikelkanal ist nicht verschlossen. Im Follikelkanal liegt die verhornte Kappe der Feder. Das Follikelepithel ist bis an die Basis des Follikels verhornt, zwischen ihm und der Hornkappe der Feder ist der Follikelspalt aufgerissen. Das Zentralgefäß der Federpulpa zieht weit in die Feder hinein. Die Basis des Federfollikels wird von einem dichten Netz von Kollagenfasern vollständig umfaßt. Die Kollagenfasern führen bis an die Basallamelle des Follikelepithels. Verwoben in das Kollagenfasernetz führen von der Follikelbasis Zellstränge auf andere Federfollikel zu, die aufgrund des langgestreckten Baues ihrer Zellen und ihrer längsovalen Kerne als Federmuskelzellen angesprochen werden müssen (Abb.111).

2) Elektronenmikroskopische Befunde

Die elektronenmikroskopische Untersuchung zeigt, daß es sich bei diesen Zellsträngen eindeutig um glatte Muskelzellen handelt (Abb.112,114). Mit der generellen Zellkompartimentierung, der reichen Ausstattung mit Mitochondrien und Glykogen (Abb.112,113), den Myofibrillen, "dense bodies" und membrangebundenen "dense areas" (Abb.114) sind die strukturellen Grundelemente glatter Muskelzellen auch für Reisfinken-Schlüpflinge nachgewiesen. Die Caveolae intracellulares bilden zusammen mit dem unterlagernden sarkoplasmatischen Retikulum die strukturelle Grundlage für die zelluläre Weiterleitung des Aktionspotentials (Abb.113,115). Sie unterscheiden sich nicht von den für die Wachtel beschriebenen glatten Muskelzellen der Federmuskeln.

Damit sind auch bei Reisfinken-Schlüpflingen im dermalen Verankerungsapparat der Federn glatte Muskelzellen nachzuweisen, die nach ihrer zytologischen Differenzierung auch volle Funktionsfähigkeit der Federmuskeln erwarten lassen. Die Innervation dieser Federmuskeln konnte bisher nicht dargestellt werden.

C) Die Federentwicklung bei *Melopsittacus undulatus*

Wellensittiche schlüpfen nicht völlig unbefiedert, sondern tragen am Rücken und in der femoralen Federflur ca. 20-50 winzige dunenartige Federchen (Abb.76,125), die aber kurze Zeit nach dem Schlupf abbrechen, so daß die Nestlinge in den Tagen bis zum Auswachsen der Dunenfedern federlos sind. Schon ihre geringe Zahl belegt, daß nicht alle Konturfedern solche Neoptilspitzen entwickeln (GOLLIEZ 1966). Ein Großteil der Konturfederanlagen bleibt ohne Neoptil. Nach 10 Tagen Nestlingszeit brechen die echten, definitiven Dunen des Jugendgefieders durch. Ihre Ausbildung zeitlich vor den Konturfedern wird als Anpassung an die nach 10 Nestlings-Tagen immer kürzer werdenden Huderzeiten und die Notwendigkeit zur selbständigen Thermoregulation gesehen (s.Kapitel III.3). Die Konturfedern des Jugendgefieders beginnen erst nach zwei Wochen Nestlingszeit auszuwachsen. Es sei hervorgehoben, daß nur die winzigen Federchen des Schlüpflings ein echtes Neoptil darstellen.

1) Lichtmikroskopische Befunde

Die Grundprozesse der embryonalen Federentwicklung wie Mesenchymverdichtung (Stadien 28 bis 30), Aufwölbung der mehrschichtigen Epidermis (Stadien 30 bis 32; Abb.53,57), Versenkung der Papille und Bildung von Federepithel und Follikelepithel (Stadien 32 bis 34), sowie Vaskularisation der Federpulpa und Anschluß des Federfollikels an den dermalen Verankerungsapparat aus Kollagenfasern und glatten Muskelzellen (Stadien 36 bis 39) finden sich bei *Melopsittacus* in der gleichen Art und Weise wie bei den anderen bisher besprochenen Arten. Der Unterschied besteht im Auswachsen der eigentlichen Feder. Einige wenige Federn wachsen wie bei der Wachtel zu langen fadenförmigen Anlagen aus und bilden beim Schlupf das Neoptil. Andere Konturfederanlagen führen hingegen kein solches Längenwachstum durch und bleiben wie beim Reisfink vollständig in die Dermis versenkt. Nach 14 Tagen Embryonalzeit können sich überkreuzende Zellstränge in der Dermis nachgewiesen werden, die an benachbarten Federfollikeln angreifen. Lage und Ansatz an den Follikeln erlauben es, sie als Anlagen der Federmuskeln anzusehen (Abb.92).

2) Elektronenmikroskopische Befunde

Es wurde der Bau und Differenzierungszustand der Konturfederanlagen von Wellensittich-Schlüpflingen untersucht. Die Spitze der Federanlage ist am weitesten, ihre Basis entsprechend des von apikal nach basal fortschreitenden Differenzierungs-gradienten am geringsten differenziert (Abb.116).

Das zweischichtige Epithel der Federbasis wird von großen hochprismatischen Zellen aufgebaut. Zahlreiche Mitochondrien und ein ausgedehntes rauhes endoplasmatisches Retikulum weisen auf den stoffwechsel-aktiven Zustand des Federepithels hin. Die Zellen des Stratum basale und des Stratum germinativum unterscheiden sich zytologisch nicht, sie sind nur aufgrund ihrer Lage zuzuordnen. Das Stratum basale sitzt mit einer stark gefalteten Zellmembran einer Basallamina auf, die es gegen die Federpulpa abgrenzt. Nach außen schließen sich an das zweischichtige Epithel der Federanlage mehrere Lagen des Follikelepithels an, dessen Zellen sich durch ihre tangential lang gestreckte Form vom Federepithel absetzen. Das Follikelepithel wird außen ebenfalls von einer Basallamelle umgrenzt. Weder im Feder- noch im Follikelepithel finden sich Anzeichen einer Keratinisierung. Der gesamte Federfollikel wird von einem lockeren, kollagenfaserreichen Bindegewebe umschlossen, in das zahlreiche plurivakuoläre Fettzellen eingeschlossen sind. Die Federpulpa wird von einem dichten, großzelligen und vakuolenreichen Gewebe gebildet. In ihrer Mitte liegt das Zentralgefäß (Abb.116).

Auf einem apikalwärts folgenden Schnitt (Abb.117) haben sowohl im Feder- als auch im Follikelepithel Verhornungsprozesse eingesetzt. Dadurch bildet sich die typische Schichtenfolge in den

Epithelien aus. Das Stratum basale des Follikelepithels wird von kubischen Zellen gebildet, die mit stark gefalteter Zellmembran der Basallamelle aufsitzen. Nach innen schließt sich das Stratum germinativum an, dessen Zellagen nach medial immer stärker abgeplattet und durch zahlreiche Desmosomen sowie durch ein stark granuläres Zytoplasma ausgezeichnet sind. Zur Federanlage hin geht das Stratum germinativum in das Stratum corneum über, dessen Zellen vollständig verhornt sind, und so eine Follikelscheide aus dünnen Hornlamellen aufbauen. -Die eigentliche, epidermale Federanlage besitzt den gleichen Schichtenbau, nur von innen nach außen in umgekehrter Reihenfolge. Die Dicke der Schichten ist jedoch geringer als im Follikelepithel. Auf diesem Schnitt durch die Basis der Federanlage besteht die Hornfeder (Spule) aus zahlreichen Hornlamellen, die sich gegen das Stratum corneum des Follikelepithels nicht abgrenzen lassen, da kein Follikelspalt aufgerissen ist. Zwischen die Hornlamellen sind einige größere runde Anschnitte von Hornfäden eingelagert. Die Federpulpa besitzt auf dieser Schnittebene noch stoffwechselaktive Zellen.

Auf weiter apikal folgenden Schnittebenen bleibt das Follikelepithel in seinem Schichtenbau unverändert. Die Federpulpa ist hier aber verhornt (Abb.118-120). Ihre Reste liegen als Anhäufung verhornter Zellen im Zentrum der Anlage. Die verhornten Federstrahlen liegen auf diesen Schnittebenen kreisförmig angeordnet zwischen den vielschichtigen Hornlagen von Follikelepithel, Federscheide und verhornter Pulpa (Abb. V.119,120).

Auf den nächsten Schnittebenen kann der Austritt der Federstrahlen aus dem Follikelkanal verfolgt werden (Abb.121).

Follikelscheide und Federscheide sind sehr mächtig entwickelt und werden von zahlreichen, "zwiebelschalenartig" übereinander liegenden Hornlamellen aufgebaut. Die Follikelscheide und die Federscheide sind beim Wellensittich sehr viel dicker ausgebildet als vergleichsweise bei der Wachtel.

Zwischen den Hornschichten von Follikelscheide, Federscheide und verhornter Pulpakappe liegen einige wenige Anschnitte von Federstrahlen. Diese Federstrahlen müssen aufgrund ihrer Lage als rudimentär entwickelte Rami oder Radii angesehen werden. Auch in der ultrastrukturellen Untersuchung zeigen diese Federstrahlen die gleichen Bauprinzipien wie die verhornten Zellen der Rami und Radii der Wachtel (Abb.122-124).

Ein wesentlicher Unterschied zwischen den Federanlagen der Wellensittiche und der Wachteln besteht darin, daß in den Federanlagen der Wellensittich-Schlüpflinge die Ausbildung der epidermalen Epithelleisten und deren Untergliederung in Ramogen-und Radiogensäulen unterbleibt. Bei Wellensittichen differenzieren sich nur einzelne Zellstränge zu Rami (Abb.119-121), während alle anderen aus dem Federepithel hervorgegangenen Zellen zu Federscheide differenzieren. Dadurch ergibt sich einerseits der rudimentäre, fadenartige Bau der Federstrahlen und andererseits die Mächtigkeit der Federscheide.

3) Differenzierung der dermalen Federmuskeln

Die Zellstränge in der Dermis sind schon bei 14-tägigen Embryonen erkennbar und werden als Anlagen der Federmuskeln gedeutet (Abb.92). Beim Schlüpfling ist das Bindegewebe, das die Federfollikel umgibt von zahlreichen Kollagenfasern durchzogen (Abb.129), in das einzelne plurivakuoläre Fettzellen eingelagert sind. In diesem Gewebe befinden sich sehr zarte Züge glatter Muskelzellen (Abb.126), die in Abb.127 im Querschnitt getroffen sind. Durch die Schnittführung bedingt sind Zellumriss und Kernform leicht unregelmäßig. Der zentral liegende Kern, die perinukleären und peripheren organellen- und glykogenreichen Plasmabezirke (Abb.127,130), sowie die zwischen diesen liegende Matrix der Myofibrillen mit ihren "dense areas" und "dense bodies" (Abb.128,131) zeigen die gleiche, für glatte Muskelzellen typische Komparimentierung, wie sie auch für die anderen Arten beschrieben wurde. Auch Caveolae intracellulares und sarkoplasmatisches Retikulum sind ausgebildet (Abb.128,131), sodaß auch bei Schlüpflingen der Wellensittiche die glatten Muskelzellen der Federmuskeln zytologisch voll funktionsfähig erscheinen. Embryonale Zellen konnten auf keiner Ebene gefunden werden. Auf allen Untersuchungsebenen wurden vollständig ausdifferenzierte Zellen gefunden.

V.5 Zusammenfassung der Untersuchungsergebnisse zur Federentwicklung

Das Grundmuster der Federentwicklung findet sich in dem Entwicklungsablauf einer Neoptildune der Wachtel. Dieser Entwicklungsablauf wird allgemein als phylogenetisch ursprünglich angesehen. Er setzt sich aus folgenden Entwicklungsschritten zusammen:

I - subepidermale Verdichtung des mesodermalen Mesenchym und Induktion der Mehrschichtigkeit der Epidermis. (Höckerstadium) (Stadien 28 bis 30)
- Vielschichtige Epidermis, weitere Verdichtung des Mesenchym, Kapillarenansammlung unter der Mesenchymverdichtung. (frühes Papillen-Stadium) (Stadium 31)
- Das Stratum basale wird um die mesodermale Anlage herum als ringförmige Doppelfalte in die Dermis "eingezogen"; beginnende Versenkung der Federanlage. Das Einwachsen der Epidermis bedingt die Ausbildung des innen liegenden Federepithels und des äußeren Follikelepithels. Beide Epithelien sind vielschichtig. Einwachsen der Kapillaren in das zentrale Mesenchym der Federanlage, Ausbildung der Federpulpa. (Stadien 33 bis 35)

II - Einfaltung des Federepithels und Ausbildung von Epithel-Leisten. (Stadien 35 bis 37)
- Durch fortgesetzte Zellteilungen und strenge räumliche Anordnung der Teilungsprodukte Entwicklung der Ramogen- und Radiogensäulen sowie der Axial- und Marginalplatten. Herausbildung mesenchymatischer Zellstränge in der Dermis als Anlagen der Federmuskeln. (Stadium 38)

III - In allen Abkömmlingen des epidermalen Stratum basale setzten Verhornungsprozesse ein. Die Verhornungsvorgänge erfolgen nach zeitlich und räumlich unterschiedlichem Muster: die Epidermis, die Follikelscheide und die äußeren Zellen des Federepithels verhornen unter starker Abplattung der Zellen zu lamellären Hornschichten. Die Ramogen- und Radiogensäulen verhornen unter Erhalt der Zellform und der Zellverbindungen. Die Zellen der Axial- und Marginalplatten zerfallen nach der Verhornung zu Federpuder. Am Ende der Federentwicklung bilden die inneren Lagen des Federepithels wieder lamelläre Hornschichten und schließen die verödete Pulpakappe nach oben ab. (Stadien 38 bis 42)
- Funktionsfähigkeit der Federmuskeln und des dermalen Verankerungsapparates. (Stadien 38 bis 42)

Die Entwicklung der Federanlage wird in drei aufeinander abgestimmte Prozesse gegliedert: I: Regional gehäufte Zellteilungen, II: die räumlich geordnete Anordnung der noch undifferenzierten Zellen legt die spätere Form der Federn fest und schließlich III: die zytologische Differenzierung der so angeordneten Zellen realisiert den angelegten Bauplan der jeweiligen Feder. Unterschiede in der Entwicklung der Federn entstehen nicht durch Unterschiede der Entwicklungszeiten oder Retardierungen sondern, durch mangelnde Abstimmung der Teilprozesse der Zellteilungen, der räumlichen Anordnung der Teilungsprodukte und ihrer Differenzierung.

Die Morphogenese der Feder verläuft bis zum Papillenstadium und der Einsenkung der Federanlage bei allen untersuchten Arten parallel. Bei den Nestflüchtern folgt dann die Einfaltung des Federepithels und die Bildung der Ramogen- und Radiogensäulen. Diese Teilungs- und Differenzierungsschritte sind beim Reisfink reduziert. Beim Wellensittich deutet die Mächtigkeit der Federscheide an, daß alle Teilungsschritte ausgeführt werden, die räumliche Anordnung der entstandenen Zellen aber entfällt. In der Folge setzen bei allen untersuchten Arten Verhornungsprozesse ein.

V.6 Diskussion der Befunde

Auf der Basis dieser Befunde soll eine Hypothese vorgestellt werden, die die Unterschiede der Integumententwicklung zwischen nestflüchtenden und nesthockenden Vögeln in einem generellen Modell beschreibt.

Die bei der Wachtel vorhandene Abfolge der Entwicklungsschritte der Federn, einschließlich der Ausbildung ihres dermalen Verankerungs- und Bewegungsapparates, stellen das Grundmuster der Morphogenese dar. Faßt man die spezielle Abfolge dieser Entwicklungsschritte als Merkmalskomplex zusammen, so muß die Federmorphogenese der Wachtel als plesiomorphes Entwicklungsmuster bezeichnet werden. Der Zeitplan dieses bei der Wachtel aufgezeigten Entwicklungsmusters ist im Prinzip auch bei allen anderen untersuchten Arten in der beschriebenen Abfolge der Entwicklungsschritte zu finden; und zwar in gleicher Reihenfolge und stadienbezogener Zuordnung der Differenzierungsschritte. Das gilt vom makroskopischen Bereich bis in den mikroskopischen Bereich und sogar in den ultrastrukturellen Bereich hinein. Die großen Unterschiede zwischen befiedert schlüpfenden Nestflüchtern und "unbefiederten" Nesthockern beruhen auf einem Ausfall von Zellteilungsschritten in späten Entwicklungsstadien oder der Entkoppelung des räumlich-zeitlichen Differenzierungsmusters. Beim Wellensittich fällt die räumliche Anordnung des Federepithels in Leisten und damit die Bildung der Ramogen- und Radiogensäulen aus. Dadurch verhornen alle Abkömmlinge des Federepithels direkt zu einer Federscheide, was zu deren ungewöhnlicher Mächtigkeit führt. Nur wenige zentral liegende Zellsäulen verhornen im Muster von Federradien-Zellen und vervollständigen damit rudimentär die Federgenese mit den Hornfäden einiger weniger Federstrahlen. Beim Reisfink finden weniger Teilungsschritte statt als beim Wellensittich, die Ausbildung von Hornfäden als Resten der Feder unterbleibt ganz. Bei ihm werden nur die hornigen Feder- und Follikelscheide gebildet. Das apikale Wachstum dieser rudimentären Feder ist fast ganz eingestellt und die verhornte Federspitze bleibt im Follikelkanal liegen. Das oberflächliche Periderm wird von der Federspitze nicht durchbrochen.

Der dermale Verankerungsapparat, der über das ganze Leben des Federfollikels funktionell notwendig ist, wird hingegen auch bei reduzierten Federn vollständig und zytologisch funktionsfähig ausgebildet. Es ist wahrscheinlich, daß die zumindest rudimentäre Ausbildung der epidermalen Hornfedern bei Schlüpflingen von Wellensittich und Reisfink eine strukturelle Voraussetzung für die Entwicklung ihres dermalen Bewegungs- und Verankerungsapparates ist und aufgrund determinierender Wechselwirkungen zwischen Dermis und Epidermis nicht weiter reduziert werden kann, ohne daß auch der dermale Verankerungsapparat reduziert würde.

Die basale, gering differenzierte Zone des Federfollikels behält ihren "embryonalen" Charakter über das ganze Leben bei, da sie als Wachstums- und Regenerationszone bei der Mauser der Adulttiere die neue Feder hervorbringt.

Ein duniges Neoptil ist funktionell nur erforderlich und verständlich, wenn die Schlüpflinge zur weitgehend selbständigen Thermoregulation in der Lage sind. Bei Wellensittichen und Reisfinken ist dies nicht der Fall; bei ihnen wird die fehlende Thermoregulation durch das elterliche Hudern ersetzt. Das alte Morphogenesemuster der Ausbildung eines Neoptil wird bei diesen beiden Arten unterdrückt.

Die selektive Bedeutung der Reduktion eines funktionell überflüssig gewordenen und in seiner ursprünglichen Ausbildung nur wenige Tage bestehenden ephemeren Neoptil als Energieeinsparung ist naheliegend. Auch die geringere Verschmutzungsgefahr unbefiederter Nestlinge gegenüber befiederten Nestlingen mag eine gewisse Bedeutung für die Reduktion des Nestlingsgefieders besitzen. Beide Interpretationen sind jedoch nicht überprüfbar und biologisch funktionell unbefriedigend. Ein funktioneller Zusammenhang zwischen der Reduktion des Neoptil, und der Ausbildung des Brutfleckes bei den hudernden Elterntieren, d.h. die Beseitigung einer isolierenden Zwischenschicht, die die Wärmeübertragung von den Eltern auf das Jungtier behindert, kann bisher nur vermutet werden. Auch die Beziehungen zwischen der durchschnittlichen Huderdauer, dem Zeitpunkt des Erwerbs selbständiger Thermoregulations-Fähigkeit und der Entwicklung des Dunengefieders müßten im Zusammenhang untersucht und diskutiert werden. Nur vereinzelt lassen sich in der Literatur Hinweise finden; so besitzen zum Beispiel die befiedert schlüpfenden Bussard-Küken (*Buteo buteo*) nach JUD & KULZER (1975) bereits nach 8 Tagen Nestlingszeit die Fähigkeit zur Thermoregulation. Für einige bodenbrütende Singvögel (*Alauda arvensis, Anthus spinoletta, Oenanthe oenanthe*), wurde eine enge Korrelation zwischen Gefiederentwicklung und selbständiger Thermoregulationsfähigkeit gezeigt (VERBEEK 1988).

Die Reduktion des Schlüpflingsgefieders bei einigen Nesthockern kann nur als evolutiv abgeleitete Anpassung an die Besonderheiten des Nestlingslebens gedeutet werden. -Für Wellensittiche ist eine direkte Beziehung zwischen der Huderdauer der in den ersten Lebenstagen noch nackten Nestlinge, dem nach 10 Tagen beginnenden Wachstum des echten Dunengefieders und der gleichzeitigen Verkürzung der Huderzeit anzunehmen. Eigene Beobachtungen und die Untersuchungen von STAMPS et al. (1985) über das Brutpflegeverhalten der Wellensittiche unterstützen diese Ansicht. STAMPS zeigt, daß nach 10 Tagen Nestlingszeit der Nahrungsbedarf der Jungtiere drastisch ansteigt. Die Eltern müssen folglich vermehrt Nahrung suchen, wodurch sich die Huderzeit entscheidend reduziert. Zu dieser Zeit ist das erste dunige Gefieder gewachsen und eine begrenzte thermoregulatorische Selbständigkeit ist anzunehmen. Da STAMPS gezeigt hat, daß die Unterstützung der Jungenaufzucht durch die Männchen eine deutliche Verbesserung des Wachstums der Nestlinge bewirkt, muß in dem Beziehungssystem Huderzeit, Thermoregulation, Futterbeschaffung und Federentwicklung tatsächlich ein funktioneller, selektiv "sensibler" Zusammenhang vermutet werden.

Zahlreiche "nackte" Singvogelschüpflinge tragen einzelne, teilweise deutlich gefärbte Federn auf dem Kopf. Die Signalwirkung solcher Federn ist offensichtlich, jedoch nicht untersucht.

Die Befunde und die daraus abgeleiteten Vorstellungen stehen in Widerspruch zu der Theorie von PORTMANN (1963), in der die Federentwicklung der Nesthocker insgesamt als retardiert beschrieben wird, und die Versenkung der Federanlagen als Sonderbildung zum Schutze der auf embryonalem Zustand verharrenden Federanlagen verstanden wird. Er rechnet die Versenkung der Federanlagen in die Gruppe der *"morphologisch höherwertigen amniotischen Verschlüsse"*. Seine Vorstellungen begründeten sich nur auf Oberflächenuntersuchungen des Pterylosemusters von Embryonen und Schlüpflingen verschiedener Vogelarten, berücksichtigten aber keine histologischen Befunde und übersahen auch, daß zahlreiche "nackte" Singvogelschlüpflinge einzelne, wohl entwickelte (Signal-) Federn tragen. Anhand der hier vorgestellten histologischen Befunde wurde gezeigt, daß die Versenkung der Federanlage ein grundlegender morphogenetischer Prozess ist, der in der Federentwicklung aller Vögel durchlaufen wird, unabhängig von ihrem speziellen Ontogeneseweg. Die Versenkung der Federanlagen ist also kein sekundärer Anpassungsvorgang. Eine sekundäre Anpassung ist nur die Unterdrückung des Wachstums der meisten Federanlagen über die Epidermisoberfläche bei den Nesthockern während der Embryonalentwicklung. In keinem Bereich derartig reduzierter Federn konnte embryonales Gewebe gefunden werden, außer in der Follikelbasis, die als teilungaktive Zone bei allen Formen erhalten bleibt, um in der Mauser die neue Feder hervorzubringen. Deshalb behält die Follikelbasis über das ganze Leben einen "embryonalen" Zustand bei. Im Gegensatz zur PORTMANNschen Behauptung (1963) des "embryonalen" Zustandes der Nesthocker-Federanlagen wurde festgestellt, daß alle Gewebe der Federanlagen bis zum Schlupf zur zytologischen Ausdifferenzierung gelangen. Auch die Entwicklung des dermalen Verankerungsapparates verläuft in allen untersuchten Arten nicht nur strukturell sondern auch zeitlich identisch, so daß auch die nackten Nesthocker mit reduzierten Federn aber mit einem funktionsfähigen Federmuskel-Apparat schlüpfen.

Nach PORTMANN (1954,1959) soll Zeitmangel während der Embryonalentwicklung die Ausbildung der Federn bei Nesthockern verhindern. *Turniciden*, die nach 12 bis 14 Tagen Inkubationsdauer als voll befiederte Nestflüchter schlüpfen, demonstrieren mit dieser kurzen Brutzeit, die der vieler nesthockender Singvögel entspricht, das Gegenteil. Die Zeitanalyse für die Embryonalentwicklung zeigt, daß die Zeitmuster der Federentwicklung bei den hier untersuchten Arten vom Ontogenesetyp der jeweiligen Art unabhängig sind. Im Gegensatz zu PORTMANNs Annahmen belegen die histologischen Befunde dieser Untersuchung, daß ab einem bestimmten Entwicklungsstadium die weitere Entwicklung der Federanlagen unterdrückt werden muß!

In der Theorie PORTMANNs nehmen die *Megapodiidae*, deren extrem nestflüchtenden Schlüpflinge schon am Schlupftag fliegen können (Nestflüchter Typ 1), eine zentrale Stellung ein. Bei den

Schlüpflingen dieser Familie sind Hand- und Armschwingen zu Schwungfedern ausgewachsen. Die Federn des Rumpfes sind alle mit einer echten Rachis versehen, die ein Merkmal von Konturfedern ist. In der Selbständigkeit der Schlüpflinge sieht PORTMANN eine große Reptil-Ähnlichkeit und meint, daß die *Megapodiidae* die Basisgruppe aller Vögel seien und in der Gefiederentwicklung noch ursprüngliche Merkmale besäßen.

Diese Hypothese, daß die *Megapodiidae* die Stammgruppe der rezenten Vögel darstellten, wurde von CLARK (1960,1964) in Studien über die Embryonalentwicklung der *Megapodiidae* zurückgewiesen. Neben der detaillierten Beschreibung des allometrischen Körperwachstums geht er in diesen Arbeiten auch auf die Entwicklung des Eizahnes und der Federn ein. Auf der Grundlage einer makroskopischen Beschreibung des Schlüpflingsgefieders kommt er zu dem Schluß, daß dünne Hornfäden an den Spitzen der Rami als Rudimente von Dunenfedern angesehen werden müssen, die Konturfedern der Schlüpflinge der *Megapodiidae* sollen dem Juvenil-Gefieder der *Phasianidae* entsprechen, die Brutbiologie der *Megapodiidae* ein abgeleiteter Zustand sein. BECKER (1959) kommt allerdings auf gleicher Befundlage zu entgegengesetzten Ergebnissen.

In beiden Arbeiten wird die Zeitabhängigkeit der Federentwicklung angesprochen, jedoch nicht weiter verfolgt. Hier liegt aber ein Schlüssel zum Verständnis der Federentwicklung bei den Hühnervögeln. BECKER (1959) und CLARK (1964) stellen übereinstimmend fest, daß das Längenwachstum und der Entwicklungszustand einer Schlüpflingsfeder von der Dauer des Zeitintervalls zwischen der ersten Anlage der Feder bis zum Schlupf abhängt. Ist dieses Intervall sehr kurz, so werden nur die Rami und Radii der Schlüpflingsdune gebildet, die Entwicklung einer Federspule unterbleibt. Die ersten Tage nach dem Schlupf stellen eine Wachstumsunterbrechung dar. Beim Auswachsen der Jugendfeder sitzen die Rami der Neoptildune dann auf den Spitzen der Rami der Jugendfeder, die von den gleichen Ramogensäulen gebildet werden wie die Rami des Neoptil (siehe auch: *Coturnix*; *Turnix*). Ist das Zeitintervall der embryonalen Federentwicklung etwas länger, so wird basal der Federanlage ein Hornring, die Federspule gebildet. Beim Auswachsen des Jugendgefieders sitzt die Federspule dann auf der Spitze der Konturfeder (*Gallus, Phasianus*). Bei noch längerem embryonalen Wachstum wächst die Federspule einseitig aus und bildet je nach Wachstumsdauer eine mehr oder weniger lange Rachis aus, die der Schlüpflingsfeder Merkmale einer Konturfeder verleiht (*Syrmaticus, Tragopanus, Pavo*). Dieser Zustand kann bei vielen Hühnervögel mit langer Brutzeit beobachtet werden (aber auch bei Enten!). So kann innerhalb der Hühnervögel eine kontinuierliche morphologische Reihe aufgestellt werden: von rein dunig befiederten Kleinformen mit kurzer Brutzeit (*Coturnix*) über mittelgroße Vögel, deren Dunen Federspulen besitzen und deren Schwungfedern schon nach wenigen Tagen auswachsen (*Gallus, Phasianus*), bis zu lange brütenden Großformen (*Tragopanus*), deren Schlüpflingsdunen eine echte Rachis besitzen (in anderem Zusammenhang hat STRESEMANN (1934) darauf hingewiesen). Schlüpflinge von *Tragopanus* schlüpfen zudem mit weit entwickelten Schwungfedern und können am zweiten Tage nach dem Schlupf Fluchtflüge unternehmen. Die Extremform dieser Reihe bilden die *Megapodiidae* mit einer sehr langen Brutzeit und echten Konturfedern.

Der Entwicklungszustand der Feder eines nestflüchtenden Vogels ist auf dieser Basis als epigenetisches Phänomen in Abhängigkeit von dem Zeitintervall zwischen erster Anlage der Feder und dem Schlupf zu erklären. Für das oben vorgestellte Modell ergäbe sich die Ergänzung: während die Federentwicklung bei unbefiederten Nesthockern unterdrückt wird, ist der Entwicklungszustand der Feder bei nestflüchtenden Vögeln epigenetisch bestimmt und hängt von der Brutdauer ab.

Abb.85. *Lonchura oryzivora*, Stadium 28. - Federanlage mit zweischichtiger Epidermis aus Stratum basale (STB) und Periderm (PER). Beginn der Mesenchymverdichtung (MES). - Semidünnschnitt 1 um; Tolouidinblau; Vergr. 450x

Abb.86. *Lonchura oryzivora*, Stadium 30. - Federanlage im Papillenstadium, Epidermis mit Stratum basale (STB) und stellenweise mehrschichtigem Periderm (PER), starke Verdichtung des Mesenchym (MES) und Einwanderung von Kapillaren (K). - Semidünnschnitt 1um; Tolouidinblau; Vergr. 450x

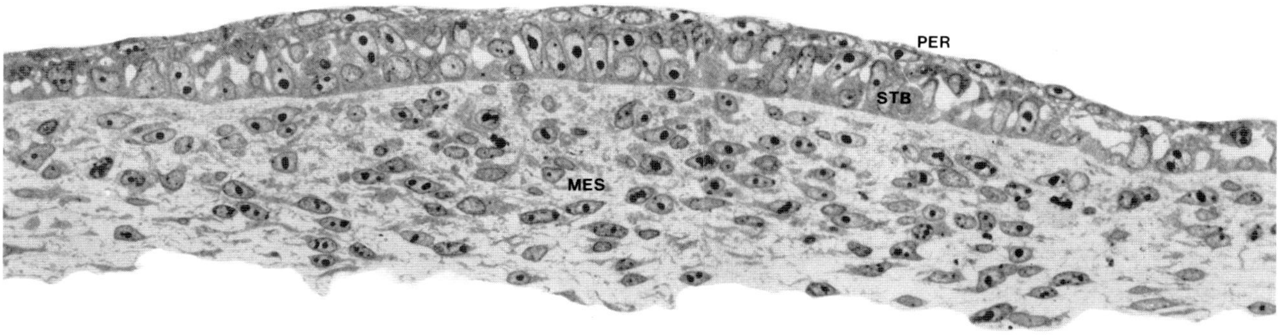
PER
STB
MES

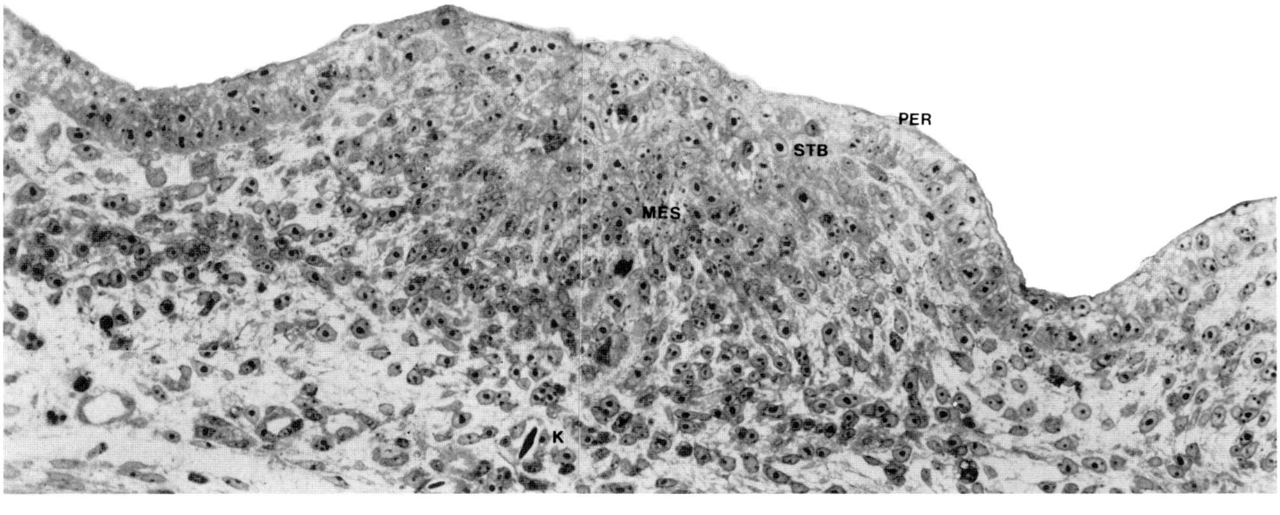
PER
STB
MES
K

Abb.87. *Coturnix coturnix*, Stadium 29. - Federanlage im Höckerstadium. - Paraffinschnitt 10 um; Haematoxylin-Eosin; Vergr. 150x

Abb.88. *Coturnix coturnix*, Stadium 30. - Federanlage im Höckerstadium, Epidermis (EPD), Mesenchymverdichtung (MES). - Paraffinschnitt 10 um. Haematoxylin-Eosin; Vergr. 150x

Abb.89. *Coturnix coturnix*, Stadium 34. - Federanlage im frühen Fadenstadium. - Paraffinschnitt 10 um; Masson-Goldner-Färbung; Vergr. 45x

Abb.90. *Lonchura oryzivora*, Stadium 27. - 2-schichtige Epidermis im Stratum basale (STB), Periderm (PER), Mesenchym (MES). - Ultradünnschnitt; EM-Aufnahme; Vergr. 2660x

Abb.91. *Coturnix coturnix*, Schlüpfling. - Federanlage quer Federpulpa (FP), Federmuskel (FMU). - Semidünnschnitt 1 um; Tolouidinblau; Vergr. 45x

Abb.92. *Melopsittacus undulatus*, Stadium 38. - Federanlagen mit Federmuskeln FMU. - Paraffinschnitt 10 um; Masson-Goldner-Färbung; Vergr. 45x

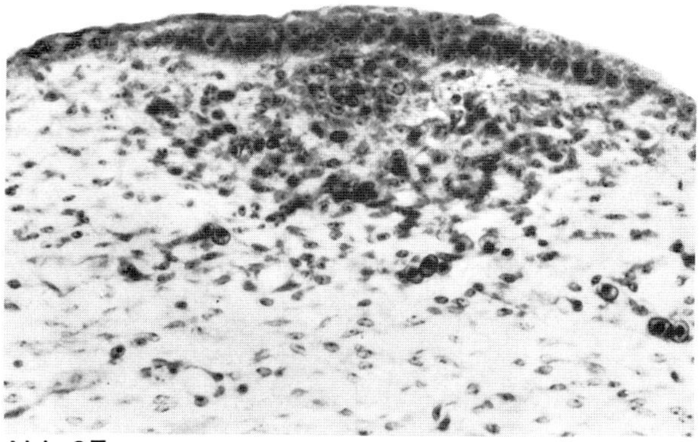

Abb.87

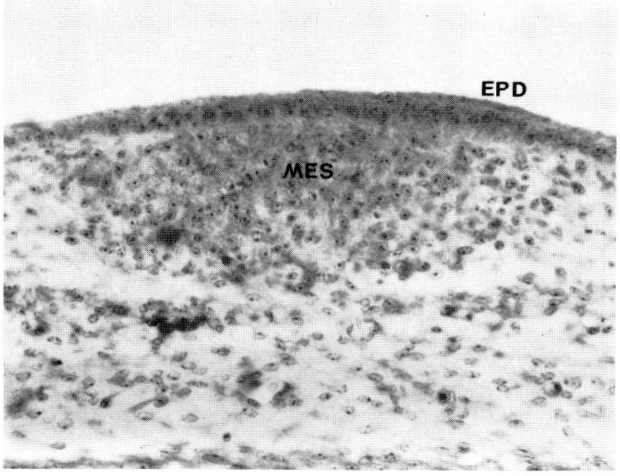

Abb.88

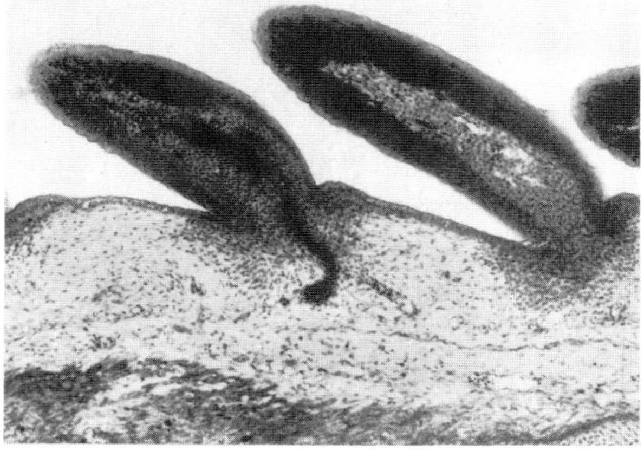

Abb.89

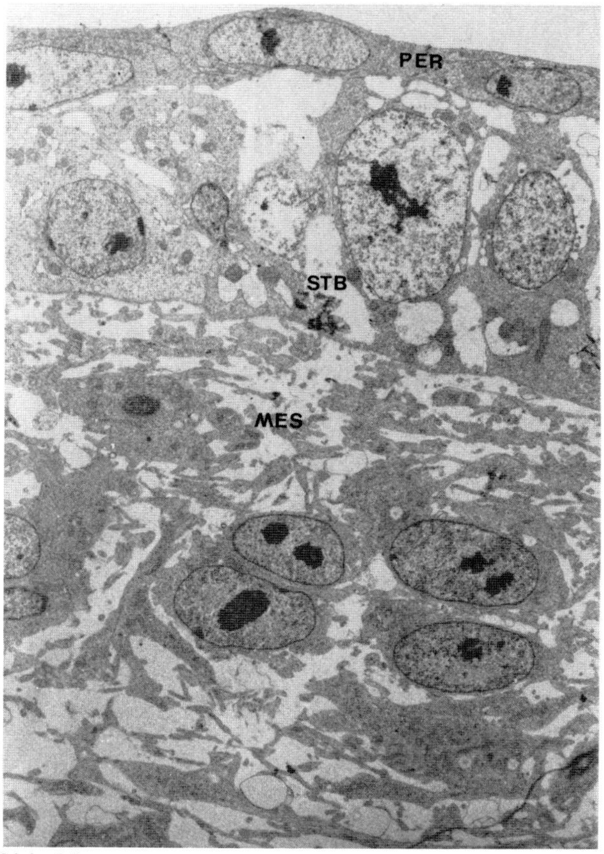

Abb.90

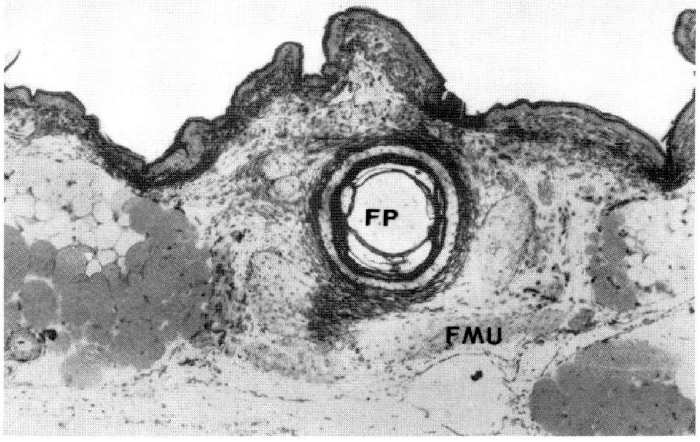

Abb.91

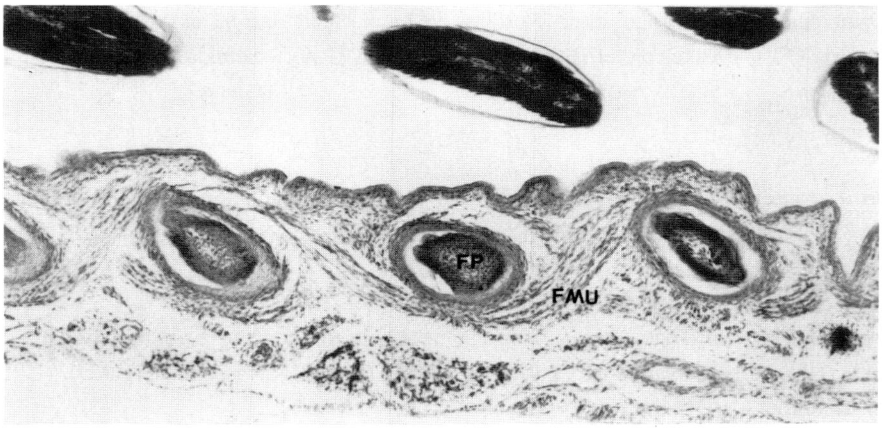

Abb.92

Abb.93. *Coturnix coturnix*, Schlüpfling. - Federanlage quer, Federepithel (FEE), Federpulpa (FP), Follikelepithel (FP), kollagenes Netz (KN). - Semidünnschnitt 1 um; Tolouidinblau; Vergr. 80x

Abb.94. *Coturnix coturnix*, Adulttier. - Querschnitt durch eine Federanlage; Melanozyten mit Zytocriniefortsätzen (MCY), Federscheide (FES), Follikelscheide (FOS), Federpulpa (FP), Radiogensäulen (RAD). - Paraffinschnitt 10 um; Masson-Goldner-Färbung; Vergr. 330x

Abb.95. *Coturnix coturnix*, 15 Tage alter Nestling. - Querschnitt durch eine Federanlage, Federmuskel (FMU), Federpulpa (FP), Follikelepithel (FOE), Ramogensäule (RA). - Semidünnschnitt 1 um; Tolouidinblau; Vergr. 80x

Abb.96. *Coturnix coturnix*. - Detailvergrößerung aus Abb.95; Axialplatten (AX), Marginalplatten (MP), Ramogensäulen (RA) und Ramogensäulen (RAD). - Vergr. 450x

Abb.97. *Coturnix coturnix*, 10 Tage altes Küken. - Querschnitt durch eine Konturfederanlage, Federscheide (FES), Fedepulpa (FP), Marginalplatten (MP), Ramogensäulen (RA), Radiogensäulen (RAD). - Ultradünnschnitt; EM-Übersichtsaufnahme; Vergr. 900x

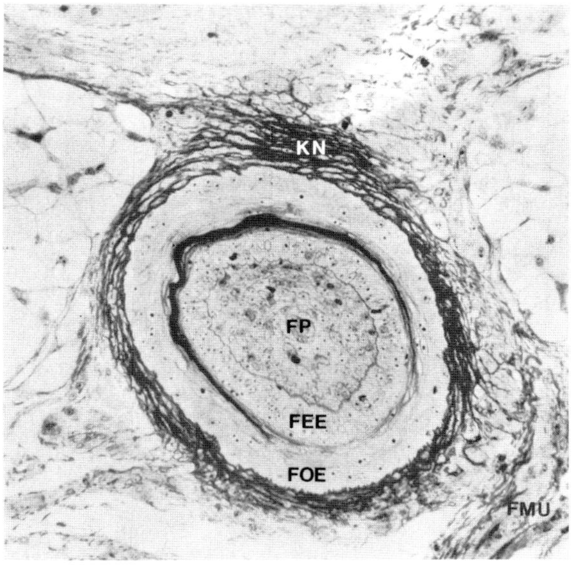

Abb.93

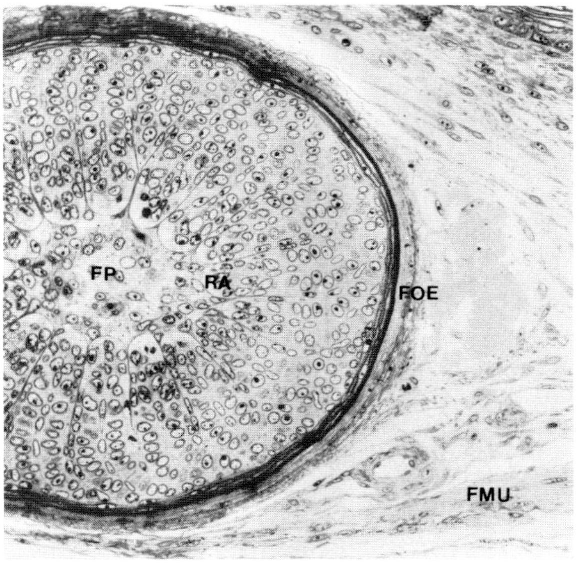

Abb.95

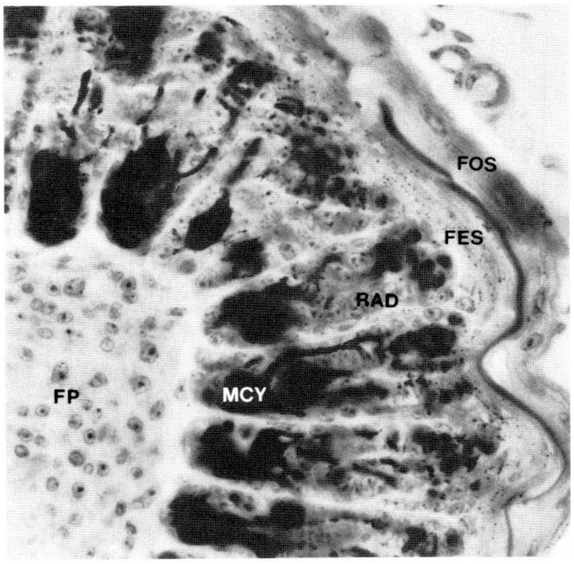

Abb.94

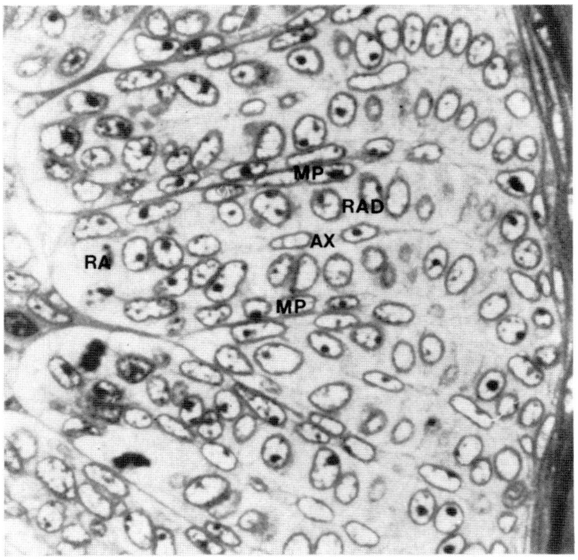

Abb.96

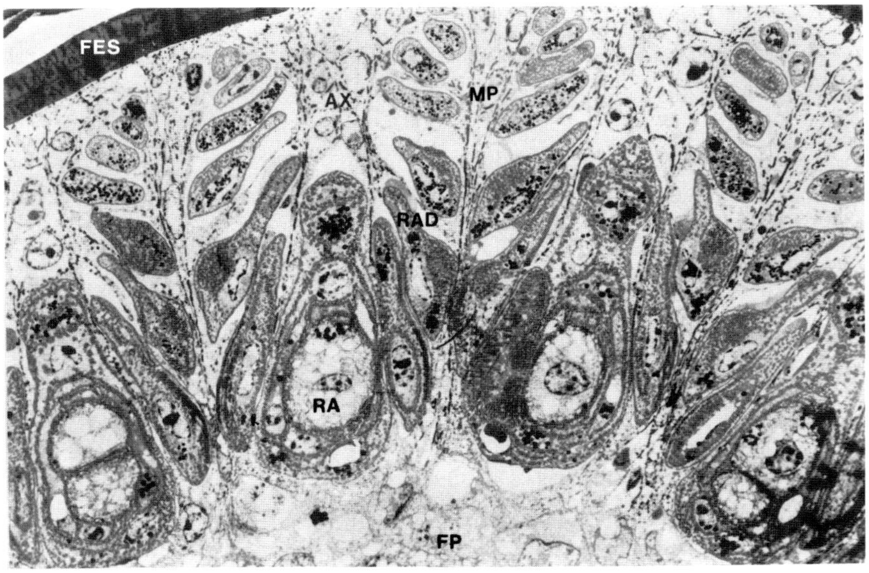

Abb.97

Abb.98. *Coturnix coturnix*, adult. - Makroskopische Präparation der Konturfeder-Muskeln (FMU). - ungefärbtes Präparat; Vergr. 7.6x

Abb.99. *Coturnix coturnix*, adult. - Makroskopische Präparation der Dunenfeder-Muskeln (FMU). - ungefärbtes Präparat; Vergr. 7.6x

Abb.100. *Coturnix coturnix*, Schlüpfling. - Federmuskeln (FMU) und Federbälge Flachschnitt durch die Haut. - Paraffinschnitt 15 um; Masson-Goldner-Färbung; Vergr. 8.5x

Abb.101. *Coturnix coturnix*, Schlüpfling. - Federmuskeln (FMU) an einer Konturfederanlage, Federscheide (FES), Follikelscheide (FOS), Flachschnitt. - Paraffinschnitt 15 um; Vergr. 18x

Abb.102. *Coturnix coturnix*, Schlüpfling. - Querschnitt durch die Haut; Federmuskel (FMU), Follikelscheide (FOS), Federpulpa (FP), Stratum compactum dermi (STK), Stratum corneum (STC). - Semidünnschnitt 1 um; Tolouidinblau; Vergr. 22.5x

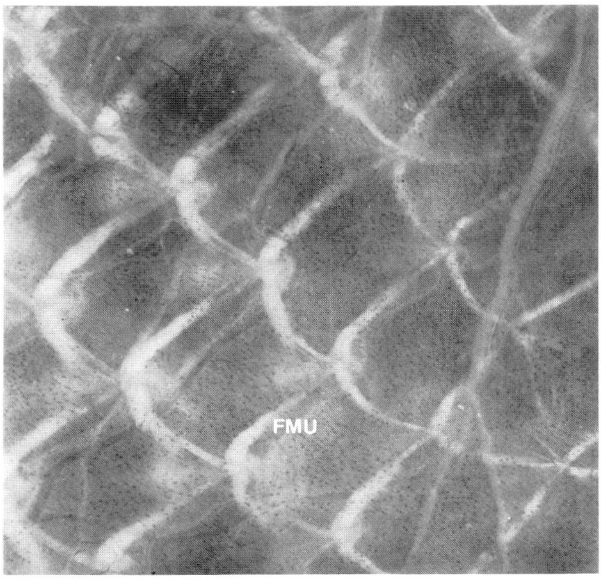

Abb.98

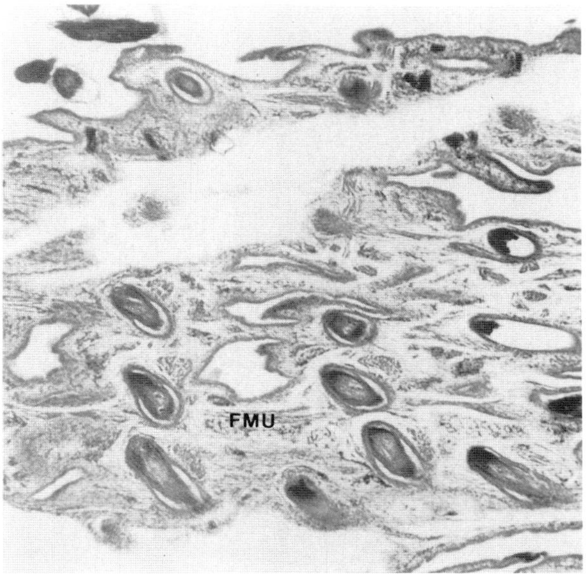

Abb.100

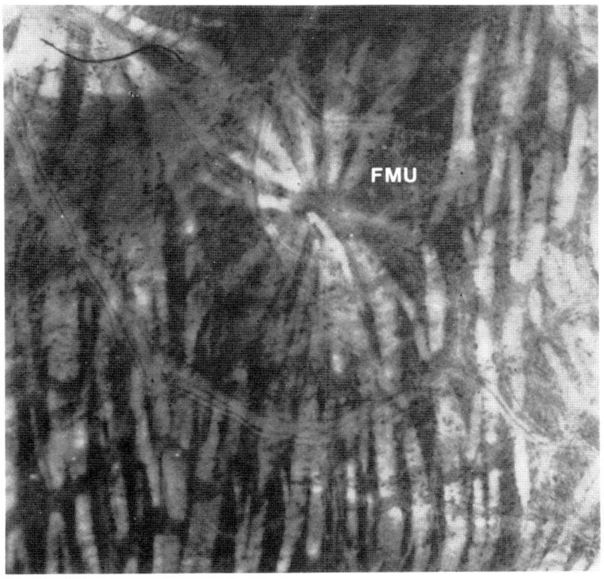

Abb.99

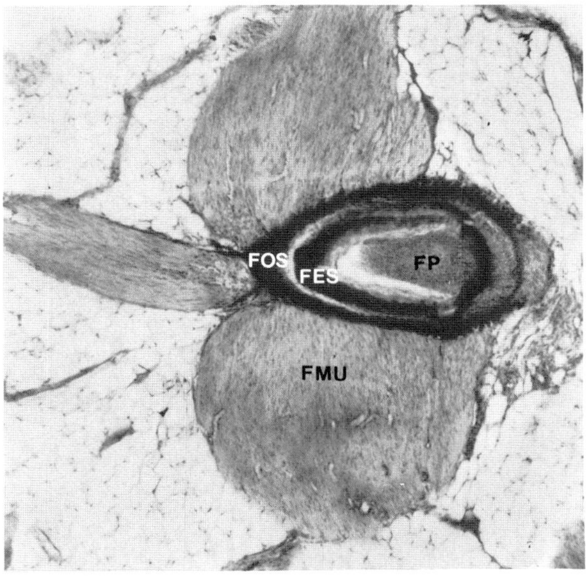

Abb.101

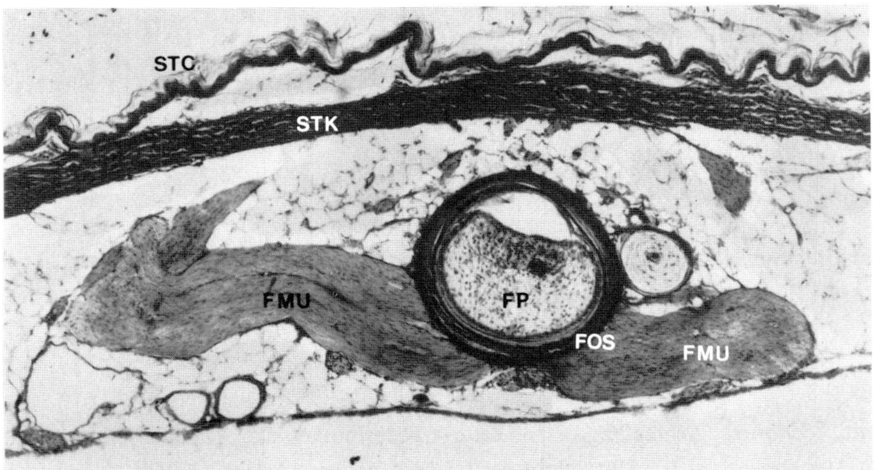

Abb.102

Abb.103. *Coturnix coturnix*, Schlüpfling. - Glatte Federmuskelzelle Zellkern (NU), Mitochondrien (M), zentraler (PMi) und peripherer Plasmamantel (PMe), "dense areas" (DA) und "dense bodies" (DB). - Ultradünnschnitt; EM-Aufnahme; Vergr. 1080x

Abb.104. *Coturnix coturnix*, Schlüpfling. - Glatte Federmuskelzelle, Detail aus Abb.V.19 Myofibrillen (MF), "dense areas" (DA), Caveolae intracellulares (CI), sarcoplasmatisches Retikulum (SR). - Vergr. 56250x

Abb.105. *Coturnix coturnix*, Schlüpfling. - Glatte Federmuskelzelle, Zellmembran mit Caveolae intracellulares (CI), Myofibrillen (MF). - Ultradünnschnitt; EM-Aufnahme; Vergr. 110250x

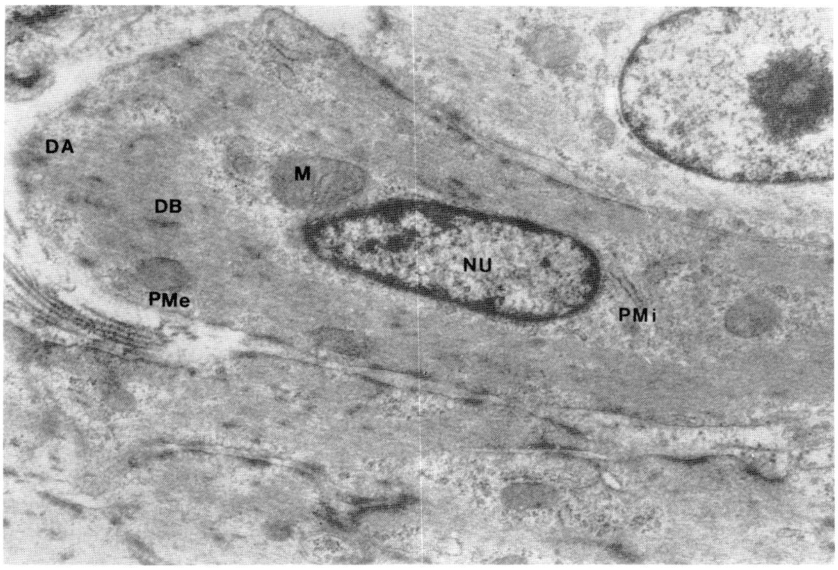

Abb.103

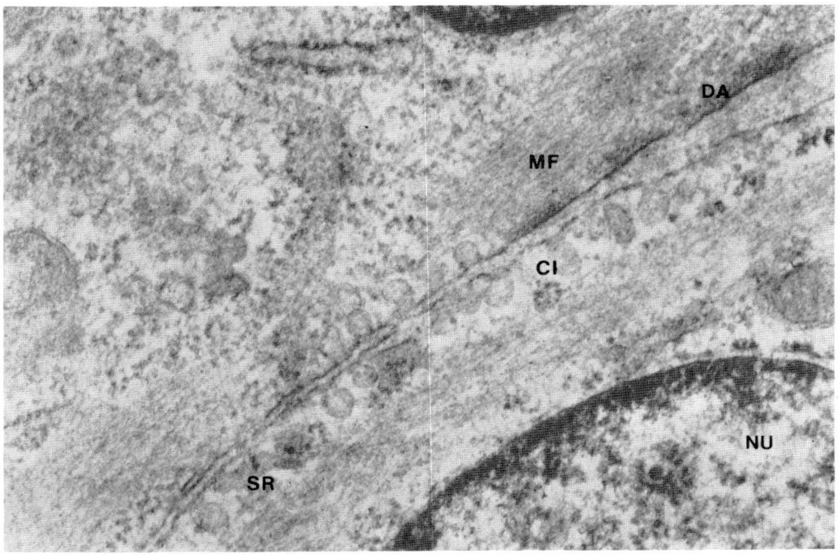

Abb.104

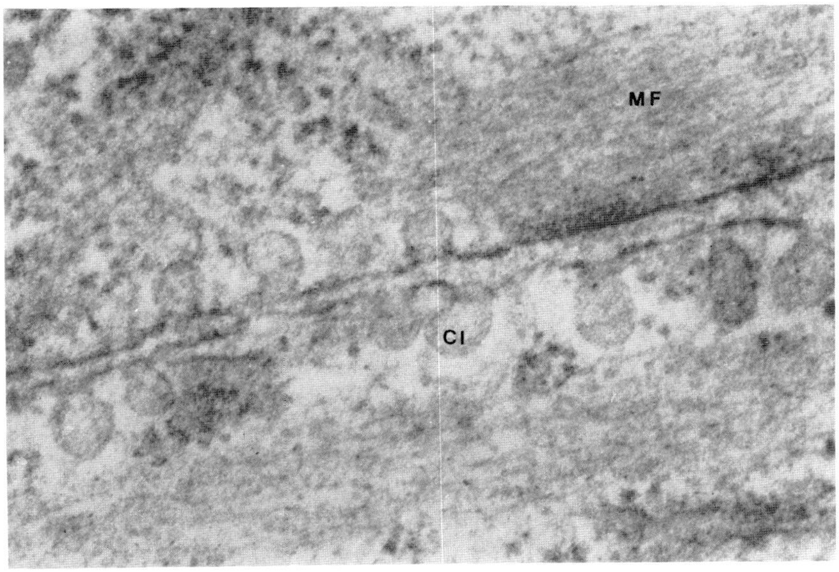

Abb.105

Abb.106. *Lonchura oryzivora*, Schlüpfling. - Querschnitt durch eine Konturfederanlage, Federepithel (FE), Federscheide (FES), Follikelepithel (FOE), Federpulpa (FP). - Paraffinschnitt 10 um; Masson-Goldner-Färbung; Vergr. 180x

Abb.107. *Lonchura oryzivora*, Schlüpfling. - Querschnitt durch eine Konturfederanlage, Epidermis (EPD), Federscheide (FES), Federmuskel (FMU), Federpuplpa (FP). - Paraffinschnitt 10 um; Masson-Goldner Färbung; Vergr. 180x

Abb.108. *Lonchura oryzivora*, Schlüpfling. - Querschitt durch eine Konturfederanlage, Federepithel (FE). - Paraffinschnitt 10 um; Masson-Goldner-Färbung; Vergr. 180x

Abb.109. *Lonchura oryzivora*, Schlüpfling. - Rasterelektronenmikroskopische Aufnahme der Haut, das Periderm (PER) überdeckt zum Teil die Öffnung des Follikelkanales und die Federspitze. - Vergr. 288x

Abb.110. *Lonchura oryzivora*, Schlüpfling. - Rasterelekronenmikroskopische Aufnahme der Haut mit der Öffnung des Follikelkanals, das Periderm (PER) überdeckt die Öffnung des Follikelkanals und die Federspitze. - Vergr. 576x

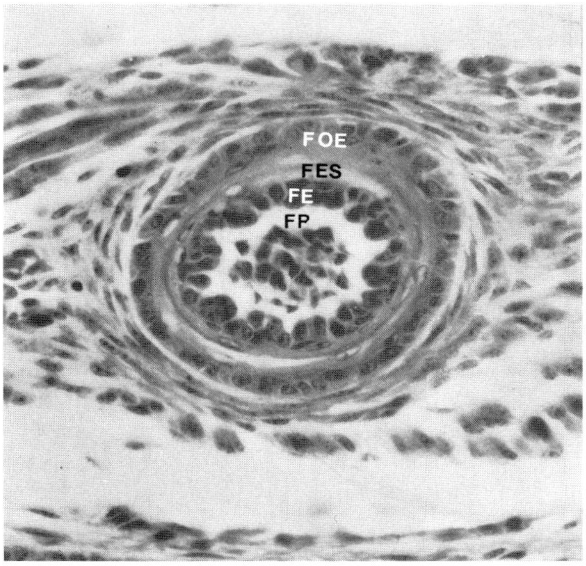

Abb.106

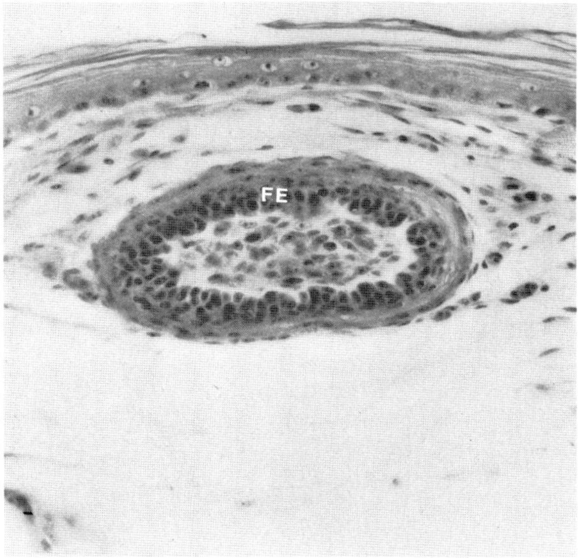

Abb.108

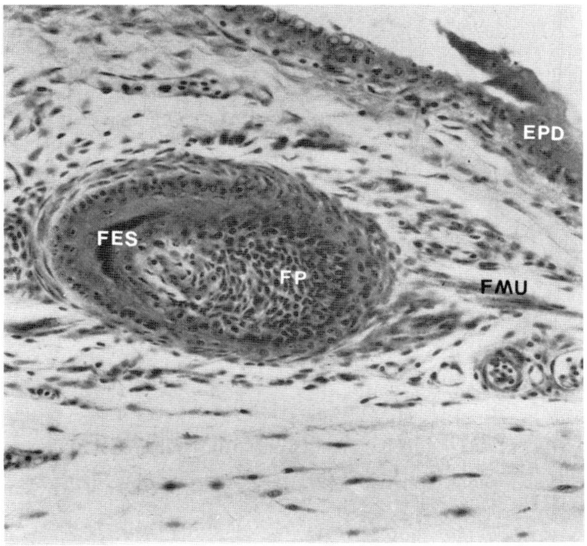

Abb.107

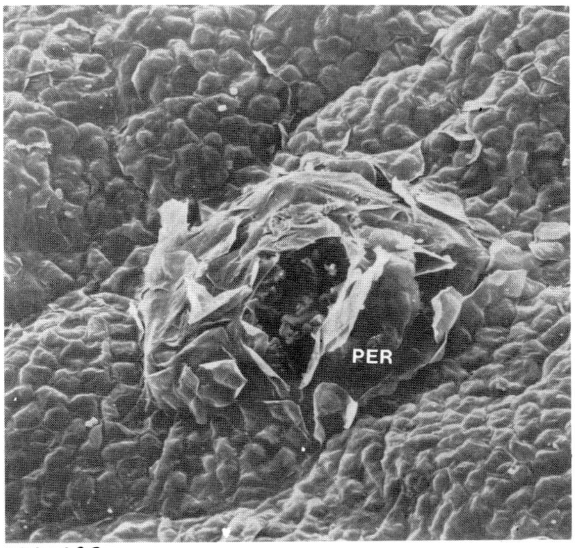

Abb.109

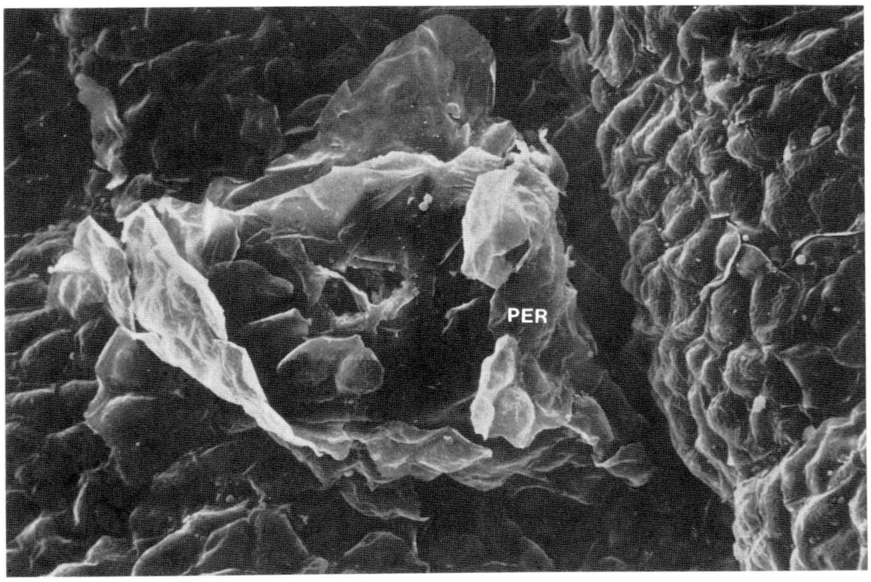

Abb.110

Abb.111. *Lonchura oryzivora*, Schlüpfling. - Feder, Längsschnitt durch die Basis und den dermalen Verankerungsapparat, Federpulpa (FP), Federmuskeln (FMU), Follikelepithel (FOE), Kapillaren (K), Stratum laxum dermi (SLD). - Semidünnschnitt 1 um; Vergr. 180x

Abb.112. *Lonchura oryzivora*, Schlüpfling. - Glatte Federmuskelzelle, Myofibrillen (FM), Kern (NU), innerer Plasmamantel (PM). - Ultradünnschnitt; EM-Aufnahme; Vergr. 900x

Abb.113. *Lonchura oryzivora*, Schlüpfling. - Glatte Federmuskelzelle, Detail aus Abb.112, Myofibrillen (FM), Caveolae intracellulares (CI). - Ultradünnschnitt; EM-Aufnahme; Vergr. 26100

Abb.114. *Lonchura oryzivora*, Schlüpfling. - Glatte Federmuskelzelle im Querschnitt, "dense areas" (DA), "dense bodies"(DB), Myofibrillen (FM), Kern (NU). - Ultradünnschnitt; EM-Aufnahme; Vergr. 17100x

Abb.115. *Lonchura oryzivora*, Schlüpfling. - Glatte Federmuskelzelle, Detail des äußeren Plasmamantels, Mikrotubuli (MI), Glykogengranula (GY), Caveolae intracellulares (CI). - Ultradünnschnitt; EM-Aufnahme; Vergr. 40500x

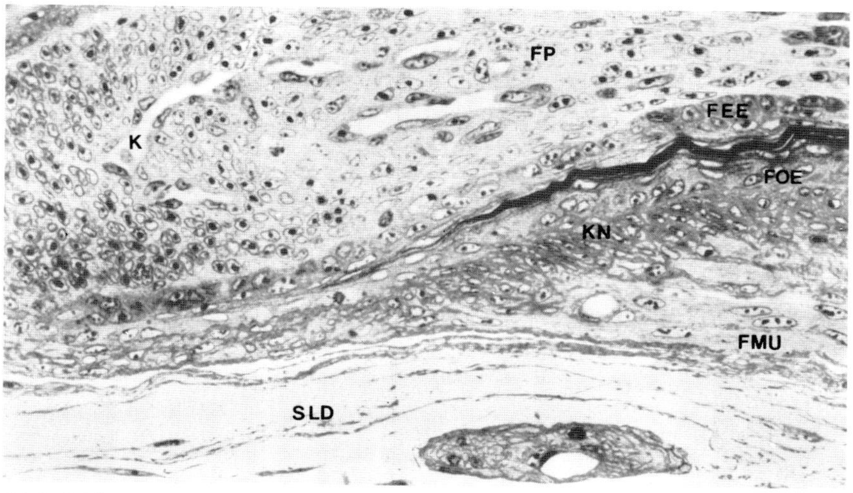

Abb.111

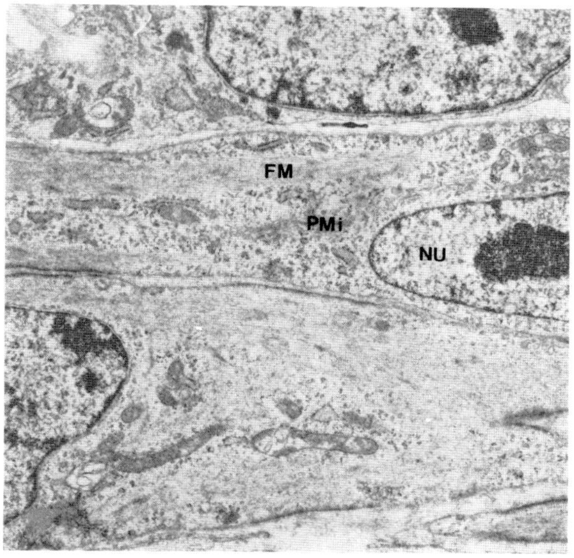

Abb.112

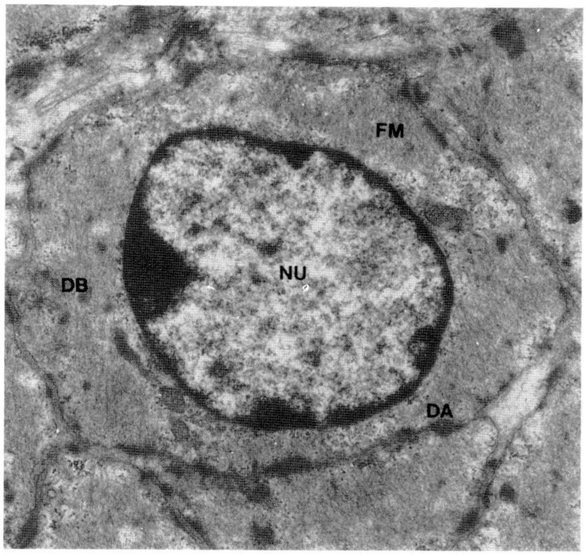

Abb.114

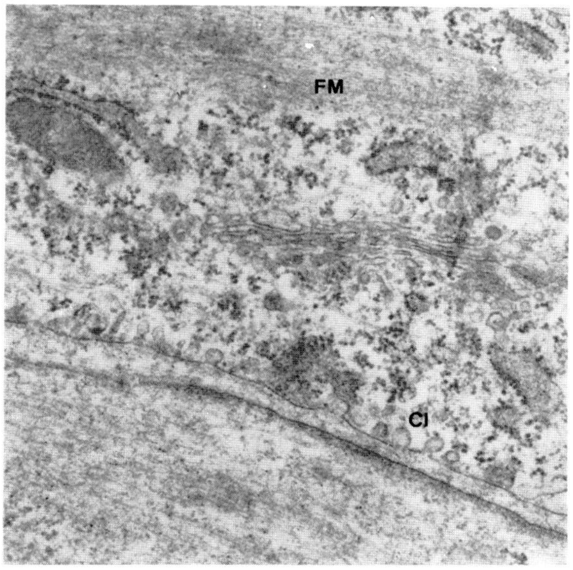

Abb.113

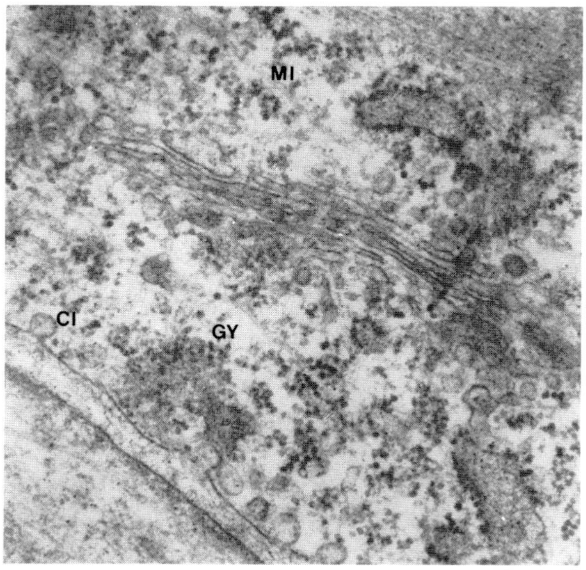

Abb.115

Abb.116. *Melopsittacus undulatus*; Schlüpfling. - Feder, Querschnitt durch die Basis des Federfollikels, Federepithel (FEE), Follikelepithel (FOE), Federpulpa (FP). - Ultradünnschnitt; EM-Übersichtsaufnahme; Vergr. 1080x

Abb.117. *Melopsittacus undulatus*, Schlüpfling. - Feder, Querschnitt oberhalb von Abb. 116, Follikelscheide (FOS), Federepithel (FEE), Follikelepithel (FOE), Federpulpa (FP). - Ultradünnschnitt; EM-Übersichtsaufnahme; Vergr. 1080x

Abb.118. *Melopsittacus undulatus*, Schlüpfling. - Feder, Querschnitt im mittleren Bereich, Federstrahlen (HF), Pulpakappe (PK), Bezeichnungen wie in Abb.117. - Ultradünnschnitt; EM-Übersichtsaufnahme; Vergr. 1080x

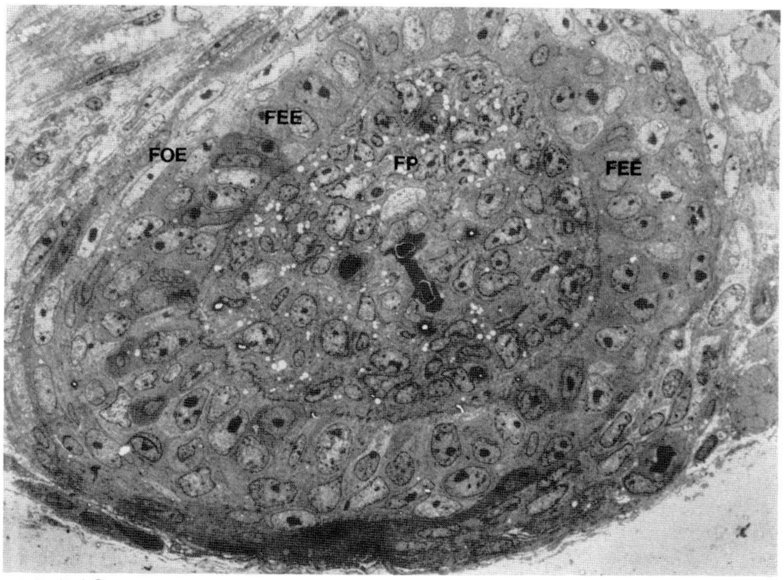

Abb.116

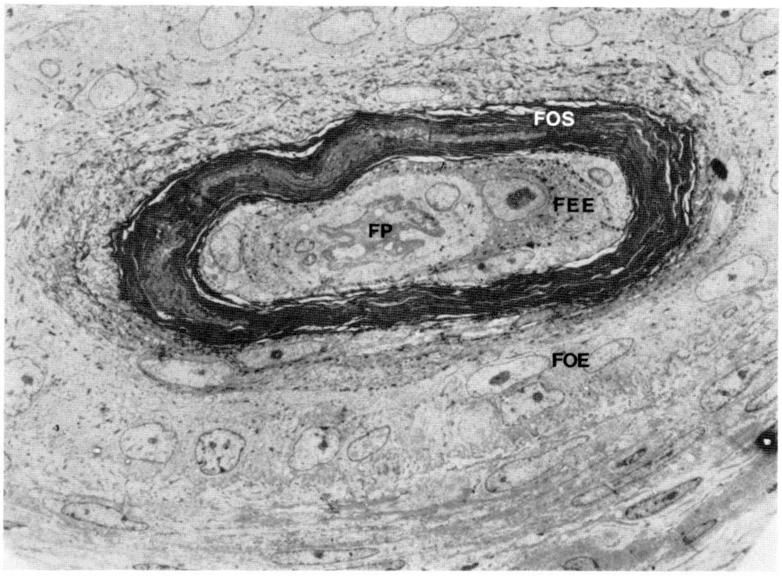

Abb.117

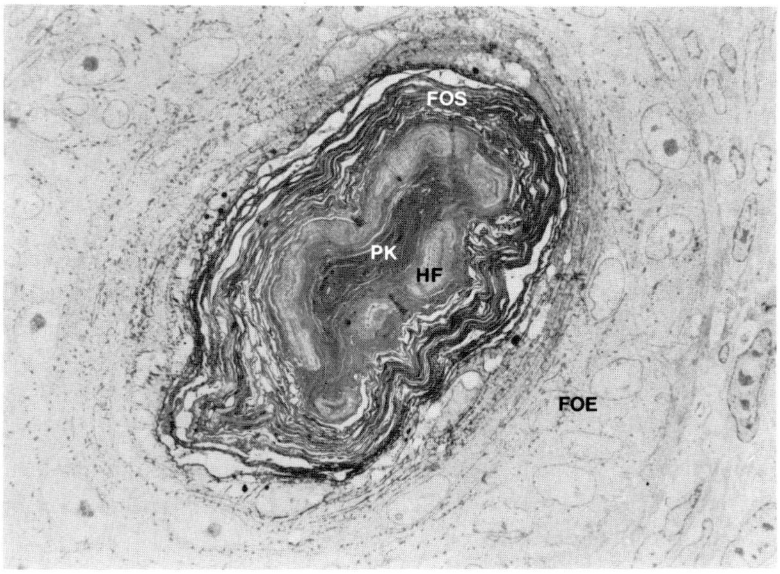

Abb.118

Abb.119. *Melopsittacus undulatus*, Schlüpfling. - Feder, Querschnitt im mittleren Bereich, Federscheide (FES), Federstrahlen (HF), Follikelepithel (FOE), Follikelscheide (FOS), verhornter Pulpakappe (PK). - Ultradünnschnitt; EM-Übersichtsaufnahme; Vergr. 1080x

Abb.120. *Melopsittacus undulatus*, Schlüpfling. - Feder, Querschnitt vor dem Austritt aus dem Follikelkanal, Federscheide (FES), Follikelepithel (FOE), Follikelscheide (FOS), Federstrahlen (HF), Pulpakappe (PK), Stratum basale (STB), Stratum corneum (STC). - Ultradünnschnitt; EM-Übersichtsaufnahme; Vergr. 1080x

Abb.121. *Melopsittacus undulatus*, Schlüpfling. - Neoptilfeder, Querschnitt nach dem Austritt aus dem Follikelkanal, Stratum germinativum epidermi (EPD), Federscheide (FES), Pulpakappe (PK), Stratum corneum (STC). - Ultradünnschnitt; EM-Übersichtsaufnahme; Vergr. 1080x

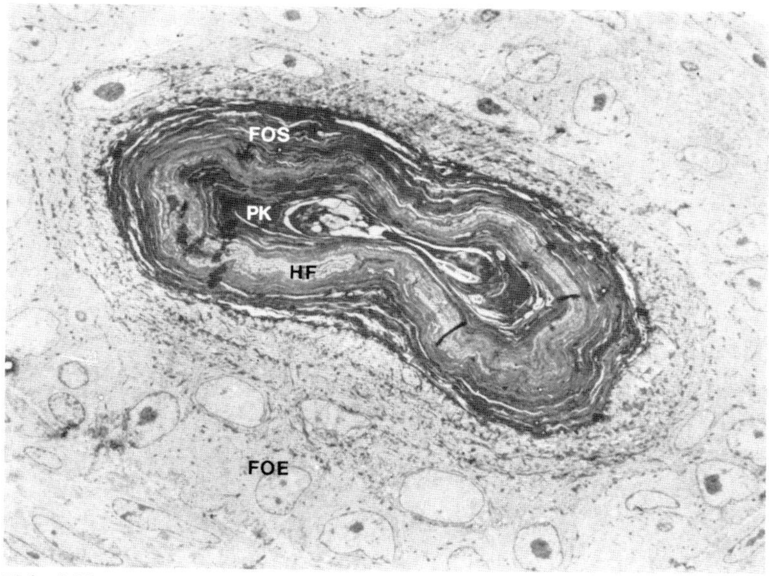

Abb.119

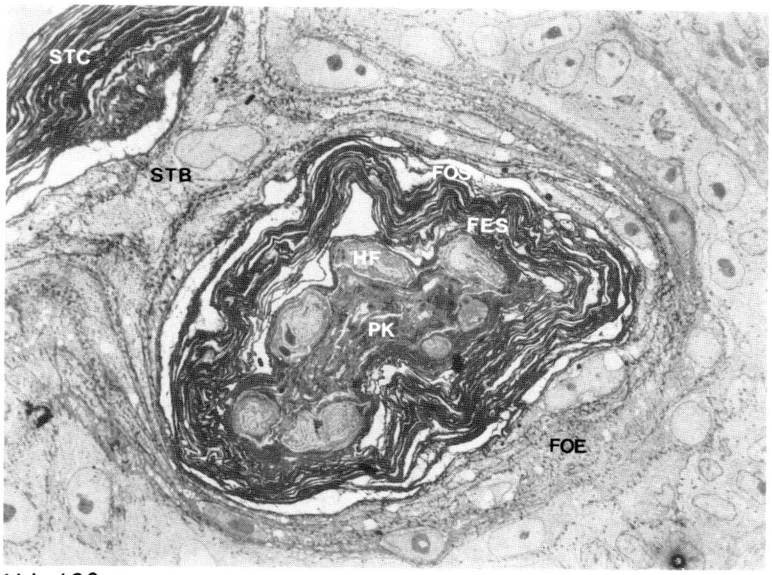

Abb.120

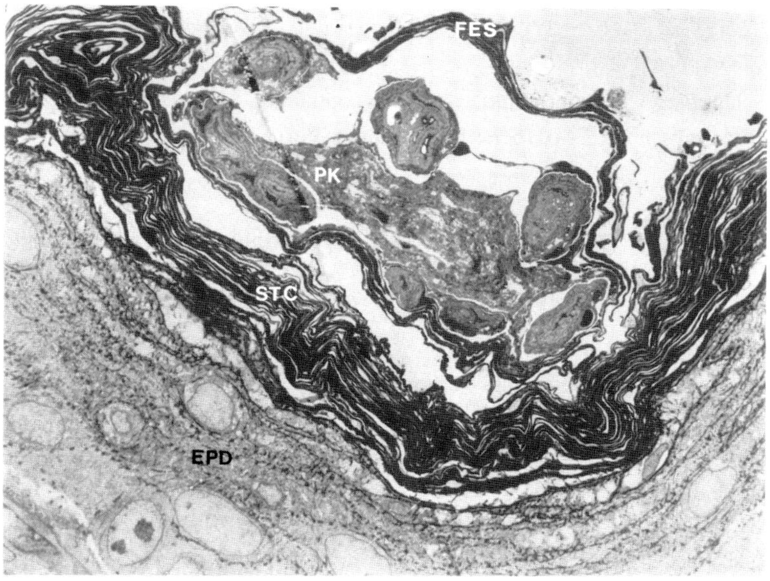

Abb.121

Abb.122. *Melopsittacus undulatus*, Schlüpfling. - Querschnitt durch Neoptilfeder, Federscheide (FES), Hornfäden (HF), Pulpakappe (PK). - Ultradünnschnitt; EM-Übersichtsaufnahme; Vergr. 1500x

Abb.123. *Melopsittacus undulatus*, Schlüpfling. - Querschitt durch einen Federstrahl. - Ultradünnschnitt; EM-Aufnahme; Vergr. 11575x

Abb.124. *Melopsittacus undulatus*, Schlüpfling. - Federstrahl, verhornte Zellen mit Lipidschicht (LS). - Ultradünnschnitt; EM-Aufnahme; Vergr. 80550

Abb.125. *Melopsittacus undulatus*, Schlüpfling. - Neoptilfeder, Federstrahl (HF). - Rasterelektronenmikroskopische Aufnahme; Vergr. 144x

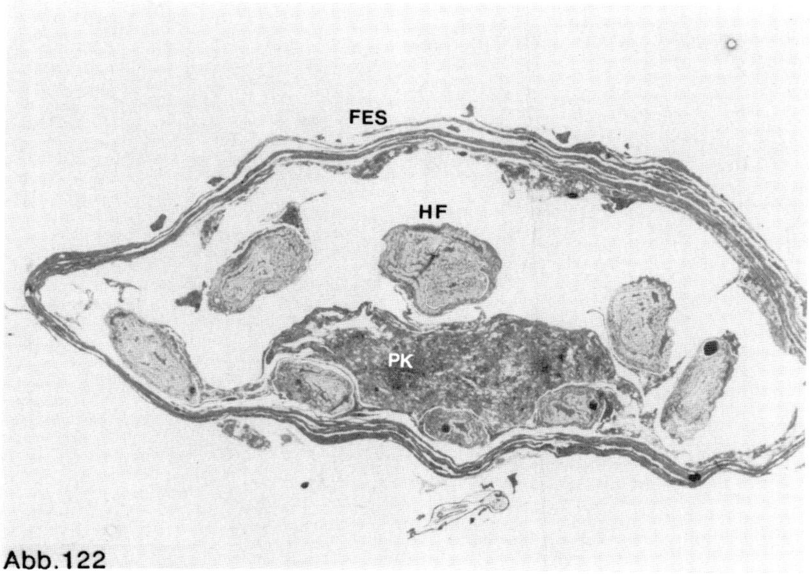

Abb.122

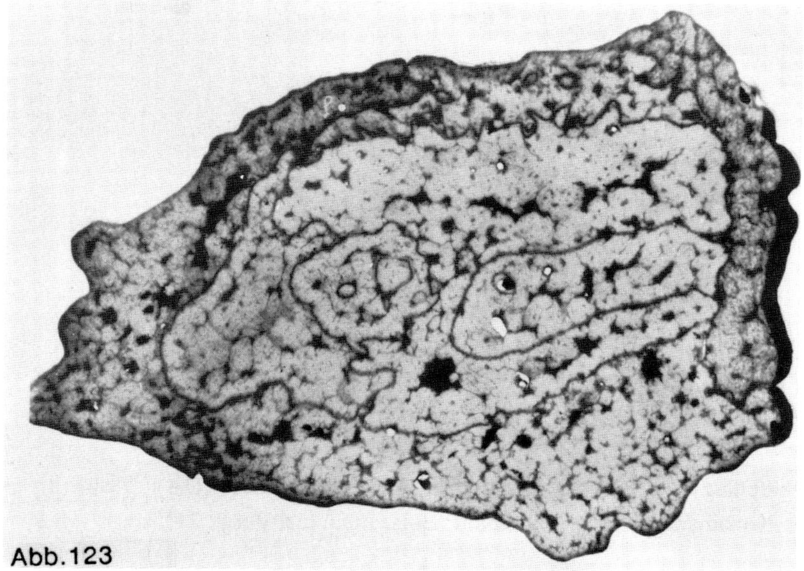
Abb.123

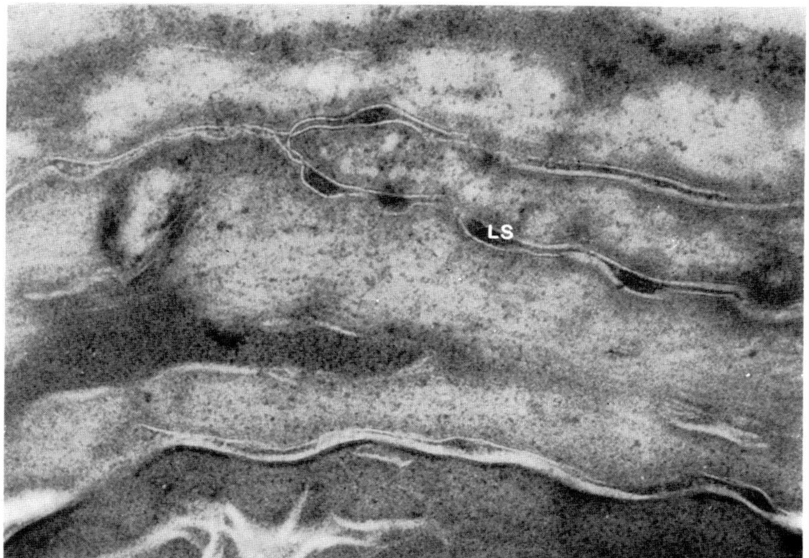

Abb.124

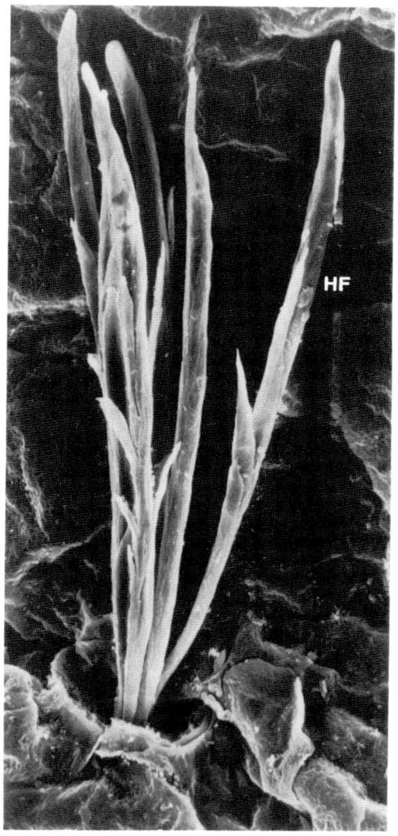

Abb.125

Abb.126. *Melopsittacus undulatus*, Schlüpfling. - Neoptilfeder Längsschnitt, Follikelepithel (FOE), Federpulpa (FP), Federmuskel (FMU), Hornkappe (HK), Stratum corneum (STC), Stratum germinativum (STG). -Paraffinschnitt 15 um; Masson-Goldner-Färbung; Vergr. 112x

Abb.127. *Melopsittacus undulatus*, Schlüpfling. - Glatte Federmuskelzelle, "dense areas" (DA), Zellkern (NU), innerer (PMi) und äußerer (PMe) Plamamantel. - Ultradünnschnitt; EM-Aufnahme; Vergr. 2475x

Abb.128. *Melopsittacus undulatus*, Schlüpfling. - Glatte Federmuskelzelle, Caveolae intracellulares (CI), Mitochondrien (M), Myofibrillen (MF), Zellkern (NU). - Ultradünnschnitt; EM-Aufnahme; Vergr. 40500x

Abb.129. *Melopsittacus undulatus*, Schlüpfling. - Neoptilfeder, Querschnitt im Bereich des Follikelkanals, Follikelepithel (FOE), Hornkappe (HK), kollagenes Fasernetz (KN), Stratum basale (STB), Stratum corneum (STC), Stratum germinativum (STG). - Semidünnschnitt 1 um; Tolouidinblau; Vergr. 270x

Abb.130. *Melopsittacus undulatus*, Schlüpfling. - Glatte Federmuskelzelle, Myofibrillen (MF), äußerer Plasmamantel (PMe), Zellkern (NU). - Ultradünnschnitt; EM-Aufnahme; Vergr. 6120x

Abb.131. *Melopsittacus undulatus*, Schlüpfling. - Glatte Federmuskelzelle, Caveolae intracellulares (CI), "dense areas" (DA), Glycogengranula (GY), Myofibrillen (MF). - Ultradünnschnitt; EM-Aufnahme; Vergr. 80550x

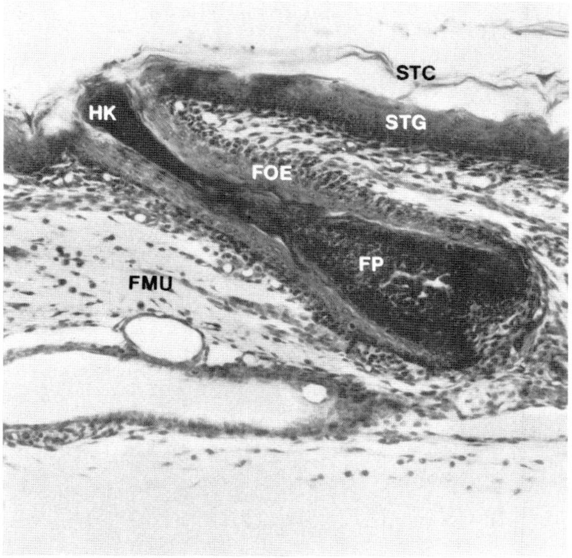

Abb.126

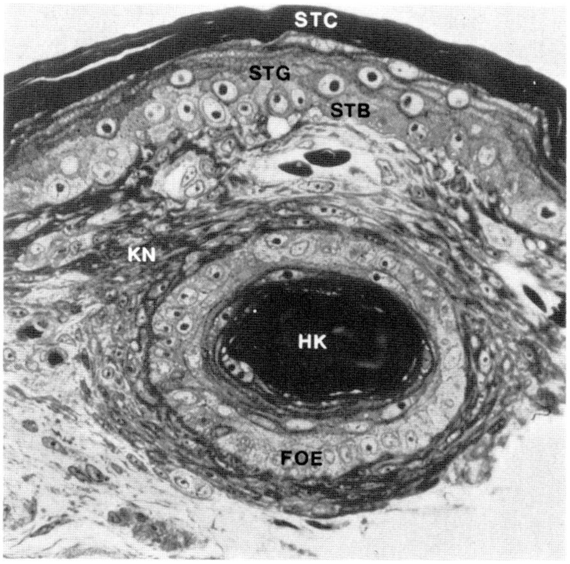

Abb.129

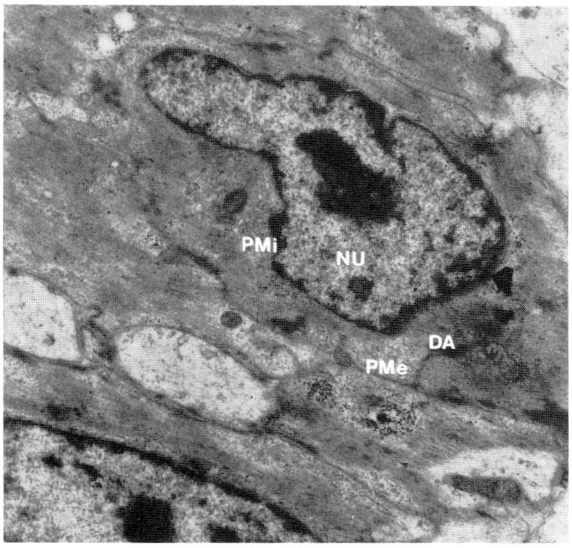

Abb.127

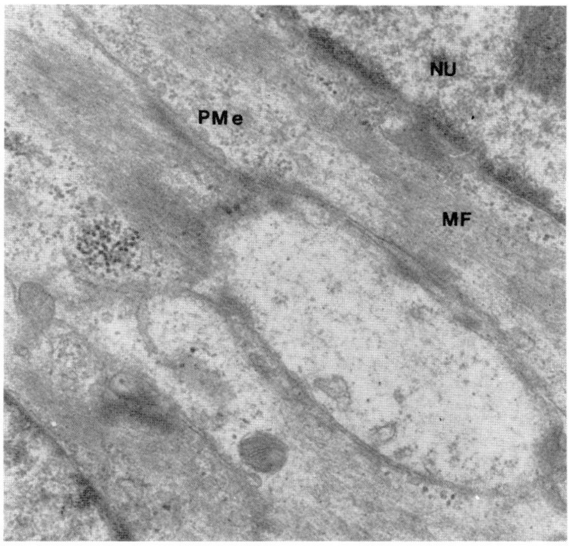

Abb.130

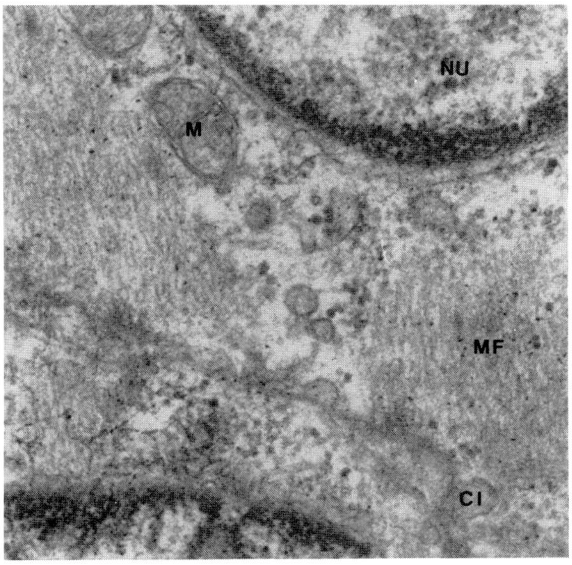

Abb.128

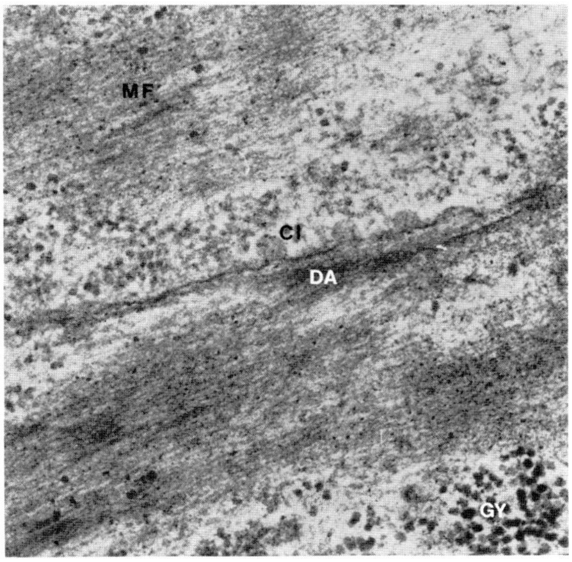

Abb.131

VI EMBRYONALENTWICKLUNG DES SKELETES

VI.1 Einleitung

Bei dem Vergleich von Nestflüchtern und Nesthockern nimmt die Entwicklung des Skeletes eine zentrale Stellung ein. Nach SCHINZ & ZANGERL (1937) und F.MÜLLER (1968, 1972a,b) ist das Skelet der nestflüchtender Vögel beim Schlupf weiter ossifiziert als das der Nesthocker. In einer sehr theoretischen Betrachtung werden die mechanischen Belastungen, denen das Skelet der Nestflüchter sofort nach dem Schlupf ausgesetzt ist, in den Vordergrund der Diskussion gestellt. Eine ausreichende Materialuntersuchung auf breiter vergleichender Basis fehlt jedoch bis heute vollständig. Nur sehr wenige Arbeiten befassen sich mit der zeitlichen Abfolge der Ossifikationen des Vogel-Skeletes. Eine Untersuchung über die Osteogenese bei Haushuhn, Haustaube und Lappentaucher (*Podiceps*) wurde von SCHINZ & ZANGERL (1937) vorgestellt. Die Reihenfolge der Verknöcherungen am Schädel des Haushuhnes untersuchte ERDMANN (1939). Über die gleiche Thematik berichteten anhand eines Vergleichs von Haushuhn, Lachmöve und Sturmmöve (*Larus ridibundus, Larus canus*) SCHUMACHER & WOLFF (1966a,b) unter Berücksichtigung des gesamten Skeletes. Die Embryonalentwicklung des Skeletes nesthockender Vögel ist bisher nicht untersucht worden. Vergleiche der Skeletentwicklung zwischen Nestflüchtern und Nesthockern in der Literatur haben daher ausschließlich hypothetischen Charakter. Bis heute fehlt eine Diskussion der Skeletentwicklung einzelner Arten unter Berücksichtigung folgender Punkte:

1) Einordnung in die Entwicklungs-Zeitpläne der verschiedenen Ontogenesetypen;
2) Ossifikationszustand beim Schlupf und die Beziehung zur postnatalen Wachstumsgeschwindigkeit;
3) Mechanischen Beanspruchungen beim Schlupf;
4) Berücksichtigung konstruktiver Abhängigkeiten aus stammesgeschichtlich festgelegten Entwickungsabläufen.

Die Entwicklung des Skeletes wurde anhand von Aufhellungspräparaten (Kapitel II.2) dargestellt. Für die Zeit von der ersten Anlage der Skeletelemente bis zum Schlupf wurden alle relevanten Stadien untersucht und der Zeitpunkt des Auftretens der knorpeligen Anlage sowie der späteren Ersatzverknöcherung (perichondrale und enchondrale Ossifikation) oder der direkten Verknöcherung (desmale Ossifikation) ermittelt (Tabelle 4 bis 9; Abbildungen 132 bis 173). Die Analyse der Zeitmuster wurde an 92 einzelnen Skeletelementen vorgenommen. (Die Zählung der Fingerstrahlen richtet sich nach der weitgehend akzeptierten Vorstellung, daß der vierte und der fünfte Fingerstrahl der Vögel reduziert seien (STEINER 1922; MONTAGNA 1945; D.STARCK 1979). Neuere experimentell embryologische Befunde stehen im Gegensatz hierzu und weisen darauf hin, daß der erste und der fünfte Fingerstrahl reduziert sind (HINCHLIFFE & JOHNSON 1980; HINCHLIFFE 1985). Die Zählweise besitzt für die vorgestellten Befunde jedoch keine Relevanz, sodaß auf eine Diskussion der unterschiedlichen Ansichten verzichtet wird.)

VI.2 Die Embryonalentwicklung des Skeletes von *Coturnix coturnix*

A) Skelet des Rumpfes

Der Entwicklungszustand des jüngsten untersuchten Embryo entspricht Stadium 31 (Abb.132). Bei diesem sind die knorpeligen Anlagen der Neuralbögen und Wirbelzentren bereits von den Occipitalwirbeln bis in den Sakralbereich verschmolzen. Die Kaudalwirbel sind als paarige Knorpelelemente angelegt. Im Stadium 34 (Abb.133) sind an den Wirbelkörpern die Anlagen der Prae- und Postzygapophysen ausgebildet. Sie überlagern sich jedoch noch nicht, eine echte Artikulation ist noch nicht ausgebildet. Ventral des vierten bis dreizehnten Halswirbels sind paarige Hypapophysen knorpelig angelegt, die in den Stadien 35 und 36 (Abb.134) mit dem Wirbelkörper verschmelzen werden. In diesen Stadien treten die Prae- und Postzygapophysen in Artikulation zueinander und die Sakralwirbel verschmelzen zum Synsacrum. Im Stadium 38 (Abb.135) beginnt die Ossifikation der Wirbelzentren, Neuralbögen und Hypapophysen in jeweils eigenen Zentren. Diese dehnen sich rasch aus, so daß schon im Stadium 39 (Abb.136) Neuralbogen und Zentrum einen einheitlichen Knochenkörper bilden. Nur die Diapophysen sowie die Gelenkflächen der Prae-und Postzygapophysen bleiben knorpelig.

Im Stadium 31 (Abb.132) sind 7 vertebrale und 5 sternale Rippen ausgebildet. Die vollständige Anzahl von 8 vertebralen Rippen, die sich mit zwei Gelenkköpfen an den Wirbelkörper sowie an den Processus transversus anlagern, ist im Stadium 34 vorhanden (Abb.133). Fünf von ihnen tragen Processus uncinati. Gleichzeitig ist die Zahl der sternalen Rippen auf insgesamt 6 gewachsen. Die vertebralen Rippen ossifizieren als erste Elemente des Rumpfskeletes im Stadium 35; die sternalen Rippen verknöchern ab Stadium 38 (Abb.135).

Die Entwicklung des Sternum bei Coturnix ist kompliziert und findet unter Einbau von Elementen der sternalen Rippen statt. - Im Stadium 31 (Abb.132) ist die Anlage des Sternum noch paarig, seine beiden Knorpelplatten liegen paramedian. Im Stadium 34 (Abb.133) sind sie zu einer unpaaren Knorpelplatte verschmolzen, die an ihrem vorderen und hinteren Rand jederseits einen langen Fortsatz (Processus lateralis anterior; Processus lateralis posterior) trägt. Der Processus lateralis anterior entspricht nach STRESEMANN (1934) dem sternalen Anteil der ersten beiden Rippen. In den folgenden Stadien wird die erste vertebrale Rippe reduziert; gleichzeitig wird der sternale Abschnitt der (ursprünglich) dritten und vierten Rippe dem Processus lateralis anterior angegliedert. Dadurch entstehen drei vordere freie Rippen. Die verbleibenden vier Rippen bleiben mit ihrem sternalen Teil verbunden. Eine achte Rippe wird als Neubildung dem kaudalen Ende des Brustkorbes hinzugefügt. Der sternale Abschnitt der letzten Rippe wird als Processus lateralis posterior dem Sternum angegliedert (STRESEMANN 1934).

Insgesamt besitzen diese Umbauprozesse eine große individuelle Variabilität. Stadiengleiche Embryonen (Stadium 39) tragen am Processus lateralis anterior entweder noch eine erste sternale Rippe, oder einen knorpeligen, nach hinten weisenden Fortsatz des Processus oder gar schon eine Verknöcherung des Processus lateralis. Die vorderen und hinteren Seitenfortsätze des Sternum ossifizieren wie die sternalen Rippen im Stadium 38. Sie haben das Zeitmuster der Verknöcherung von Sternalrippen beibehalten.

B) Schultergürtel und vordere Extremität

Im Stadium 31 (Abb.132) sind Scapula und Coracoid knorpelig präformiert. Die Furcula ist erst im Stadium 34 ausgebildet (Abb.133). Nach ihrem Entwicklungszustand beurteilt muß sie bereits in dem hier nicht belegten Stadium 33 auftreten. Auch Scapula und Coracoid ossifizieren in diesem Stadium. Die Verknöcherung der Scapula schreitet bis zum Schlupf so weit fort, das nur ihr Gelenkteil am Foramen triosseum als knorpelige Wachstumszone erhalten bleibt.

Die vordere Extremität ist im Stadium 31 bis auf einige Phalangenglieder ausgebildet. Im Stadium 34 besitzen Humerus, Radius und Ulna sowie die Metacarpalia II und III gut ausgebildete

Knochenkerne, die Phalangen sind vollzählig angelegt. Die Phalangenglieder beginnen im Stadium 38 zu ossifizieren (Abb.138). In der weiteren Entwicklung bis zum Schlupf (Abb.137) zeigen alle knöchernen Anteile ein gleichmäßiges Wachstum.

C) Beckengürtel und hintere Extremität

Im Stadium 31 (Abb.132) sind Pubis, Ilium und Ischium knorpelig angelegt, aber noch nicht miteinander verschmolzen. Die Ossifikation des Beckens beginnt mit dem Os pubis während Stadium 35. Im Stadium 36 (Abb.134) folgt dann ein sehr großer Knochenkern im Ilium und im Stadium 38 (Abb.135) sind schließlich die drei Knochenkerne des Beckens ausgebildet. Nur in schmalen Grenzzonen zwischen ihnen und an ihren distalen Enden bleiben knorpelige Wachstumszonen bestehen. Beim Schlüpfling (Abb.137) sind die knöchernen Einzelelemente des Beckens miteinander verschmolzen. Knorpelzonen bleiben nur an den distalen Enden von Ilium, Pubis und Ischium sowie im Acetabulum erhalten.

Alle Skeletelemente der hinteren Extremität sind im Stadium 31 bereits knorpelig angelegt. In den Stadien 32 und 33 werden die proximalen Tarsalia an die Tibia angegliedert und bilden den Tibiotarsus, die distalen Tarsalia werden an die Metatarsalia angegliedert und bilden durch Verschmelzung der Einzelelemente den Tarso-Metatarsus. Gleichzeitig wird der erste Zeh aus der Fußplatte verschoben und gelangt in retrograde Position am Hinterrand des Laufes. Dieser Vorgang ist abgeschlossen bevor im Stadium 34 die Ossifikation von Femur, Tibiotarsus, Fibula und Tarso-Metatarsus beginnt (Abb.133). Die Bildung des Tarso-Metatarsus und des Tibiotarsus ist im Stadium 38 (Abb.135) mit ihrer Ossifikation vollständig abgeschlossen. In diesem Stadium finden sich dann auch die ersten Verknöcherungen in den Phalangengliedern.

Im Beckengürtel von Wachtel-Schlüpflingen sind die gleichen Skeletelemente verknöchert wie bei Wellensittich, Reisfink oder Taube. Sie unterscheiden sich nur in der Ausdehnung der Knochen- und der Knorpelareale; Wachteln besitzen viel ausgedehntere Knochenareale als die genannten Arten. Der generelle Ossifikationszustand der hinteren Extremität gleicht sich jedoch in allen Arten.

D) Neuralschädel

Im Stadium 31 (Abb.132) ist das frühe Chondrocranium mit Basalplatte, Polknorpeln, Trabecula sowie vorderem und hinterem Orbitalknorpel ausgebildet. Die Basalplatte ist breit und endet rostral im Acrochordalknorpel. Am Occipitalpol bilden die Pila occipitales die Begrenzung. Eine knorpelige Verbindung zwischen Basalplatte und den Ohrkapseln besteht noch nicht. Die Verbindung zwischen Basalplatte und Trabecula communes wird von der Cartilago polaris gebildet. Cartilago infrapolaris und Cartilago suprapolaris sind als frei endende Fortsätze der Trabekel ausgebildet. Die hintere Begrenzung der Orbita wird von der Cartilago postorbitalis gebildet. Der vordere Anteil des Orbitalknorpels ist relativ klein, zweiteilig gegliedert in Planum antorbitale und Cartilago parieto-tectalis. Auffällig ist ein großes Septum interorbitale und ein langer Processus praenasalis.

Im Stadium 34 (Abb.133) ist die Ohrkapsel knorpelig mit der Basalplatte verbunden. Die Cartilago infrapolaris schließt sich mit ihrem bisher freien Ende an die Basalplatte an und bildet so das Foramen caroticum. Das Interorbitalseptum ist durch eine sehr große Fensterbildung durchbrochen. Alle Deckknochen des Kiefer-Gaumenbogens sind angelegt. Der Vomer, rostral vor dem Palatinum gelegen, ist von der ersten Anlage an unpaar. Nasale, Lacrimale, Praemaxillare, Maxillare und Jugale sind als dünne Knochennadeln ausgebildet. Das Maxillare hat die Processus praemaxillaris, palatinalis und ascendens entwickelt. Auch das Nasale besitzt schon in dieser frühen Anlage seine drei charakteristischen Fortsätze (Proc. praemaxillaris, Proc. maxillaris, Proc. frontalis). Eine Überlagerung zwischen den Knochen besteht noch nirgends. Das von ERDMANN (1939) beim Haushuhn beschriebene "Praefrontale" gibt es bei der Wachtel nicht.

(Die Homologie des Lacrimale der Vögel mit dem Lacrimale oder Praefrontale der Reptilien ist ungeklärt. Diskussion bei H.J.MÜLLER 1963.)

Aufeinander folgend werden im Stadium 35 das Frontale und im Stadium 36 (Abb.134) Parietale und Rostrum parasphenoidale angelegt. Im gleichen Stadium verknöchert das Exoccipitale im occipitalen Teil der Basalplatte und in der Hypophysengrube das Basisphenoid. Am Hinterrand wird es in geringem Ausmaß von dem Deckknochen Parasphenoid überlagert. Die Verschmelzung von Basisphenoid mit Parasphenoid und Rostrum parasphenoidale erfolgt im Stadium 38 (Abb.135). Die dorsale Begrenzung des Hinterhauptloches ist durch die knorpelige Anlage des Supraoccipitale vorgebildet.

Im Stadium 38 sind die Deckknochen des Neuralschädels stark gewachsen. Am Kiefer-Gaumenapparat überlagern sie sich, am Hirnschädel schließen sie dicht aneinander. Die 14 Ossikel des Skleralringes treten als desmale Ossifikationen in der Sclera auf. Der mediale Bereich der Basalplatte ossifiziert zum Basioccipitale, der Supraoccipital-Knorpel zum Supraoccipitale. Gleichzeitig mit diesen Verknöcherungen tritt das Prooticum auf. Der Postorbitalknorpel ossifiziert zum Pleurosphenoid, das sich wie ein Stützpfeiler zwischen Basisphenoid und Orbitalteil des Frontale einschiebt. Der laterale Flügel der Cartilago postorbitalis bleibt als Processus postorbitalis knorpelig. Im rostralen Abschnitt des Septum interorbitale tritt eine relativ großflächige Verknöcherung (Mesethmoid) auf.

Bis zum Schlupf (Abb.136,137) treten keine neuen Ossifikationen mehr auf. Alle beschriebenen Knochenelemente wachsen stark. Die Deckknochen des eigentlichen Hirnschädeldaches schließen lateral und occipital dicht aneinander. Zwischen Frontale und Parietale bleibt eine große Fontanelle bestehen. Das Supraoccipitale grenzt an die rückwärtige Kante des Parietale, seine lateralen Flügel bilden im Zusammenschluß mit den Exoccipitalia die Begrenzung des Hinterhauptloches. Die Verknöcherung des Exoccipitale dringt seitlich in die Cartilago metotica vor (Stadium 39; Abb.136), so daß sie beim Schlupf bis auf einen schmalen vorderen Knorpelrand verknöchert ist. Ein oticaler Flügel des Exoccipitale trägt zur Verknöcherung des hinteren Abschnittes der Ohrkapsel bei. Der vordere Teil der Ohrkapsel verknöchert hingegen vom Prooticum aus. Basisphenoid, Rostrum parasphenoidale, Parasphenoid und Basioccipitale sind zu einer einheitlichen Knochenplatte verbunden, an der die ursprünglichen Grenzen nur schwer aufzuzeigen sind.

E) Visceralskelet

Alle Knorpelelemente des Visceralskeletes außer dem Paraglossum sind im Stadium 31 (Abb.132) knorpelig angelegt. Das Quadratum hat drei seiner charakteristischen Fortsätze gebildet und sich mit dem Processus oticus der Ohrkapsel, mit dem Processus ventralis dem MECKELschen Knorpel angelagert. Der MECKELsche Knorpel ist als langer Knorpelstab ausgebildet, der bereits die Gelenkungsfläche zum Quadratum ausgebildet hat und sich nach hinten in den Processus retroarticularis, nach medial in den Processus mandibularis internus fortsetzt. Columella auris, Extracolumella und Stylohyale sind als getrennte Knorpelelemente ausgebildet, die Columella auris steht in nahen Lagebezug zur Ohrkapsel.

Im Stadium 34 (Abb.133) hat das Quadratum den vierten, lateralen Fortsatz ausgebildet, der mit dem Quadratojugale artikuliert. Die Columella auris ist in Fußplatte (Clipeolus) und Columellastiel (Stipes) gegliedert und geht kontinuierlich in die Extracolumella über, deren drei Fortsätze, Processus supracolumellaris, Processus infracolumellaris und Processus extracolumellaris ausgebildet sind. Das Stylohyale liegt als kleines isoliertes Knorpelstück in der Verlängerung des Processus infracolumellaris. Eine knorpelige Verbindung zur Extracolumella besteht nicht. - Im Keratobranchiale I beginnt die enchondrale Verknöcherung. Zugleich sind alle Deckknochen des Visceralskeletes angelegt: das Squamosum in der seitlichen Schädelwand und das Quadratojugale in der äußeren Gaumenspange. Auf dem MECKELschen Knorpel sind die fünf Elemente des ursprünglichen Deckknochenmusters vorhanden (lateral: Angulare, Supraangulare, Dentale; medial: Goniale, Spleniale). Alle Knochen des Unterkiefers sind als schmale Knochennadeln oder Schuppen ausgebildet, sie überlagern sich nirgends. Bis zum Stadium 36 (Abb.134) wachsen sie aufeinander zu; auch das Quadratojugale legt sich mit seinem rostralen Ende an das Jugale. In diesem Stadium beginnt die Verknöcherung des Quadratum zum Os quadratum.

In den folgenden Stadien bis zum Schlupf (Stadium 37 bis Stadium 42; Abb.135-137) verschmelzen die fünf Einzelknochen auf der Mandibula zum einheitlichen Unterkiefer, das Quadratojugale verbindet sich mit dem Jugale zu einer kontinuierlichen Knochenspange. Das Quadratum ossifiziert vollständig bis auf seine Gelenkflächen, die es mit dem Squamosum, Quadratojugale und der Mandibula (Articulare) bildet. Das Stylohyale ist ab Stadium 38 nicht mehr nachweisbar. Im Stadium 39 verknöchert der Gelenkteil des MECKELschen Knorpels zum Articulare. In diesem Stadium ossifiziert auch die Columella auris (Abb.136).

Legende zu den Abbildungen 132 bis 173

In systematischer und numerischer Ordnung wie in den Tabellen

1 - Chorda dorsalis
2 - Pleurocentrum
3 - Neuralbogen
4 - Vertebrale Rippen
5 - Sternale Rippen
6 - Processus uncinati
7 - Sternum

8 - Scapula
9 - Coracoid
10 - Clavicula
11 - Furcula

12 - Humerus
13 - Radius
14 - Ulna
15 - Carpalia
16 - Metacarpalia
17 - Phalanges

18 - Pubis
19 - Ilium
20 - Ischium
21 - Synsacrum

22 - Femur
23 - Tibia
24 - Fibula
25 - Tarsus
26 - Tibiotarsus
27 - Metatarsalia
28 - Tarso-Metatarsus
29 - Phalanges

30 - Parachordalia
31 - Vertebrae occipitales
32 - Cartilago acrochordalis
33 - Basalplatte
34 - Pila occipitales
35 - Basioccipitale
36 - Exoccipitale
37 - Supraoccipitale
38 - Basisphenoid
39 - Processus basipterygoideus
40 - Pila antotica
41 - Cartilago metotica
42 - Capsula otica
43 - Prooticum
44 - Cart. orbitalis posterior
45 - Pleurosphenoid
46 - Processus postorbitalis
47 - Cartilago orbitalis anterior
48 - Capsula nasalis
49 - Septum nasi
50 - Processus praenasalis
51 - Planum supraseptale
52 - Cartilago parieto-tectalis
53 - Mesethmoid
54 - Planum antorbitale
55 - Trabecula communes
56 - Cartilago polaris
57 - Cartilago suprapolaris
58 - Cartilago infrapolaris
59 - Septum interorbitale
60 - Orbitosphenoid

61 - Rostrum parasphenoidale

62 - Parasphenoid
63 - Vomer
64 - Pterygoid
65 - Palatinum
66 - Frontale
67 - Parietale
68 - Lacrimale
69 - Nasale
70 - Praemaxillare
71 - Maxillare
72 - Jugale
73 - Scleral Ring

74 - Quadratum
75 - Squamosum
76 - Quadratojugale

77 - Cartilago meckeli
78 - Articulare
79 - Processus retroarticularis
80 - Angulare
81 - Supraangulare
82 - Dentale
83 - Spleniale
84 - Goniale

85 - Copula I
86 - Urohyale
87 - Ceratobranchiale
88 - Epibranchiale
89 - Paraglossum
90 - Columella auris
91 - Extracolumella
92 - Stylohyale

Signaturen:

Knorpel = weit punktiert
Deckknochen = dicht punktiert
Ersatzknochen = schwarz

Legende zu den Abbildungen 132 bis 173
In alphabetischer Ordnung

80 - Angulare
78 - Articulare
33 - Basalplatte
35 - Basioccipitale
38 - Basisphenoid
48 - Capsula nasalis
42 - Capsula otica
15 - Carpalia
32 - Cartilago arcrochordalis
58 - Cartilago infrapolaris
77 - Cartilago meckeli
41 - Cartilago metotica
47 - Cart. orbitalis anterior
44 - Cart. orbitalis posterior
52 - Cartilago parieto-tectalis
56 - Cartilago polaris
57 - Cartilago suprapolaris
87 - Ceratobranchiale
1 - Chorda dorsalis
10 - Clavicula
90 - Columella auris
85 - Copula I
9 - Coracoid
82 - Dentale
88 - Epibranchiale
36 - Exoccipitale
91 - Extracolumella
22 - Femur
24 - Fibula
66 - Frontale
11 - Furcula
84 - Goniale
12 - Humerus
19 - Ilium
20 - Ischium
72 - Jugale
68 - Lacrimale
71 - Maxillare
53 - Mesethmoid
16 - Metacarpalia
27 - Metatarsalia
69 - Nasale
3 - Neuralbogen
60 - Orbitosphenoid
65 - Palatinum
30 - Parachordalia
89 - Paraglossum
62 - Parasphenoid
67 - Parietale
17 - Phalanges manus
29 - Phalanges pedis
40 - Pila antotica
34 - Pila occipitales
54 - Planum antorbitale
51 - Planum supraseptale
2 - Pleurocentrum
45 - Pleurosphenoid
70 - Praemaxillare
39 - Processus basipterygoideus
46 - Processus postorbitalis
50 - Processus praenasalis
79 - Processus retroarticularis
6 - Processus uncinati
43 - Prooticum
64 - Pterygoid
18 - Pubis
76 - Quadratojugale
74 - Quadratum
13 - Radius
61 - Rostrum parasphenoidale
8 - Scapula
73 - Scleral Ring
59 - Septum interorbitale
49 - Septum nasi
83 - Spleniale
75 - Squamosum
5 - Sternale Rippen
7 - Sternum
92 - Stylohyale
81 - Supraangulare
37 - Supraoccipitale
21 - Synsacrum
28 - Tarso-Metatarsus
25 - Tarsus
23 - Tibia
26 - Tibiotarsus
55 - Trabecula communes
14 - Ulna
86 - Urohyale
31 - Vertebrae occipitales
4 - Vertebrale Rippen
63 - Vomer

					31	32	33	34	35	36	37	38	39	40	41	42
1 CHORDA DORSALIS					░											
2 PLEUROCENTRUM					░			░	░	░		■	■			■
3 NEURALBOGEN					░			░	░	░		■	■			■
4 VERTEBRALE RIPPEN					░			░	■	■		■	■			■
5 STERNALE RIPPEN					░			░	░	░		■	■			■
6 PROCESSUS UNCINATI					░			░	░	░		░	░			░
7 STERNUM					░			░	░	░		■	■			■
8 SCAPULA					░				■	■		■	■			■
9 CORACOID					░				■	■		■	■			■
10 CLAVICULA					▒											
11 FURCULA								▒	▒	▒	▒	▒	▒	▒	▒	▒
12 HUMERUS					░			■	■	■		■	■			■
13 RADIUS					░			■	■	■		■	■			■
14 ULNA					░			■	■	■		■	■			■
15 CARPALIA					░			■	■	■		■	■			■
16 METACARPALIA					░			■	■	■		■	■			■
17 PHALANGES					░			░	░	░		■	■			■
18 PUBIS					░			░	■	■		■	■			■
19 ILIUM					░			░	░	■		■	■			■
20 ISCHIUM					░			░	░	░		■	■			■
21 SYNSACRUM					░			░	░	░		░	░			■
22 FEMUR					░			■	■	■		■	■			■
23 TIBIA					░			■	■	■		■	■			■
24 FIBULA					░			■	■	■		■	■			■
25 TARSUS					░			░								
26 TIBIOTARSUS								■	■	■		■	■			■
27 METATARSALIA					░			░								
28 TARSO-METATARSUS								■	■	■		■	■			■
29 PHALANGES					░			░	░	░		■	■			■
30 PARACHORDALIA					░			░	░	░						
31 VERTEBRAE OCCIPITALES																
32 CARTILAGO ACROCHORDALIS					░											
33 BASALPLATTE					░			░	░	░		░	░			
34 PILA OCCIPITALES					░			░	░	░		░	░			
35 BASIOCCIPITALE					░			░	░	░		■	■			■
36 EXOCCIPITALE					░			░	░	■		■	■			■
37 SUPRAOCCIPITALE					░			░	░	░		■	■			■
38 BASISPHENOID					░			░	░	■		■	■			■
39 PROCESSUS BASIPTERYGOIDEUS																
40 PILA ANTOTICA					░			░	░	░		░	░			
41 CARTILAGO METOTICA					░			░	░	░		░	■			■
42 CAPSULA OTICA					░			░	░	░		░	■			■
43 PROOTICUM					░			░	░	░		■	■			■
44 CARTILAGO ORBITALIS POSTERIOR					░			░	░	░		░	░			░
45 PLEUROSPHENOID					░			░	░	░		■	■			■
46 PROCESSUS POSTORBITALIS					░			░	░	░		■	■			■
47 CARTILAGO ORBITALIS ANTERIOR					░			░	░	░		░	░			░

Tabelle 4. Embryonalentwicklung des Skeletes von *Coturnix coturnix*

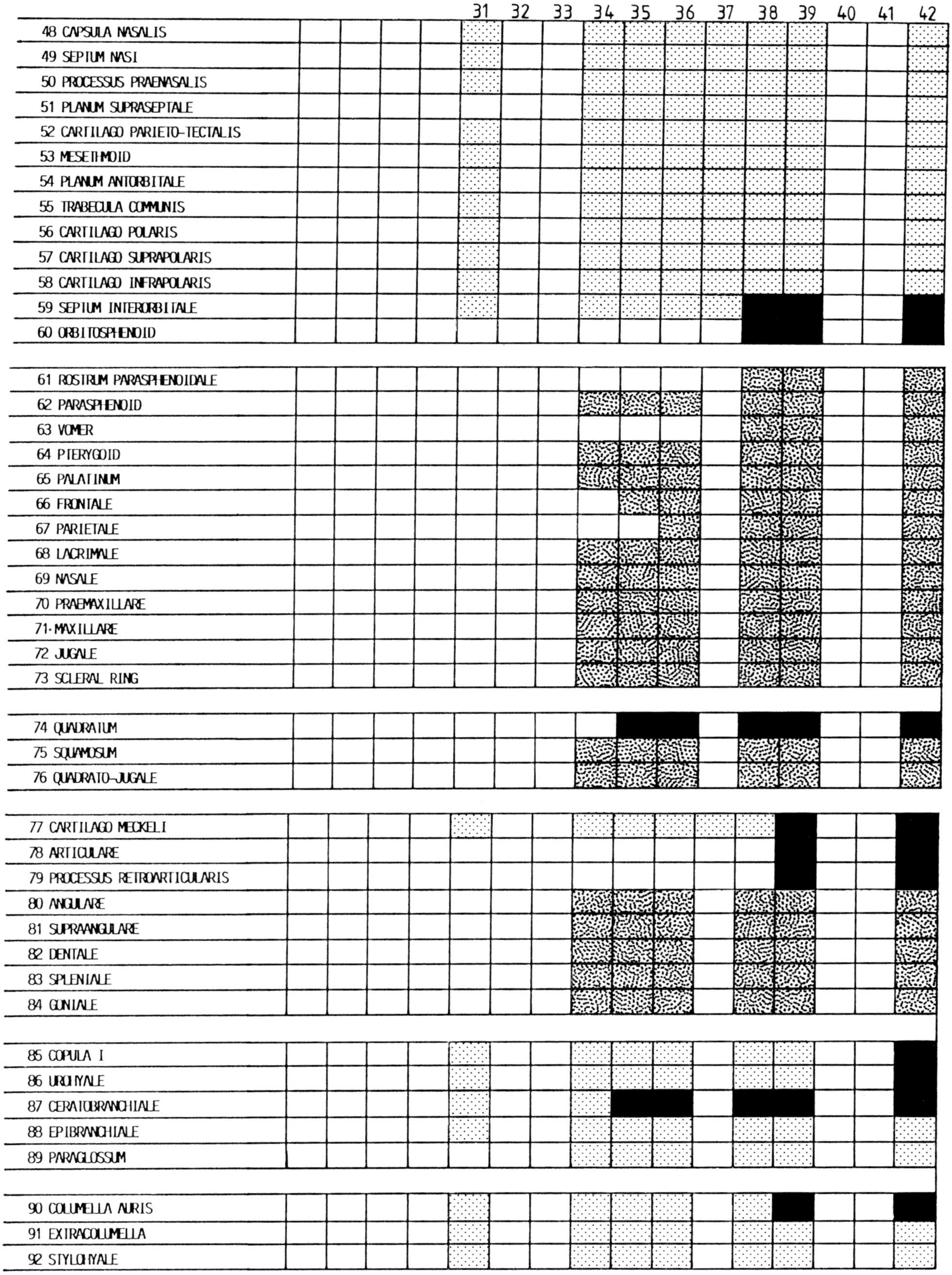
31 32 33 34 35 36 37 38 39 40 41 42
48 CAPSULA NASALIS
49 SEPIUM NASI
50 PROCESSUS PRAENASALIS
51 PLANUM SUPRASEPTALE
52 CARTILAGO PARIETO-TECTALIS
53 MESETHMOID
54 PLANUM ANTORBITALE
55 TRABECULA COMMUNIS
56 CARTILAGO POLARIS
57 CARTILAGO SUPRAPOLARIS
58 CARTILAGO INFRAPOLARIS
59 SEPIUM INTERORBITALE
60 ORBITOSPHENOID
61 ROSTRUM PARASPHENOIDALE
62 PARASPHENOID
63 VOMER
64 PTERYGOID
65 PALATINUM
66 FRONTALE
67 PARIETALE
68 LACRIMALE
69 NASALE
70 PRAEMAXILLARE
71 MAXILLARE
72 JUGALE
73 SCLERAL RING
74 QUADRATUM
75 SQUAMOSUM
76 QUADRATO-JUGALE
77 CARTILAGO MECKELI
78 ARTICULARE
79 PROCESSUS RETROARTICULARIS
80 ANGULARE
81 SUPRAANGULARE
82 DENTALE
83 SPLENIALE
84 GONIALE
85 COPULA I
86 UROHYALE
87 CERATOBRANCHIALE
88 EPIBRANCHIALE
89 PARAGLOSSUM
90 COLUMELLA AURIS
91 EXTRACOLUMELLA
92 STYLOHYALE

Abb.132. *Coturnix coturnix*, Stadium 31. - Halbseitenpräparat des embryonalen Skeletes. Vergr. 7.1x

Abb.133. *Coturnix coturnix*, Stadium 34. - Halbseitenpräparat des embryonalen Skeletes. Vergr. 4.1x

Abb.134. *Coturnix coturnix*, Stadium 36. - Halbseitenpräparat des embryonalen Skeletes. Vergr. 4.2x

Abb.135. *Coturnix coturnix*, Stadium 38. - Halbseitenpräparat des embryonalen Skeletes. Vergr. 2.5x

Abb.136. *Coturnix coturnix*, Stadium 39. - Halbseitenpräparat des embryonalen Skeletes. Vergr. 2.5x

Abb.137. *Coturnix coturnix*, Schlüpfling (Stadium 42). - Halbseitenpräparat des Skeletes. Vergr. 1.7x

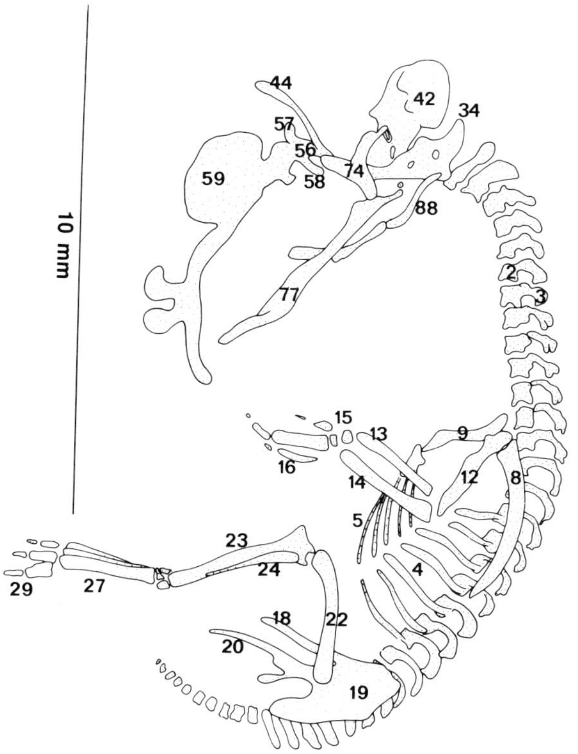

Abb. 132
COTURNIX COTURNIX STADIUM 31

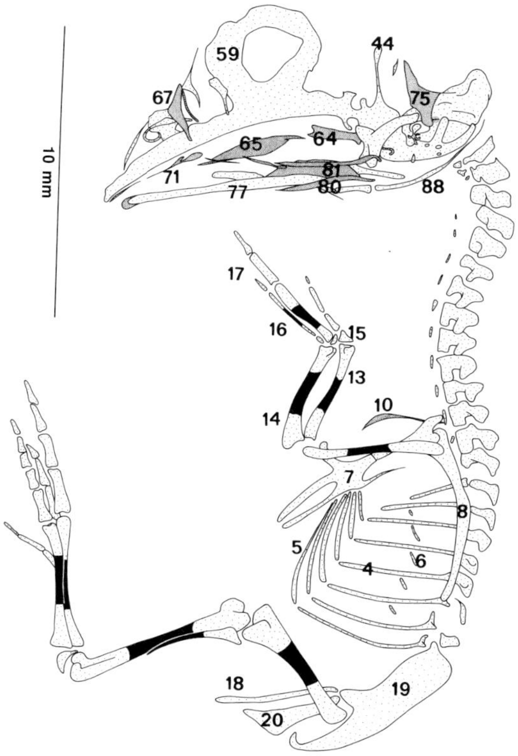

Abb. 133
COTURNIX COTURNIX STADIUM 34

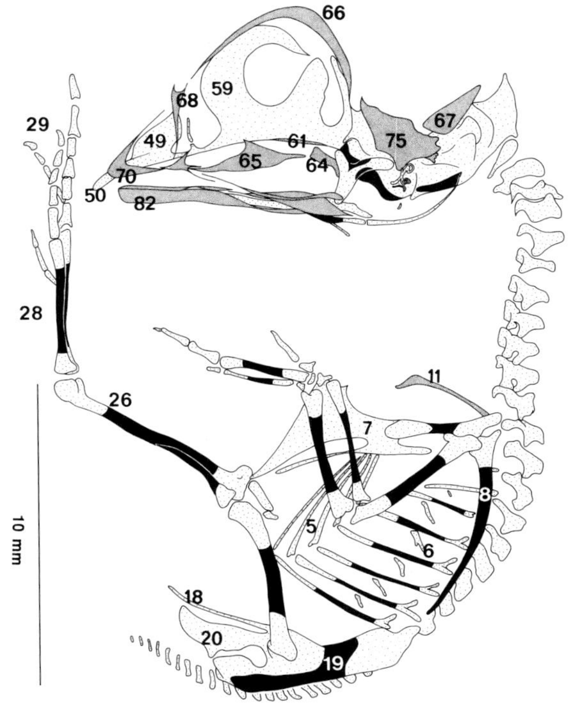

Abb. 134
COTURNIX COTURNIX STADIUM 36

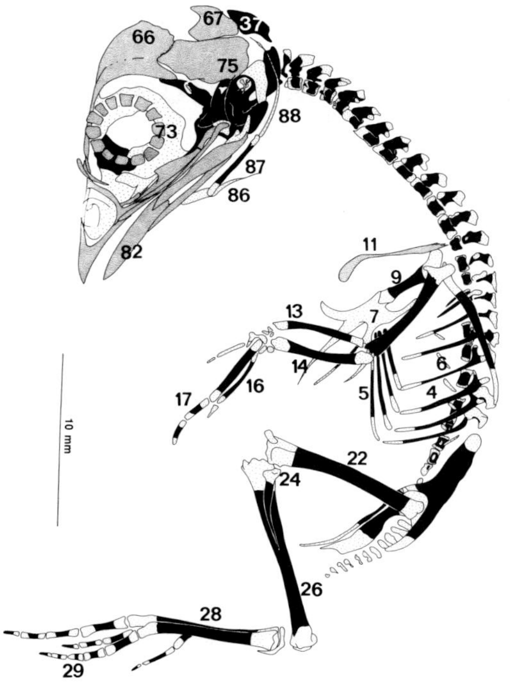

Abb.135
COTURNIX COTURNIX
STADIUM 38

Abb.136
COTURNIX COTURNIX
STADIUM 39

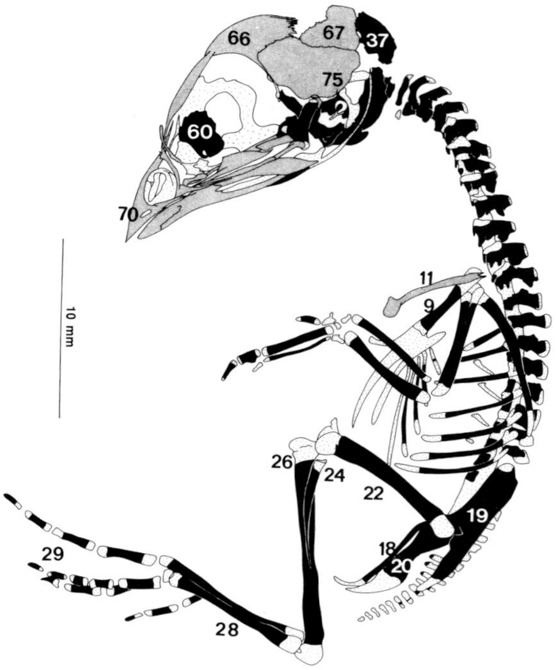

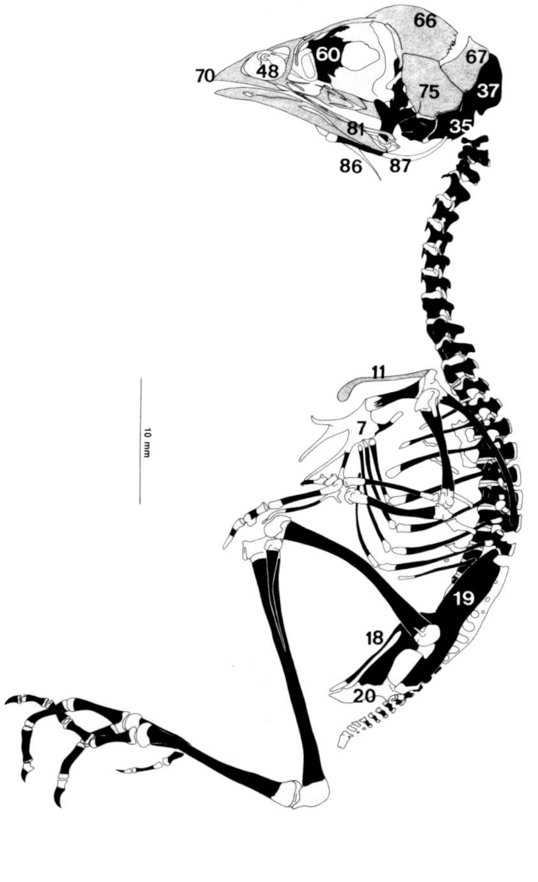

Abb.137
COTURNIX COTURNIX
SCHLÜPFLING

VI.3 Die Embryonalentwicklung des Skeletes von *Turnix suscitator*

A) Skelet des Rumpfes

Das Rumpfskelet ist im Stadium 28 (Abb.138) in großen Teilen knorpelig angelegt. In den Halswirbeln sind jeweils Wirbelzentrum und Neuralbogen knorpelig miteinander verbunden, nur bei den ersten beiden Halswirbeln bleiben sie getrennt. An Brust-und Sakralwirbeln sind im Gegensatz zu den anderen Arten nur die Neuralbögen knorpelig ausgebildet. Die Schwanzwirbel erreichen noch nicht das Körperende, das in diesem Stadium ausschließlich Chorda dorsalis als Stützelement besitzt. Im Stadium 31 (Abb.139) ist die Zahl der postsakralen Wirbel stark vermehrt. Die Befunde entsprechen der Wachtel, doch bleiben Neuralbogen und Zentrum der kaudalen Wirbel getrennt. Die Chorda dorsalis ist reduziert. Die folgende Entwicklung gleicht bis zum Stadium 38 der Entwicklung bei der Wachtel. Im Stadium 38 (Abb.141) sind mindestens 7 Sakralwirbel miteinander zum Synsacrum verschmolzen und haben Stützpfeiler gegen das Ilium ausgebildet. Die letzten drei Wirbel sind zum Pygostyl verbunden. Verknöcherungen in der Wirbelsäule treten erst im Stadium 39 (Abb.142) auf. Ihre Ausdehnung nimmt von occipital nach kaudal ab: so ist der Atlas vollständig verknöchert; im Axis und den übrigen Halswirbel können die Ossifikationszentren von Neuralbogen und Wirbelzentrum nicht mehr getrennt werden. In den thorakalen Wirbeln sind die Knochenkerne von Neuralbogen und Wirbelzentrum noch nicht miteinander verschmolzen. Im Synsacrum sind die Zentren der ursprünglichen Einzelwirbel ossifiziert, die verschmolzenen Neuralbögen sind rein knorpelig. Kaudale Wirbel und Pygostyl sind ebenfalls knorpelig. Die Ossifikation der Wirbel erstreckt sich beim Schlüpfling über den ganzen Wirbelkörper (Abb.143), nur die Gelenkflächen und Teile des Zentrums der Thorakal-und Lumbalwirbel bleiben knorpelig.

Im Stadium 28 (Abb.138) sind bei *Turnix* 6 vertebrale und 3 sternale Rippen angelegt. Vertebrale und sternalen Rippen sind jedoch noch weit voneinander getrennt. Im Stadium 31 (Abb.138) ist die Zahl der vertebralen Rippen auf 7 erhöht, außer der hintersten besitzen alle eine doppelköpfige Gelenkung mit der Wirbelsäule. Vier sternale Rippen sind ausgebildet. Die weitere Entwicklung verläuft bis zum Stadium 35 (Abb.140) wie bei der Wachtel. Die Ossifikation der vertebralen Rippen beginnt jedoch erst im Stadium 38 (Abb.141), die der sternalen Rippen im Stadium 41. Bis zum Schlupf dehnen sich die verknöcherten Teile der vertebralen Rippen weiter aus (Abb.142,143), nur der proximale Gelenkkopf und das ventrale Ende der Rippe bleiben knorpelig. Auch die sternalen Rippen sind dann verknöchert.

Die Anlage des Sternum gleicht seiner Anlage bei der Wachtel. Die weitere Ausgestaltung des Sternum, vor allem des Processus lateralis posterior, scheint ebenfalls unter Beteiligung der letzten sternalen Rippe gebildet zu werden. Einige Präparate besitzen einen gut ausgebildeten Fortsatz, aber nur 5 sternale Rippen (Abb.143), während andere nur einen kleinen Fortsatz am Sternum entwickelt haben, dafür in dessen Verlängerung aber Reste einer unvollständigen sechsten sternalen Rippe aufweisen (Abb.142). Für den Processus lateralis anterior gilt dies nicht, er bleibt bei *Turnix* klein und unauffällig. Beim Schlupf ist das Sternum noch rein knorpelig.

B) Schultergürtel und vordere Extremität

Scapula und Coracoid sind im Stadium 28 (Abb.138) angelegt. Die Ossifikation des Schultergürtels beginnt später als bei der Wachtel im Stadium 35 mit einem kleinen Knochenkern in der Scapula. Das Coracoid ist dann noch vollständig knorpelig. Im Stadium 35 ist die Furcula desmal verknöchert (Abb.140). Ihr Entwicklungszustand mit ventral synostosierten Enden und einer leichten Abwinkelung des Hypocleideum macht eine Anlage während eines der früheren, nicht belegten Stadien wahrscheinlich. Im Stadium 38 (Abb.141) beginnt dann die Ossifikation des Coracoids. Dieser geschilderte Ossifikationszustand ändert sich bis zum Schlupf (Abb.143) nur wenig.

Das Skelet der vorderen Extremität besitzt im Stadium 28 Knorpelanlagen von Humerus, Radius und Ulna (Abb.138). Das Ulnare ist als einziges carpales Element vorhanden, die Metacarpalia sind hingegen mit drei Strahlen (I-III) vollständig. Am zweiten Fingerstrahl ist ein erstes Phalangenglied ausgebildet.

Im Stadium 31 (Abb.139) sind alle Skeletelemente des Flügels stark verlängert. Das Radiale ist als zweites knorpeliges Element der Carpalia ausgebildet. Die weitere Entwicklung bis zum Schlupf verläuft ganz gleich wie bei der Wachtel.

C) Beckengürtel und hintere Extremität

Im Stadium 28 sind Ilium, Pubis und Ischium jederseits als knorpelige Skeletelemente angelegt, bleiben aber deutlich voneinander getrennt. Ein einheitlicher Beckenknorpel ist im Stadium 31 gebildet. Die Ossifikation des Beckens beginnt im Stadium 38 mit perichondralen Knochenmanschetten um Pubis und Ischium (Abb.141). Das Ilium bleibt noch knorpelig. Es ossifiziert erst im Stadium 39 (Abb.142). Die drei Ossifikationszentren des Beckens bleiben durch breite Knorpelbrücken getrennt. Erst beim Schlüpfling (Abb.143) ist das gesamte Becken bis auf den acetabulären Bereich und kleine Knorpelzonen an seinem kaudalen Ende verknöchert.

Die Entwicklung der hinteren Extremität weist den gleichen Zeitplan der Ossifikation auf wie bei der Wachtel. Im Stadium 28 sind Femur, Tibia und Fibula, 2 Tarsalia und 3 Metatarsalia sowie jeweils 2 Phalangenglieder am zweiten und dritten Zeh ausgebildet; der vierte Zeh besitzt nur ein Phalangenglied. Der erste Zeh fehlt und wird während der gesamten Entwicklung nicht knorpelig angelegt. Die Zehen des zweiten bis vierten Stahles bleiben in der Ebene der Fußplatte nach vorne gerichtet. Im Stadium 38 setzt ein stark positiv allometrisches Wachstum der Beine ein, vor allem des Tibiotarsus, des Tarso-Metatarsus und der Phalangen (Abb.141-143). Die Beinlänge des Schlüpflings ist, verglichen mit einem Schlüpfling der Wachtel (Abb.137), in der Relation zur Gesamtgröße überproportioniert.

Ein auffälliger Befund an der Hinterextremität der *Turnix*-Schlüpflinge sind Knochenkerne im distalen Epiphysenknorpel des Tibiotarsus und proximalen Epiphysenknorpel des Tarso-Metatarsus (Abb.143). Die Entstehungsgeschichte dieser Knochenkerne ist unklar: wahrscheinlich handelt es sich um die Ossifikationen der inkorporierten Tarsalia.

D) Neuralschädel

Im Stadium 28 (Abb.138) sind alle Grundelemente des Chondrocranium angelegt. Die breite Basalplatte trägt am occipitalen Rand die Occipitalpfeiler, nach rostral endet sie in dem schmalen Acrochordalknorpel. Eine knorpelige Verbindung zwischen Ohrkapsel und Basalplatte besteht in diesem Stadium noch nicht. Der hintere Orbitalknorpel bildet eine große gebogene Knorpelplatte, die über die Pila antotica mit der Basalplatte verbunden ist. Über die Cartilago polaris sind Basalplatte und Trabecula communes verbunden; Cartilago suprapolaris und infrapolaris können auf diesem Stadium noch nicht abgegrenzt werden. Der Trabekel ist am vorderen Ende leicht abgewinkelt, ein Processus praenasalis ist noch nicht ausgebildet. Der vordere Orbitalknorpel ist in die rostrale Cartilago parieto-tectalis, das Planum antorbitale und die Cartilago antorbitalis, an der erste Anzeichen eines Planum supraseptale zu erkennen sind, aufgegliedert.

Das Chondrocranium des Stadium 31 (Abb.139) ist in einigen Teilen weiter entwickelt als bei der Wachtel: so sind die Ohrkapseln auf breiter Basis knorpelig mit der Basalplatte verbunden. Sie werden lateral von der Cartilago metotica überlagert. Die Pila antotica setzt sich nach dorsal in den hinteren Orbitalknorpel fort, der gegenüber dem vorigen Stadium eine größere Ausdehnung besitzt.

Im Stadium 35 (Abb.140) weist das Chondrocranium im Vergleich zum vorangegangenen Stadium Reduktionen auf. Der hintere Orbitalknorpel wird vom Rande her aufgelöst und von Fensterbildungen durchbrochen. Auch das Interorbitalseptum besitzt eine große Fenestra septi, das Planum supraseptale ist stark reduziert. Das Planum antorbitale ist zu einer leicht schräg liegenden Knorpelplatte am vorderen Rande der Orbita entwickelt. Die Nasenkapseln sind ausgebildet, sie werden rostral weit vom Processus praenasalis überragt. Alle Deckknochen des Kiefer-Gaumenapparates außer dem Praemaxillare sind als feine nadelförmige Elemente angelegt.

Im Stadium 38 (Abb.141) ist der Deckknochenbesatz des Neuralschädels vollständig. Das Frontale legt sich mit seinem hinteren Ende an die Cartilago postorbitalis an und kleidet den hinteren Teil der Augenhöhle aus. Nach vorne reicht das Frontale oberhalb des Septum interorbitale mit einer langen schmalen Knochenspange bis an das Nasale heran. Erst jetzt werden Parietale und Parasphenoid angelegt. Im Stadium 38 treten mit den Exoccipitalia und dem Basioccipitale die ersten Ersatzverknöcherungen in der Basalplatte auf. Vom Basisphenoid aus verknöchern Fortsätze, die eine gelenkige Abstützung der Pterygoide gegen das Basisphenoid ermöglichen. Eine mögliche Homologie dieser funktionellen Basipterygoid-Fortsätze mit den Basipterygoid-Fortsätzen palaeognather Vögel bleibt zu klären.

Die Ossifikationen des Schädels beginnen bei *Turnix* im Stadium 38 (Abb.141) und damit im Vergleich zur Wachtel (Stadien 36 und 37) etwas verzögert. Die Ossifikationen von Supraoccipitale, Pleurosphenoid und Prooticum fehlen im Stadium 38 noch. Im Gegensatz zur Wachtel bilden die Deckknochen der Kiefer und des Gaumens zusammen mit Elementen des Visceralskeletes noch ein lockeres Rahmengerüst, dessen einzelne Stangen sich aneinander gelegt haben, ohne fest miteinander verbunden zu sein. Der Processus praenasalis reicht noch bis an die Spitze des Praemaxillare und gewährleistet die Längenkonstanz des Schädels.

Der Ossifikationszustand des Schädels von *Turnix* im Stadium 39 (Abb.142) entspricht einem Wachtelschädel des Stadium 38. Ein Unterschied besteht in der noch fehlenden Ossifikation des Septum interorbitale, die erst im Stadium 41 einsetzt. Starkes Wachstum und Verschmelzung der Schädelknochen bestimmen wie bei allen anderen Arten die Entwicklung bis zum Schlupf (Abb.143). Dennoch steht auch beim Schlüpfling eine sehr große Fontanelle offen.

E) Visceralskelet

Alle Elemente des Visceralskeletes außer dem Paraglossum sind im Stadium 28 (Abb.138) knorpelig angelegt. Die Columella auris ist sehr groß, und ist schon im Stadium 28 in Clipeolus und Stipes gegliedert. An ihrem distalen Ende sind die drei Fortsätze der Extracolumella gut zu unterscheiden. Der Processus infracolumellaris setzt sich mit einer kontinuierlichen Knorpelverbindung in das große Stylohyale fort, dessen freies Ende zwischen Keratobranchiale und Quadrato-Mandibular-Gelenk liegt.

Stadium 31 (Abb.139) entspricht dem gleichen Stadium bei der Wachtel. Im Gegensatz zu jener bildet der MECKELsche Knorpel keinen Processus retroarticularis aus. Aufgrund der ungewöhnlichen Größe von Columella und Extracolumella und ihrer knorpelige Verbindung kann die Bildung des HUXLEYschen Foramens deutlich erkannt werden. In Abbildung 139 ist das distale Ende des Processus supracolumellaris lateralis zurückgebogen und berührt die Spitze des Processus supracolumellaris medialis, wodurch das HUXLEYsche Foramen entsteht. Die Verbindung zwischen Extracolumella (Processus infracolumellaris) und Stylohyale ist kontinuierlich knorpelig. Das freie Ende des Stylohyale liegt in diesem Stadium an der medianen Seite des Processus internus der Mandibula.

Im Stadium 35 (Abb.140) ossifizieren stadiengleich mit den Deckknochen des Neuralschädels und der Furcula das Angulare und das Supraangulare auf dem MECKELschen Knorpel, sowie das Squamosum und das Quadratojugale auf dem Quadratum. Die Entwicklung gleicht in den Grundzügen jener der Wachtel, doch bleibt das Deckknochenmuster auf dem MECKELschen Knorpel noch unvollständig und das Keratobranchiale knorpelig. -Das HUXLEYsche Foramen der Columella auris ist nun geschlossen.

In Stadium 39 (Abb.142) verknöchert, ebenfalls später als bei der Wachtel, das Quadratum zum Os quadratum und es verknöchert das Keratobranchiale I. Clipeolus und Stipes der Columella auris sind

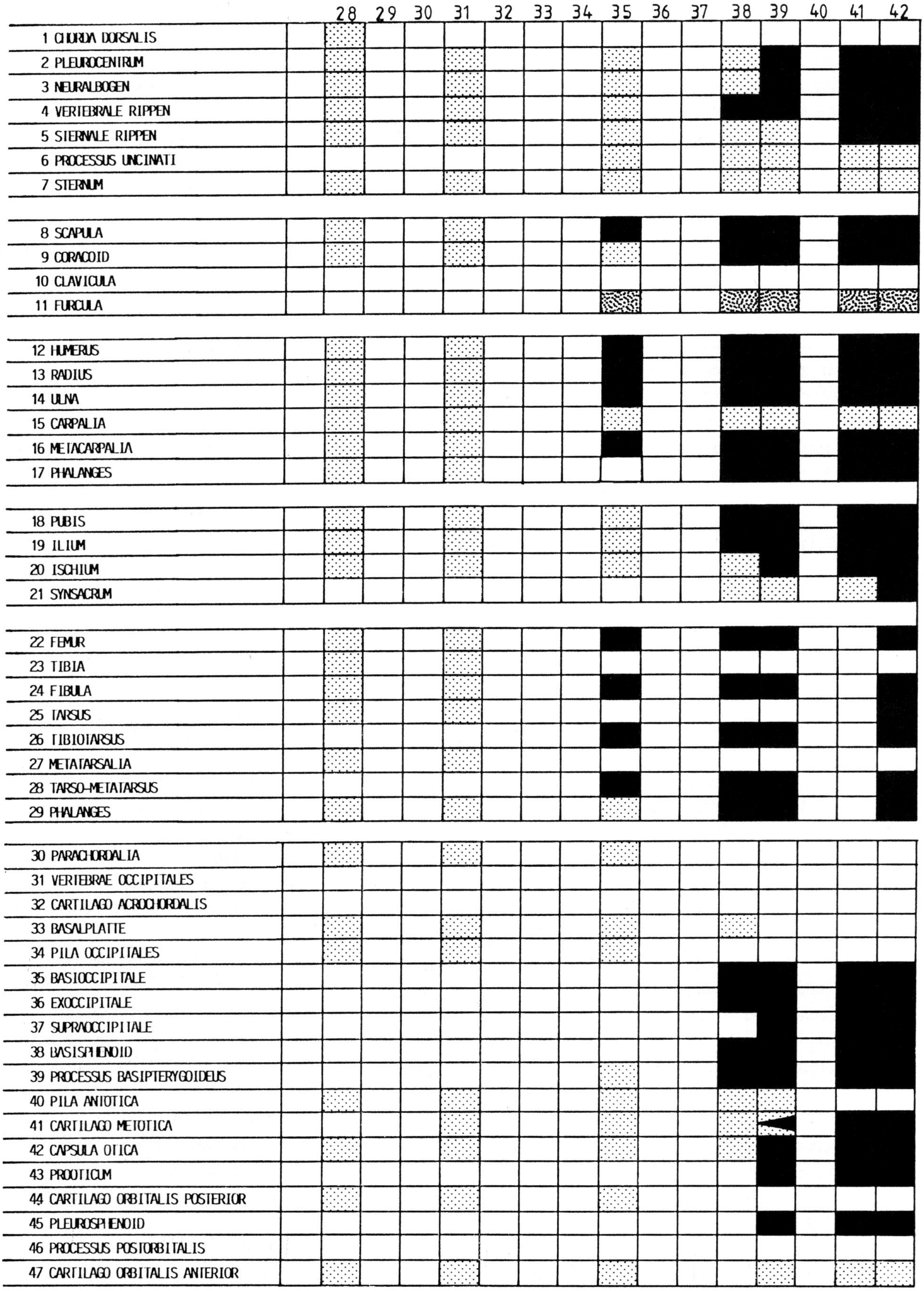

Tabelle 5. Skeletentwicklung von *Turnix suscitator*

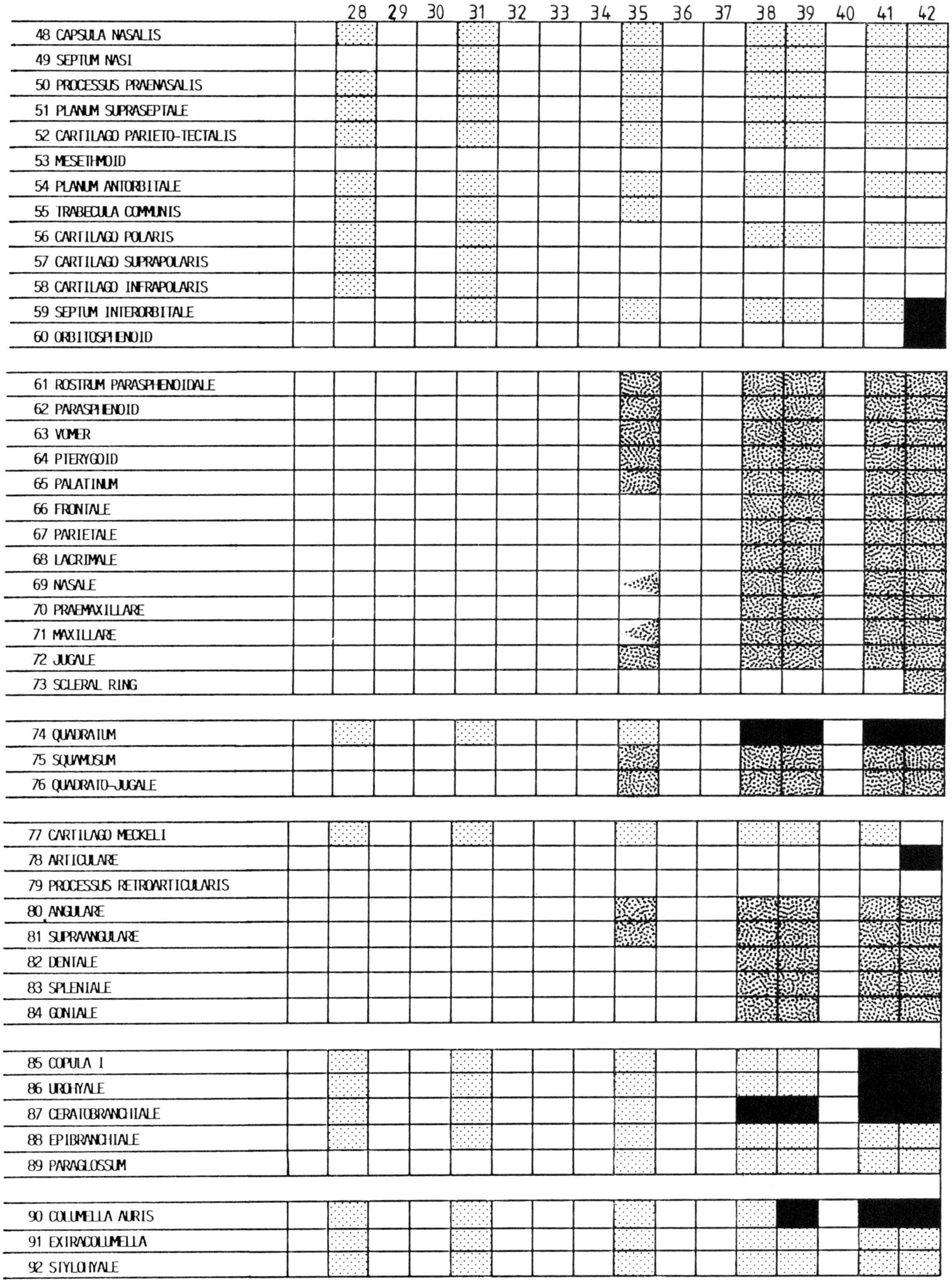
28 29 30 31 32 33 34 35 36 37 38 39 40 41 42
48 CAPSULA NASALIS
49 SEPTUM NASI
50 PROCESSUS PRAENASALIS
51 PLANUM SUPRASEPTALE
52 CARTILAGO PARIETO-TECTALIS
53 MESETHMOID
54 PLANUM ANTORBITALE
55 TRABECULA COMMUNIS
56 CARTILAGO POLARIS
57 CARTILAGO SUPRAPOLARIS
58 CARTILAGO INFRAPOLARIS
59 SEPTUM INTERORBITALE
60 ORBITOSPHENOID
61 ROSTRUM PARASPHENOIDALE
62 PARASPHENOID
63 VOMER
64 PTERYGOID
65 PALATINUM
66 FRONTALE
67 PARIETALE
68 LACRIMALE
69 NASALE
70 PRAEMAXILLARE
71 MAXILLARE
72 JUGALE
73 SCLERAL RING
74 QUADRATUM
75 SQUAMOSUM
76 QUADRATO-JUGALE
77 CARTILAGO MECKELI
78 ARTICULARE
79 PROCESSUS RETROARTICULARIS
80 ANGULARE
81 SUPRAANGULARE
82 DENTALE
83 SPLENIALE
84 GONIALE
85 COPULA I
86 UROHYALE
87 CERATOBRANCHIALE
88 EPIBRANCHIALE
89 PARAGLOSSUM
90 COLUMELLA AURIS
91 EXTRACOLUMELLA
92 STYLOHYALE

Abb.138. *Turnix suscitator*, Stadium 28. - Halbseitenpräparat des embryonalen Skeletes. Vergr. 9.4x

Abb.139. *Turnix suscitator*, Stadium 31. - Halbseitenpräparat des embryonalen Skeletes. Vergr. 8.2x

Abb.140. *Turnix suscitator*, Stadium 35. - Halbseitenpräparat des embryonalen Skeletes. Vergr. 4.8x

Abb.141. *Turnix suscitator*, Stadium 38. - Halbseitenpräparat des embryonalen Skeletes. Vergr. 3.9x

Abb.142. *Turnix suscitator*, Stadium 39. - Halbseitenpräparat des embryonalen Skeletes. Vergr. 3x

Abb.143. *Turnix suscitator*, Schlüpfling (Stadium 42). - Halbseitenpräparat des Skeletes. Vergr. 2.2x

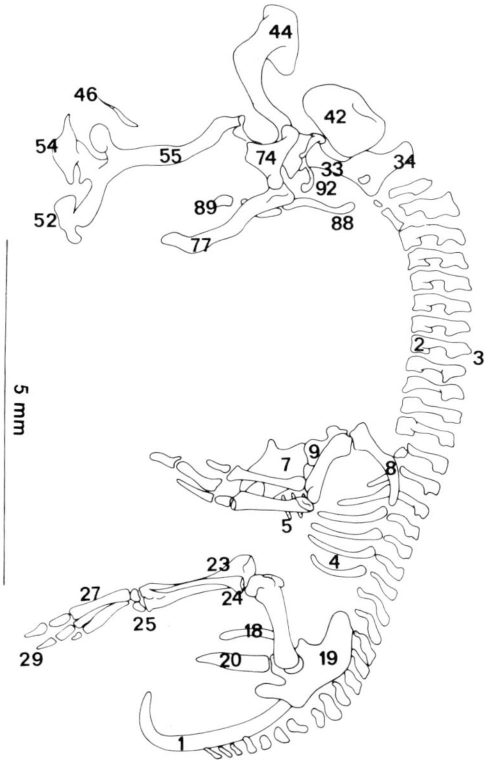

Abb.138
TURNIX SUSCITATOR
STADIUM 28

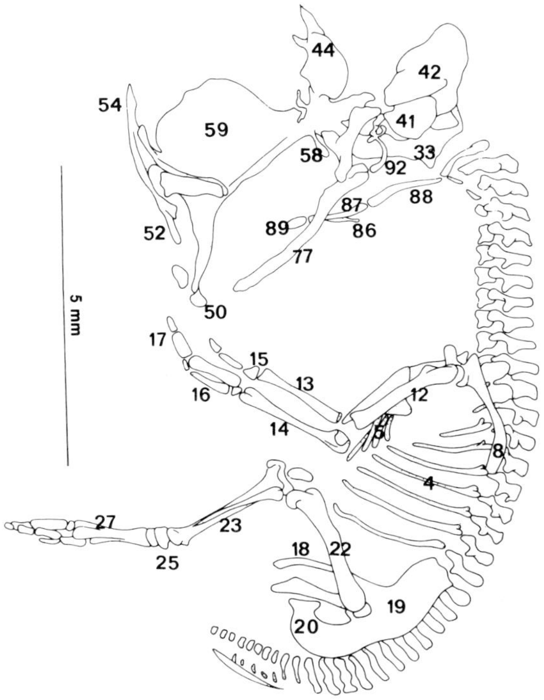

Abb.139
TURNIX SUSCITATOR
STADIUM 31

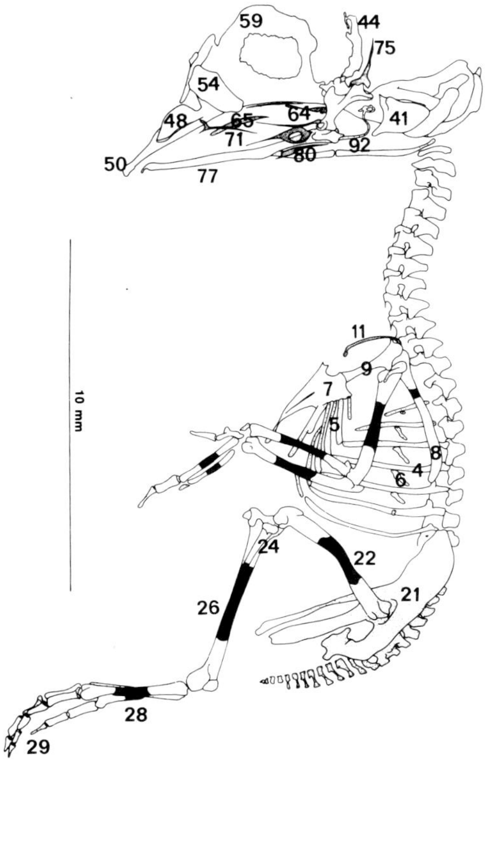

Abb.140
TURNIX SUSCITATOR
STADIUM 35

Abb.141
TURNIX SUSCITATOR
STADIUM 38

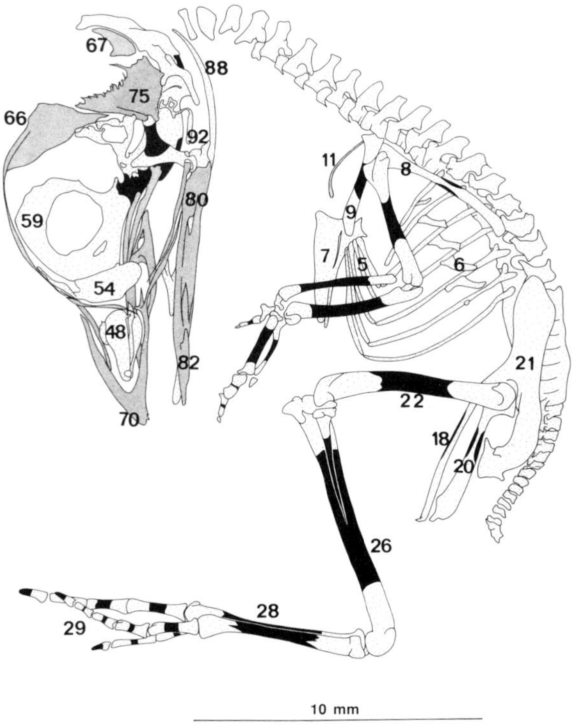

Abb.142
TURNIX SUSCITATOR
STADIUM 39

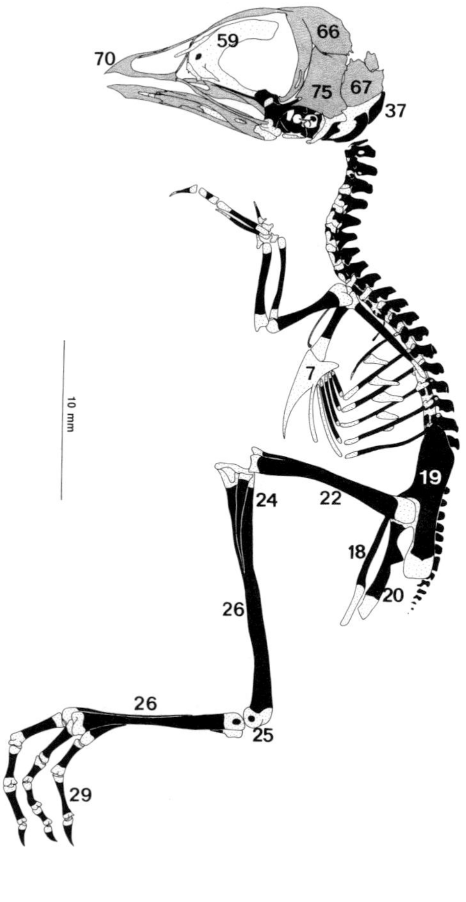

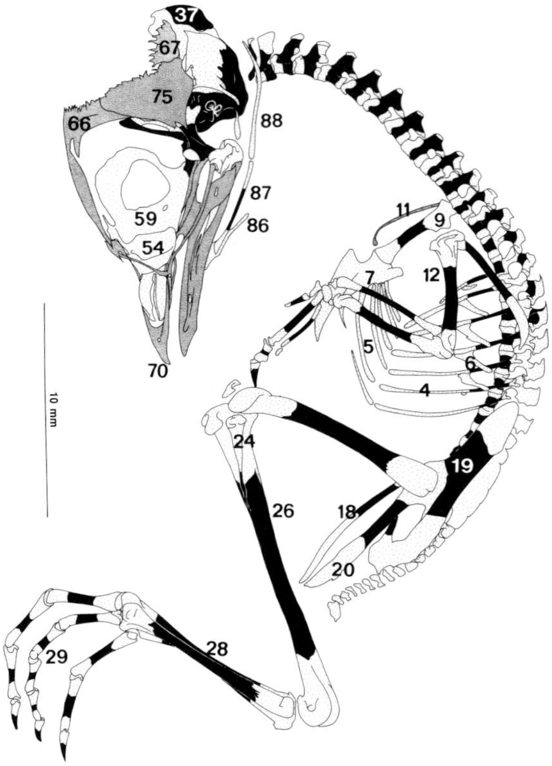

Abb.143
TURNIX SUSCITATOR
SCHLÜPFLING

ossifiziert. Das Muster der Deckknochen auf dem Unterkiefer ist mit Spleniale und Goniale auf der Innenseite des Kieferbogens sowie dem Dentale vollständig.

In Stadium 41 ossifizieren Copula I und Urohyale. Das Quadratum ist bis auf ein winziges knorpeliges Gelenkstück verknöchert. Beim Schlüpfling ist der Gelenkteil des MECKELschen Knorpels zum Articulare verknöchert (Abb.143).

VI.4 Die Embryonalentwicklung des Skeletes von *Cairina moschata*

A) Skelet des Rumpfes

Die gesamte Anlage des Skeletes befindet sich im Stadium 27 (Abb.144) in einem sehr frühen Stadium der Knorpelbildung. Die Chorda dorsalis ist in ihrer ganzen Länge erhalten. Zentrum und Neuralbogen sind in den einzelnen Halswirbel-Anlagen bereits verschmolzen, dieser Verschmelzungsprozess schreitet nach kaudal fort. Alle Halswirbel besitzen selbständige knorpelige Anlagen von Hypapophysen. Die knorpeligen Anlagen der Brustwirbel bestehen ausschließlich aus Zentren. Vom Lumbalbereich bis zur Schwanzspitze fehlen noch knorpelige Anlagen der Wirbel. - Im Stadium 29 (Abb.145) sind knorpelige Wirbelzentren bis zur Schwanzspitze ausgebildet, Neuralbögen bis in den Sakralbereich.

Schon im Stadium 30 (Abb.146) sind jeweils Neuralbogen und Zentrum der ersten 4 Thorakalwirbel verschmolzen. Parallel wird die Chorda dorsalis vom kranialen Ende her reduziert. Im Stadium 31 (Abb.147) ist an allen Wirbelanlagen die Verbindung des Neuralbogens mit dem Wirbelzentrum abgeschlossen. Der Entwicklungszustand gleicht dem Stadium 31 der Wachtel (Abb.132). Die weitere Entwicklung der Wirbelsäule erfolgt wie bei jener, bis im Stadium 36 die Verknöcherung der Zentren beginnt. Im Stadium 39 (Abb.151) sind die Wirbel vollständig verknöchert; nur die Gelenkflächen bleiben von Knorpelkappen überzogen. Mindestens vier Sakralwirbel sind am Aufbau des Synsacrum beteiligt und bilden den knöchernen Zusammenhalt für das Becken.

Im Stadium 27 (Abb.144) sind fünf, im Stadium 29 (Abb.145) sechs vertebrale Rippen angelegt. Im Stadium 30 (Abb.146) treten zusammen mit der Anlage des Sternum die ersten fünf sternalen Rippen auf, bis im Stadium 33 (Abb.149) mit neun vertebralen und acht sternalen Rippen die Rippenzahl der Schlüpflinge bereits erreicht ist. An der zweiten bis sechsten vertebralen Rippe sind Processus uncinati ausgebildet. Alle vertebralen Rippen haben bereits zwei Gelenkköpfe ausgebildet, die sich im sternalen Abschnitt an die Wirbelkörper und Diapophysen anlagern. Die Ossifikation der vertebralen Rippen beginnt erst im Stadium 36, und nicht schon im Stadium 35 (Abb.150) wie bei der Wachtel. Die sternalen Rippen verknöchern im Gegensatz zur Wachtel nicht vor dem Schlupf.

Das Sternum ist im Stadium 30 paarig angelegt, befindet sich aber noch in einem sehr frühen Zustand der Knorpelbildung. Im Stadium 31 sind die beiden Platten des Sternum knorpelig ausgebildet und legen sich mit ihren medianen Kanten aneinander. Auf dem medianen Spalt zwischen den beiden Knorpelplatten liegt ein dritter unpaarer Knorpel, der sich in späteren Stadien nicht mehr als isolierte Bildung abgrenzen lässt Abb.147. (Ähnlich wie bei Phalacrocorax (KLIMA 1973) handelt es sich hier um eine selbständige knorpelige Anlage der Carina sterni, die bei den anderen untersuchten Arten von der Mittellinie der verschmolzenen Sternalplatten her gebildet wird). Im Stadium 33 sind die knorpeligen Anlagen des Sternum verschmolzen und bilden einen einheitlichen Sternalknorpel. Am Vorderrand des Sternum wird der Processus lateralis anterior gebildet, am seitlichen Hinterrand der Processus lateralis posterior. Eine Beteiligung sternaler Rippen an ihrer Bildung konnte nicht beobachtet werden. Das Sternum bleibt bis nach dem Schlupf knorpelig.

B) Schultergürtel und vordere Extremität

Im Stadium 27 (Abb.144) sind Scapula und Coracoid kurze Knorpelstäbe. Deutlich früher als b der Wachtel tritt im Stadium 31 (Abb.147,148) die desmal verknöchernde Clavicula als schmale Knochenna über dem Coracoid auf. Ihre Verschmelzung zur Furcula findet erst im Stadium 32 oder Stadium 33 (Abb. statt. Die Scapula ossifiziert im Stadium 33 früher als bei der Wachtel, das Coracoid im Stadiur später als bei jener. Die weitere Entwicklung bis zum Schlupf unterscheidet sich nicht mehr von de der Wachtel.

Auch im Flügelskelet treten früher Ossifikationen auf als bei allen anderen Arten. Während die knorpelige Anlage gleichartig erfolgte entwickeln Humerus, Radius und Ulna bereits im Stadium 31 Knochenkerne (Abb.147; vergleiche *Lonchura* Stadium 31; Abb.166). Im Stadium 33 (Abb.149) verknöchern die Metacarpalia II und III, und die Phalangen im Stadium 37. Gleichzeitig dehnen sich die knöchernen Diaphysen aller Extremitätenknochen aus; ihre Epiphysen bleiben bis zum Schlupf knorpelig.

C) Beckengürtel und hintere Extremität

Im Stadium 27 (Abb.144) sind Pubis und Ischium als kurze Knorpelstäbe entwickelt, das Ilium liegt neben der Chorda dorsalis als gebogene Knorpelplatte. In den Stadien 29 und 30 (Abb.145,146) wachsen die Knorpelstäbe der Beckenanlage und bekommen ihre charakteristische Form, bis sie im Stadium 31 (Abb.147,148) zu einem einheitlichen Knorpelbecken verbunden sind. Die Ossifikation des Beckengürtels beginnt mit Pubis und Ischium im Stadium 35 (Abb.150); das Ilium ossifiziert im Stadium 37. Zeitplan und Abfolge lassen sich nicht mit der Wachtel vergleichen. Im Stadium 39 (Abb.151) ist fast der gesamte Beckengürtel verknöchert. Nur an den kaudalen Enden der drei Beckenknochen, im Acetabulum und zwischen Pubis und Ilium bleiben bis zum Schlupf Knorpelzonen bestehen.

Anlage und Ossifikation der Skeletelemente des Beines erfolgt parallel zu den äquivalenten Elementen der vorderen Extremität. Auch hier beginnt die Ossifikation im Stadium 31 und damit im Vergleich zur Wachtel sehr früh. Auch die Umstellung des ersten Zehs ist bereits im Stadium 33 abgeschlossen. Es bleiben bis nach dem Schlupf rein knorpelige Epiphysen bestehen.

D) Neuralschädel

Das Neurocranium eines Moschusenten-Embryo des Stadium 27 (Abb.144) wird von den jederseits der Chorda liegenden Parachordalia und dem sich rostral vor diesen aufrichtenden Acrochordalknorpel ("anterior parachordal cartilage" nach DE BEER & BARRINGTON 1934) gebildet. Ein praechordales Cranium ist in diesem Entwicklungszustand noch nicht knorpelig angelegt. Das occipitale Ende der Parachordalia lässt noch sehr deutlich die Angliederung von (mindestens) drei Occipitalwirbeln erkennen. Es entspricht in den Grundelementen stadiengleichen Cranien von Wellensittich und Reisfink. Auffälliges Merkmal sind drei kleine Knorpelstücke ventral der Occipitalwirbel, bei denen es sich um Anlagen von Hypocentra der Occipitalwirbel handelt. Schon im Stadium 29 (Abb.145) sind sie jedoch vollständig reduziert.

Die Entwicklung des Neurocranium in den Stadien 29 bis 31 lässt sich in den Grundzügen mit *Turnix*, *Melopsittacus* und *Lonchura* vergleichen. Der vordere und hintere Orbitalknorpel sind jedoch nicht so großflächig knorpelig angelegt wie bei jenen Arten. Ein Teil des hinteren Orbitalknorpels liegt als Cartilago supraorbitalis im Dach der Orbita, wird aber im Stadium 33 wieder reduziert. Als erster Deckknochen des Neuralschädels ist bereits in diesem Stadium das Pterygoid ausgebildet.

Die erste Anlage aller Deckknochen erfolgt ein bis zwei Stadien vor den anderen Arten. Im Stadium 33 (Abb.149) sind im Kiefer-Gaumenapparat Pterygoid, Palatinum, Maxillare und Jugale angelegt, als Deckknochen des Vorderschädels treten Nasale, Lacrimale und Frontale auf. Die knorpelige Anlage des Supraoccipitale entsteht als obere Begrenzung des Hinterhauptloches.

Das Deckknochenmuster wird erst im Stadium 37 vollständig, nachdem in Stadium 35 (Abb.150) das Parietale, im Stadium 36 der unpaare Vomer und im Stadium 37 das Parasphenoid, das Rostrum parasphenoidale und der Skleralring auftraten. - Die ersten Ersatzknochen im Chondrocranium treten im Stadium 36 mit dem Basisphenoid und dem Exoccipitale in der Basalplatte auf. Im Stadium 37 ossifizieren das Basioccipitale und das Supraoccipitale. Im Stadium 39 (Abb.151) wird durch Ossifikation der Cartilago metotica, des Prooticum, von dem aus ein Teil der Ohrkapsel ossifiziert, und des Pleurosphenoid der Ossifikationszustand

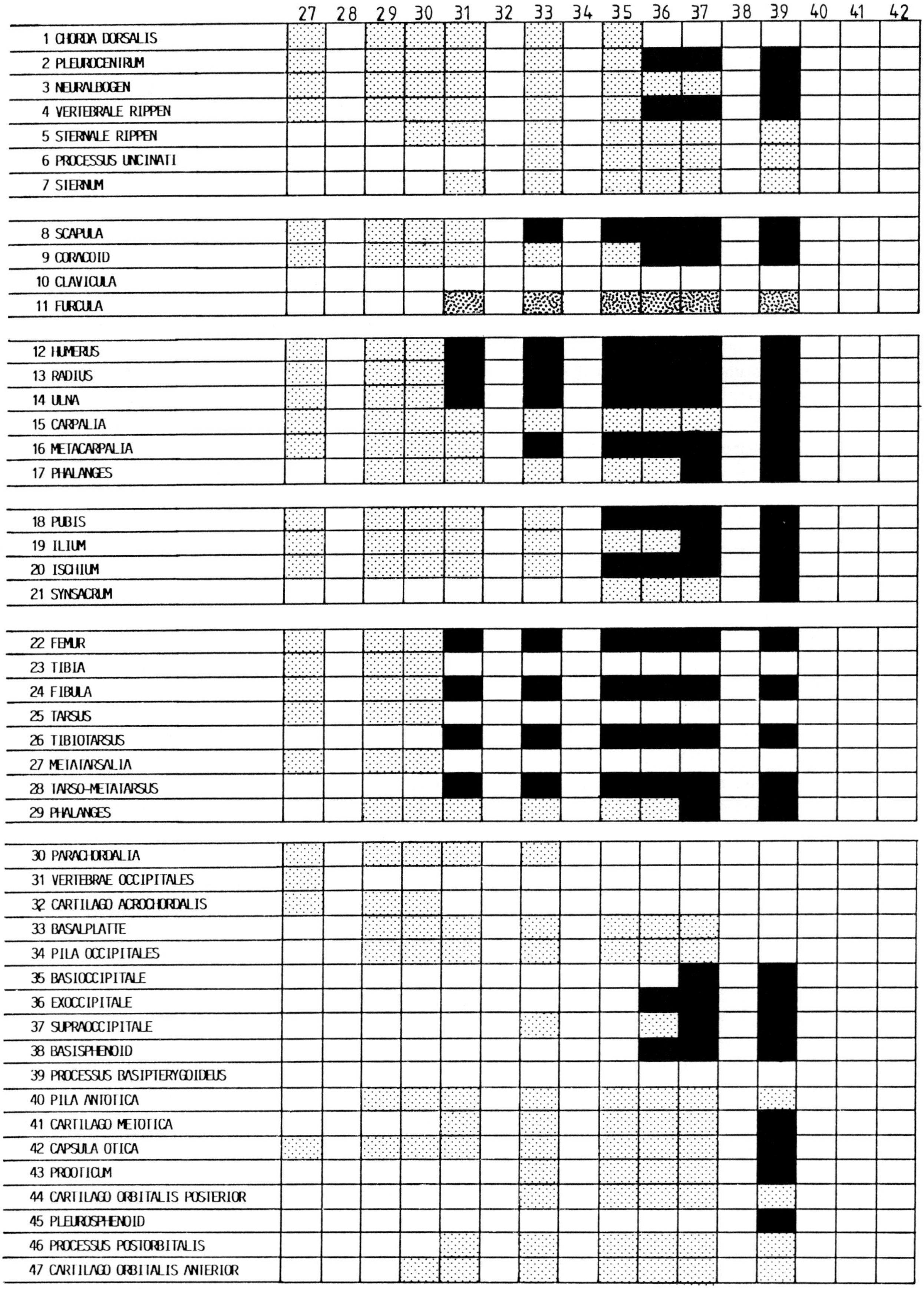

Tabelle 6. Embryonalentwicklung des Skeletes von *Cairina moschata*

	27	28	29	30	31	32	33	34	35	36	37	38	39	40	41	42
48 CAPSULA NASALIS					·		·		·	·	·		·			
49 SEPTUM NASI			·	·	·		·		·	·	·		·			
50 PROCESSUS PRAENASALIS			·	·	·		·		·	·	·		·			
51 PLANUM SUPRASEPTALE					·		·		·	·	·		·			
52 CARTILAGO PARIETO-TECTALIS			·	·	·		·		·	·	·		·			
53 MESETHMOID																
54 PLANUM ANTORBITALE							·		·	·	·		·			
55 TRABECULA COMMUNIS			·	·	·		·		·	·	·		·			
56 CARTILAGO POLARIS				·	·		·		·	·	·		·			
57 CARTILAGO SUPRAPOLARIS			·	·	·		·		·	·	·		·			
58 CARTILAGO INFRAPOLARIS			·	·	·		·		·	·	·		·			
59 SEPTUM INTERORBITALE							·		·	·	·		■			
60 ORBITOSPHENOID													■			
61 ROSTRUM PARASPHENOIDALE											▒		▒			
62 PARASPHENOID											▒		▒			
63 VOMER										▒	▒		▒			
64 PTERYGOID					▒		▒		▒	▒	▒		▒			
65 PALATINUM							▒		▒	▒	▒		▒			
66 FRONTALE							▒		▒	▒	▒		▒			
67 PARIETALE									▒	▒	▒		▒			
68 LACRIMALE							▒		▒	▒	▒		▒			
69 NASALE							▒		▒	▒	▒		▒			
70 PRAEMAXILLARE									▒	▒	▒		▒			
71 MAXILLARE							▒		▒	▒	▒		▒			
72 JUGALE							▒		▒	▒	▒		▒			
73 SCLERAL RING											▒		▒			
74 QUADRATUM	·		·	·	·		·		·	■	■		■			
75 SQUAMOSUM							▒			▒	▒		▒			
76 QUADRATO-JUGALE					▒		▒			▒	▒		▒			
77 CARTILAGO MECKELI	·		·	·	·		·		·				·			
78 ARTICULARE													■			
79 PROCESSUS RETROARTICULARIS																
80 ANGULARE					▒		▒		▒	▒	▒		▒			
81 SUPRANGULARE							▒		▒	▒	▒		▒			
82 DENTALE							▒		▒	▒	▒		▒			
83 SPLENIALE									▒	▒	▒		▒			
84 GONIALE									▒	▒	▒		▒			
85 COPULA I			·	·	·		·		·	·	·		■			
86 UROHYALE			·	·	·		·		·	·	·		·			
87 CERATOBRANCHIALE			·	·	·		·		·	·	·		■			
88 EPIBRANCHIALE			·	·	·		·		·	·	·		·			
89 PARAGLOSSUM				·	·		·		·	·	·		·			
90 COLUMELLA AURIS	·		·	·	·		·		·	·	·		■			
91 EXTRACOLUMELLA			·	·	·		·		·	·	·		·			
92 STYLOHYALE	·		·	·	·		·		·	·	·		·			

Abb.144. *Cairina moschata*, Stadium 27. - Halbseitenpräparat des embryonalen Skeletes. Vergr. 7.8x

Abb.145. *Cairina moschata*, Stadium 29. - Halbseitenpräparat des embryonalen Skeletes. Vergr. 6.3x

Abb.146. *Cairina moschata*, Stadium 30. - Halbseitenpräparat des embryonalen Skeletes. Vergr. 5.8x

Abb.147. *Cairina moschata*, Stadium 31. - Halbseitenpräparat des embryonalen Skeletes. Vergr. 4x

Abb.148. *Cairina moschata*, Stadium 31. - Halbseitenpräparat des embryonalen Skeletes. Vergr. 4.1x

Abb.149. *Cairina moschata*, Stadium 33. - Halbseitenpräparat des embryonalen Skeletes. Vergr. 3.5x

Abb.150. *Cairina moschata*, Stadium 35. - Halbseitenpräparat des embryonalen Skeletes. Vergr. 2.5x

Abb.151. *Cairina moschata*, Stadium 39. - Halbseitenpräparat des embryonalen Skeletes. Vergr. 1.2x

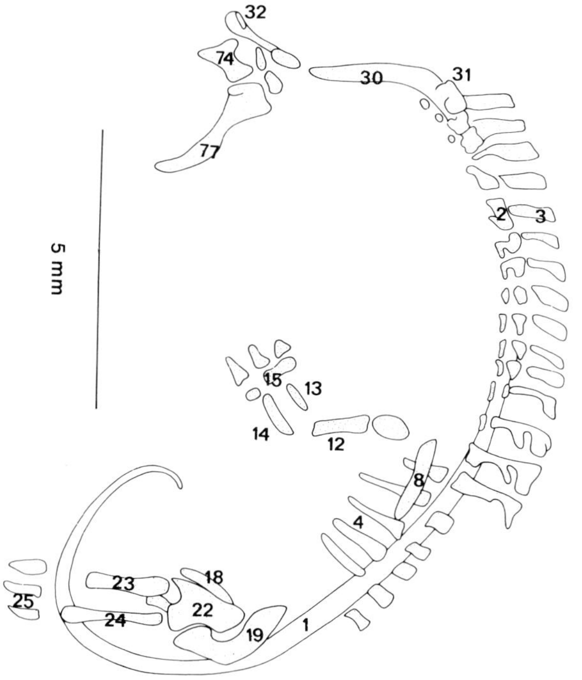

Abb.144
CAIRINA MOSCHATA
STADIUM 27

Abb.145
CAIRINA MOSCHATA
STADIUM 29

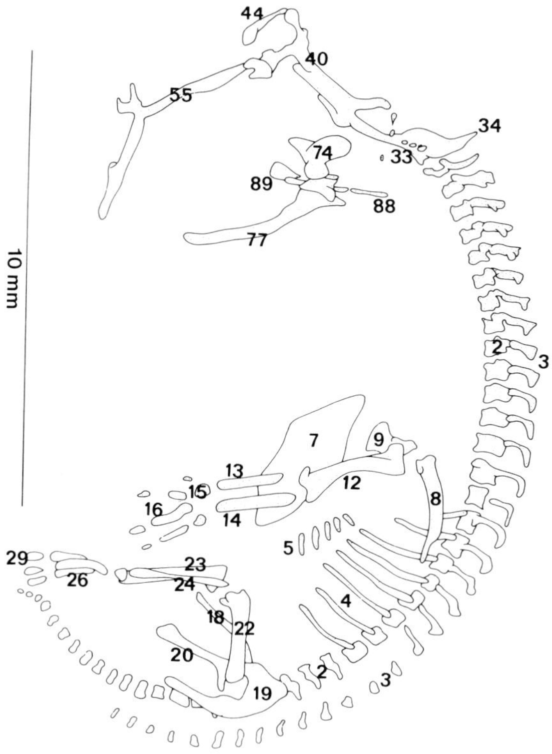

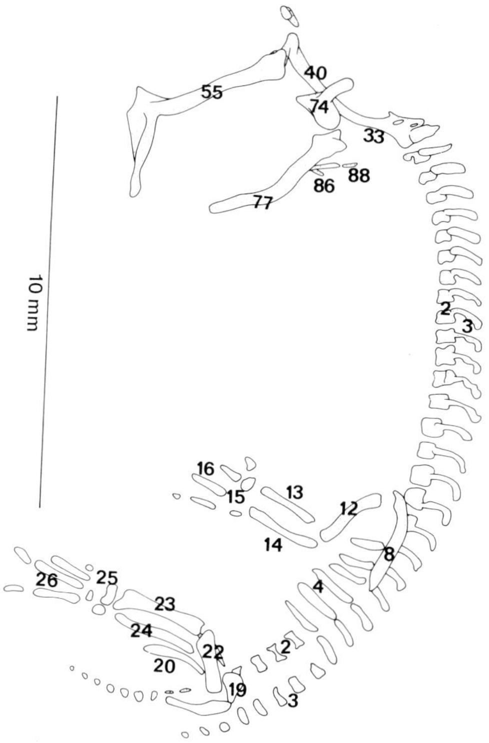

Abb.146
CAIRINA MOSCHATA
STADIUM 30

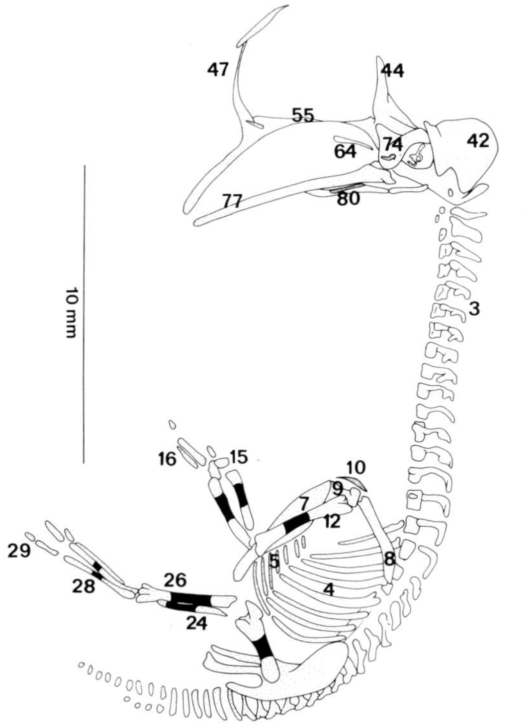

Abb.147
CAIRINA MOSCHATA
STADIUM 31

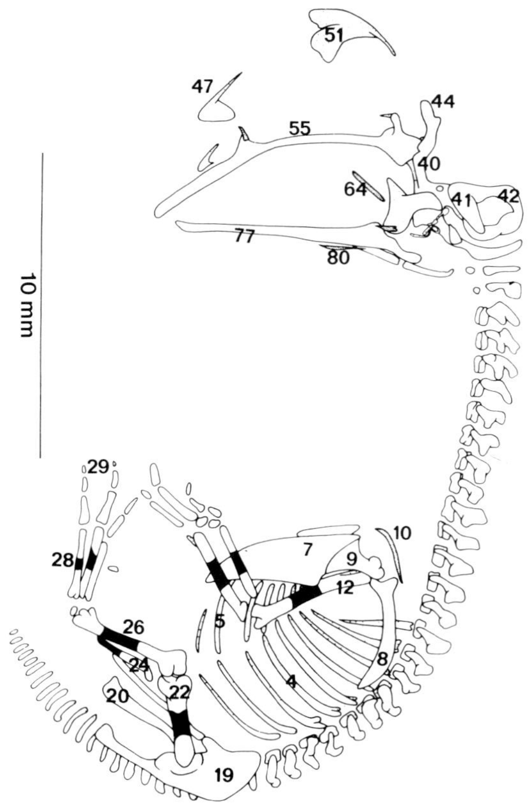

Abb.148
CAIRINA MOSCHATA
STADIUM 31

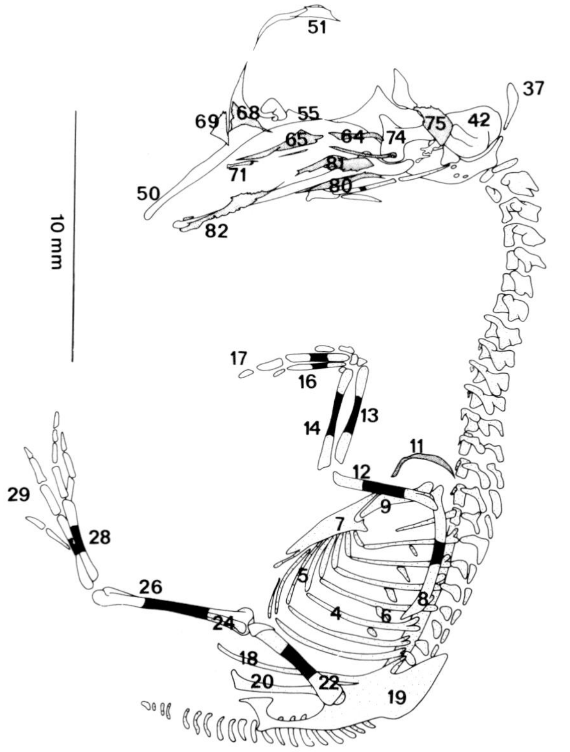

Abb.149
CAIRINA MOSCHATA
STADIUM 33

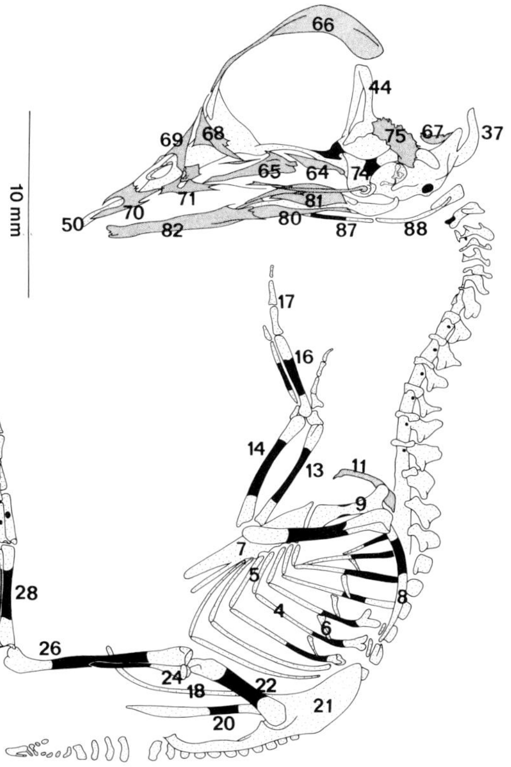

Abb.150
CAIRINA MOSCHATA
STADIUM 35

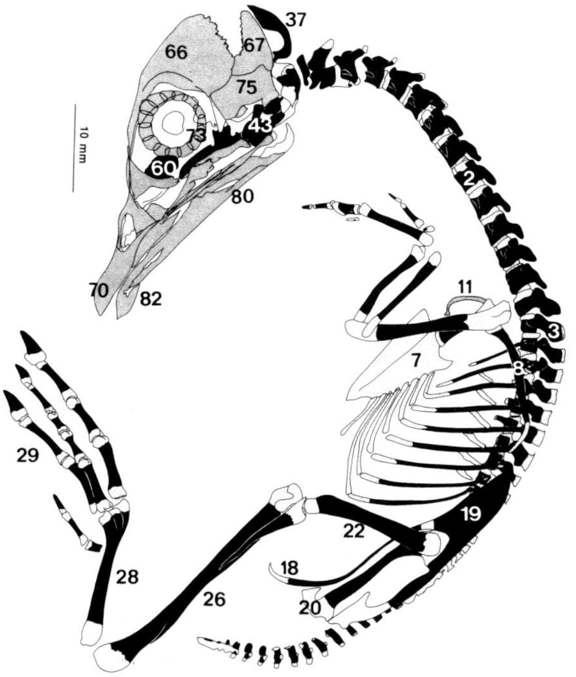

Abb.151
CAIRINA MOSCHATA
STADIUM 39

des Schlüpflings erreicht. Die Deckknochen des Hirnschädels sind bis zum Schlupf weit vorgewachsen, doch bleibt auch bei Moschusenten-Schlüpflingen eine sehr weite fronto-parietale Fontanelle offen.

E) Visceralskelet

Das knorpelige Visceralskelet wird im Stadium 27 (Abb. 144) von der Cartilago meckeli und dem Quadrat-Knorpel aufgebaut. Zwei kleine Knorpelelemente, die sich dem Gelenkende des Mandibularbogens anlagern, werden als Anlagen des Hyalbogens angesprochen.

Im Stadium 29 (Abb.145) ist die Chondrifikation des Visceralskeletes weiter fortgeschritten. Columella auris und Stylohyale können jedoch noch nicht eindeutig erkannt werden. Im Stadium 30 (Abb.146) sind Columella, Extracolumella und Stylohyale als winzige Knorpelstücke zwischen Ohrkapsel und Kiefergelenk angelegt. Die Columella auris ist im Stadium 31 (Abb.147,148) in Stipes und Clipeolus untergliedert. Distal schließt sich die Extracolumella an, deren Processus infracolumellaris über eine kontinuierliche knorpelige Verbindung mit dem Stylohyale verbunden ist. Die Columella auris verknöchert bis zum Stadium 39 (Abb.151) vollständig, Extracolumella und Stylohyale bleiben knorpelig.

Die Anlage und Ossifikation der übrigen knorpeligen Skeletelemente des Visceralskeletes gleichen dem für die Wachtel beschriebenen Muster. Unterschiede bestehen jedoch im Auftreten der Deckknochen.

Die erste Anlage von Deckknochen des Visceralskeletes erfolgt früher als bei den anderen Arten im Stadium 31 mit dem Quadratojugale auf dem Quadratum und dem Angulare auf dem MECKELschen Knorpel (Abb.147,148). Im Stadium 33 (Abb.149) kommen Dentale und Supraangulare auf dem MECKELschen Knorpel und das Squamosum auf dem Quadratum hinzu. Im Stadium 35 (Abb.150) werden Goniale und Spleniale auf der Innenseite des MECKELschen Knorpels angelegt, so daß alle Skeletelemente des Visceralskeletes vorhanden sind. Weder diese Knochen noch das Quadratojugale als Bestandteil der äußeren Gaumenspange überlappen mit den Nachbarknochen. Im Stadium 36 wachsen die Deckknochen des Visceralskeletes verstärkt in die Länge und überlagern sich zum Teil. Bis zum Stadium 39 (Abb.151) sind alle Deckknochen des Visceralskeletes fest miteinander verbunden und bilden ein solides Spangenwerk.

VI.5 Die Embryonalentwicklung des Skeletes von *Melopsittacus undulatus*

A) Skelet des Rumpfes

Die erste knorpelige Anlage des Rumpfskeletes findet sich beim Wellensittich im Stadium 27 (Abb.152) in dem die Chorda dorsalis das wesentliche Stützelement ist. Jederseits der Chorda liegen die paarigen, knorpeligen Anlagen der Wirbelzentren und Neuralbögen. Die Anlagen der ersten 6 Halswirbel sind bereits zu einheitlichen knorpeligen Wirbelkörpern verschmolzen. In den folgenden Stadien 28 bis 35 (Abb.153-155) verbinden sich an allen übrigen Wirbelanlagen von kranial nach kaudal fortschreitend die Wirbelzentren und Neuralbögen und bilden Diapophysen aus. Nach der vollständigen Anlage der Wirbelsäule verbinden sich die bisher freien Sakralwirbel zum Synsacrum und bilden knorpelige Stützen gegen das Ilium (Stadien 36 bis 38; 156-158), während die 5 letzten Schwanzwirbel zum Pygostyl verschmelzen. Im gleichen Entwicklungsabschnitt bilden die Neuralbögen die nach kranial gerichteten Praezygapophysen, denen sich von den Neuralbögen der jeweils kranial liegenden Wirbel Postzygapophysen nähern. In den Stadien 39 und 40, am Ende der spätembryonalen Wachstumsphase, verknöchern Wirbelzentren und Neuralbögen von jeweils eigenständigen Zentren aus (Abb.159).

Die ersten 5 vertebralen und 4 sternalen Rippen und das Sternum werden im Stadium 28 angelegt. Die Anlage des Sternum ist paarig, die beiden knorpeligen Einzelplatten sind durch einen medialen Spalt noch weit voneinander entfernt.

Bereits im Stadium 33 (Abb.154) ist die vollständige Zahl von 8 vertebralen und 6 sternalen Rippen vorhanden. Die paarige Anlage des Sternum ist zu einer unpaaren Knorpelplatte verschmolzen. Die ersten drei Processus uncinati sind im Stadium 36 (Abb.156) angelegt. An fünf der acht vertebralen Rippen sind die Processus uncinati im Stadium 37 vorhanden (Abb.157). Damit sind im Stadium 37 alle Elemente des Rumpfskeletes ausgebildet. In diesem Stadium beginnt die enchondrale Ossifikation der vertebralen Rippen, nachdem im Stadium 36 eine perichondrale Knochenmanschette angelegt wurde. Die sternalen Rippen und das Sternum, das im Stadium 37 eine Carina ausbildet, bleiben weiterhin knorpelig.

Beim Schlüpfling (Abb.160) sind Wirbelzentren, Neuralbögen und vertebrale Rippen weitgehend verknöchert; alle anderen Elemente des Rumpfskeletes ossifizieren erst nach dem Schlupf.

B) Schultergürtel und vordere Extremität

Stadiengleich mit der frühesten knorpeligen Anlage der Wirbelsäule (Stadium 27) werden die endoskeletalen Elemente des Schultergürtels, Scapula und Coracoid knorpelig angelegt (Abb.152). Die desmal verknöchernde Clavicula wird erst im Stadium 33 als kleine Knochenschuppe über dem proximalen Ende des Coracoid ausgebildet (vergl. desmale Verknöcherungen des Neuralschädels und Visceralskeletes). Die Verknöcherung von Scapula und Coracoid beginnt im Stadium 35 (Abb.155). Bis zum Schlupf (Abb.160) vergrößern sich die Knochenkerne von Scapula und Coracoid; an ihren Enden bleiben große, schnell wachsende Knorpelareale bestehen. Die Claviculae des Wellensittichs bleiben rudimentäre Knochenschuppen, die Bildung einer Furcula unterbleibt.

Die vordere Extremität ist im Stadium 27 mit Humerus, Radius und Ulna sowie drei Metacarpalia in Stylo-, Zeugo- und Autopodium gegliedert. Carpalia und Phalangen fehlen (Abb.152). Die Anlage des vierten Fingerstrahls, die sich in der äußeren Gestaltentwicklung feststellen lässt, verknorpelt nicht und bildet keine darstellbaren Skeletanlagen (siehe Methoden). Im Stadium 28 tritt mit dem Radiale ein erstes Element der Carpalia auf. Die Phalangenglieder werden sukzessive angelegt, bis im Stadium 33 die vollständige Phalangenzahl 1,2,1 ausgebildet ist (Abb.154).

Humerus, Radius und Ulna besitzen im Stadium 30 (Abb. 153) eine dünne perichondrale Knochenmanschette. In den folgenden Stadien 32 und 33 (Abb.154) erfaßt die enchondrale Verknöcherung den ganzen Mittelabschnitt der Knochen; zusätzlich zu Humerus, Radius und Ulna ossifizieren die Metacarpalia II und III. Die Phalangen verknöchern im Stadium 39.

Die Diaphysen der Extremitätenknochen sind im Stadium 39 verknöchert, die Epiphysen bleiben knorpelig. Bis zum Schlupf ändert sich dieser Ossifikationszustand nicht mehr, die gesamte Extremität wächst aber noch beträchtlich.

C) Beckengürtel und hintere Extremität

Im Stadium 27 (Abb.152) ist das Ilium als einfacher kurzer Knorpelstab ausgebildet. Pubis und Ischium werden erst im Stadium 28 als Knorpelstäbe angelegt. Bis zum Stadium 33 (Abb.154) bilden sie ihre charakteristische Form aus, bevor sie in den Stadien 34 und 35 (Abb.155) zu einem einheitlichen Beckenknorpel verschmelzen. Seine Herkunft aus jeweils drei Einzelelementen ist auch später an drei Verknöcherungszentren erkennbar. Zuerst tritt das Os pubis im Stadium 37 (Abb.157) auf. Im Ilium und Ischium beginnt die Ossifikation im Stadium 38 (Abb.158), nachdem die Verschmelzung zum Synsacrum begonnen hat.

Die knorpelige Anlage und Verknöcherung der hinteren Extremität erfolgt nach einem ähnlichen Zeitplan, wie für die vordere Extremität beschrieben. -Femur, Tibia und Fibula sowie die Metacarpalia I-III sind im Stadium 27 knorpelig angelegt (Abb.VI.21). Im Stadium 28 kommen Tarsalia und Phalangen-Glieder hinzu, die aber erst im Stadium 32 vollzählig (Phalangenzahl: 3,4,4,2) angelegt sind. Die Ossifikation von Femur und Tibia beginnt im Stadium 30 (Abb.153) mit einer dünnen perichondralen Knochenmanschette, bevor im Stadium 32 enchondrale Knochenkerne auftreten. Fibula und Metatarsalia beginnen, wie die entsprechenden Knorpel im Flügelskelet, im Stadium 32 zu verknöchern. In diesem Stadium rücken der erste und der vierte Zeh aus der Ebene der Fußplatte heraus in retrograde Position und bilden so den zygodactylen Papageien-Fuß (vergl. Kapitel IV.3). Diese Umstellung findet noch vor der Bildung des Tarso-Metatarsus statt. Die Angliederung der freien Tarsalia an die Nachbarknochen findet zwischen Stadium 34 und Stadium 38 statt: die proximale Reihe der Tarsalia verschmilzt mit der Tibia zum Tibiotarsus, während sich die distale Reihe mit den Metatarsalia zum Tarso-Metatarsus vereinigen. Dieser Vorgang ist spätestens in Stadium 38 abgeschlossen. In diesem Stadium beginnt die Ossifikation der Phalangen.

Im Stadium 39 sind alle Verknöcherungszonen ausgebildet, die im Becken- und Beinskelet der Wellensittich-Schlüpflinge zu finden sind. Bis zum Schlupf (Abb.160) wachsen die Skeletelemente aber noch deutlich und die Ossifikationen gewinnen an Ausdehnung. Dennoch sind vor allem im Becken der Schlüpflinge sehr große Knorpel-Zonen erhalten.

D) Neuralschädel

Im Stadium 27 sind die knorpeligen Parachordalia und der Acrochordalknorpel ausgebildet. Die Chorda dorsalis verläuft zwischen den Parachordalia, knickt vor diesem steil nach oben um, und endet mit ihrer Spitze am Acrochordalknorpel. Ein praechordales Chondrocranium ist noch nicht angelegt. Die occipitalen Seiten der Parachordalia besitzen drei tiefe Inzisuren (Incisura nervi hypoglossi), die den Einbau von mindestens drei Occipitalwirbel-Anlagen erkennen lassen (Abb.152).

Im Stadium 28 sind die Trabecula communes und der vordere sowie der hintere Orbitalknorpel angelegt. Damit ist die Entwicklung des praechordalen Neuralschädels eingeleitet. Die Grenze gegen die zur Basalplatte vereinten Parachordalia wird von der Chordaspitze und dem Acrochordalknorpel gebildet. Die Basalplatte hat die Pila antorbitales ausgebildet. Die Occipitalwirbel-Anlagen sind vollständig in die Basalplatte einbezogen und können nur noch an den Foramina des Nervus hypoglossus erkannt werden. Die Ohrkapsel befindet sich in einem sehr frühen Zustand der Knorpelbildung.

Im Stadium 30 sind am occipitalen Rand der Basalplatte die Occipitalpfeiler ausgebildet, an ihrem rostralen Rand die Pila antotica. Die Ohrkapseln sind völlig verknorpelt. Die Cartilago polaris verbindet Basalplatte und Trabecula communes; Cartilago infrapolaris und suprapolaris sind als Fortsätze der Trabecula angelegt. Nach rostral setzen sich die Trabekel in einen lang ausgezogenen und stark abgewinkelten Processus nasalis fort. Ein Teil des vorderen Orbitalknorpels geht in die Cartilago parieto-tectalis über, aus der sich die Hauptelemente der Ethmoidalregion entwickeln. Mit der Ausbildung dieser Grundelemente des Neurocranium wird die Chorda dorsalis ebenso wie der Acrochordalknorpel reduziert (Abb.153).

Im Stadium 33 tritt die Cartilago metotica als Knorpelelement neu auf. Die Pila antotica gewinnen knorpeligen Anschluß an die Ohrkapsel und der vordere Orbitalknorpel ist in ein senkrechtes, die Orbita nach rostral begrenzendes Planum antorbitale, das Planum supraseptale und die Cartilago parieto-tectalis untergliedert, die dorsal die Ethmoidalregion abdeckt.

Das Chondrocranium ist in dieser Form ein transitorisches embryonales Gebilde, in dessen stetig wachsenden Rahmen die sich bildenden Deckknochen eingeordnet werden. Zugleich garantiert das Chondrocranium aber auch die räumliche Anordnung der Skeletelemente und legt damit die Gestalt des entstehenden Schädels fest. Auf diesem knorpeligen Grundgerüst bildet sich im Stadium 33 (Abb.154) als erster Deckknochen das Pterygoid.

In den Stadien 34 und 35 (Abb.155) tritt der komplette Deckknochenbesatz des Kiefer- und Gaumenapparates auf: Pterygoid, Palatinum, Rostrum parasphenoidale, Jugale, Maxillare, Praemaxillare, Nasale und Lacrimale. Allen Papageien fehlt der Vomer und wird auch nicht als Knochenrudiment angelegt. - Die Cartilago infrapolaris bildet durch Anlagerung ihres distalen Endes an die Pila antotica das Foramen caroticum. Das Septum interorbitale, das im Stadium 33 angelegt wird, besitzt im Stadium 35 seine vorübergehend größte Ausdehnung. Dann ist auch die Nasenkapsel angelegt.

In den folgenden Stadien wachsen die Enden der Deckknochen aufeinander zu (Stadien 36 und 37; Abb.156,157), legen sich aneinander und bilden das fest gefügte Spangenwerk des Kiefer-Gaumenapparates. Das Frontale tritt als schmale Knochenspange über den Orbitae auf. Zwischen den dorsalen Enden der Occipitalpfeiler wird das Supraoccipitale knorpelig angelegt und bildet den oberen Abschluß des Hinterhauptloches. In der Basalplatte ossifiziert das Exoccipitale. Die Hypophysengrube verknöchert enchondral zum Basisphenoid. Als desmale Verknöcherung auf der Ventralfläche der Schädelbasis tritt im Stadium 37 das Parasphenoid auf. Durch Überlagerung mit dem Basisphenoid und Anlagerung des Rostrum parasphenoidale sind diese drei Ossifikationszentren schon bald (Stadien 37 und 38) kaum noch zu trennen.

Im Stadium 38 tritt als letzter Deckknochen das Parietale auf (Abb.158); der hintere Orbitalknorpel ossifiziert zum Pleurosphenoid. Auch die Ossikel des Skleralringes sind ausgebildet. Damit sind alle desmalen und enchondralen Ossifikationen ausgebildet, die den Schädel des Schlüpflings kennzeichnen.

Bis zum Schlupf (Abb.160) nimmt die Ausdehnung aller Deckknochen zu. Am Hirnschädel bleibt aber eine weite Fontanelle zwischen Frontale, Parietale und dem knorpeligen Supraoccipitale offen. Das Squamosum bleibt durch breite Spalten von den Nachbarknochen getrennt. Im Gegensatz hierzu sind die Elemente der äußeren Gaumenspange, Quadratojugale, Jugale, Praemaxillare und Lacrimale, verschmolzen oder fest miteinander verzahnt. Pterygoid und Palatinum bilden eine gelenkig gegliederte Stange, die rostral über den Processus praemaxillaris palatinalis und über die Processus palatinales von Praemaxillare und Maxillare eine feste Verbindung zum Oberkiefer herstellt.

Zwischen den Stadien 39 und 40 (Abb.159) und dem Stadium 42 (Schlüpfling; Abb.160) bestehen keine Unterschiede im Ossifikationszustand der Schädelbasis. Der Processus praenasalis wird kurz vor dem Schlupf reduziert (vergleiche Stadium 38; Abb.158), da die Abstützung nun über die Gaumenspangen erfolgt. Die Schädelbasis der Schlüpflinge zeichnet sich durch den Erhalt großer Knorpelareale aus.

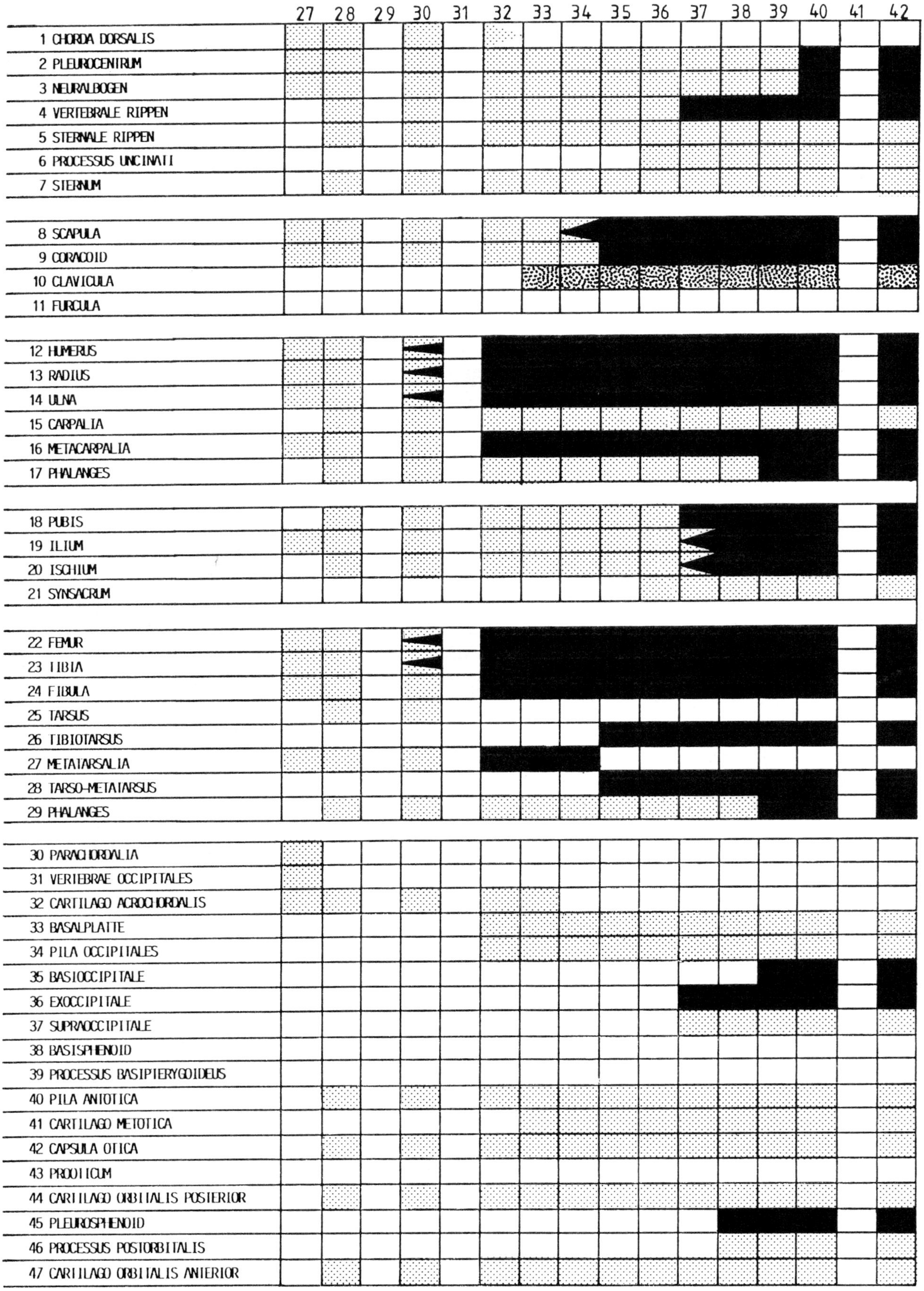

Tabelle 7. Embryonalentwicklung des Skeletes von *Melopsittacus undulatus*

	27	28	29	30	31	32	33	34	35	36	37	38	39	40	41	42
48 CAPSULA NASALIS							·	·	·	·	·	·	·	·		■
49 SEPTUM NASI											·	·	·	·		·
50 PROCESSUS PRAENASALIS						·	·	·	·	·	·	·	·	·		·
51 PLANUM SUPRASEPIALE							·	·	·	·	·	·	·	·		·
52 CARTILAGO PARIETO-TECTALIS		·		·	·	·	·	·	·	·	·	·	·	·		·
53 MESETHMOID																
54 PLANUM ANTORBITALE		·		·	·	·	·	·	·	·	·	·	·	·		·
55 TRABECULA COMMUNIS		·		·	·	·	·	·	·	·	·	·	·	·		
56 CARTILAGO POLARIS				·	·	·	·	·	·	·	·	·	·	·		·
57 CARTILAGO SUPRAPOLARIS				·	·	·	·	·	·	·	·	·	·	·		·
58 CARTILAGO INFRAPOLARIS				·	·	·	·	·	·	·	·	·	·	·		·
59 SEPTUM INTERORBITALE								·	·	·	·	·	·	·		·
60 ORBITOSPHENOID																
61 ROSTRUM PARASPHENOIDALE								▓	▓	▓	▓	▓	▓	▓		▓
62 PARASPHENOID											▓	▓	▓	▓		▓
63 VOMER																
64 PTERYGOID							▓	▓	▓	▓	▓	▓	▓	▓		▓
65 PALATINUM								▓	▓	▓	▓	▓	▓	▓		▓
66 FRONTALE											▓	▓	▓	▓		▓
67 PARIETALE												▓	▓	▓		▓
68 LACRIMALE								▓	▓	▓	▓	▓	▓	▓		▓
69 NASALE								▓	▓	▓	▓	▓	▓	▓		▓
70 PRAEMAXILLARE								▓	▓	▓	▓	▓	▓	▓		▓
71 MAXILLARE								▓	▓	▓	▓	▓	▓	▓		▓
72 JUGALE								▓	▓	▓	▓	▓	▓	▓		▓
73 SCLERAL RING												▓	▓	▓		▓
74 QUADRATUM														■		■
75 SQUAMOSUM								▓	▓	▓	▓	▓	▓	▓		▓
76 QUADRATO-JUGALE								▓	▓	▓	▓	▓	▓	▓		▓
77 CARTILAGO MECKELI	·	·		·		·	·	·	·	·	·	·	·	·		·
78 ARTICULARE																
79 PROCESSUS RETROARTICULARIS	·	·		·		·	·	·	·	·	·	·	·	·		·
80 ANGULARE							▓	▓	▓	▓	▓	▓	▓	▓		▓
81 SUPRAANGULARE							▓	▓	▓	▓	▓	▓	▓	▓		▓
82 DENTALE							▓	▓	▓	▓	▓	▓	▓	▓		▓
83 SPLENIALE																
84 GONIALE																
85 COPULA I	·	·		·		·	·	·	·	·	·	·	·	·		·
86 UROHYALE		·		·		·	·	·	·	·	·	·	·	·		·
87 CERATOBRANCHIALE	·	·		·		·	·	·	■	■	■	■	■	■		■
88 EPIBRANCHIALE		·		·		·	·	·	·	·	·	·	·	·		·
89 PARAGLOSSUM						·	·	·	·	·	·	·	·	·		·
90 COLUMELLA AURIS		·		·		·	·	·	·	·	·	·	·	·		·
91 EXTRACOLUMELLA		·		·		·	·	·	·	·	·	·	·	·		·
92 STYLOHYALE				·		·	·	·	·	·	·	·	·	·		·

Abb.152. *Melopsittacus undulatus*, Stadium 27. - Halbseitenpräparat des embryonalen Skeletes. Vergr. 9.7x

Abb.153. *Melopsittacus undulatus*, Stadium 30. - Halbseitenpräparat des embryonalen Skeletes. Vergr. 8.3x

Abb.154. *Melopsittacus undulatus*, Stadium 33. - Halbseitenpräparat des embryonalen Skeletes. Vergr. 7.1x

Abb.155. *Melopsittacus undulatus*, Stadium 35. - Halbseitenpräparat des embryonalen Skeletes. Vergr. 6.5x

Abb.156. *Melopsittacus undulatus*, Stadium 36. - Halbseitenpräparat des embryonalen Skeletes. Vergr. 6.5x

Abb.157. *Melopsittacus undulatus*, Stadium 37. - Halbseitenpräparat des embryonalen Skeletes. Vergr. 4.7x

Abb.158. *Melopsittacus undulatus*, Stadium 38. - Halbseitenpräparat des embryonalen Skeletes. Vergr. 4.5x

Abb.159. *Melopsittacus undulatus*, Stadium 40. - Halbseitenpräparat des embryonalen Skeletes. Vergr. 3.8x

Abb.160. *Melopsittacus undulatus*, Schlüpfling (Stadium 42). - Halbseitenpräparat des Skeletes. Vergr. 3.2x

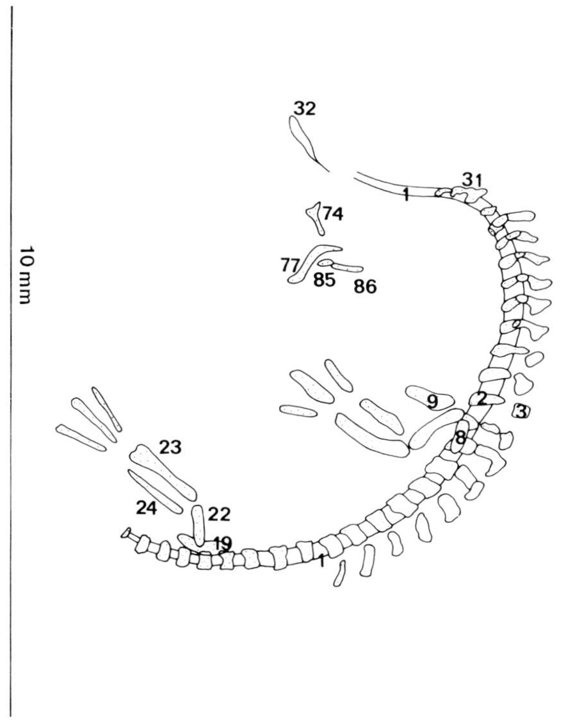

Abb.152
MELOPSITTACUS UNDULATUS
STADIUM 27

Abb.153
MELOPSITTACUS UNDULATUS
STADIUM 30

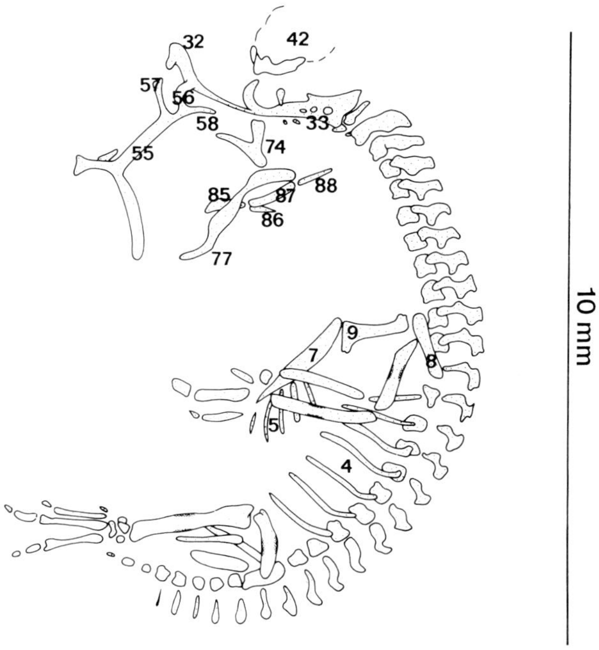

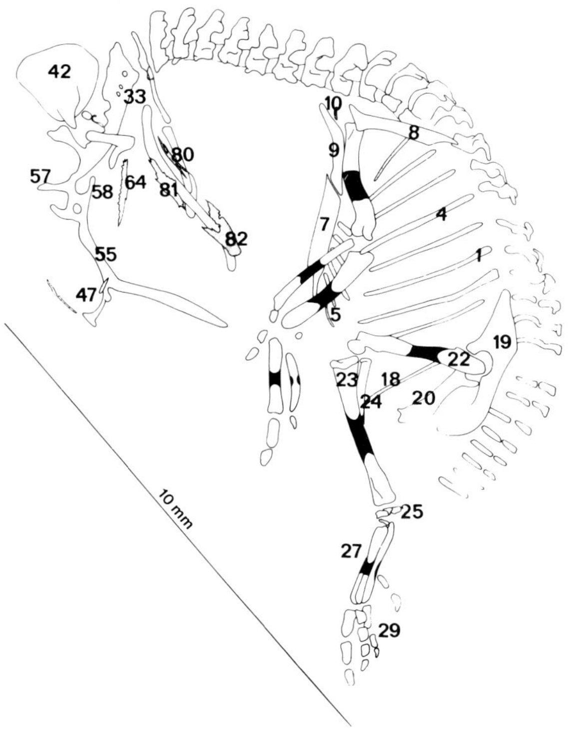

Abb.154
MELOPSITTACUS UNDULATUS
STADIUM 33

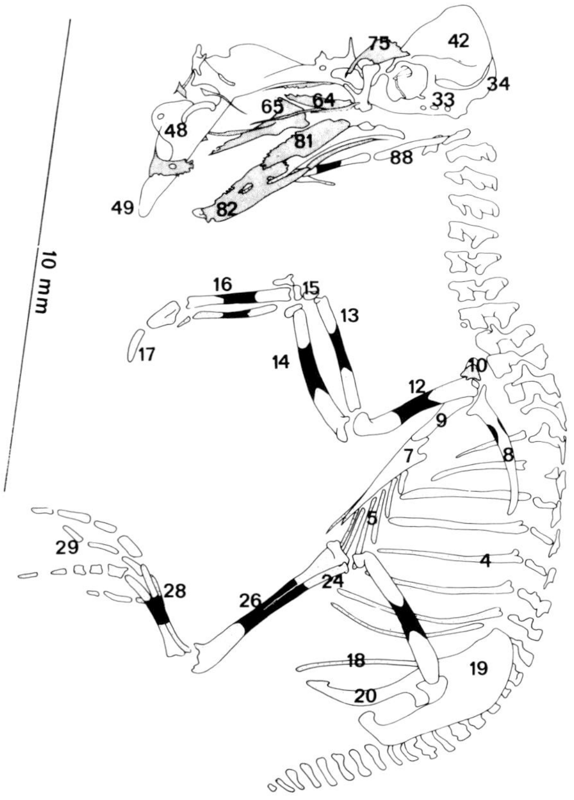

Abb.155
MELOPSITTACUS UNDULATUS
STADIUM 35

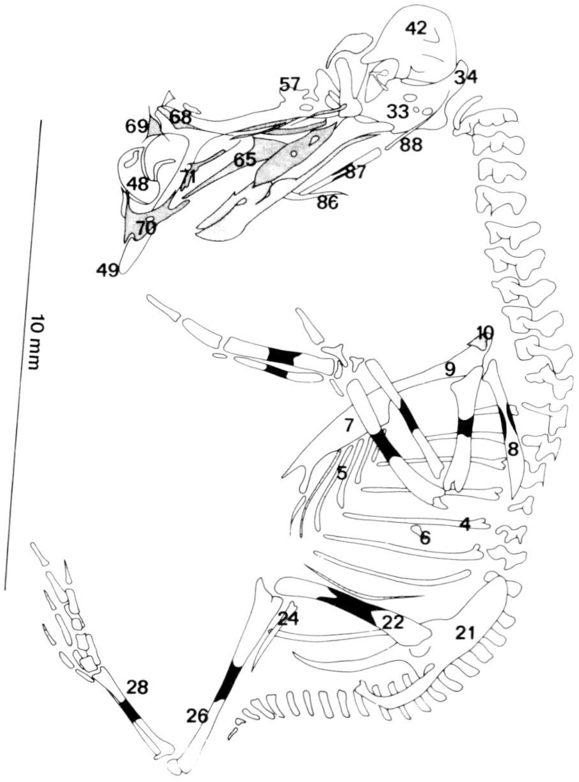

Abb.156
MELOPSITTACUS UNDULATUS
STADIUM 36

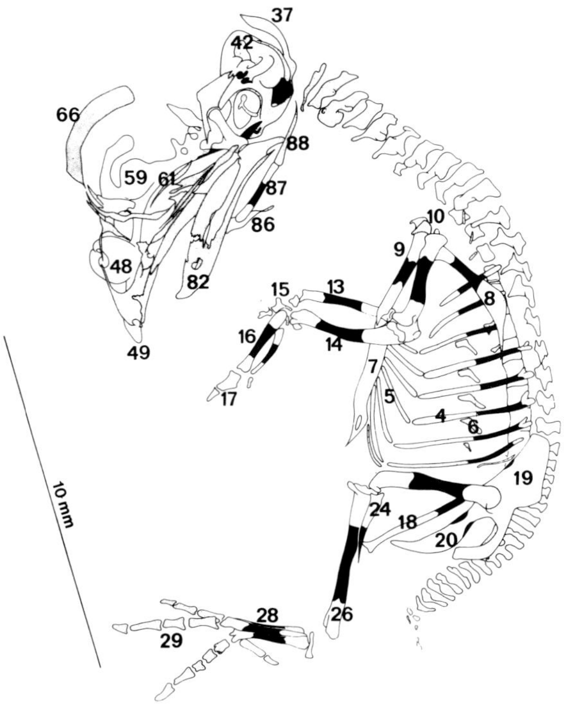

Abb.157
MELOPSITTACUS UNDULATUS
STADIUM 37

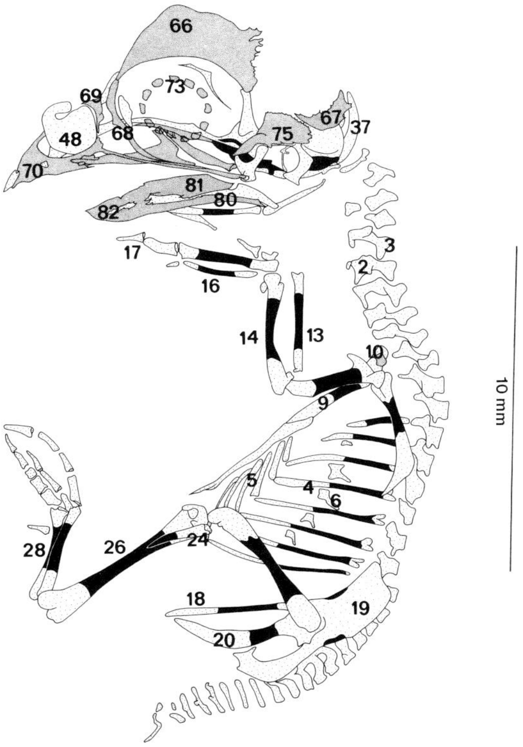

Abb.158
MELOPSITTACUS UNDULATUS
STADIUM 38

Abb.159
MELOPSITTACUS UNDULATUS
STADIUM 40

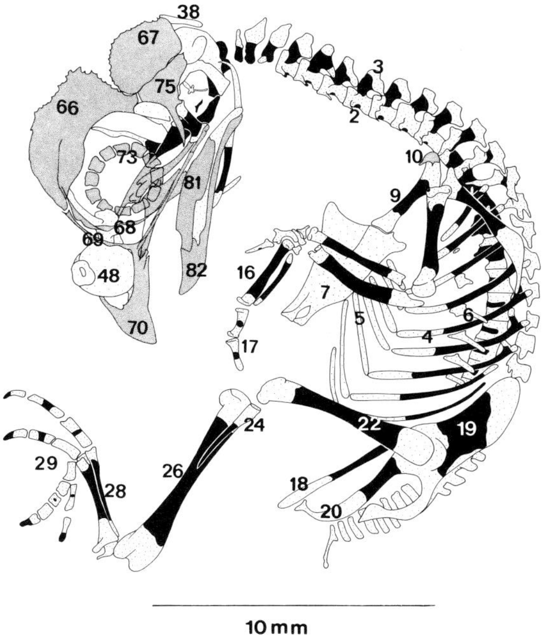

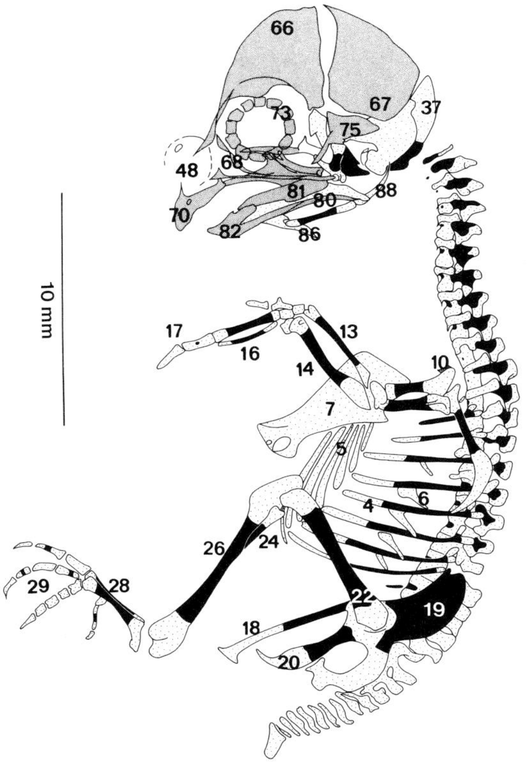

Abb.160
MELOPSITTACUS UNDULATUS
SCHLÜPFLING

E) Visceralskelet

Im Stadium 27 (Abb.152) besteht das Visceralskelet eines Wellensittich-Embryo aus dem Quadrat-Knorpel und der Cartilago meckeli (Mandibula) als Elementen des Kieferbogens, der Copula I des Hyalbogens und dem Keratobranchiale des ersten Branchialbogens. - Im Stadium 28 hat das Quadratum die charakteristische Form mit dem Processus oticus, Processus orbitalis und Processus ventralis ausgebildet. In schneller Folge treten im Stadium 34 das Squamosum und Quadratojugale als Deckknochen des Quadratum auf. Das Quadratojugale tritt zusammen mit den übrigen Elementen der äußeren Gaumenspange auf, und stellt deren gelenkige Verbindung zum Quadratum her; das Squamosum wird in die Schädelseitenwand eingebaut. Der Quadrat-Knorpel verknöchert kurz vor dem Schlupf zum Quadratum.

Die Mandibula ist ein leicht gebogener Knorpelstab, der in Kontakt zum Quadratum tritt. Im Stadium 33 (Abb.154) treten mit den ersten Deckknochen des Neuralschädels und der Clavicula das Dentale, das Angulare und das Supraangulare auf. Die geringe Zahl der Deckknochen des Unterkiefers ist ein abgeleiteter Zustand der Wellensittiche. Goniale und Spleniale werden auch embryonal nicht knöchern angelegt.

Die Elemente des Zungenbeines sind im Stadium 28 vollständig angelegt; median die unpaaren Copula I und Urohyale (Copula II) sowie lateral die paarigen Keratobranchialia und Epibranchialia des ersten Branchialbogens. Im Stadium 33 ist das Paraglossum an der Spitze der Copula I angelegt. Die enchondrale Verknöcherung des Keratobranchiale beginnt im Stadium 35 (Abb.155).

Die Columella auris verknorpelt im Stadium 28 in direktem Lagebezug zur Ohrkapsel. Ein winziges Knorpelstück distal der Columella wird aus dem Vergleich mit den anderen untersuchten Arten als Stylohyale angesehen. Im Stadium 33 hat die Columella auris die Grundzüge ihrer endgültigen Form angenommen und ist in Fußplatte (Clipeolus) und Columellastiel (Stipes) gegliedert; die knorpelige Extracolumella dieses Stadium besteht aus Processus extracolumellaris und Processus infracolumellaris. In der Verlängerung des letzten liegt das winzige Stylohyale. Die Columella auris ist beim Schlupf nicht verknöchert.

Im Stadium 35 ist im Visceralskelet ein Ossifikationszustand erreicht, der sich bis zum Schlupf (Abb.160) nicht mehr ändert. Das Wachstum der Deckknochen und ihr Zusammenschluß erfolgt in gleicher Weise wie an den Elementen des Oberkiefers und ist in den Abbildungen 155-160 dokumentiert.

VI.6 Die Embryonalentwicklung des Skeletes von *Lonchura oryzivora*

A) Skelet des Rumpfes

Die erste knorpelige Anlage des Skeletes findet sich auch beim Reisfink im Stadium 27 (Abb.161). Lateral der Chorda besteht eine gleichförmige Reihe paariger Anlagen der Wirbelzentren. Im Zervikalbereich sind die ersten Neuralbögen angelegt, deren vorderste mit den jeweiligen Wirbelzentren verschmolzen sind.

Die Zeitpläne der folgenden Entwicklung der Wirbelsäule gleichen weitgehend denen des Wellensittichs (Vergl. Tab.7 und 8). In der vollständigen Ausbildung der Wirbelkörper bis zum Stadium 30, der Entwicklung der intervertebralen Gelenkung und gleichzeitigen Rückbildung der Chorda dorsalis bis zum Stadium 36 (Abb.166), der Verschmelzung von Sakralwirbeln zum Synsacrum und von Kaudalwirbeln zum Pygostyl und dem Beginn der Ossifikation von Wirbelzentrum und Neuralbogen in Stadium 41 stimmen beide Arten überein.

Im Stadium 27 sind im Gegensatz zum Wellensittich vier vertebrale Rippen vorhanden (Abb.161). Im Stadium 28 sind dann 7 vertebrale Rippen (7-8 beim Schlüpfling) ausgebildet (Abb.162), die mit doppelköpfigen Gelenken an den Wirbeln artikulieren. Die paarige Anlage des Sternum ist mit 4 sternalen Rippen (6 beim Schlüpfling) verbunden. Im Stadium 31 (Abb.162) treten, deutlich früher als beim Wellensittich, die ersten Processus uncinati an der zweiten bis fünften vertebralen Rippe auf. In Stadium 36 (Abb.166) beginnt die Verknöcherung der vertebralen Rippen. In diesem Stadium beginnt auch die Carina sterni von der Mitte des nunmehr unpaaren Sternum empor zu wachsen. Sternum und sternale Rippen sind auch beim Schlupf (Abb.170) noch vollständig knorpelig.

B) Schultergürtel und vordere Extremität

Im Stadium 27 sind Scapula und Coracoid als kurze Knorpelstäbe angelegt (Abb.161). Schon im Stadium 28 (Abb.162) gewinnt das Coracoid Anschluß an das Sternum. Bis zum Stadium 32 wachsen die Knorpelstäbe deutlich in der Länge. Im Stadium 33 (Abb.164) tritt die exoskeletale Clavicula auf. Ihre Anlage besteht aus zwei dünnen Knochenstäben, deren distale Enden sich im spitzen Winkel treffen ohne zu synostosieren. Die proximalen Enden legen sich der Innenseite des Coracoid an. Im Stadium 34 (Abb.165) verwachsen die beiden Claviculae an ihrem distalen Ende zur Furcula. Ihre Symphyse tritt als selbständiges Ossifikationszentrum (Hypocleideum; s.Abb.165,166) auf, das später (Stadien 36 bis 39; Abb.166-169) zu einem rechtwinkelig abgeknickten Haken auswächst. Die enchondrale Ossifikation der Scapula beginnt im Stadium 33, die des Coracoid im Stadium 34. Beide Knorpel ossifizieren vor den homologen Elementen beim Wellensittich.

Der Entwicklungszustand der vorderen Extremität entspricht im Stadium 27 dem beim Wellensittich: Humerus, Radius, Ulna, Ulnare und 2 Metacarpalia sind ausgebildet. Die anschließende Entwicklung verläuft aber rascher, so daß schon im Stadium 30 alle Carpalia und Phalangenglieder vollzählig sind. Die Ossifikation von Humerus, Radius und Ulna beginnt im Stadium 31 mit einer sehr dünnen perichondralen Knochenmanschette (Abb.163). Die Metacarpalia ossifizieren im Stadium 34 (Abb.165), die Phalangen in den Stadien 35 bis 39 (Abb.166-168). Die Carpalia werden teilweise den Metacarpalia angegliedert (Stadium 37; Abb.167). Die freien Carpalia bleiben knorpelig. Beim Schlupf sind alle übrigen Skeletelemente des Schultergürtels und des Flügels bis auf die Epiphysenknorpel vollständig ossifiziert. Die Epiphysenknorpel bleiben relativ groß. Auch an der Scapula bleiben große Knorpelareale erhalten.

C) Beckengürtel und hintere Extremität

Die Anlage des Beckenskeletes fehlt im Stadium 27 noch vollständig (Abb.161). Erst im Stadium 28 (Abb.162) sind Ilium, Pubis und Ischium angelegt. Diese knorpeligen Einzelelemente bleiben bis zum Stadium 35 getrennt, dann verbinden sie sich jederseits zu einem einheitlichen Beckenknorpel. Im Stadium 37 (Abb.167) beginnt die Ossifikation in drei getrennten Zentren. Ilium, Pubis und Ischium bleiben bis nach dem Schlupf durch breite Knorpelzonen voneinander getrennt.

Das Skelet der hinteren Extremität besitzt im Stadium 27 (Abb.161) Anlagen von Femur, Tibia und Fibula, einem tarsalen Element und drei Metatarsalia. Die Ossifikation der Skeletelemente des Beines verläuft zeitlich parallel zur vorderen Extremität (Tabelle 8). Die Umstellung des ersten Zehenstrahles erfolgt zwischen Stadium 31 und Stadium 33 (Abb.163,164). Nach der Umstellung des ersten Zehs werden die bis dahin freien Tarsalia an Tibia und Metatarsus angegliedert. Die zeitlichen Abläufe gleichen denen des Wellensittichs.

D) Neuralschädel

Beim Reisfink besteht im Stadium 27 (Abb.161) die früheste Anlage des Chondrocranium aus den Parachordalia und dem Acrochordalknorpel. Am occipitalen Teil der Parachordalia ist die Angliederung von zwei Wirbelanlagen zu erkennen ("cranial ribs"; ENGELBRECHT 1958 für *Pyromelana*). - Die Bildung des praechordalen Schädels beginnt im Stadium 28 mit der Anlage der Trabecula communes, die über die Polknorpel mit dem Acrochordalknorpel verbunden sind. Die Ohrkapseln sind ausgebildet haben aber noch keine knorpelige Verbindung zur Basalplatte. Die Occipitalpfeiler sind angelegt (Abb.162).

Zwischen Stadium 29 und Stadium 31 wachsen das Septum interorbitale, das Planum antorbitale und die Cartilago parieto-tectalis. Der hintere Orbitalknorpel bleibt zunächst klein. Schon im Stadium 31 ist das Pterygoid als dünner Knochenspan vor der Basalplatte ausgebildet (Abb.163). In diesem Stadium ist auch der Nasenknorpel angelegt und die Ohrkapseln sind über die Pila antotica knorpelig mit der Basalplatte verbunden; seitlich werden sie von der Cartilago metotica überdeckt.

Im Stadium 33 (Abb.164) wird das Lacrimale und im Stadium 34 (Abb.165) Praemaxillare und Maxillare angelegt. Das Septum interorbitale wird zentral von einer Fensterbildung aufgelöst.

Im Stadium 36 (Abb.166) wird das Deckknochenmuster des Neuralschädels durch das Rostrum parasphenoidale, das Palatinum und den (paarigen) Vomer sowie das Frontale ergänzt. Das Parietale tritt als letzer Deckknochen im Stadium 37 hinzu. Die Deckknochen des Gaumens und des Oberkiefers haben dann ihre charakteristischen Fortsätze ausgebildet. Zu einer Überlagerung dieser Knochenfortsätze und ihrer Verbindungen zu dem Spangengerüst des Vogelschädels kommt es erst im Stadium 37 (Abb. 167). Die paarige Anlage des Vomer verschmilzt zu einem unpaaren Knochenstab des vorderen Gaumendaches. - Die Auflösung des Septum interorbitale schreitet im Stadium 36 weiter fort bis im Stadium 37 nur noch eine schmale Knorpelspange übrig bleibt. In diesem Stadium hat der hintere Orbitalknorpel den Processus postorbitalis und zugleich eine knorpelige Unterlagerung des Processus zygomaticus des Sqamosum entwickelt.

Mit der vollständigen Anlage des dermalen Schädelskeletes im Stadium 37 treten nun auch die ersten Ossifikationen des Chondrocranium in der Basalplatte (Exoccipitale und Basioccipitale) und dem hinteren Orbitalknorpel (Pleurosphenoid) auf. Im Stadium 38 (Abb.168) folgt die Verknöcherung der Hypophysengrube (Basisphenoid).

Bis zum Schlupf beginnt die Ossifikation der Nasenkapsel und des Skleralringes, doch treten keine weiteren Verknöcherungen mehr auf. Alle Knochenelement wachsen während des Stadium 39 noch erheblich (Vergl. Abb.168 und 169). Der Ossifikationszustand des Reisfinken-Schädels ähnelt dem des Wellensittichs, indem die Elemente des Kiefer-Gaumen-Apparates ein festes, mechanisch belastbares Spangenwerk bilden, während die Knochen des Hirnschädels durch breite Spalten voneinander getrennt bleiben. Ein Jugale wird bei Reisfinken nicht ausgebildet und fehlt daher im Schädelskelett.

E) Visceralskelet

Als Elemente des Mandibularbogens sind im Stadium 27 (Abb.161) Quadrat-Knorpel und Cartilago meckeli ausgebildet. Der Quadratknorpel besitzt schon in der ersten Anlage je einen oticalen, orbitalen und ventralen Fortsatz. Die ersten Deckknochen des Visceralskeletes treten im Stadium 34 (Abb.165) mit dem Squamosum und dem Quadratojugale auf dem Quadratum und mit dem Angulare und Supraangulare auf dem MECKELschen Knorpel auf. Im Stadium 36 (Abb.166) sind das Dentale und, auf der Innenseite des MECKELschen Knorpels, das Goniale ausgebildet. Bis zum Stadium 38 (Abb.168) legt sich das Quadratojugale mit seinem rostralen Ende dem Maxillare an, sein occipitales Ende bildet eine Gelenkverbindung zum Quadratum. Die Deckknochen des Unterkiefers überlappen einander. Im Stadium 39 (Abb.169) beginnen benachbarte Knochen miteinander zu verschmelzen, so daß beim Schlupf Quadratojugale und Maxillare einen kontinuierlichen Knochenstab bilden und der Unterkiefer von einem einheitlichen Knochenmantel umhüllt ist. Bis dahin ist auch das Quadratum zum Os quadratum ossifiziert.

Die Copula I und ein otical gelegenes Knorpelstück, das als Columella auris angesehen wird, sind als Elemente des Hyalbogens im Stadium 27 angelegt. Mit der Copula I verbunden ist das Keratobranchiale I des ersten Branchialbogens. Im Stadium 28 sind die Knorpelelemente des Visceralskeletes vollständig angelegt. Distal der Columella sind Extracolumella und das Stylohyale angelegt. Das Zungenbein ist mit der Anlage des Epibranchiale I, des Urohyale (Copula II) und des Paraglossum vollständig. Als einzige Ossifikation des Zungenbeines tritt im Stadium 36 ein Knochenkern im Keratobranchiale auf.

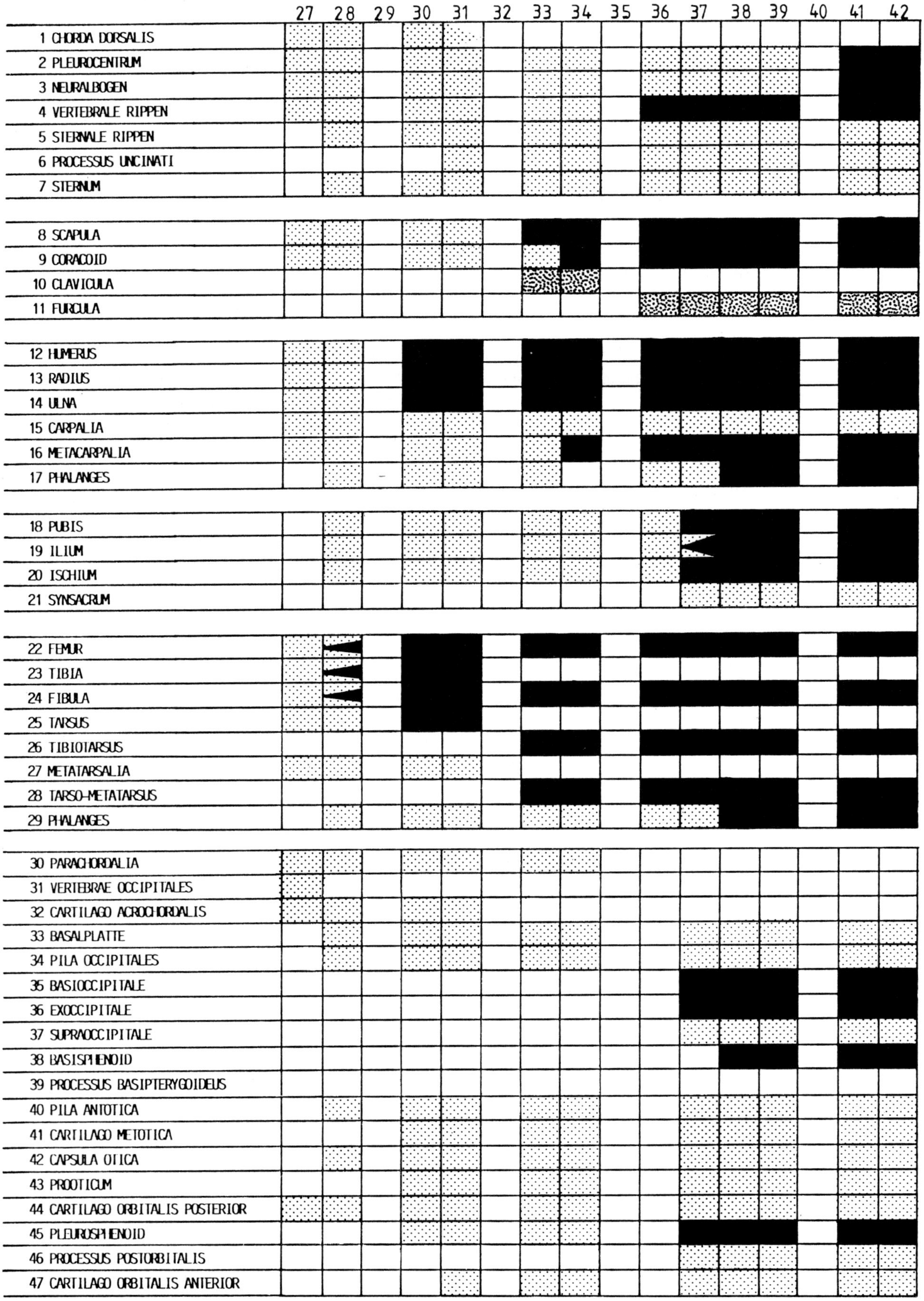

Tabelle 8. Embryonalentwicklung des Skeletes von *Lonchura oryzivora*

	27	28	29	30	31	32	33	34	35	36	37	38	39	40	41	42
48 CAPSULA NASALIS																
49 SEPTUM NASI																
50 PROCESSUS PRAENASALIS																
51 PLANUM SUPRASEPTALE																
52 CARTILAGO PARIETO-TECTALIS																
53 MESETHMOID																
54 PLANUM ANTORBITALE																
55 TRABECULA COMMUNIS																
56 CARTILAGO POLARIS																
57 CARTILAGO SUPRAPOLARIS																
58 CARTILAGO INFRAPOLARIS																
59 SEPTUM INTERORBITALE																
60 ORBITOSPHENOID																
61 ROSTRUM PARASPHENOIDALE																
62 PARASPHENOID																
63 VOMER																
64 PTERYGOID																
65 PALATINUM																
66 FRONTALE																
67 PARIETALE																
68 LACRIMALE																
69 NASALE																
70 PRAEMAXILLARE																
71 MAXILLARE																
72 JUGALE																
73 SCLERAL RING																
74 QUADRATUM																
75 SQUAMOSUM																
76 QUADRATO-JUGALE																
77 CARTILAGO MECKELI																
78 ARTICULARE																
79 PROCESSUS RETROARTICULARIS																
80 ANGULARE																
81 SUPRAANGULARE																
82 DENTALE																
83 SPLENIALE																
84 GONIALE																
85 COPULA I																
86 UROHYALE																
87 CERATOBRANCHIALE																
88 EPIBRANCHIALE																
89 PARAGLOSSUM																
90 COLUMELLA AURIS																
91 EXTRACOLUMELLA																
92 STYLOHYALE																

Abb.161. *Lonchura oryzivora*, Stadium 27. - Halbseitenpräparat des embryonalen Skeletes. Vergr. 14.2x

Abb.162. *Lonchura oryzivora*, Stadium 31. - Halbseitenpräparat des embryonalen Skeletes. Vergr. 11.4x

Abb.163. *Lonchura oryzivora*, Stadium 31. - Halbseitenpräparat des embryonalen Skeletes. Vergr. 8.4x

Abb.164. *Lonchura oryzivora*, Stadium 33. - Halbseitenpräparat des embryonalen Skeletes. Vergr. 7.5x

Abb.165. *Lonchura oryzivora*, Stadium 34. - Halbseitenpräparat des embryonalen Skeletes. Vergr. 7.4x

Abb.166. *Lonchura oryzivora*, Stadium 36. - Halbseitenpräparat des embryonalen Skeletes. Vergr. 6.3x

Abb.167. *Lonchura oryzivora*, Stadium 37. - Halbseitenpräparat des embryonalen Skeletes. Vergr. 4.7x

Abb.168. *Lonchura oryzivora*, Stadium 38. - Halbseitenpräparat des embryonalen Skeletes. Vergr. 5.6x

Abb.169. *Lonchura oryzivora*, Stadium 39. - Halbseitenpräparat des embryonalen Skeletes. Vergr. 3.8x

Abb.170. *Lonchura oryzivora*, Schlüpfling (Stadium 42). - Halbseitenpräparat des Skeletes. Vergr. 3.9x

Abb.161
LONCHURA ORYZIVORA
STADIUM 27

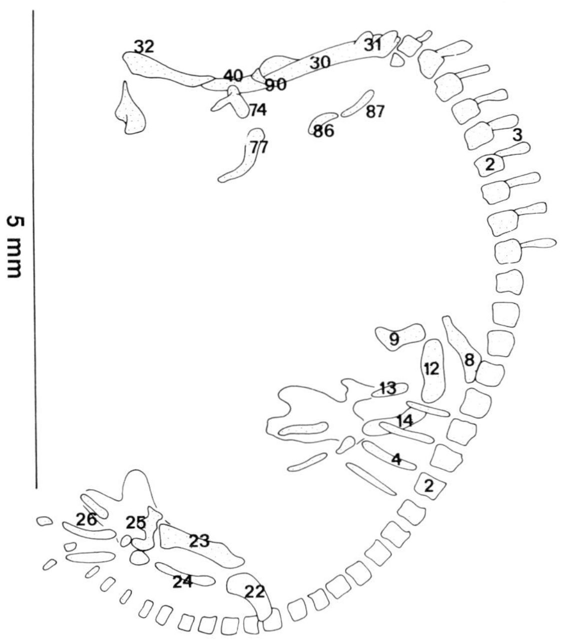

Abb.162
LONCHURA ORYZIVORA
STADIUM 28

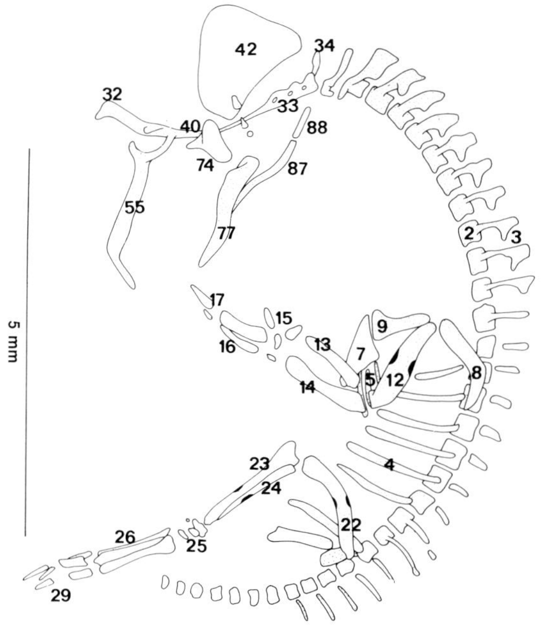

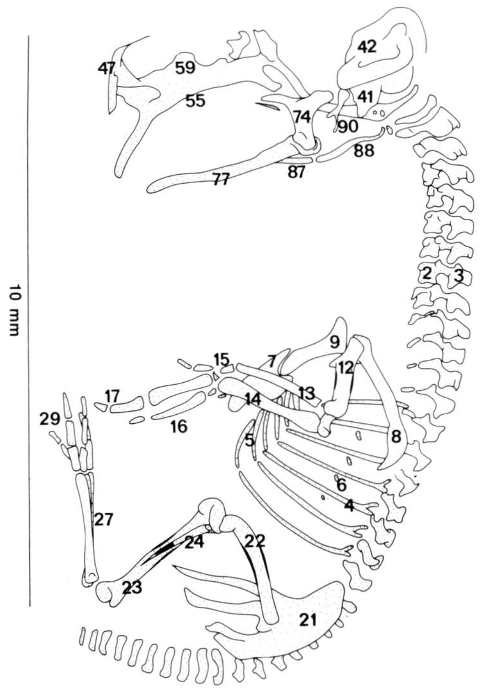

Abb.163
LONCHURA ORYZIVORA
STADIUM 31

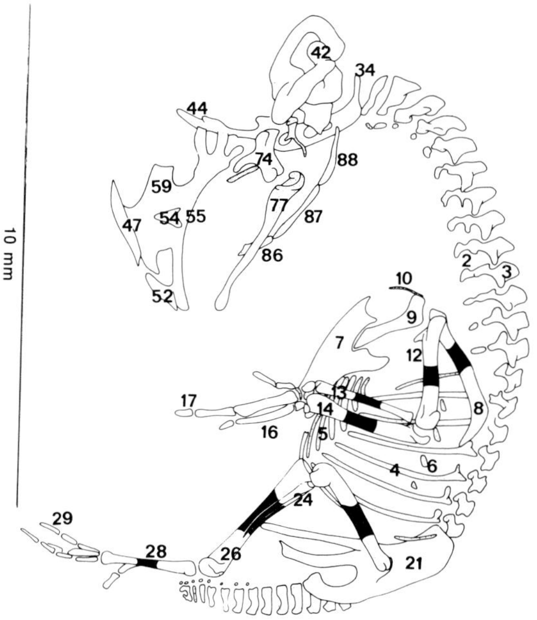

Abb.164
LONCHURA ORYZIVORA
STADIUM 33

Abb.165
LONCHURA ORYZIVORA STADIUM 34

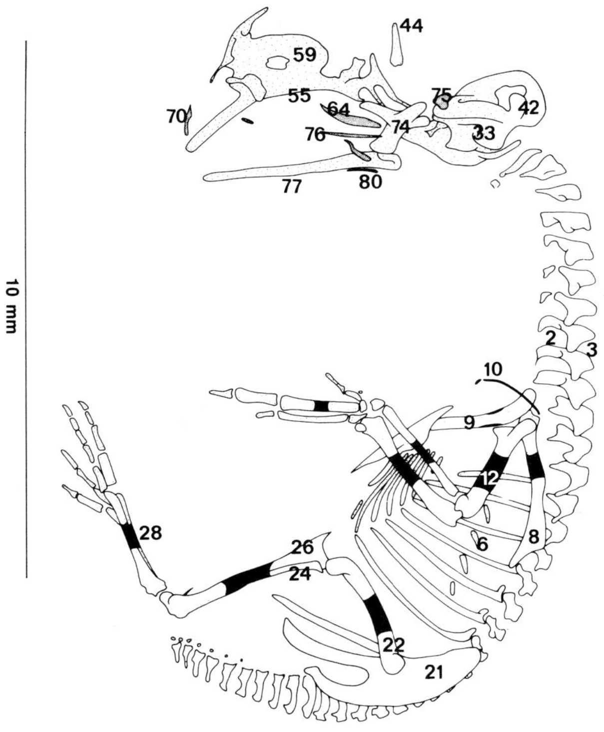

Abb.166
LONCHURA ORYZIVORA STADIUM 36

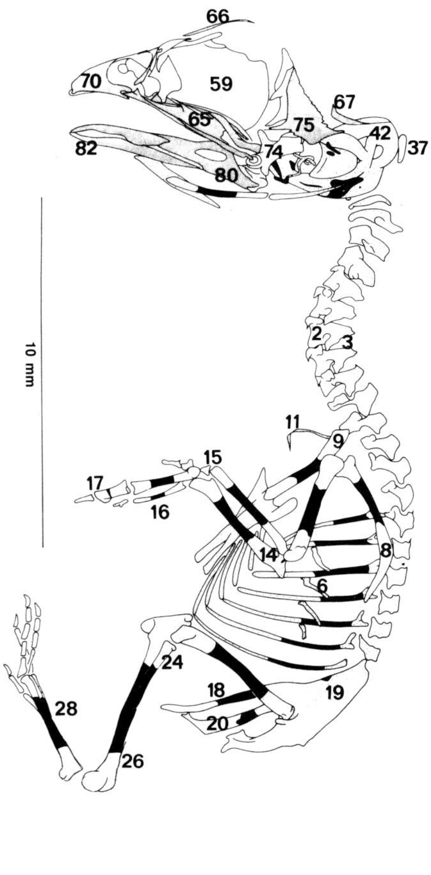

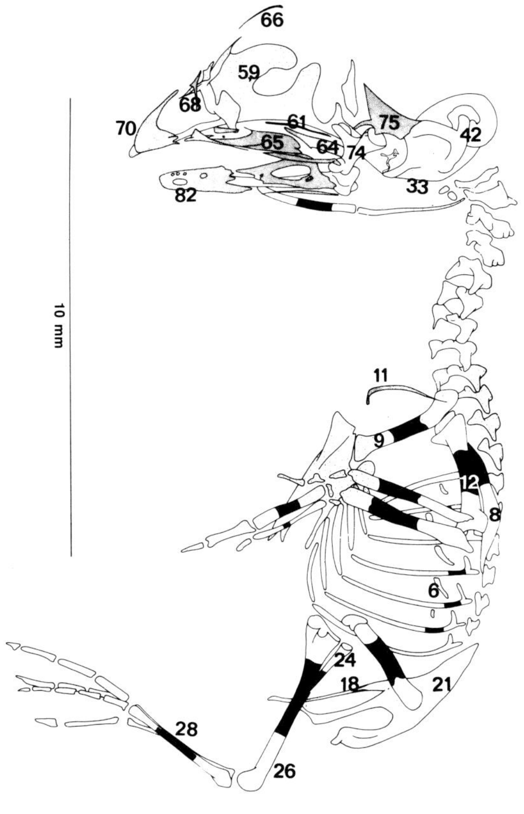

Abb.167
LONCHURA ORYZIVORA STADIUM 37

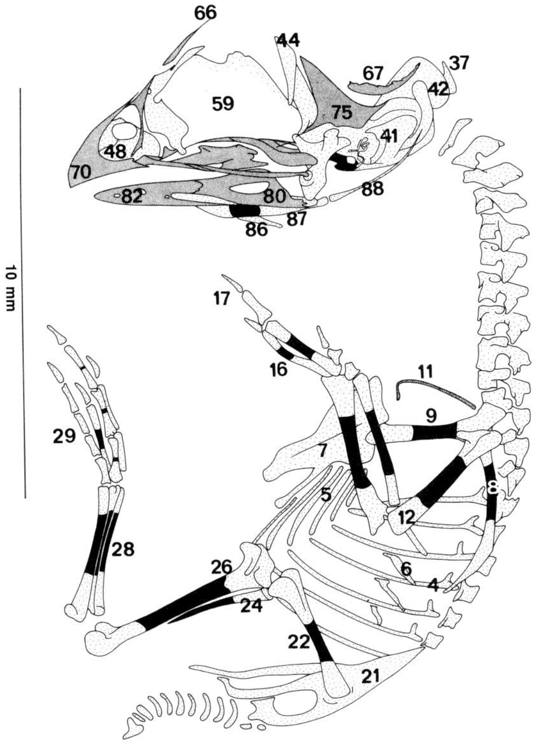

Abb.168
LONCHURA ORYZIVORA
STADIUM 38

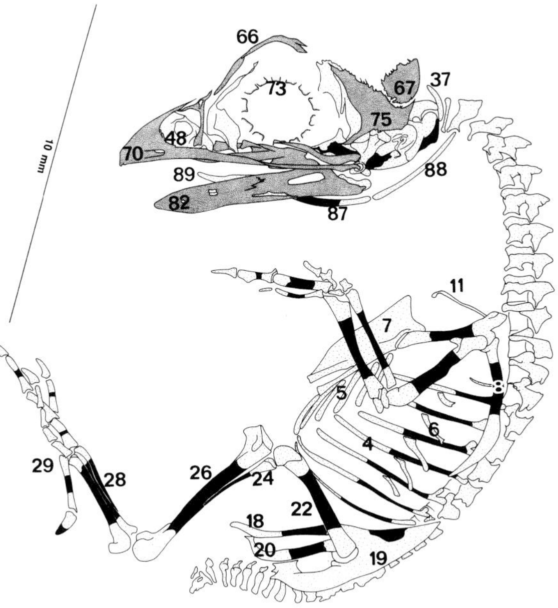

Abb.169
LONCHURA ORYZIVORA
STADIUM 39

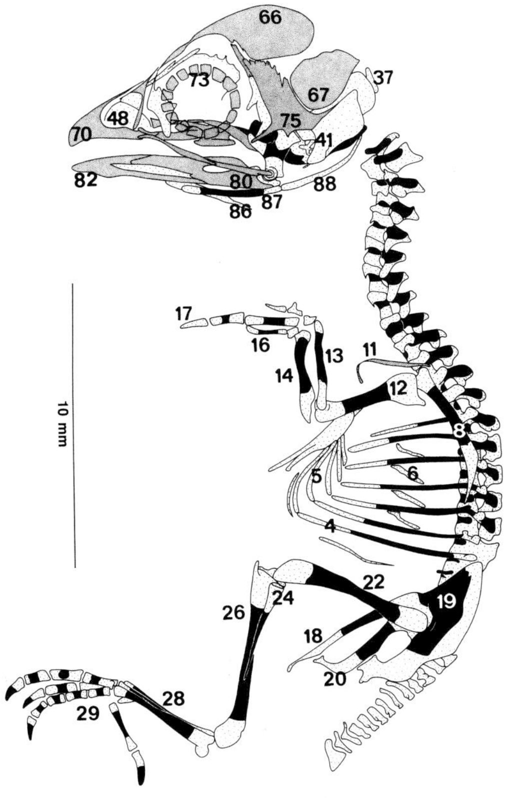

Abb.170
LONCHURA ORYZIVORA
SCHLÜPFLING

VI.7 Die Embryonalentwicklung des Skeletes von *Columba livia*

A) Skelet des Rumpfes

Im Stadium 35 (Abb.171), dem frühesten untersuchten Entwicklungszustand, sind alle Elemente des Rumpfskeletes ausgebildet. Bis zum kaudalen Ende der Wirbelsäule sind Neuralbogen und Wirbelzentrum der einzelnen Wirbelanlagen miteinander verschmolzen, Diapophysen sind ausgebildet, die Entwicklung der intervertebralen Gelenkflächen jedoch noch nicht abgeschlossen. Im Stadium 39 (Abb.172) gleicht der Entwicklungszustand des Rumpfskeletes weitgehend dem Schlupfzustand. Neuralbögen und Zentren sind verknöchert und die meisten Halswirbel besitzen selbständig ossifizierende Hypapophysen. 3-5 Sakralwirbel sind miteinander verschmolzen und bilden die Anlage des Synacrum, das mit den Processus transversi knöcherne Stützen gegen das Ilium ausbildet. Ein Schlüpfling zeigt den gleichen Entwicklungszustand (Abb.173).

Im Stadium 35 ist die Entwicklung der Rippen und des Sternum bereits weitgehend abgeschlossen. Die endgültige Anzahl von 7 vertebralen und 4 sternalen Rippen ist ausgebildet. An den 5 längsten Rippen beginnt mit dünnen perichondralen Knochenmanschetten die Ossifikation. 4 Processus uncinati sind ausgebildet. Im Stadium 39 (Abb.172) sind die vertebralen Rippen weit verknöchert und nur die dorsalen Gelenkköpfe sowie ein kleines ventrales Stück bleiben knorpelig, alle 5 Processus uncinati sind ausgebildet. Bis zum Schlupf (Abb.173) ändert sich der Ossifikationszustand nicht mehr. Sternale Rippen und Sternum bleiben bis nach dem Schlupf knorpelig.

B) Schultergürtel und vordere Extremität

Im Stadium 35 (Abb.171) sind Schultergürtel und vordere Extremität weit entwickelt. Scapula und Coracoid besitzen große Knochenkerne, die Furcula ist als V-förmiger Knochen ausgebildet. Die Anzahl der Ossifikationen entspricht der beim Schlupf (Abb.173), doch vergrößern sich die Knochenareale bis dahin noch beträchtlich.

Alle Elemente des Flügelskeletes außer den Phalangengliedern besitzen enchondrale Knochenkerne. Im Stadium 39 treten auch in den Phalangengliedern Knochenkerne auf. Die Carpalia bleiben jedoch bis zum Schlupf knorpelig.

C) Beckengürtel und hintere Extremität

Im Stadium 35 (Abb.171) sind die Knorpelanlagen des Beckens bereits zu einem einheitlichen großen Knorpelelement verschmolzen und die Ossifikation des Ilium hat begonnen. In den Stadien 39 (Abb.172) und 42 (Abb.173) besitzen Pubis, Ilium und Ischium Knochenkerne, die aber im Acetabulum durch breite Knorpelbrücken getrennt bleiben.

Schon im Stadium 35 sind in allen Elementen der hinteren Extremität einschließlich der Phalangenglieder Verknöcherungen ausgebildet. Die Stellungsänderung des ersten Zehs und die Bildung von Tibiotarsus und Tarso-Metatarsus sind bereits abgeschlossen.

D) Neuralschädel

Mit dem Präparat des Stadium 35 (Abb.171) wird ein Entwicklungszustand erfaßt, bei dem ein Großteil der Knorpel- und Knochenelemente ausgebildet ist. Die Trabecula communes sind als lang gestreckter Knorpelstab entwickelt, der ohne Knickung in den Processus praenasalis übergeht. Das Septum interorbitale ist groß und von zwei Fensterbildungen durchbrochen, nach rostral geht es in das Septum nasi über. - Das Deckknochenmuster des Neuralschädels ist in diesem Stadium fast vollständig. Pterygoid und Palatinum bilden die innere Gaumenspange, Maxillare und Jugale zusammen mit dem visceralen Quadratojugale die äußere Gaumenspange. Praemaxillare, Nasale und Lacrimale sind angelegt. Das Parasphenoid ist als breite Deckknochenplatte auf der Ventralseite der Basalplatte ausgebildet und ist noch klar vom Rostrum parasphenoidale getrennt.

Im Stadium 39 (Abb.172) sind wie bei den anderen Arten alle Deckknochen und enchondralen Verknöcherungen angelegt. Frontale und Parietale sind als Deckknochen hinzugekommen und schon so weit vorgewachsen, daß sie zusammen mit dem Sqamosum einen Großteil des Hirnschädels abdecken. Die Basalplatte verknöchert mit 6 Zentren, den paarigen Exoccipitalia und Prootica, dem unpaaren Basioccipitale und dem Basisphenoid. Vom Basisphenoid ausgehend befinden sich auch die Processus basipterygoidei in Verknöcherung. Gleichzeitig verschmelzen Parasphenoid, Rostrum parasphenoidale und Basisphenoid zu einem einheitlichen Knochen. Das knöcherne Supraoccipitale bildet den dorsalen Abschluß des Hinterhaupts-Loches. Der rostrale Abschnitt des Septum interorbitale verknöchert zum Mesethmoid. Der Skleralring ist ausgebildet und besteht aus 11 noch isolierten Skleralplatten, die als desmale Verknöcherungen in der Sklera entstehen. Im Stadium 39 sind die Verbindungen zwischen den Knochen des Kiefer-Gaumenapparates, soweit sie nicht gelenkig ausgebildet sind, miteinander verschmolzen und bilden ein festes Spangengerüst.

Beim Schlüpfling (Abb.173) ist der hintere Orbitalknorpel als Pleurosphenoid verknöchert. Sein dorsaler und lateraler Rand sowie der von ihm gebildete Processus postorbitalis bleiben zunächst knorpelig.

E) Visceralskelet

Alle Elemente des Visceralskeletes sind im Stadium 35 (Abb.171) ausgebildet und in der Form weitgehend ausdifferenziert. Das Keratobranchiale besitzt einen Knochenkern. Auffällig ist das große Stylohyale, das kontinuierlich knorpelig mit dem Processus infracolumellaris verbunden ist. Squamosum und Quadratojugale sind weit entwickelt. Quadratojugale und Jugale überlagern sich ein kleines Stück, ohne miteinander zu verschmelzen. Vier Deckknochen des Unterkiefers sind ausgebildet (Angulare, Supraangulare, Spleniale, Dentale), das Goniale fehlt den Tauben.

Bis zum Schlupf wachsen die Deckknochen beträchtlich und verschmelzen weitgehend miteinander. Im Stadium 39 verknöchert das Quadratum zum Os quadratum. Beim Schlüpfling ist der Gelenkteil des MECKELschen Knorpels zum Articulare verknöchert.

									35	36	37	38	39	40	41	42
1 CHORDA DORSALIS																
2 PLEUROCENTRUM									░				■			■
3 NEURALBOGEN									░				■			■
4 VERTEBRALE RIPPEN									■				■			■
5 STERNALE RIPPEN									░				░			░
6 PROCESSUS UNCINATI									░				░			░
7 STERNUM									░				░			░
8 SCAPULA									■				■			■
9 CORACOID									■				■			■
10 CLAVICULA																
11 FURCULA									▓				▓			▓
12 HUMERUS									■				■			■
13 RADIUS									■				■			■
14 ULNA									■				■			■
15 CARPALIA									░				■			■
16 METACARPALIA									■				■			■
17 PHALANGES									░				■			■
18 PUBIS									░				■			■
19 ILIUM									■				■			■
20 ISCHIUM									░				■			■
21 SYNSACRUM													░			░
22 FEMUR									■				■			■
23 TIBIA																
24 FIBULA									■				■			■
25 TARSUS																
26 TIBIOTARSUS									■				■			■
27 METATARSALIA																
28 TARSO-METATARSUS									■				■			■
29 PHALANGES									■				■			■
30 PARACHORDALIA																
31 VERTEBRAE OCCIPITALES																
32 CARTILAGO ACROCHORDALIS																
33 BASALPLATTE									░				░			░
34 PILA OCCIPITALES									░				░			░
35 BASIOCCIPITALE													■			■
36 EXOCCIPITALE													■			■
37 SUPRAOCCIPITALE													■			■
38 BASISPHENOID													■			■
39 PROCESSUS BASIPTERYGOIDEUS													■			■
40 PILA ANTOTICA									░							
41 CARTILAGO METOTICA									░							
42 CAPSULA OTICA									░				■			■
43 PROOTICUM																■
44 CARTILAGO ORBITALIS POSTERIOR									░							░
45 PLEUROSPHENOID									░							■
46 PROCESSUS POSTORBITALIS									░							
47 CARTILAGO ORBITALIS ANTERIOR									░							

Tabelle 9. Embryonalentwicklung des Skeletes von *Columba livia*

									35	36	37	38	39	40	41	42
48 CAPSULA NASALIS																
49 SEPTUM NASI																
50 PROCESSUS PRAENASALIS																
51 PLANUM SUPRASEPTALE																
52 CARTILAGO PARIETO-TECTALIS																
53 MESETHMOID																
54 PLANUM ANTORBITALE																
55 TRABECULA COMMUNIS																
56 CARTILAGO POLARIS																
57 CARTILAGO SUPRAPOLARIS																
58 CARTILAGO INFRAPOLARIS																
59 SEPTUM INTERORBITALE																
60 ORBITOSPHENOID																
61 ROSTRUM PARASPHENOIDALE																
62 PARASPHENOID																
63 VOMER																
64 PTERYGOID																
65 PALATINUM																
66 FRONTALE																
67 PARIETALE																
68 LACRIMALE																
69 NASALE																
70 PRAEMAXILLARE																
71 MAXILLARE																
72 JUGALE																
73 SCLERAL RING																
74 QUADRATUM																
75 SQUAMOSUM																
76 QUADRATO-JUGALE																
77 CARTILAGO MECKELI																
78 ARTICULARE																
79 PROCESSUS RETROARTICULARIS																
80 ANGULARE																
81.SUPRAANGULARE																
82 DENTALE																
83 SPLENIALE																
84 GONIALE																
85 COPULA I																
86 UROHYALE																
87 CERATOBRANCHIALE																
88 EPIBRANCHIALE																
89 PARAGLOSSUM																
90 COLUMELLA AURIS																
91 EXTRACOLUMELLA																
92 STYLOHYALE																

Abb.171. *Columba livia*, Stadium 35. - Halbseitenpräparat des embryonalen Skeletes. Vergr. 4.2x

Abb.172. *Columba livia*, Stadium 39. - Halbseitenpräparat des embryonalen Skeletes. Vergr. 1.7x

Abb.173. *Columba livia*, Schlüpfling (Stadium 42). - Halbseitenpräparat des Skeletes. Vergr. 1.6x

Abb.171
COLUMBA LIVIA
STADIUM 35

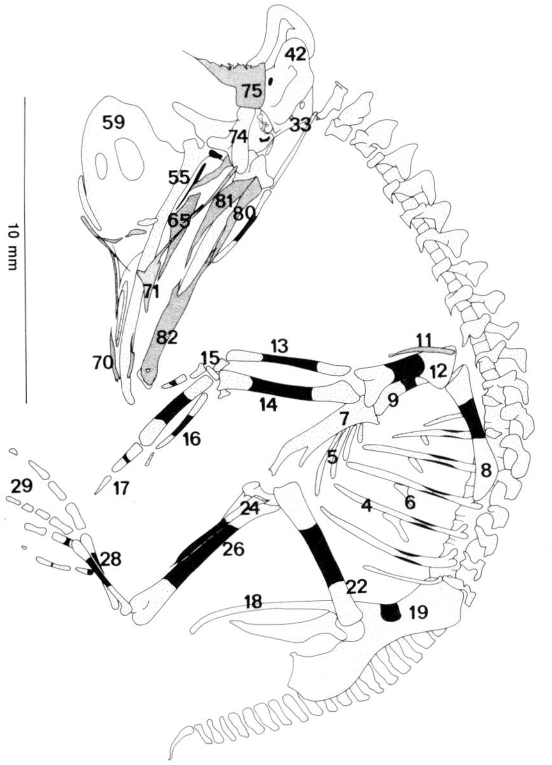

Abb.172
COLUMBA LIVIA
STADIUM 39

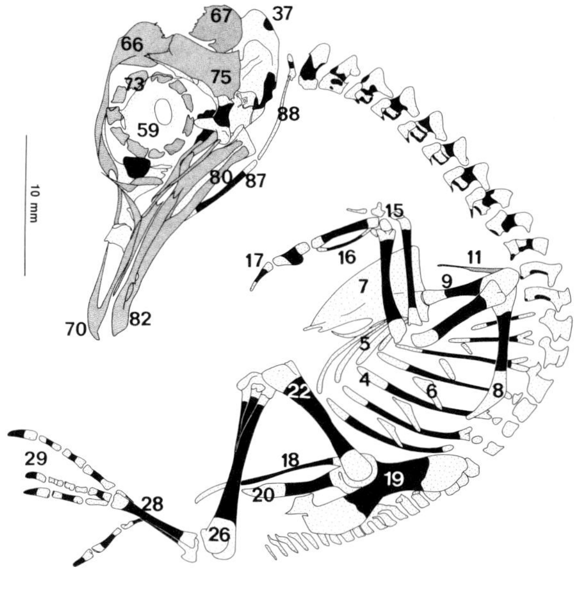

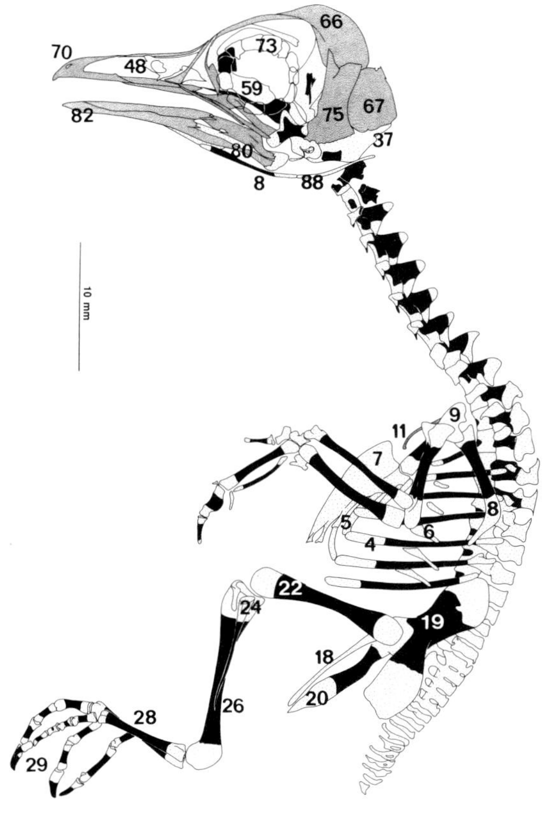

Abb.173
COLUMBA LIVIA
SCHLÜPFLING

VI.8 Zusammenfassung der Ergebnisse

Die Entwicklung der knorpeligen Skelet-Anlage und der Verknöcherung von 92 einzelnen Skeletelementen ist in den Tabellen 4 bis 9 nach Stadien geordnet für die hier untersuchten Arten zusammengestellt. Diese Zusammenfassung sowie die Verweise zu den Abbildungen ermöglichen eine schnelle Einordnung der Einzelbefunde in die Gesamtentwicklung.

A) Skelet des Rumpfes

Die knorpeligen Anlagen von Wirbelkörpern und Neuralbögen treten bei allen Arten weitgehend zeitgleich auf, dagegen finden sich stärkere Unterschiede für den Beginn und den Ablauf der Verknöcherung. Die Ossifikation beginnt bei der Moschus-Ente in den Wirbelzentren der Halswirbelsäule im Stadium 36, die Neuralbögen verknöchern erst in Stadium 39. Bei Wachtel, Laufhühnchen und Taube ossifizieren Zentren und Neuralbögen der Hals- und Thorakalwirbelsäule stadiengleich in den Stadien 38 und 39; bei Wellensittich und Reisfink erst im Stadium 40.

Beim Schlupf besitzen Wirbelkörper und Neuralbögen aller untersuchten Arten Verknöcherungszentren. Unterschiede bestehen im Ausmaß der Verknöcherung und dem knöchernen Zusammenschluß von Neuralbogen und Zentrum. Bei Wachtel, Laufhühnchen, Moschus-Ente und Taube sind die knöchernen Wirbelzentren und Neuralbögen miteinander verschmolzen und bilden einheitliche knöcherne Wirbelkörper. Bei Wellensittich und Reisfink sind dagegen die Knochenkerne in Wirbelzentren und Neuralbögen noch nicht miteinander verschmolzen.

Die Ossifikation der vertebralen Rippen beginnt bei allen Arten zwischen den Stadien 35 und 37. Bis zum Schlupf sind sie bis auf die Gelenkknorpel verknöchert. -Sternale Rippen sind nur bei der Wachtel und beim Laufhühnchen ossifiziert, bei allen anderen Arten bleiben sie bis zum Schlupf ebenso knorpelig wie das Sternum. Dieses verknöchert bei allen Arten erst nach dem Schlupf von einem oder mehreren Ossifikationszentren nahe der Carina sterni aus. Im Processus lateralis posterior des Sternum der Wachtel tritt jedoch schon embryonal ein Knochenkern auf. Wie beschrieben, entspricht der Processus lateralis einer letzten sternalen Rippe, die an das Sternum angegliedert wurde und dabei den Zeitplan der Verknöcherung sternaler Rippen beibehielt.

B) Vordere Extremität und Schultergürtel

Der Schultergürtel und die vordere Extremität zeigen bei allen untersuchten Arten ein sehr einheitliches Verhalten in der topographischen Abfolge der Verknöcherungen und in deren Zeitplänen. Humerus, Radius und Ulna verknöchern als erste Elemente des gesamten Schulter-, Rumpf- und Extremitätenskeletes. Die Verknöcherung beginnt in den Stadien 30 und 31 mit einer dünnen perichondralen Manschette um den Mittelteil der Knorpelstücke. In Stadium 35 ist bei allen Arten ein enchondraler Knochenkern ausgebildet. Die Metacarpalia verknöchern zwischen Stadium 32 und Stadium 35; die Phalangen, die erst spät vollzählig angelegt sind, verknöchern zwischen Stadium 37 und Stadium 39.

Die Ossifikation von Scapula und Coracoid (Stadien 33/34) erfolgt etwas später als die des Flügels. Zuerst verknöchert die Scapula und im Anschluß daran das Coracoid. Die desmale Clavicula tritt stadiengleich mit der Ossifikation der Scapula auf.

C) Beckengürtel und hintere Extremität

Die Verknöcherungen des Beckens treten relativ spät auf, und zwar erst, nachdem die knorpeligen Anlagen von Pubis, Ilium und Ischium zu einem einheitlichen Beckenknorpel verschmolzen sind. Die Verknöcherungen des Beckens zeigen eine große Variabilität in Bezug auf das Stadium des ersten Auftretens und in Bezug auf die topographische Abfolge. Die ersten Ossifikationen treten bei der Moschus-Ente im Pubis und im Ischium im Stadium 35 auf und im Stadium 38 im Pubis und Ilium des Laufhühnchens (vergl. Tabellen 5 und 6). Auch in der Flächen-Ausdehnung der Knochenkerne des Beckens bestehen deutliche Unterschiede zwischen den Schlüpflingen. Bei Schlüpflingen von Wachtel, Laufhühnchen und Moschus-Ente sind Ilium, Pubis und Ischium weitflächig verknöchert und in den Symphysen nur durch schmale Knorpelbrücken voneinander getrennt. Beim Wellensittich, dem Reisfink und der Taube nehmen dagegen die verknöcherten Anteile des Beckens erst kleinere Flächen ein und sind durch breite Knorpel-Zonen voneinander getrennt.

Die zeitliche Abfolge des Auftretens der Ossifikationen in der hinteren Extremität stimmt mit dem Auftreten in den entsprechenden Skeletelementen der vorderen Extremität überein. An der vorderen und an der hinteren Extremität sind die grundsätzlichen Zeitpläne des Auftretens der ersten Knorpelanlagen und der nachfolgenden Ossifikation bei den untersuchten Arten gleich.

D) Neuralschädel und Visceralskelet

Vergleicht man die Arten nach den Stadien, in denen die knorpeligen Anlagen und später die ersten Ossifikationen des Schädels auftreten, so ergibt sich eine erstaunliche Übereinstimmung bei allen Arten.

Als erste Deckknochen treten Pterygoid und Angulare im Stadium 33 auf. Im Stadium 34 folgen Squamosum und Quadratojugale, die Deckknochen des Kiefer-Gaumenapparates und das Frontale sowie Angulare und Dentale auf dem Unterkiefer. In den Stadien 35 und 36 werden dann Parietale, Rostrum parasphenoidale und das Parasphenoid als letzte Deckknochen-Elemente auf dem Neuralschädel angelegt, Goniale und Spleniale auf dem MECKELschen Knorpel. Nur bei Moschus-Ente und Reisfink ist das Pterygoid schon im Stadium 30 als ganz zartes Knochenbälkchen angelegt, bei der Moschus-Ente zudem das Quadratojugale. - Die Anlage der ersten Deckknochen des Kopfskeletes geht immer parallel mit dem Auftreten der Anlage der Clavicula, selbst wenn diese wie beim Wellensittich rudimentär bleibt.

Die Ossifikation von Exoccipitale, Basioccipitale und Basisphenoid beginnt bei allen Arten im Stadium 36 oder im Stadium 37. Nur beim Wellensittich verknöchert das Basioccipitale erst im Stadium 39. Das Supraoccipitale wird insgesamt erst sehr spät zwischen Stadium 33 und Stadium 36 knorpelig angelegt. Im Stadium der knorpeligen Anlage besteht kein Unterschied zwischen den Arten. Bei den Nestflüchtern und der Taube verknöchert es jedoch spätestens im Stadium 38 oder 39, während es bei den Nesthockern bis nach dem Schlupf knorpelig bleibt.

Im Vergleich der Schlüpflinge von Nestflüchtern und Nesthockern sind die fehlenden Ossifikationen des Prooticum und des Supraoccipitale im Neuralschädel sowie des Articulare und der Columella auris im Visceralskelet die einzigen, qualitativ nachweisbaren zeitlichen Unterschiede des Differenzierungszustandes des Schädelskeletes. Alle anderen Differenzen beziehen sich auf die Flächenausdehnung der in gleicher Art und Weise sowie zur gleichen Zeit ausgebildeten Ossifikationskerne.

Die funktionell beanspruchten Regionen des Kiefer-Gaumenapparates sind in beiden Ontogenesetypen gleich entwickelt, bei den Nestflüchtern durch die Ossifikation des Articulare etwas weiter als bei den Nesthockern. Große Unterschiede bestehen jedoch in der Ausdehnung der Deckknochen des Hirnschädels und der Verknöcherungen der Schädelbasis. Squamosum, Frontale, Parietale und Supraoccipitale schließen bei Nestflüchtern mit Nähten dicht zusammen. Nur zwischen Frontale und Parietale bleibt eine Fontanelle offen. Bei den Nesthockern bleiben hingegen zwischen den Deckknochen des Hirnschädels breite Spalten bestehen, die die einzelnen Knochen voneinander trennen. In der knorpeligen Schädelbasis ist die Situation ähnlich: während bei Nestflüchtern die Verknöcherungszentren verschmolzen sind, bleiben sie bei den Nesthockern durch breite Knorpelzonen voneinander getrennt.

VI.9 Diskussion des Kapitels

A) Zeitmuster der Skeletentwicklung

Die Zeitpläne der Anlage und der Ossifikation der einzelnen Skeletelemente sind bei den hier untersuchten Arten weitgehend gleich. Unterschiede können nur bei der Ossifikation des Beckengürtels und der Wirbelsäule beschrieben werden. Zum Vergleich stehen nur wenige Literaturdaten über das Haushuhn (ERDMANN 1940; SCHUMACHER & WOLFF 1966a), Lachmöve und Sturm-Möve (SCHUMACHER & WOLFF 1966b) sowie über die Haus-Taube und den Lappentaucher (SCHINZ & ZANGERL 1937) zur Verfügung. Mit den beiden Möven-Arten ist ein weiterer Ontogenesetyp erfaßt, der als Platzhocker beschrieben wird. Da in diesen Arbeiten kein Hinweis auf embryonale Entwicklungsstadien gegeben wird, erlauben die dargestellen Befunde keinen direkten Bezug zur Gesamtentwicklung. Die geschilderte Abfolge des Auftretens der Ossifikationen entspricht beim Haushuhn, den beiden Möven-Arten und dem Lappentaucher dem zeitlichen Auftreten bei den hier untersuchten Arten. Auch im Ossifikationszustand des Schlüpflings-Skeletes lassen sich keine grundlegenden Unterschiede zwischen diesen Literatur-Angaben und den untersuchten Arten feststellen. Deutliche Unterschiede bestehen in der Flächenausdehnung der nach festen Zeitplänen angelegten Ossifikationen zwischen den genannten Nestflüchtern, Platzhockern und Nesthockern.

Diese Zeitpläne sind außerordentlich starr. Das wird zum Beispiel für die Skeletelemente des Schultergürtels und der vorderen Extremität durch das Auftreten der Ossifikation der rudimentären Clavicula beim Wellensittich belegt, die zeitplan-richtig wie die Claviculae der anderen Arten als winzige Knochenschuppe auf der Innenseite des proximalen Endes des Coracoid auftritt.

Auch die knöcherne Anlage des Vomer erfolgt bei allen untersuchten Arten im Stadium 36, unabhängig davon ob die Anlage paarig ist wie beim Reisfink und beim Laufhühnchen oder unpaar wie bei der Wachtel und der Moschus-Ente. Beim Wellensittich und der Taube ist der Vomer vollständig reduziert; die Deutung einer Mesenchymverdichtung ventral des Rostrum parasphenoidale als Rudiment des Vomer bei *Melopsittacus* (LANG 1954) bedarf der Überprüfung. Auf die Zeitpläne der Ossifikation der einzelnen Gaumenknochen hat diese Reduktion aber keinen Einfluß.

Bei der Skeletentwicklung der Wachtel wurde der Einbau sternaler Rippen in den Processus lateralis posterior des Sternum beschrieben. Die Ossifikation dieses Anteils erfolgt stadiengleich mit den sternalen Rippen, während das Sternum erst nach dem Schlupf ossifiziert. Der Zeitplan der Ossifikation sternaler Rippen wurde selbst bei ihrem Einbau in das Sternum beibehalten.

B) Bezug zur Wachstumsgeschwindigkeit

Wachtel, Laufhühnchen und die Moschus-Ente besitzen beim Schlupf eine vollständig verknöcherte Schädelbasis, die Deckknochen des Hirnschädels stoßen in Nähten aneinander, Wirbelkörper und Becken sind bis auf die Gelenkflächen ossifiziert. Das postnatale Gewichtwachstum dieser Arten ist mit Wachstumskonstanten zwischen 0.038 und 0.069 (Kapitel III.3) relativ langsam. Bei Wellensittich, Reisfink und Taube sind die Ossifikationsbereiche der genannten Skeletelemente durch breite Knorpelareale voneinander getrennt. Die Tiere wachsen nach dem Schlupf sehr schnell zur Adultgröße heran, wie die hohen Werte der Wachstumskonstanten zwischen 0.3 und 0.5 belegen.

Der ursprüngliche Schlupfzustand der Nestflüchter mit weitgehend verknöcherter Schädelbasis und Becken garantiert einerseits hohe mechanische Festigkeit und Leistungsfähigkeit, erlaubt aber andererseits nur den langsamen Umbau bereits bestehenden Knochenmaterials, da ein schnelles Knochenwachstum ausgeschlossen ist und somit auch ein schnelles Körperwachstum unmöglich ist. Größere Knorpelareale an wachsenden Ersatzknochen oder breite Spalten zwischen wachsenden Deckknochen sind Grundvoraussetzungen für schnelles Knochenwachstum. Dies ergibt sich aus der histogenetisch limitierten Aufbauleistung enchondraler oder desmaler Verknöcherung. Der Erhalt großer Knorpelareale in der Schädelbasis und dem Becken sowie die breiten Spalten zwischen den Deckknochen des Hirnschädels der nesthockenden Schlüpflinge von Wellensittich, Reisfink und Taube müssen als spezielle Anpassung an die Dynamik des postnatalen Wachstums angesehen werden. - Die Extremitätenknochen bewahren die knorpeligen Epiphysen als Wachstumszonen. Da an ihnen das Hauptlängenwachstum abläuft, sind hier die Unterschiede zwischen den Ontogenesetypen gering.

Eine Beziehung zwischen der Kürze der Entwicklungszeit und dem Ossifikationszustand besteht nicht. Beim Laufhühnchen, dessen Schlüpflinge 3.5g wiegen und nach 14 Tagen Inkubationsdauer schlüpfen, beginnt die Ossifikation der Beckenanlage in Stadium 38 oder nach 8 bis 10 Tagen Entwicklungszeit. Nach durchschnittlich 4 Tagen ist ein vollständig knöchernes Becken ausgebildet. Schlüpflinge der Wellensittiche (1.82g) und Reisfinken (1.59g) sind nur halb so groß wie Schlüpflinge der Laufhühnchen. Bei beiden Arten beginnt die Ossifikation des Beckens zwischen dem 11. und dem 14. Embryonal-Tag. Bis zum Schlupf stehen durchschnittlich 6 weitere Entwicklungstage zur Verfügung, während der ein erheblich kleineres Becken nur partiell ossifiziert.

Die Vorstellung, daß der Ossifikationszustand des Skeletes von Nesthocker-Schlüpflingen durch die Kürze der Entwicklungszeit bestimmt sei und ein Teil der Embryonalentwicklung nach den Schlupf nachgeholt werden müsse (PORTMANN 1939,1959; F.MÜLLER 1968,1972a,b), muß durch die hier vorgestellten Befunde als widerlegt gelten. Das Gegenteil ist richtig, der geringe Ossifikationszustand des Skeletes der Nesthocker ist ein evolutiv abgeleiteter Zustand. Die relativ große Ausdehnung von Knorpelarealen ist eine grundlegende Voraussetzung für das schnelle postnatale Wachstum und damit im hohen Maße adaptiv für die Bedingungen des Nestlingslebens.

C) Funktionelle Anpassungen der Schlüpflinge

Der Nachweis spezieller funktioneller Anpassungen an mechanische Sonderbelastungen des Extremitätenskeletes bei nestflüchtenden Schlüpflingen fällt schwer, da der Ossifikationszustand des Extremitätenskeletes bei Nestflüchtern und Nesthockern weitgehend identisch ist. - Auffällig ist das extreme Wachstum des Tarso-Metatarsus und Tibiotarsus beim Laufhühnchen kurz vor dem Schlupf. Es ist naheliegend, hierin eine Anpassung an die speziellen mechanischen Erfordernisse der sehr kleinen Schlüpflinge und an ihre hohe lokomotorische Aktivität unter den gegebenen Umweltverhältnissen zu sehen. Eine solche mechanisch notwendige Adaptation bezieht sich aber mehr auf eine Änderung der Hebellängen und damit der Beinlängen als auf den Ossifikationszustand der einzelnen Skeletelemente.

An Schlüpflingen der Laufhühnchen (Inkubationsdauer 14 Tage) wurde der Beginn der Verknöcherung der Tarsalia im distalen Epiphysenknorpel des Tibio-Tarsus und im proximalen Epiphysenknorpel des Tarso-Metatarsus beschrieben. Ein vergleichbarer Befund ist bisher nur von Schlüpflingen des Haus-Huhnes (Inkubationsdauer 19 Tage) bekannt geworden (SCHINZ & ZANGERL 1937; v.EGGELING 1938). Röntgen-Aufnahmen eines 40 Tage alten Embryo des Großfußhuhnes *Macrocephalon maleo* (*Megapodiidae*) zeigen ebenfalls den Beginn der Ossifikation der Tarsalia in den Epiphysenknorpeln. Der extreme Unterschied in den Zeitpunkten des Ossifikationsbeginns: 14 Tage beim Laufhühnchen, 21 Tage beim Haushuhn und 40 Tage beim *Maleo* lassen einen rein funktionellen Zusammenhang mit der hohen lokomotorischen Aktivität der Schlüpflinge vermuten.

D) Konstruktive Abhängigkeiten

Die Anlage der knorpeligen Skeletelemente und der Beginn der Verknöcherung sind unabhängig vom Ontogenesetyp zeitlich sehr konstant, was durch ihr Auftreten in festgelegten Entwicklungsstadien dokumentiert ist. Diese so einheitlichen und starren Zeitpläne, auch bei stark abgewandelten Ontogenesewegen, ergeben sich durch das Zusammenwirken zahlreicher Faktoren. Das wird am Beispiel der Entwicklung des Fußes auf einfache Art deutlich:

In der Abfolge der Entwicklungschritte des Fußes folgt der Anlage der Metacarpalia und der Phalangen die Umstellung der Zehen auf ihre familientypische Stellung, so die Oppositionsstellung des ersten und des vierten Zehs beim Wellensittich. Diese Umstellung geht der Verschmelzung der Tarsalia und Metatarsalia zum Tarso-Metatarsus notwendigerweise voraus. Die Ossifikation dieser Skeletelemente erfolgt erst nach Abschluß aller Umkonstruktionen. Die zeitlichen Abhängigkeiten dieser Differenzierungsschritte sind einsichtig: die Positionsänderung der Zehen und die damit verbundene Umkonstruktion der distalen Gelenkflächen des Metatarsus muß abgeschlossen sein, bevor Tarsalia und die Metatarsalia in ihrer endgültigen Position zu einem einheitlichen Knochenstab verschmelzen.

Als konstruktive Abhängigkeiten müssen auch die Beziehungen zwischen der Verknöcherung des Skeletes, der Entwicklung der Knochenmarkräume und deren Besiedlung mit blutbildendem Knochenmark diskutiert werden. Die embryonale Blutbildung beginnt im Dottersack und wird nach ca. 8 Tagen Embryonalzeit von Leber und Milz übernommen (SANDREUTER 1951; ROMANOFF 1960). Zum Zeitpunkt des Schlupfes muß das blutbildende Gewebe dann vom Knochenmark übernommen sein. SANDREUTER (1951) berichtet von einem zeitgleichen Beginn der Knochenmarkhämopoese bei Haushuhn und Star kurz vor dem Schlupf. Bei der Haustaube findet während der Zeit des größten Knochen-Wachstums eine Besiedlung der entstandenen Markräume praktisch des gesamten Skeletes mit blutbildendem Gewebe statt. Wenn mit dem Abschluß des Hauptwachstums die Knochenmarkräume stark ausgeweitet werden und zugleich die Menge des blutbildenden Gewebes stärker zurückgeht, werden die jetzt überflüssigen Knochenmarkräume durch Pneumatisation der Knochen oder durch die Einlagerung von Fettmark in die distalen Extremitätenknochen ersetzt (SCHEPELMANN 1986).

Daraus geht zusammenfassend hervor: das Skeletsystem muß bis zum Schlupf die Knochenmarkräume für die Besiedlung durch blutbildendes Gewebe bereitstellen. Der Beginn der Ossifikation wird so durch diese Verknüpfung zweier Organsysteme festgelegt und in seinem Zeitplan determiniert. Der Erhalt "alter" Zeitmuster ist kein Rekapitulations-Geschehen sondern er besitzt funktionelle Notwendigkeiten. Dabei sind uns bis heute wohl jene funktionellen Abhängigkeiten noch weitgehend verschlossen, die sich aus den wechselseitigen Beeinflussungen der einzelnen Gewebe-Elemente und Skeletanlagen zur Differenzierungs- und Wachstumssteuerung ergeben. Diese Abhängigkeiten determinieren viele der Zeitmuster in der Gesamtentwicklung, die wir als konstante Zeitpläne der Einzelorgane aufzeigen können. So dürften sie nur sehr begrenzte Möglichkeiten der zeitlichen und quantitativen Abwandlung besitzen.

VII POSTNATALE ENTWICKLUNG DES GEHIRNES

VII.1 Anatomie des Vogelgehirnes - Allgemeiner Überblick

A) Literaturübersicht

Obgleich eine große Zahl von Arbeiten Detailanalysen spezieller Funktionssysteme des Vogelgehirnes beschreiben, gibt es nur wenige vergleichend anatomische Untersuchungen. A.BUMM (1883) untersuchte in einer sondierenden Studie das Gehirn von Singvögeln, Enten, Tauben, Eulen und Wellensittich. Die Grundlage für alle weiteren neuroanatomischen Arbeiten über das Vorderhirn der Vögel legten EDINGER et al. (1903). Die meisten Arten, die in dieser Arbeit beschrieben wurden, sind seither nicht mehr untersucht worden. Für das Papageiengehirn stellt sie die einzige zuverlässige Referenz dar. Die Untersuchungen von KALISCHER (1905) über das Großhirn der Papageien gingen von vorwiegend physiologischen Fragestellungen aus und sind in der anatomischen Beschreibung sehr zurückhaltend. Der physiologische Ansatz dieser Arbeiten hat heute sowohl in methodischen als auch inhaltlichen Aspekten an Aktualität verloren. CRAIGIE verfasste ausführliche monographische Abhandlungen über das Gehirn des Kolobri (*Chrysolampis mosquito*) (CRAIGIE 1928) und des Kiwi (CRAIGIE 1930). Von CRAIGIE (1935-1939) wurde weiterhin eine Reihe speziellerer Arbeiten über die vergleichende Anatomie der corticoiden Schichten des Vorderhirns der Vögel vorgelegt. Bis heute von grundlegender Bedeutung und auch für die Nomenklatur maßgebend ist die Arbeit über das Telencephalon und Diencephalon der Vögel von HUBER & CROSBY (1929), in der Kerngebiete und Faserverbindungen des Telencephalon und Diencephalon von *Passer domesticus* untersucht und mit den Verhältnissen bei Taube, Haushuhn und Sittich verglichen werden. In größerem Rahmen werden diese Befunde in dem Handbuch zur vergleichenden Anatomie des Nervensystems der Vertebraten von KAPPERS, HUBER & CROSBY (1936) wieder aufgegriffen. Eine mikroskopisch anatomische Studie über den Vergleich des Vorderhirns von Waldkauz und Turmfalk wurde von STINGELIN (1955) vorgestellt, die durch umfangreiche vergleichende Arbeiten (STINGELIN 1958, 1965) ergänzt wurden. In diesen Folgearbeiten geht STINGELIN aber, abgesehen von einer detaillierten zytologischen Beschreibung einzelner Hirnareale, nicht mehr auf den mikroskopisch-anatomischen Bau des Vogelgehirns ein; die Basis seines Vergleichs bilden Untersuchungen der äußeren Hirnform. KUHLENBECK (1977) gibt eine detailgenaue zusammenfassende Auflistung der Kerngebiete des Vogelhirns. Die eigenwillige Nomenklatur und das Fehlen jeder Synonymie-Tabelle schränken die Verwendungsfähigkeit dieses Werkes ein. PEARSON (1972) gibt einen allgemeinen Überblick über die Anatomie und Physiologie des Vogelgehirnes auf dem Forschungsstand von 1972. In einigen neueren Arbeiten werden wieder vergleichend-anatomische Fragen der Grundgliederung des Vogelgehirnes aufgegriffen und unter funktionellen Gesichtspunkten diskutiert (COHEN & KARTEN 1974; BENOWITZ 1980).

Für das Haushuhn (v.TIENHOVEN & JUHASZ 1962; KUENZEL 1988) und drei Tage alte Hühnerkücken (YOUNGREN & PHILLIPS 1978), für die Haustaube (*Columba livia f.dom.*) (KARTEN & HODOS 1967), die Japanische Wachtel (BAYLE et al. 1974) und den Kanarienvogel (STOKES et al. 1974) wurden stereotaxische Atlanten erstellt. Ihrer speziellen Bestimmung entsprechend gehen diese Atlanten nicht auf vergleichend anatomische Fragestellungen ein. Mit diesen Arbeiten ist eine einheitliche Nomenklatur etabliert, die im Folgenden auch weitgehend angewendet werden wird. In einigen Fällen wird eine andere Benennung gewählt, die sich auf vergleichend-anatomische Begriffe bezieht.

Die Anzahl vergleichend-ontogenetischer Arbeiten über das Vogelgehirn ist gering. Die Embryonalentwicklung des Gehirnes des Haushuhnes untersuchten KUHLENBECK (1938) (zusammenfassend KUHLENBECK 1975) und KÄLLEN (1962). Die umfassendste vergleichende Arbeit über die Ontogenese des Vorderhirns wurde von HAEFELFINGER (1958) publiziert. Über die Myelinisierung der Fasersysteme im Gehirn von Huhn und Star berichtet SCHIFFERLI (1958). Einen Überblick über vorwiegend angelsächsische Arbeiten bis 1960 ist in ROMANOFF (1960) zusammengestellt.

B) Der Grundbauplan des Telencephalon

Das Gehirn der Vögel ist durch sehr große Endhirnhemisphären ausgezeichnet, die in Abhängigkeit von Cerebralisationsgrad und Körpergröße bis weit nach kaudal reichen und alle anderen Hirnteile überlappen können (Abb.174,179,182,187,191). Der histologische Aufbau des Telencephalon wird von der Massenentfaltung der Basalganglien dominiert. Die Entwicklung und Differenzierung der Basalganglien ist bei Vögeln weit fortgeschritten und ist mit der Entwicklung neuer Basalganglien-Areale einzigartig innerhalb der Wirbeltiere. Die ursprünglichen Hirnrindenabschnitte, die pallialen Anteile des Vorderhirns sind strukturell den Basalganglien angeglichen worden. Eine palliale Cortexbildung, wie sie ansatzweise bei Reptilien (BUTLER 1980; zusammenfassend in: SCHWERTDFEGER & SMEETS 1988) und als wesentliches Bauprinzip bei Säugetieren gefunden wird, ist bei Vögeln nicht entwickelt worden. Im histologischen Schnitt durch das Telencephalon lassen sich anhand von zytoarchitektonischen Charakteristika und Faserschichten nur kompakte striatale Kerngebiete abgrenzen.

Die basalen Anteile des Telencephalon werden vom Komplex des Palaeostriatum (Abb.176,177,178,172,186,190,194) eingenommen. Dieser erstreckt sich von der Ebene des Foramen interventriculare bis an die rostrale Gehirnspitze und von der Seitenwand des Ventrikels bis zur lateralen Hirnwand. Der rostrale Lappen des Palaeostriatum wird als Lobus parolfactorius abgegliedert. Zur Mitte hin, im Bereich des lateralen Vorderhirnbündels, liegen schichtweise übereinander das dichte Fasernetz des Palaeostriatum primitivum, der Nucleus intrapeduncularis telencephali mit sehr großen, stark anfärbenden Zellen und das Palaeostriatum augmentatum. Das zytologische Grundmuster des palaeostriatalen Komplexes bilden kleine, multipolare Neurone mit rundem Zellkern und zentralem Nucleolus, deren Plasmasaum immer sehr schmal ist und nur mittelstark anfärbt. Diese Neurone treten in charakteristischer Weise zu Clustern von 4-10 Zellen zusammen. Histologisch ist ein sehr komplexes Bild vorhanden, da zahlreiche Fasern des optischen Systems vom Nucleus rotundus durch den palaeostriatalen Komplex aufsteigen und in das Ectostriatum führen (KARTEN & HODOS 1970). Experimentelle Untersuchungen am palaeostriatalen Komplex haben ganz verschiedene Projektionsfelder von Lobus parolfactorius und Palaeostriatum augmentatum nachgewiesen. Das Palaeostriatum augmentatum empfängt Fasern aus dem Neostriatum, die dort entweder auf kurze Neurone zum Palaeostriatum primitivum oder auf telencephalo-thalamische Fasern des lateralen Vorderhirnbündels umgeschaltet werden. Ihr Endigungsgebiet liegt in den vorderen Thalamuskernen, speziell Nucleus spiriformis (KARTEN & DUBBLEDAM 1972). Trotz zytologischer Übereinstimmung ist eine Abgliederung des Lobus parolfactorius aus funktionellen Gesichtspunkten gerechtfertigt (KARTEN & DUBBLEDAM 1973).

Der palaeostriatale Komplex wird dorsal immer durch die Faserschicht der Lamina medullaris dorsalis abgegrenzt, deren Verschaltungen jedoch völlig ungeklärt sind. Morphologisch stellt sie sich vor allem als Schicht fronto-parietaler und fronto-occipitaler Faserzüge dar (Abb.176,177,193). Der Austausch von Fasern mit dem Ectostriatum, Neostriatum und Hyperstriatum ist experimentell nicht belegt. Dieses Fasersystem ist in den verschiedenen taxonomischen Gruppen der Vögel sehr variabel ausgebildet. Die Anzahl myelinisierter Fasern und die daraus resultierende Dicke der Faserschichten, sowie die Komplexität der Faserzüge kann als Merkmal für die Cerebralisationshöhe herangezogen werden.

Das Neostriatum ist das größte striatale Kerngebiet. Es ist ventral durch die Faserschichten der Lamina medullaris dorsalis und dorsal durch die Lamina hyperstriatica abgegrenzt. Diese wird von auf- und absteigenden Faserbündeln aus Neostriatum und Hyperstriatum ventrale durchbrochen. Zytologisch zeichnet sich das Neostriatum durch 4-zellige Cluster aus, deren Zellen etwas größer sind als die palaeostriatalen und sich stärker anfärben. Daneben kommen mittelgroße und kleine Zellen vor, die meist einzeln liegen und nur gelegentlich zu Zellgruppen zusammentreten oder sich an größere Cluster anlagern. - Obgleich für das Neostriatum bis zu 16 verschiedene zytologische Areale (N1 -N16) angesprochen werden können (REHKÄMPER et al. 1985) soll hier auf eine solcherart vertiefte Analyse nicht eingegangen werden, da sie zum Teil auf elaborierte computerunterstützte Grauwertberechnungen angewiesen ist, und zum anderen dieses Arealmuster nur für die Haustaube untersucht wurde. Schon die lichtmikroskopische Betrachtung verschiedener Arten zeigt, daß Zellgrößen, Clustergrößen und Clusterhäufigkeiten auch in topographisch vergleichbaren Arealen bei verschiedenen Arten differieren (s.a. STINGELIN 1958).

Direkt auf der Lamina medullaris dorsalis aufgelagert kann im Neostriatum das Areal des Ectostriatum abgegrenzt werden. Gegenüber den umgebenden Feldern des Neostriatum überwiegen im Ectostriatum Zellen mit größeren und stärker anfärbbaren Perikaryen. Clusterbildung kommt hier nicht vor. Das Ectostriatum ist das primäre telencephale Projektionsfeld der optischen Fasern aus dem Nucleus rotundus (PEARSON 1972). Die optischen tecto-telencephalen Fasern aus dem Stratum griseum des Tectum führen über das Brachium colliculi superiores zum Nucleus rotundus des Thalamus, wo sie nach der Umschaltung auf Folgeneurone direkt ohne weitere Verschaltung in das Ectostriatum projezieren. Der Faserverlauf schließt sich dem Fasciculus lateralis prosencephali als tecto-fugales System an (KARTEN & HODOS 1970). - Ein sensorisches akustisches Projektionsgebiet wurde im medialen Neostriatum nachgewiesen (BOORD 1969; KARTEN 1967, 1968). Dieses akustische Areal entspricht dem von ROSE (1914) anhand zytoarchitektonischer Untersuchungen beschriebenen Feld L. Es empfängt über den Fasciculus prosencephali lateralis aufsteigende Fasern der Hörbahn aus dem Nucleus ovoidalis, der über den Torus semicircularis mit den akustischen Kerngebieten des Rhombencephalon (N.magnocellulares und N.angularis) verbunden ist. Efferenzen aus dem Feld L führen zum motorischen Gesangszentrum im Hyperstriatum ventrale (s.u.) und direkt zum Archistriatum (KELLEY & NOTTEBOHM 1979). - Eine somatomotorische Repräsentation wird im Neostriatum vermutet (COHEN & KARTEN 1974). VEENMANN & GOTTSCHALDT (1985) wiesen mit der Meerrettich-Peroxidase Methode afferente und efferente vertikale Verbindungen zwischen Neostriatum, Archistriatum, Hyperstriatum ventrale, palaeostriatalem Komplex und Nucleus basalis bei der Gans *(Anser anser)* nach. Aus dem Neostriatum soll eine topographe Projektion in den palaeostriatalen Komplex bestehen, ebenso wie aus dem Archistriatum in das Neostriatum. DUBBLEDAM, BRAUCH & DON (1981) wiesen eine sensible ortsgenaue Repräsentation des Trigeminus-Systems über den Tractus quinto-frontalis im Nucleus basalis der Ente nach. Elekrophysiologische Untersuchungen bestätigen diese Ergebnisse (BERKHOUDT, DUBBLEDAM & ZEISTRA 1981). Die anatomischen Unterschiede in der Ausbildung des Nucleus basalis bei verschiedenen Vogelarten sind jedoch groß. Bei Gänsen und Enten (Abb.182) ist dieses Areal ausgedehnt, bei Tauben (Abb.194) und Singvögeln (Abb.190) ist es mittelmäßig entwickelt und es fehlt den meisten Papageien (Abb.186). Eine Generalisierung dieser, von Gänsen bekannten Funktionssysteme kann daher nur mit größter Vorsicht geschehen.

Das Hyperstriatum ventrale schließt sich dorsal dem Neostriatum an (Abb.176,177,193). Es liegt wie eine Haube über dem Neostriatum, ist unter Umständen an der Bildung des Frontalpoles des Telencephalon beteiligt, reicht aber niemals bis an das kaudale Ende der Hemisphären. Im rostralen Bereich des Hyperstriatum ventrale ist ein dorsaler Abschnitt mit kleineren und schwächer anfärbenden Zellen von dem etwas großzelligeren ventralen Abschnitt zu unterschieden. Dies hat zu der topographischen Unterscheidung eines Hyperstriatum ventrale-ventroventrale und Hyperstriatum ventrale-dorsoventrale geführt (HUBER & CROSBY 1929). Da schon diese Untergliederung nicht bei allen Arten zuverlässig nachvollzogen werden kann, soll hier auf eine weitere Untergliederung in 6 Areale, wie REHKÄMPER et al. (1984) vorschlagen, verzichtet werden. Das Hyperstriatum ventrale erhält Afferenzen ausschließlich über Faserbündel, die das Neostriatum durchqueren und die Lamina hyperstriatica kreuzen. Direkte Efferenzen aus dem Hyperstriatum ventrale in Gebiete des Hirnstammes oder der Peripherie sind bisher nicht bekannt geworden. Die meisten efferenten Bahnen werden im Archistriatum umgeschaltet. Einige Fasern verlaufen aber auch direkt aus dem Hyperstriatum ventrale zum Lobus parolfactorius. Von NOTTEBOHM et al. (1976) wurde im kaudalen Hyperstriatum ventrale des Kanarienvogels ein somatomotorisches Zentrum für die Kontrolle des Gesangs beschrieben. Aus diesem Areal verlaufen die Efferenzen über das Archistriatum und den Tractus occipito-mesencephalicus zu den Kerngebieten des Nervus hypoglossus.

Das Archistriatum ist ein lateral oder latero-kaudal des Neostriatum gelegenes Areal, das als Auffaserungsgebiet der Fasern der Commissura anterior durch eine horizontale Streifung myelinisierter Fasern kenntlich ist (Abb.176,177,193). Die Perikaryen im Archistriatum sind größer als im Neostriatum und treten nicht zu Clustern zusammen. Afferenzen erhält das Archistriatum über die Commissura anterior von der kontralateralen Hemisphäre und aus dem Neostriatum sowie dem Hyperstriatum ventrale (ZEIER & KARTEN 1971). Nach experimentell erzeugten Läsionen des Archistriatum wurden kaum spezifische motorische Ausfallserscheinungen beobachtet, vielmehr generelle Beeinträchtigungen wie ein Aktivitätsverlust (ZEIER 1971).

Bei allen Vogelarten lassen sich die dorsalen striatalen Areale des Hyperstriatum dorsale, des Nucleus intercalatus superior und des Hyperstriatum accessorium unterscheiden. Meist werden sie als Wulst zusammengefaßt. Ihre Ausbildung ist in den einzelnen Taxa sehr verschieden. Der Wulst kann extrem reduziert sein wie beim Wellensittich (Abb.186) oder mächtig entwickelt und hoch differenziert, wie beim Waldkauz und Turmfalken (STINGELIN 1955). Die Lamina frontalis superior grenzt das Hyperstriatum ventrale gegen das Hyperstriatum dorsale ab, das wiederum durch die Lamina frontalis suprema gegen das Hyperstriatum accessorium abgesetzt wird. Der Nucleus intercalatus superior ist in die Fasern der Lamina superior eingestreut. Nicht immer sind in diesen Laminae myelinisierte Fasern zu finden wie bei Spatz, Taube (Abb.194), Huhn (HUBER & CROSBY 1929) und Reisfink (Abb.190). Beim Laufhühnchen (Abb.176,177,178), beim Wellensittich (Abb.186) und der Ente (Abb.181) sind keine oder nur sehr wenige myelinisierte Fasern vorhanden. Bei der Eule (*Speotyto cunicularia*) und der Taube wurden im Wulstgebiet Projektionen aus den Nuclei optici principales nachgewiesen, die den Wulst über das laterale Vorderhirnbündel und aufsteigende Fasern durch das Neo-und Hyperstriatum erreichen. Sie wurden als thalamo-fugales optisches System neben das tectofugale System gestellt. Efferente Verbindungen verlassen die Wulstregion über den Tractus septo-mesencephalicus und führen teilweise in der Decussatio supraoptica kreuzend zum Nucleus geniculatus lateralis des Diencephalon und zum Tectum bis in das Stratum griseum centrale und das Stratum griseum superficiale (KARTEN et al.1973).

Medial zwischen Ventrikel und Hemisphärenwand ist der Hippocampus als Zellband abgrenzbar. Ihm schließt sich lateral über dem Ventrikel die Area parahippocampalis an. Im rostralen Bereich der Hemisphären grenzt die Area parentorhinalis an das Hyperstriatum accessorium. In den kaudalen Bereichen geht sie lateral in die dünnen corticoiden Schichten über.

Die corticoiden Schichten wurden in vergleichend-anatomischen Untersuchungen des Vogelgehirnes immer wieder mit dem Pallium der Reptilien und Säuger homologisiert und der Versuch unternommen, auch bei den Vögeln eine echte Cortexbildung nachzuweisen. Dabei wurde allgemein eine rein funktionsbezogene Punkt-für-Punkt Übertragung der Stukturen von Säuger auf Vögel oder umgekehrt betrieben. So kommt es, daß einige Autoren säugertypische neocorticale Strukturen mit Arealen des Neostriatum der Vögel homologisieren (KUHLENBECK 1938; KÄLLEN 1962; KARTEN 1969; KARTEN & HODOS 1970; KARTEN & DUBBLEDAM 1973; COHEN & KARTEN 1974; BENOWITZ 1980) oder eine homoiologe Entwicklung pallialer Grundelemente bei Sauropsiden und Säugern sehen (NORTHCUTT 1969). Andere wiederum erkennen keinen Neocortex und verstehen das Telencephalon der Vögel als selbständige evolutive Entwicklung der basalen und palaeopallialen Gebiete (KAPPERS, HUBER & CROSBY 1936; HAEFELFINGER 1958; STINGELIN 1958b, 1962; STINGELIN & SENN 1969; D.STARCK 1982; VEENMAN & GOTTSCHALDT 1986). Wenngleich eine generelle (regionale) Homologie der corticoiden Schichten und des Wulstes des Vogelgehirnes mit der pallialen Region des Reptilien- und Säugergehirns unbestritten ist (HAEFELFINGER 1958; BUTLER 1980), so scheint doch die weitere Differenzierung des Telencephalon in die Areale des Hyperstriatum und Neostriatum bei den Vögeln einen völlig anderen, eigenen Weg gegangen zu sein, der eine spezielle Homologie zu Reptilien und Säugern ausschließt. Schichtbildung läßt sich in dem hier untersuchten Material nirgends finden und auch bei der genauen Auswertung von Literaturangaben (CRAIGIE 1935-1939) nicht erkennen. Die teilweise oberflächenparallele Orientierung bipolarer Neurone als rudimentäre Cortexbildung zu verstehen erscheint bei Berücksichtigung einer vom Faserverlauf abhängigen passiven Ausrichtung der Zellen als überinterpretiert.

C) Fasersysteme

Die Laminae des Telencephalon scheinen, ohne daß hierüber bisher genauere Untersuchungen vorliegen, Fasersysteme für die Verschaltung einander überlagernder Hirnteile auszubilden; dies nicht nur für die direkt dorso-ventral übereinanderliegenden Strukturen sondern auch in der flächenhaften Verschaltung rostraler und occipitaler sowie parietaler und temporaler Regionen. Die Dicke der Faserschichten und die Menge myelinisierter Fasern ist, in Abhängigkeit von der Entfaltung einzelner Hirnareale, ein deutliches Merkmal für den Cerebralisationsgrad der verschiedener Arten. - Die Lamina medullaris dorsalis führt bei den sehr einfach organisierten Laufhühnchen nur einzelne myelinisierte Fasern (Abb.177,178). Bei Papageien bilden hingegen dicke Faserlagen aus Lamina medullaris dorsalis, Tractus fronto-archistriaticus und Commissura anterior eine geschlossene Faserkapsel um das Palaeostriatum. Zusätzlich wird das Palaeostriatum von einem dorso-ventralen Faserzug, der Fasern aus Neostriatum und Ectostriatum zusammenfaßt, durchquert (Abb.186). Diese einzigartige Konfiguration von Faserzügen steht im Zusammenhang mit der Massenentfaltung des Neostriatum und des Archistriatum bei Papageien.

Die Faserkapsel der Papageien wurde zuerst von EDINGER (1903) beschrieben und mit der Capsula interna der Säugetiere homologisiert. In den seither folgenden Arbeiten fand sie keine weitere Beachtung. Ihre Homologisierung mit der Capsula interna der Mammalia ist auf der Basis ontogenetischer Befunde (HAEFELFINGER 1958) fragwürdig. Hyperstriatum ventrale und Neostriatum, die einzig Fasern in dieses System entsenden, sind mit den Basalganglien (Striatum) der Säuger zu homologisieren, das Palaeostriatum mit dem Globus pallidus (HAEFELFINGER 1958). Bei Säugern liegt der Ursprung der Fasern im Neocortex; dieser fehlt Vögeln vollständig. Eine Homologie der Fasersysteme ist daher ausgeschlossen. Die palaeostriatale Faserkapsel ist innerhalb der Gruppe der Vögel eine apomorphe Entwicklung der Papageien, die von dem plesiomorphen Arrangement der Fasersysteme abgeleitet werden kann, wie es bei anderen Vogelordnungen (Bsp. *Galliformes*) gefunden wird.

Die Lamina hyperstriatica ist, wie die Lamina medullaris dorsalis, ein Faserhorizont, der sich über die ganze Ausdehnung des Neostriatum erstreckt. In ihr überwiegen fronto-occipitale und fronto-temporale Faserzüge, die in ein zartes Fasernetz unbestimmter Orientierung eingebettet sind. Die Mächtgkeit der Faserschicht hängt von der Entfaltung des Hyperstriatum ab. Beim Laufhühnchen und der Taube ist sie dünn und besitzt nur wenige myelinisierte Fasern. Auch bei dem hoch cerebralisierten Wellensittich ist sie nur gering entwickelt, da bei ihm das Hyperstriatum insgesamt gering entfaltet ist. Beim Reisfinken und beim Hausspatzen (HUBER & CROSBY 1929) ist die Lamina hyperstriatica hingegen zu einer dicken Faserschicht entwickelt.

Beim Waldkauz (*Strix aluco*) sind zusammen mit der mächtigen Entfaltung der Wulstgebiete, die Faserlagen der Lamina frontalis superior und der Lamina frontalis suprema zu dicken Faserschichten entwickelt (STINGELIN 1958).

Beim Turmfalken findet man wieder eine ganz andere Faserarchitektur; bei ihm sind Lamina medullaris dorsalis und Lamina hyperstriatica zusammen mit Neostriatum und Hyperstriatum ventrale mächtig entfaltet (STINGELIN 1958).

Die Ausbildung der Faserschichten im Telencephalon der Vögel scheint sehr variabel zu sein und in engem Zusammenhang mit der Volumenentfaltung einzelner striataler Areale zu stehen. Eine vergleichend-anatomische Untersuchung auf breiter systematischer Grundlage fehlt bis heute.

Neben den Laminae verbindet der Tractus fronto-archistriaticus das frontale Neostriatum mit dem occipitalen und temporalen Archistriatum.

Ein Faseraustausch zwischen den Hemisphären findet über die Commissura anterior statt, die die Archistriata beider Hemisphären verbindet, aber auch Endigungen im Neostriatum und Palaeostriatum primitivum besitzt (ZEIER & KARTEN 1971). Ein Faseraustausch zwischen den dorsalen (pallialen) Gebieten findet über die bei allen Vögeln nur sehr schwach ausgebildete Commissura pallii statt.

D) Der Grundbauplan des Diencephalon und des Mesencephalon

Das Diencephalon der Vögel ähnelt in seinem Grundbau dem von den Reptilien bekannten Aufbau (EDINGER 1903a,1903b; KAPPERS, HUBER & CROSBY 1936; SENN 1968; KUHLENBECK 1977). Im Einzelnen ergeben sich aber für die verschiedenen Vogelgruppen und -arten erhebliche Verschiebungen im Lagebezug der Kerngebiete zueinander. Diese gruppen- und arteigenen Besonderheiten werden bei der Besprechung der Befunde erörtert werden.

Das Tectum opticum ist das übergeordnete Zentrum des vorderen Mesencephalon. Als primäres Projektionsgebiet retinaler Fasern und als Ursprungsgebiet tecto-thalamer und tecto-telencephaler Bahnen besitzt es enge funktionelle Verknüpfungen mit dem Diencephalon und dem Telencephalon. Über Verbindungen mit den motorischen Augenmuskelnerven und dem Einbau des Torus semicircularis als akustischem Kerngebiet, bestehen ebensolche enge Beziehungen zum Rhombencephalon.

Der Bau des Tectum opticum sei hier an eigenen Befunden erörtert, um den nachfolgenden deskriptiven Teil von Wiederholungen zu entlasten. Das Tectum weist einen echten Schichtenbau auf (Abb.176). In ihm sind die klassischen 3 Schichten ausgebildet: Stratum periventriculare, Stratum centrale und Stratum superficiale. Im Einzelnen lassen sich diese 3 Schichten in insgesamt 14 Zonen untergliedern, wie sie auch am Tectum opticum der Reptilien beschrieben wurden (RAMON 1896; SENN 1968-1970). Einige Zonen können bis in zytologische Details mit den entsprechenden Zonen bei Reptilien homologisiert werden. (*Lacerta sicula*, SENN 1968; *Chelydra serpentina*, SENN 1971; *Natrix natrix*, SENN 1970).

Die periventrikuläre Schicht beginnt mit einem stellenweise mehrreihigen Ependym (Zone 1), dem ein periventrikuläres Fasersystem (Stratum album periventriculare, Zone 2) aufliegt. Nach außen schließt sich eine Zellschicht an, die von einem feinen Netz myelinisierter Fasern durchzogen wird (Zone 3 und 4). In dieser Schicht liegen die großen Perikaryen des Nervus trigeminus, die nach Lage, Faserverbindung und speziellem Bau mit den Trigeminus-Neuronen in Zone 5 der Reptilien (SENN 1968) homologisiert werden können. Peripher schließt die zentrale Schicht mit einer dichten Zone tangential verlaufender Fasern (Stratum album centrale; Zone 6) an, die nach außen an eine Zone unterschiedlich großer Perikaryen grenzt (Stratum griseum centrale; Zone 7). Diese Zone ist durch ein distal dünner werdendes Fasernetz gekennzeichnet, in dem multipolare und tangential orientierte bipolare Zellen verschiedener Größe liegen. Auch die Zelldichte nimmt nach außen deutlich ab. Diese beiden zentralen Zonen, die sich auch ontogenetisch selbständig differenzieren, gleichen im Faserverlauf und der Zellform den Verhältnissen bei Reptilien. In der superfiziellen Schicht wird Zone 8 von kleinen runden Zellen aufgebaut, zwischen die zahlreiche radiär orientierte kleine Bipolarzellen eingestreut liegen. Die Zone wird von radiär verlaufenden myelinisierten Fasern durchzogen. Zone 9 wird wie bei Reptilien von einer Schicht nicht myelinisierter Fasern gebildet. Sie wird teilweise von radiär verlaufenden Faserzügen aus den tieferen Schichten durchquert.

Die Zone 10 ist bei Vögeln gegenüber Reptilien abweichend gebaut. Sie ist bei Vögeln, in unterschiedlicher Deutlichkeit in 2 Zellagen aufgespalten, die durch mittelgroße bipolare Zellen radiärer Orientierung charakterisiert werden und von einer zwischengeschalteten Lage nicht myelinisierter Fasern getrennt sind. Meist besteht die äußere dieser beiden Lagen nur aus einer Schicht dicht aneinander liegender Zellen. Die ontogenetische Differenzierung dieser beiden Unterschichten der Zone 10 findet erst nach der Differenzierung der Zonen 11-14 statt.

Die Zonen 11-14 entsprechen prinzipiell wieder den Verhältnissen bei Reptilien. Zone 11 ist eine unterschiedlich dicke Lage nicht myelinisierter Fasern, in der vereinzelte Perikaryen zu erkennen sind. Zone 12 ist eine gemische Faser- und Kernschicht, die bei den Vögeln aber nicht die Mächtigkeit wie bei den Reptilien erreicht. Bei den Reptilien findet in der Zone 12 die erste Umschaltung der optischen Fasern aus dem Tractus opticus statt. Die Zone 13 ist eine Schicht nicht myelinisierter Fasern. Die oberflächliche Zone 14 wird von primären optischen Fasern aus dem Tractus opticus gebildet.

VII.2 Postnatale Entwicklung des Gehirnes

Der Schilderung der postembryonalen Entwicklung des Gehirnes wird bei der Besprechung der einzelnen Arten jeweils die Darstellung der Anatomie des ausgewachsenen Gehirnes vorangestellt, um die gruppen- und arttypischen Merkmale zu kennzeichnen und um die speziellen Entwicklungsabläufe anschließend darstellen zu können

Der Aufbau des Gehirnes der untersuchten Arten wird anhand von Frontalschnitten durch das Gehirn, die eindeutig auf definierten und vergleichbaren Schnittebenen liegen, besprochen.

Die Schnittebene durch den Frontal Pol des Gehirnes schneidet das Gehirn auf einer Ebene vor dem Palaeostriatum und vor den Septumkernen. Das Septum wird noch ganz vom Tractus septo-mesencephalicus ausgefüllt. Die folgende Schnittebene ist durch die Commissura anterior definiert. Als dritte Schnittebene wurde ein Frontalschnitt gewählt, der das Gehirn auf der Höhe des Foramen interventriculare schneidet. Dieses liegt kurz hinter der Commissura anterior, doch sind die anatomischen Unterschiede zwischen beiden Schnittebenen meist so groß, daß eine getrennte Besprechung notwendig erschien. Die Schnittebene durch das Tectum opticum wird durch die Commissura posterior festgelegt. Die Schnittebene durch den Occipital Pol führt auf der Höhe der lateralen Kleinhirnkerne und des Nucleus laminaris durch das Kleinhirn.

Die mikroskopisch-anatomischen Befunde sind für die Gehirne aller Altersstadien der untersuchten Arten und für alle Schnittebenen in den Abbildungen 178 für *Turnix*, 181 für *Cairina*, 186 für *Melopsittacus*, 190 für *Lonchura* und 194 für *Columba* dargestellt. Alle Abbildungen sind Original-Zeichnungen von eindeutig definierten Schnitten. In den Tafeln sind die Zeichnungen der einzelnen Schnitte in der Art einer Kombinationstabelle angeordnet. Schnitte eines Altersstadiums sind vertikal angeordnet, Schnitte der gleichen Ebene sind horizontal angeordnet. Zu jedem Altersstadium und zu jeder Schnittebene kann auf diese Art sofort der betreffende Schnitt gefunden werden kann.

NOMENKLATUR - ABKÜRZUNGEN

Archistriatum		A
Area corticoidea dorsolateralis	Cortex dorso-lateralis	CDL
Area parahippocampalis	Area entorhinalis	APH
Bulbus olfactorius		BO
Cerebellum		CB
Chiasma opticum		CH
Commissura anterior		CA
Commissura cerebellaris ventralis		CCV
Commissura posterior		CP
Commissura tectalis	Commissura colliculi superiores	CT
Decussatio supraoptica		DS
Ectostriatum		E
Epiphyse		EP
Fasciculus longitudinalis medialis		FLM
Fasciculus prosencephali lateralis		FPL
Fissura palaeo-neostriatica		FPN
Hippocampus		HP
Hyperstriatum accessorium		HA
Hyperstriatum dorsale		HD
Hyperstriatum ventrale		HV
Hypophyse		HY
Lamina frontalis superior		LFS
Lamina frontalis suprema	Lamina hyperstriatica suprema	LFM
Lamina hyperstriatica		LH
Lamina medullaris dorsalis		LMD
Lingula		L
Lobus parolfactorius	medio-rostales Palaeostriatum	LPO
Neostriatum		N
Neostriatum caudale		NC
Nervus abducens		N.VI
Nervus oculomotorius		N.III
Nervus stato-acusticus		N.VIII
Nervus trigeminus		N.V
Nervus trochlearis		N.IV
Nucleus basalis		NB
Nucleus cerebellaris intermedius		CBM
Nucleus cerebellaris internus		CBI
Nucleus cerebellaris lateralis		CBL
Nucleus ectomamillaris		EM
Nucleus geniculatus lateralis		GL
pars magnocellularis (ventralis)		GLV
pars parvocellularis (dorsalis)		GLD

Nucleus habenularis medialis		HM
Nucleus intercalatus superior		HIS
Nucleus interpeduncularis		IP
Nucleus isthmi tecti		I
pars magnocellularis		IMC
pars parvocellularis		IPC
Nucleus laminaris		LAM
Nucleus lateralis mesencephali	Torus semicircularis	TS
Nucleus lentiformis		LM
Nucleus nervi abducens		NA
Nucleus nervi oculomotorii pars dorsalis		OMD
Nucleus nervi oculomotorii pars ventralis		OMv
Nucleus nervi trochlearis		NTR
Nucleus ovoidalis		OV
Nucleus praetectalis		PT
Nucleus raphe		R
Nucleus rotundus		RT
Nucleus ruber		RU
Nucleus spiriformis		SP
Nucleus subpraetectalis		SPT
Nucleus tangentialis		TA
Nucleus trochlearis		TR
Nucleus vestibularis medialis		VEM
Palaeostriatum	Palaeostriataler Komplex	P
Palaeostriatum augmentatum		PA
Palaeostriatum primitivum		PP
Proliferationsgebiet		PROL
Stratum album centrale (Zone 6)		SAC
Stratum album periventriculare (Zone 2)		SAP
Stratum griseum centrale (Zone 7)		SGC
Stratum griseum et fibrosum superficiale (Zone 8-13)		SGF
Stratum griseum periventriculare (Zone 3-5)		SGP
Stratum opticum (Zone 14)		SOP
Tectum opticum	Colliculi superiores	T
Telencephalon		TEL
Torus semicircularis	Nucleus lateralis mesencephali	TS
Tractus fronto-archistriaticus		FA
Tractus occipito-mesencephalicus		OM
Tractus opticus		TO
Tractus quinto-frontalis		QF
Tractus septo-mesencephalicus		TSM
Tuber cinereum		TU
Vallecula		VA
Ventriculus		V

NOMENKLATUR - ABKÜRZUNGEN

A	Archistriatum	A
APH	Area entorhinalis Area parahippocampalis	APH
BO	Bulbus olfactorius	BO
CA	Commissura anterior	CA
CB	Cerebellum	CB
CBI	Nucleus cerebellaris internus	CBI
CBL	Nucleus cerebellaris lateralis	CBL
CBM	Nucleus cerebellaris intermedius	CBM
CCV	Commissura cerebellaris ventralis	CCV
CDL	Area corticoidea dorsolateralis	CDL
CH	Chiasma opticum	CH
CP	Commissura posterior	CP
CT	Commissura tectalis	CT
DS	Decussatio supraoptica	DS
E	Ectostriatum	E
EP	Epiphyse	EP
EM	Nucleus ectomamillaris	EM
FA	Tractus fronto-archistriaticus	FA
FLM	Fasciculus longitudinalis medialis	FLM
FPL	Fasciculus prosencephali lateralis	FPL
FPN	Fissura palaeo-neostriatica	FPN
GL	Nucleus geniculatus lateralis	GL
GLD	pars parvocellularis (dorsalis)	GLD
GLV	pars magnocellularis (ventralis)	GLV
HA	Hyperstriatum accessorium	HA
HD	Hyperstriatum dorsale	HD
HIS	Nucleus intercalatus superior	HIS
HM	Nucleus habenularis medialis	HM
HP	Hippocampus	HP
HV	Hyperstriatum ventrale	HV
HVd	Hyperstriatum ventrale ventro-dorsale	HVd
HVv	Hyperstiratum ventrale ventro-ventrale	HVv
HY	Hypophyse	HY
I	Nucleus isthmi tecti	I
IMC	pars magnocellularis	IMC
IPC	pars parvocellularis	IPC
IP	Nucleus interpeduncularis	IP
L	Lingula	L
LAM	Nucleus laminaris	LAM
LFM	Lamina frontalis suprema	LFM
LFS	Lamina frontalis superior	LFS

LH	Lamina hyperstriatica		LH
LMD	Lamina medullaris dorsalis		LMD
LM	Nucleus lentiformis		LM
LPO	Lobus parolfactorius	medio-rostales Palaeostriatum	LPO
N	Neostriatum		N
N.III	Nervus oculomotorius		N.III
N.IV	Nervus trochlearis		N.IV
N.V	Nervus trigeminus		N.V
N.V	Nervus abducens		N.VI
N.VIII	Nervus stato-acusticus		N.VIII
NA	Nucleus nervi abducens		NA
NB	Nucleus basalis		NB
NC	Neostriatum caudale		NC
NTR	Nucleus nervi trochlearis		NTR
OM	Tractus occipito-mesencephalicus		OM
OMD	Nucleus nervi oculomotorii pars dorsalis		OMD
OMV	Nucleus nervi oculomotorii pars ventralis		OMv
OV	Nucleus ovoidalis		OV
P	Palaeostriataler Komplex		P
PA	Palaeostriatum augmentatum		PA
PP	Palaeostriatum primitivum		PP
PROL	Proliferationsgebiet		PROL
PT	Nucleus praetectalis		PT
QF	Tractus quinto-frontalis		QF
R	Nucleus raphe		R
RT	Nucleus rotundus		RT
RU	Nucleus ruber		RU
SAC	Stratum album centrale (Zone 6)		SAC
SAP	Stratum album periventriculare (Zone 2)		SAP
SGC	Stratum griseum centrale (Zone 7)		SGC
SGF	Stratum griseum et fibrosum superficiale (Zone 8-13)		SGF
SGP	Stratum griseum periventriculare (Zone 3-5)		SGP
SOP	Stratum opticum (Zone 14)		SOP
SP	Nucleus spiriformis		SP
SPT	Nucleus subpraetectalis		SPT
T	Tectum opticum	Colliculi superiores	T
TA	Nucleus tangentialis		TA
TEL	Telencephalon		TEL
TO	Tractus opticus		TO
TR	Nucleus trochlearis		TR
TS	Torus semicircularis		TS
TSM	Tractus septo-mesencephalicus		TSM
TU	Tuber cinereum		TU
V	Ventriculus		V
VA	Vallecula		VA
VEM	Nucleus vestibularis medialis		VEM

A) Entwicklung des Gehirnes von *Turnix suscitator*

1) Die Anatomie des Gehirnes eines adulten Tieres

Makroskopischer Bau: Die Großhirn-Hemisphären von *Turnix suscitator* sind von relativ geringer Länge und seitlich weit ausladend (Abb.174). Sie besitzen in der Ansicht von lateral und dorsal tetraedrische Form. Die Vallecula verläuft im vorderen Drittel der Hemisphären sehr nah der Mittellinie. Der kaudale Rand der Hemisphären ist nur leicht gerundet und lagert sich den kaudal anschließenden Lobi des Tectum dicht an. Das Tectum liegt in einem Winkel von ca. 45° hinter den Großhirn-Hemisphären. In der Dorsalansicht sind Teile der Lobi tecti optici zu erkennen. Das Cerebellum ist sehr groß. In seinem vorderen Drittel wird es von den kaudalen Anteilen der Hemisphären überlagert. Das Kleinhirn ist durch zwei oberflächliche Längsrippen gekennzeichnet, die kranial und dorso-lateral auf dem Cerebellum entspringen und dann parallel zur Mittellinie nach kaudal verlaufen.

Frontal Pol: Auf der vorderen Schnittebene sind mit dem Lobus parolfactorius, einem ersten Anschnitt des Palaeostriatum, dem Neostriatum und Ectostriatum, dem Hyperstriatum ventrale und dem Hyperstriatum accessorium alle großen striatalen Gebiete angeschnitten. In ihrer räumlichen Anordnung lassen sie keine grundsätzlichen Abweichungen von dem in Kapitel VII.1 beschriebenen Aufbau erkennen. Die Ausbildung der telencephalen Fasersysteme zeigt jedoch wesentliche Differenzen. Der Tractus septo-mesencephalicus ist ein dickes Faserbündel. Am lateralen Ende der Lamina medullaris dorsalis findet sich der Tractus fronto-archistriaticus, der bei *Turnix* als einzige Faserbahn mit myelinisierten Fasern zwischen frontalen und occipitalen Gebieten des Telencephalon vermittelt. Im Palaeostriatum sind einige Fasern aus dem Fasciculus prosencephali lateralis angeschnitten. Im Gegensatz zu allen anderen untersuchten Arten führt die Lamina medullaris dorsalis keine myelinisierten Fasern. Die geringe Breite der Lamina medullaris dorsalis läßt vemuten, daß auch der Anteil markloser Fasern sehr gering ist. Mit zytologischen Kriterien lassen sich Neostriatum, Hyperstriatum ventrale, Hyperstriatum dorsale und Hyperstriatum accessorium gegeneinander abgegrenzen, aber es fehlen die trennenden Laminae (L.hyperstriatica, L.frontalis superior, L.frontalis suprema), die nur der Lage nach, nicht aber durch myelinisierte Faserschichten zu beschreiben sind. In ihnen finden sich nur einzelne Fasern mit Myelinscheiden.

An der striatalen Wand des Ventrikels sind die Fissura palaeo-neostriatica und der Sulcus superstriaticus ausgebildet. Derartige Grenzfurchen entstehen zwischen zwei benachbarten Wachstumsgebieten. Meist sind sie nur embryonal deutlich zu sehen (HAEFELFINGER 1958) und verstreichen beim weiteren Massenwachstum der Hirnareale. Ihr Persistieren bis in den Adultzustand bei Turnix weist auf eine sehr geringe Massenentfaltung der striatalen Hirngebiete hin.

Commissura anterior: Die Schnittebene der Commissura anterior zeigt ein einfach strukturiertes Gehirn. Im Telencephalon sind alle striatalen Kerngebiete zu finden. Lateral ist zusätzlich zu den schon erwähnten das Archistriatum angeschnitten. Hyperstriatum accessorium und Hyperstriatum ventrale treten in der Flächenausdehnung weit zurück. Entsprechend dem Rückgang ihrer Flächenanteile führen auch weniger Fasern in den Tractus septo-mesencephalicus, der hier nur noch als dünnes Bündel im Septum auftritt. Die Commissura anterior, der Tractus occipito-mesencephalicus und der Fasciculus prosencephali lateralis können gut voneinander getrennt werden: rostral liegt der Fasciculus prosencephali lateralis, an dessen Rückseite sich die Commissura anterior anlegt. Der Tractus occipito-mesencephalicus biegt am Hinterrand der Kommissur aus seinem kaudo-rostralen Verlauf nach dorsal und lateral um und führt mit zahlreichen Fasern in das Archistriatum. Die meisten Fasern aus dem Fasciculus prosencephali lateralis fächern sich im Palaeostriatum primitivum auf, führen in senkrechten Bahnen durch das Palaeostriatum augmentatum hindurch und vernetzen sich schließlich im Ectostriatum zu einem unauflöslichen Fasergeflecht. Der Tractus fronto-archistriaticus beginnt sich auf dieser Ebene aufzufächern und Fasern in das Archistriatum abzugeben. Vereinzelt finden sich einige myelinisierte Fasern in den striatalen Laminae.

Foramen interventriculare: Auf der Ebene des Foramen interventriculare sind bei weitgehend gleichem Aufbau der striatalen Gebiete die Größenverhältnisse der einzelnen Regionen weiter verschoben.

Das Neostriatum nimmt den weitaus größten Anteil ein, während die dorsalen striatalen Gebiete weit zurücktreten. Auch das Palaeostriatum ist reduziert. Das Archistriatum ist auf dieser Ebene ausgedehnter als auf der vorangegangenen und durch zahlreiche auffächernde Fasern aus dem Tractus occipito-mesencephalicus und der Commissura anterior ausgezeichnet. - Auf dem gleichen Schnitt ist das Diencephalon auf der Höhe des Chiasma opticum geschnitten, dessen Faserzüge es als Tractus opticus umgreifen. Mit Nucleus rotundus, Nucleus geniculatus lateralis und der Decussatio supraoptica sind rostrale Kerngebiete des Diencephalon erfaßt worden.

Commissura posterior: Auf der Ebene der Commissura posterior werden die striatalen Gebiete des Telencephalon ausschließlich vom Neostriatum caudale eingenommen. Dorso-medial liegt die Area parahippocampalis, die lateral in die corticoiden Schichten übergeht. Das häutig dünne Septum wird vollständig vom Tractus cortico-habenularis et cortico-septalis eingenommen. Bestimmende Strukturen sind die weit ausladenden Lobi des Tectum. Medial ist das Tuber cinereum angeschnitten. - Zwei Anschnitte des tectalen Kommissurensystems sind auf dem Schnitt erfaßt: dorsal des Ventrikels die Commissura tectalis, ventral die Commissura posterior. Der doppelte Anschnitt des Kommissurensystems wird durch die S-förmige Biegung der Faserbrücke bedingt. Tatsächlich handelt es sich um eine kontinuierliche Struktur und nicht, wie nomenklatorisch impliziert, um zwei getrennte Kommissuren. In der ventralen Mittellinie, und lateral des Tuber cinereum, ist der Austritt des Nervus oculomotorius angeschnitten. Sein rhombencephales Kerngebiet ist auf diesem Schnitt noch nicht erfaßt.

Der histologische Aufbau der Lobi optici des Tectum zeigt im Rahmen der hier besprochenen Arten die einfachste Untergliederung. Während sich die periventrikulären und zentralen Schichten völlig dem Grundbauplan zuordnen lassen, fehlt dem Stratum superficiale der charakteristische, nur eine Zellschicht starke Horizont der Zone 10b.

Occipital Pol: Die Kleinhirnebene zeigt keine grundsätzlichen Unterschiede zu den anderen besprochenen Arten. Der Schnitt liegt hier relativ weit kaudal. Seitlich werden noch hinterste Abschnitte der Lobi des Tectum erfaßt.

2) Die Anatomie des Gehirnes eines *Turnix*-Schlüpflings

Makroskopischer Bau: Das Gehirn eines *Turnix*-Schlüpflings (Abb.175) besitzt im Vergleich zum Erwachsenen (Abb.174) ein relativ kleineres Telencephalon. Dennoch liegen auch bei ihm Telencephalon, Tectum und Cerebellum dicht aneinander. Das Gehirn ist ähnlich kompakt wie beim ausgewachsenen Tier. Die Epiphyse ist medial in dem Winkel zwischen Kleinhirn und Endhirn-Hemisphären eingezwängt. Das Kleinhirn besitzt die charakteristischen Längsrippen.

Frontal Pol: Die Schnittebene durch den Frontalpol des Gehirnes eines *Turnix*-Schlüpflings zeigt, abgesehen von geringen Proportionsunterschieden, den gleichen mikroskopisch-anatomischen Aufbau wie das Adulttier (Abb.176,178). Der Ventrikelraum ist noch verhältnismäßig groß. Die telencephalen Faserverbindungen im Tractus septo-mesencephalicus und im palaeostriatalen Komplex sind noch nicht myelinisiert. Die striatalen Laminae (L.medullaris dorsalis, L.hyperstriatica, L.frontalis superior und L.frontalis suprema) sind zellfreie Faserzonen in denen ebenfalls noch keine Myelinisierung stattfindet. In den striatalen Arealen ist die Zelldichte erheblich höher als beim Adulttier. Das striatale Ventrikelependym besitzt noch eine geringe Zellteilungsaktivität.

Commissura anterior: Auf der Schnittebene der Commissura anterior werden die Proportionsunterschiede zwischen dem Schlüpfling und dem Adulttier deutlicher. Neostriatum caudale und Archistriatum nehmen den größten Flächenanteil ein. Hyperstriatum dorsale und Hyperstriatum accessorium treten weitgehend zurück. An ihrer Stelle bilden nun vor allem corticoide Schichten eine mantelartige Überdeckung des Striatum. Markscheidenbildung hat im Telencephalon noch nicht eingesetzt. Der Ventrikel besitzt ein großes Volumen und greift dorsal und lateral weit um die striatalen Gebiete herum. Nur am ventralen und am dorso-lateralen Ende des Ventrikels sind kleine Proliferationszonen geringer Aktivität zu finden. - Das Diencephalon ist weit rostral angeschnitten, noch vor dem Nucleus rotundus. Neben dem Anschnitt des Fasciculus prosencephali lateralis ist der Nucleus intercalatus für diese Ebene bestimmend. Von ihm gehen einige erste myelinisierte Fasern aus.

Foramen interventriculare: Auf der Schnittebene des Foramen interventriculare sind die dorsalen striatalen Gebiete im Telencephalon nichtmehr angeschnitten, das Hyperstriatum ventrale ist weitgehend verschwunden. Im Diencephalon sind rostrale Anschnitte des Nucleus rotundus erfaßt. Kaudale Bereiche des Nucleus intercalatus und der Nucleus geniculatus lateralis beschreiben die Schnittebene durch das Diencephalon.

Commissura posterior: Beim *Turnix*-Schlüpfling entspricht die Anlage und Abfolge der Kerngebiete und Kommissurensysteme im Übergangsgebiet zwischen Diencephalon, Tectum und Rhombencephalon noch einem ursprünglichen Muster ohne Überlagerungen oder Verschiebungen einzelner Areale. Das tectale Kommissurensystem erstreckt sich als breites S-förmig geknicktes Band im Dach des dritten Ventrikels. Die Kontinuität des tectalen Kommissurensystems ist hier besonders deutlich. Im rostralen Teil verbinden seine Fasern (Commissura posterior) die Nuclei praetectalis, subpraetectalis und spiriformis. Ganz vereinzelt treten hier myelinisierte Fasern auf. Ein Teil dieser rostralen Kommissurfasern umgreift den Ventrikel und vernetzt sich lateral des Ventrikels mit dem Nucleus Darkschewitsch und zentralem Fasergeflecht. Verfolgt man das Kommissurensystem nach kaudal, erhält man durch dessen S-förmige Knickung einen doppelten Anschnitt von Ventrikel und Kommissur. Die Fasern des kaudalen Kommissurenabschnittes (Commissura tectalis) verbinden die Strata grisea centrales der Gegenseiten miteinander.

Im Tectum opticum sind alle Zonen ausgebildet. Die Fasern sind jedoch nicht myelinisiert und die Zelldichte ist erheblich höher als beim Adulttier. Während in der Zone 7 adulte Zellformen ausgebildet sind, überwiegen in den superfiziellen Zonen 8 und 10 noch kleine undifferenzierte Zellen. Distal der Schicht 10a, durch eine Faserlage getrennt, liegt ein einschichtiger Zellhorizont, der beim Adulttier nicht gefunden wird. Diese einschichtige Zellage wird aufgrund ihres Baues, der spezifischen Lage und Anordnung ihrer Zellen und der Zelltypen mit der Zone 10b homologisiert.

Occipital Pol: Die Schnittebene durch das Kleinhirn zeigt im Vergleich zum Adulttier keine grundlegenden Unterschiede. Alle großen Faserzüge führen myelinisierte Fasern, auch wenn die Faserdichte noch nicht dem Adultstadium entspricht.

3) Anatomie des Gehirnes eines 5 Tage alten Kükens

Makroskopischer Bau: Am Gehirn eines 5 Tage alten Tieres sind äußerlich im Vergleich zum Schlüpfling keine grundsätzlichen Unterschiede zu beobachten.

Frontal Pol: Auch die erste Schnittebene zeigt keine wesentlichen Unterschiede (Abb.176,178). Markscheidenbildung läßt sich auf dieser Ebene des Telencephalon noch nicht erkennen.

Commissura anterior: Die Schnittebene der Commissura anterior gleicht in der Anordnung der striatalen Hirngebiete weitgehend dem Adultstadium. Auch die vorderen diencephalen Gebiete entsprechen im Schnitt dem Adultzustand. Unterschiede bestehen jedoch im Myelinisierungsgrad. Fasern im Chiasma opticum und Tractus opticus sind myelinisiert. Erste myelinisierte Fasern lassen sich ebenfalls im Palaeostriatum primitivum erkennen. Die periventrikuläre Proliferationszone ist bis auf winzige Reste verschwunden.

Foramen interventriculare: Auf der Ebene des Foramen interventriculare nimmt das Archistriatum einen großen Flächenanteil ein; das Palaeostriatum ist weitgehend verschwunden. Dieser Zustand vermittelt zwischen Schlüpfling und Adulttier. Der Tractus opticus ist auf dieser Ebene weitgehend myelinisiert. Die Myelinisierung der Fasern schreitet zentrifugal fort, denn distal nimmt die Menge der myelinisierten Fasern ab und im Chiasma sind erst wenige Fasern mit einer Markscheide versehen. Die Decussatio supraoptica und die Reste des Fasciculus prosencephali lateralis sind myelinisiert.

Commissura posterior: Die Ebene der Commissura posterior erfaßt noch kaudale Anschnitte des Telencephalon. Die Hemisphären haben jedoch noch nicht die Ausdehnung nach kaudal erreicht, die sie am Adulttier besitzen. Ventral sind diencephale Elemente erfaßt, und zwar die Nuclei isthmi optici und die

Commissura posterior. Mit rostralen Anteilen des Fasciculus longitudinalis medialis und dem Nucleus ruber sind aber zugleich vordere rhombencephale Gebiete angeschnitten. Medial liegt der vollständig myelinisierte Nervus oculomotorius noch vor seinem Austritt aus dem Gehirn. Markscheidenbildung hat auch in der Commissura posterior und in Anteilen der Commissura tectalis, im Fasciculus longitudinalis medialis und der Formatio reticularis lateralis mesencephali stattgefunden.

Der Schichtenbau des Tectum gleicht der für die Art charakteristischen Abfolge. Die einschichtige Zellage 10a ist noch deutlich erkennbar. Myelinisierte Fasern aus Zone 5 und Zone 7, in der das Fasernetz schon weit entwickelt ist, verlaufen im Stratum album centrale (Zone 6). Vereinzelte myeliniserte Fasern aus diesen Schichten dringen bis in die Schichten 9 und 10 der superfiziellen Lagen vor. Die Fasern des Stratum opticum des Tectum sind ebenfalls myelinisiert.

Occipital Pol: Die Schnittebene durch das Kleinhirn gleicht dem Adultzustand und muß nicht gesondert beschrieben werden.

4) Anatomie des Gehirnes eines 10 Tage alten Kükens

Makroskopischer Bau: Das Gehirn eines 10 Tage alten *Turnix*-Kükens besitzt im Vergleich zu den jüngeren Küken ein schon äußerlich erkennbar vergrößertes Endhirn. Die Lobi des Tectum sind wie bei den Adulttieren in eine leicht schräge Lage hinter die Endhirn-Hemisphären abgedrängt.

Im Vergleich von 10 Tage alten Küken mit Adulttieren bestehen Unterschiede im Myelinisierungszustand und der quantitativen Entfaltung einzelner Hirnareale.

Frontal Pol: Auf der Schnittebene durch den Frontalpol sind die Fasern des Tractus septo-mesencephalicus weitgehend myelinisiert. Auch das Fasernetz des Palaeostriatum primitivum und die von diesem ausgehenden senkrechten Fasern im Palaeostriatum augmentatum sind mit Markscheiden umhüllt. Der Tractus fronto-archistriaticus kann noch nicht erkannt werden.

Commissura anterior: Die Commissura anterior ist hier vollständig myelinisiert, ebenso der Fasciculus prosencephali lateralis. Vereinzelte Fasern ziehen von ihm zu den übergeordneten striatalen Gebieten. Im Septum finden sich einzelne myelinisierte Fasern der cortico-septalen Fasersysteme und der Commissura pallii. - Um den Ventrikel herum liegt noch eine sehr schmale Proliferationszone.

Foramen interventriculare: Die Schnittebene des Foramen interventriculare gleicht in Bezug auf die Myelinisierung der diencephalen Fasersysteme dem Befund an den Adulttieren. Im Telencephalon ist noch keine Markscheidenbildung erkennbar.

Commissura posterior, Occipital Pol: Auf den Schnittebenen der Commissura posterior und der Kleinhirnebene sind alle großen Fasersysteme myelinisiert. Die Markscheidenbildung hat jedoch noch nicht die Ausmaße wie bei den Adulttieren erreicht. Auch die Differenzierung des Tectum opticum hat fast den Zustand der Adulttiere erreicht. Die einschichtige Zellage distal der Schicht 10 ist gegenüber dem 5 Tage alten Küken etwas aufgelockert.

Turnix suscitator

Abb. 174

Makroskopische Präparation des Gehirnes eines adulten Tieres

Ansichten von:

Lateral

Dorsal

Ventral

Vergrößerung: 5.7 x

Inset:
Natürliche Größe des Gehirnes

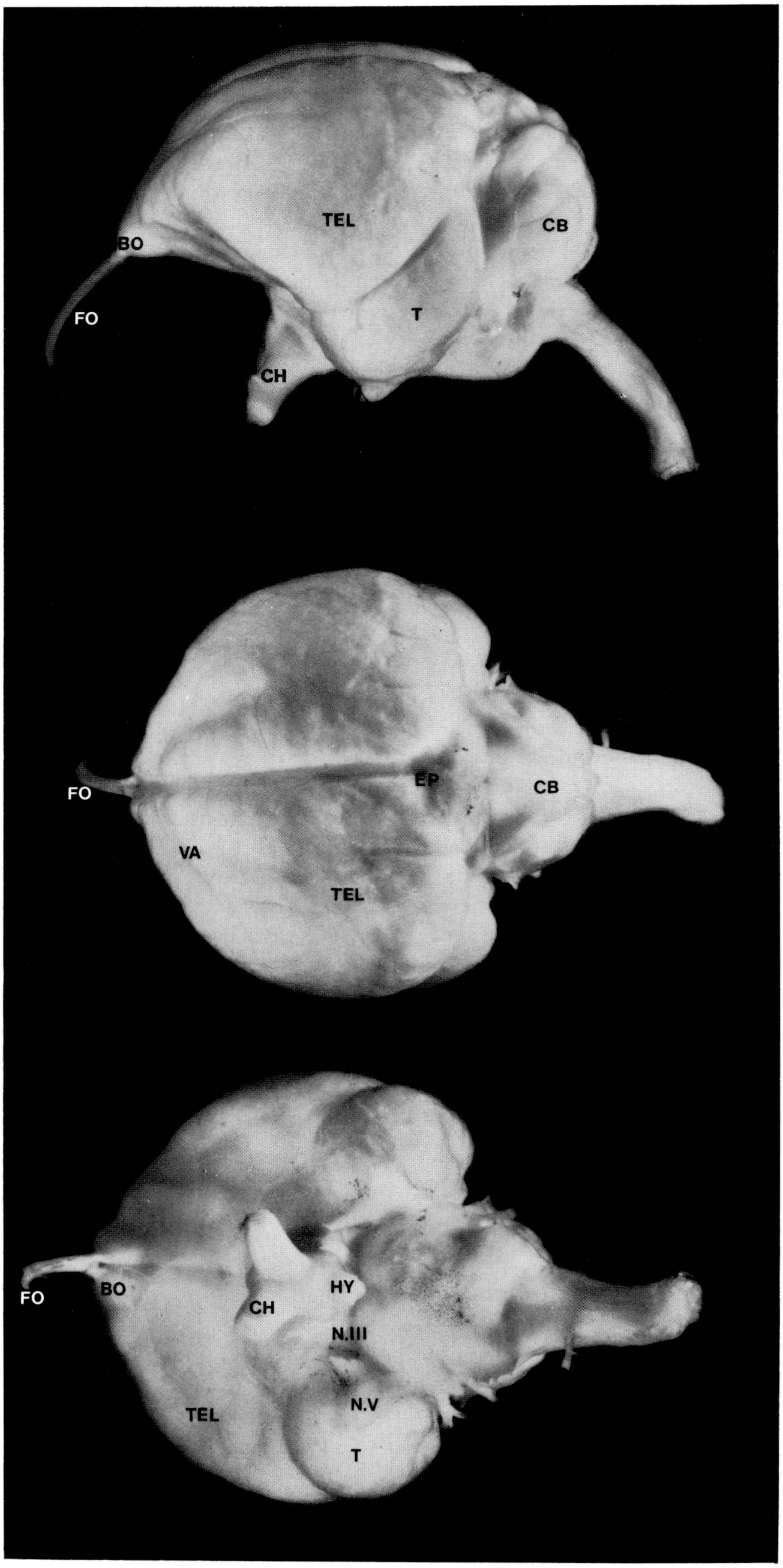

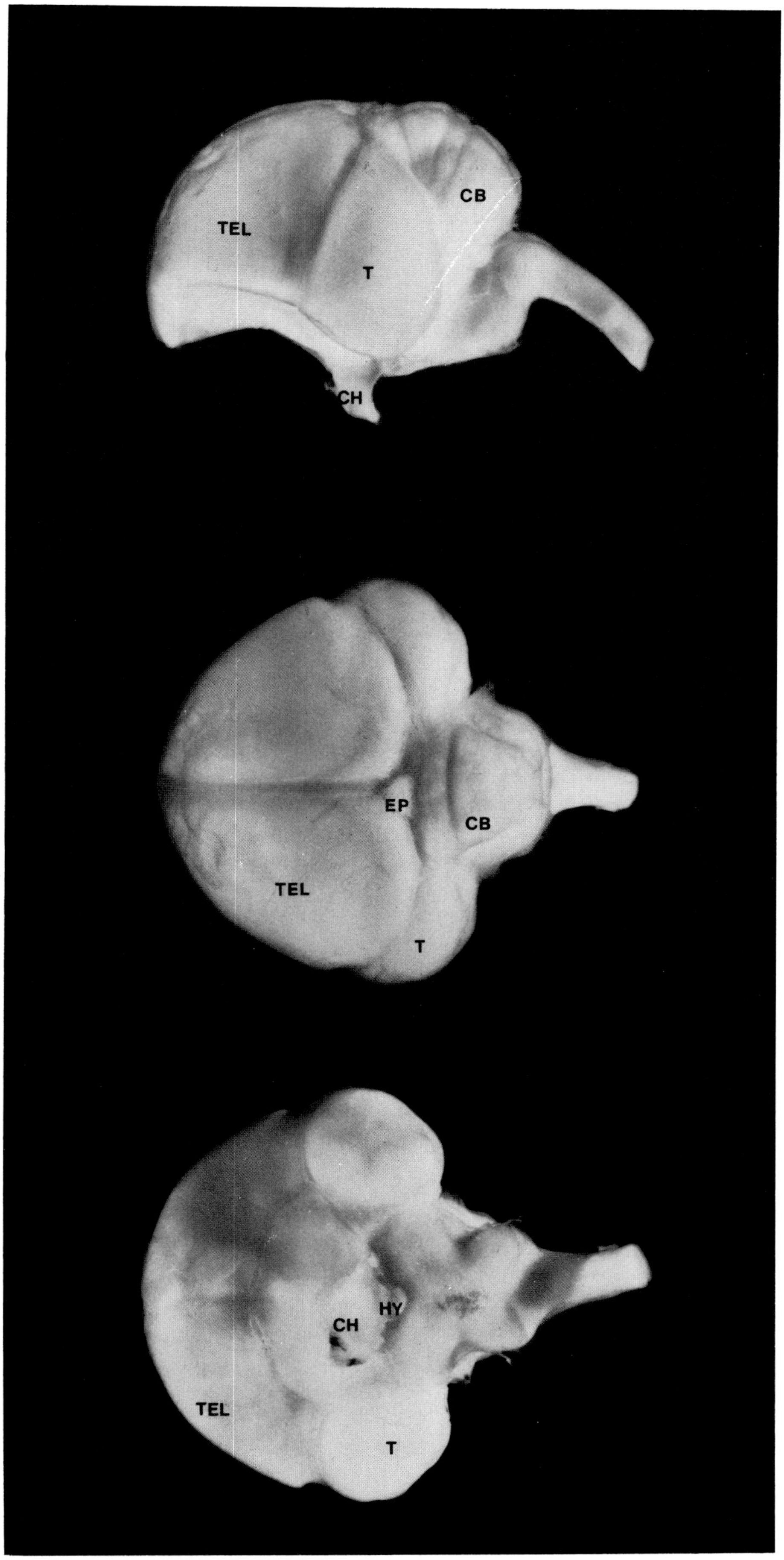

Turnix suscitator

Abb. 175

Makroskopische Präparation des Gehirnes eines Schlüpflings

Ansichten von:

Lateral

Dorsal

Ventral

Vergrößerung: 7.25 x

Inset:
Natürliche Größe des Gehirnes

Abb.176. *Turnix suscitator*, 5 Tage altes Küken. - Paraffin-Schnittserie durch das Gehirn. Schnittdicke 15 um; Klüver-Barrera-Färbung; Vergr. 8.7x

Frontal Pol

Commissura anterior

Foramen interventrikulare

Commissura posterior

TURNIX

GEHIRN 5 TAGE

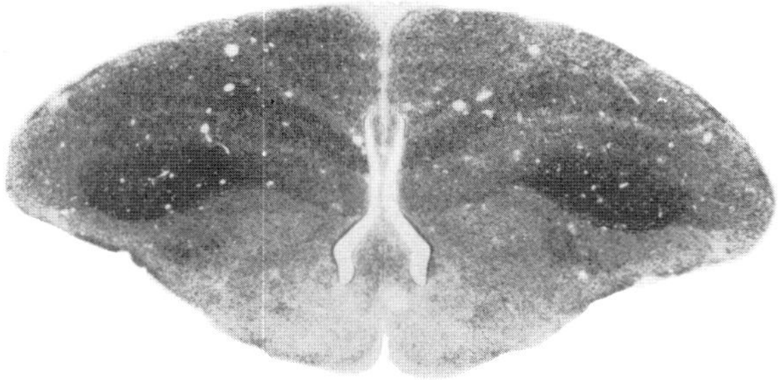

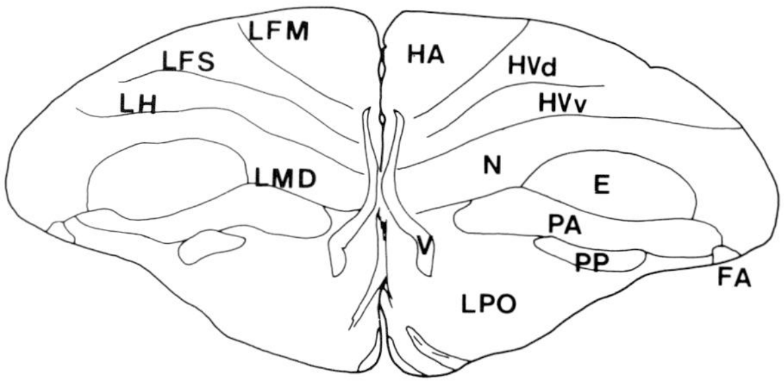

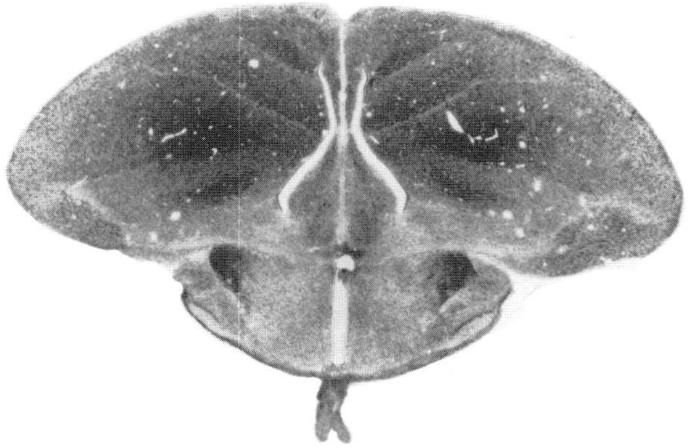

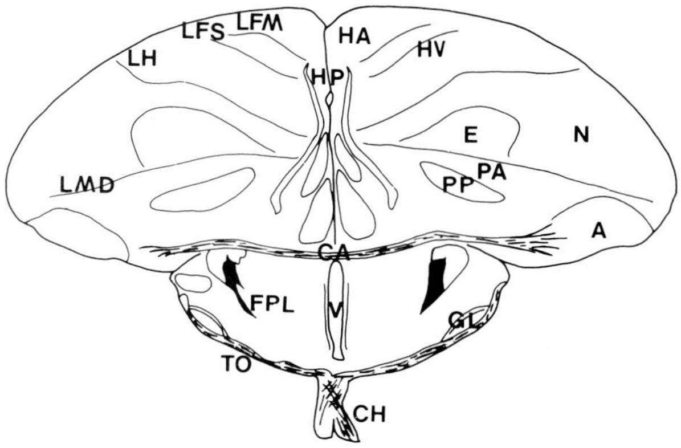

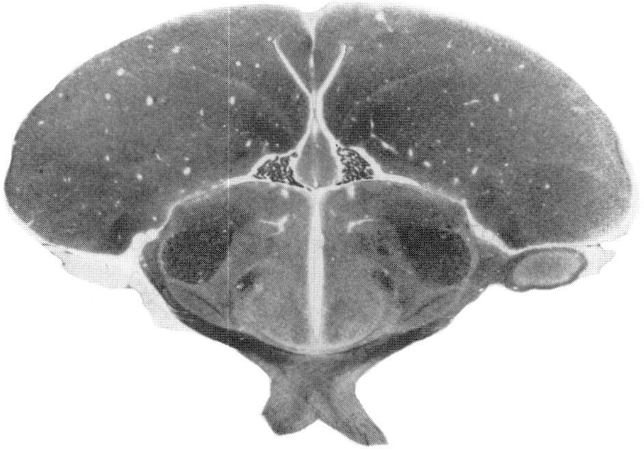

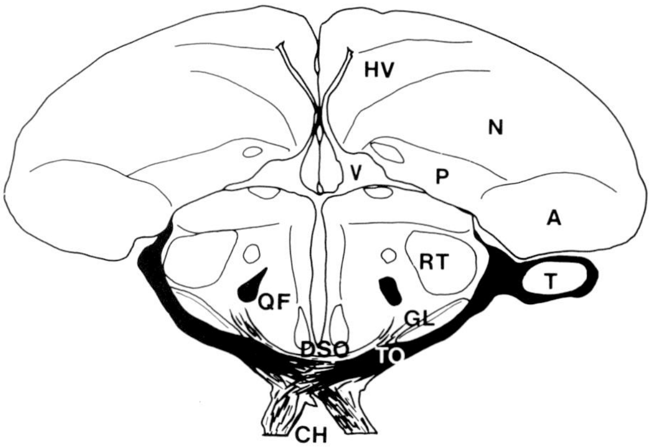

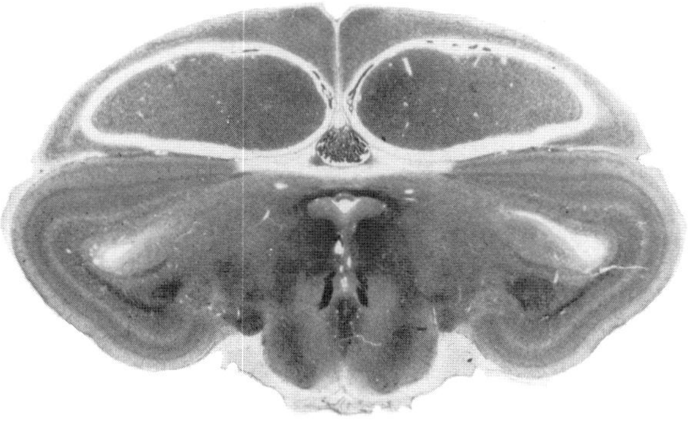

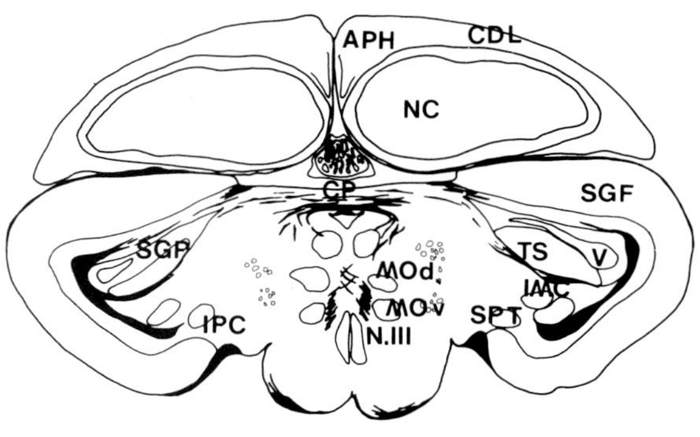

Abb.177. *Turnix suscitator*, Adultes Tier. - Paraffin-Schnittserie durch das Gehirn. -Schnittdicke 15 um; Klüver-Barrera-Färbung; Vergr. 6.1x

Frontal Pol

Commissura anterior

Foramen interventriculare

Commissura posterior

TURNIX

GEHIRN
ADULT

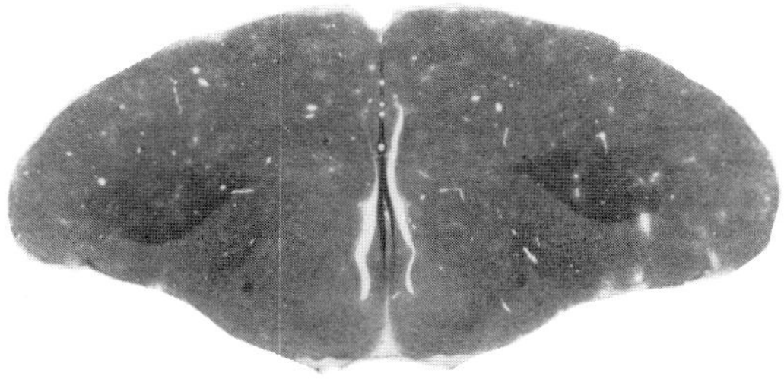

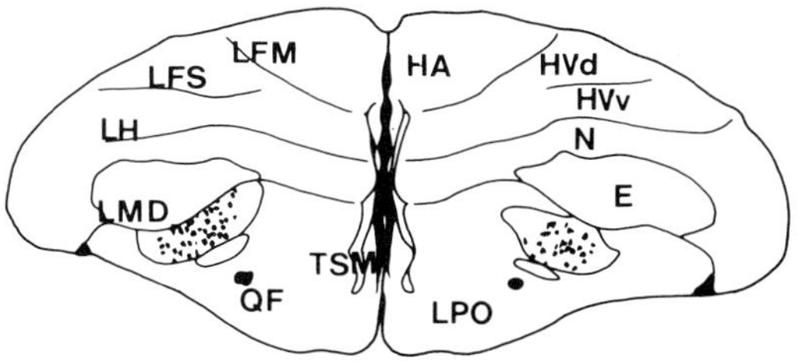

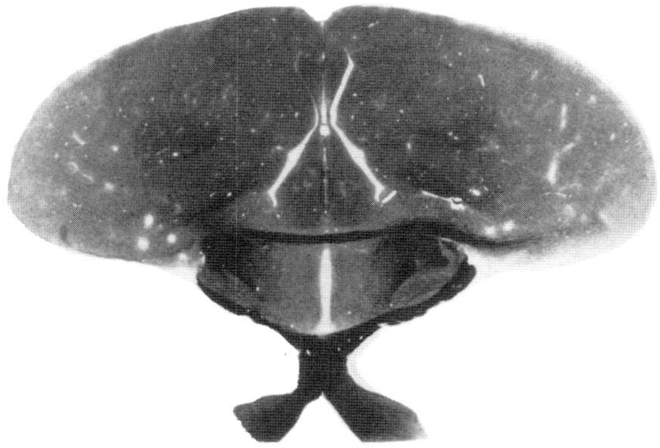

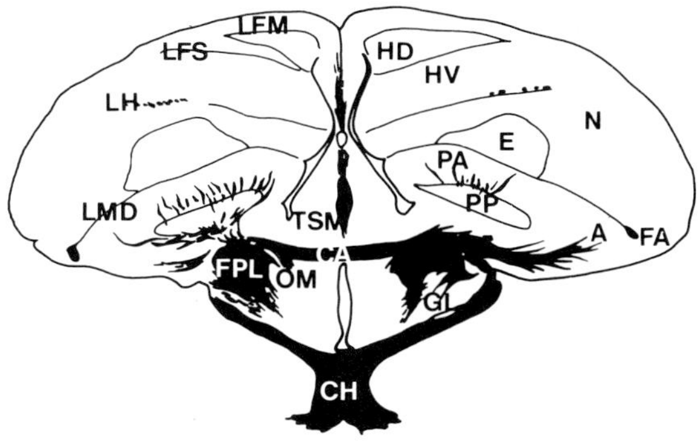

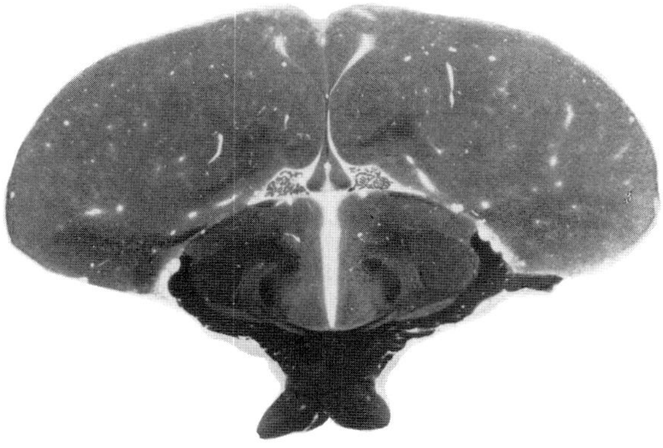

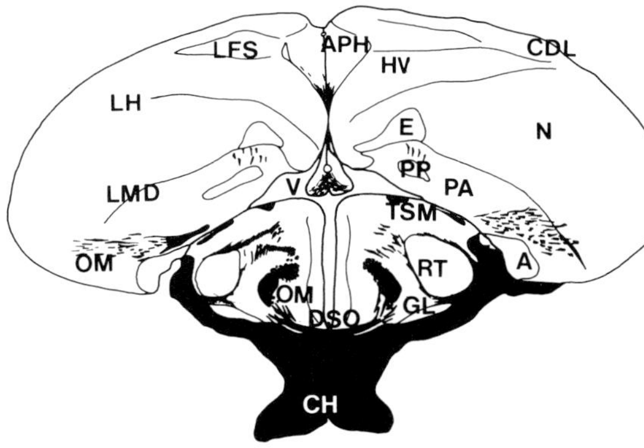

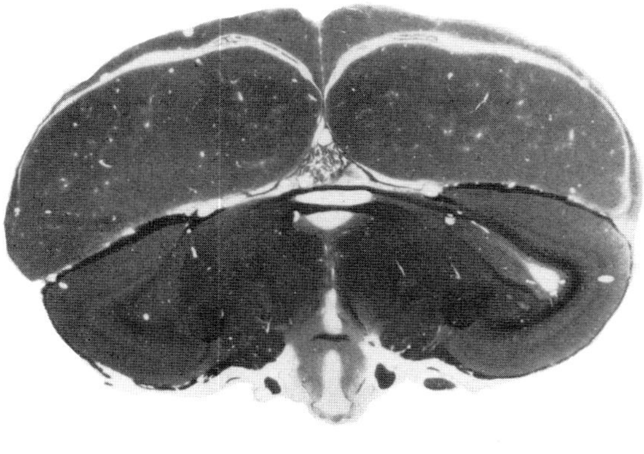

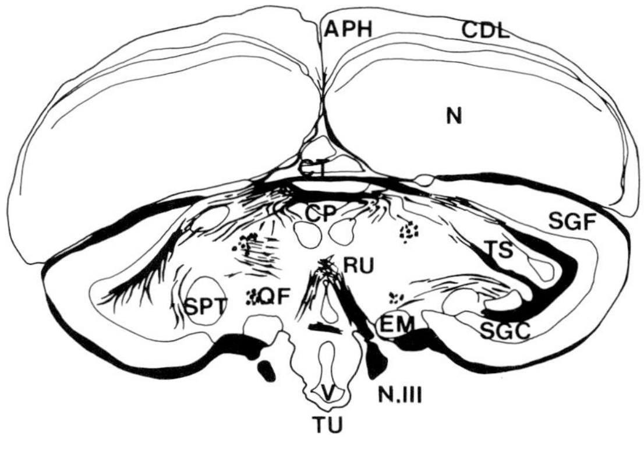

TURNIX SUSCITATOR

SCHLUPF | 5 TAGE | 10 TAGE

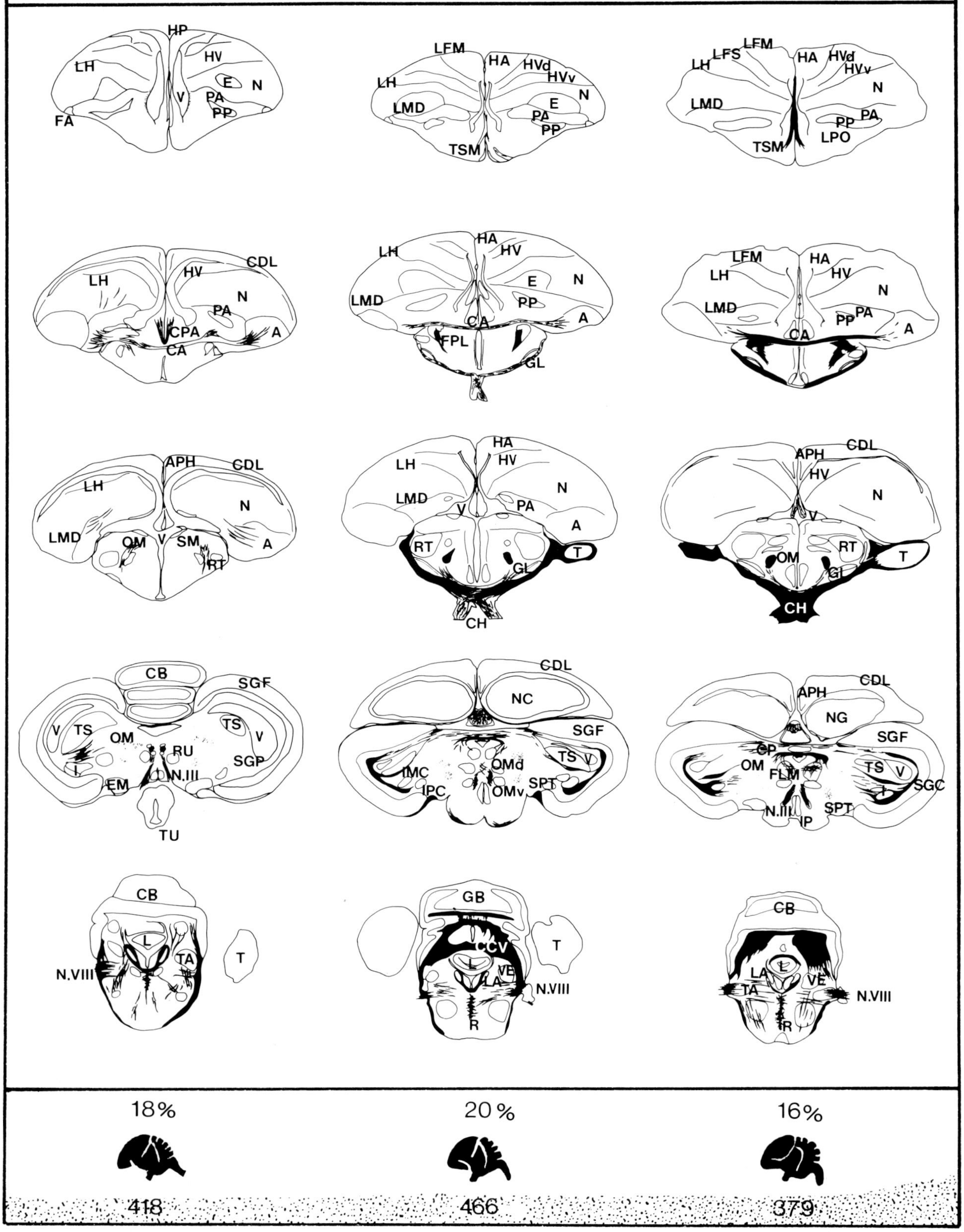

ADULT

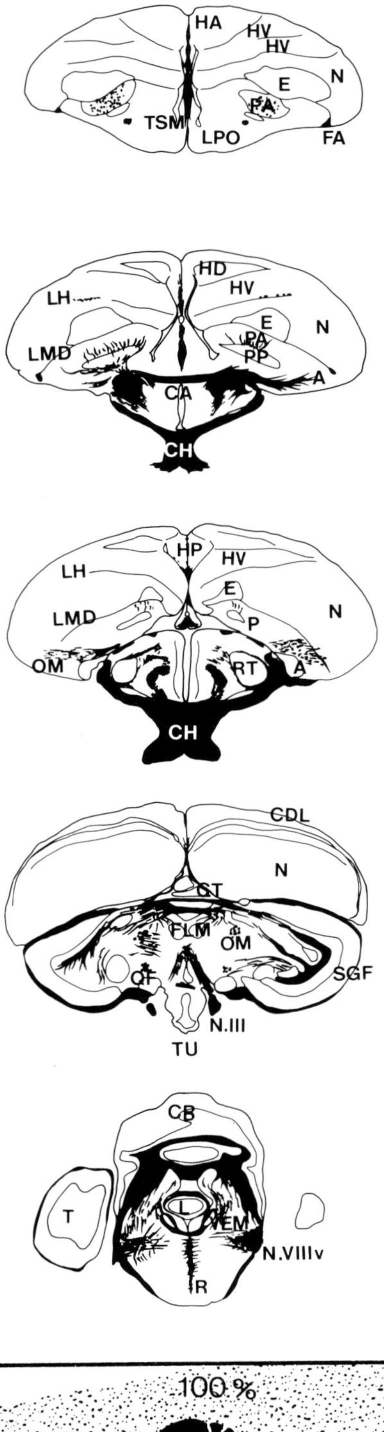

FRONTAL POL

COMMISSURA ANTERIOR

FORAMEN INTERVENTRICULARE

COMMISSURA POSTERIOR

OCCIPITAL POL

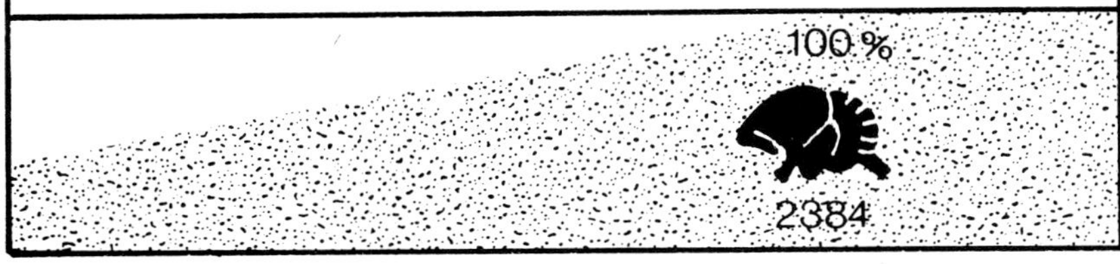

RELATIVES VOLUMEN

NATÜRLICHE GRÖßE

VOLUMEN IN mm³

B) Entwicklung des Gehirnes von *Cairina moschata*

1) Die Anatomie des Gehirnes eines adulten Tieres

Makroskopischer Bau: Der äußere Bau des adulten Gehirnes zeigt in der Seitenansicht einen lang gestreckten und flachen Bau der Endhirn-Hemisphären (Abb.179). Der rostrale Bereich der Hemisphären ist relativ schmal und wird von Neostriatum und Palaeostriatum aufgebaut; an seiner Spitze sitzt ein sehr großer Bulbus olfactorius. Der mächtige Wulst wölbt sich in der hinteren Hälfte der Hemisphären auf. Seitlich ragen die Hemisphären weit nach außen und überlagern die Lobi optici; nach hinten überlappen sie das Cerebellum bis zur Hälfte. Die Lobi des Tectum liegen horizontal unter den Endhirn-Hemisphären.

Frontal Pol: Das Hyperstriatum accessorium ist an der Bildung des Rostralpoles der Endhirn-Hemisphären nicht beteiligt. Der Vorderpol der Hemisphären wird ausschließlich vom Neostriatum aufgebaut. Für den ersten zu besprechenden Schnitt wurde eine Ebene gewählt, auf der auch das Hyperstriatum accessorium erfaßt wird. Diese Ebene liegt ca. auf 1/3 der Hemisphärenlänge.

Charakteristisch für Enten ist der hohe Differenzierungsgrad des palaeostriatalen Komplexes und die große Entfaltung des Nucleus basalis (Abb.181). Auf der vorliegenden Schnittebene erstreckt sich der Nucleus basalis mit seinem breiten Fasergeflecht über die ganze Länge der Lamina medullaris dorsalis und ist von ihr praktisch nicht zu trennen. Ventral liegt der vordere Abschnitt des palaeostriatalen Komplexes, in dem der Tractus fronto-archistriaticus als lockeres Faserband zu erkennen ist. Zwischen ihm und der Lamina medullaris dorsalis liegt ein loses Fasergeflecht aus weit nach rostral reichenden Fasern des Fasciculus lateralis prosencephali. Der Lobus parolfactorius liegt medial des palaeostriatalen Komplexes und ist hier durch seine Faserarmut ausgezeichnet. Aus dem dichten Fasergeflecht des Nucleus basalis sondern sich dorso-ventral verlaufende Faserbündel aus, die nach dorsal bis zur Lamina frontalis superior führen. Eine Unterteilung des mittleren striatalen Bereiches in Neostriatum und Hyperstriatum ventrale ist bei *Cairina moschata* nur anhand der Faserdichte möglich. Der Bereich zeigt bei gleichbleibendem zytologischen Grundbau ventral im Neostriatum eine größere Faserdichte als dorsal im Hyperstriatum ventrale. Dorsomedial der Lamina frontalis superior liegt das Hyperstriatum accessorium, das von einem lockeren Fasernetz durchsetzt wird. Diese Fasern sammeln sich im Septum zum Tractus septo-mesencephalicus. Das Ventrikel-Lumen ist vollständig reduziert.

Auf den folgenden Schnitten bildet der Tractus fronto-archistriaticus ein dichtes Faserbündel an der lateralen Oberfläche des Gehirnes. Zur Mitte hin bilden die nach rostral strahlenden Fasern des Fasciculus prosencephali lateralis ein zweites Fasergeflecht. Zwischen diesem und der Lamina medullaris dorsalis gliedert sich nach hinten fortschreitend immer deutlicher eine dritte Faserebene heraus, die als Lamina medullaris ventralis (EDINGER et al. 1903) in das Palaeostriatum primitivum übergeht.

Commissura anterior: Auf der Schnittebene der Commissura anterior nimmt das Hyperstriatum accessorium einen großen Flächenanteil ein (Abb.181). Entsprechend zieht der Tractus septo-mesencephalicus als dickes Faserbündel im Septum nach ventral und kaudal. Die Abgrenzung zum Neostriatum und Hyperstriatum geschieht hier, wie im vorhergehenden Schnitt besprochen, durch die nur schwach ausgebildete Lamina frontalis superior. Die Lamina medullaris dorsalis ist eine sehr dünne, nur wenige Fasern führende Schicht. Die Ausbildung des palaeostriatalen Komplexes und der Fasersysteme zeigt keine weiteren Besonderheiten.

Foramen interventriculare: Auf der Schnittebene des Foramen interventriculare sind im Telencephalon nur wenige Veränderungen gegenüber dem vorangegangenen Schnitt zu beschreiben. Die Commissura anterior und der Tractus occipito-mesencephalicus sind hier nur noch mit ihren lateralen und kaudalen Aufzweigungen erfaßt. Das Ventrikel-Lumen ist weitgehend reduziert. Nur im Bereich des Foramen interventriculare ist ein kleines Lumen erhalten, das dicht mit Plexuszotten angefüllt ist. - Im Diencephalon sind der Nucleus rotundus und der Nucleus ovoidalis angeschnitten und ventral kaudale Fasern der Decussatio supraoptica. Seitlich liegt dem Diencephalon das Tectum an, das hier noch weit rostral geschnitten ist.

Comissura posterior: Das tectale Kommissurensystem ist bei *Cairina moschata* nicht S-förmig gewunden, sondern ein gestrecktes Band. Der Anteil der Commissura posterior kann als ventraler Abschnitt mit überwiegend circumventriculär verlaufenden Fasern beschrieben werden, der Anteil der Commissura tectalis als dorsaler Abschnitt mit tecto-tectalen Fasern. Der Nucleus spiriformis ist in dieses Kommissurensystem eingebettet. Medial liegt ein rostraler Anschnitt des Nucleus ruber.

Das Telencephalon wird zum größten Teil vom Neostriatum caudale aufgebaut. Ein kleiner Rest des Ectostriatum ist noch zu finden. Dorso-medial ist das kaudale Hyperstriatum acessorium angeschnitten, dessen Fasern auch hier noch einen kräftigen Tractus cortico-habenularis et cortico-septalis ausbilden. Dieser Tractus füllt die septale Ventrikelwand vollständig aus und zieht weit nach lateral. Der Ventrikel besitzt ventral und lateral ein schmales Lumen, in das Plexuszotten hineinragen.

Occipital Pol: Der Schnitt durch das Kleinhirn auf der Ebene der Nuclei laminares und vestibulares mediales zeigt in der Verteilung der Kerne keine grundsätzlichen Unterschiede zu den anderen besprochenen Arten. Telencephalon oder Tectum sind auf dieser Schnittebene nicht mehr angeschnitten.

2) Anatomie des Gehirnes eines Schlüpflings der Moschus-Ente

Makroskopischer Bau: Das Gehirn eines Schlüpflings der Moschus-Ente besitzt in der äußeren Gestalt nur geringe Unterschiede im Vergleich zum Adulttier (Abb.181). An den Endhirn-Hemisphären zeichnen sich die striatalen Gebiete äußerlich nicht so deutlich ab, wie dies für das Adulttier beschrieben wurde, doch sind die Form und die Proportionsunterschiede gering. Die Lage der Lobi optici entspricht der beim Adulttier.

Frontal Pol: Wie die äußere Morphologie des Gehirnes, so zeigt auch der mikroskopisch-anatomische Bau nur geringe Unterschiede zum Adulttier (Abb.181). Die vorderste Schnittebene entspricht in der Verteilung der striatalen Gebiete und der Fasersysteme vollkommen dem Adulttier. Das Schnittbild ist nicht ganz so stark abgeflacht wie dort. Die dorso-ventralen Fasern des Neostriatum sind beim Schlüpfling nicht myelinisiert. Auch im Tractus septo-mesencephalicus können noch keine mit Markscheiden umhüllten Fasern gefunden werden. Die palaeostriatalen Fasernetze sind hier aber schon myelinisiert; gleiches gilt für die Lamina medullaris dorsalis und das Ectostriatum.

Das Ventrikel-Lumen ist vollständig reduziert. Die periventrikuläre Zellteilungsaktivität ist beim Schlüpfling bereits erloschen.

Commissura anterior: Auf der Schnittebene der Commissura anterior sind nicht nur alle Kerngebiete entsprechend der Adultform ausdifferenziert, sondern auch in allen großen Fasersystemen Myelinscheiden entwickelt. Dies schließt den Tractus septo-mesencephalicus bzw. die wenige Schnitte weiter hinten liegende Commissura pallii ein. Ein gewisser Unterschied in der Dichte der mylinisierten Faserverbindungen läßt sich feststellen, ohne ihn aber gegenüber dem adulten Tier quantifizieren zu können.

Auch die kaudal anschließenden Schnitte unterscheiden sich nur gering vom Adulttier (Abb.181). Hervorgehoben sei, daß alle großen Fasersysteme und Nervenstämme myelinisiert sind, wobei nach einer rein optischen Einschätzung die Anzahl der myelinisierten Fasern pro Faserbündel noch unter der für Adulttiere typischen Relation liegt. Betont sei auch die Myeliniserung der Fasern des optischen Systems bis in das Ectostriatum hinein, das sich schon beim Schlüpfling mit einem dichten Netzwerk myelinisierter Fasern darstellt. Ein offenes Lumen des Endhirn-Ventrikels gibt es beim Schlüpfling nirgends. Im Bereich des Foramen interventriculare ist das Lumen vollständig von Plexusepithel angefüllt.

Cairina
moschata

Abb. 179

Makroskopische
Präparation des
Gehirnes eines
adulten Tieres

Ansichten von:

Lateral

Dorsal

Ventral

Vergrößerung: 3.1 x

Inset:
Natürliche Größe
des Gehirnes

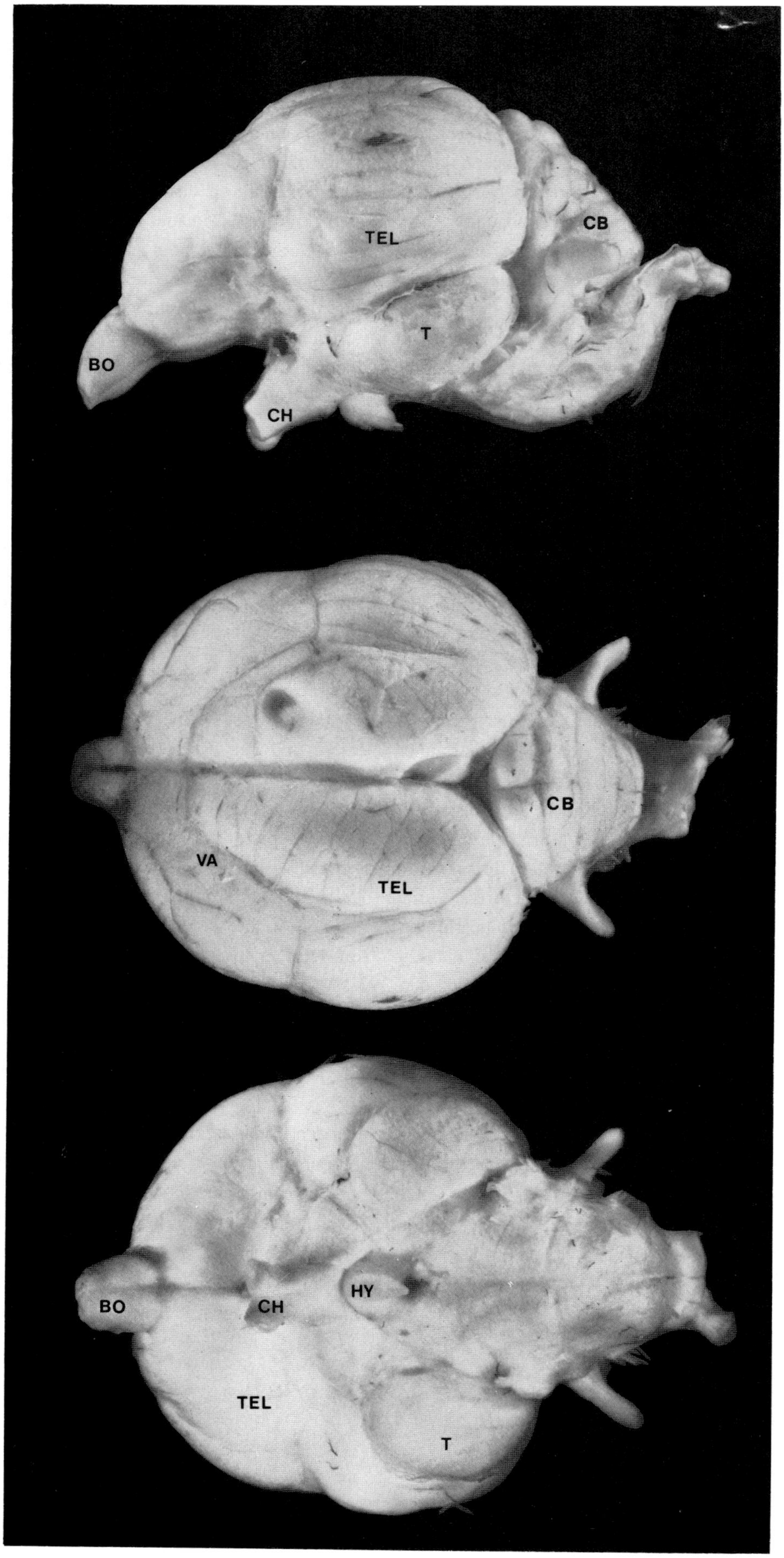

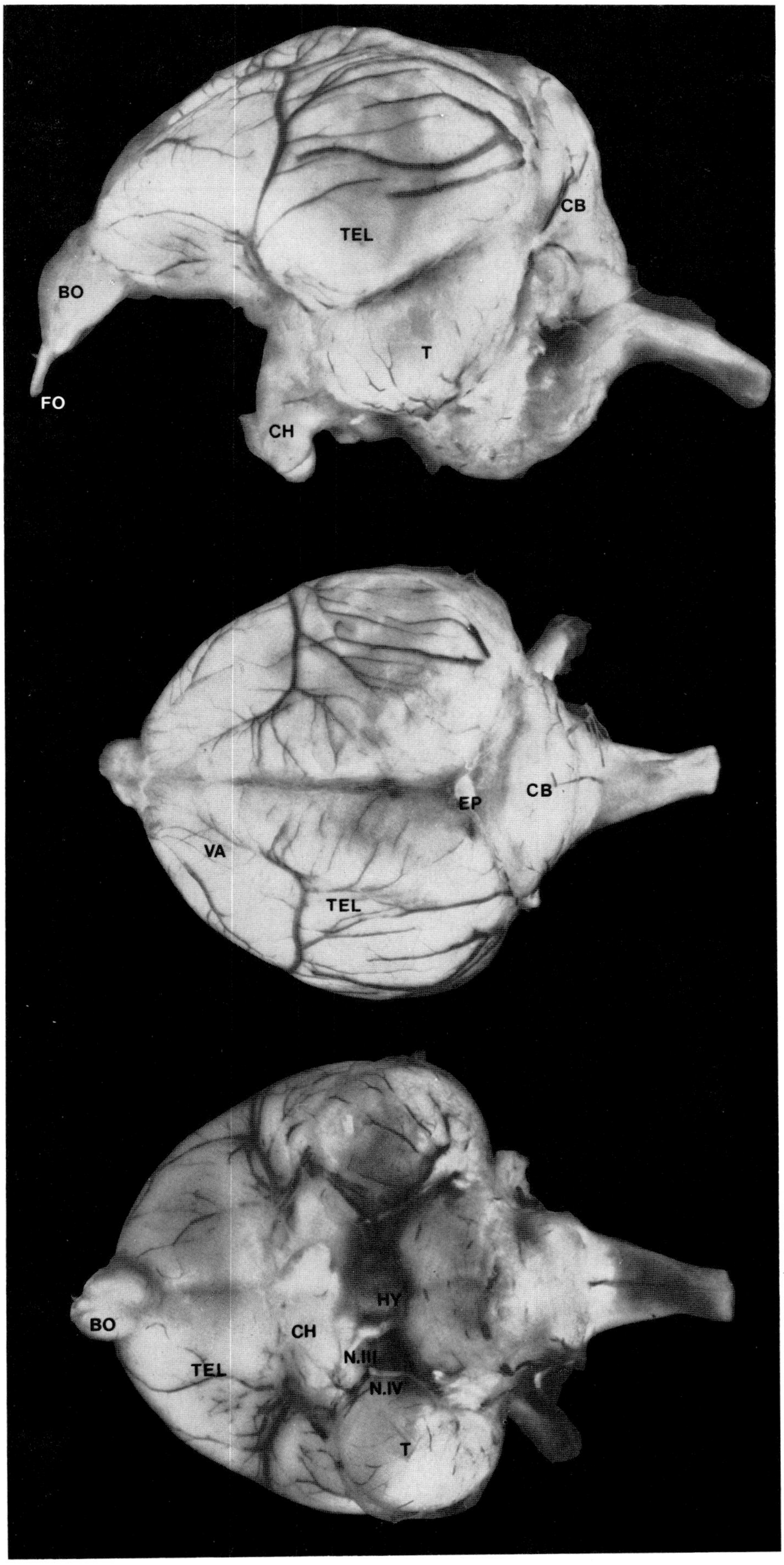

Cairina
moschata

Abb. 180

Makroskopische
Präparation des
Gehirnes eines
Schlüpflings

Ansichten von:

Lateral

Dorsal

Ventral

Vergrößerung: 4.6 x

Inset:
Natürliche Größe
des Gehirnes

CAIRINA MOSCHATA

SCHLUPF 10 TAGE

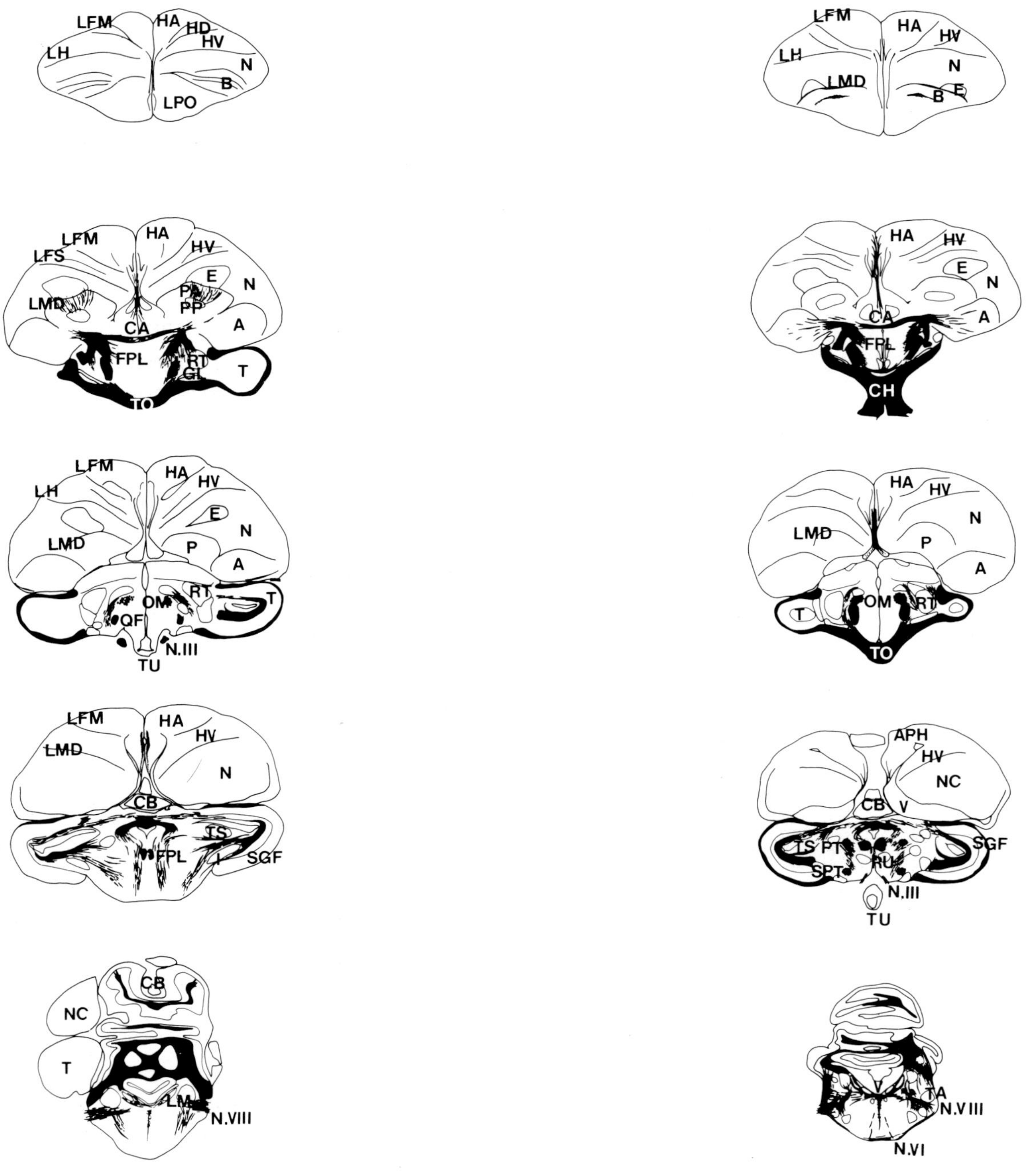

28% 36%

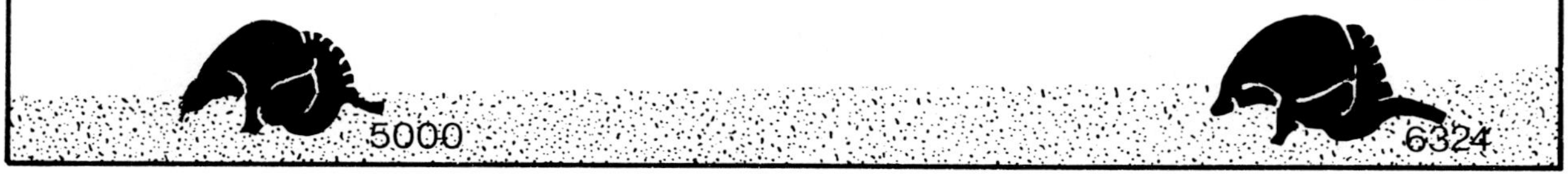

ADULT

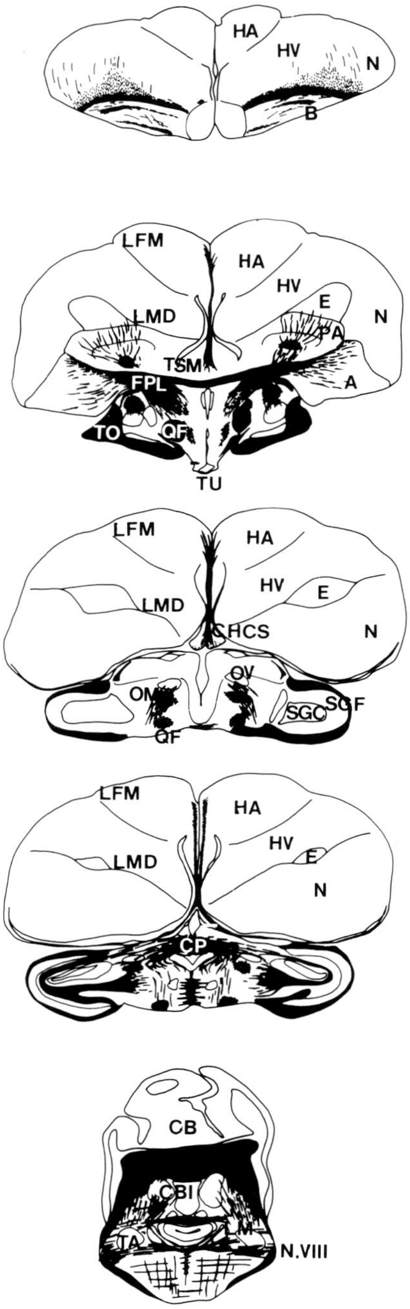

FRONTAL POL

COMMISSURA
ANTERIOR

FORAMEN
INTERVENTRICULARE

COMMISSURA
POSTERIOR

OCCIPITAL POL

100 %

17 273

RELATIVES VOLUMEN

NATÜRLICHE GRÖßE

VOLUMEN IN mm^3

3) Anatomie des Gehirnes eine 10 Tage alten Kükens

Was oben für den Schlüpfling gesagt wurde, müßte hier für das 10 Tage alte Küken wiederholt werden. Das Gehirn, das nur geringfügig größer ist als beim Schlüpfling, zeigt äußerlich keine Unterschiede zu diesem. Auch die mikroskopische Anatomie und zytologische Differenzierung zeigt keine lichtmikroskopisch feststellbaren Unterschiede. Die Myelinisierung der Fasersysteme ist jedoch weiter vorangeschritten.

C) Entwicklung des Gehirnes von *Melopsittacus undulatus*

1) Anatomie des Gehirnes eines adulten Tieres

Makroskopischer Bau: Das Gehirn ausgewachsener Wellensittiche zeichnet sich durch eine Reihe von Sondermerkmalen aus, die im Zusammenhang mit der Vergrößerung der Hemisphären des Telencephalon gesehen werden müssen. Der Vorderpol des Wellensittich-Gehirnes wird, im Gegensatz zu allen anderen untersuchten Arten, ausschließlich von Neostriatum, Hyperstriatum ventrale und Lobus parolfactorius aufgebaut (Abb.182). Darauf hat schon STINGELIN (1958) anhand vergleichender Untersuchungen über die äußere Morphologie des Vogelgehirnes hingewiesen und das Gehirn des Wellensittichs als Gehirn mit basaler Frontbildung bezeichnet. Die Hemisphären sind sehr groß und überlagern in der Ansicht von dorsal den Hirnstamm, die Lobi tecti optici und Teile des Kleinhirns. Nur am occipitalen Pol sind noch freie Anteile des Cerebellum zu erkennen. Die Lobi tecti optici liegen in horizontaler Position unter den Hemisphären. Im Vergleich zu anderen Arten sind sie nach vorne verschoben. Die paarigen Bulbi olfactorii sind sehr klein. Am Telencephalon lassen sich äußerlich die oberflächlichen Anteile striataler Felder erkennen. Dorso-medial sind Anteile von Hyperstriatum accessorium und Hyperstriatum dorsale zu erkennen, die von der Grenzfurche, Vallecula, gegen das Hyperstriatum ventrale abgegrenzt werden. Die Arteria cerebri posterior verläuft in der Vallecula und kennzeichnet deren Lage. Hyperstriatum accessorium und Hyperstriatum dorsale erreichen nicht den Vorderpol des Gehirnes. Seitlich tritt das Neostriatum an die Oberfläche und überlagert die Lobi tecti optici weit. Im vorderen Bereich des Gehirnes, vor dem Chiasma opticum wölbt sich der Lobus parolfactorius vor.

Frontal Pol: Auf der ersten Schnittebene läßt sich basal das große Palaeostriatum erkennen. Oberhalb von diesem, durch die Lamina medullaris dorsalis getrennt, liegt das Neostriatum. Die Lamina hyperstriatica, als Grenzlinie zum Hyperstriatum ventrale, ist in dieser Schnittebene nur schwer zu erkennen. Die Abgrenzung des Neostriatum gegen das Hyperstriatum ventrale geschieht hauptsächlich anhand zytologischer Kriterien: im Hyperstriatum ventrale sind größere und stärker färbende Zellcluster bestimmend, während das Neostriatum relativ kleine Cluster und eine größere Anzahl einzeln liegender Zellen besitzt. Zudem ist das Neostriatum deutlich durch die dorso-ventral verlaufenden myelinisierten Fasern gekennzeichnet, die eine Anordnung der Zellkörper in Säulen bedingen. Diese Fasern des Neostriatum, die ihm ein gestreiftes Aussehen geben, strahlen in die Lamina medullaris dorsalis und in den mächtigen, lateral oberflächlich liegenden Tractus fronto-archistriaticus ein. Der rudimentäre Ventrikel liegt an der medio-dorsalen Oberfläche der Hemisphären, nur von einer dünnen Schicht des Septum überdeckt.

Commissura anterior: Auf der Schnittebene der Commissura anterior bilden die Fasern der Commissura anterior gemeinsam mit denen des Tractus fronto-archistriaticus und der Lamina medullaris dorsalis eine Kapsel, die den palaeostriatalen Komplex umgreift und Fasern in das Neostriatum und das Ectostriatum sowie das Archistriatum abgibt. Die Commissura anterior ist 570 um breit und wird von Faserbündeln des Fasciculus prosencephali lateralis gekreuzt, die sich bis in das Palaeostriatum augmentatum verfolgen lassen.

Das Archistriatum ist sehr groß und mit mächtigen Faserzügen ausgestattet. Zusammen mit dem ebenfalls sehr großen Neostriatum trägt es zur Bildung eines parietalen Lappens des Gehirnes bei, der bis weit in das vordere Drittel des Telencephalon reicht. - Das Hyperstriatum accessorium nimmt auf dieser Schnittebene nur einen relativ kleinen Flächenanteil ein. Der Tractus septo-mesencephalicus, der die Fasern aus dem Hyperstriatum accessorium sammelt, ist entsprechend ein vergleichsweise schmales Faserbündel.

Das Lumen des Ventrikels ist weitgehend reduziert, nur im Bereich des Palaeostriatum ist ein kleines Lumen erhalten. Oberhalb der Lamina medullaris dorsalis obliteriert jedoch auch dieses vollständig und die Lage des Ventrikels ist nur noch anhand eines dünnen Doppelstreifens des Ependym zu erkennen.

Auf der gleichen Schnittebene wie die Commissura anterior ist das Tectum opticum angeschnitten, dessen Anschnitt durch den Nucleus praetectalis, Nucleus rotundus (kaudal) und Nucleus geniculatus lateralis charakterisiert wird. Der Anschnitt rhombencephaler Strukturen im Hirnstamm auf dieser

Schnittebene zeigt die Verschiebungen, die am Gehirn der Wellensittiche stattgefunden haben. So ist hier der Verlauf des Nervus oculomotorius in der Hirnbasis, noch vor seinem Austritt, angeschnitten.

Auf dieser Schnittebene sind drei verschiedene Gebiete des Gehirnes übereinander angeschnitten. Das Telencephalon mit der Commissura anterior, das Tectum opticum als übergeordnetes Zentrum des cranialen Mesencephalon und der Nervus oculomotorius sowie das Brachium conjunctivum und die Formatio reticularis des Rhombencephalon.

Der Grundbauplan des Tectum opticum adulter Wellensittiche entspricht dem eingangs beschriebenen Muster. Zone 10 hat dem gegenüber aber eine eigene Differenzierung und weitere Aufgliederung erfahren. Die Hauptzone besteht aus zwei Zell-Lagen, die in exaktem Abstand voneinander liegen. Diese werden von großen spindelförmigen Zellen aufgebaut, die ihre Fortsätze nach zentral und nach peripher entsenden. Die beiden Zell-Lagen werden von einer zellfreien Schicht nicht myelinisierter Fasern getrennt. Der zytologische Aufbau und der Lagebezug zu den anderen Schichten des Tectum lassen eine Homologisierung dieser Doppelschicht mit den Schicht 10 aller anderen Vögel und sogar der Reptilien zu.

Commissura posterior: Das Foramen interventriculare ist weit nach hinten verschoben in eine Ebene kaudal und dorsal der Commissura posterior. Die Schnittebene durch die Commissura posterior wird daher zuerst besprochen: Durch die Verlagerung des Telencephalon gegen das Diencephalon ist der Aquaeductus cerebri aus seiner ursprünglichen Lage heraus schlauchförmig verlängert und nach hinten und oben umgebogen. Der dritte Ventrikel ist daher zweimal angeschnitten. Durch diese Verlagerungen liegt das Subcommissural-Organ hier im Boden des oberen Ventrikel-Anschnittes. Direkt ventral der Commissura posterior findet sich der zweite Anschnitt des Ventrikels. Das Tectum ist mit Commissura posterior, dem Nucleus isthmi mit Pars magnocellularis und Pars parvocellularis sowie dem Torus semicircularis angeschnitten. Ventral schließen sich mit dem Kerngebiet des Nervus oculomotorius, dem Nucleus ruber, dem Fasciculus longitudinalis medialis und dem Austritt des Nervus facialis rhombencephale Gebiete an. - Das Telencephalon zeigt keine grundsätzlichen Unterschiede zu der vorangegangenen Schnittebene.

Foramen interventriculare: Das Foramen interventriculare liegt 150 um hinter der Commissura posterior. Der hintere, dorsale Anteil des dritten Ventrikels wird von den kaudalen Anteilen des Epithalamus seitlich begrenzt. Nach kaudal und ventral wird er durch die Tela chorioidea epithelial abgeschlossen. Die Faserkapsel um den palaeostriatalen Komplex ist auf dieser Ebene deutlich, wenn auch etwas schwächer ausgebildet als auf der Ebene der Commissura anterior. Faserzüge strahlen nach lateral in das große Archistriatum und die dorso-lateralen Anteile des Neostriatum. - Unter der Tela chorioidea, die den dritten Ventrikel verschließt, liegen erste Anschnitte des Cerebellum. Die Commissura tecti ist hier noch mit einigen kaudalen Faserzügen erfaßt. Sie wird von kreuzenden Fasern des Nervus trochlearis überlagert. Medial unter der Nervenkreuzung sind die Nuclei nervi trochlearis angeschnitten. Periphere Anschnitte des Nervus trochlearis liegen zwischen den Lobi des Tectum und dem Hirnstamm. Der ventrale Bereich des Hirnstammes wird von Substantia reticularis rhombencephali aufgebaut und ist hier durch den Austritt des Nervus facialis charakterisiert.

Occipital Pol: Die occipitale Schnittebene auf Höhe des Eintrittes des Nervus stato-acusticus bzw. des Nucleus magnocellularis erfaßt noch große Schnittflächen durch das Telencephalon, das hier ganz vom Neostriatum caudale und occipitalen Anteilen des Archistriatum eingenommen wird. Das Kleinhirn wird so über mehr als seine craniale Hälfte vom Telencephalon überlagert.

2) Anatomie des Gehirnes eines Wellensittich-Schlüpflings

Makroskopischer Bau: Die typischen Überlagerungen einzelner Teile des Adultgehirnes sind beim Schlüpfling nicht zu beobachten (Abb.183). Am Gehirn eines frisch geschlüpften Wellensittichs sind in der Ansicht von dorsal Telencephalon, Lobi tecti optici und Cerebellum zu erkennen. Das Telencephalon erstreckt sich bis an den Vorderrand des Cerebellum, überlagert dieses aber nicht. Die Lobi des Tectum liegen in einem Winkel von ca. 45° hinter dem Telencephalon und werden von diesem nur zu einem geringen Teil überlagert. Eine oberflächliche Abgrenzung striataler Kerngebiete ist nicht möglich.

Frontal Pol: Der Frontalpol des Gehirnes wird wie beim adulten Tier vom Neostriatum und Hyperstriatum ventrale gebildet. Hyperstriatum accessorium und Hyperstriatum dorsale reichen jedoch relativ weit nach vorne, sodaß auf der Schnittebene durch den frontalen Pol diese striatalen Gebiete angeschnitten sind (Abb.184,186). Beide beginnen auf der gleichen Ebene wie das Palaeostriatum. Das Ectostriatum ist als Teilgebiet des Neostriatum durch seine größere Zelldichte, seinen hohen Faseranteil und die starke Färbbarkeit seiner Perikaryen deutlich abgrenzbar. Die Fasern im Tractus septo-mesencephalicus, Tractus fronto-archistriaticus, der Lamina medullaris dorsalis und der Lamina hyperstriatica sind nicht myelinisiert. Das Lumen der beiden Seitenventrikel erstreckt sich dorso-ventral über fast den ganzen Querschnitt. Die ventrale Seitenwand des Ventrikels ist von einer dichten Zone proliferierender Zellen umgeben. Die Ausdehnung der Proliferationszone ist an der ventro-lateralen Wand des Ventrikels im Bereich des palaeostriatalen Komplexes am größten. Nach dorsal nimmt im Bereich des Neostriatum und des Hyperstriatum ventrale die Ausdehnung der Proliferationszone ab. Im Septum liegen keine proliferierenden Zellen. Das gesamte Septum wird von der Anlage des Tractus septo-mesencephalicus eingenommen.

Commissura anterior: Auf der nächsten Schnittebene verbindet die Commissura anterior als mächtiger Faserzug die beiden lateral liegenden Archistriata (Abb.184-186). Im Gegensatz zu den Adulttieren ist noch keine Faserkapsel aus Commissura anterior, Lamina medullaris dorsalis und Tractus fronto-archistriaticus um den palaeostriatalen Komplex ausgebildet, obgleich alle Einzelelemente angelegt sind. Hyperstriatum ventrale, Hyperstriatum dorsale und Hyperstriatum accessorium sind als Zellverdichtungen erkennbar und durch zellärmere Gebiete getrennt, in die Faserverbindungen einwachsen und die Laminae bilden. Der Ventrikel mit seinem großen Lumen ist von einer mächtigen Proliferationszone umgeben, die sich lateral in die Areale des palaeostriatalen Komplexes ausdehnt (Abb.185). Nach dorsal nimmt die Mächtigkeit der Proliferationsmatrix ab. Auf dieser Schnittebene ist auch im ventro-medialen Bereich des Ventrikels, im Gebiet der Septumkerne, Ventrikelependym teilungsaktiv.

Im Diencephalon sind die Anlagen des Nucleus geniculatus lateralis, sowie der das Diencephalon ganz umgreifende Tractus opticus und vorderste Anschnitte des in das Telencephalon aufsteigenden Fasciculus lateralis prosencephali angeschnitten. Zwischen Tractus opticus und ventraler Spitze des dritten Ventrikels liegt die Anlage der Decussatio supraoptica.

Foramen interventriculare: Die Schnittebene durch das Foramen interventriculare erfaßt im Telencephalon das weit occipital gelegene Neostriatum caudale (Abb.184,186). Septum, Area parahippocampalis und Cortex dorso-lateralis nehmen relativ großen Raum ein. Der ausgedehnte Ventrikel ist bis auf die Bereiche des Septum von teilungsaktivem Gewebe umgeben.

Das Diencephalon ist kurz hinter dem Nucleus rotundus, dem Nucleus habenulae und dem Tuber cinereum geschnitten. Das Tectum ist noch weit rostral geschnitten, lädt hier aber deutlich breiter zu den Seiten aus als das Telencephalon.

Commissura posterior: Auf der Schnittebene durch die Commissura posterior ist kein Telencephalon mehr angeschnitten (Abb.184,186). Das Tectum ist auf Höhe der Nuclei isthmi und des Aquaeductus sylvii der Seitenflügel des Ventrikels geschnitten. In der Commissura posterior sind die Perikaryen des Nucleus mesencephalicus nervi trigemini zu erkennen. Im Hirnstamm sind ein proximaler Anschnitt des Nervus oculomotorius, sowie dessen dorsales und ventrales Kerngebiet und erste Fasern des Fasiculus longitudinalis medialis erfaßt. Oberhalb der Commissura posterior ist das Cerebellum angeschnitten. Der Aquaeductus sylvii verläuft leicht S-förmig geschwungen unter der Commissura posterior. Das Subcommissural-Organ liegt im Dach des Ventrikels, kurz vor der besprochenen Schnittebene.

Occipital Pol: Die hinterste besprochene Schnittebene, bestimmt durch den Eintritt des Nervus statoacusticus und den Nucleus magnocellularis des Kleinhirns, erfaßt weder Teile des Tectum noch des Telencephalon (Abb.186).

Alle Areale des Gehirnes sind beim Schlüpfling ausgebildet. Der zytologische Differenzierungszustand ist jedoch noch weit von dem des Adulttier entfernt. - Weder im Telencephalon, noch im Tectum oder Cerebellum sind Fasern myelinisiert. Im rhombencephalen Bereich beginnt hingegen die Myelinisierung in den Faserzügen, die die Nuclei magnocellulares beider Seiten verbinden sowie im Fasciculus longitudinalis medialis.

Die lateralen Wände der Seitenventrikel des Telencephalon sind von großen Proliferationszonen umgeben. Die Ausdehnung der Proliferationszone ist im Bereich des palaeostriatalen Komplexes am größten. Nach dorsal nimmt die Ausdehnung des Proliferationsgebietes ab bis es schließlich im Bereich der Seitenflügel des vierten Ventrikels, die die corticoiden Schichten unterlagern, nurmehr ein schmales Band darstellt. Die septale Wand des Ventrikels besitzt nur im Bereich der Septumkerne Teilungsaktivität (Abb.185). - In allen striatalen Gebieten überwiegen kleine runde, gering differenzierte Zellen. Die Zelldichte ist erheblich höher als im ausgereiften Zustand. Obgleich die Neurone des Neostriatum noch gering differenziert sind, werden sie durch einwachsende Fasern passiv zu Zellsäulen zusammengedrängt. Im Hyperstriatum dorsale fallen sehr große, lappig ausgezogene Zellen auf, die recht stark angefärbt werden. Der Großteil der Zellen ist aber auch hier noch klein, rund und undifferenziert. -Im palaeostriatalen Komplex ist das Palaeostriatum primitivum an seinen stärker anfärbbaren Zellen vom Palaeostriatum augmentatum zu unterscheiden. Die typische Zellform der großen, spindelförmigen und sich stark anfärbenden Zellen des Palaeostriatum primitivum ist jedoch noch nicht zu finden. Auch hier herrschen kleine, undifferenzierte Zellen vor. Die Zelldichte ist sehr hoch und es sind keine aufsteigenden Fasern aus dem Fasciculus prosencephali lateralis vorhanden.

Im Tectum lassen sich die drei Hauptschichten unterscheiden, doch sind der zytologische Differenzierungszustand und die spezielle Schichtbildung des Adultzustandes bei weitem noch nicht erreicht. Der Ventrikel ist allseits von einer Proliferationszone umgeben, deren Ausdehnung jedoch geringer ist als die der periventrikulären Proliferationszone im Telencephalon. Das Stratum album periventriculare ist sehr schmal und es lassen sich in ihm vereinzelt migrierende Zellen mit kleinem kugeligem Kern finden. Das Stratum griseum periventriculare besteht durchgehend aus dicht gelagerten Zellen mit kugeligen Zellkernen, die gegenüber der Proliferationszone nur gering differenziert sind. Die Tori semicirculares sind als nucleäre Differenzierung dieser Schicht abgesondert. Nach außen schließt das Stratum album centrale (Zone 6) an, das beim Schlüpfling durch Zellarmut und nicht myelinisierte Fasern gekennzeichnet ist. Das Stratum griseum centrale (Zone 7) zeichnet sich durch etwas größere lappige Zellen mit rundem bis ovalem Kern aus. Zwischen diesen liegen zahlreiche kleine runde Zellen. Die Zelldichte dieses Stratum nimmt von zentral nach peripher ab; in den äußeren Zonen ist es von zahlreichen Zellfortsätzen durchzogen, die im Randgebiet zur superfiziellen Schicht radiär verlaufen. Das Stratum griseum et fibrosum superficiale des Schlüpflings besteht aus zwei undifferenzierten Zellzonen, zwischen denen eine Faserschicht liegt. Die oberflächliche Zone des Tectum wird von den nicht myelinisierten Fasern des Stratum opticum gebildet. Während in den periventrikulären und zentralen Schichten des Tectum bei fortlaufender Zellproliferation und Migration die zytologische Differenzierung begonnen hat, ist in der superfiziellen Schicht die Sonderung in die einzelnen tectalen Zonen noch nicht abgeschlossen, die zytologische Differenzierung hat noch nicht begonnen.

3) Anatomie des Gehirnes eines 5 Tage alten Nestlings

Makroskopischer Bau: Am Gehirn eines 5 Tage alten Tieres hat sich das Telencephalon weiter nach kaudal ausgedehnt und das Tectum fast ganz überwachsen. Das Tectum liegt fast in seiner endgültigen, horizontalen Stellung unter dem Telencephalon. Die Hemisphären des Großhirns haben sich nach kaudal jederseits des Cerebellum vorgeschoben und umfassen dieses in seiner vorderen Hälfte. Die Flocculi sind nicht überwachsen. - Die Bulbi olfactorii sind klein und durch einen breiten Spalt voneinander getrennt.

Frontal Pol: Der histologische Schnitt durch den Frontalpol des Gehirnes eines 5 Tage alten Nestlings zeigt im Vergleich zum Schlüpfling nur geringe Unterschiede in der Anordnung der striatalen Felder (Abb.186). Hyperstriatum accessorium und Hyperstriatum dorsale sind nach dorsal verschoben, Hyperstriatum ventrale und Neostriatum nehmen einen größeren Raum ein. Die Lamina medullaris dorsalis und der Tractus fronto-archistriaticus sind als kräftige, nicht myelinisierte Faserbahnen ausgebildet. Die periventrikulären Proliferationszonen treten im Vergleich zum Schlüpfling in ihrer Ausdehnung zurück. Die größten Unterschiede betreffen den zytologischen Differenzierungszustand.

Commissura anterior: Auf der Schnittebene der Commissura anterior gleicht die Verteilung der telencephalen Gebiete weitgehend dem Schlüpfling. Auffällig ist der größere Anteil des Neostriatum an der Schnittfläche. Die Faserkapsel um das Palaeostriatum ist mit einigen Fasern, die Commissura anterior, Tractus fronto-archistriaticus und Lamina medullaris dorsalis verbinden, angelegt. Das Telencephalon wird von vorderen Anteilen des Diencephalon unterlagert. Charakterisierend für die Schnittebene durch das Diencephalon ist der Anschnitt des Nucleus rotundus. Ventro-median ist das Tuber cinereum angeschnitten. Telencephalon und Diencephalon sind im Vergleich dieses 5 Tage alten Nestlings mit dem Schlüpfling deutlich gegeneinander verschoben. Lateral sind rostrale Teile des Tectum angeschnitten (Abb.186).

Foramen interventriculare: Dies wird auf der Ebene des Foramen interventriculare noch deutlicher. Mit Hyperstriatum accessorium, Hyperstriatum ventrale, Neostriatum und Archistriatum sowie kaudalen Anteilen des Palaeostriatum werden mittlere Anteile des Telencephalon geschnitten. Corticoide Schichten bilden die dorso-laterale Bedeckung des Telencephalon. Die Schnittebene durch das Tectum ist durch die Nuclei praetectalis und subpraetectalis gekennzeichnet. Median wird der Nucleus ruber und ein Querschnitt durch den Nervus oculomotorius kurz vor seinem Austritt aus dem Gehirn erfaßt. Die Fasern des Nervus oculomotorius sind bereits vom Kerngebiet bis in die Peripherie myelinisiert (Abb.186).

Commissura posterior: Auf der Ebene der Commissura posterior werden Hyperstriatum ventrale, Neostriatum caudale und Archistriatum als Anteile des weit nach occipital ausgedehnten Telencephalon geschnitten. Der Ventrikel umgreift die striatalen Anteile medial, ventral und lateral und trennt sie von der Area parahippocampalis und den corticoiden Schichten. Zwischen den Hemisphären, die sich in der Medianen nicht berühren, liegt vom dritten Ventrikel ausgehend, der Epiphysenstiel. Mit dem Nucleus oculomotorius, vordersten Fasern des Fasciculus longitudinalis medialis und dem Nucleus raphe sind Elemente des rostralen Rhombencephalon erfaßt.

Occipital Pol: Auf der Ebene des Kleinhirns ist die Myelinisierung weiter fortgeschritten. Die Nuclei laminares beider Seiten werden durch myelinisierte Fasern verbunden. Die Fasern der Commissura cerebellaris ventralis sind ebenso myelinisiert wie einige laterale Kleinhirnfasern. Im Nervus stato-acusticus treten ebenfalls myelinisierte Fasern auf.

Die striatalen Anteile des Telencephalon sind gegenüber dem Schlüpfling zytologisch weit differenziert. In allen Gebieten ist die Zelldichte sehr hoch, die Zellen sind meist unregelmäßig gestaltet und gegenüber den proliferierenden Zellen vergrößert. Im Hyperstriatum accessorium, im Hyperstriatum dorsale und im Hyperstriatum ventrale beginnt die Cluster-Bildung. Das Palaeostriatum primitivum besitzt die charakteristischen großen, lappigen und stark anfärbbaren Zellen.

Die Entwicklung des Schichtenbaus des Tectum ist fortgeschritten: das periventriculäre Proliferationsgebiet ist weitgehend reduziert. Im Stratum album centrale sind die ersten Fasern myelinisiert. Das Stratum griseum centrale zeichnet sich durch die großen unregelmäßig begrenzten Zellen aus, zwischen denen einige kleine Zellen mit kugeligem Kern liegen. Die äußere dichte zelluläre Lage des Stratum superficiale ist nun in 2 Zonen aufgespalten, eine innere dichte Zell- und daran außen anschließend eine Faserlage. In den superfiziellen Schichten überwiegen noch sehr kleine Zellen mit kugeligem Kern. Es gibt dort nur wenige große Zellen mit lappiger Kontur.

4) Anatomie des Gehirnes eines 10 Tage alten Nestlings

Makroskopischer Bau: Das Gehirn eines 10 Tage alten Nestlings besitzt schon weitgehend die äußere Form des Adultgehirnes. Das Telencephalon reicht weit occipitalwärts bis auf die Höhe der Flocculi des Kleinhirns. Das Tectum liegt in horizontaler Position unter dem Telencephalon, wird von diesem aber seitlich noch nicht so weit überlappt wie beim Adultgehirn. Verlauf und Lage der Vallecula entsprechen dem der Adulttiere.

Frontal Pol: Der Schnitt durch den Frontal-Pol des Gehirnes zeigt einen gleichen Lagebezug der striatalen Anteile wie ein Schnitt durch das Adultgehirn (Abb.186). Die Faserzüge von Lamina medullaris dorsalis, Tractus fronto-archistriaticus und zahlreiche dorso-ventral verlaufende Faserbündel in Neostriatum und Hyperstriatum ventrale sind mächtig entwickelt, jedoch nicht myelinisiert. Das Lumen des Ventrikels ist bis auf einen winzigen dorsalen Rest reduziert. Reste der periventrikulären Proliferationszonen befinden sich am dorsalen und ventralen Ende des Ventrikels.

Commissura anterior: Auf der Ebene der Commissura anterior ist die Faserkapsel vollständig ausgebildet. Die Kommissur führt erste myelinisierte Fasern. Die Flächenanteile von Neostriatum und Archistriatum sind auf der besprochenen Schnittebene gegenüber dem 5 Tage alten Wellensittich vergrößert. Das Archistriatum liegt ventro-lateral und wird von einer nur wenige Zellschichten starken Schicht überlagert. Die Reste der periventrikulären Proliferationszone sind im palaeostriatalen Komplex erhalten. Der Fasciculus lateralis prosencephali ist nach oben abgedrängt und wird entsprechend seinem nun schrägen Verlauf nicht mehr im Längs- sondern im schrägen Querschnitt getroffen. Das Tectum ist auf der Höhe des Nucleus rotundus geschnitten. Der Nervus oculomotorius ist bis auf diese vordere Ebene verschoben worden.

Foramen interventriculare: Der Schnitt auf der Ebene des Foramen interventriculare erfaßt die Faserkapsel nicht mehr, die Ausbildung der striatalen Areale entspricht den vorangegangenen Schnitten. Der Ventrikel ist weitgehend reduziert, nur im Bereich des Foramen interventriculare ist ein kleines Lumen erhalten, das vollständig mit Plexusteilen angefüllt ist. Im Tectum ist der vordere Anteil des Nucleus isthmi angeschnitten. Basal liegen rostrale rhombencephale Strukturen wie Nucleus oculomotorius, erste Fasern des Fasciculus longitudinalis medialis und der Nucleus raphe.

Commissura posterior: Die Commissura posterior liegt nur wenige Schnitte hinter der zuvor besprochenen Ebene. Im gesamten Gehirn sind daher nur geringe Veränderungen gegenüber jener zu erkennen.

Alle drei Augenmuskelnerven sind von ihren rhombencephalen Kerngebieten an vollständig myelinisiert. Die Myelinisierung der telencephalen Fasern, und auch der afferenten optischen Bahnen beginnt erst zu diesem Entwicklungszeitpunkt. Erste myelinisierte Fasern liegen in der Commissura posterior und im Fasciculus longitudinalis medialis.

Die zytologische Differenzierung des Tectum ist weiter fortgeschritten. Während in den periventrikulären und zentralen Schichten vor allem die Fasern ausgewachsen sind und myelinisieren, sind die superfiziellen Schichten weiter untergliedert worden. In der Zone 10 sind jetzt die typischen kleinen Pyramidenzellen und spindelförmigen Zellen ausgebildet. Der radiäre Verlauf ihrer Zellfortsätze ist angedeutet. Die endgültige Auftrennung in 2 Lagen hat aber noch nicht stattgefunden. Auch in der Zone 8 können nun einige spindelförmige und multipolare Zellen erkannt werden.

Occipital Pol: Die Schnittebene durch das Kleinhirn gleicht weitgehend der von Adulttieren. Unterschiede betreffen nur das Ausmaß der Ausdehnung des Großhirns nach kaudal. Der Grad der Myelinisierung der Faserbahnen entspricht den Adulttieren.

5) Anatomie des Gehirnes eines 15 Tage alten Nestlings

Makroskopischer Bau: Die äußere Gestalt des Gehirnes eines 15 Tage alten Nestlings hat bis auf die etwas geringere Ausdehnung des Telencephalon Adultform angenommen.

Mikroskopisch-anatomischer Bau: Die Lagebeziehungen innerhalb des Gehirnes eines 15 Tage alten Nestlings entsprechen weitgehend denen des 10 Tage alten Tieres und müssen daher nicht gesondert besprochen werden. Die wesentlichen Unterschiede betreffen den weiter fortgeschrittenen Myelinisierungszustand der Faserzüge (Abb.186). Im Tractus fronto-archistriaticus treten die ersten myelinisierten Fasern auf. Das laterale Vorderhirnbündel (Fasciculus longitudinalis lateralis) ist weitgehend myelinisiert, weist aber noch einige eingestreute Zellen auf, die im Adultzustand nicht mehr gefunden werden können. Die myelinisierten Fasern des Vorderhirnbündels lassen sich bis in ihr End- oder Ursprungsgebiet im Palaeostriatum und im Ectostriatum verfolgen. Die Myelinisierung der Commissura anterior ist weiter fortgeschritten als beim 10 Tage alten Nestling. Die Faserkapsel um das Palaeostriatum ist ausgebildet, führt aber noch keine myelinisierten Fasern. Das Gleiche gilt für die über dem Neostriatum gelegenen Fasersysteme von Lamina hyperstriatica, Lamina superior und Lamina suprema und die sie verbindenden Faserzüge. Besonders deutlich ist dies im Neostriatum, das aufgrund der Durchsetzung mit Faserzügen und der säulenförmigen Anordnung der Zellen dem Adultzustand weitgehend gleicht. Seine Fasern sind jedoch noch nicht myelinisiert. - Auffällig ist, daß die afferenten Fasern des optischen Systems, die sich durch Nervus opticus und Tractus opticus bis in das Stratum opticum des Tectum verfolgen lassen, nicht myelinisiert sind. Efferente optische Fasern aus dem Stratum griseum centrale zum Nucleus isthmi tecti und zum Nucleus geniculatus lateralis sind dagegen myelinisiert. Ebenso Fasern des tecto-telencephalen Projektionsweges vom Tectum zum Nucleus rotundus und von dort über den Fasciculus prosencephali lateralis durch das Palaeostriatum bis in das Ectostriatum. Dieses ist als einziges telencephales Zentrum zu diesem Zeitpunkt mit myelinisierten Fasern ausgestattet. Die Verschaltung des Nucleus oculomotorius über Fasern aus dem Stratum album centrale sowie des Nucleus trochlearis und Nucleus abducens über den Fasciculus longitudinalis medialis ist nun auch myelinisiert. Die Decussatio supraoptica weist in ihren dorsalen und ventralen Anteilen myelinisierte Fasern auf, deren Verlauf zu den diencephalen Kerngebieten sich teilweise verfolgen läßt. Der Anteil nicht myelinisierter Fasern im Thalamus verhindert aber eine genaue Ansprache. In den rostralen Abschnitten des Rhombencephalon sowie im Kleinhirn sind im Vergleich zum Adulttier keine Unterschiede im Ausmaß der Myelinisierung zu erkennen.

Im Tectum opticum können die gleichen Zonen wie beim 10 Tage alten Nestling beschrieben werden. Die Grenze zwischen den Zonen 8 und 9 ist nicht mehr so deutlich, da offensichtlich Zellen der Zone 8 in die unteren Faserlagen der Zone 9 einwandern. In Zone 8 lassen sich erste einzelne myelinisierte Fasern erkennen, die aus den tiefergelegenen Zonen aufsteigen. Obgleich in den periventrikulären und zentralen Schichten des Tectum schon Myelinisierungsvorgänge ablaufen, hat die Entwicklung der äußeren superfiziellen Schicht noch nicht den Adultstatus erreicht. Zone 10 befindet sich noch stark in der Entwicklung und zeigt ein mehrere Lagen dickes Band undifferenzierter Zellen. Beim 15 Tage alten Nestling ist die spätere Aufspaltung der Zonen noch nicht eingeleitet.

Melopsittacus undulatus

Abb. 182

Makroskopische Präparation des Gehirnes eines adulten Tieres

Ansichten von:

Lateral

Dorsal

Ventral

Vergrößerung: 5.2 x

Inset:
Natürliche Größe des Gehirnes

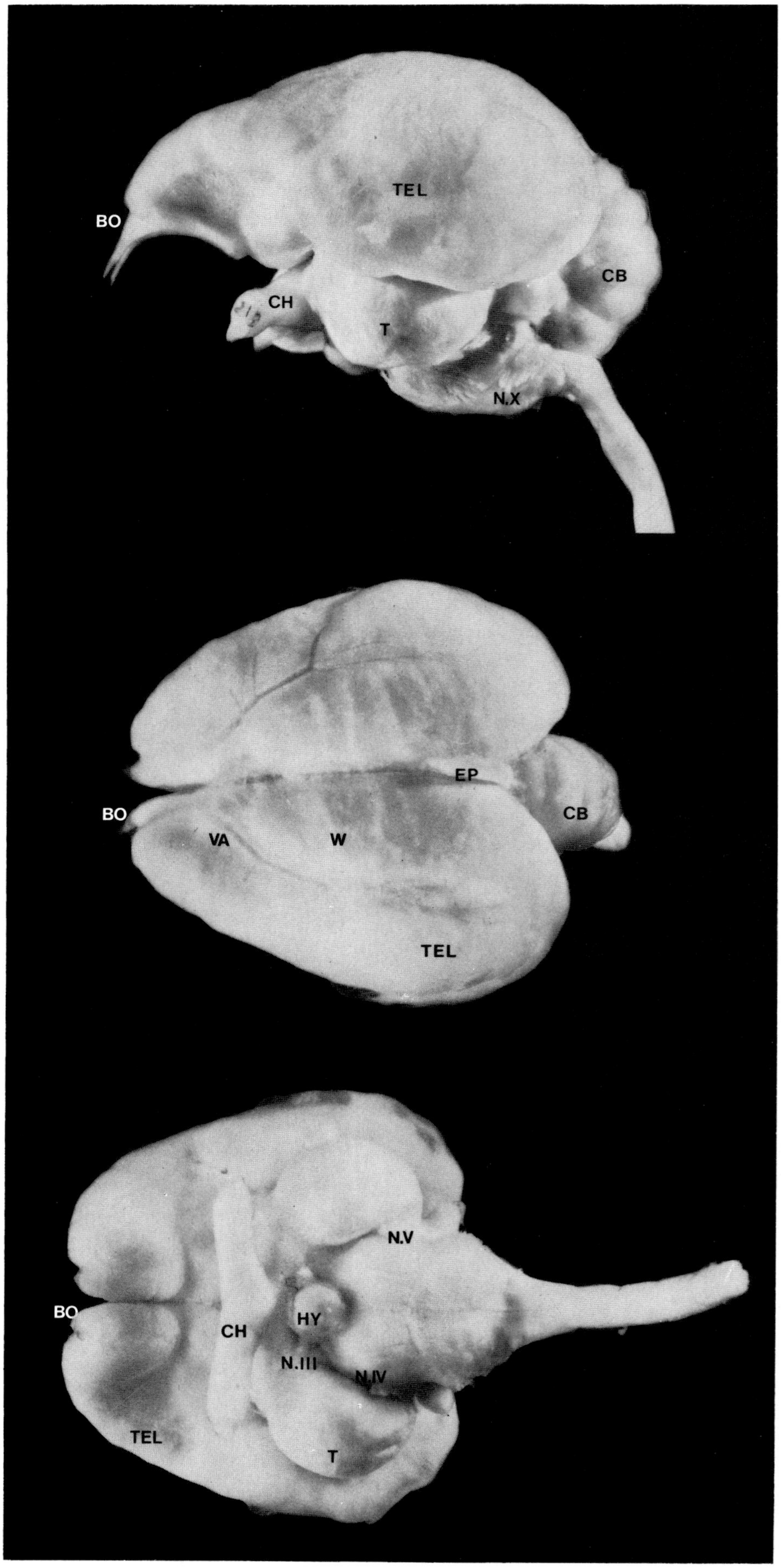

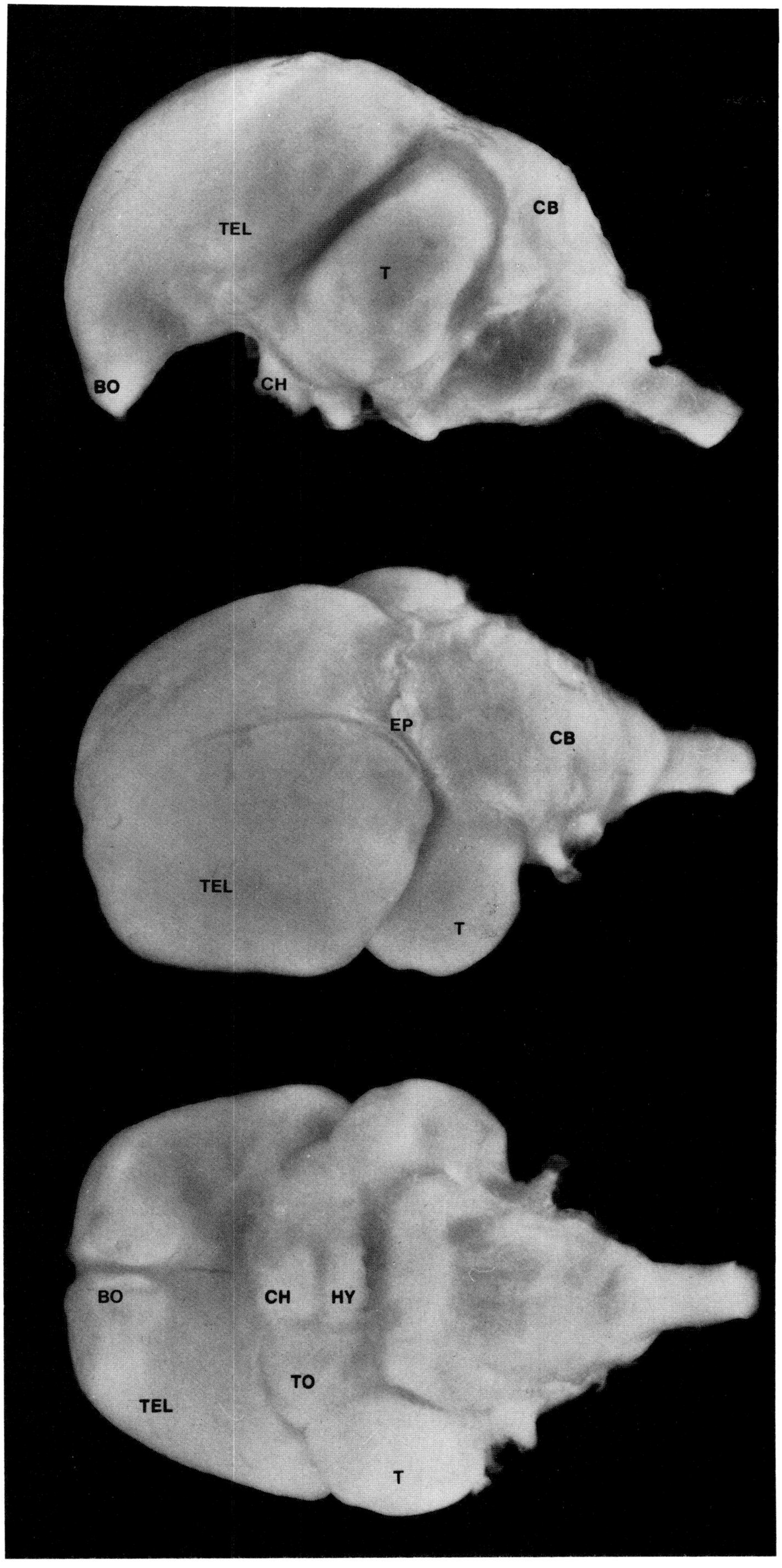

Melopsittacus undulatus

Abb. 183

Makroskopische Präparation des Gehirnes eines Schlüpflings

Ansichten von:

Lateral

Dorsal

Ventral

Vergrößerung: 11.5 x

Inset:
Natürliche Größe des Gehirnes

Abb.184. *Melopsittacus undulatus*, Schlüpfling. - Paraffinschnittserie durch das Gehirn; Schnittdicke 10 um; Klüver-Barrera-Färbung; Vergr. 14.6x

Frontal Pol

Commissura anterior

Foramen interventriculare

Commissura posterior

MELOPSITTACUS

GEHIRN
SCHLUPF

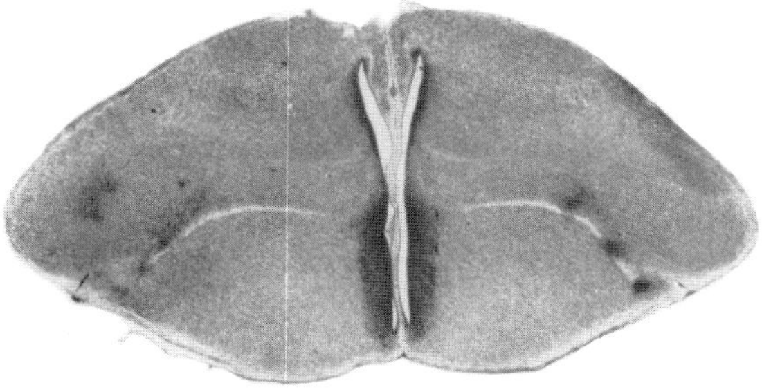

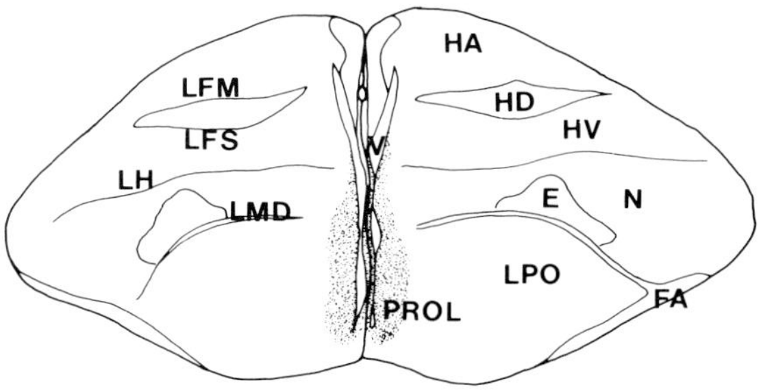

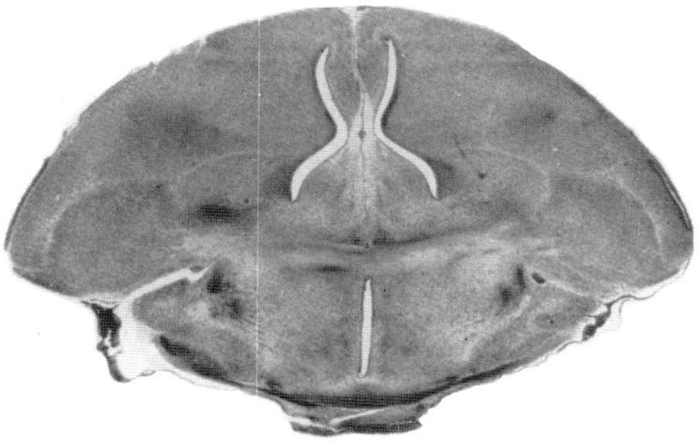

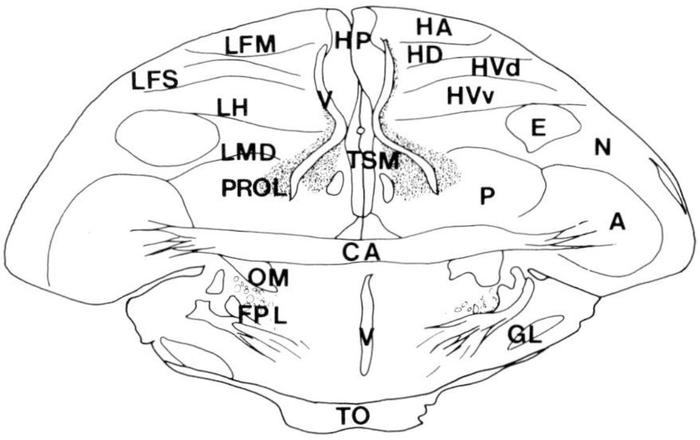

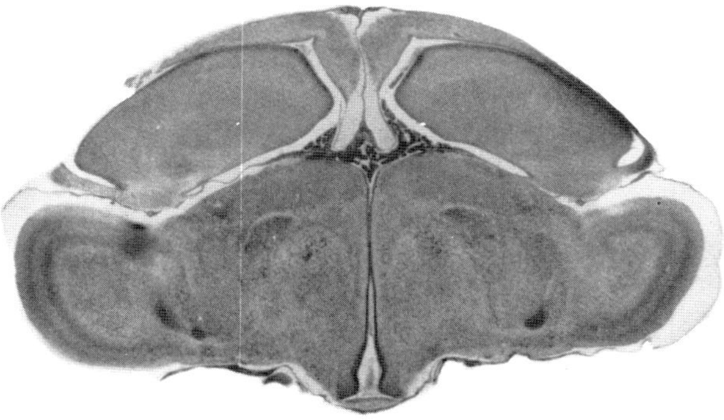

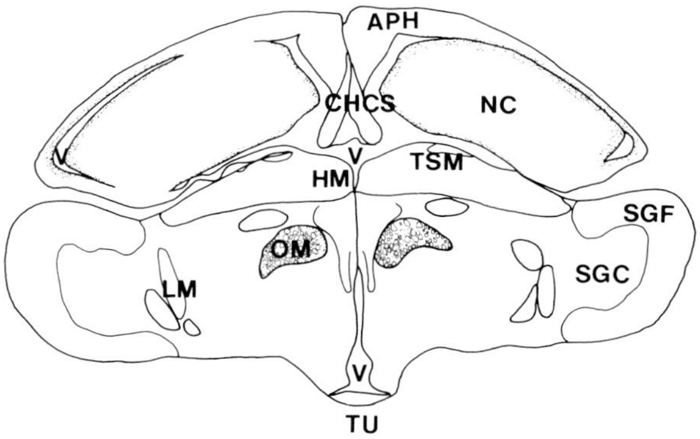

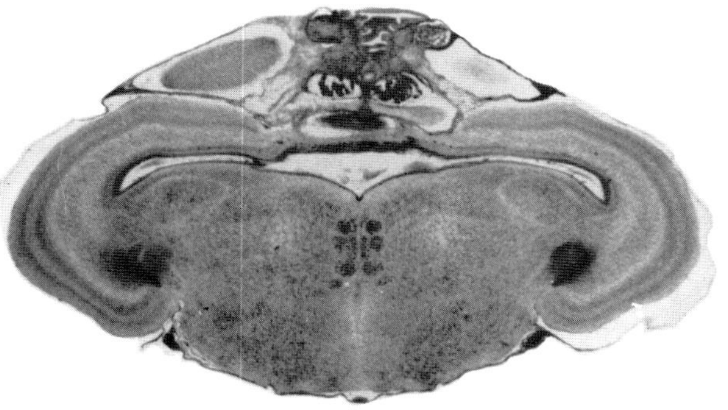

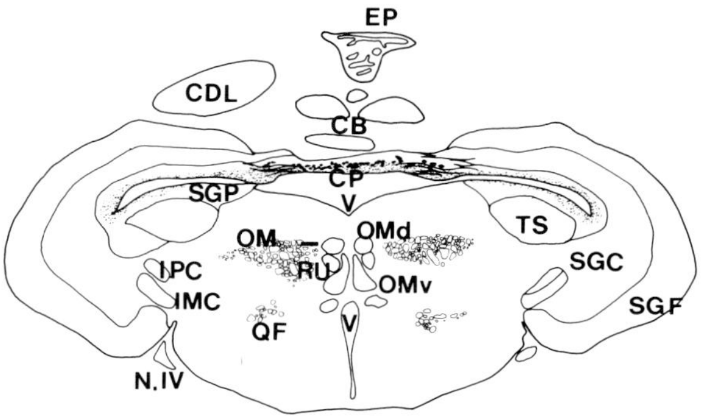

Abb.185. *Melopsittacus undulatus*, Schlüpfling. - Frontalschnitt durch das Gehirn auf der Ebene der Commissura anterior. - Paraffinschnitt 10 um; Vergr. 30x

rechts oben: Detailaufnahme der Lamina medullaris dorsalis; Vergr. 180x

rechts unten: Detailaufnahme der periventrikulären Proliferationsgebiete; Vergr. 90x

MELOPSITTACUS

GEHIRN
SCHLUPF

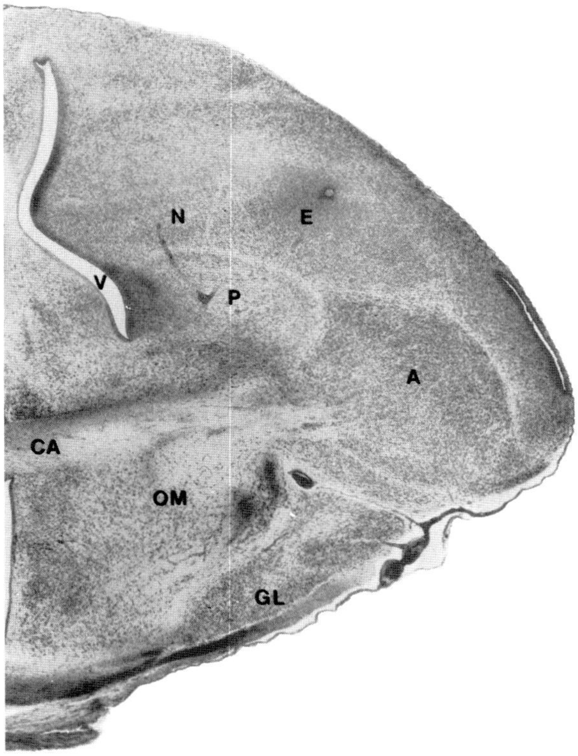

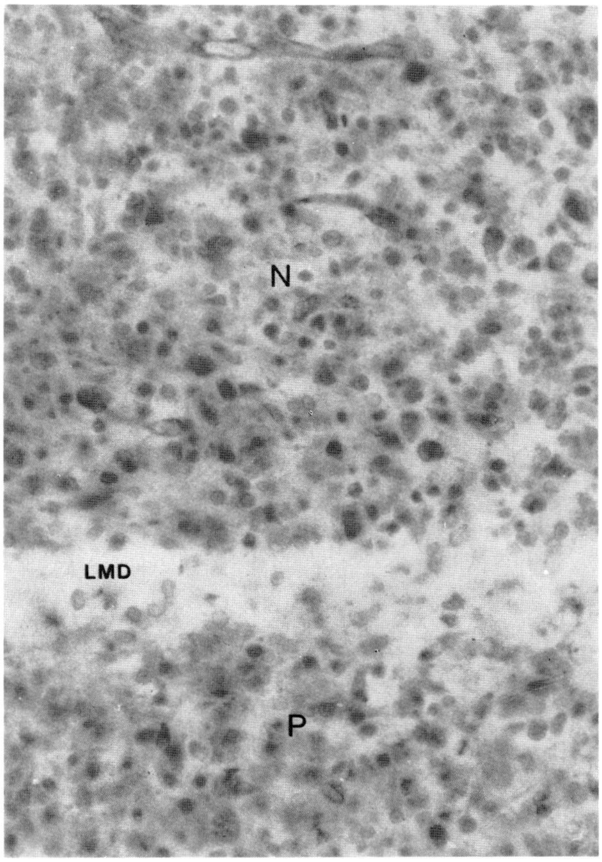

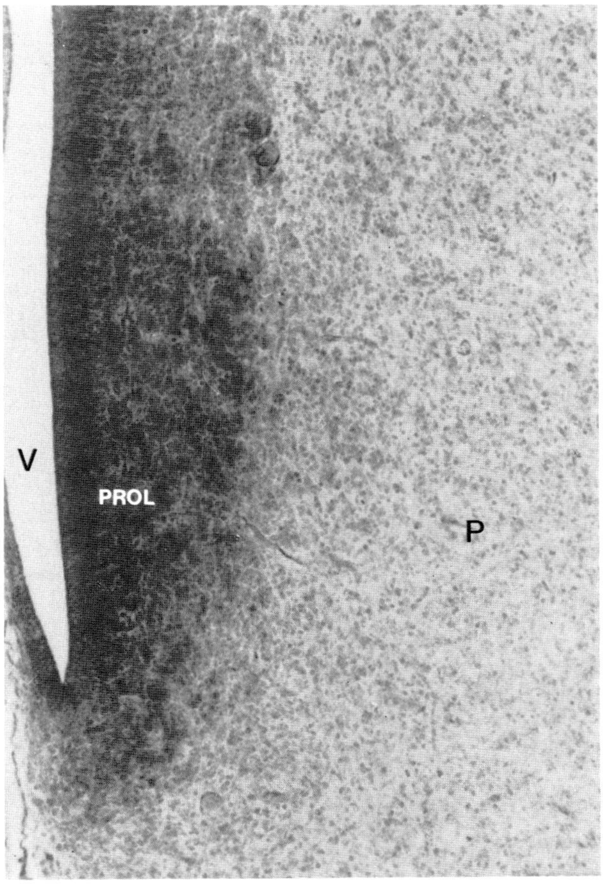

MELOPSITTACUS UNDULATUS

SCHLUPF 5 TAGE 10TAGE

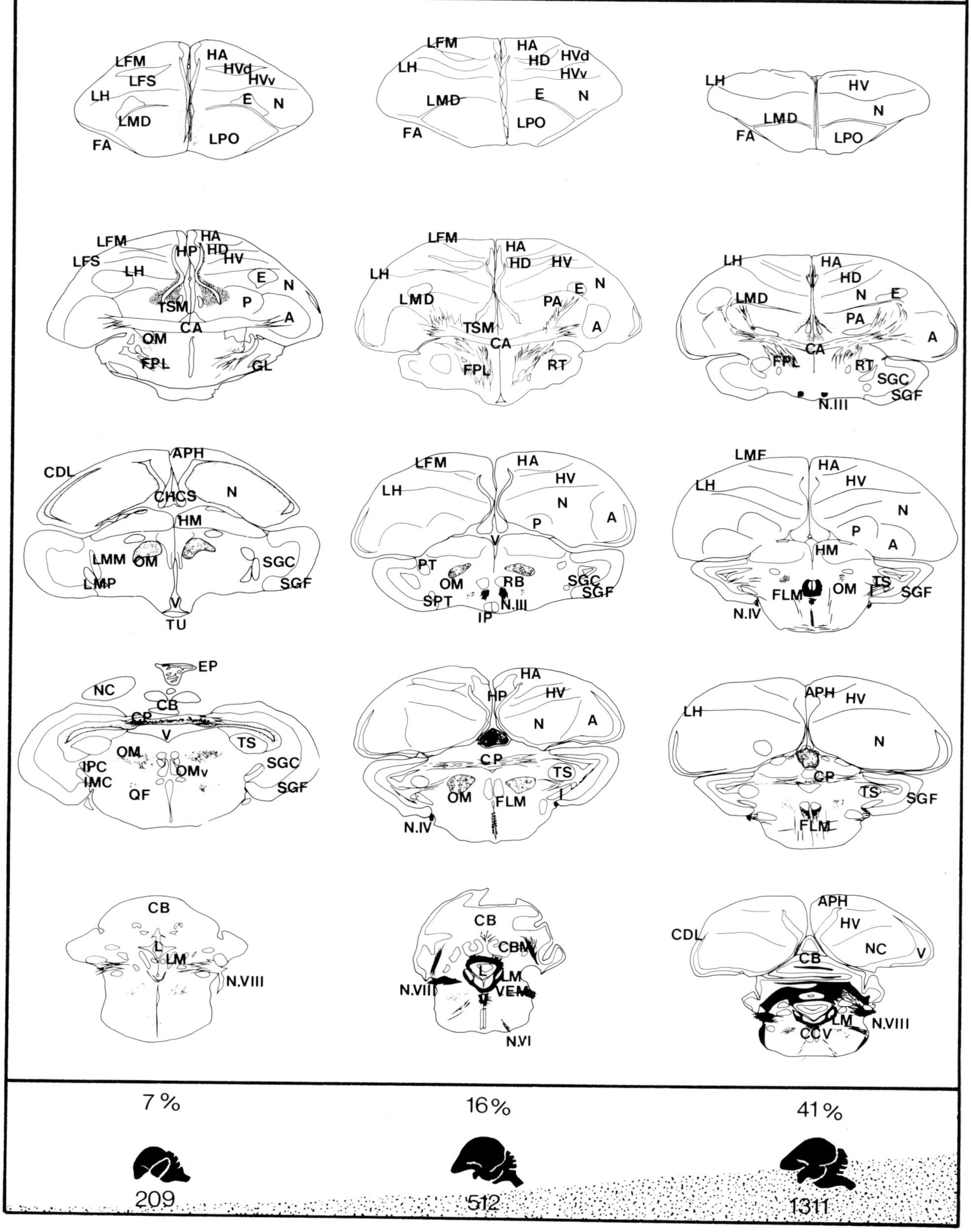

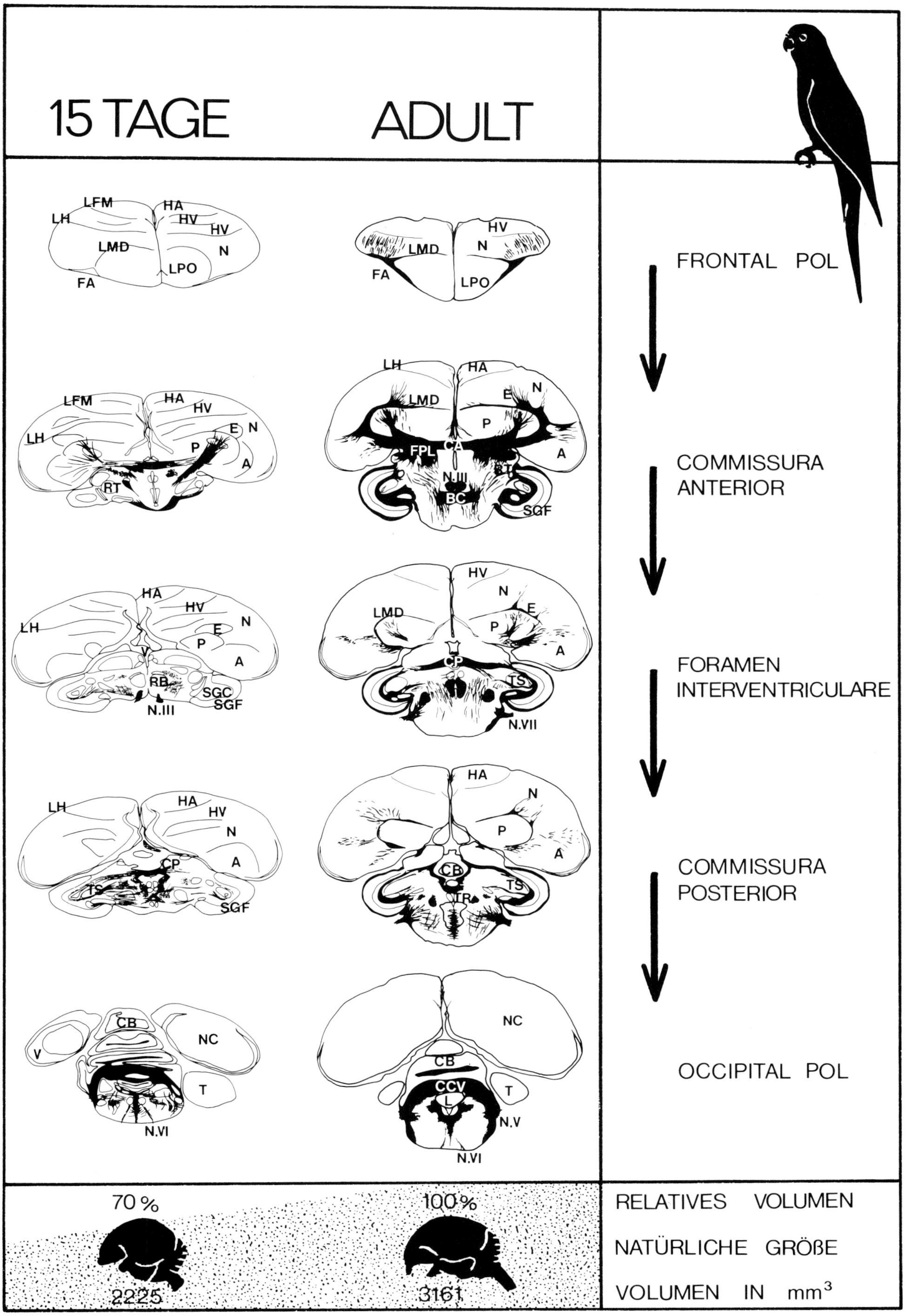

15 TAGE
ADULT
LFM
LH
HA
HV
LMD
N
LPO
FA
E
P
A
RT
CA
FPL
N.III
BC
SGF
V
RB
SGC
CP
TS
N.VII
CB
TR
NC
T
N.VI
CCV
L
N.V
FRONTAL POL
COMMISSURA ANTERIOR
FORAMEN INTERVENTRICULARE
COMMISSURA POSTERIOR
OCCIPITAL POL
70 %
2225
100 %
3161
RELATIVES VOLUMEN
NATÜRLICHE GRÖßE
VOLUMEN IN mm³

D) Entwicklung des Gehirnes von *Lonchura oryzivora*

1) Anatomie des Gehirnes eines adulten Tieres

Makroskopischer Bau: Das Gehirn adulter Reisfinken (Abb.187) besitzt sehr große, breite Endhirn-Hemisphären, die das übrige Gehirn weitgehend überlagern. Die Vallecula grenzt im vorderen Drittel des Endhirns das Hyperstriatum accessorium gegen das Hyperstriatum ventrale äußerlich erkennbar ab. Die Hemisphären reichen seitlich neben dem Kleinhirn bis auf die Höhe der Flocculi nach kaudal. Die Lobi des Tectum liegen in horizontaler Position unter dem Großhirn.

Frontal Pol: Im Gegensatz zum Wellensittich sind auf der Schnittebene durch den Frontalpol des Gehirnes palaeostriataler Komplex, Neostriatum und Ectostriatum, Hyperstriatum ventrale, Hyperstriatum dorsale und Hyperstriatum accessorium erfaßt und durch Faserzonen getrennt (Abb.190). Die dorsalen striatalen Schichten nehmen große Flächenanteile auf dem Schnitt ein. Reisfinken besitzen nach der Klassifikation von STINGELIN (1958a,b; 1962) ein Gehirn mit dorsaler Frontbildung.

Das Neostriatum wird von zahlreichen Faserbündeln durchzogen; eine säulenförmige Anordnung der Zellen, wie sie für das Telencephalon des Wellensittichs so charakteristisch war, läßt sich aber nicht feststellen. Der Lobus parolfactorius ist ebenfalls durch schräg verlaufende Faserbündel ausgezeichnet. Diese Fasern kreuzen zum Teil die Lamina medullaris dorsalis, ziehen durch das Neostriatum und enden erst im Hyperstriatum ventrale. Andere Fasern führen in die Lamina medullaris dorsalis und in den Tractus quinto-frontalis. -Der Ventrikel besitzt ein schmales Lumen.

Commissura anterior: Die Schnittebene auf der Höhe der Commissura anterior erfaßt neben den Großhirn-Hemisphären die Lobi des Tectum und mediale Teile des Diencephalon auf der Höhe des Tuber cinereum.

Auf dieser Schnittebene treten die dorsalen striatalen Anteile zurück. Kaudale Reste das Hyperstriatum accessorium sind dorso-medial des Ventrikels angeschnitten. Es ist nicht mehr eindeutig von der Area parahippocampalis zu unterscheiden. Hyperstriatum ventrale, Neostriatum und der palaeostriatale Komplex nehmen die großen Flächenanteile der Hemisphären ein. Das Gehirn der Reisfinken besitzt im Vergleich zum Wellensittich nicht nur eine unterschiedliche quantitative Entfaltung der striatalen Gebiete, sondern damit verbunden, auch einen abweichenden Aufbau der Fasersysteme.

Die Lamina hyperstriatica ist eine dicke Lage quer geschnittener myelinisierter Faserbündel. Sie wird von dorso-ventral verlaufenden Fasern gekreuzt, die Neostriatum und Hyperstriatum ventrale verbinden. Die Lamina medullaris dorsalis bildet ein dichtes Netz vor allem medio-lateral verlaufender Fasern, die mit Hyperstriatum ventrale und Neostriatum aber auch mit Fasern aus dem lateralen Vorderhirnbündel verbunden sind. Die schmale Commissura anterior wird lateral von Faserbündeln des Fasciculus lateralis prosencephali und des Tractus occipito-mesencephalicus durchbrochen und nach hinten abgedrängt. Entsprechend der starken Entfaltung der dorsalen striatalen Gebiete ist der Tractus septo-mesencephalicus über seine ganze Länge ein kräftiges Faserbündel. Der Tractus fronto-archistriaticus ist dünner als beim Wellensittich.

Vordere Bereiche der Lobi tecti optici sind schon auf dieser Schnittebene angeschnitten. Tractus opticus und Stratum opticum des Tectum bilden eine dicke Faserlage, die das ganze Tectum umhüllt. Im Diencephalon ist der Nucleus rotundus angeschnitten.

Foramen interventriculare: Die Schnittebene durch das Foramen interventriculare zeigt in der Anordnung der Kerngebiete im Telencephalon nur geringe Unterschiede im Vergleich zum vorangehenden Schnitt. Der Flächenanteil des Hyperstriatum ventrale ist kleiner geworden. Tractus occipito-mesencephalicus und Commissura anterior bilden ein gemeinsames Faserbündel an der Unterseite der Hemisphären.

Im Diencephalon sind die dorsalen und lateralen Thalamuskerne angeschnitten. Sie liegen hier neben Kerngebieten, wie dem lateralen Nucleus praetectalis und dem medialen Nucleus ruber, die dem mesencephalen Gebiet zugerechnet werden. Der diencephale Anteil des Tractus occipito-mesencephalicus verläuft unterhalb der dorsalen Thalamuskerne. Medial des Nucleus ruber ist der hier innerhalb des Gehirnes verlaufende Nervus oculomotorius angeschnitten.

Commissura posterior: Auf der Schnittebene der Commissura posterior nimmt das Neostriatum caudale den größten Flächenanteil des Telencephalon ein. Im ventralen Abschnitt schließt kaudal an den palaeostriatalen Komplex das Archistriatum an. Die Fasern des Tractus occipito-mesencephalicus fächern sich hier auf. Der Tractus fronto-archistriaticus ist noch ein kompaktes Bündel. Die striatalen Gebiete werden dorsal und medial vom Ventrikel umfaßt. Dorsal findet sich Area parahippocampalis, die seitlich in eine wenige Zellagen starke corticoide Schicht übergeht.

Ventral der Commissura posterior sind mit dem Kerngebiet des Nervus oculomotorius und den ersten Fasern des Fasciculus longitudinalis medialis rostrale rhombencephale Strukturen angeschnitten. Oberhalb der Kommissur, zwischen den Hemisphären liegt ein vorderer Anschnitt des Cerebellum.

Das Tectum opticum besitzt den gleichen zytologischen Grundaufbau wie bei den anderen Arten. Unterschiede ergeben sich nur in der Mächtigkeit der Zone 10a, die bei Reisfinken besonders stark entwickelt und mehrere Zellagen dick ist. Zone 10b, die in konstantem Abstand von der inneren Zone liegt, ist einschichtig aus dicht liegenden Zellen aufgebaut. Zytologisch sind beide Zonen durch einige bipolare und ganz wenige, mittelgroße multipolare Zellen ausgezeichnet, deren Fortsätze radiär in die oberen und die tieferen Zonen führen.

Occipital Pol: Die Schnittebene durch das Kleinhirn auf Höhe der Nuclei magnocellulares zeigt keine Besonderheiten. Kaudale Anteile des Telencephalon und der Lobi tecti werden noch erfaßt. Im Telencephalon fällt die starke Auffächerung der Fasern des Tractus occipito-mesencephalicus und des Tractus fronto-archistriaticus auf.

2) Anatomie des Gehirnes eines Reisfinken-Schlüpflings

Makroskopischer Bau: Die Endhirn-Hemisphären des Gehirnes eines Reisfinken-Schlüpflings sind noch sehr klein und wenig entwickelt (Abb.188). An ihrer Spitze sitzt ein sehr kleiner unpaarer Bulbus olfactorius. Die Lobi tecti optici sind breiter als das Telencephalon. Endhirn-Hemisphären und Lobi optici liegen hintereinander und überlagern sich nicht. Das Cerebellum liegt frei über dem Rhombencephalon, es wird weder von Tectum noch von Telencephalon überdeckt.

Das gesamte Gehirn der Reisfinken befindet sich zum Zeitpunkt des Schlupfes in einem Zustand hoher Zellproliferationsaktivität und geringer Zelldifferenzierung (Abb.189,190). Neben den ausgedehnten Proliferationsgebieten lassen sich lichtmikroskopisch nur zwei Zellformen unterscheiden: kleine polyedrische Zellen, deren runder Kern fast das ganze Zell-Lumen ausfüllt und großkernige Zellen mit unregelmäßig ovalem Kern. Dieser zytologisch gering entwickelte Zustand ist vor allem im Telencephalon, dem Tectum opticum und dem Cerebellum zu finden. Der Differenzierungszustand des Diencephalon und des Rhombencephalon ist aber auch sehr gering und es lassen sich hier ebenfalls noch periventrikuläre Proliferationszonen nachweisen.

Frontal Pol: Auf der Schnittebene durch den Frontalpol sind die großen periventrikulär gelegenen Proliferationsgebiete besonders auffällig (Abb.189). Die Proliferationszonen umgeben den Ventrikel allseitig, sind an den striatalen Ventrikelwänden aber stärker ausgebildet als an den septalen Seiten. Ventro-medial läßt sich anhand etwas geringerer Zelldichte und durch die Anlage der Lamina medullaris dorsalis der palaeostriatale Komplex abgrenzen. Die Anlage der Lamina medullaris dorsalis ist zellreich. Die Perikaryen ihrer Zellen sind im Vergleich zu denen des Palaeostriatum vergrößert und in Längsrichtung gestreckt. Neostriatum, Hyperstriatum ventrale und Hyperstriatum accessorium lassen sich nur durch unterschiedliche Zelldichte erkennen. Eine exakte Abgrenzung der Gebiete kann nicht erfolgen. Im Septum ist die Anlage von Fasern des Tractus septo-mesencephalicus zu erkennen.

Commissura anterior: Auf der folgenden Schnittebene sind die Faserzüge der Commissura anterior angelegt. Ihre kernreichen Fasern befinden sich in einem frühen Differenzierungszustand. An der striatalen

Seitenwand des Ventrikels liegen dichte Proliferationszonen. An der septalen Ventrikelwandung findet keine Proliferation statt. Dort ist der Tractus septo-mesencephalicus durch einwachsende Fasern angelegt.

Ventral der Commissura anterior ist der dritte Ventrikel angeschnitten. Auch dort ist das Ependym infolge der Teilungsaktivität seiner Zellen mehrlagig. Lateral im Diencephalon beginnt die Faserdifferenzierung des Fasciculus prosencephali lateralis. Einzelelemente dieser Faserzüge sind jedoch noch nicht anzusprechen (Abb.189,190).

Foramen interventriculare: Auf der Ebene des Foramen interventriculare ist der erste Anschnitt der Lobi des Tectum anzutreffen. Im Telencephalon ist nur noch ein Neostriatum caudale zu erkennen, ventral ist der gemeinsame Verlauf von Commissura anterior und Tractus occipito-mesencephalicus zu erkennen. Eindeutig ist hingegen der diencephale Verlauf des Tractus septo-mesencephalicus bestimmbar. Wie schon auf den vorangegangenen Schnittebenen ist der Ventrikel an seinen striatalen Seiten von einer dichten Matrix-Zone proliferierender Zellen umgeben (Abb.189,190).

Commissura posterior: Die Ebene der Commissura posterior liegt hinter dem kaudalen Pol des Telencephalon. Die Lobi des Tectum ragen seitlich weit vor. In der dorsalen Mittellinie ist die Epiphyse angeschnitten. Außer der Commissura posterior sind auf dieser Ebene noch die Fasersysteme des Tractus opticus und der Decussatio supraoptica in ihren distalen Abschnitten erfaßt.

Im Diencephalon sind der Nucleus geniculatus lateralis mit Pars magnocellularis und Pars parvocellularis und der Nucleus subpreatectalis zu erkennen. Der Torus semicircularis ist als Zellverdichtung im Tectum erkennbar. Der Ventrikel ist allseitig von einer Matrixzone umgeben, die jedoch nicht die gleiche Stärke erreicht wie im Telencephalon (Abb.189,190).

Occipital Pol: Auf der Schnittebene durch das Kleinhirn lassen sich die lateralen und medialen Kleinhirnkerne anhand ihrer größeren Zellkerne erkennen. Weitergehende Differenzierungen können nicht beschrieben werden. Das Ependym des Ventrikelraumes im Kleinhirn ist zweireihig, was auf eine geringere Proliferationsaktivität hinweist.

Das Tectum ist wie beim frisch geschlüpften Wellensittich in seine drei Hauptschichten der periventrikulären, zentralen und oberflächlichen Lagen gegliedert. Aus der periventrikulären Matrixzone wandern Zellen in radiärer Richtung aus. Die auswandernden Zellen überdecken die Zonen des Stratum album periventriculare und des Stratum griseum periventriculare. Distal der Matrixzone nimmt die Zelldichte ab. In dieser Zone ist der Torus semicircularis angelegt. Nach außen schließen sich das Stratum album centrale (Zone 6) und das Stratum griseum centrale (Zone 7) an. Das Stratum album centrale und das Stratum griseum centrale unterscheiden sich in der Zelldichte. Die superfizielle Schicht wird von zwei Zell-Lagen aufgebaut, die von einer Faser-Lage getrennt sind.

3) Anatomie des Gehirnes eines 5 Tage alten Nestlings

Makroskopischer Bau: Das Gehirn eines 5 Tage alten Nestlings besitzt deutlich vergrößerte Hemisphären. Sie sind jetzt so breit wie die Lobi optici, die sie in der Ansicht von dorsal zu zwei Dritteln überlagern. Am Vorderpol der Hemisphären ist die Vallecula als oberflächliche Furche zu erkennen. Die Stellung von Tectum und Kleinhirn hat sich im Vergleich zum Schlüpfling nicht geändert. Der Hemisphären sind jedoch nach kaudal bis neben das Cerebellum gewachsen. Die Epiphyse liegt zwischen den kaudalen Enden der Großhirn-Hemisphären.

Frontal Pol: Bereits nach 5 Nestlingstagen ist das Gehirn so weit differenziert, daß alle Kerngebiete angesprochen werden können (Abb.190). Die periventrikulären Proliferationsgebiete sind deutlich kleiner als beim Schlüpfling. Die Lamina medullaris dorsalis führt marklose Fasern und ist zellärmer als beim Schlüpfling. Am lateralen Ende der Lamina medullaris dorsalis ist der Tractus fronto-archistriaticus ausgebildet. Über diesem liegt der Nucleus basalis, der durch eine Faserschicht gegen das Neostriatum abgegrenzt wird. Das Neostriatum, in dem das Ectostriatum ausgebildet ist, wird von dorso-ventral verlaufenden Faserbündeln durchzogen. Die Lamina hyperstriatica wird von dicken Faserbündeln aufgebaut. Im Hyperstriatum ventrale lassen sich das kleinzellige Hyperstriatum ventrale ventroventrale und das größerzellige Hyperstriatum ventrale dorsoventrale unterscheiden. Kaudale Anteile des Hyperstriatum accessorium werden ebenfalls erfaßt. Hyperstriatum dorsale und Hyperstriatum accessorium liegen vor der beschriebenen Schnittebene. Das Septum wird vollständig von Fasern des Tractus septo-mesencephalicus eingenommen.

Das Lumen des Ventrikels erstreckt sich dorso-ventral über den ganzen Schnitt. Dorsal biegt er seitlich um und reicht bis in die Mittelline.

Commissura anterior: Auf der Schnittebene der Commissura anterior (Abb.190) nehmen das Neostriatum und das Hyperstriatum ventrale den größten Flächenanteil ein. Basal im Neostriatum ist das Ectostriatum zu erkennen. Neostriatum und Hyperstriatum ventrale werden von einer dünnen Schicht des Cortex laterale überlagert. Im palaeostriatalen Komplex sind Palaeostriatum augmentatum und Palaeostriatum primitivum differenziert. Das Palaeostriatum primitivum ist bereits durch die charakteristischen großen, lappigen und stark anfärbenden Zellen gekennzeichnet, die von Fasern aus dem Fasciculus lateralis prosencephali umgeben sind.

Die Fasersysteme von Tractus septo-mesencephalicus, Commissura anterior und Tractus occipito-mesencephalicus, sowie der Fasciculus lateralis prosencephali haben bereits Lage und Verlauf entsprechend dem Adultzustand erreicht, doch sind sie noch überhaupt nicht myelinisiert.

Im Diencephalon sind der Nucleus rotundus und der Nucleus geniculatus lateralis, das Chiasma opticum und die Decussatio supraoptica erfaßt. Der Tractus opticus ist noch sehr kernreich. Um den dritten Ventrikel herum findet keine Zellproliferation mehr statt.

Foramen interventriculare: Die Schnittebene durch das Foramen interventriculare zeigt einen veränderten Lagebezug der Hirngebiete (Abb.190). Das Neostriatum nimmt fast das gesamte angeschnittene Telencephalon ein; nur ein kleiner Rest des palaeostriatalen Komplexes ist erhalten. Die mediale Ventrikelwand wird von der Area parahippocampalis eingenommen, die dorsal und lateral in dünne Schichten übergeht. Zwischen den Hemisphären bleibt ein weiter Interhemisphärenspalt offen. Im Diencephalon ergeben sich im Vergleich zur vorangehenden Schnittebene keine wesentlichen Veränderungen. Zusätzlich zu den oben genannten Kernen ist hier nun noch der Nucleus ovoidalis angeschnitten.

Commissura posterior: Auf der Schnittebene durch die Commissura posterior sind nur noch kaudale Reste der Endhirn-Hemisphären angeschnitten (Abb.190). Zwischen ihnen liegt ein vorderer Anschnitt des Kleinhirns. Der Schnitt führt durch die großen Lobi des Tectum und durch diencephale Kerngebiete. Die Seitenflügel des Ventrikels bilden hier große Lumina, die ca. 250 um hinter der besprochenen Ebene über das Foramen sylvii kommunizieren. Neben den Colliculi superiores werden der Nucleus isthmi tecti und der Nucleus spiriformis erfaßt. Mit dem Nucleus ruber, dem Torus semicircularis und den Trigeminuskernen sind rhombencephale Kerngebiete angeschnitten. Der Austritt des Nervus oculomotorius ist gleichfalls auf dieser Schnittebene erfaßt; seine Fasern sind myelinisiert. Es sind die zu diesem Zeitpunkt am weitesten rostral gelegenen myelinisierten Fasern.

Die zytologische Differenzierung des Tectum opticum ist weiter vorangeschritten. Die periventrikuläre Proliferationsaktivität ist weitgehend zum Erliegen gekommen. Das Stratum album und das Stratum griseum periventriculare lassen sich unterscheiden. Dort treten vermehrt spindelförmige Zellen mit tangential orientierten Fortsätzen auf. In der dorsal des Ventrikels gelegenen medialen Fortsetzung des Stratum griseum periventriculare sind dicht unterhalb des Stratum album centrale die markant großen Perikaryen des Nucleus mesencephalicus trigemini zu finden. Ihr Differenzierungszustand unterscheidet sich nicht mehr von dem der adulten Tiere. Im Stratum griseum centrale überwiegen nun große spindelförmige Zellen mit tangential orientierten Fortsätzen. Sie vernetzen mit Fasern aus dem Stratum album centrale und der innersten superfiziellen Zone. Die superfizielle Schicht ist zytologisch sehr viel weiter differenziert und untergliedert. Als unterste Zone schließen sich kleine Zellen an, die einen runden Zellkern und radiär verlaufende Fortsätze ausbilden. Im distalen Randbereich dieser Schicht sind einige sehr große pyramidale Zellen zu finden. Nach außen hin schließt sich eine Faserschicht an (Zone 9), die von einer dichten Zellschicht aus längsovalen Zellen überlagert wird (Zone 10). In dieser Zone sind einige pyramidale Zellformen ausgebildet. Im Gegensatz zum Schlüpfling schließen sich peripher eine zellarme Faser-Lage und eine dichte oberflächliche Zell-Lage an, die nur noch vom Stratum opticum überlagert wird.

Occipital Pol: Die Schnittebene durch den occipitalen Pol zeigt eine größere Zahl myelinisierter Faserzüge. Der Nervus abducens, dessen Kerngebiet lateral des Fasciculus longitudinalis medialis angeschnitten ist, ist vollständig myelinisiert. - Auch die motorischen Fasern des Nervus trochlearis und des Nervus abducens (hier nicht dargestellt) sind zu diesem Zeitpunkt schon vollständig myelinisiert. Vorgeschaltete Interneurone zeigen noch keine Markscheidenbildung. - Auf der vorliegenden Schnittebene sind zudem einige Fasern in der Commissura cerebellaris ventralis myelinisiert. Gleiches gilt für Fasern im Fasciculus longitudinalis medialis und die Fasern des Nervus trigeminus.

4) Anatomie des Gehirnes eines 10 Tage alten Nestlings

Makroskopischer Bau: Beim 10 Tage alten Reisfinken-Nestling sind die Veränderungen der äußeren Hirnform besonders ausgeprägt. Die Endhirn-Hemisphären sind weit nach kaudal gewachsen und haben sich fast vollständig über die Lobi des Tectum geschoben. Ihr Wachstum richtet sich aber auch nach lateral, sodaß sie nun seitlich über die Lobi des Tectum hinausragen. Die Längsachse der Lobi steht hier in einem Winkel von ca. 60° zur Basisachse. In der Ansicht von dorsal ist das Tectum fast vollständig überdeckt, das Telencephalon hat sich seitlich bis zur Hälfte des Kleinhirns nach kaudal vorgeschoben. Die Epiphyse liegt zwischen den Hemisphären des Telencephalon eingebettet. -Die dorsalen striatalen Gebiete von Hyperstriatum dorsale und Hyperstriatum accessorium sind als "Wulst" vorgewölbt.

Frontal Pol: Die vorderste Schnittebene durch das Gehirn eines 10 Tage alten Reisfinken-Nestlings gleicht im Aufbau und relativen Flächenanteil der striatalen Gebiete weitgehend dem von Adulttieren (Abb.190). Im Gegensatz zu diesen ist an den striatalen Seitenwänden des Ventrikels noch eine kleine Matrixzone zu finden. - Die voll ausgebildeten Fasersysteme des Telencephalon sind noch nirgends myelinisiert.

Commissura anterior: Auch auf der Schnittebene der Commissura anterior gleicht das Bild weitgehend dem Adultzustand. Im Vergleich zum 5 Tage alten Nestling wird die Verschiebung der Lage zwischen Telencephalon und Diencephalon deutlich (Abb.190). Auf der gleichen Ebene durch die Commissura anterior werden jetzt die Lobi tecti optici geschnitten, die damit nach rostral verschoben sind. Im Fasciculus prosencephali lateralis sind die ersten Fasern myelinisiert. Die Markscheidenbildung erreicht jedoch noch keine telencephalen Gebiete.

Foramen interventriculare: Die folgende Schnittebene durch das Foramen interventriculare demonstriert noch besser die Verschiebung des Diencephalon und des Tectum unter die vorderen telencephalen Gebiete. Beim 5 Tage alten Nestling ist diese Schnittebene durch Anschitte des Nucleus rotundus und des Nucleus geniculatus lateralis sowie ventral durch das Chiasma opticum gekennzeichnet. Beim 10 Tage alten Nestling werden auf gleicher Bezugsebene (Foramen interventriculare) die Lobi des Tectum, Nucleus pratectalis und Nucleus ovoidalis und ventral das Tuber cinereum geschnitten. Das Foramen interventriculare ist also in Bezug zum Diencephalon nach kaudal verschoben. Diese Verschiebung hat aber noch nicht die Ausmaße wie bei Adulttieren erreicht, bei denen auf dieser Ebene zusammen mit dem Nervus oculomotorius und dem Nucleus ruber rostrale rhombencephale Anteile erfaßt werden (Abb.190).

Commissura posterior: Auf der Ebene der Commissura posterior ist das Telencephalon mit Neostriatum caudale und Archistriatum mit einem großen Flächenanteil angeschnitten. Die Lobi des Tectum sind auf Höhe des Torus semicircularis und des Nucleus isthmi tecti geschnitten. Medial sind mit Nucleus oculomotorius, Nucleus ruber und vorderem Abschnitt des Fasciculus longitudinalis medialis rostrale Kerne des Rhombencephalon angeschnitten. Die Schnittführung verläuft durch einen mittleren Abschnitt des S-förmig gebogenen Kommissurensystems des Tectum, sodaß hier 2 Anschnitte der tectalen Kommissur angetroffen werden.

Im Tectum opticum haben sich die superfiziellen Schichten distal der Faserzone 9 weiter differenziert. Der nach außen an Zone 9 anschließende dichte zelluläre Bereich hat sich in zwei Lagen aufgespalten. Die untere Lage ist mehrere Zellschichten dick und führt auch Fasern. Die äußere Lage ist eine auch für das Adultgehirn sehr charakteristische einzellige Lage kleiner Zellen, die ihre Ausläufer sowohl nach unten in Zone 9 als auch nach außen bis zum Stratum opticum entsenden. In den äußeren Randbereichen der Zone 8 treten ganz vereinzelt Pyramidenzellen auf. Myelinisierte Fasern treten im Fasciculus longitudinalis medials, der Commissura posterior und der Commissura tectalis auf. Fasern des optischen Systems sind weder im Tractus opticus noch auf den tecto-thalamischen Bahnen zum Nucleus rotundus oder den afferenten Bahnen zum Telencephalon myelinisiert.

Occipital Pol: Das Endhirn reicht mit seinen am weitesten kaudal gelegenen Anteilen beim 10 Tage alten Nestling bis zur Ebene der medialen und lateralen Kleinhirnkerne. Damit wird der kaudalwärts gerichtete Anteil des Hemisphären-Wachstums erkenntlich. Alle großen Fasersysteme dieser Schnittebene führen myelinisierte Fasern. Auch im Nervus facialis, und zwar im Bereich seines Austrittes aus dem Rhombencephalon, sind Markscheiden angefärbt. Gleiches gilt für die Fasern der vor dieser Schnittebene liegenden Nervi trochlearis, trigeminus und abducens, die alle bereits myelinisiert sind.

5) Anatomie des Gehirnes eines 15 Tage alten Nestlings

Makroskopischer Bau: Nach 15 Tagen Nestlingszeit gleicht die äußere Form des Gehirnes weitgehend der des adulten Gehirnes. Kleine Unterschiede bestehen im Lagebezug zwischen Telencephalon und Diencephalon, das nicht ganz so weit nach rostral verschoben ist wie beim Adulttier. Die Lobi des Tectum werden vom Telencephalon seitlich nicht ganz so weit überlappt wie beim Adulttier.

Frontal Pol, Commissura anterior, und Foramen interventriculare: Der Schnitt durch den Frontalpol des Gehirnes gleicht mikoskopisch-anatomisch dem Bau des äquivalenten Schnittes vom Adulttier. Die Ähnlichkeit des lichtmikroskopischen Bildes mit entsprechenden Schnitten aus adulten Gehirnen gilt, abgesehen vom Myelinisierungszustand, gleichermaßen für die Schnittebenen der Commissura anterior und des Foramen interventriculare (Abb.190).

Myelinisierte Fasern liegen im Fasciculus prosencephali lateralis und können bis zu ihrer Aufzweigung im Palaeostriatum primitivum verfolgt werden. Auch in der Commissura anterior, dem Tractus septo-mesencephalicus, dem Tractus opticus und der Decussatio supraoptica können erste myelinisierte Fasern erkannt werden. Die striatalen Faserschichten zeigen hingegen noch nirgends Markscheidenbildung (Abb.190). Auch die Ausbildung des Ventrikelsystems gleicht dem des Adulttieres. Die Proliferationsaktivität des periventrikulären Ependym ist bis auf eine kleine, dem Palaeostriatum zugewandte Zone eingeschränkt.

Commissura posterior: Die Fasern des tectalen Kommissurensystems sind teilweise myelinisiert. Ihr Verlauf läßt sich bis zum Nucleus spiriformis medialis und bis zum Fasciculus longitudinalis medialis gut verfolgen. Einzelne myelinisierte Fasern ziehen zum Torus semicircularis, zum Nucleus isthmi optici oder führen in das Stratum album centrale. Der Fasciculus longitudinalis medialis führt überwiegend myelinisierte Fasern, die intensiv mit zirkumventrikulär verlaufenden Fasern aus der Commissura posterior vernetzt sind. Ventral des Fasciculus liegt ein Anschnitt des Nervus oculomotorius und überkreuzender Fasern der Decussatio brachiorum conjunctivorum. Die afferenten Fasern im Tractus opticus und im Stratum opticum des Tectum sind nicht myelinisiert, ebenso die Fasern im Tractus occipito-mesencephalicus. - Der Aufbau des Tectum unterscheidet sich gegenüber dem 10 Tage alten Nestling durch die Ausdifferenzierung der Zone 13 und die Ausbildung der Spindelzellen in den Zonen 10a und 10b. Im Stratum album centrale sind einige erste Fasern myelinisiert. Myelinscheiden treten auch in Fasern des Torus semicircularis (akustisches System) und in Fasern der Trigeminusneuronen auf. Isthmo-tectale Fasern im Stratum album centrale sind ebenfalls myelinisiert.

Occipital Pol: Die Schnittebene durch den occipitalen Pol unterscheidet sich vom Adultgehirn nur dadurch, daß hier keine Anschnitte des überlagernden Telencephalon zu finden sind. Der Differenzierungszustand der Kerngebiete und der Grad der Myelinisierung entsprechen dem Bild beim Adulttier.

Lonchura oryzivora

Abb. 187

Makroskopische Präparation des Gehirnes eines adulten Tieres

Ansichten von:

Lateral

Dorsal

Ventral

Vergrößerung: 7.0 x

Inset:
Natürliche Größe des Gehirnes

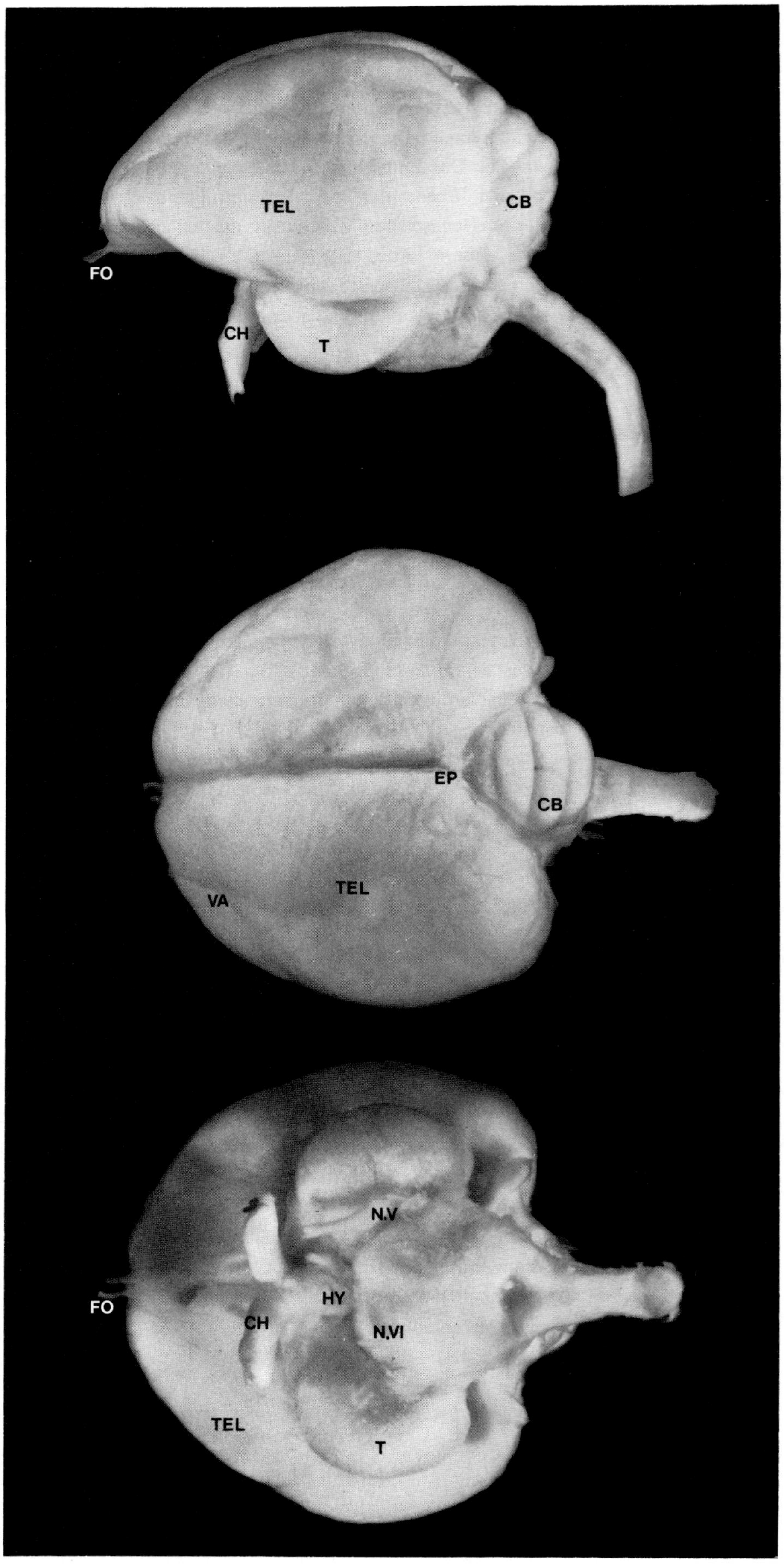

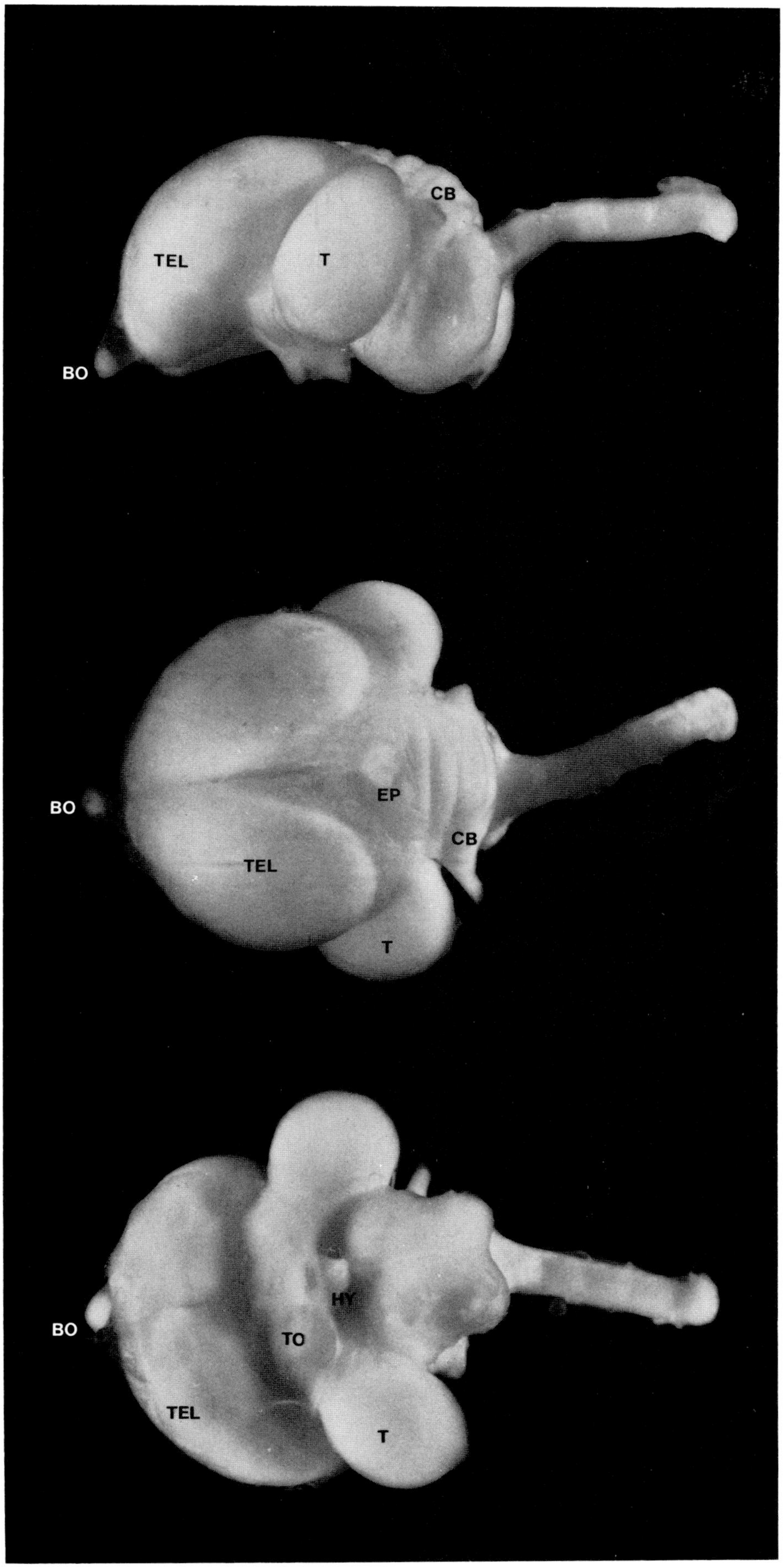

Lonchura oryzivora

Abb. 188

Makroskopische Präparation des Gehirnes eines Schlüpflings

Ansichten von:

Lateral

Dorsal

Ventral

Vergrößerung: 10.0 x

Inset:
Natürliche Größe des Gehirnes

Abb.189. *Lonchura oryzivora*, Gehirn eines Schlüpflings. - Paraffinschnittserie Schnittdicke 10 um; Kernfärbung mit Eisen-Haematoxylin; Vergr. 15x

Frontal Pol

Commissura anterior

Commissura posterior

rechts oben: Detailvergrößerung der periventrikulären Proliferationszonen (PROL) des Ventrikelependym, Ventrikel (V), Anlage des Tractus septo-mesencephalicus (TSM), Palaeostriataler Komplex (P)

LONCHURA

GEHIRN 

SCHLUPF

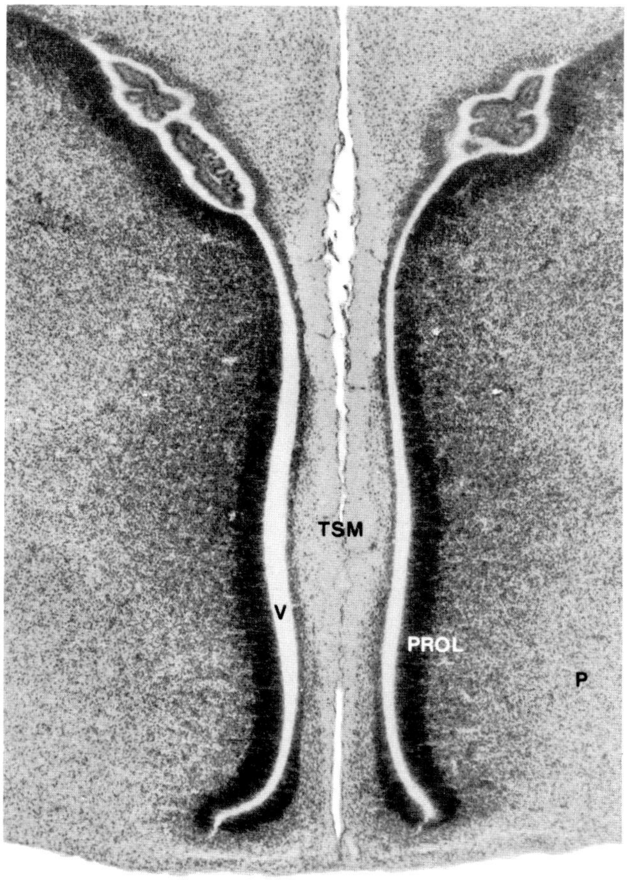

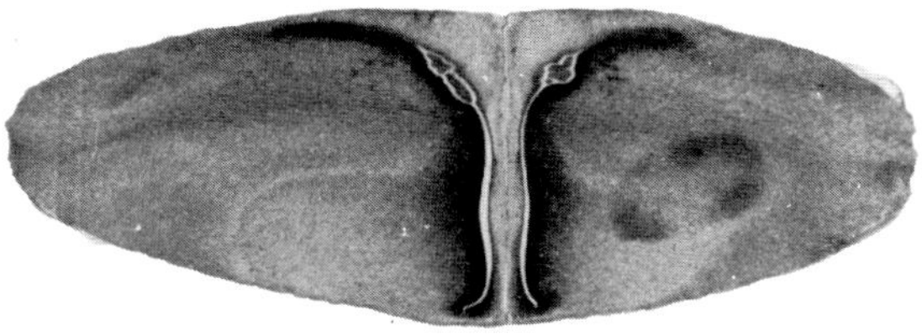

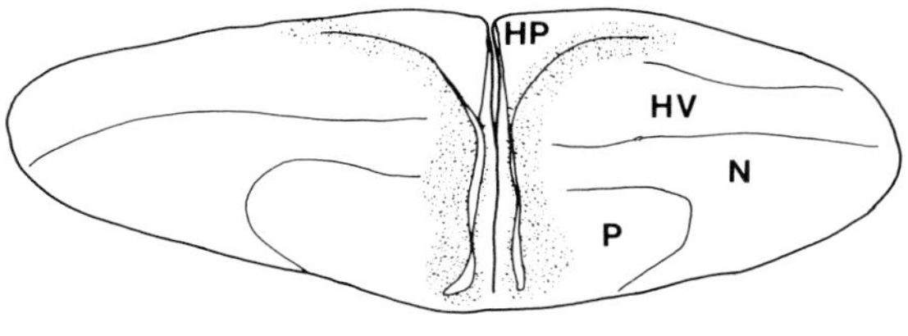

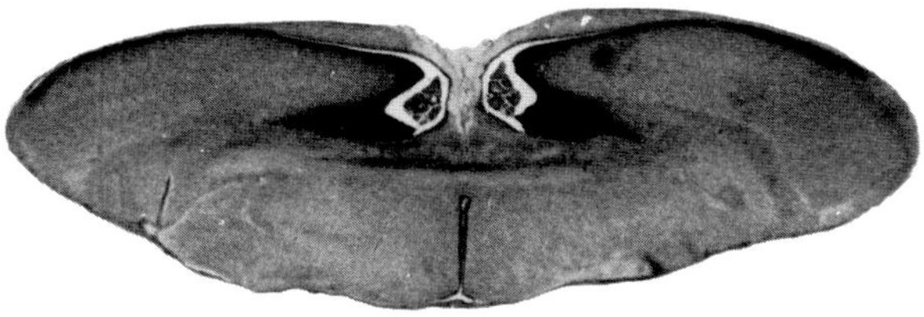

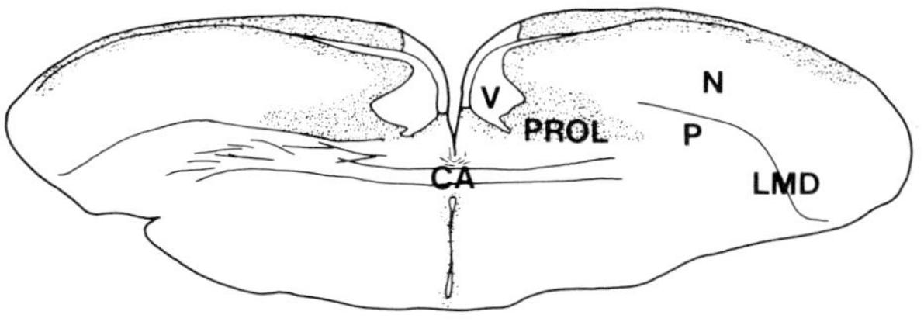

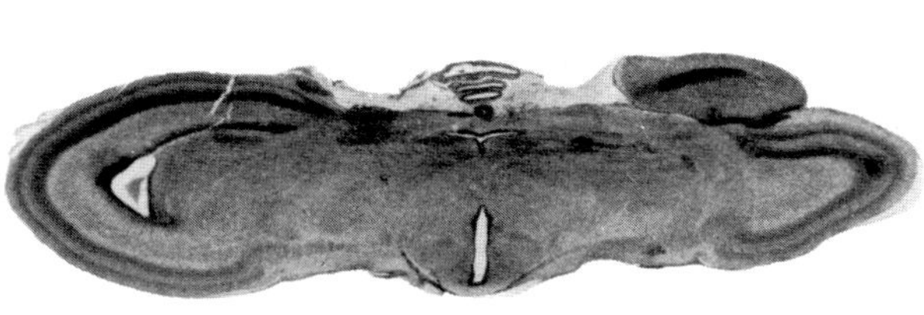

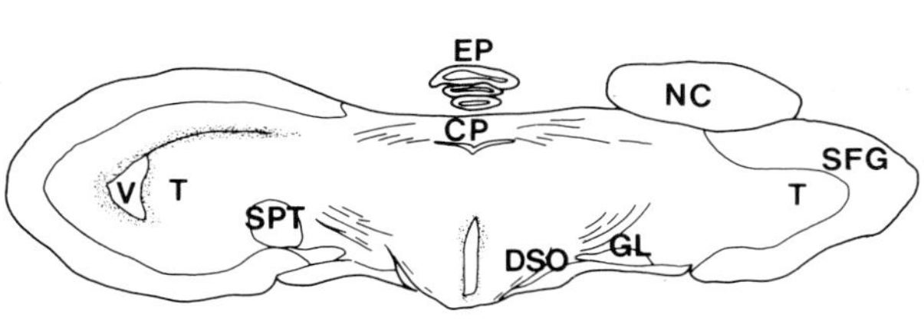

LONCHURA ORYZIVORA

SCHLUPF 5 TAGE 10 TAGE

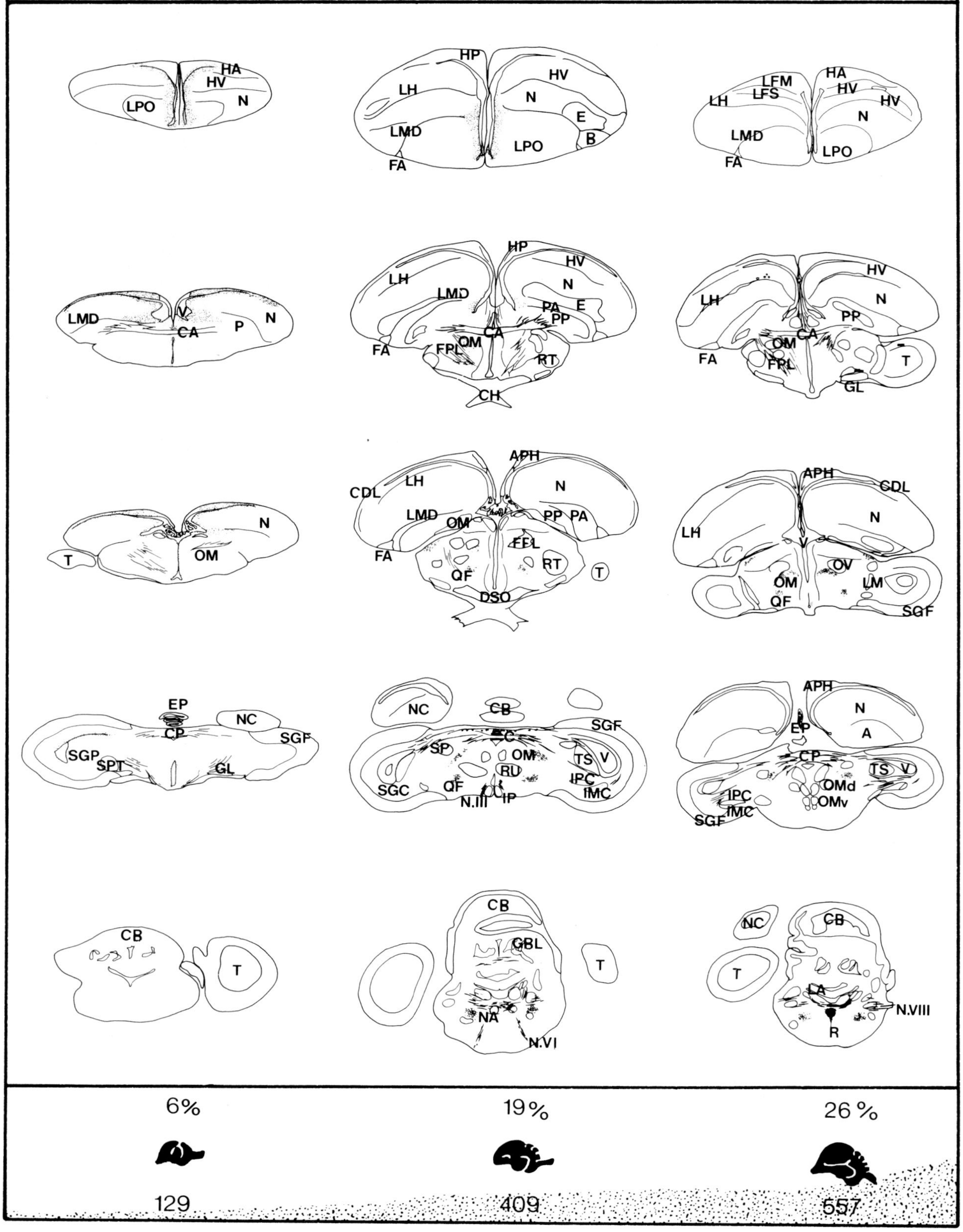

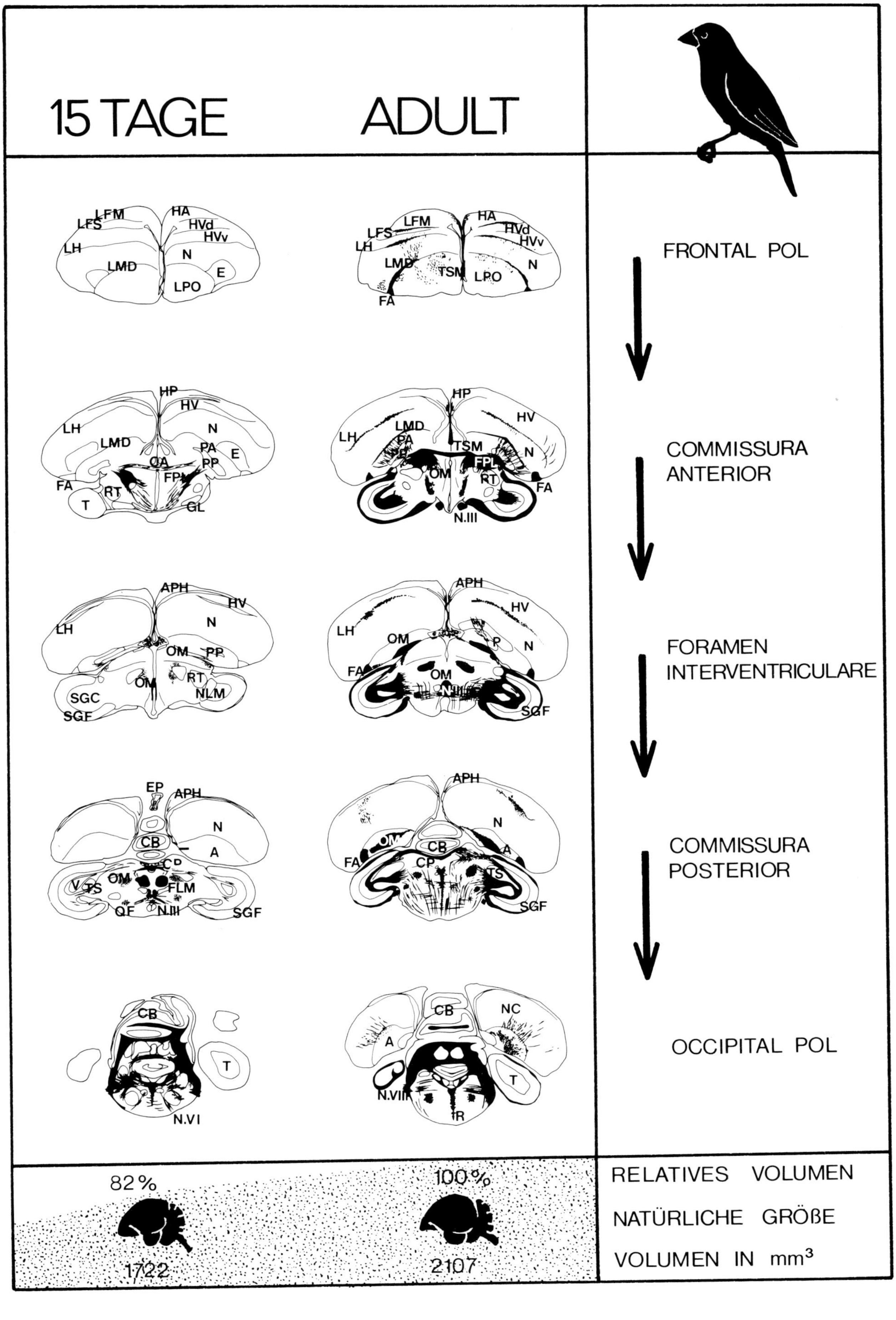
15 TAGE
ADULT
LFM
LFS
HA
HVd
HVv
LH
LMD
N
E
LPO
TSM
FA
HP
HV
PA
PP
OA
FPL
RT
T
GL
OM
N.III
APH
SGC
SGF
NLM
P
EP
CB
CP
FLM
V
TS
QF
A
NC
N.VI
N.VIII
R
FRONTAL POL
COMMISSURA ANTERIOR
FORAMEN INTERVENTRICULARE
COMMISSURA POSTERIOR
OCCIPITAL POL
82 %
100 %
1722
2107
RELATIVES VOLUMEN
NATÜRLICHE GRÖßE
VOLUMEN IN mm³

E) Entwicklung des Gehirnes von *Columba livia*

1) Anatomie des Gehirnes eines adulten Tieres

Makroskopischer Bau: Die Großhirn-Hemisphären adulter Tauben reichen kaudal bis an den Vorderrand des Kleinhirns und überlappen seitlich die Lobi des Tectum (Abb.190). Das Endhirn ist durch auffallend große Bulbi olfactorii ausgezeichnet. Die Vallecula ist als Grenzfurche nur schwach ausgebildet und in der vorderen Hälfte des Endhirns am Verlauf der Arteria cerebralis posterior erkenntlich. Das Kleinhirn liegt völlig frei und wird nirgends überlagert.

Frontal Pol: Die Schnittebene durch den Frontalpol erfaßt alle großen striatalen Areale (Abb.194). In die Lamina medullaris dorsalis treten vereinzelt myelinisierte Fasern ein, die sich am lateralen Ende zu einer dünnen Faserschicht zusammenlegen. An der Seitenwand des Endhirns liegt auf der Höhe der Lamina das kräftige Bündel des Tractus fronto-archistriaticus. Weiter kaudal spaltet sich das hier noch einheitliche Faserbündel in den lateralen Tractus fronto-archistriaticus und den ventralen Tractus quinto-frontalis auf. Zwischen den Fasern, die in den Tractus fronto-archistriaticus führen, liegen die Kerne des Nucleus basalis eingestreut. Durch das Neostriatum ziehen zahlreiche dorso-ventral verlaufende Faserbündel. Die Lamina hyperstriatica führt auf dieser Schnittebene keine myelinisierten Fasern. Ihre Lage zwischen Neostriatum und Hyperstriatum ventrale ist nur anhand unterschiedlicher Zelldichten in diesen beiden striatalen Arealen zu erkennen. Hyperstriatum dorsale und Hyperstriatum accessorium werden ebenfalls vor allem durch unterschiedliche Kerndichten angesprochen. Diese dorsalen Areale nehmen einen umfangreichen Flächenanteil ein, was auch durch die Mächtigkeit des Tractus septo-mesencephalicus deutlich wird. In der Lamina frontalis superior und der Lamina frontalis suprema, den Grenzzonen zwischen diesen Arealen, sind keine myelinisierten Fasern vorhanden. - Das Lumen des Ventrikels ist sehr schmal, im mittleren Bereich legen sich die Seitenwände aneinander.

Commissura anterior: Auf der Ebene der Commissura anterior (Abb.194) besitzen die striatalen Gebiete ihre größte Entfaltung. Das Palaeostriatum ist in das Palaeostriatum primitivum und das Palaeostriatum augmentatum differenziert. Die Lamina medullaris dorsalis führt einige myelinisierte Fasern. Lateral neben dem Palaeostriatum liegt das Archistriatum, in dem die Kommissurfasern enden. Neostriatum und Hyperstriatum ventrale unterscheiden sich nicht gegenüber der vorangegangenen Schnittebene. Die dorsalen striatalen Gebiete sind nur durch das Hyperstriatum accessorium vertreten, das medial in den Hippocampus übergeht. Das Septum wird dorsal von Hippocampus eingenommen, im ventralen Abschnitt aber vollständig vom Tractus septo-mesencephalicus ausgefüllt. Das Diencephalon ist weit rostral angeschnitten. Es wird hier fast vollständig vom Fasciculus prosencephali lateralis, dem Tractus occipito-mesencephalicus, dem Tractus quinto-frontalis und dem diencephalen Anteil des Tractus septo-mesencephalicus ausgefüllt. Im periventrikulären Bereich des Diencephalon sind vordere Kerne des Hypothalamus zu finden (Nuclei anteriores hypothalami). - Das Diencephalon wird vollständig vom Chiasma opticum und dessen Seitenarmen, dem Tractus opticus, umfaßt.

Foramen interventriculare: Auf der Schnittebene des Foramen interventriculare (Abb.194) ist das Archistriatum im Vergleich zur vorangegangenen Schnittebene vergrößert. In ihm fächern sich die Fasern der Commissura anterior und des Tractus fronto-archistriaticus auf. Das Palaeostriatum und das Hyperstriatum ventrale sind nur noch mit kaudalen Resten erfaßt, während das Neostriatum hier fast die ganze Schnittfläche des Telencephalon einnimmt. Dorso-medial des Ventrikels ist der Hippocampus zu finden, der lateral in die Area parahippocampalis und den Cortex dorsolateralis übergeht. - Im Diencephalon sind mit dem Nucleus geniculatus lateralis und ersten Anschnitten des Nucleus rotundus weit rostral gelegene Kerne des optischen Systems angeschnitten. Zwischen Ventrikelspitze und Chiasma opticum liegt die Decussatio supraoptica.

Commissura posterior: Auf der Ebene der Commissura posterior (Abb.194) ist das Neostriatum caudale geschnitten, das hier allseitig vom Ventrikel umgriffen wird. Die Hemisphärenwand wird von dünnen corticoiden Schichten gebildet. In dem breiten Interhemisphärenspalt liegen Anschnitte der Epiphyse und des Kleinhirns. Die Lobi des Tectum dominieren die ventrale Schnitthälfte, sein Aufbau zeigt keine grundlegenden Unterschiede zum eingangs geschilderten Grundbauplan.

2) Anatomie des Gehirnes eines Tauben-Schlüpflings

Makroskopischer Bau: Die Endhirn-Hemisphären des Gehirnes eines Tauben-Schlüpflings sind sehr klein (Abb.192). Endhirn, Tectum und Kleinhirn überlagern sich nicht. Die Bulbi olfactorii sind sehr groß. Auffallendes Merkmal des Gehirnes einer frisch geschlüpften Taube ist der große Abstand zwischen Hinterrand der Großhirn-Hemisphären und dem Kleinhirn. Dieser Raum, in dem die Epiphyse liegt, wird von einem lockeren mesenchymalen Bindegewebe eingenommen.

Frontal Pol: Im Schnitt durch den Frontalpol werden alle striatalen Kerngebiete angeschnitten (Abb.194). Die Lamina medullaris dorsalis ist eine eindeutig abgegrenzte Schicht nicht myelinisierter Fasern. Am lateralen Ende der Lamina medullaris dorsalis sind die Faserzüge des Tractus fronto-archistriaticus zu erkennen. Anhand höherer Kerndichte und stärkerer Färbbarkeit der Zellen läßt sich im Neostriatum bereits das Ectostriatum abgrenzen. Das Hyperstriatum ventrale ventroventrale und das Hyperstriatum ventrale ventrodorsale werden von der Lamina hyperstriatica gegen das Neostriatum und von der Lamina suprema gegen das Hyperstriatum accessorium abgegrenzt. Das Hyperstriatum dorsale mit seinen großen Zellen ist auf dieser Schnittebene nicht mehr erfaßt. Der Tractus septo-mesencephalicus führt dichte, nicht myelinisierte Faserbündel. Der Ventrikel besitzt nur an seinem dorsalen und ventralen Ende ein kleines Lumen, seine Seitenwände liegen dicht aneinander. Um ihn herum findet sich eine Proliferationszone, die am ventralen Ende der striatalen Ventrikelwand am stärksten ausgebildet ist und nach dorsal zu kleiner wird; an der septalen Ventrikelwand findet keine Zellproliferation statt.

Commissura anterior: Durch die gestreckte Form des Schlüpflingsgehirnes ist auf der Ebene der Commissura anterior das Telencephalon in seinen kaudalen Abschnitten geschnitten, während das darunter liegende Diencephalon noch mit seinem rostralen Ende erfaßt wird (Abb.194). Den Hauptanteil der striatalen Areale des Telencephalon nimmt das Neostriatum caudale ein, vom Hyperstriatum ventrale sind kaudale Reste angeschnitten. Das Archistriatum ist auf dieser Ebene sehr groß entfaltet und durch seine großen, stark färbbaren Zellen eindeutig vom Neostriatum und Palaeostriatum abgegrenzt. Die Fasern der Commissura anterior verbinden die Archistriata der beiden Hirnhälften miteinander und sind im mittleren Abschnitt der Kommissur schon myelinisiert. Im Fasciculus prosencephali lateralis und dem Tractus occipito-mesencephalicus, die auf diesem Schnitt teilweise von der Commissura anterior durchbrochen werden, sind hingegen noch keine Fasern myelinisiert. Die Commissura pallii, die hier recht genau über der Commissura anterior angeschnitten wurde, führt einige myelinisierte Fasern. -Das Ventrikellumen ist bis auf ventrale Reste reduziert. Um dieses ventrale Ventrikellumen findet man lateral im Bereich des palaeostriatalen Komplexes und medial im Bereich der Septumkerne noch ein kleines Gebiet teilungsaktiver Zellen.

Foramen interventriculare: Auf der Ebene des Foramen interventriculare werden nur noch kaudale Reste des Archistriatum und des Neostriatum caudale geschnitten. Die corticoiden Schichten bilden eine dicke oberflächliche Schicht. Ventro-medial ist der Tractus occipito-mesencephalicus als Bündel zu erkennen, von dem einzelne Fasern in das Archistriatum hineinziehen. Markscheidenbildung wird nirgends beobachtet. Das Diencephalon ist auch auf dieser Ebene rostral vor dem Nucleus rotundus und den anderen diencephalen Kernen geschnitten. Ein erster Anschnitt des Nucleus geniculatus lateralis ist ventro-lateral zu erkennen, lateral davon der Nucleus lateralis anterior thalami als ein weit proximal liegender Kern des Thalamus. Zwischen den Fasern des Fasciculus prosencephali lateralis liegt der Nucleus intercalatus thalami, medial beiderseits des Ventrikels die Nuclei periventriculares magnocellulares.

Commissura posterior: Die nachfolgende Schnittebene zeigt die seitliche Position der Lobi des Tectum, die hier weder vom Telencephalon noch vom Cerebellum überlagert werden (Abb.194). Ventral ist die Basis des Tuber angeschnitten. Medial sind einige wenige große rostral gelegene Neurone des Nucleus ruber angeschnitten; darüber erste Fasern des Fasciculus longitudinalis medialis, die sich hier mit den Fasern der Commissura posterior verweben. Im tectalen Kommissurensystem sind noch keine Fasern myelinisiert. Die S-förmige Knickung des Kommissurensystems ist nur schwach ausgebildet, die Faseranteile liegen als fast gestrecktes Band hintereinander im Dach des Ventrikels.

Der Differenzierungszustand des Tectum nimmt eine Stellung zwischen den besprochenen Nesthockern und Nestflüchtern ein. Periventrikulär ist hier zunächst eine sehr schmale Proliferationszone ausgebildet. Der Schichtenbau gleicht aber bei geringerem zytologischen Differenzierungszustand dem Grundbauplan. Die einschichtige Zellzone 10b ist beim Schlüpfling noch nicht abgegrenzt. In der Zone 10a läßt sich aber schon die Herausbildung der charakteristischen, radiär orientierten Spindelzellen erkennen. Die nach außen folgenden Zonen 11-14 schließen sich dem Grundbauplan an. Zytologisch sind sie noch nicht differenziert; die Fasern des Stratum opticum sind noch nicht myelinisiert.

Kaudal des hier besprochenen Schnittes, hinter dem Tuber cinereum, verläßt der Nervus oculomotorius den Hirnstamm. Seine Fasern sind vom motorischen Kerngebiet ab myelinisiert. Gleiches gilt für den Nervus trochlearis und den Nervus abducens, deren Fasern von ihren rhombencephalen Kerngebieten ab myelinisiert sind.

Occipital Pol: Auf der Schnittebene des occipitalen Poles fällt ein ungewöhnlich großer rhombencephaler Ventrikel auf, der sich weit in das Kleinhirn hinein erstreckt. Wie schon auf der vorangegangenen Schnittebene sind die Fasern des Fasciculus longitudinalis medialis myelinisiert. Markscheidenbildung läßt sich zudem in der Commissura cochlearis dorsalis zwischen den Nuclei laminares sowie im Fasciculus longitudinalis medialis beobachten. Auch die Fasern des vestibulären Systems sind teilweise myelinisiert. Auf die Markscheidenbildung im Nervus abducens wurde schon hingewiesen. Die große Menge der retikulären Fasern des Rautenhirns ist jedoch noch nicht myelinisiert (Abb.194).

3) Anatomie des Gehirnes eines 5 Tage alten Nestlings

Makroskopischer Bau: Beim 5 Tage alten Nestling ist das Hemisphärenwachstum so weit fortgeschritten, daß der ganze umgebende Bindegeweberaum verschwunden ist. Die Epiphyse wird in dem verbleibenden Winkel zwischen Endhirn-Hemisphären und Cerebellum eingezwängt. Die Lobi des Tectum sind aus der lateralen Position des Schlüpflings nach ventral verschoben worden.

Frontal Pol: Die Schnittebene durch den Frontalpol (Abb.193,194) erfaßt alle striatalen Kerngebiete. Der Tractus septo-mesencephalicus ist auf dieser Ebene mächtig entwickelt, besitzt aber noch keine myelinisierten Fasern. Die periventrikuläre Proliferationszone ist im Vergleich zum Schlüpfling reduziert. Ein wesentlicher Unterschied zum Erwachsenen besteht in der fehlenden Myelinisierung der Fasern und der noch erheblich höheren Zelldichte in den einzelnen striatalen Gebieten.

Commissura anterior: Das Schnittbild auf der Ebene der Commissura anterior (Abb.193,194) unterscheidet sich nur gering von dem entsprechenden Schnitt beim Schlüpfling, jedoch sind hier Hyperstriatum ventrale und Palaeostriatum primitivum mit einem etwas größeren Flächenanteil vertreten. Die Myelinisierung der Fasern im Fasciculus prosencephali lateralis und der Commissura anterior ist weiter fortgeschritten (Abb.194). Die Faserzüge zur Lamina medullaris dorsalis und zum Neostriatum, die senkrecht im Palaeostriatum augmentatum aufsteigen, sind noch nicht myelinisiert. Auch im Tractus occipito-mesencephalicus, im Tractus septo-mesencephalicus und in der Commissura pallii kann noch keine Markscheidenbildung beobachtet werden. Die periventrikuläre Proliferationszone ist bis auf ein schmales Band an der striatalen Ventrikelwand reduziert.

Alle striatalen Gebiete sind zytologisch eindeutig differenziert und ähneln dem Adultzustand. Die Zelldichte ist jedoch erheblich höher als beim Adulttier. Im Diencephalon sind auf dieser Schnittebene der Fasciculus prosencephali lateralis und einige Fasern des Tractus occipito-mesencephalicus angeschnitten. Einige erste Neurone des Nucleus intercalatus im Fasciculus prosencephali lateralis und periventrikuläre magnocelluläre Elemente sind erfaßt. Alle anderen diencephalen Kerngebiete liegen hinter dieser Schnittebene.

Foramen interventriculare: Die Schnittebene des Foramen interventriculare liegt 360 um hinter der beschriebenen. Die Veränderungen in den striatalen Gebieten des Telencephalon sind entsprechend gering (Abb.193,194). Das Archistriatum ist auf dieser Ebene größer, während der Anteil des Hyperstriatum ventrale weiter zurückgegangen ist. Die corticoiden Schichten erstrecken sich über die ganze dorsale und laterale Oberfläche und reichen seitlich bis an das Archistriatum. Im Diencephalon sind die ersten Anschnitte des Nucleus rotundus, des Nucleus geniculatus lateralis und, um den dritten Ventrikel herum, der magnocellulären Kerne des Thalamus zu finden.

Commissura posterior: Die Schnittebene durch das tectale Kommissurensystem verdeutlicht die wachstumsbedingten Veränderungen des Lagebezugs der einzelnen Hirnteile besonders (Abb.194). Am Gehirn des 5 Tage alten Nestlings sind nun auch kaudale Bereiche des Telencephalon und vordere Abschnitte des Kleinhirns angeschnitten (Abb.193). Die S-Knickung des tectalen Kommissurensytems ist stärker ausgebildet, sodaß ein Teil der Fasern als Commissura tectalis dorsal und kaudal der Commissura posterior zu finden ist. Die Commissura posterior wird von myelinisierten Fasern aufgebaut, während in der Commissura tectalis nur wenige Fasern myelinisiert sind. Im Tectum ist die Proliferationsaktivität des periventrikulären Ependym beendet. Das Stratum album periventriculare ist fast kernfrei und im Stratum griseum periventriculare treten nun im Lagebezug zur Commissura tectalis die charakteristischen großen Perikaryen des Nucleus mesencephalicus trigemini auf. Im Stratum album centrale ist basal ein feines Netz myelinisierter Fasern ausgebildet, aus dem ganz vereinzelt Fasern in die Zone 7 einstrahlen. In allen superfiziellen Schichten können die charakteristischen Zelltypen beobachtet werden. Die Zone 10b ist als einlagiger Zellhorizont abgegliedert. Insgesamt ist die Zelldichte aber noch größer als beim Adulttier. Im Stratum opticum sind noch keine myelinisierten Fasern zu finden.

Occipital Pol: Das Kleinhirn zeigt keine grundsätzlichen Unterschiede zum Schlüpfling. Die Ausbildung der Markscheiden ist erheblich weiter fortgeschritten. Die Myelinisierung reicht bis in die Markzonen des Kleinhirns hinauf.

4) Anatomie des Gehirnes eines 10 Tage alten Nestlings

Makroskopischer Bau: Beim 10 Tage alten Tier sind die Endhirn-Hemisphären noch weiter nach hinten gewachsen und erreichen fast die gleiche kaudale Ausdehnung wie bei Adulttieren. Die Lobi optici sind nach ventral gedrängt und werden zu einem großen Teil vom Telencephalon überlagert.

Frontal Pol: Die vorderste Schnittebene zeigt keine Unterschiede zum 5 Tage alten Tier (Abb.194). Der Anschnitt des Lobus parolfactorius ist kleiner, da die Schnittebene etwas weiter rostral liegt als bei jenem. Mit dem Hyperstriatum dorsale, dem Nucleus intercalatus hyperstriaticus und dem Hyperstriatum dorsale sind auf dieser rostralen Ebene neben Neostriatum und Hyperstriatum ventrale die dorsalen striatalen Gebiete erfaßt. Die von ihnen ausgehenden Fasern verlaufen im Septum als Tractus septo-mesencephalicus nach ventral, sind jedoch noch nicht myelinisert.

Commissura anterior: Die Schnittebene der Commissura anterior erfaßt nun auch Teile des Chiasma opticum und der Decussatio supraoptica sowie den Nucleus rotundus und Nucleus geniculatus lateralis. Die makroskopisch beschriebene Verlagerung der Hirnteile zeigt im histologischen Bild, daß diencephale Kerngebiete nach rostral auf die Ebene der Commissura anterior verschoben werden.

Die Fasern der Commissura anterior und des Fasciculus prosencephali lateralis sind teilweise myelinisiert, und lassen sich bis zu ihrer Verschaltung im Palaeostriatum primitivum verfolgen. Von dort ausgehend ziehen erste myelinisierte Fasern senkrecht durch das Palaeostriatum augmentatum zur Lamina medullaris dorsalis und dem Neostriatum. Die Fasern des Tractus occipito-mesencephalicus und des Tractus septo-mesencephalicus sind auch myelinisiert. - Die periventrikulären Proliferations-gebiete des Telencephalon sind weitgehend reduziert.

Zwischen der ventralen Spitze des dritten Ventrikels und dem Chiasma opticum ist die Decussatio supraoptica angeschnitten, deren Fasern im dorsalen Abschnitt myelinisiert sind. Ihr Verlauf zum Nucleus

Columba
livia

Abb. 191

Makroskopische
Präparation des
Gehirnes eines
adulten Tieres

Ansichten von:

Lateral

Dorsal

Ventral

Vergrößerung: 4.0 x

Inset:
Natürliche Größe
des Gehirnes

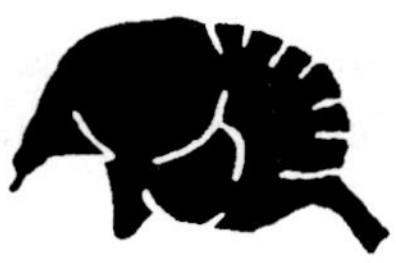

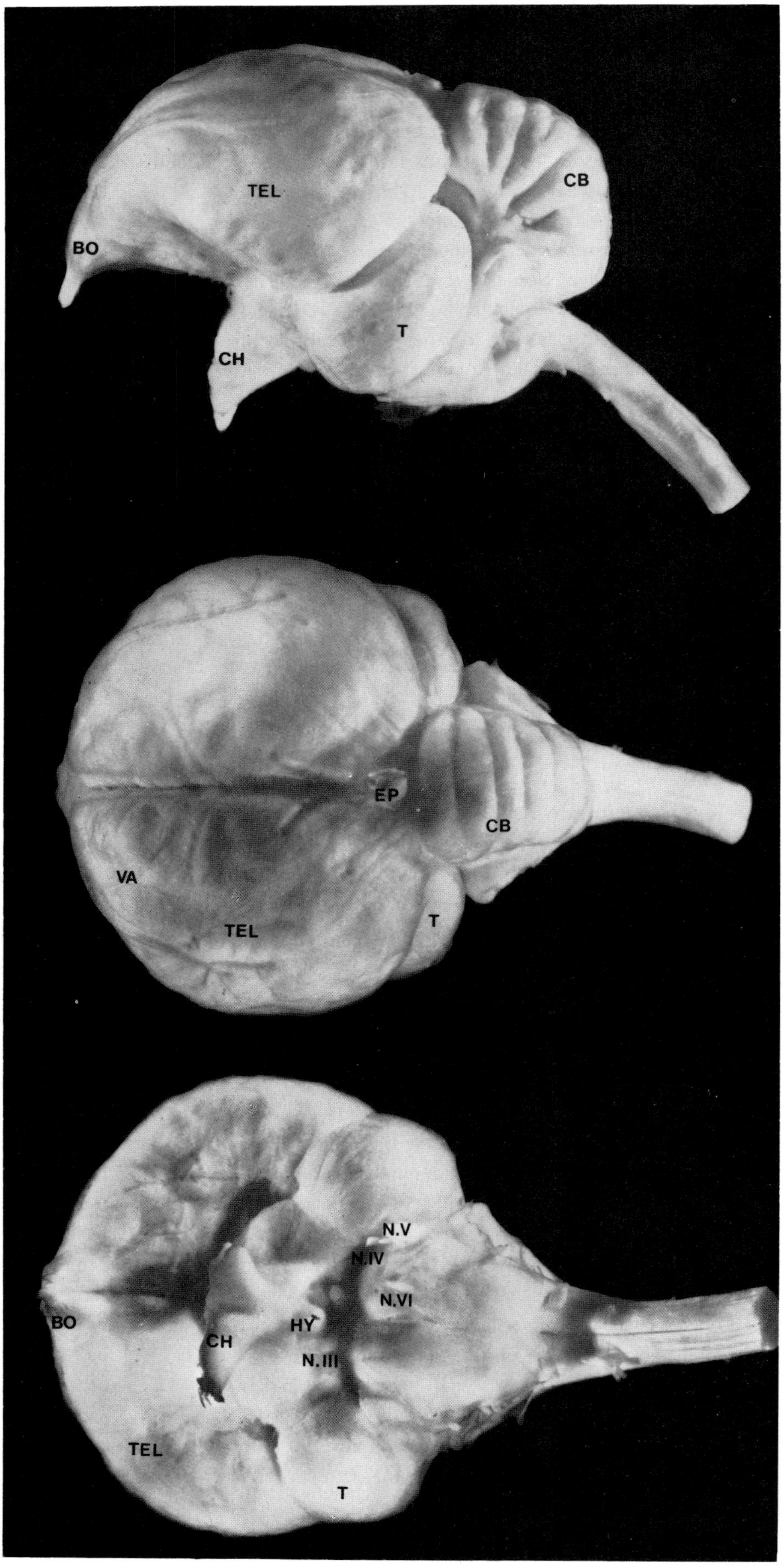

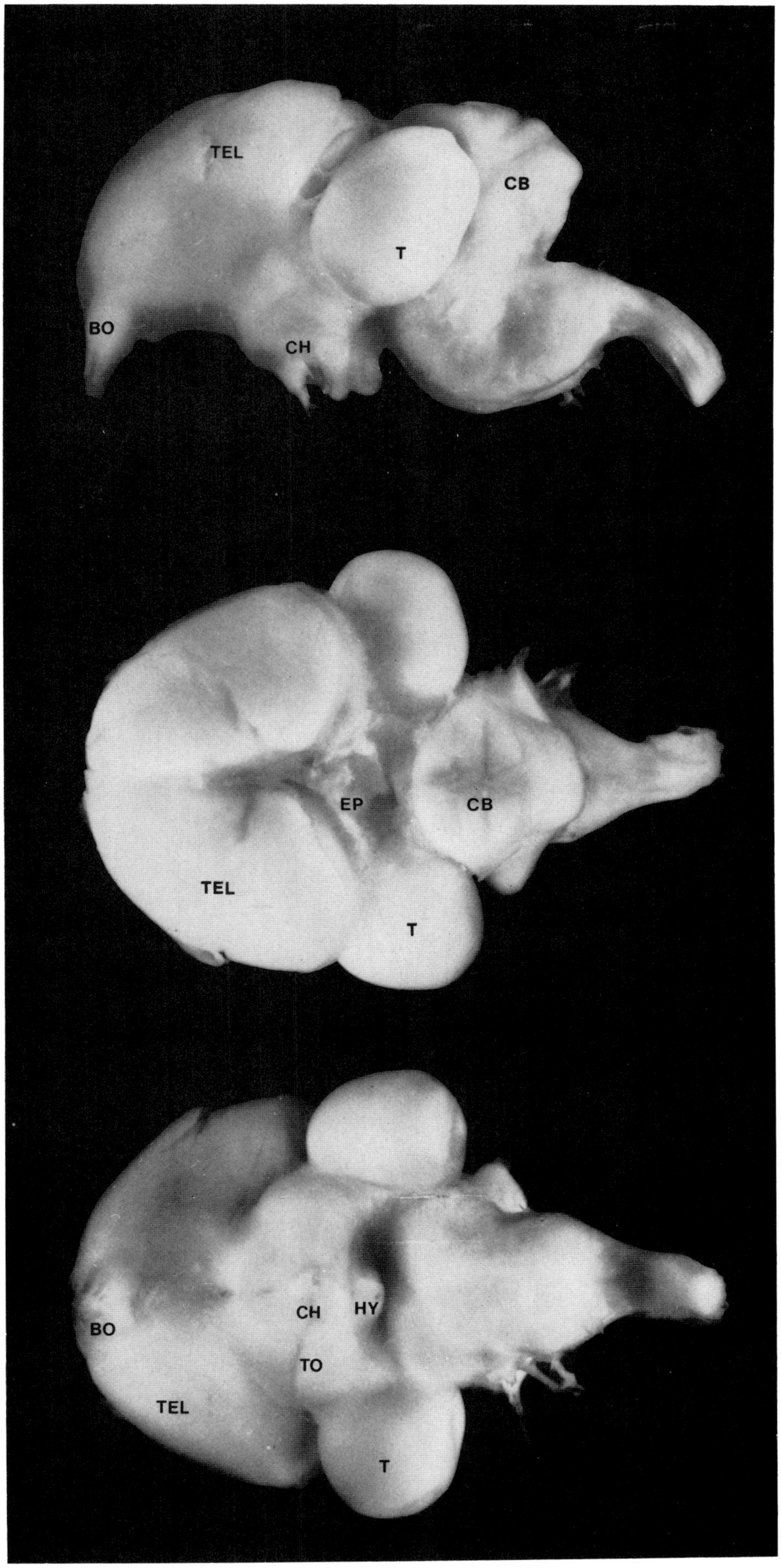

Columba livia

Abb. 192

Makroskopische Präparation des Gehirnes eines Schlüpflings

Ansichten von:

Lateral

Dorsal

Ventral

Vergrößerung: 6.7 x

Inset:
Natürliche Größe des Gehirnes

Abb.193. *Columba livia*, 5 Tage alter Nestling. - Paraffinschnittserie durch das Gehirn; Schnittdicke 15 um; Vergr. 6.8x

Frontal Pol

Commissura anterior

Foramen interventriculare

Commissura posterior

COLUMBA

GEHIRN
5 TAGE

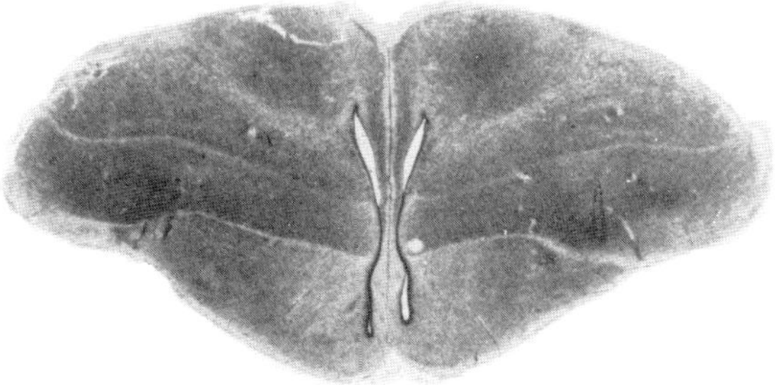

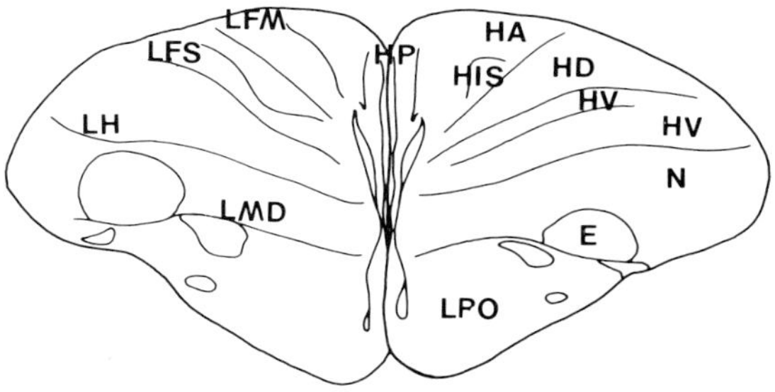

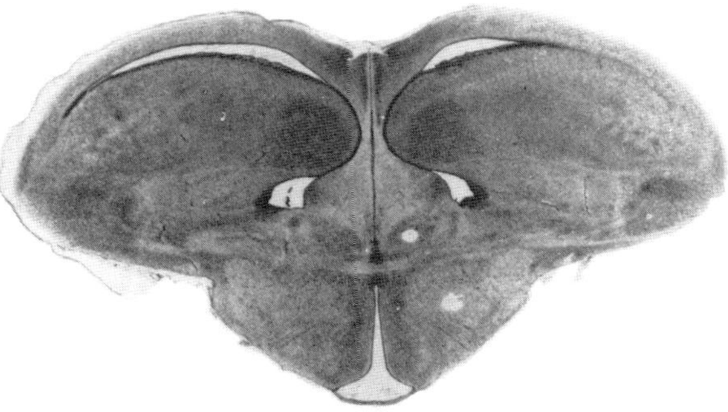

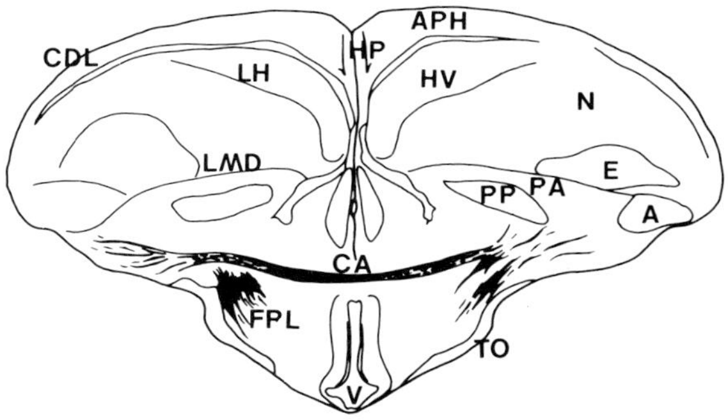

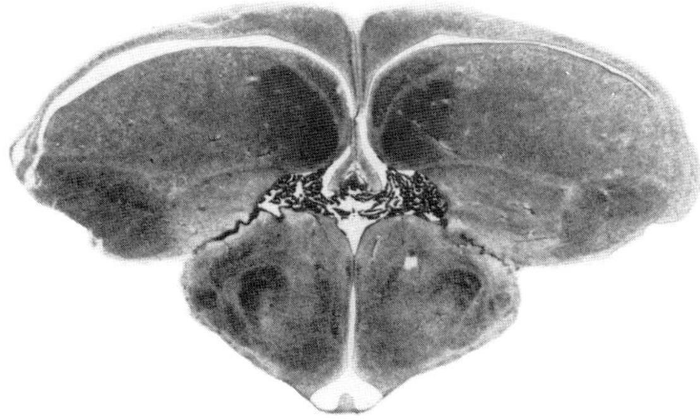

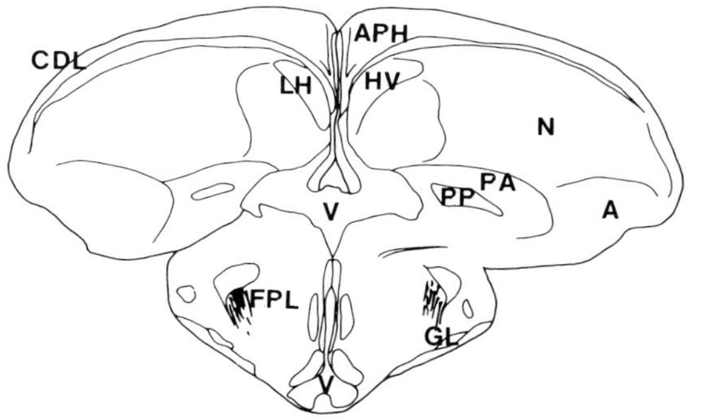

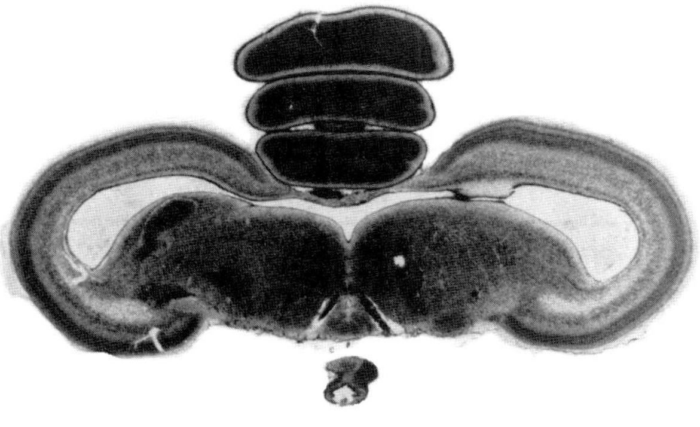

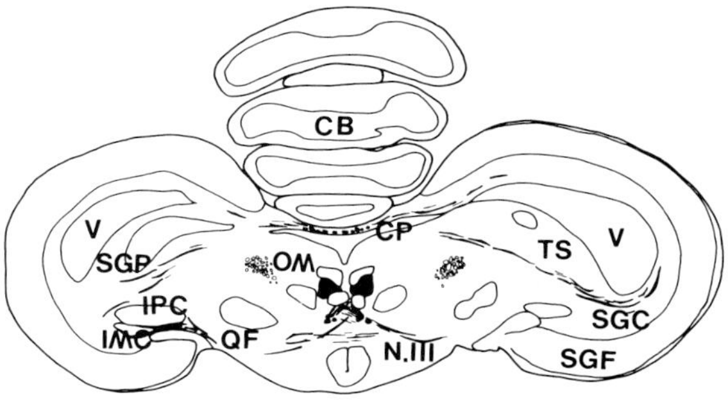

COLUMBA LIVIA

SCHLUPF 5 TAGE 10 TAGE

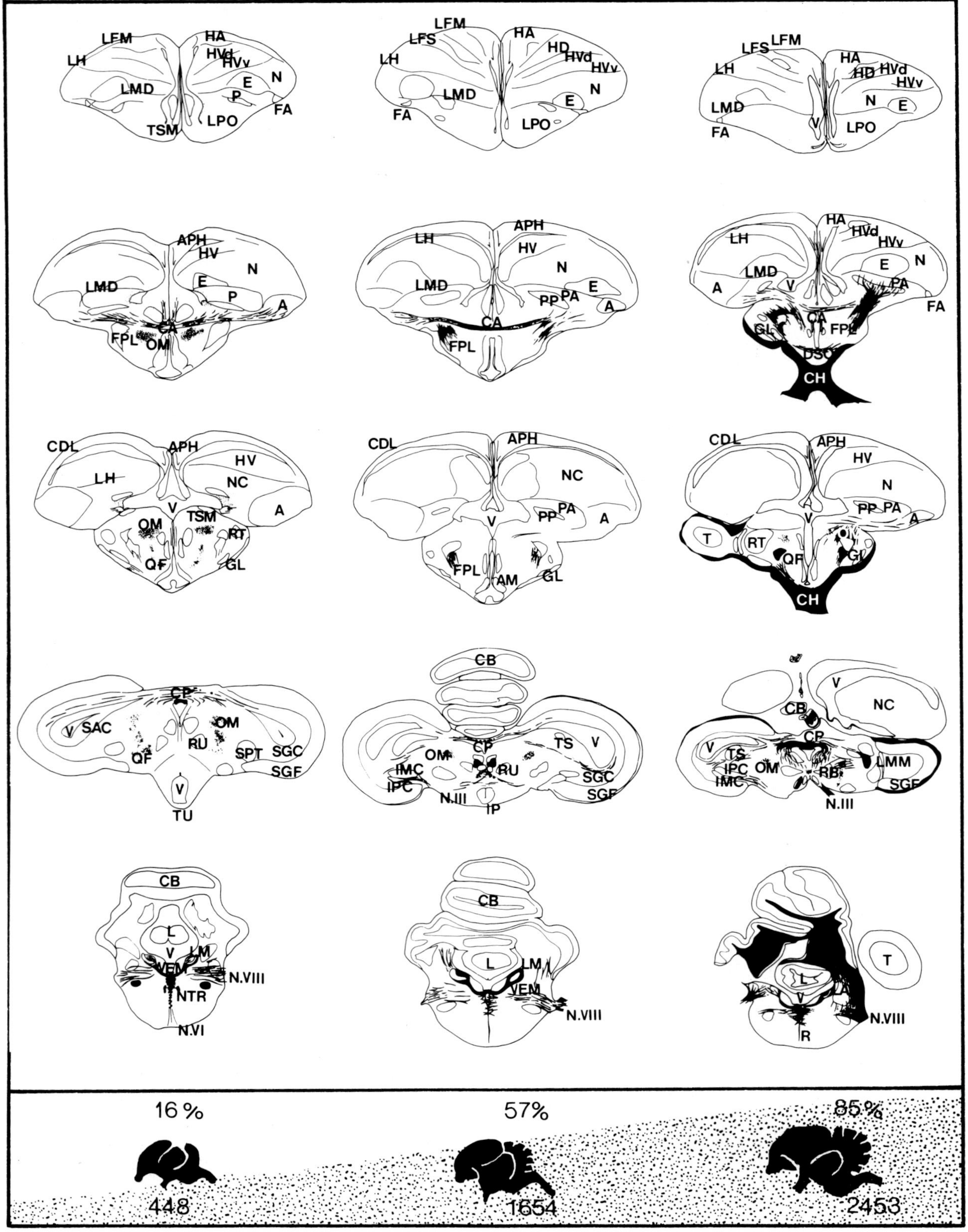

ADULT

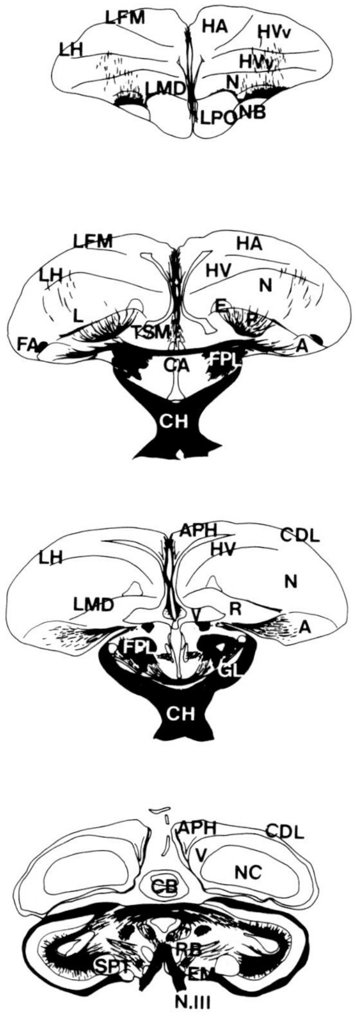

FRONTAL POL

COMMISSURA
ANTERIOR

FORAMEN
INTERVENTRICULARE

COMMISSURA
POSTERIOR

OCCIPITAL POL

100 %

2873

RELATIVES VOLUMEN

NATÜRLICHE GRÖßE

VOLUMEN IN mm^3

geniculatus lateralis und zum Nucleus intercalatus kann auf diesem Schnitt verfolgt werden. Auch im Chiasma opticum und in dem Tractus opticus treten nun myelinisierte Fasern auf.

Foramen interventriculare: Die Ebene des Foramen interventriculare ist durch erste Anschnitte der Lobi des Tectum gekennzeichnet. Der Tractus opticus mit seinen weitgehend myelinisierten Fasern umgreift das ganze Diencephalon. Vordere Anschnitte von Nucleus rotundus und Nucleus geniculatus lateralis bestimmen die Schnittebene durch das Diencephalon. Vor dem Ansatz des Lobus opticus ist ein magnozellulärer Nucleus lentiformis angeschnitten. Im ganzen Diencephalon ist ein feines Netzwerk myelinisierender Fasern ausgebildet. Vor allem Fasern der efferenten optischen Kerngebiete wie Nucleus rotundus und Nucleus geniculatus lateralis sind myelinisiert. - Im Telencephalon liegen keine wesentlichen Veränderungen vor.

Im Vergleich der Schnittebene der Commissura posterior des hier besprochenen 10 Tage alten Tieres mit den jüngeren Nestlingen werden die Proportionsänderungen und Verschiebungen sehr deutlich (Abb.194). So sind auf dieser Ebene über dem kaudalen Bereich des Diencephalon noch hintere Abschnitte der Endhirn-Hemisphären, aber auch schon vordere Bereiche des Cerebellum angeschnitten. Die Nuclei praetectalis, subpraetectalis, isthmi tecti und ectomamillaris sind kaudale diencephale Kerne. Basal ist der Austritt der Fasern des Nervus oculomotorius und ein rostraler Anschnitt des Nucleus ruber erfaßt, die hier das rhombencephale Element repräsentieren.

Die Markscheidenbildung ist im Vergleich zum 5 Tage alten Tier fortgeschritten. Neu hinzu treten nun myelinisierte Fasern, die den Nucleus isthmi tecti mit den primären optischen Projektionsgebieten im Tectum verbinden.

Die Entwicklung des Tectum zeichnet sich gegenüber dem 5 Tage alten Nestling vor allem durch fortschreitende Myelinisierung aus. Das Stratum album centrale bildet eine deutlich dichtere Lage tangential verlaufender myeliniserter Fasern, die sich bis in die Commissura tecti, den Tractus tecto-bulbaris, den Nucleus isthmi und den Torus semicircularis verfolgen lassen. Zahlreiche Fasern führen in das Stratum griseum centrale, wo sie als zartes aber deutlich erkennbares, myelinisiertes Fasernetz vorliegen. Einzelne myelinisierte Fasern steigen radial bis in Zone 8 auf. Die Zellen der Zone 8 haben einen weitgehend adulten Differenzierungszustand erreicht. Im Stratum opticum treten nun zahlreiche myelinisierte Fasern auf.

Occipital Pol: Das Kleinhirn zeigt keine Unterschiede zum Adulttier.

VII.3 Morphometrische Untersuchungen der Entwicklung des Gehirnes

A) Einleitung

Die Herausarbeitung von biologisch wichtigen Beziehungen zwischen der Größe des Gehirnes der einzelnen Spezies, dem Ablauf seiner Entwicklung und dem Typus der zugrundeliegenden Ontogenese muß aufgrund der vielschichtig vernetzten Natur dieser Beziehungen eine große Zahl verschiedener Parameter berücksichtigen. Die Berechnung von Hirngewicht-Körpergewicht Relationen für einzelne Entwicklungsstadien führt zu keinem weitergehenden Verständnis. Neben diesen allometrischen Beziehungen müssen die morphologische Differenzierungshöhe des Gehirnes der einzelnen Art, die Wachstumskonstante des Gesamtkörpergewichtes (K), die embryonale und postembryonale Entwicklungszeit und strukturelle Grundgegebenheiten wie Zellteilungsraten und Differenzierungs-Geschwindigkeiten berücksichtigt werden, da sie sich gegenseitig beeinflussen.

Neben der Beschreibung und dem qualitativen Vergleich der Gehirnentwicklung wurden daher auch morphometrische Untersuchungen am Gehirn der Schlüpflinge, Nestlinge und Adulttiere durchgeführt, um die Volumen-Änderungen der einzelnen Gehirnabschnitte während des postnatalen Wachstums quantitativ zu erfassen und zu ihrem zytologischen Differenzierungszustand in Beziehung setzen zu können. Dazu werden die Volumendaten mit der jeweiligen Körpergröße korreliert und das Gehirn-Wachstum in seiner Relation zum Wachstum des Gesamtkörpergewichtes diskutiert (Kapitel VII.4)

Bei allen untersuchten Arten und Altersstadien wurde das Gesamt-Gewebevolumen des Gehirnes gemessen, das Volumen der Ventrikel, des Telencephalon, des Tectum opticum und des Kleinhirns. Aus diesen Daten wurde das Volumen des Hirnstammes errechnet, das alle verbleibenden Teile umfaßt. An Wellensittich, Reisfink und Taube wurden zudem die Volumina der großen striatalen Areale des Endhirnes vermessen. Dabei wurden jeweils separat gemessen: palaeostriataler Komplex, Neostriatum und Ectostriatum, Hyperstriatum ventrale, der Wulst und das Archistriatum. Bei der Vermessung der telencephalen Kerngebiete wurden nicht berücksichtigt: das Septum und die Septumkerne, der Hippocampus und die Area parahippocampalis sowie der Cortex dorso-lateralis. Die Summation der Volumina der vermessenen striatalen Areale ergibt daher immer ein geringeres Volumen als für das gesamte Telencephalon angegeben wird.

Die striatalen Areale wurden entlang der Faserschichten von Lamina medullaris dorsalis, Lamina hyperstriatica und Lamina frontalis superior gegeneinander abgegrenzt. Als Grenze zwischen Telencephalon und Thalamus wurden der Verlauf des Tractus septo-mesencephalicus im Telencephalon impar und die Commissura anterior definiert.

Bei der Volumetrie des Tectum opticum wurden die Nuclei praetectalis und subpraetectalis sowie der Nucleus isthmi tecti in die Messung einbezogen. Der Torus semicircularis wurde dagegen zum "Hirnstamm" gezählt.

Das Cerebellum wurde im lateralen Kleinhirnstiel und zwischen den lateralen Kleinhirnkernen und den vestibulären Kernen des Rhombencephalon vom Hirnstamm abgegrenzt.

Die Volumina werden für jedes Altersstadium sowohl als originale Mess-Werte in Kubik-Millimeter (mm^3) Gewebevolumen, als auch in Volumen-Prozent des Gesamt-Gewebevolumens des Gehirnes und als Prozentsatz des ausgewachsenen Areals aufgelistet. Das Volumen des Ventrikels ist in den Tabellen 10 bis 14 aufgeführt, geht aber nicht in die Volumenberechnung des Gesamt-Gehirnvolumens ein, da für den anatomischen Vergleich Gewebevolumina von Interesse sind und nicht liquorgefüllte Ventrikelräume. Für alle Altersstufen wurde die Volumenzunahme der einzelnen Hirnteile zwischen den Altersstadien berechnet und das Verhältnis zwischen den Hirnvolumina beider Altersstadien als Vermehrungsfaktor berechnet.

Die Messwerte sind in den Tabellen 10 bis 14 zusammengestellt und in den Abbildungen 195 bis 199 für die einzelnen Arten graphisch dargestellt.

B) Morphometrie des Gehirnes von *Turnix suscitator*

1) Morphometrie des Gehirnes eines adulten Tieres

Das Gehirn eines ausgewachsenen Laufhühnchens hat ein Gesamtvolumen von 2385 mm^3 (Tab.10; Abb.195). Das Telencephalon nimmt davon 1355 mm^3 ein, welche einem Anteil von 57% des Gesamtvolumens entsprechen. Von auffallender Größe ist das Tectum des Laufhühnchens, das mit 337 mm^3 14% des Volumens des Gesamtgehirns einnimmt und in Absolutwerten fast doppelt so groß ist wie das Tectum opticum der Reisfinken. Das Cerebellum nimmt mit einem Volumen von 263 mm^3 einen Anteil von 11% des Gehirnvolumens ein, der in sehr ähnlicher Größe auch bei allen anderen Arten außer der Taube angetroffen wird.

2) Morphometrie des Gehirnes eines Schlüpflings des Laufhühnchens

Mit 418 mm^3 Gesamtvolumen entspricht das Volumen des Schlüpflings-Gehirnes 18% eines ausgewachsenen Gehirnes (Tab.10; Abb.195). Die Großhirn-Hemisphären sind mit 169 mm^3 relativ groß und nehmen 41 Vol.% des Schlüpflings-Gehirnes ein. Sie besitzen beim Schlupf 13% des Telencephalon-Volumens ausgewachsener Tiere. Entsprechend dieser relativ weit fortgeschrittenen Volumenentfaltung sind der Nucleus intrapeduncularis im palaeostriatalen Komplex und das Archistriatum ausdifferenziert; im Neostriatum und Hyperstriatum ventrale sind Zellcluster ausgebildet. Trotz relativ weit fortgeschrittener Volumenentfaltung und zytologischer Differenzierung sind dennoch kleine Proliferationsgebiete erkennbar.

Das Tectum opticum ist mit einem Volumen von 81 mm^3 sehr groß. Es nimmt 20% des Volumens des Schlüpflings-Gehirnes ein. Diesem großen Volumen entspricht seine weit fortgeschrittene Differenzierung. Alle Zellelemente des Adulttieres können schon beim Schlüpfling angetroffen werden, jedoch mit erheblich höherer Zelldichte. Bemerkenswert ist, daß bei Schlüpflingen eine Zone 10b des Stratum superficiale ausgebildet ist, die im Verlauf der weiteren Entwicklung verschwindet.

Das Cerebellum des Schlüpflings besitzt mit 45 mm^3 einen relativen Anteil von 11% am gesamten Gewebevolumen des Gehirnes. - Der Hirnstamm liegt mit 121 mm^3 bei 30%. Sowohl im Cerebellum als auch im Rhombencephalon sind schon beim Schlupf erste Fasern myelinisiert.

3) Morphometrie des Gehirnes von 5 und 10 Tage alten Küken

Die Meßwerte der Volumina der Gehirne der folgenden beiden Altersstufen eines 5 Tage und eines 10 Tage alten Kükens können nicht problemlos in eine Reihe der Größenentwicklung eingegliedert werden Tab.10; Abb.195). Dies liegt zum einen in der großen Variabilität der postnatalen Körpergrößenentwicklung bei Nestflüchtern, zum anderen in der geringen Anzahl vermessener Gehirne begründet. Die Relativwerte der einzelnen Gehirnabschnitte ergeben jedoch eine in sich stimmige Reihe (Abb.195b).

Der Anteil der Großhirn-Hemisphären nimmt in den ersten 5 Tagen von 40 Vol.% auf 46 Vol.% zu und erreicht beim 10 Tage alten Tier 50 Volumenprozent. Das Wachstum des Tectum ist insgesamt geringer als das des Gesamtgehirnes, so daß sein relativer Anteil von 20% auf 18% bei 5 Tage alten Tier und 17% beim 10 Tage alten Küken abfällt. Das Cerebellum wächst isometrisch zum Gesamtgehirn und hält einen konstanten Volumenanteil von 10%.

4) Gesamtwachstum des Gehirnes

Vom frisch geschlüpften Küken bis zum ausgewachsenen Tier wächst das Gesamtgehirn des Laufhühnchens auf das 5.7-fache seines Volumens (Tab.10,16). Dieses Gesamtwachstum teilt sich unterschiedlich auf die vermessenen Hirngebiete auf. Am größten ist das Wachstum des Telencephalon, das um den Faktor 8 wächst. Kleine periventrikuläre Proliferationsgebiete sind im Endhirn erhalten und tragen durch Zellvermehrung zum Volumenwachstum bei. Die Myelinisierung beginnt im Endhirn erst nach 5 Tagen und trägt dann erheblich zum Volumenzuwachs bei.

Das Tectum besitzt eine leicht negativ allometrische Wachstumscharakteristik zum Gesamtgehirn und erreicht im Adultzustand nur das vierfache Volumen des Schlüpflingswertes. Zytoarchitektonisch ist das Tectum beim Schlupf weit entwickelt, was sich in dem quantitativ überproportionalen Volumen beim Schlupf zeigt. - Das Cerebellum wächst wie das Gesamtgehirn um den Faktor 5.8.

Tabelle 10

HIRNVOLUMINA

***Turnix suscitator*: Schlupf**

	Volumen mm^3	% Total	% Adult	Multip.
GESAMTGEHIRN	418	100 %	18 %	-
TELENCEPHALON	169	41 %	13 %	-
TECTUM	81	20 %	24 %	-
CEREBELLUM	45	11 %	17 %	-
VENTRIKEL	31	7 %	54 %	-
HIRNSTAMM	121	30 %	28 %	-

***Turnix suscitator*: 5 Tage**

	Volumen mm^3	% Total	% Adult	Multip.
GESAMTGEHIRN	466	100 %	20 %	1.11
TELENCEPHALON	216	46 %	16 %	1.27
TECTUM	82.6	18 %	24 %	1.01
CEREBELLUM	48.6	10 %	18 %	1.07
VENTRIKEL	18.1	4 %	31 %	0.58
HIRNSTAMM	119	26 %	28 %	0.97

***Turnix suscitator*: 10 Tage**

	Volumen mm^3	% Total	% Adult	Multip.
GESAMTGEHIRN	379	100 %	16 %	0.81
TELENCEPHALON	189	50 %	14 %	0.87
TECTUM	63.5	17 %	19 %	0.76
CEREBELLUM	38.2	10 %	15 %	0.78
VENTRIKEL	5.5	1 %	10 %	0.30
HIRNSTAMM	88	23 %	21 %	0.73

***Turnix suscitator*: Adult**

	Volumen mm^3	% Total	% Adult	Multip.	Max.
GESAMTGEHIRN	2385	100 %	100 %	-	5.70
TELENCEPHALON	1355	57 %	100 %	-	7.99
TECTUM	337	14 %	100 %	-	4.14
CEREBELLUM	263	11 %	100 %	-	5.81
VENTRIKEL	57.7	2 %	100 %	-	1.85
HIRNSTAMM	428	18 %	100 %	-	3.51

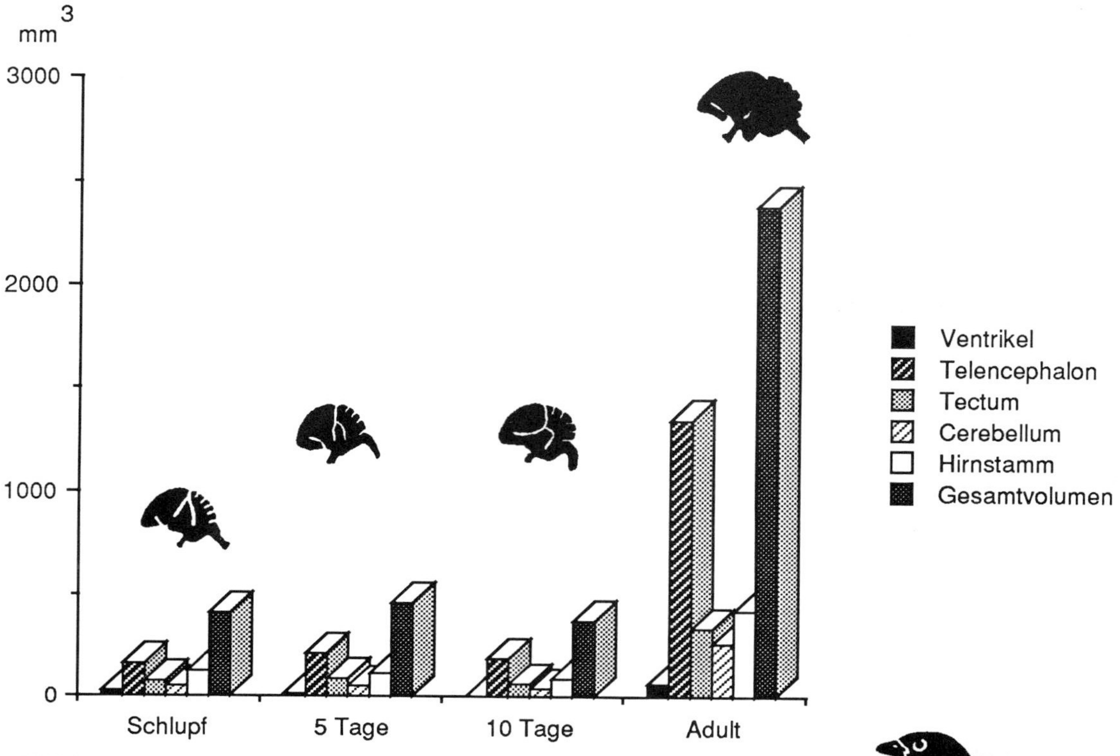

Abb. 195 A.

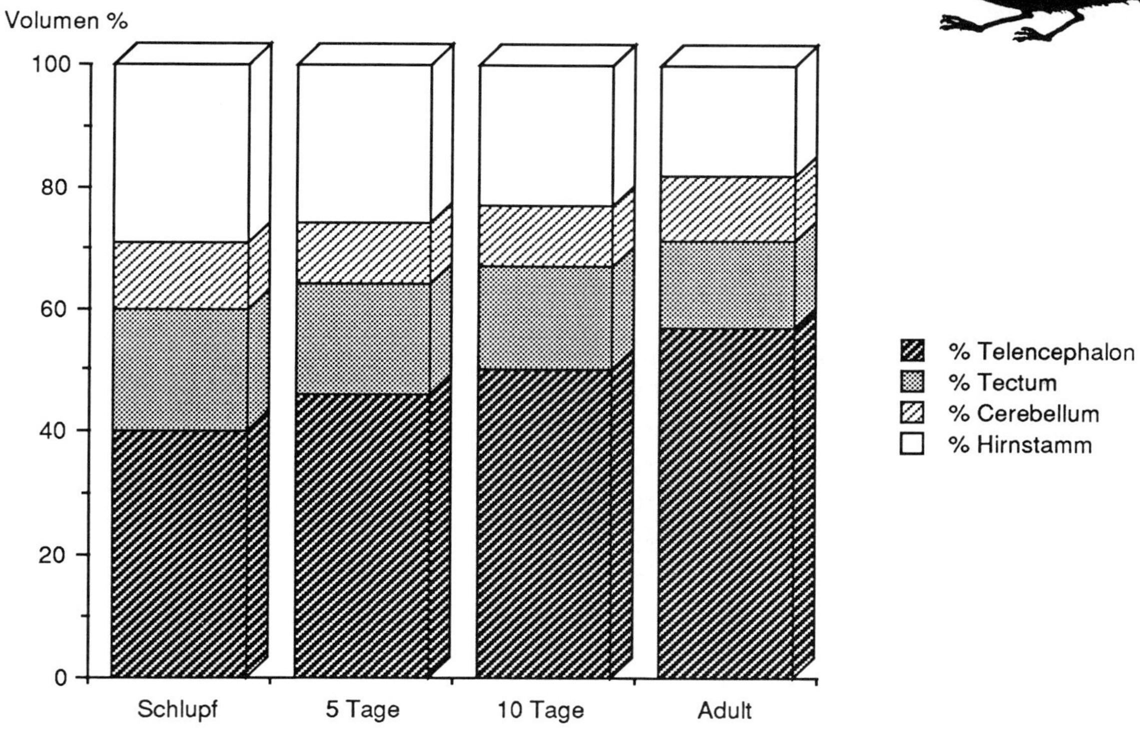

Abb. 195 B.

Abb.195. *Turnix suscitator*, A) Absolute Hirnvolumina, B) Relative Hirnvolumina. -Schemazeichnung der Gehirne in natürlicher Größe

C) Morphometrie des Gehirnes von *Cairina moschata*

1) Morphometrie des Gehirnes eines adulten Tieres

Das Hirnvolumen der Moschus-Ente (Tab.11; Abb.196) beträgt 17273 mm^3. Die Aufgliederung der Volumenanteile ergibt für das Telencephalon 11637 mm^3, welche einem Anteil von 67 Vol.% am Gesamtgehirn entsprechen. Das Tectum opticum besitzt ein Volumen von 579 mm^3. Mit einem Anteil von 3 Vol.% des Gesamtgehirnes liegt es unter dem aller anderen untersuchten Arten. Das Kleinhirn besitzt ein Volumen von 2000 mm^3 und nimmt mit 12% des Gesamt-Gehirnvolumens einen ähnlichen Anteil ein wie bei anderen Arten. Der Hirnstamm mit 3058 mm^3 und der Ventrikel mit 515 mm^3 besitzen erheblich höhere absolute Volumenwerte als bei den anderen Arten, mit ihren Anteilen von 17 Vol.% bzw. 3 Vol.% am Gesamtgehirn unterscheiden sie sich jedoch nicht von jenen.

2) Morphometrie des Gehirnes eines Schlüpflings der Moschus-Ente

Das Gehirn eines Moschus-Enten Schlüpflings (Tab.11; Abb.196) hat ein Gesamtvolumen von 5000 mm^3. Dies entspricht 29 % des Hirnvolumens adulter Tiere. Dieser weit fortgeschrittenen quantitativen Entwicklung entspricht ein morphologisch und histologisch weit entwickeltes Gehirn, dessen Fasersysteme beim Schlupf zum großen Teil myelinisiert sind. So werden auch die Lobi des Tectum nicht erst nach dem Schlupf, wie bei Wellensittich, Reisfink oder Taube, unter die Endhirn-Hemisphären verschoben sondern bereits vorher und liegen beim Schlupf dann in einer Position wie beim Adulttier.

Die Endhirn-Hemisphären besitzen beim Schlupf ein Volumen von 2970 mm^3. Mit 60 % des Volumens ist der Anteil der Hemisphären am Gesamtgehirn etwas geringer als beim Adultus. Die striatalen Areale sind am Schlupftag zytologisch weitgehend ausgereift, und in der Commissura anterior, dem Neostriatum und dem Ectostriatum sowie dem Nucleus basalis sind bereits myelinisierte Fasern vorhanden.

Das Tectum opticum ist mit 491 mm^3 sehr weit entwickelt. Sein Volumen entspricht 85 % des Adult-Gehirnvolumens. Es ist zum Zeitpunkt des Schlupfes nicht nur zytologisch ausgereift, sondern auch quantitativ fast ausgewachsen. Diese zytologisch und volumetrisch weit fortgeschrittene Entwicklung des Tectum opticum zeigt sich auch in der Myelinisierung der Faserbahnen des optischen Systems bis in das Ectostriatum.

3) Morphometrie des Gehirnes eines 10 Tage alten Kükens

10 Tage nach dem Schlupf ist das Gehirn der Moschus-Enten auf 6324 mm^3 oder 37% des Adult-Gehirnvolumens angewachsen (Tab.11; Abb.196). Dies entspricht einer Volumenzunahme auf das 1.26-fache. Das Telencephalon ist im Vergleich hierzu etwas stärker um den Faktor 1.33 auf 3974 mm^3 angewachsen und besitzt nun einen Anteil von 63 Vol.% des Gesamtgehirnes. Das Kleinhirn wächst im gleichen Maße wie das Gesamtgehirn und vermehrt sein Volmen um den Faktor 1.26 auf 772 mm^3. In diesen 10 Tagen ist kein Wachstum des Tectum opticum messbar. Der Volumenzuwachs von 4.85 mm^3 entspricht weniger als 1% und liegt an der Grenze der Messgenauigkeit.

4) Gesamtwachstum des Gehirnes

Vom Schlüpfling bis zum adulten Tier vermehrt das Gehirn sein Volumen auf das 3.5-fache (Tab.11,16; Abb.196). Am stärksten ist das Wachstum der Endhirn-Hemisphären, die das vierfache Volumen der Schlüpflings-Hemisphären erreichen. Cerebellum und Hirnstamm vermehren ihr Volumen um den Faktor 3.3, während das Tectum opticum nur sehr gering um den Faktor 1.2 wächst.

Tabelle 11

HIRNVOLUMINA

***Cairina moschata*: Schlupf**

	Volumen mm^3	% Total	% Adult	Multip.
GESAMTGEHIRN	5000	100 %	29 %	-
TELENCEPHALON	2970	60 %	26 %	-
TECTUM	491	10 %	85 %	-
CEREBELLUM	607	12 %	30 %	-
VENTRIKEL	52.9	1 %	10 %	-
HIRNSTAMM	930	19 %	30 %	-

***Cairina moschata*: 10 Tage**

	Volumen mm^3	% Total	% Adult	Multip.
GESAMTGEHIRN	6324	100 %	37 %	1.26
TELENCEPHALON	3974	63 %	34 %	1.33
TECTUM	496	8 %	86 %	1.00
CEREBELLUM	772	12 %	39 %	1.26
VENTRIKEL	81	1 %	16 %	1.52
HIRNSTAMM	1083	17 %	35 %	1.16

***Cairina moschata*: Adult**

	Volumen mm^3	% Total	% Adult	Multip.	Max.
GESAMTGEHIRN	17273	100 %	100 %	2.73	3.45
TELENCEPHALON	11637	67 %	100 %	2.92	3.91
TECTUM	579	3 %	100 %	1.19	1.17
CEREBELLUM	2000	12 %	100 %	2.59	3.28
VENTRIKEL	515	3 %	100 %	6.39	9.73
HIRNSTAMM	3058	17 %	100 %	2.82	3.28

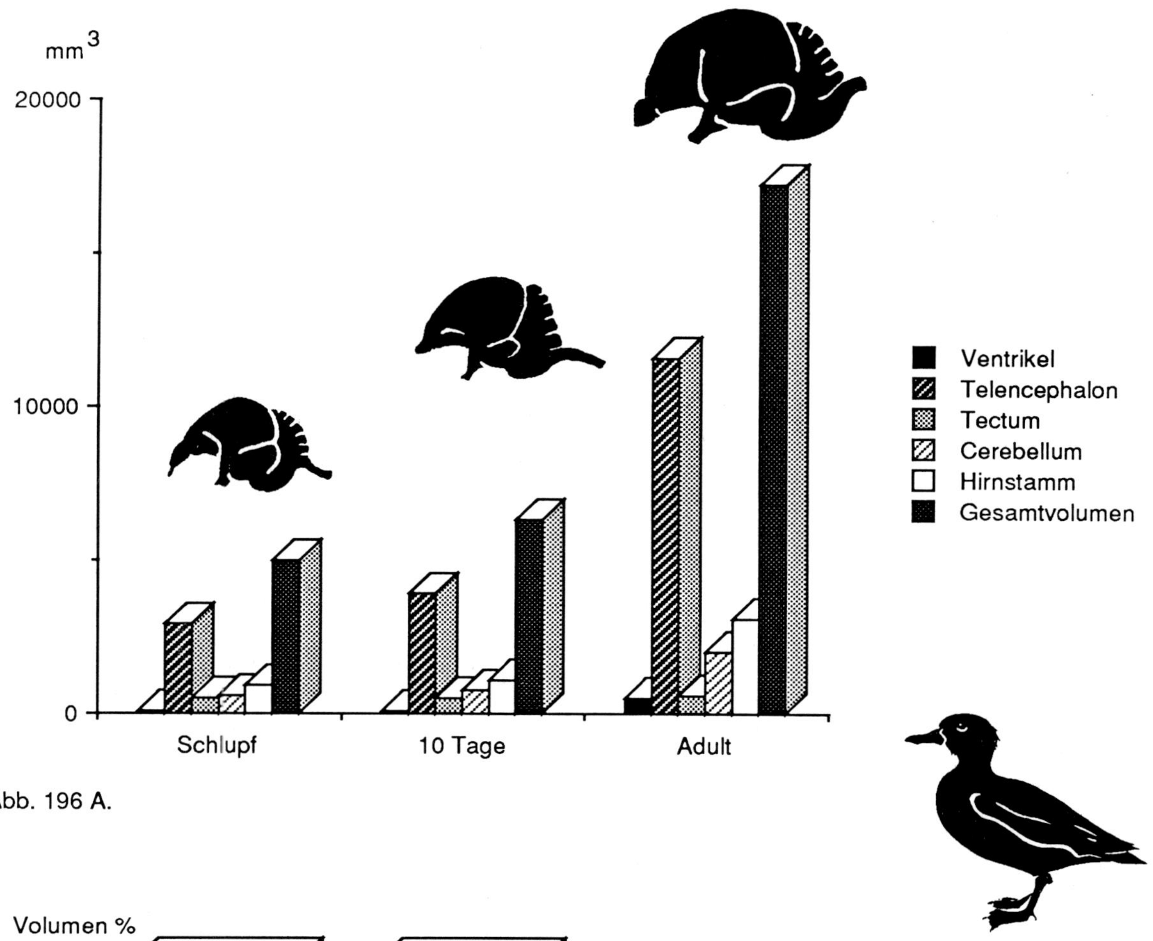

Abb. 196 A.

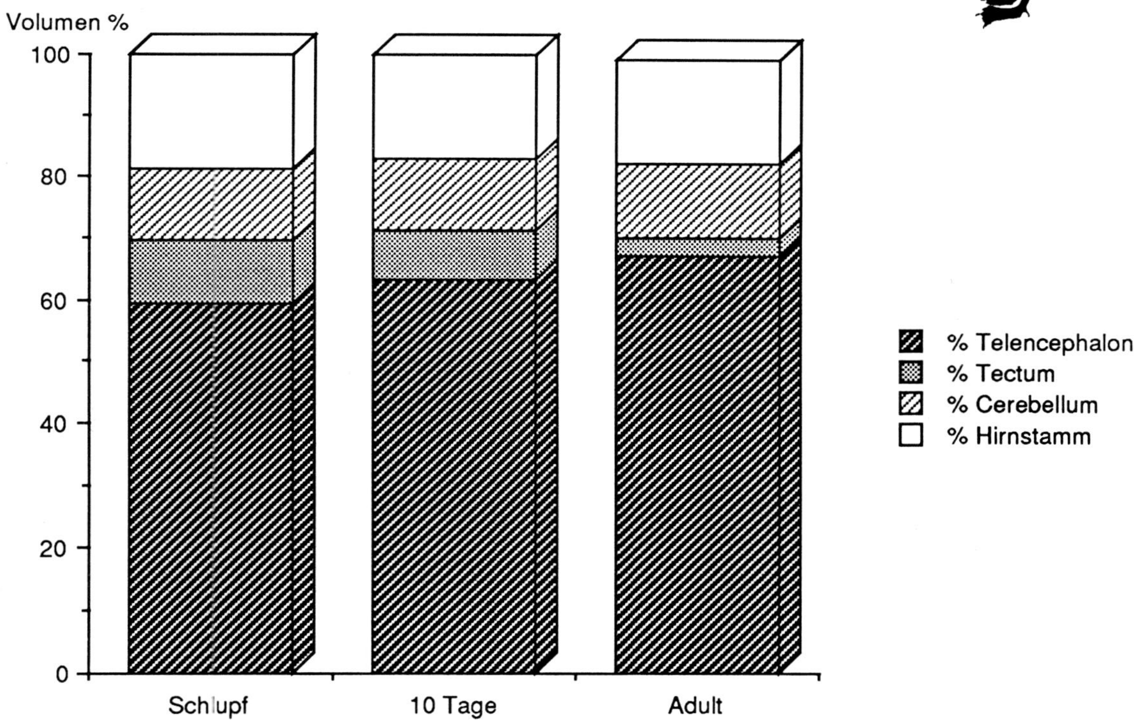

Abb. 196 B.

Abb.196. *Cairina moschata*, A) Absolute Hirnvolumina, B) Relative Hirnvolumina. -Schemazeichnung der Gehirne in natürlicher Größe

D) Morphometrie des Gehirnes von *Melopsittacus undulatus*

1) Morphometrie des Gehirnes eines adulten Tieres

Ausgewachsene Wellensittiche (Tab.12; Abb.197) besitzen ein Gesamt-Gehirnvolumen 3161 mm^3. Die Endhirn-Hemisphären von 2231 mm^3 nehmen mit 71% den größten Anteil des Gehirnvolumens ein. Der palaeostriatale Komplex umfaßt mit 336 mm^3 11% des Gesamt-Gehirnvolumens.

Im Telencephalon dominiert das Neostriatum mit 717 mm^3, was einem Anteil von 23 Vol.% des Gesamtgehirnes entspricht; zusammen mit dem Hyperstriatum ventrale (335 mm^3 = 11%) nimmt es über 30% des Gesamt-Gehirnvolumens ein. Im Gegensatz zu den großen Volumina dieser beiden Areale steht der Wulst mit 52 mm^3 oder 2 Volumenprozenten. Der Wulst fehlt am Frontalpol des Gehirnes. Das Archistriatum (206 mm^3) ist mit 7% Volumenanteil im Vergleich mit anderen Arten sehr groß. Seine ventro-laterale Position im Telencephalon läßt sich als Folge dieses großen Volumens verstehen. Zusammen mit Neostriatum und Hyperstriatum trägt es zu der seitlichen Überlagerung und der Ausbildung des Parietallappens bei.

Das Tectum opticum ist mit 196 mm^3 sehr klein; dies nicht nur in relativen Werten (6% des Gesamt-Gehirnvolumens), sondern auch in absoluten Messdaten, da alle anderen Arten, mit zum Teil deutlich kleineren Gesamt-Gehirnvolumina, größere Tecta optici besitzen (*Turnix*: 337 mm^3 bei 2384 mm^3 Hirnvolumen, Tab.10; *Lonchura* 186 mm^3 bei 2107 mm^3 Hirnvolumen, Tab.13). Ein Bezug zu den sehr kleinen Augen der Wellensittiche ist offensichtlich. - Das Cerebellum besitzt mit 322 mm^3 einen Volumenanteil von 10%, ähnlich dem bei allen anderen untersuchten Arten gemessen Werten.

2) Morphometrie des Gehirnes eines Wellensittich-Schlüpflings

Die Volumenverhältnisse am Gehirn des Schlüpflings (Tab.12; Abb.197) unterscheiden sich stark von denen der Adulttiere. Mit einem Gesamt-Gehirnvolumen von 209 mm^3 besitzt das Schlüpflings-Gehirn 7% des Adult-Gehirnvolumens. Das Telencephalon umfaßt mit 104 mm^3 sogar nur 5% vom Adultwert. Sein Anteil am Schlüpflings-Gehirn beträgt 50 Vol.% und ist damit gegenüber 70 Vol.% bei Adulttier auch proportional erheblich kleiner. Auch das Volumen der einzelnen striatalen Areale gliedert sich anders auf als beim ausgewachsenen Tier. Das Neostriatum besitzt mit 25 mm^3 12% des Gehirnvolumens, das Hyperstriatum mit 19.8 mm^3 10%. Der Wulst ist mit 6.1 mm^3, welche einem Volumenanteil von 3% entsprechen, gegenüber den adulten Tieren überproportioniert. Das Archistriatum ist diesem gegenüber mit 6.7 mm^3 nur minimal größer und umfaßt ebenfalls 3 Vol.% des Schlüpflings-Gehirnes; im Vergleich zu den 7 Vol.% beim Adulttier ist das Volumen des Archistriatum beim Schlüpfling sehr gering. Sein Volumen beträgt nur 3% des Adultwertes und ist damit zum Zeitpunkt des Schlupfes der quantitativ am geringsten entwickelte Abschnitt des Telencephalon.

Das Tectum opticum besitzt mit 26.9 mm^3 einen relativen Anteil von 13% des Gesamtgehirns, der doppelt so groß ist wie der Anteil von 6% am Adultgehirn. Mit 14% des Tectum-Adultwertes ist es beim Schlupf das volumetrisch am weitesten entwickelte übergeordnete Zentrum.

Das Cerebellum (12.7 mm^3) nimmt hingegen mit 6 Vol.% des Schlüpflings-Gehirnes und 4% des Adultvolumens einen ähnlichen Entfaltungszustand ein wie die Areale des Endhirnes. Der Hirnstamm (65 mm^3) nimmt mit 31% neben dem Endhirn den größten Volumenanteil des Schlüpflings-Gehirnes ein.

Die quantitativen Befunde (Tab.12; Abb.197) müssen in Bezug zum anatomischen und histologischen Entwicklungszustand des Schlüpflings-Gehirnes gesetzt werden. Die geringe Volumen-Entfaltung der Endhirn-Hemisphären (vergl.Abb.183-186), zeigt sich in der fehlenden Überlagerung der übrigen Hirnteile durch das Telencephalon, das sich noch ganz auf den vorderen Teil des Gehirnes beschränkt. Histologisch ist das Telencephalon des Schlüpflings durch ausgedehnte periventrikuläre Proliferationszonen charakterisiert (Abb.184,185), denen gleichzeitig ein geringer zytologischer Differenzierungszustand der striatalen Gebiete entspricht.

Im Tectum frisch geschlüpfter Wellensittiche ist nur eine schmale periventrikuläre Zellteilungsmatrix ausgebildet. Die periventrikulären und zentralen Strata des Tectum sind abgegliedert, die superfizielle Schichtbildung ist noch nicht abgeschlossen. Der zytologische Differenzierungszustand des Tectum opticum ist weiter fortgeschritten als der des Telencephalon, was sich in seinem überproportional großem Volumen widerspiegelt.

Relativ weit entwickelt ist auch der Hirnstamm beim Schlüpfling, der 16% des Hirnstamm-Volumens des Adultgehirnes einnimmt, und damit beim Schlupf seinem Volumen im Adultgehirn von allen Gehirnteilen am nächsten kommt. Hier findet keine Zellproliferation mehr statt. Darüber hinaus sind im Rhombencephalon schon die ersten Fasern myelinisiert.

3) Morphometrie des Gehirnes eines 5 Tage alten Nestlings

In den ersten 5 Tagen nach dem Schlupf wächst das Gehirn auf das 2.5-fache (512 mm^3) des Gehirnvolumens des Schlüpflings an (Tab.12; Abb.197). Dabei wachsen die Hirnareale unterschiedlich, sodaß sich ihre Proportionen gegenüber dem Schlüpfling verschieben (vergl. Abb.182,183,186). Die Endhirn-Hemisphären nehmen mit 325 mm^3 einen Anteil von 63 Vol.% des Gesamtgehirnes ein und verdreifachen ihr Volumen. Dennoch erreichen sie damit erst 15% des Adultvolumens. Auch zwischen den einzelnen striatalen Arealen bestehen deutliche Wachstumsunterschiede. Das Neostriatum wächst auf das Vierfache (101 mm^3) und das Hyperstriatum ventrale auf das Dreifache (60.4 mm^3). Der palaeostriatale Komplex (37.5 mm^3), das Archistriatum (17.6 mm^3) und der Wulst (15.8 mm^3) wachsen um den Faktor 2.3 bis 2.6.

Das Tectum wächst in diesen 5 Tagen auf das 1.5-fache (38.0 mm^3) des Schlüpflingswertes an, wobei sein Volumenanteil von 12% beim Schlüpfling auf 7% sinkt. Das Kleinhirn wächst auf das Vierfache des Schlüpflingswertes an und erreicht mit 10% des Gesamt-Gehirnvolumens jenen Anteil, der dem ausgewachsenen Tier entspricht.

Der Volumenzuwachs der Endhirn-Hemisphären beruht in den ersten Nestlingstagen vor allem auf Zellproliferation, aus den großen Proliferationsgebieten. Daneben müssen aber auch die Größenzunahme der Neurone und das Faserwachstum zur Volumenzunahme beitragen, da bereits nach 5 Tagen die Zellteilungsaktivität zurückgeht, gleichzeitig aber die Differenzierung der Neurone und die Ausbildung der Faserverbindungen sehr deutlich wird.

Der Volumenwachstum des Tectum beruht auf der Größenzunahme der Neurone und dem Einwachsen von Faserverbindungen. Die periventrikuläre Zellproliferation besitzt beim Schlupf nur noch geringe Bedeutung.

Im Hirnstamm sind keine teilungsaktiven Zonen zu finden. Vielmehr hat gegenüber dem Schlüpfling die Zahl der myelinisierten Fasern im Rhombencephalon und im vestibulären und cerebellaren Bereich deutlich zugenommen. Die Volumenzunahme des Hirnstammes beruht auf dem Einwachsen und der Myelinisation von Fasern.

4) Morphometrie des Gehirnes eines 10 Tage alten Nestlings

Zwischen dem 5. und dem 10. Tage nach dem Schlupf wächst das Gehirn weiterhin um den Faktor 2.5 auf 1311 mm^3; es erreicht 41% des Adultvolumens (Tab.12; Abb.197). Das Wachstum des Telencephalon ist größer, es wächst um den Faktor 2.7 auf 881 mm^3; sein Wachstum war in der vorangegangenen Periode jedoch mit dem Faktor 3 noch größer. Doch ist dieses nur eine Summation unterschiedlich starken Wachstums der einzelnen striatalen Anteile. Der palaeostriatale Komplex, das Neostriatum und das Hyperstriatum ventrale nehmen im Volumen um den Faktor 1.5 bis 1.6 zu. Der Wulst hat sein Volumen nur gering auf 17.2 mm^3 vermehrt (Faktor 1.08). Im Gegensatz hierzu ist das Wachstum des Archistriatum stark gesteigert.

Tabelle 12

HIRNVOLUMINA

***Melopsittacus undulatus*: Schlupf**

	Volumen mm^3	% Total	% Adult	Multip.
GESAMTGEHIRN	209	100 %	7 %	-
TELENCEPHALON	105	50 %	5 %	-
TECTUM	26.9	13 %	14 %	-
CEREBELLUM	12.7	6 %	4 %	-
VENTRIKEL	9.5	5 %	12 %	-
HIRNSTAMM	65.1	31 %	16 %	-
PALAEOSTRIATUM	16.3	8 %	5 %	-
NEOSTRIATUM	25.1	12 %	4 %	-
HYPERSTRIATUM	19.2	10 %	6 %	-
WULST	6.1	3 %	12 %	-
ARCHISTRIATUM	6.7	3 %	3 %	-

***Melopsittacus undulatus*: 5 Tage**

	Volumen mm^3	% Total	% Adult	Multip.
GESAMTGEHIRN	512	100 %	16 %	2.44
TELENCEPHALON	325	63 %	15 %	3.10
TECTUM	38.0	7 %	19 %	1.41
CEREBELLUM	50.5	10 %	16 %	3.96
VENTRIKEL	19.3	4 %	25 %	2.04
HIRNSTAMM	98.5	19 %	24 %	1.51
PALAEOSTRIATUM	37.5	7 %	11 %	2.29
NEOSTRIATUM	101	20 %	14 %	4.02
HYPERSTRIATUM	60.4	12 %	18 %	3.14
WULST	15.8	3 %	30 %	2.59
ARCHISTRIATUM	17.6	3 %	8 %	2.63

***Melopsittacus undulatus*: 10 Tage**

	Volumen mm^3	% Total	% Adult	Multip.
GESAMTGEHIRN	1311	100 %	41 %	2.56
TELENCEPHALON	881	67 %	39 %	2.70
TECTUM	84.7	6 %	43 %	2.22
CEREBELLUM	129	10 %	40 %	2.55
VENTRIKEL	40.0	3 %	51 %	2.07
HIRNSTAMM	216	16 %	53 %	2.19
PALAEOSTRIATUM	59.2	5 %	18 %	1.57
NEOSTRIATUM	160	12 %	22 %	1.58
HYPERSTRIATUM	90.7	7 %	27 %	1.50
WULST	17.2	1 %	33 %	1.08
ARCHISTRIATUM	51.5	4 %	25 %	2.93

***Melopsittacus undulatus*: 15 Tage**

	Volumen mm³	% Total	% Adult	Multip.
GESAMTGEHIRN	2225	100 %	70 %	1.69
TELENCEPHALON	1575	71 %	71 %	1.78
TECTUM	126	6 %	64 %	1.48
CEREBELLUM	268	12 %	83 %	2.07
VENTRIKEL	56.8	3 %	73 %	1.42
HIRNSTAMM	257	12 %	63 %	1.18
PALAEOSTRIATUM	188	8 %	56 %	3.17
NEOSTRIATUM	554	25 %	74 %	3.45
HYPERSTRIATUM	463	21 %	138 %	5.43
WULST	98.9	4 %	189 %	5.75
ARCHISTRIATUM	152	7 %	73 %	2.94

***Melopsittacus undulatus*: Adult**

	Volumen mm³	% Total	% Adult	Multip.	Max.
GESAMTGEHIRN	3161	100 %	100 %	1.42	15.08
TELENCEPHALON	2231	71 %	100 %	1.41	21.27
TECTUM	196	6 %	100 %	1.56	7.30
CEREBELLUM	322	10 %	100 %	1.20	25.31
VENTRIKEL	78.2	2 %	100 %	1.37	8.27
HIRNSTAMM	411	13 %	100 %	1.59	6.31
PALAEOSTRIATUM	336	11 %	100 %	1.79	20.61
NEOSTRIATUM	715	23 %	100 %	1.35	28.46
HYPERSTRIATUM	335	11 %	100 %	0.72	17.47
WULST	52.3	2 %	100 %	0.52	8.56
ARCHISTRIATUM	207	7 %	100 %	1.36	31.04

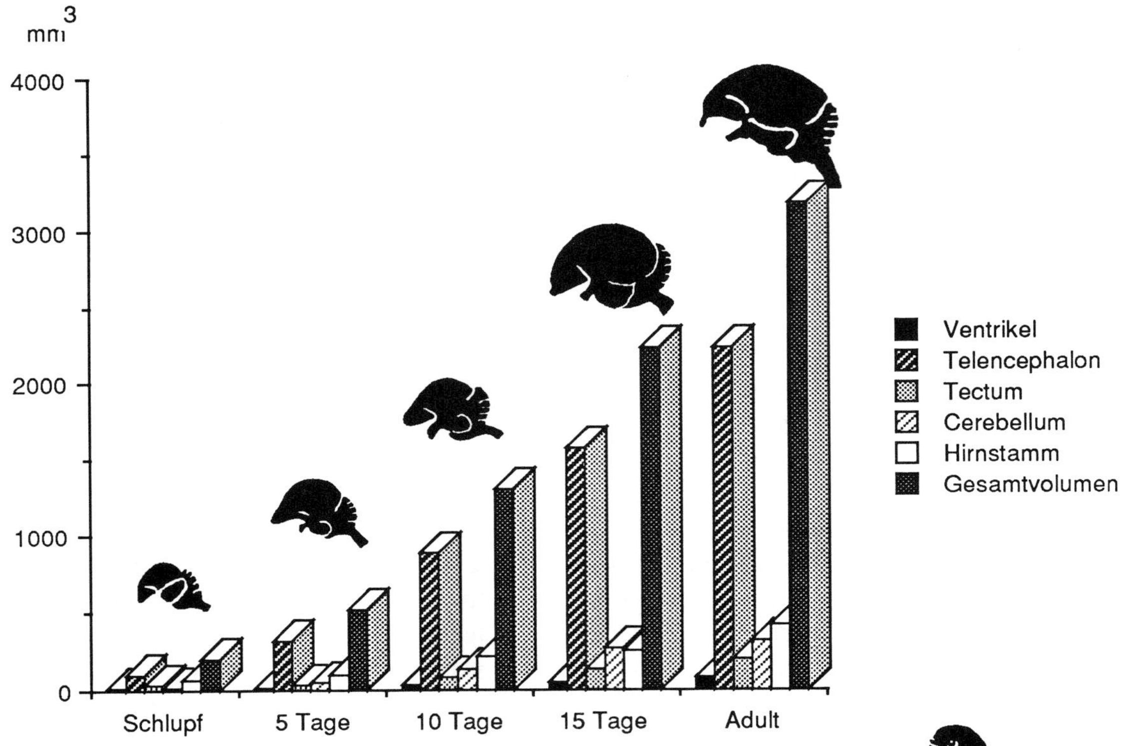

Abb. 197 A.

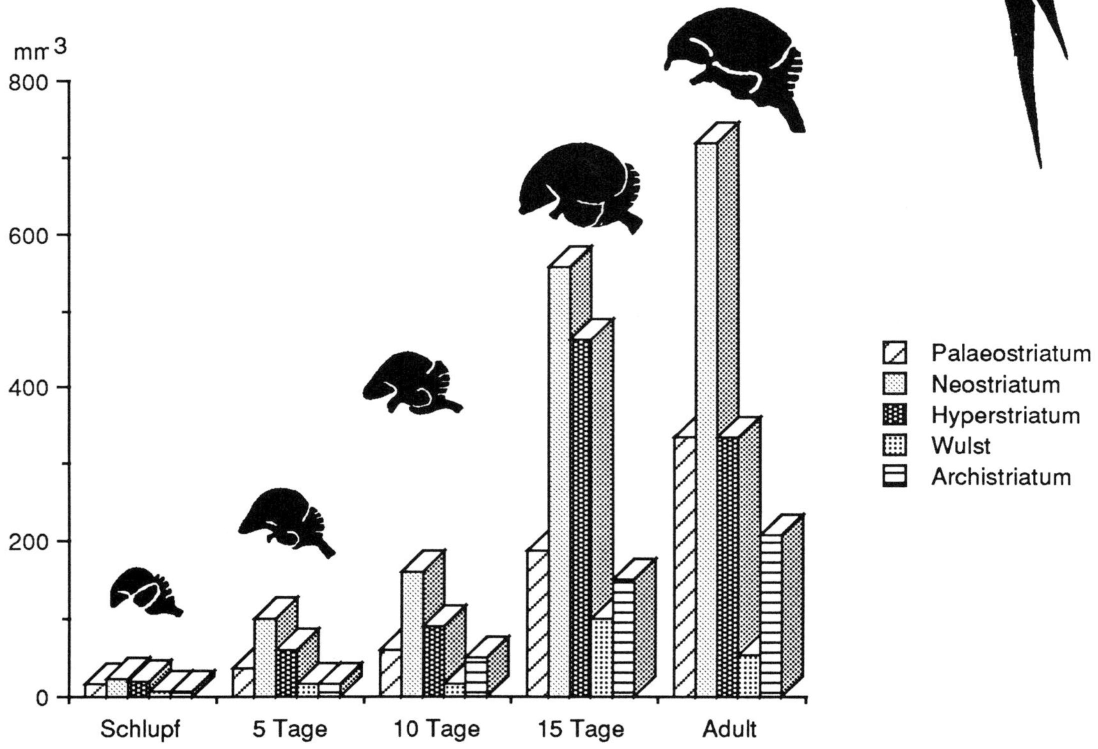

Abb. 197 B.

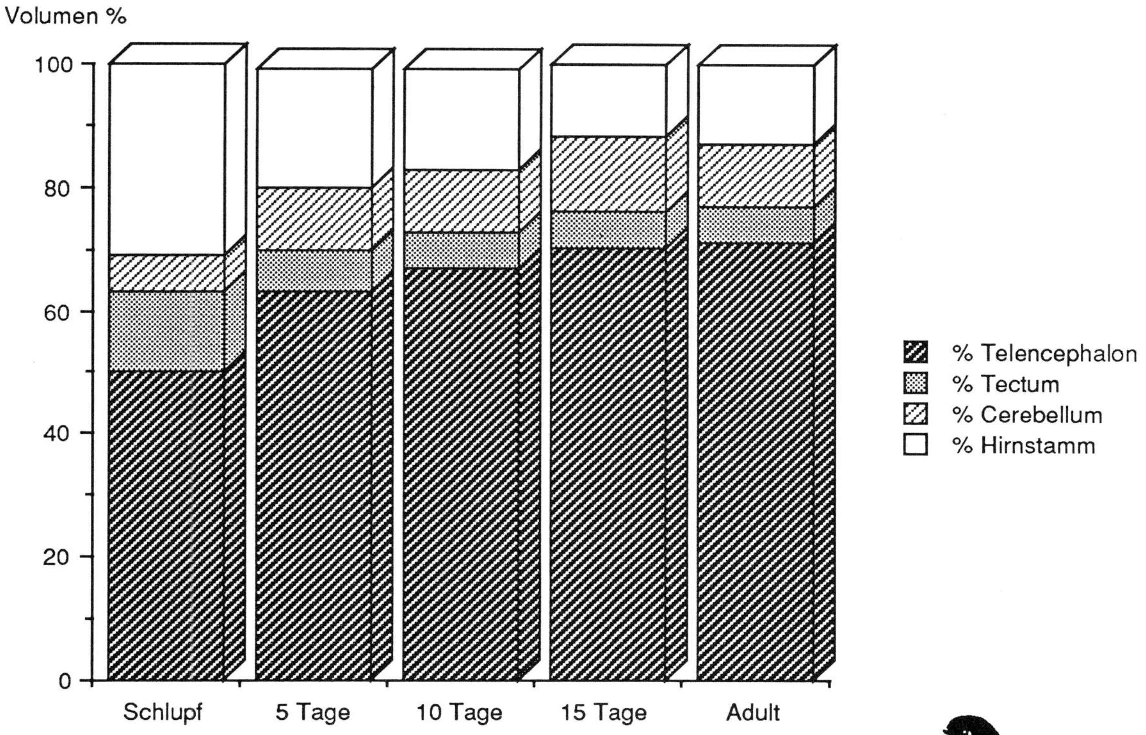

Abb. 197 C.

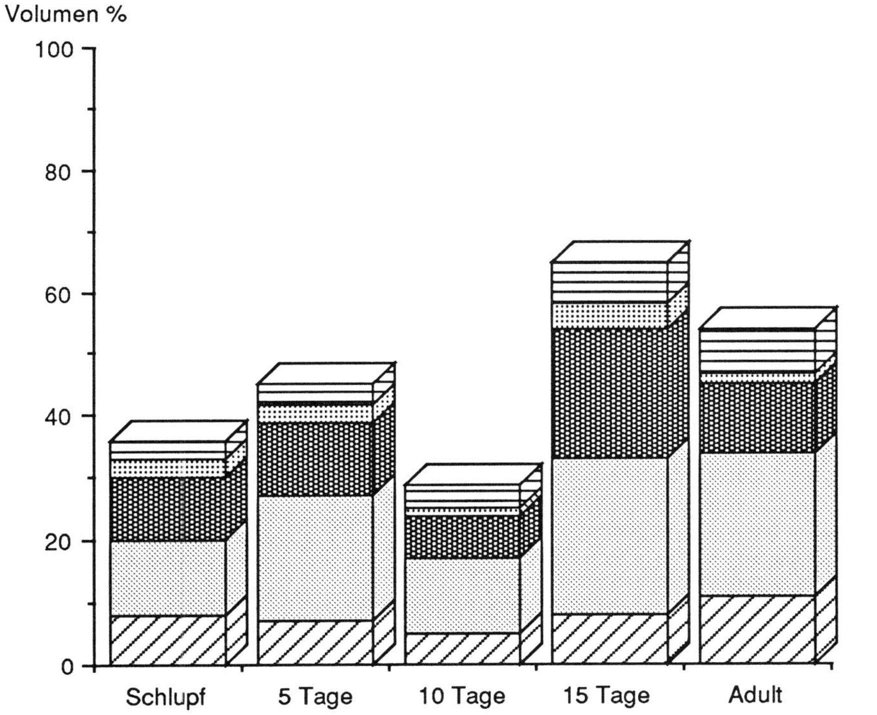

Abb. 197 D.

Abb.197. *Melopsittacus undulatus*, A) Absolute Hirnvolumina, B) Absolute Volumina der striatalen Areale. - Schemazeichnung der Gehirne in natürlicher Größe, C) Relative Hirnvolumina, D) Relative Volumina der striatalen Areale

Zwischen dem 5. und dem 10. Tag verdreifacht das Archistriatum sein Volumen auf 51.5 mm^3 und nimmt 4% des Gesamtgehirn-Volumens ein.

Das Tectum opticum verdoppelt sein Volumen. Sein prozentualer Anteil am Gesamtgehirn fällt aber weiter ab auf 6% des Gesamtvolumens. Dies entspricht seinem relativen Anteil am Adultgehirn. Der Anteil des Cerebellum bleibt bei isometrischem Wachstum in Relation zum Gesamtgehirn konstant bei 10 %.

Die beschriebenen Proportionsveränderungen sind in Abb.186 vor allem im Vergleich des Adultgehirnes mit den links stehenden frühen Alterstufen zu erkennen. Besonders deutlich ist das nach kaudal gerichtete Wachstum der Großhirn-Hemisphären, die nun bis auf die Schnittebene des Kleinhirnes mit erfaßt werden. Mit diesen äußeren Formveränderungen des Nestlingsgehirnes geht eine Reduktion der periventrikulären Proliferationsgebiete des Telencephalon einher. Ihre Ausdehnung wird so gering, daß die Zellproliferation keine bedeutende Rolle für den Volumenzuwachs mehr besitzt. Myelinisierung findet im Endhirn noch nicht statt. Der gemessene Volumenzuwachs beruht hauptsächlich auf Faserwachstum.

Im Tectum opticum sind bis auf die endgültige Aufgliederung der Zone 10 alle Zonen ausgebildet. Die Differenzierung der Zonenabfolge, Zelldifferenzierung, Faserwachstum und Myelinisierung der Fasern bestimmen das histologische Bild und müssen als Grundlage des Volumenzuwachses angesehen werden.

5) Morphometrie des Gehirnes eines 15 Tage alten Nestlings

2 Wochen nach dem Schlupf hat das Gehirn annähernd die Adultproportionen erreicht (Tab.12; Abb.197). In Bezug auf das Gesamt-Gehirnvolumen (2225 mm^3) stimmen die relativen Volumina des Telencephalon (1574 mm^3; 71 Vol.%) mit seinen Arealen, sowie des Tectum (125 mm^3; 6 Vol.%), des Cerebellum (268 mm^3; 12 Vol%.) und des Hirnstammes (257 mm^3; 12 Vol.%) weitgehend mit denen des adulten Gehirnes überein. Das Wachstum aller vermessenen Abschnitte liegt in der vorhergehenden 5-tägigen Wachstumsperiode nur noch um den Faktor 1.7. Bis zum Adultzustand vergrößern sich dann alle Hirngebiete weitgehend isometrisch zum Gesamtgehirn. In den afferenten und efferenten Fasersystemen des Telencephalon hat am 15. Tag die Myelinisierung begonnen. Da andererseits die Zellproliferation völlig zum Stillstand gekommen ist und die Zelldifferenzierung weitgehend abgeschlossen ist, kann der gemessene Volumenzuwachs nur noch auf die Markscheidenbildung der Fasern zurück geführt werden.

6) Gesamtwachstum des Gehirnes

Das Gehirn wächst mit seinem Gesamtvolumen vom Schlüpfling bis zum Adult-Tier auf das 15-fache an (Tab.12,16; Abb.197). Das Wachstum gliedert sich aber sehr unterschiedlich auf. Das Telencephalon wächst auf das 21-fache seines Ausgangsvolumens beim Schlüpfling an. Während der palaeostriatale Komplex um den Faktor 20 anwächst, nimmt das Neostriatum um das 28-fache des Schlüpflingsvolumens zu. Das Hyperstriatum ventrale vermehrt sein Volumen um den Faktor 17.5. Auffallend ist die Entwicklung des Wulstes und des Archistriatum. Der Wulst verzeichnet das geringste Wachstum und vermehrt sein Volumen auf das 8.5-fache. Das Archistriatum erreicht dagegen das 31-fache seines Volumens im Schlüpflings-Gehirn. Das Hauptwachstum des Archistriatum setzt erst nach dem 10. postnatalen Tag ein, wenn das Wachstum aller anderen Hirnareale bereits geringer wird. Beide Hirnareale, Wulst und Archistriatum, nehmen nicht nur morphologisch, sondern auch in der Größenentwicklung und der Wachstumsdynamik eine Sonderstellung ein.

E) Morphometrie des Gehirnes von *Lonchura oryzivora*

1) Morphometrie des Gehirnes eines adulten Tieres

Das Gehirn ausgewachsener Reisfinken (Tab.13; Abb.198) hat ein Gesamtvolumen von 2107 mm^3. Das Hemisphären-Volumen von 1385 mm^3, entspricht einem Anteil von 66% am Gesamtgehirn. Die Messungen einzelner Areale des Telencephalon ergaben für den palaeostriatalen Komplex 172 mm^3 oder 8% des Gesamt-Gehirnvolumens. Das Neostriatum besitzt ein Volumen von 532 mm^3 (25 Vol.%) und das Hyperstriatum ventrale von 188 mm^3 (9 Vol.%). Das Volumen des Wulstes ist beim Reisfink mit 118 mm^3 sehr groß und übertrifft im Vergleich das Absolutvolumen des Wellensittich-Wulstes um mehr als das Doppelte. Entsprechend beträgt sein prozentualer Anteil mit 6% des Gesamt-Gehirnvolumens das Dreifache des Relativvolumens des Wellensittich-Wulstes. Umgekehrt ist das Volumen des Archistriatum mit 36.2 mm^3 oder 2% des Gesamt-Gehirnvolumens viel geringer.

Das Tectum (186 mm^3) besitzt mit 9% des Gesamtvolumens einen etwas höheren relativen Anteil als beim Wellensittich. Das Kleinhirn (217 mm^3) hat mit 10% ein relatives Volumen, das in diesem Größenbereich bei allen hier untersuchten Arten mit Ausnahme der Taube gefunden wird. Der Hirnstamm (319 mm^3) nimmt mit 15% des Gesamtvolumens einen recht geringen Anteil am Gesamtgehirn ein.

2) Morphometrie des Gehirnes eines Reisfinken-Schlüpflings

Das gesamte Gehirn eines Reisfinken-Schlüpflings ist zytologisch gering differenziert und durch große Proliferationszonen ausgezeichnet (Abb.189). Im Telencephalon lassen sich noch nicht alle striatalen Areale eindeutig gegeneinander abgrenzen. Bei der Vermessung des Telencephalon konnte der palaeostriatale Komplex mit Hilfe der Anlage der Lamina medullaris dorsalis gegen die dorsalen striatalen Gebiete abgegrenzt werden. Neostriatum und Archistriatum einerseits und Hyperstriatum und Wulst andererseits wurden jeweils anhand unterschiedlicher Zelldichten voneinander unterschieden.

Das Volumen des Schlüpflings-Gehirnes (Tab.13; Abb.198) nimmt mit 129 mm^3 6% des Adult-Gehirnvolumens ein. Von diesem Volumen nimmt das Telencephalon mit 48.5 mm^3 einen Anteil von 38% ein. Das entspricht 4% seines Adultvolumens. Für den palaeostriatalen Komplex wurde ein Volumen von 8.8 mm^3 oder 7% des Schlüpflings-Gehirnes ermittelt. Neostriatum und Archistriatum konnten histologisch nicht unterschieden werden. Gemeinsam haben sie ein Volumen von 20.5 mm^3, welches 16% des Volumens des Gesamtgehirnes entspricht und damit den größten striatalen Teil ausmacht. Hyperstriatum ventrale und Wulst umfassen zusammen 8.5 mm^3 oder 7 Vol.%.

Das Tectum opticum nimmt mit 31.7 mm^3 einen Anteil von 25% des Gehirnvolumens des Schlüflings ein. Es besitzt 17% des Adultvolumens und ist damit das Hirnareal, dessen Volumen beim Schlupf am weitesten entwickelt ist. Dies korreliert mit den zytologisch beschriebenen Entwicklungsunterschieden zwischen Telencephalon und Tectum. Das Cerebellum (8.8 mm^3) hat mit einem relativen Anteil von 7% des Gesamt-Gehirnvolumens erst 4% seines Adultvolumens entwickelt. Der Hirnstamm nimmt mit 34.7 mm^3 einen Anteil von 27% des Schlüpflings-Gehirnes ein.

3) Morphometrie des Gehirnes eines 5 Tage alten Nestlings

In den ersten fünf Tagen nach dem Schlupf verdreifacht sich das Volumen des Gehirnes der Reisfinken auf 409 mm^3 (Tab.13; Abb.198). Es erreicht damit knapp 20% seines Adult-Gehirnvolumens. Das Telencephalon ist auf 208 mm^3 oder einen Anteil von 51% am Gesamt-Gehirnvolumen angewachsen und erreicht gegenüber dem Schlüpflings-Gehirn das vierfache Volumen. Die striatalen Areale sind so weit differenziert, daß sie lichtmikroskopisch unterschieden werden können. Der palaeostriatale Komplex ist auf 31 mm^3, das Neostriatum auf 66 mm^3 und das Hyperstriatum ventrale auf 25 mm^3 angewachsen. Der Wulst ist mit 19 mm^3, welche 5 Vol.% entsprechen, relativ sehr groß, während das Archistriatum mit 6.7 mm^3 oder 2% des Gehirnvolumens sehr klein ist.

Das Wachstum der striatalen Areale beruht im Wesentlichen auf Zellvermehrung aus den Matrixzonen, zum Teil aber auch auf Zelldifferenzierung und Faserwachstum.

Das Tectum hat sein Volumen auf 58 mm^3 fast verdoppelt und liegt mit einem Anteil von 14% am Gehirnvolumen niedriger als beim Schlüpfling.

Im Tectum opticum ist nach 5 Tagen Nestlingszeit die periventrikuläre Zellteilunsmatrix verschwunden, in den zentralen Schichten können die ersten spindelförmigen Zellen gefunden werden und die Zonenbildung in den superfiziellen Schichten ist weiter vorangeschritten, wenn auch noch nicht abgeschlossen. Gleichzeitig mit diesen zytologischen Differenzierungen hat die Verlagerung des Tectum in eine ventrale Position unter die Großhirnhemisphären begonnen. Die Veränderung der relativen Anteile von Großhirn und Tectum in Bezug zum Gesamtgehirn belegt dies. Das Wachstum des Tectum beruht neben einem geringen Anteil der Zellvermehrung vor allem auf Zell- und Faserwachstum.

Der Hirnstamm 5 Tage alter Reisfinken-Nestlinge besitzt ein Volumen von 110 mm^3 und nimmt damit 27% des Gesamt-Gehirnvolumens ein. Das Volumen des Hirnstammes beträgt bereits 35 Volumenprozent des Hirnstammes eines adulten Tieres. In diesem Altersstadium ist er das volumetrisch am weitesten entwickelte Hirngebiet. - Die Teilungsaktivität der zunächst beim Schlüpfling auch noch vorhandenen periventrikulären Proliferationsgebiete im Hirnstamm ist bereits beendet, und die ersten Fasern des Fasciculus longitudinalis medialis, der Commissura posterior und des Nervus oculomotorius sind myelinisiert. Der größte Anteil des Volumenwachstums des Hirnstammes beruht auf dem Einwachsen von Fasern und deren Myelinisation.

4) Morphometrie des Gehirnes eines 10 Tage alten Nestlings

Nach 10 Tagen Nestlingszeit ist das Gehirn auf 557 mm^3 angewachsen und erreicht damit ungefähr ein Viertel des Adultvolumens (Tab.13; Abb.198). Das Telencephalon ist auf 320 mm^3 angewachsen (58%). Dies teilt sich in 42.5 mm^3 für den palaeostriatalen Komplex, 110 mm^3 für das Neostriatum und 41 mm^3 für das Hyperstriatum ventrale auf. Das Archistriatum besitzt ein Volumen von 12 mm^3 oder 2 % des Gesamt-Gehirnvolumens, der Wulst nimmt mit 35.7 mm^3 3 Volumenprozent ein. Zu einem Teil tragen die periventrikulären Matrixzonen noch zu diesem Wachstum bei. Die wesentliche Zunahme des Hemisphärenvolumens dürfte jedoch auf Faserwachstum beruhen, das in diesem Alter besonders stark ist.

Das Tectum ist fast nicht gewachsen. Sein Volumen beträgt 61.7 mm^3, was einem Wachstum um den Faktor 1.06 entspricht. Durch das stärkere Wachstum des Gesamtgehirnes sinkt sein Anteil von 14% auf 11% des Gesamtvolumens.

Bei stark wachsendem Telencephalon wird das Tectum unter die Endhirn-Hemisphären verlagert (Abb.187,188). Die quantitativen Beziehungen belegen, daß das Tectum passiv verlagert wird in Abhängigkeit von der Größenentwicklung des Telencephalon.

Das Cerebellum (54.1 mm^3) wächst fast isometrisch zum Gesamtgehirn und hält einen relativen Anteil von 10%.

Der Hirnstamm besitzt ein Volumen von 121 mm^3, was einem Anteil von 22% am Gesamtvolumen entspricht. Im Vergleich zu den anderen besprochenen Hirngebieten ist sein Wachstum mit dem Faktor 1.09 gering.

5) Morphometrie des Gehirnes eines 15 Tage alten Nestlings

Nach 2 Wochen Nestlingszeit hat das Volumen des Gesamtgehirnes 1723 mm^3 erreicht oder 82 % des Adultvolumens (Tab.13; Abb.198). Auch die äußere Form des Gehirnes bietet zu diesem Zeitpunkt kaum noch Unterschiede zu der des adulten Tieres. Ob dieser starke Sprung in der Volumenentwicklung als typisch anzusehen ist kann nicht beurteilt werden, da das Ausmaß der individuellen Variabilität noch nicht bekannt ist.

Alle Hirngebiete sind den relativen Anteilen des Adultgehirnes weitgehend angenähert. Das Telencephalon erreicht mit 1066 mm^3 einen Volumenanteil von 62% gegenüber 66% beim Adultus; es besitzt dabei 77% seines Adultvolumens. Das Palaeostriatum besitzt ein Volumen von 132 mm^3, das Neostriatum von 367 mm^3 und das Hyperstriatum ventrale von 144 mm^3. Die Volumina entsprechen 70% bis 75% des jeweiligen Adultwertes. Der Wulst hat mit 110 mm^3 das Adultvolumen erreicht, ebenso wie das Archistriatum mit 34 mm^3. - In diesem Alter beginnt im Telencephalon die Myelinisierung. Erste Fasern mit Markscheiden sind im Fasciculus lateralis prosencephali zu finden. Da die Zellproliferation beendet und das Faserwachstum abgeschlossen ist, kann die Volumenzunahme des Telencephalon auf die Myelinisierung der Fasern zurückgeführt werden.

Das Tectum hat bis zu diesem Zeitpunkt 95% des Adultvolumens erreicht. Sein prozentualer Volumenanteil ist auf 10% des Gesamtvolumens gesunken. Dies korreliert mit der histologischen Ausreifung und der fortschreitenden Myelinisierung der optischen Fasersysteme.

Das Cerebellum wächst isometrisch zum Gesamtgehirn und bleibt konstant bei 11% des Gesamt-Gehirnvolumens.

Der Hirnstamm nimmt ein Volumen von 296 mm^3 ein. Dies entspricht einem Volumenanteil von 17% am Gesamt-Gehirnvolumen; er besitzt 93% seines Adultvolumens. - In allen großen Fasersystemen des Hirnstammes sind nun Fasern myelinisiert. Der Volumenzuwachs beruht wie schon in der vorangehenden Wachstumsphase auf der Bildung der Markscheiden.

6) Gesamtwachstum des Gehirnes

Das Gehirn der Reisfinken wächst vom Schlupf bis zum Adultus auf das 16-fache Volumen an (Tab.13,16; Abb.198). Für das Telencephalon der Reisfinken errechnet sich sogar ein Vermehrungsfaktor von 28.5. Aufgrund der geringen Differenzierung des Schlüpflings-Gehirnes können nicht für alle einzelnen striatalen Areale Vermehrungs-Faktoren angegeben werden. Der palaeostriatale Komplex vermehrt sein Volumen auf das 20-fache. Neostriatum und Archistriatum zusammen wachsen auf das 27-fache Volumen an. Das stärkste Wachstum verzeichnen Hyperstriatum ventrale und Wulst, die zusammen das 36-fache Volumen erreichen.

In den ersten 10 Nestlingstagen ist Zellproliferation die wesentliche Grundlage des Hirnwachstums. Erst danach gewinnen Zell- und Faserwachstum sowie Myelinisierung größere Bedeutung.

Das Tectum wächst bei Reisfinken insgesamt vom Schlupf bis zum ausgewachsenen Tier um den Faktor 5.8. Schon beim Schlupf ist das Tectum mit 31 mm^3 größer als das von Wellensittich-Schlüpflingen mit 26.8 mm^3. Dabei ist das Schlüpflings-Gehirn der Reisfinken absolut nur etwas mehr als halb so groß ist wie das der Wellensittiche. Die quantitativen Unterschiede zwischen beiden Arten unterstreichen die morphologisch beschriebenen Unterschiede des Entwicklungsmusters.

Das Kleinhirn wächst um den Faktor 25 und gleicht damit der Entwicklung beim Wellensittich.

Der Hirnstamm besitzt beim Schlupf bereits 11% seines Adultvolumens; entsprechend ist seine Volumenvermehrung um den Faktor 9.19 relativ gering.

Tabelle 13

HIRNVOLUMINA

***Lonchura oryzivora*: Embryo 16 Tage**

	Volumen mm^3	% Total	% Adult	Multip.
GESAMTGEHIRN	50.6	100 %	2 %	-
TELENCEPHALON	14.6	29 %	1 %	-
TECTUM	11.9	24 %	6 %	-
CEREBELLUM	0.95	2 %	0.4 %	-
VENTRIKEL	2.78	5 %	7 %	-
HIRNSTAMM	23.1	46 %	7 %	-

***Lonchura oryzivora*: Schlupf**

	Volumen mm^3	% Total	% Adult	Multip.
GESAMTGEHIRN	128	100 %	6 %	2.54
TELENCEPHALON	48.5	38 %	4 %	3.32
TECTUM	31.7	25 %	17 %	2.66
CEREBELLUM	8.8	7 %	4 %	9.28
VENTRIKEL	5.1	4 %	12 %	1.85
HIRNSTAMM	34.7	27 %	11 %	1.50
PALAEOSTRIATUM	8.8	7 %	5 %	-
NEO- und ARCHISTRIATUM	20.5	16 %	4 %	-
HYPERSTRIATUM und WULST	8.5	7 %	5 %	-

***Lonchura oryzivora*: 5 Tage**

	Volumen mm^3	% Total	% Adult	Multip.
GESAMTGEHIRN	409	100 %	19 %	3.17
TELENCEPHALON	208	51 %	15 %	4.28
TECTUM	57.9	14 %	31 %	1.82
CEREBELLUM	32.9	8 %	15 %	3.74
VENTRIKEL	13.7	3 %	35 %	2.65
HIRNSTAMM	110	27 %	35 %	3.17
PALAEOSTRIATUM	31.1	8 %	18 %	3.54
NEOSTRIATUM	66.2	16 %	12 %	3.55
HYPERSTRIATUM	25.8	6 %	14 %	5.26
WULST	19.0	5 %	16 %	s.o.
ARCHISTRIATUM	6.7	2 %	19 %	s.o.

Lonchura oryzivora: 10 Tage

	Volumen mm^3	% Total	% Adult	Multip.
GESAMTGEHIRN	557	100 %	26 %	1.36
TELENCEPHALON	321	58 %	23 %	1.54
TECTUM	61.7	11 %	33 %	1.06
CEREBELLUM	54.1	10 %	25 %	1.64
VENTRIKEL	22.8	4 %	58 %	1.67
HIRNSTAMM	121	22 %	38 %	1.09
PALAEOSTRIATUM	42.5	8 %	25 %	1.36
NEOSTRIATUM	110.7	20 %	21 %	1.67
HYPERSTRIATUM	41.3	7 %	22 %	1.60
WULST	35.7	3 %	33 %	1.87
ARCHISTRIATUM	12.1	2 %	33 %	1.80

Lonchura oryzivora: 15 Tage

	Volumen mm^3	% Total	% Adult	Multip.
GESAMTGEHIRN	1723	100 %	82 %	3.09
TELENCEPHALON	1066	62 %	77 %	3.32
TECTUM	177	10 %	95 %	2.86
CEREBELLUM	184	11 %	85 %	3.40
VENTRIKEL	57.1	3 %	146 %	2.50
HIRNSTAMM	296	17 %	93 %	2.45
PALAEOSTRIATUM	132	8 %	77 %	3.11
NEOSTRIATUM	367	21 %	69 %	3.31
HYPERSTRIATUM	145	8 %	77 %	3.50
WULST	110	6 %	93 %	3.09
ARCHISTRIATUM	35	2 %	96 %	2.86

Lonchura oryzivora: Adult

	Volumen mm^3	% Total	% Adult	Multip.	Max.
GESAMTGEHIRN	2108	100 %	100 %	1.22	16.34
TELENCEPHALON	1386	66 %	100 %	1.30	28.54
TECTUM	186	9 %	100 %	1.05	5.87
CEREBELLUM	17	10 %	100 %	1.17	24.67
VENTRIKEL	39.1	2 %	100 %	0.68	7.50
HIRNSTAMM	319	15 %	100 %	1.07	9.19
PALAEOSTRIATUM	173	8 %	100 %	1.30	
NEOSTRIATUM	533	25 %	100 %	1.45	
HYPERSTRIATUM	188	9 %	100 %	1.30	
WULST	119	6 %	100 %	1.07	
ARCHISTRIATUM	6.2	2 %	100 %	1.04	

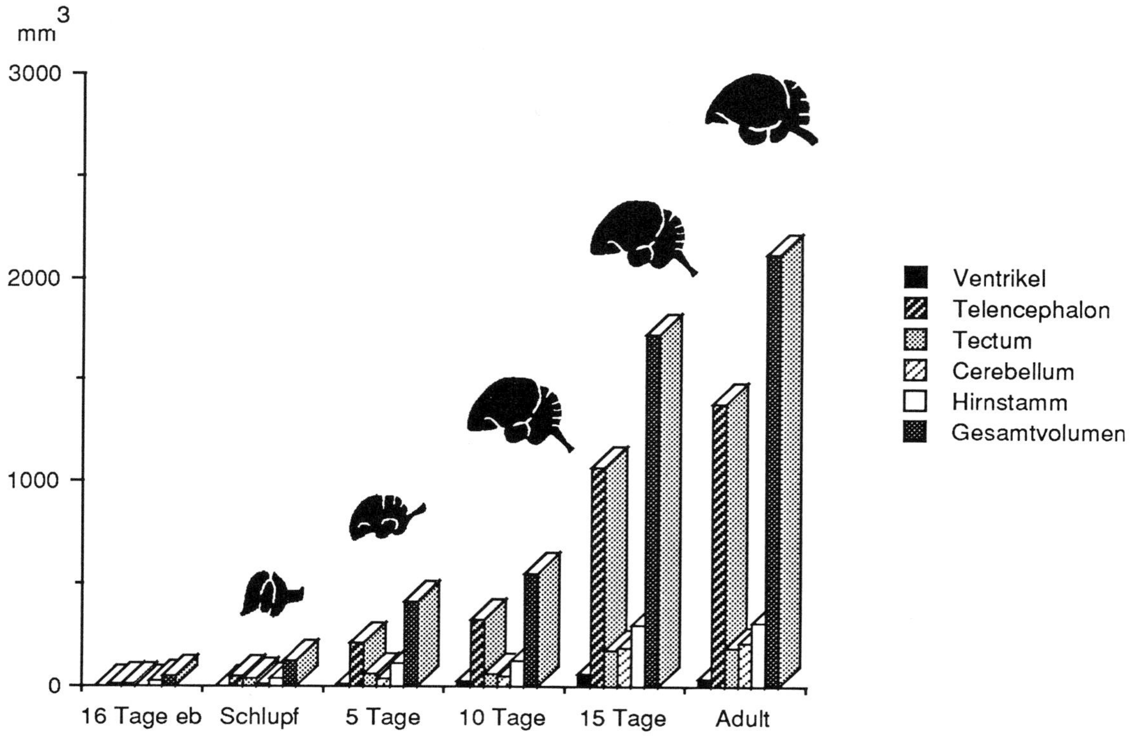

Abb. 198 A.

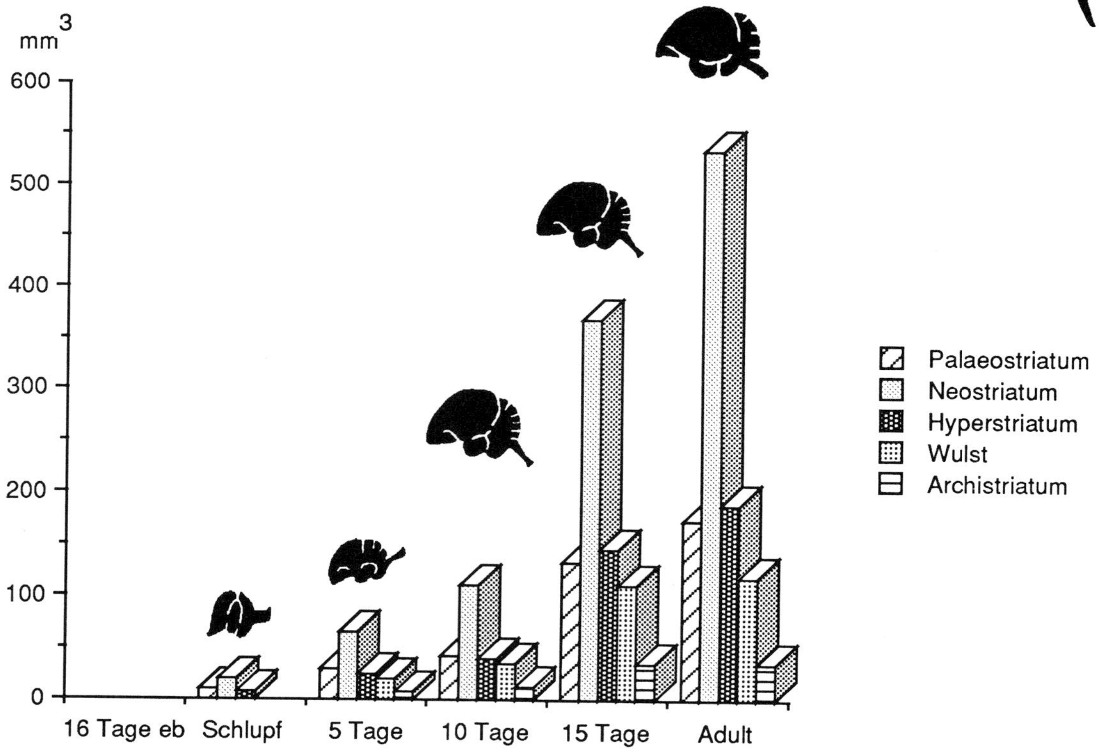

Abb. 198 B.

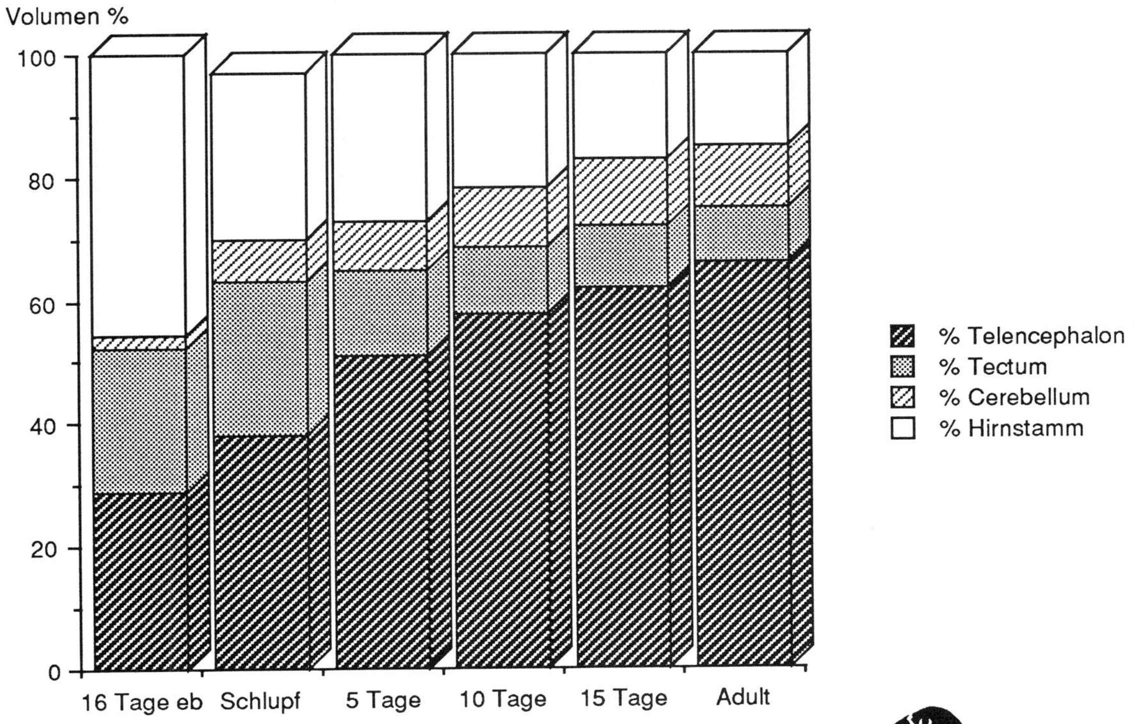

Abb. 198 C.

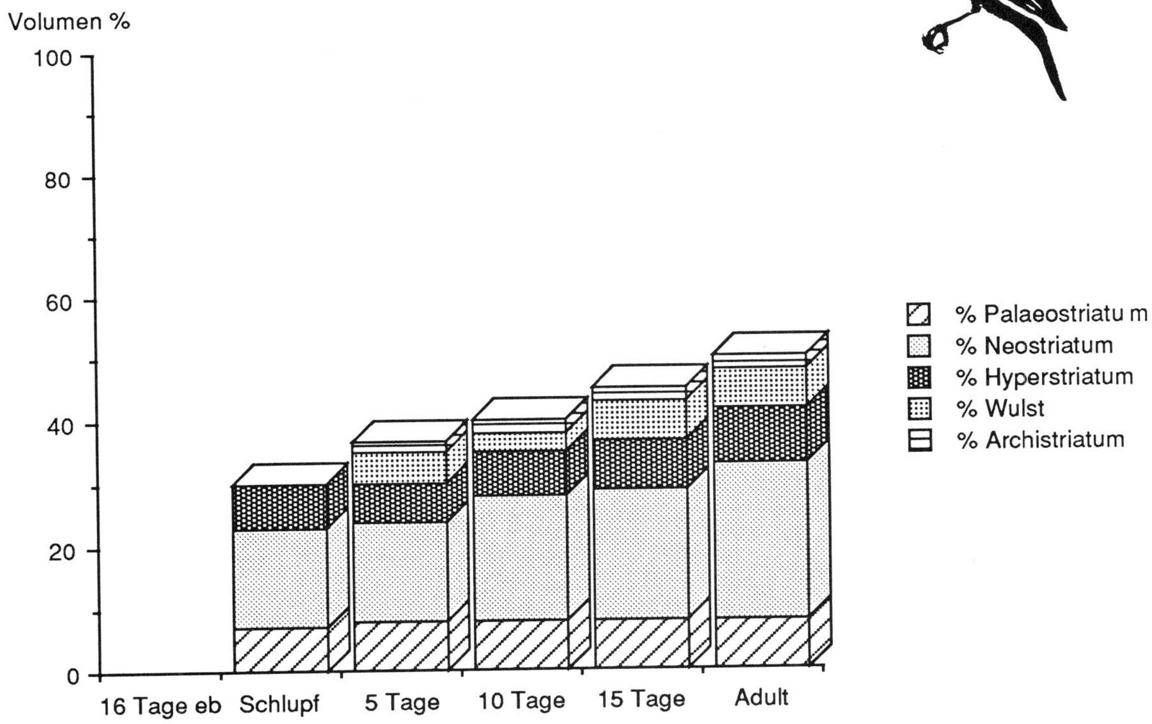

Abb. 198 D.

Abb.198 *Lonchura oryzivora*, A) Absolute Hirnvolumina, B) Absolute Volumina der striatalen Areale. - Schemazeichnung der Gehirne in natürlicher Größe, C) Relative Hirnvolumina, D) Relative Volumina der striatalen Areale

F) Morphometrie des Gehirnes von *Columba livia*

1) Morphometrie des Gehirnes eines adulten Tieres

Das Gehirnvolumen einer ausgewachsenen Taube (Tab.14; Abb.199) beträgt 2873 mm^3. Das Telencephalon nimmt davon 1294 mm^3 ein, welches einem Anteil von 46% entspricht. Unter den hier untersuchten Arten ist dies der geringste Anteil, den das Telencephalon am Gesamt-Gehirnvolumen einnimmt.

Für die striatalen Areale stehen keine eigenen Messwerte zur Verfügung. Aus REHKÄMPER et al.(1988) können Daten für das Neostriatum (503 mm^3) und das Palaeostriatum (160 mm^3) entnommen werden. Es ergibt sich für das Neostriatum ein Anteil am Gesamtgehirn-Volumen von 18%, für den palaeostriatalen Komplex von 6%. Angaben über das Archistriatum finden sich bei EBINGER et al.(1984), die ein Volumen von 53 mm^3 nennen. Dies entspricht 2% des Gesamtvolumens.

Das Tectum nimmt mit 430 mm^3 einen relativen Anteil von 15% des Gesamtgehirnes ein; das Cerebellum umfaßt mit 484 mm^3 15% des Gesamt-Gehirnvolumens. Dieser hohe Volumenanteil des Cerebellum weicht im Vergleich zu den anderen untersuchten Arten, bei denen zwischen 9% und 11% gemessen wurden weit ab.

Der Hirnstamm einer adulten Taube besitzt ein Volumen von 665 mm^3, was einem Anteil von 23% am Gesamt-Gehirnvolumen entspricht.

2) Morphometrie des Gehirnes eines Taubenschlüpflings

Das Gehirn eines Schlüpflings der Haustaube hat ein Gesamtvolumen von 448 mm^3 (Tab.14; Abb.199). Dies entspricht 16% des Hirnvolumens eines ausgewachsenen Tieres. Das Telencephalon umfaßt mit 174 mm^3 den größten Anteil des Schlüpflings-Gehirnvolumens, nämlich 39%. Mit 13 % des Adultvolumens ist es beim Schlupf in absoluten und in relativen Werten genauso groß wie beim Laufhühnchen-Schlüpfling. Sein Volumen gliedert sich mit 22.9 mm^3 für den palaeostriatalen Komplex, 49.0 mm^3 für das Neostriatum und 32.6 mm^3 für das Hyperstriatum ventrale auf. Das Volumen des Archistriatum umfaßt 7.4 mm^3, das des Wulstes 14.8 mm^3. Der Anteil des Wulstes liegt bei 3%, der des Archistriatum bei 2% vom Gesamt-Gehirnvolumen der Schlüpflinge.

Das Tectum besitzt mit 80 mm^3 einen Anteil von 18% und das Cerebellum mit 45.1 mm^3 von 10%.

Der Hirnstamm nimmt mit 148 mm^3 ein relatives Volumen von 33% des Schlüpflings-Gehirnes ein. Dieses Volumen entspricht 22% seines Adultvolumens. Damit ist Hirnstamm des Schlüpflings in Bezug auf sein Adultvolumen das am weitesten entwickelte Hirngebiet.

3) Morphometrie des Gehirnes eines 5 Tage alten Nestlings

Bei einem 5 Tage alten Nestling (Tab.14; Abb.199) ist das Gesamtgehirn um den Faktor 3.69 auf ein Volumen von 1654 mm^3 angewachsen und besitzt damit schon mehr als die Hälfte seines Adultvolumens (57%). In der gleichen Zeit wächst das Telencephalon auf 737 mm^3 an und nimmt einen Anteil von 45% des Nestlingsgehirnes ein. Der palaeostriatale Komplex mit 116 mm^3 und das Neostriatum mit 259 mm^3 sind auf das 5-fache ihres Volumens im Schlüpflings-Gehirn angewachsen. Das Wachstum des Hyperstriatum ventrale auf 150 mm^3 (Faktor 4.6), des Archistriatum auf 32.6 mm^3 (Faktor 4.4.) und des Wulstes auf 71.4 mm^3 (Faktor 4.8) liegt nur gering unter dem des Neostriatum.

Stärker wächst das Kleinhirn, das auf 274 mm^3, oder das 6-fache seines Volumens im Schlüpflings-Gehirn anwächst. Mit 17% liegt sein Anteil am Gesamtgehirn weit über dem aller anderen untersuchten Arten.

Das Tectum wächst auf 233 mm^3 (Faktor 3). Sein Volumenanteil fällt aufgrund der geringen Volumenzunahme von 18% auf 14% ab.

Der Hirnstamm nimmt beim 5 Tage alten Nestling ein Volumen von 410 mm^3 ein. Gegenüber dem Hirnstamm des Schlüpflings hat sein Volumen nur um den Faktor 2.7 zugenommen. Im Vergleich mit den anderen vermessenen Hirngebieten ist dies der geringste Volumenzuwachs im gesamten Gehirn. Der Anteil des Hirnstammes am Gesamtgehirn ist daher von 33% des Schlüpflings-Gehirnvolumens auf 25% des Gehirnvolumens beim 5 Tage alten Nestling gesunken.

Das starke Wachstum des Taubengehirnes kann in den ersten fünf Nestlingstagen auf Zellproliferation, Zellwachstum und Faserwachstum zurückgeführt werden. Nach fünf Tagen verlieren die periventrikulären Proliferationszonen ihre Aktivität. Das Faserwachstum und die Myelinisierung bestimmen dann alleine die Volumenzunahme des Gehirnes.

4) Morphometrie des Gehirnes eines 10 Tage alten Nestlings

Zwischen dem 5. und 10. Tag der Nestlingszeit wächst das Volumen des Gesamtgehirnes auf 2454 mm^3 an (Tab.14; Abb.199). Sein Wachstum (Faktor 1.5) ist im Vergleich zu dem ersten Intervall deutlich verringert. Das Telencephalon besitzt mit 1119 mm^3 einen relativen Anteil von 46% am Gesamtgehirn. Die striatalen Areale haben ihr Volumen im gleichen Maße (Faktor 1.3 bis 1.5) wie das Gesamtgehirn vergrößert. Das Volumen des Neostriatum ist auf 399 mm^3 vergrößert und sein Anteil auf 16% des Gesamtvolumens erhöht.

Das Tectum ist auf 305 mm^3 gewachsen; sein Wachstum ist mit dem Faktor 1.3 etwas geringer als im Telencephalon, was dem Rückgang seines Anteiles auf 12% entspricht. Das Volumen des Kleinhirns macht mit 456 mm^3 19% des Gesamtgehirn-Volumens aus.

Der Hirnstamm ist um den Faktor 1.4 auf ein Volumen von 575 mm^3 gewachsen. Dieses Wachstum ist etwas geringer als das Wachstum der übrigen Hirngebiete, sodaß der Anteil des Hirnstammes auf 23% des Gesamt-Gehirnvolumens absinkt; beim 10 Tage alten Nestling entspricht das Volumen des Hirnstammes 94% seines Adultvolumens. - Zwischen dem 5. und dem 10. Nestlingstag ist eine sehr starke Entwicklung der Myelinscheiden im Hirnstamm zu erkennen, die vor allem zu dieser Volumenzunahme beiträgt

5) Gesamtwachstum des Gehirnes

Das Gehirn der Taube vermehrt sein Volumen vom Schlüpfling bis zum Adulttier um den Faktor 6.4 (Tab.14,16; Abb.199). Wie bei den anderen Arten ist die Volumenzunahme des Telencephalon am höchsten; sie liegt mit einer Vermehrung auf das 7-fache Volumen zwar auch über der des Gesamtgehirnes, insgesamt jedoch deutlich unter der Volumenzunahme des Telencephalon beim Wellensittich (21.2) oder beim Reisfink (28.5).

Im Telencephalon wächst wiederum das Neostriatum am stärksten mit einer Vermehrung des Volumens auf das 10-fache des Arealvolumens beim Schlüpfling. Palaeostriatum (Vermehrungsfaktor 6.9) und Archistriatum (Vermehrungsfaktor 7.1) wachsen im gleichen Maße wie das gesamte Telencephalon.

Das Cerebellum wächst auf das 10-fache des Schlüpflings-Gehirnvolumens an. Die Ähnlichkeit des Gesamtwachstums von Neostriatum und Cerebellum zeigte sich schon bei den anderen Arten.

Das Tectum opticum vermehrt sein Volumen vom Schlupf bis zum Adultus auf den 3.5-fachen Wert.

Der Hirnstamm zeigt mit einem Vermehrungsfaktor von 4.4 das geringste Wachstum vom Schlupf bis zum Adultus. Dies beruht auf seiner weit fortgeschrittenen Volumenentfaltung im Schlüpflings-Gehirn, in dem er bereits 22% seines Adultvolumens einnimmt.

Die histologische Untersuchung zeigte, daß die Zellvermehrung beim Schlupf bereits bis auf kleine Reste von Proliferationsgebieten beendet ist. Zugleich sind in der Commissura anterior und dem Tractus occipito-mesencephalicus schon myelinisierte Fasern zu finden. Das Wachstum des Gehirnes beruht im Wesentlichen auf der fortschreitenden Myelinisierung der Fasern. Nach 10 Tagen Nestlingszeit ist ein zytologischer Differenzierungszustand erreicht, der weitgehend dem Adulttier entspricht. In diesem Alter hat das Volumen des Gesamtgehirnes bereits 85% des Adultvolumens erreicht. Frühe zytologische Ausreifung, schnelle Volumenentwicklung und schnelles Wachstum zeichnen die postnatale Gehirnentwicklung der Taube aus.

Tabelle 14

HIRNVOLUMINA

***Columba livia*: Schlupf**

	Volumen mm^3	% Total	% Adult	Multip.
GESAMTGEHIRN	448	100 %	16 %	-
TELENCEPHALON	174	39 %	13 %	-
TECTUM	80	18 %	19 %	-
CEREBELLUM	45.1	10 %	9 %	-
VENTRIKEL	28.1	6 %		-
HIRNSTAMM	149	33 %	22 %	-
PALAEOSTRIATUM	22.9	5 %	14 %	-
NEOSTRIATUM	49.0	11 %	10 %	-
HYPERSTRIATUM	32.6	7 %		-
WULST	14.8	3 %		-
ARCHISTRIATUM	7.4	2 %	17 %	-

***Columba livia*: 5 Tage**

	Volumen mm^3	% Total	% Adult	Multip.
GESAMTGEHIRN	1654	100 %	57 %	3.69
TELENCEPHALON	737	45 %	57 %	4.24
TECTUM	233	14 %	54 %	2.91
CEREBELLUM	274	17 %	57 %	6.07
VENTRIKEL	89.6	5 %		3.18
HIRNSTAMM	410	25 %	54 %	2.74
PALAEOSTRIATUM	116	7 %	72 %	5.07
NEOSTRIATUM	259	16 %	51 %	5.28
HYPERSTRIATUM	150	9 %		4.60
WULST	71.4	4 %		4.83
ARCHISTRIATUM	32.6	2 %	61 %	4.42

***Columba livia*: 10 Tage**

	Volumen mm^3	% Total	% Adult	Multip.
GESAMTGEHIRN	2454	100 %	85 %	1.48
TELENCEPHALON	1119	46 %	86 %	1.51
TECTUM	306	12 %	71 %	1.30
CEREBELLUM	456	19 %	94 %	1.66
VENTRIKEL	215	9 %		2.40
HIRNSTAMM	575	23 %	86 %	1.40
PALAEOSTRIATUM	132	5 %	82 %	1.13
NEOSTRIATUM	399	16 %	79 %	1.53
HYPERSTRIATUM	214	9 %		1.42
WULST	97.5	4 %		1.36
ARCHISTRIATUM	43.0	2 %	81 %	1.31

***Columba livia*: Adult**

	Volumen mm^3	% Total	% Adult	Multip.	Max.
GESAMTGEHIRN	2873	100 %	100 %	1.81	6.41
TELENCEPHALON	1294	45 %	100 %	2.48	7.43
TECTUM	430	30 %	100 %	1.40	5.37
CEREBELLUM	484	15 %	100 %	1.06	10.75
VENTRIKEL					
HIRNSTAMM	665	23 %	100 %	1.31	4.46
PALAEOSTRIATUM	160 (*)	6 %	100 %	1.21	6.98
NEOSTRIATUM	503 (*)	18 %	100 %	1.26	10.26
ARCHISTRIATUM	53 (**)	2 %	100 %	1.23	7.16

* Werte aus REHKÄMPER et al.(1988)

** Werte aus EBINGER et al.(1984)

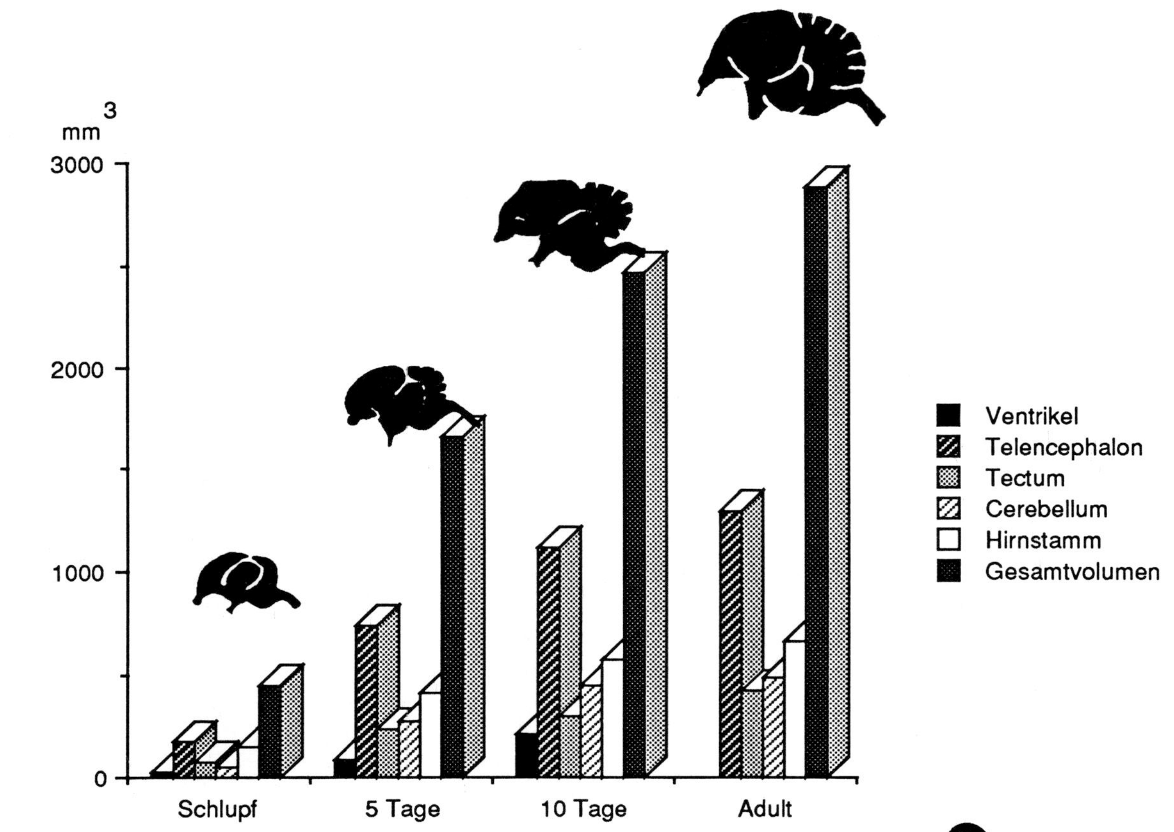

Abb. 199 A.

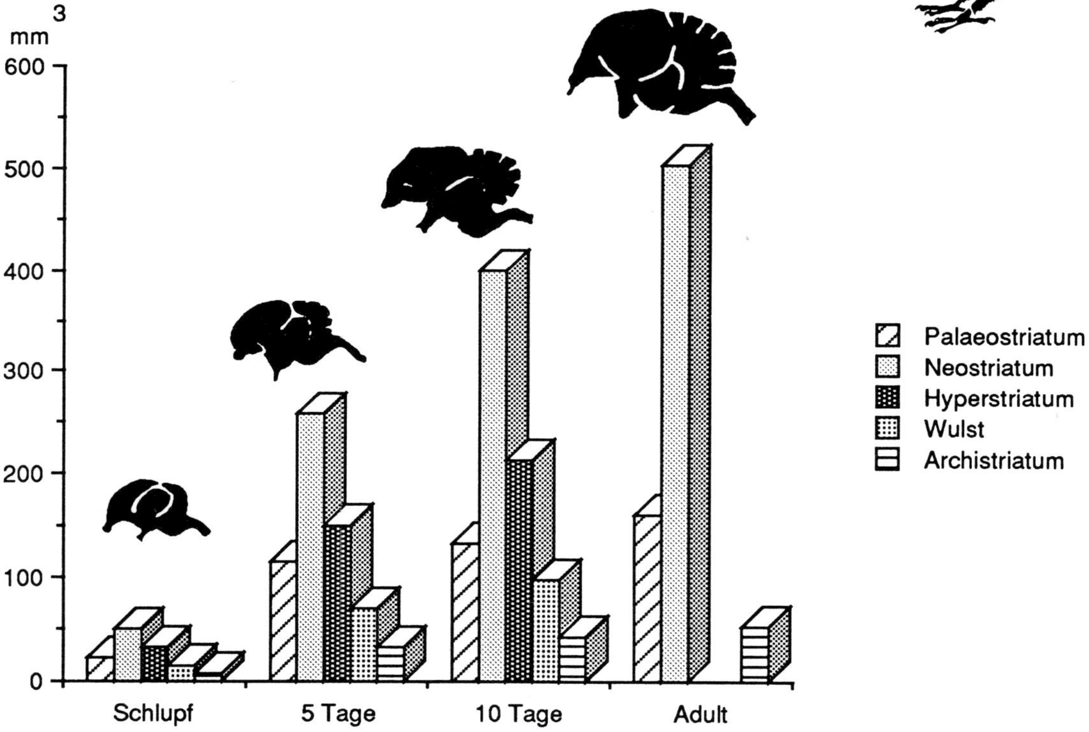

Abb. 199 B.

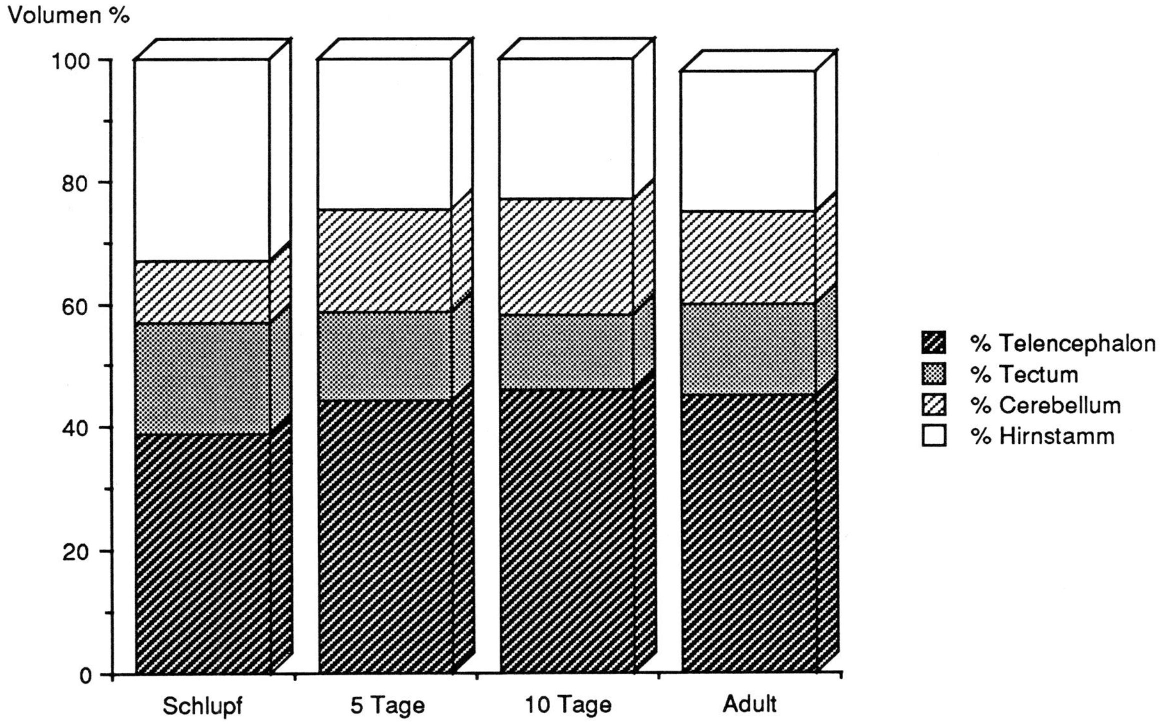

Abb. 199 C.

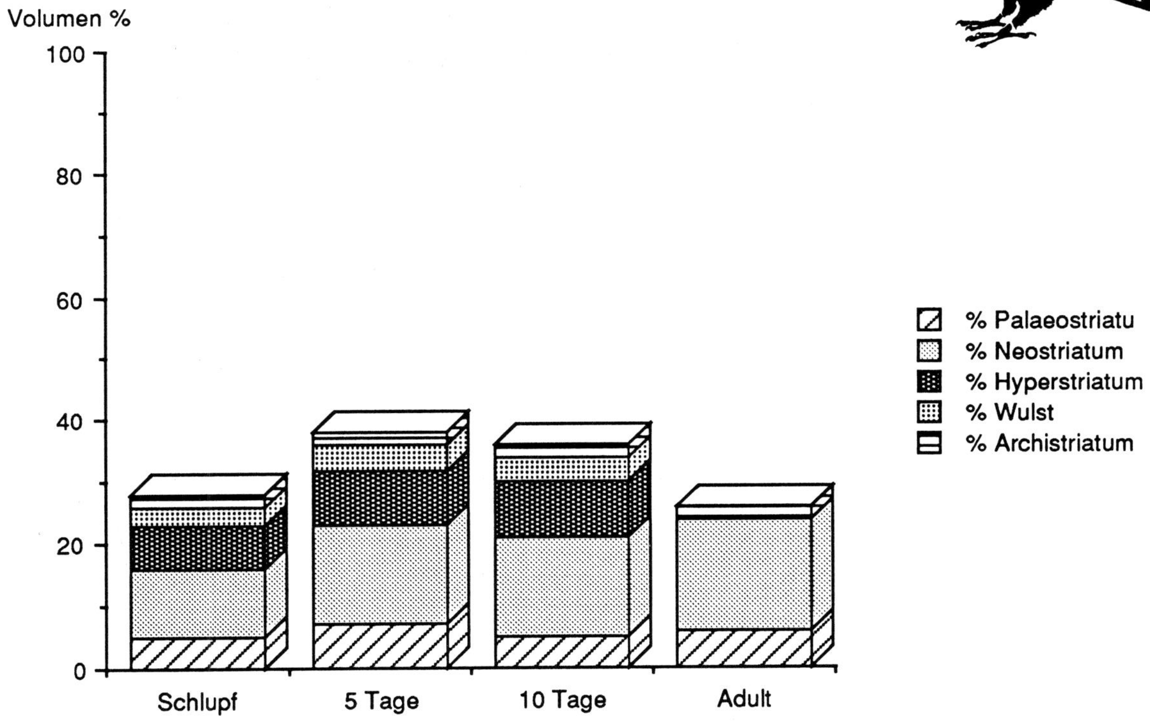

Abb. 199 D.

Abb.199 *Columba livia*, A) Absolute Hirnvolumina, B) Absolute Volumina der striatalen Areale. - Schemazeichnung der Gehirne in natürlicher Größe, C) Relative Hirnvolumina, D) Relative Hirnvolumina der striatalen Areale

VII.4 Allometrische Beziehungen zwischen Hirngewicht und Körpergewicht

A) Allgemeine Allometriegleichung

Die Beziehung zwischen Hirngröße und Körpergewicht besitzt in der Literatur einen großen Stellenwert für die Bestimmung der Entwicklungshöhe des Gehirnes. Die Bedeutung dieser Relation für die Beurteilung der Evolution der Ontogeneseform bei Vögeln wurde von PORTMANN et al.(1940-1962), SUTTER (1943,1946) sowie KOCHER (1948) untersucht. Dazu wurden bei zahlreichen Vogelarten Hirngewicht und Körpergewicht bestimmt und in Bezug zur Ontogeneseform gesetzt. Diese Werte wurden von BENNETT & HARVEY (1985a,b) unter Berücksichtigung ökologischer Daten und der Korrelation zu Stoffwechselraten erneut aufgegriffen.

In dieser Arbeit wurden nur Volumendaten an den untersuchten Gehirnen gewonnen. Da das spezifische Gewicht von Hirngewebe 1.03 g beträgt (STEPHAN 1960; eigene Messungen), lassen sich diese Volumendaten problemlos mit den Gewichtdaten aus der Literatur vergleichen.

Das Hirngewicht steht zur Körpermasse in einer allometrischen Beziehung, die für adulte Vögel den Logarithmus des Hirngewichtes in eine lineare Korrelation zum Logarithmus des Körpergewichtes stellt. Sie wurde zuletzt von BENNETT & HARVEY (1985) anhand PORTMANNscher Daten ausführlich diskutiert. Nach den Untersuchungen von BAUCHOT (1978) kann mit hinreichender Genauigkeit die klassische Allometrieformel angewendet werden, solange das Größenspektrum des Körpergewichtes die Größenordnung von 4 Potenzen nicht übersteigt. Abb.200 stellt diese allometrische Beziehung auf der Basis der von CRILE & QUIRING (1940) gemessenen Werte dar.

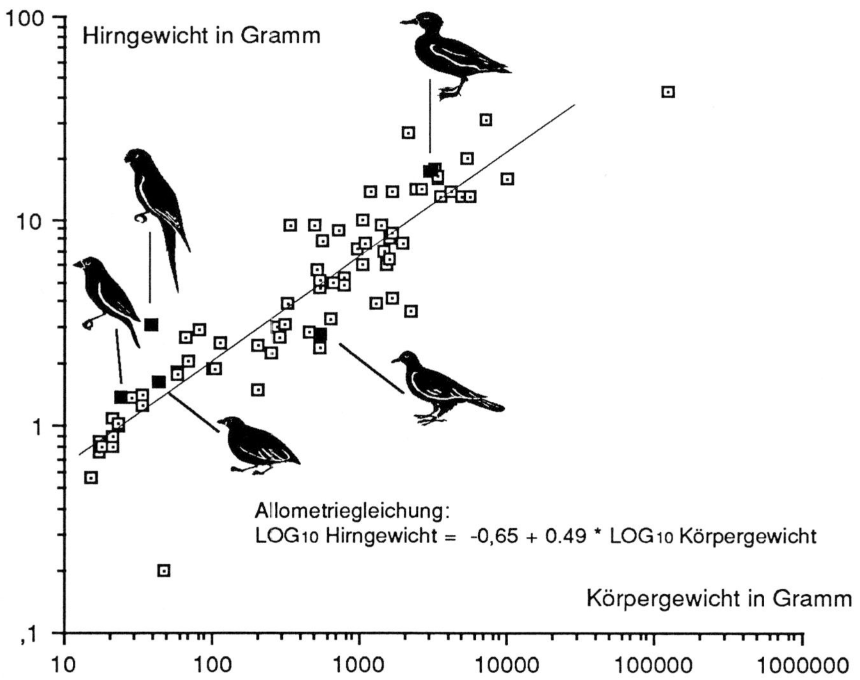

Abb.200. Allometriegerade der Beziehung Hirngewicht zu Körpergewicht bei 70 Vogelarten. Die Berechnung der Geraden erfolgte anhand der Daten aus CRILE & QUIRING (1940). - Der Logarithmus des Hirngewichtes ist negativ allometrisch mit dem Logarithmus des Körpergewichtes korreliert.

Der Logarithmus des Hirngewichtes ausgewachsener Vögel ist nach der Gleichung:

LOG10 Hirngewicht= -0.65 + 0.49 * LOG10 Körpergewicht

mit dem Logarithmus des Körpergewichtes korreliert. Die Steigung von 0.49 besagt, daß bei einer Verzehnfachung des Körpergewichtes das Hirngewicht verdoppelt wird. Je schwerer ein Vogel ist, desto geringer ist der Anteil des Gehirnes am Körpergewicht. Diese Allometrieformel stellt unabhängig von systematischen Beziehungen eine Grundbeziehung für alle Vögel fest. Innerhalb dieser grundlegenden Gewichtkorrelation wird das Verhältnis der Hirngröße zum Körpergewicht von mehreren Parametern wie Differenzierungshöhe des Gehirnes, Wachstumsgeschwindigkeit und Ontogeneseform abgewandelt.

Für einen Vogel von 23g Körpergewicht (Reisfink) wird nach der generellen Allometrieformel ein Gehirngewicht von 1.04g berechnet. Für 42g Körpergewicht (Wellensittich) ist ein Hirngewicht von 1.4g zu erwarten und für 55g Körpergewicht (Laufhühnchen) ein Hirngewicht von 1.6g. Für einen Vogel von 450g Körpergewicht (Taube) wird ein Gehirn von 4.5g und für 3000g Körpergewicht (Moschus-Ente) von 11.7g berechnet. Die gemessenen und die berechneten Werte weichen teilweise weit voneinander ab. Während das Hirngewicht der Taube von 2.96g unter dem berechneten Wert liegt, besitzen das Laufhühnchen mit 2.46g Gehirngewicht, die Moschus-Ente mit 17.79g, der Wellensittich mit 3.25g und der Reisfink mit 2.17g deutlich schwerere Gehirne als nach der generellen Allometrieformel zu erwarten ist.

Der Abstand des gemessenen Werten von der generellen Allometriegeraden gibt einen Anhaltspunkt für den Anteil an der Größenentwicklung des Gehirnes, der vom Körpergewicht unabhängig ist. Beim Wellensittich übertrifft das tatsächlich gemessene Gewicht das berechnete Gewicht um mehr als das Doppelte (233%); beim Reisfink ist es doppelt so groß (209%), wie nach der Allometrieformel berechnet. Diese überdurchschnittlichen Hirnvolumina gewinnen im Zusammenhang mit der differenzierten zytologischen und faserarchitektonischen Ausgestaltung des Gehirnes bei diesen beiden Arten Bedeutung als Ausdruck einer hohen Cerebralisation. Diese Cerebralisation beruht, wie der Vergleich der Volumina der Großhirnareale in Kapitel VII.3 zeigt, auf der Volumenentfaltung jeweils unterschiedlicher Hirnareale.

Das Gehirn des Laufhühnchen besitzt mit einem Gewicht von 2.45g 154% des allometrisch erwarteten Gewichtes von 1.6g. Diese Größe läßt sich nur schwer mit der bisherigen Interpretation der Differenzierungshöhe des Laufhühnchen-Gehirnes in Einklang bringen. Das Gehirn der Laufhühnchen ist neben dem der Taube das am einfachsten organisierte Gehirn unter den hier untersuchten Arten. Die relative Größe des Laufhühnchen-Gehirnes kann nur als Folge der Verzwergung der Laufhühnchen verstanden werden, die zu einer Steigerung der Hirngröße geführt hat, die die allometrisch erwartete noch weit übertrifft. Für eine Absicherung dieser Interpretation wären jedoch umfangreiche Messungen der Hirngewichte von Vögeln aus der Gruppe der Gruiformes nötig. Die Einstufung des Laufhühnchens als Zwergform innerhalb der Gruiformes ergibt sich außer von diesen Hirngrößendaten, vor allem durch die ontogenetischen Wachstumsdaten (Kapitel III.3): so gilt die Wachstumskurve des Gesamt-Körpergewichtes der Laufhühnchen und ihre für Vertreter der Gruiformes hohe Wachstumskonstante von 0.027 in einem allometrischen Vergleich mit den Wachstumskonstanten größerer Vertreter der Gruiformes und der Galliformes als deutlicher Hinweis auf die Verzwergung der Laufhühnchen (Abb.2).

Das Hirngewicht der Moschus-Ente übertrifft mit 17.8g das aus der Allometrieformel errechnete Gewicht von 11.7g um 152%. Während sich beim Laufhühnchen, dessen Hirngewicht um den gleichen relativen Betrag über dem allometrisch berechneten Gewicht liegt, keines der Hirnareale durch eine besondere Volumenentfaltung oder besondere zytologische Differenzierung auszeichnet und sich die Abweichung seines Hirngewichtes von der Allometriegeraden mit dem durch die Verzwergung geänderten Verhältnis von Hirngröße zu Körpergewicht begründen ließ, sind bei der Moschus-Ente der Nucleus basalis und der Wulst mächtig entfaltet und tragen wesentlich zur Größenentwicklung des Gehirnes bei.

Das Gehirn des Wellensittichs übertrifft mit einem Gewicht von 3.25g das allometrisch berechnete Gewicht von 1.4g um 233%. Diese starke Größenentfaltung des Gehirnes beruht, wie in den vorangehenden Kapiteln gezeigt wurde, vor allem auf der Volumenentfaltung von Neostriatum und Archistriatum. Die überdurchschnittliche Entfaltung dieser beiden striatalen Areale, die hier direkt über die

Volumenmessungen nachgewiesen wurde, führt zu dem mächtigen Ausbau und der komplexen Verknüpfung ihrer afferenten und efferenten Faserbahnen in der palaeostriatalen Faserkapsel.

Beim Reisfink übertrifft das tatsächliche Hirngewicht von 2.17g das allometrisch berechnete von 1.04g um 209%. Auch hier kann die Abweichung von der Allometriegeraden mit der überdurchschnittlichen Volumenentfaltung zweier striataler Areale, des Hyperstriatum ventrale und des Wulstes, erklärt werden. Entsprechend dieser Volumenvergrößerung der Kerngebiete sind auch ihre Faserverbindungen in der Lamina hyperstriatica und dem Tractus septo-mesencephalicus mächtig entwickelt.

Das Hirngewicht der Taube liegt mit 2.9g deutlich unter dem allometrisch errechneten Wert von 4.5g. Die einfache Organisation des Gehirnes passt zu diesem Befund. Die Lage des Wertes bei nur 65% des errechneten Wertes kann vielleicht durch die überproportionale Entwicklung der Flugmuskulatur erklärt werden, die bei den Brieftauben über 30% des Gesamtkörpergewichtes ausmacht. Eine weitergehende Interpretation ist auf der Basis der vorliegenden Daten aber heute noch nicht möglich.

B) Wachstums-Allometrien des Gehirnes

Die Analyse der allometrischen Beziehungen zwischen Hirngewicht und Körpergewicht sagt etwas über die allgemeine Cerebralisation aus. Die Betrachtung einzelner Hirnabschnitte in ihren Größenrelationen kann darüber hinaus die spezielle Entwicklung bestimmter Hirnareale belegen. Diese Analyse kann noch wesentlich erweitert werden, wenn die Größenentwicklung der einzelnen Gehirnareale in der Ontogenese auf ihre allometrischen Beziehungen zum Körpergewicht untersucht wird.

Die Analyse der allometrischen Verhältnisse in der ontogenetischen Größenentwicklung des Hirngewichtes zum Körpergewicht und die Änderung dieser Allometrien, geben Informationen über das Maß des postnatalen Hirnwachstums und dessen zeitlichen Verlauf. Je steiler die Steigung der Allometrie-Geraden ist, umso proportional stärker wächst das Gehirn in Bezug auf die Zunahme des Körpergewichtes nach dem Schlupf. Die biologische Bedeutung dieser allometrische Beziehung muß jedoch im Zusammenhang mit dem Entwicklungszustand beim Schlupf diskutiert werden. So ist ein starkes postnatales Gehirnwachstum bei einem sehr kleinen Nesthockerjungen anders zu bewerten als bei einem sehr großen Nestflüchter, da es nicht automatisch eine starke quantitative Entfaltung des Gehirnes bedeutet. Ein flacher Kurvenverlauf läßt auch nicht automatisch auf eine geringe Volumenentfaltung des Gehirnes schließen, sondern muß zur gesamten Größenentwicklung des Gehirnes in Bezug gesetzt werden.

Werden bei der Analyse des Gehirnwachstums einzelne Gehirnregionen für sich analysiert, so ergibt sich daraus die Möglichkeit, ein vom Wachstum des übrigen Gehirnes abweichendes Größenwachstum einzelner Regionen zu beschreiben. Auf diese Art können auch Aussagen über ein bestimmtes zeitliches Verhalten dieses Wachstums, zum Beispiel ein später einsetzendes oder stark verlängertes Wachstum bestimmter Regionen getroffen werden.

Die Grunddaten der Zunahme des Körpergewichtes und des Hirnvolumens sind durch graphische Überlagerung der Kurven in den Abbildungen 201-205 dargestellt. Aus diesen Daten werden die Relationen Hirngewicht zu Körpergewicht für die einzelnen Altersstadien abgeleitet und durch Berechnung der linearen Regression als ontogenetische Wachstums-Allometrie dargestellt. Eine Geradensteigung von 1 entspricht isometrischem Wachstum von Gehirn und Körpergewicht.

1) Wachstums-Allometrie des Gehirnes bei *Turnix suscitator*

Das Verhältnis von Hirngewicht zu Körpergewicht frisch geschlüpfter *Turnix*-Küken ist 1:8.8. Während der postnatalen Entwicklung steigt es zunächst auf einen Wert von 1:22 an und fällt dann aber wieder bis auf einen Wert von 1:18 beim Adulttier ab.

Das Gesamtgehirn vermehrt sein Volumen vom Schlüpfling bis zum ausgewachsenen Tier um das 5.7-fache. Mit einem Vermehrungsfaktor von 7.9 wächst das Telencephalon deutlich stärker als das Gesamtgehirn. Das Tectum wächst mit einem Vermehrungsfaktor von 4.14 leicht negativ allometrisch zum Gesamtgehirn. Das Cerebellum wächst in Bezug auf die Volumenzunahme des Gesamtgehirnes mit einem Vermehrungsfaktor von 5.8 praktisch isometrisch. Der Hirnstamm besitzt mit einem Vermehrungsfaktor von 3.51 das geringste Wachstum; er ist jedoch beim Schlupf schon volumetrisch weit entwickelt.

Der Verlauf der allometrischen Entwicklung des Gehirngewichtes und seiner Areale in Beziehung zum Wachstum des Körpergewichtes ist in Tabelle 15 und die Lage der Allometriegeraden in Abbildung 201 angegeben.

2) Wachstums-Allometrie des Gehirnes von *Cairina moschata*

Das Verhältnis von Hirngewicht zu Körpergewicht ist beim Schlupf 1:12, fällt aber schon nach 10 Tagen auf einen Wert von 1:30 ab und erreicht beim Adulttier 1:173.

Dem entspricht ein extrem flacher Verlauf des postnatalen Wachstums des Gehirnes (Abb.202). Das Volumen des Gesamtgehirnes wächst zwischen Schlüpfling und adultem Tier um den Faktor 3.45 und folgt, bezogen auf das Körpergewicht, einer Geraden mit der Steigung 0.03. Nur das Telencephalon verzeichnet mit einer Volumenvermehrung von 3.91 ein geringfügig stärkeres Wachstum als das Gesamtgehirn. In Bezug auf das Wachstum des Körpergewichtes folgt das Telencephalon einer Allometrie-Geraden mit einer Steigung von 0.02. Das Tectum besitzt schon zum Zeitpunkt des Schlupfes 85% seines Adultvolumens; sein Wachstum ist kaum mehr messbar. Cerebellum und Hirnstamm vermehren ihr Volumen jeweils um das 3.28-fache, wachsen also weitgehend in der gleichen Größenordnung wie das Gesamtgehirn. Ihr Wachstum in Bezug zum Körpergewicht folgt einer Geraden mit der Steigung von 0.004 für das Cerebellum und 0.007 für den Hirnstamm (Tab.15; Abb.202).

3) Wachstums-Allometrie des Gehirnes von *Melopsittacus undulatus*

Die Relation von Hirngewicht zu Körpergewicht liegt bei Wellensittich-Schlüpflingen bei 1:8.7. Durch die sehr schnelle Gewichtzunahme steigt das Verhältnis schon nach 5 Tagen auf einen Wert von 1:17 an. Bis zum Adulttier fällt der Wert dann wieder langsam auf 1:12 ab.

Das Gesamtgehirn vermehrt sein Volumen während der postembryonalen Entwicklung auf das 15-fache des Volumens eines Schlüpflings-Gehirnes. Die Wachstums-Allometrie des Gesamtgehirnes zum Körpergewicht verläuft nach einer steilen Geraden mit der Steigung 0.8.

Das stärkste Wachstum ist im Telencephalon und den striatalen Arealen festzustellen, wo der palaeostriatale Komplex auf das 20-fache, Neostriatum auf das 28-fache und das Hyperstriatum ventrale auf das 17-fache wachsen. Dieser Volumenvermehrung entsprechen Kurvenanstiege von 0.08 für das allometrische Wachstum des Palaeostriatum, 0.19 für das Neostriatum und 0.11 für das Hyperstriatum ventrale. Der Wulst vermehrt das Volumen, das er im Schlüpflingsgehirn einnimmt, um das 8.56-fache, während das Archistriatum eine stärkere Volumenentfaltung durchläuft als alle anderen Hirnareale und sein Volumen um das 31.04-fache vermehrt. Das Hauptwachstum des Archistriatum findet erst nach dem 10. Tag statt, in einer Entwicklungsphase, in der das Wachstum des Gesamtgehirnes und auch des Telencephalon schon abnimmt. Die ontogenetischen Allometriegeraden verlaufen für den Wulst mit einer Steigung von 0.02 und für das Archistriatum mit einer Steigung von 0.06, und verdeutlichen so auch in Bezug auf das Körpergewicht das unterschiedliche Wachstum der beiden Areale.

Das Tectum wächst am geringsten und vermehrt sein Volumen vom Schlupf bis zum Adult-Tier um den Faktor 7.3; dem entspricht, bezogen auf das Körpergewicht, eine Geradensteigung von 0.04.

Das Volumen des Cerebellum wächst mit einem Vermehrungsfaktor von 25.31 in einem ähnlichen Maße wie das Telencephalon; eine Wachstumsbeziehung, die in dieser Art bei allen Arten besteht. Aufgrund des absolut niedrigen Gewichtwertes des Cerebellum liegt die Wachstumsgerade bezogen auf das Körpergewicht mit einer Steigung von 0.08 erheblich niedriger.

Das Volumen des Hirnstammes, das beim Schlupf bereits weit entwickelt ist, wird bis zum adulten Tier um den Faktor 6.31 vermehrt. Sein Wachstum liegt damit bezogen auf das Gesamtwachstum des Gehirnes sehr niedrig (Tab.15; Abb.203).

4) Wachstums-Allometrie des Gehirnes von *Lonchura oryzivora*

Beim Reisfink findet man in der Volumenentwicklung analoge Verhältnisse zum Wellensittich. Der Bau des Gehirnes unterscheidet sich jedoch stark und die stärkste Volumenentfaltung betrifft ganz andere Hirnareale.

Der Quotient aus Hirngewicht zu Körpergewicht beträgt beim Schlupf 1:12. Infolge starker Zunahme des Körpergewichtes steigt er nach 5 Tagen auf 1:15 und nach 10 Tagen auf 1:23 an. Mit 15 Tagen fällt er wieder auf den Wert des Schlüpflings, der auch die Relation beim Adulttier beschreibt.

Mit einem Vermehrungsfaktor von 16.34 wächst das Volumen des Gesamtgehirnes etwas stärker als beim Wellensittich. Seine allometrische Beziehung zum Wachstum des Körpergewichtes besitzt mit einer Geradensteigung von 0.89 einen fast isometrischen Verlauf.

Die Volumenvermehrung des Telencephalon liegt mit dem Faktor von 28.54 deutlich über der des Wellensittichs. Die allometrische Beziehung zum Körpergewicht folgt einer Geraden mit der Steigung von 0.59. - Im Telencephalon des Schlüpflings sind noch nicht alle striatalen Areale ausdifferenziert. Aus diesem Grunde konnten nicht alle Areale getrennt vermessen werden, sodaß auch die Angabe von Vermehrungsfaktoren Neostriatum und Archistriatum einerseits sowie Hyperstriatum ventrale und Wulst andererseits zusammenfassen muß. Für das Neostriatum und das Archistriatum wurde eine Volumenvermehrung um den Faktor 27.76 berechnet, die damit der des Telencephalon gleicht. Hyperstriatum und Wulst wachsen zusammen bis zum ausgewachsenen Tier auf das 36.17-fache ihres Arealvolumens im Schlüpflingsgehirn an. Die Volumenvermehrung des Palaeostriatum ist mit dem Faktor 5.56 sehr niedrig. Hier muß jedoch berücksichtigt werden, daß bei der Vermessung des Schlüpflings-Gehirnes sehr große Proliferationsgebiete mit erfassst wurden, sodaß eine Überschätzung des tatsächlichen Arealvolumens des Schlüpflings wahrscheinlich ist. Das Hauptwachstum und die größte Volumenentfaltung finden in anderen Arealen des Telencephalon statt als beim Wellensittich.

Das Tectum vermehrt sein Volumen um den Faktor 5.87 und wächst in Bezug auf das Gesamtgehirn stark negativ allometrisch. Sein allometrischen Wachstum im Vergleich zum Körpergewicht folgt einer Geraden mit der Steigung 0.07.

Das Cerebellum besitzt, wie auch bei den anderen untersuchten Arten, eine ähnliche Wachstumscharakteristik wie das Telencephalon. Es vermehrt sein Volumen vom Schlupf bis zum Adult-Tier um das 24.67-fache und kann in Relation zum Wachstum des Körpergewichtes anhand einer Geraden mit der Steigung 0.09 beschrieben werden.

Der Hirnstamm wächst stärker als bei den anderen untersuchten Arten auf das 9.19-fache seines Schlüpflingsvolumens an. Dies drückt sich in Bezug auf das Wachstum des Körpergewichtes in einer Geradensteigung von 0.12 aus (Tab.15; Abb.204).

5) Wachstums-Allometrie des Gehirnes von *Columba livia*

Die Relation von Hirngewicht zu Körpergewicht frisch geschlüpfter Tauben beträgt 1:55. Damit fallen die Werte für die Taube ganz aus dem Rahmen der bisher besprochenen Daten. Der Unterschied zwischen

Hirngewicht und Körpergewicht wird in den ersten Nestlingstagen sehr schnell größer und hat 10 Tage nach dem Schlupf, wenn bereits ein Großteil des Hirnwachstums und des Körperwachstums beendet ist, ein Verhältnis von 1:124 erreicht. Beim ausgewachsenen Tier beträgt das Verhältnis Hirngewicht zu Körpergewicht 1:156 und liegt damit in einem ähnlichen Größenbereich wie bei der Moschus-Ente.

Das Wachstum des Gesamtgehirnes ist mit einem Vermehrungsfaktor von 6.41 niedrig und eher mit dem des Laufhühnchens vergleichbar als mit dem des Wellensittichs oder Reisfinken. Durch den starken Anstieg des Körpergewichtes verläuft die ontogenetische Allometrie-Gerade für die Beziehung Hirngewicht zu Körpergewicht mit einer Steigung von 0.06 sehr flach.

Das postnatale Volumenwachstum des Telencephalon liegt mit einem Vermehrungsfaktor von 7.43 sogar geringfügig unter dem des Laufhühnchens (7.99); in Bezug auf das Körpergewicht besitzt es eine Geradensteigung von 0.03. - Für das Palaeostriatum wurde ein Vermehrungsfaktor von 4.46 berechnet, für das Neostriatum von 10.26 und für das Archistriatum von 7.16. Das Wachstum des Neostriatum verläuft damit positiv allometrisch zum Wachstum des Gesamtgehirnes. In Bezug auf das Körpergewicht folgt das Wachstum des Palaeostriatum einer Geraden mit einer Steigung von 0.03, das Neostriatum mit einer Steigung von 0.01.

Das Volumen des Tectum wächst vom Schlupf bis zum Adultus auf das 5.37-fache an. Es folgt einer ontogenetischen Allometrie zum Körpergewicht mit einer Geraden der Steigung 0.008.

Das Cerebellum der Tauben-Nestlinge nimmt bis zu 20% des Gesamt-Gehirnvolumens ein, während es bei den anderen untersuchten Arten über alle Altersstadien hinweg fast konstant 10% des Gesamt-Gehirnvolumens besitzt. Es zeigt ein ungewöhnlich starkes Volumenwachstum um den Faktor 10.75. Mit diesem starken Wachstum und seinem großen Anteil am Gesamtvolumen des Gehirnes unterschiedet sich die Taube von allen anderen untersuchten Arten. Die übermäßige Zunahme des Körpergewichtes nach dem Schlupf schafft in der Darstellung der ontogenetischen Allometrie ein verzerrtes Bild, da das Cerebellum in Bezug auf das Wachstum des Körpergewichtes nur mit einer Geradensteigung von 0.01 wächst.

Der Hirnstamm wächst auf das 4.46-fache seines Volumens im Schlüpflings-Gehirn an (Tab.15; Abb.205).

Tabelle 15

REGRESSION GEHIRNVOLUMEN ZU KÖRPERGEWICHT

Turnix suscitator

	Konstante	Steigung	Korrelation
GESAMTGEHIRN	1.42	0.51	0.98
TELENCEPHALON	0.24	0.30	0.99
TECTUM	0.39	0.07	0.99
CEREBELLUM	0.13	0.06	0.98
HIRNSTAMM	0.65	0.08	0.97

Cairina moschata

	Konstante	Steigung	Korrelation
GESAMTGEHIRN	53.06	0.03	0.99
TELENCEPHALON	32.21	0.02	0.99
TECTUM	4.91	0.0002	0.99
CEREBELLUM	6.49	0.004	0.99
HIRNSTAMM	9.44	0.007	0.99

Melopsittacus undulatus

	Konstante	Steigung	Korrelation
GESAMTGEHIRN	-0.99	0.79	0.99
TELENCEPHALON	-1.21	0.57	0.99
TECTUM	0.057	0.04	0.97
CEREBELLUM	-0.18	0.08	0.99
HIRNSTAMM	0.33	0.08	0.97
PALAEOSTRIATUM	-0.37	0.08	0.93
NEOSTRIATUM	-0.72	0.19	0.92
HYPERSTRIATUM	-0.27	0.11	0.86
WULST	0.001	0.02	0.75
ARCHISTRIATUM	-0.25	0.06	0.97

Lonchura oryzivora

	Konstante	Steigung	Korrelation
GESAMTGEHIRN	-1.87	0.89	0.95
TELENCEPHALON	-1.76	0.59	0.94
TECTUM	0.06	0.07	0.94
CEREBELLUM	-0.27	0.09	0.95
HIRNSTAMM	0.07	0.12	0.96
PALAEOSTRIATUM	-0.17	0.07	0.95
NEOSTRIATUM	-0.71	0.22	0.94
HYPERSTRIATUM	-0.24	0.08	0.94
WULST	-0.29	0.06	0.96
ARCHISTRIATUM	-0.07	0.02	0.96

Columba livia

	Konstante	Steigung	Korrelation
GESAMTGEHIRN	3.91	0.06	0.98
TELENCEPHALON	1.51	0.03	0.98
TECTUM	0.58	0.008	0.98
CEREBELLUM	0.44	0.01	0.95
VENTRIKEL			
HIRNSTAMM	1.37	0.01	0.98
PALAEOSTRIATUM	0.18	0.003	0.98
NEOSTRIATUM	0.33	0.01	0.99
HYPERSTRIATUM			
WULST			
ARCHISTRIATUM	0.06	0.001	0.99

Tabelle 16

Vermehrungsfaktoren des Gehirnes und seiner Areale bei den untersuchten Arten

	Turnix	*Cairina*	*Melopsittacus*	*Lonchura*	*Columba*
Körpergewicht Schlüpfling (g)	3.42 g	60 g	1.82 g	1.59 g	15 g
Körpergewicht Adult (g)	55 g	3000 g	42 g	24 g	450 g
Gewicht-Relation Schlupf : Adult	1:16	1:50	1:23	1:15	1:30
Gesamt-Hirnvolumen Schlüpfling (mm^3)	418	5000	209	129	448
Gesamt-Hirnvolumen Adult (mm^3)	2385	17273	3161	2107	2873
Gesamtgehirn-Volumen Schlupf : Adult	1:5.7	1:3.35	1:15.0	1:16.34	1:6.41
Telencephalon Schlupf : Adult	1:7.99	1:3.91	1:21.3	1:28.54	1:7.43
Telencephalon : Gesamtgehirn Schlupf	1:2.47	1:1.68	1:2.00	1:2.6	1:2.57
Telencephalon : Gesamtgehirn Adult	1:1.76	1:1.48	1:1.41	1:1.52	1:2.22
Tectum Schlupf : Adult	1:4.16	1:1.17	1:1.48	1:5.87	1:5.37
Tectum : Gesamtgehirn Schlupf	1:5.16	1:1.68	1:7.30	1:4.16	1:5.6
Tectum : Gesamtgehirn Adult	1:7.07	1:29.8	1:16.12	1:11.32	1:6.68
Cerebellum Schlupf : Adult	1:5.81	1:3.29	1:25.31	1:24.67	1:10.7
Cerebellum : Gesamtgehirn Schlupf	1:9.28	1:8.23	1:16.45	1:14.65	1:9.86
Cerebellum : Gesamtgehirn Adult	1:9.96	1:8.63	1:16.12	1:9.75	1:5.94
Hirnstamm Schlupf : Adult	1:3.51	1:3.28	1:6.31	1:9.19	1:4.46
Hirnstamm : Gesamtgehirn Schlupf	1:3.45	1:5.37	1:3.21	1:3.71	1:3.0

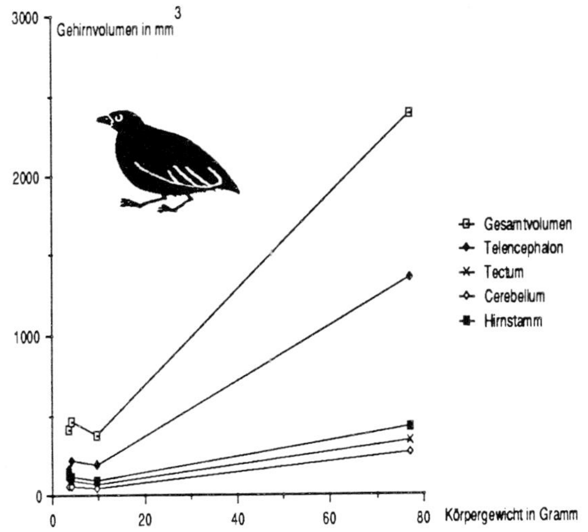

Abb. 201. *Turnix suscitator*
Ontogenetische Allometrie zwischen Körpergewicht und Gehirnvolumen

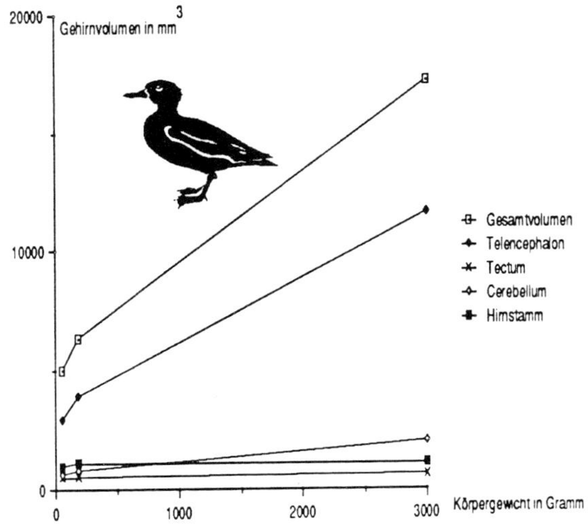

Abb. 202. *Cairina moschata*
Ontogenetische Allometrie zwischen Körpergewicht und Gehirnvolumen

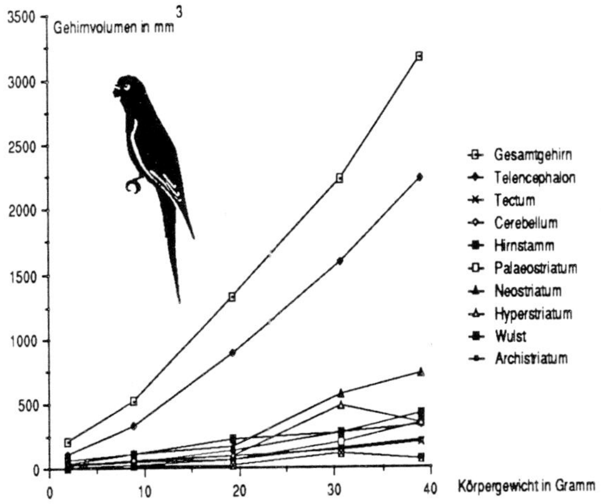

Abb. 203. *Melopsittacus undulatus*
Ontogenetische Allometrie zwischen Körpergewicht und Gehirnvolumen

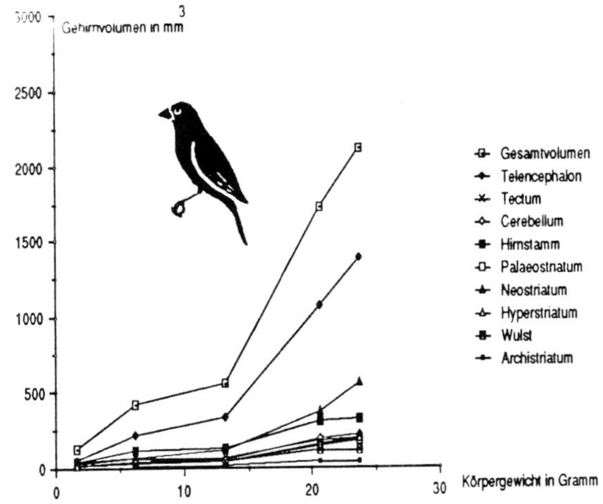

Abb. 204. *Lonchura oryzivora*
Ontogenetische Allometrie zwischen Körpergewicht und Gehirnvolumen

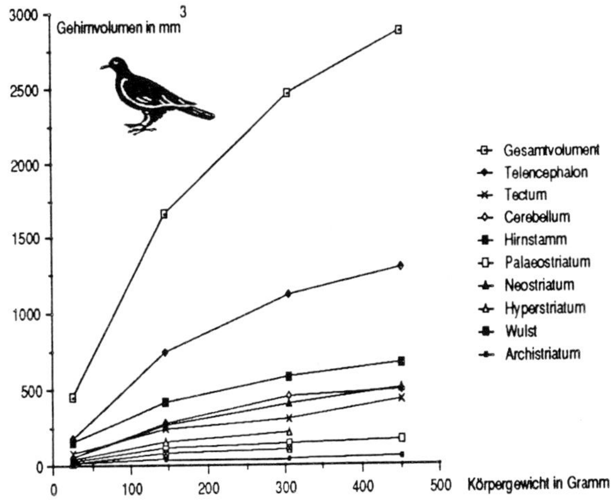

Abb. 205. *Columba livia f.dom.*
Ontogenetische Allometrie zwischen Körpergewicht und Gehirnvolumen

C) Zusammenfassung und Vergleich

1) Vergleichswerte aus der Literatur

Die am Gehirn des ausgewachsenen Wellensittichs gemessenen Volumina stimmen gut mit den Angaben von FRITZ (1949) überein, der die Endhirn-Hemisphären eines adulten Wellensittichs volumetrierte. Das von ihm gemessene Hemisphären-Volumen von 2178 mm^3 stimmt bei einem methodischen Fehler von 4% mit dem hier ermittelten Volumen von 2231 mm^3 überein. Seine Vermessung des Palaeostriatum ergibt mit 387 mm^3 ein ähnliches Resultat wie die hier vorgestellten Daten (336 mm^3). Die Berechnungen der übrigen striatalen Anteile können nicht nachvollzogen werden, da die Arealbegrenzungen nicht angegeben sind und die Zuordnung einzelner Gebiete unklar bleibt. Das hier ermittelten Wachstum des gesamten Telencephalon um den Faktor 21.1 wird von PORTMANN (1962) bestätigt, der einen Vermehrungsfaktor für die Hemisphären von 19.4 angibt.

In den Arbeiten von EBINGER et al.(1984) und REHKÄMPER et al.(1988) werden Gesamt-Gehirnvolumina und Arealvolumina domestizierter Tauben publiziert, die mit den hier gemessenen Werten recht gut übereinstimmen. Eine Abweichung in der Größenordnung von 10% des gemessenen Gesamtvolumens, bei unterschiedlichen Fixierungstechniken und Färbe-Vorgängen muß hier hingenommen werden.

2) Allgemeine Allometrie-Beziehungen

Das Laufhühnchen besitzt ein Gehirn, das einerseits sehr einfach organisiert ist, dessen Volumen andererseits deutlich größer ist, als nach der allgemeinen Gehirngrößen-Körpergrößenbeziehung für Vögel zu erwarten wäre. Die ungewöhnliche relative Größe dieses sehr einfach organisierten Gehirnes wird mit der Verzwergung der Laufhühnchen erklärt.

Die adulte Moschus-Ente besitzt im Verhältnis zur Körpergröße ebenfalls ein großes Gehirn. Dies wird mit der besonderen Entfaltung des Nucleus basalis und des Wulstes in Beziehung gesetzt. Aufgrund der Entfaltung dieser Kerngebiete nimmt das Telencephalon ein relatives Volumen von 67% des Gesamtgehirnes ein und entspricht damit dem Volumenanteil, den es beim Reisfink besitzt.

Die Größe des Gehirnes von Wellensittich und Reisfink liegt weit oberhalb der allgemeinen Allometriegeraden. Anhand der Detailanalyse der Volumen-Daten kann gezeigt werden, daß die Hirngröße beim Wellensittich auf der ausgedehnten Volumenentfaltung des Archistriatum und des Neostriatum beruht. Beim Reisfink tragen dagegen das Hyperstriatum ventrale und der Wulst besonders stark zur Volumenentfaltung bei. Beide Arten unterscheiden sich aber grundlegend im Bau ihres Gehirnes von der Moschus-Ente; sie besitzen ganz andere Konstruktionstypen ihres Gehirnes. Der Nucleus basalis, der bei der Moschus-Ente mächtig entfaltet ist, fehlt zum Beispiel beim Wellensittich vollständig.

Das Adultgehirn der Taube besitzt eine einfache Organisation. Die Volumendaten liegen unterhalb der generellen Allometrie-Geraden der Vögel für die Beziehung Hirngewicht zu Körpergewicht.

3) Wachstums-Allometriebeziehungen

Die Schlüpflinge von Laufhühnchen und Wellensittich besitzen eine identische Relation der Hirngröße zum Körpergewicht von 1:8; bei Schlüpflingen der Moschus-Ente und des Reisfinken liegen mit einer Relation von 1:12 ebenfalls gleiche Werte vor. Die Taube weicht mit einem Wert von 1:55 weit ab.

In der Literatur sind bisher keine Vergleichs-Daten über das Gewicht und die Hirngröße von Schlüpflingen anderer Vogelarten bekannt. PORTMANN (1938-1962) veröffentlichte nur abgeleitete Index-Werte aus denen die Originaldaten nicht gewonnen werden können.

Bei einem Verhältnis der Gehirngröße zum Körpergewicht von 1:8 ist das Gehirn der Laufhühnchen-Schlüpflinge zytologisch relativ weit entwickelt. Zellproliferation besitzt nur eine untergeordnete Rolle bei ihrem postnatalen Hirn-Wachstum. Im Gehirn der Wellensittich-Schlüpflinge sind beim gleichen Verhältnis zum Körpergewicht umfangreiche Proliferationszonen erhalten, und der allgemeine Differenzierungszustand ist gering. Noch größer sind die Unterschiede in der Struktur der Schlüpflings-Gehirne von Moschus-Ente und Reisfink, deren Größe bei beiden Arten in einem Verhältnis von 1:12 zum Körpergewicht steht. Das Gehirn der Moschusenten-Schlüpflinge besitzt keine teilungsaktiven Zonen mehr und ist zytologisch weit entwickelt. Im Tectum opticum hat es bereits beim Schlupf 85% des Adultvolumens erreicht, alle Fasern sind myelinisiert. Im Gegensatz hierzu steht das Gehirn der Reisfinken-Schlüpflinge, das zytologisch sehr gering differenziert ist und zum größten Teil, einschließlich des Hirnstammes, aus teilungsaktiven Zellen besteht.

Nach den Merkmalen der Größe des Schlüpflings-Gehirnes, seines zytologischen Differenzierungszustandes, seines allometrischen Wachstums und der Organisationshöhe des Adultgehirnes lassen sich die untersuchten Arten unter verschiedenen Gesichtspunkten vergleichen:

Bei Wellensittich und Reisfink wächst das Gehirn nach dem Schlupf sehr stark, beinahe isometrisch zum Körpergewicht. Am stärksten wachsen jene Areale des Endhirnes, die im Adultzustand den speziell abgeleiteten Bau der Arten bestimmen. Man findet bezogen auf das Körpergewicht ein großes Schlüpflings-Gehirn kombiniert mit einem geringen Differenzierungszustand, aber sehr starkem Wachstum und komplexer Adultorganisation.

Zwischen dem Laufhühnchen und der Taube bestehen ebenfalls Ähnlichkeiten in der Entwicklung des Gehirnes. Das Schlüpflings-Gehirn beider Arten besitzt noch charakteristische Wachstumsmerkmale wie Reste der Proliferationszonen, hohe Zelldichten und geringe bis fehlende Myelinisierung der Faser. Andererseits spielt die Zellproliferation für das Wachstum keine bedeutende Rolle mehr und ein adultähnlicher Zustand des Gehirnes wird sehr schnell, innerhalb der ersten 5 bis 10 Tagen erreicht. Das postnatale Hirnwachstum verläuft bei beiden Arten jedoch verschieden: beim Laufhühnchen findet man ein starkes Hirnwachstum, dessen Allometriegeraden-Steigungen eher der von Nesthockern entspricht als der von der Moschus-Ente, während das Hirnwachstum der Taube mit einer sehr flachen Geradensteigungen viel eher der Moschus-Ente gleicht. Der zytologische und faserarchitektonische Organisationszustand des Adultgehirnes ist sowohl bei der Taube als auch beim Laufhühnchen sehr einfach und stimmt in vielen Arealen überein.

Eine dritte Kombination von Entwicklungsmerkmalen wurde bei der Moschus-Ente beobachtet. Das Gehirn ihrer spät schlüpfenden Schlüpflinge ist sowohl zytologisch als auch volumetrisch sehr weit entwickelt und besitzt beim Schlupf in Tectum und Hirnstamm schon Adultcharakter. Dies ist verbunden mit einem sehr geringen postnatalen Wachstum, aber zugleich auch einer Adultorganisation, die gegenüber Laufhühnchen und Taube mit der großen Volumenentfaltung, dem abgeleiteten Bau des Nucleus basalis und des Wulstes eindeutige Merkmale einer hohen Cerebralisation trägt.

Das Cerebellum wächst bei allen Arten mit Ausnahme der Taube, in isometrischer Beziehung zum Gesamtgehirn, von dem es 10% des Volumens einnimmt. Sein Volumen wächst bei allen Arten um einen Betrag, der zwischen dem Vermehrungsfaktor des Gesamtgehirnes und dem des Neostriatum liegt. Bei der Taube besitzt das Cerebellum eine eigene starke Entfaltung, die sich nicht mit der Entwicklung bei den anderen Arten vergleichen läßt.

VII.5 Diskussion der Befunde

Die Diskussion der Befunde erfordert eine Auseinandersetzung mit dem Begriff **Cerebralisation**. Die Cerebralisation eines Gehirnes wird durch die quantitative Entfaltung seiner Regionen sowie deren zytologische und faserarchitektonische Organisation beschrieben. Ein hoch cerebralisiertes Gehirn ist von einem gering cerebralisierten Gehirn durch abgeleitete Merkmale auf allen drei Ebenen gekennzeichnet.

Eine differenzierte Analyse der Cerebralisation sollte die quantitativ und zytologisch weiter entwickelten Hirnregionen genau beschreiben und gegen die geringer entwickelten Areale abgrenzen. Eine positive Abweichung von der allgemeinen Allometriegeraden reicht nicht aus, um Aussagen über die Cerebralisation zu treffen, da sie wie beim Laufhühnchen auch von anderen Faktoren beeinflußt sein kann.

Diese Definition von Cerebralisation verzichtet bewußt darauf, den Grad der Cerebralisation in "exakten" Maßzahlen anzugeben, da die Merkmale der anatomischen Organisation des Gehirnes bisher nicht quantifiziert werden können. Mit dem Gegensatzpaar einer basalen und einer hohen Cerebralisation können die hier untersuchten Arten zunächst hinreichend beschrieben werden. Mit dieser Definition muß dem Laufhühnchen trotz seines relativ großen Gehirnes eine basale Cerebralisation zugesprochen werden. Die Taube besitzt mit einem ebenso einfach organisierten Gehirn und einem Hirngewicht, das deutlich unterhalb eines allometrisch berechneten Gewichtes liegt, ein basal cerebralisiertes Gehirn. Wellensittich und Reisfink besitzen, wie ausführlich dargestellt, aufgrund ihrer großen Hirnvolumina, der Sonderentwicklung einzelner striataler Areale und der speziellen Faserarchitektur hoch cerebralisierte Gehirne. Auch das Gehirn der Moschus-Ente zeigt mit der abgeleiteten Entwicklung des Nucleus basalis und des Wulstes sowie mit dem großen Hirnvolumen Merkmale einer hohen Cerebralisation.

Diese Angaben aus vergleichend-anatomischen und quantitativen Untersuchungen sind jetzt in ihrer Beziehung zur Evolution der Ontogenesetypen bei Vögeln zu diskutieren. Warum haben einige Nestflüchter beim Schlupf relativ zum Körpergewicht gleich große Gehirne wie Nesthocker? Welche Faktoren bestimmen die Gehirngröße beim Schlupf? Oder, aus dem stammesgeschichtlichen Zusammenhang heraus gefragt: welche Ontogenesemerkmale stellen die speziellen Voraussetzungen für eine höhere Cerebralisation dar?

Der Vergleich der Entwicklung der Gehirne von Nestflüchtern und Nesthockern miteinander und der Vergleich der Daten ihrer Volumenentwicklung zeigte, daß gleiche Größenrelationen mit sehr verschiedenen zytologischen Differenzierungszuständen verbunden sein können. Das Schlüpflings-Gehirn der Moschus-Ente ist in Relation zum Körpergewicht genauso groß wie beim Reisfinken. Es ist jedoch in einigen Gebieten fast ausgewachsen und zytologisch ausgereift während das Reisfinken-Gehirn sehr gering differenziert ist. Das Moschusenten-Gehirn wächst nur um den Faktor 3.45 während das Reisfinken-Gehirn um den Faktor 16.34 wächst. Das Reisfinken-Gehirn besitzt eine viel größere Wachstumspotenz. Eine vergleichbare, wenn auch nicht ganz so extreme Beziehung findet man zwischen Wellensittich und Laufhühnchen. Das Gehirn der Laufhühnchen wächst um den Faktor 5.70, das der Wellensittiche um den Faktor 15.08. Auch hier findet man verbunden mit gleichen Relationen von Schlüpflings-Gehirn und Schlüpflings-Körpergewicht ganz verschiedene Wachstumspotenzen des Gehirnes.

Eine Berücksichtigung der Absolutwerte der Hirnvolumina bietet eine weitere Verständismöglichkeit: In diesem Vergleich verdient das Laufhühnchen besonderes Interesse. Das Verhältnis des Gewichtes des Gehirnes zum Körpergewicht des Schlüpflings gleicht der entsprechenden Beziehung beim Wellensittich. In Absolutwerten besitzt das Gehirn des Laufhühnchen-Schlüpflings (418 mm^3) jedoch das doppelte Volumen des Gehirnes eines Wellensittich-Schlüpflings (209 mm^3). Das entspricht seinem zytologischen Differenzierungszustand, der viel weiter fortgeschritten und früher funktionell ausgereift ist als beim Wellensittich, der zudem 4 Tage später schlüpft. Kleine Proliferationszonen sind auch beim Laufhühnchen noch erhalten und tragen nach dem Schlupf noch zu einer geringen Zellvermehrung im Gehirn bei. Ein Teil des starken postnatalen Hirnwachstum dieser nestflüchtenden Vögel beruht darauf. -Hier müssen auch die Anteile der einzelnen Hirnareale am Gesamt-Gehirnvolumen berücksichtigt werde: so werden zum Beispiel im Gehirn des Wellensittich-Schlüpflings 50 Volumenprozent für das Telencephalon in ihrer funktionellen Bedeutung erst deutlich, wenn zugleich festgestellt wird, daß das Telencephalon beim Schlupf erst 5% des Adultvolumens erreicht hat und fast ausschließlich aus Proliferationsgebieten besteht. Dagegen stehen 31 Vol.% vom Gehirnvolumen des Schlüpflings für den Hirnstamm, der bereits die vegetativen Grundfunktionen ebenso wie basale senso-motorische Koordination steuern muß. Der Hirnstamm hat beim Schlupf aber auch schon 16% seines Volumens im Adultgehirn erreicht und sein wesentlicher Zuwachs beruht auf dem Einwachsen und der Myelinisation von Fasern.

Das Verhältnis von Größe des Gehirnes, zytologischem Differenzierungszustand und Funktionsfähigkeit erlaubt einen indirekten Rückschluß auf die Proliferationsleistung: Das *Turnix*-Gehirn ist relativ einfach organisiert. Sein Grundaufbau erfordert vermutlich eine erheblich geringere Zellzahl und weniger Differenzierungsschritte als die Entwicklung des Wellensittich-Gehirnes. Zudem besitzt das Laufhühnchen als Zwergform der *Gruiformes* eine Körpergröße, die das absolut sehr kleine Gehirn nach der allometrischen Beziehung relativ sehr groß erscheinen läßt. Die Anzahl der Neurone ist auch in absoluten Werten gering. Die Proliferations- und Differenzierungsphase seines neuronalen Gewebes kann daher früh abgeschlossen werden. Ein sehr früher funktionsfähiger Entwicklungszustand und ein entsprechend früher Schlupf werden dadurch möglich.

Mit den gleichen Prinzipien lassen sich die quantitativen Verhältnisse und deren Entwicklung am Wellensittich-Gehirn verstehen. Das Gehirn des ausgewachsenen Tieres ist durch die starke Volumenentfaltung im Neostriatum und im Archistriatum sowie eine komplizierte Faserarchitektur ausgezeichnet. Das Schlüpflings-Gehirn ist in Relation zum Körpergewicht sogar noch größer als beim Adulttier, sein Differenzierungszustand im Vergleich zum Laufhühnchen trotz längerer Entwicklungszeit und kleinerer absoluter Größe erheblich geringer.

Die Zellteilungsraten und die Differenzierungsgeschwindigkeit sind wie beim Laufhühnchen die zentralen Punkte eines Erklärungsmodells für diese widersprüchliche Befundlage. Die Neuronenzahl im Gehirn adulter Wellensittiche ist aufgrund des erheblich größeren Gesamtvolumens und der gleichzeitig höheren Zelldichte wahrscheinlich um ein Vielfaches höher als beim Laufhühnchen. Bei konstanten Zellteilungsraten erfordert eine höhere Neuronenzahl entweder ein längeres Bestehen der Proliferationsgebiete oder eine Vergößerung der Teilungsmatrix. Da die Teilungsmatrix von dem Ventrikelependym gebildet wird, dieses aber nur in der zweiten Dimension wächst, während Volumen und Zellzahl in der dritten Dimension zunehmen, muß ab einem bestimmten, noch unbekanntem Zeit-Volumen-Verhältnis die Dauer der Proliferation verlängert werden. Diese Verlängerung der Proliferationsdauer kann nur dadurch gewonnen werden, daß die Entwicklungszeit über den in jeder Vogelfamilie Bauplan- und Eigrößen-abhängigen Schlupf hinaus verlängert wird. Gleichzeitig muß aber ein funktionsfähiger Minimalzustand bereitgestellt werden, der die vegetativen Grundfunktionen sowie die wichtigsten Bewegungen und Verhaltensweisen koordiniert. Das sehr große Schlüpflings-Gehirn bei gleichzeitig äußerst geringem histologisch-anatomischen Differenzierungszustand könnte einen solchen Minimalzustand mit funktionsfähigem Stammhirn darstellen.

Die Entwicklung beim Reisfinken läßt sich in der gleichen Art verstehen wie beim Wellensittich. Über den Schlupf hinaus bleiben große Proliferationsgebiete bestehen. Nur so kann die hohe Neuronenzahl des Adultgehirnes aufgebaut werden, die indirekt aus dem Telencephalon-Volumen erschlossen werden kann. Die funktionelle Ausreifung des Gehirnes kann erst erfolgen, wenn die Zellproliferation weitgehend abgeschlossen ist. Eine hohe Cerebralisation ist folglich gekoppelt mit einem längeren Bestehen der Proliferationsgebiete. Der Ontogeneseweg des Nesthockers ist dabei eine notwendige konstruktive Voraussetzung für diese Form der Weiterentwicklung des zentralen Nervensystems, insbesondere der striatalen Kerngebiete.

Bei der Moschus-Ente findet man einen ganz anderen Entwicklungsweg. Die extrem selbständigen Jungtiere besitzen ein weit entwickeltes Gehirn. Ein wesentlicher Teil der Hirnentwicklung und seiner funktionellen Ausreifung einschließlich der striatalen Areale muß bei dieser Art während der Embryonalentwicklung stattfinden. So schlüpfen die Küken auch erst nach 35 Bruttagen. In Kapitel IV.5 wurde die Brutzeitverlängerung der Moschus-Ente durch Verlängerung des spätembryonalen Wachstumstadium 39 diskutiert. Ein Teil jener Entwicklung, die bei den Nesthockern nach dem Schlupf im Nest abläuft, wird bei der Moschus-Ente in die verlängerte Embryonalzeit eingegliedert und ermöglicht den Schlupf sehr selbständiger Küken "trotz" eines hoch entwickelten Gehirnbaues mit Merkmalen einer höheren Cerebralisation.

Die Haustaube stellt mit einem relativ sehr kleinen Schlüpflings-Gehirn und einem mittleren postnatalen Hirnwachstum einen eigenen Weg der Entwicklung dar. Der morphologische Differenzierungsgrad der Adulttiere entspricht dem des Laufhühnchens. Der histologisch-anatomische Bau des Gehirnes und die Wachstumsdaten schließen sich eher den Nestflüchtern an als den Nesthockern. Konstruktive Abhängigkeiten zwischen Bau des Gehirnes und Ontogenesetyp, wie sie für Wellensittich und Reisfink beschrieben wurden, können hier nicht erkannt werden.

PORTMANN (1938-1962) hat sich in einer Reihe von Arbeiten mit der Frage des Zusammenhanges zwischen Ontogenesetyp und Hirngröße beschäftigt. Als Ausgangsbasis für die Berechnung der allometrischen Beziehungen wird von ihm das Verhältnis von "Hirnstamm" (Diencephalon und Rhombencephalon) zu Körpergewicht der Hühnervögel gewählt. Auf der Basis des Vergleichs von Hühnervögeln legt er für jede Gewichtsgruppe eine solche Grundzahl fest. Das Verhältnis von Grundzahl zu Gewicht eines übergeordneten Zentrums ergibt dessen "Index". - Das postnatale Wachstum wird in Vermehrungsfaktoren ausgedrückt (adultes Gehirnvolumen : Schlüpflings-Gehirnvolumen).

Der Vergleich von Cerebralisations-Indizes und Vermehrungsfaktoren führt PORTMANN, dazu den Ontogenesetyp des Nestflüchters mit niedrigen Cerebralisations-Indizes und niedrigen Vermehrungsfaktoren zu verbinden, den Ontogenesetyp des Nesthockers dagegen mit hohen Cerebralisations-Indizes und hohen Vermehrungsfaktoren des Gehirnes. Aus der Tatsache, daß einige der von ihm untersuchten Vögel wie die Mehlschwalbe oder die Taube mit geringen Cerebralisations-Indizes und Vermehrungsfaktoren des Gehirnes dennoch Nesthocker sind, leitet er die Präzedenz-Regel ab. Diese besagt, daß das Nesthockertum einer hohen Cerebralisation vorausgehen müsse.

Obgleich die generelle Tendenz seiner Interpretation richtig ist, gehen viele biologisch wichtige, funktionelle Beziehungen verloren, da PORTMANN sich mit der Einordnung der Befunde in sein "*System der Morphologischen Wertigkeit*" zufrieden gibt. So werden zum Beispiel die geringen Vermehrungsfaktoren des postnatalen Wachstums des Enten-Gehirnes als ein sehr ursprüngliches und "rangniederes Merkmal" eingestuft. Durch die hier vorgestellten neuen Befunde muß der Ontogeneseweg der Enten innerhalb der Nestflüchter als abgeleitet angesehen werden. Umgekehrt würden die quantitativen Daten, die mit der Vermessung des Laufhühnchen-Gehirnes gewonnen wurden, mit den großen Hirnvolumina und der starken Vermehrung des Gesamt-Gehirnvolumens nach PORTMANN in den Bereich der Nesthocker fallen, obgleich sie hier als sehr ursprünglich organisierte Nestflüchter einer basalen Cerebralisationsstufe beschrieben wurden. Die Sonderstellung des Laufhühnchens kann durch die geringe Körpergröße und die damit gekoppelte Verkürzung der Entwicklungs-und Wachstumszeiten erklärt werden.

PORTMANN hat mit seinen Arbeiten ein bis dahin unbearbeitetes Themengebiet in der Biologie aufgegriffen und zahlreiche Befunde zusammengetragen. Leider enthält keine seiner Publikation die Originaldaten, sodaß eine vergleichende Arbeit mit dem von ihm zusammengetragenen Material heute nicht mehr möglich ist. Sein methodischer Ansatz wird in einigen Punkten der Komplexität der Beziehungen zwischen Ontogenesetyp, Entwicklung des Gehirnes, Gesamtkörpergröße und Entwicklungsgeschwindigkeit nicht gerecht. Aus drei Gründen erscheint sein Vorgehen problematisch:

1) Die Berechnung der Grundzahl auf der Basis des Verhältnisses von Hirnstamm zu Körpergewicht der Hühnervögel ist als Bezugsgröße ungeeignet. Hühnervögel sind abgeleitete Bodenvögel, deren Flugapparat durch die besonders starke Entwicklung der aus "fast glycolytic" Fasern (FG-Fasern) aufgebauten weißen Muskulatur für kurze kraftvolle Fluchtflüge spezialisiert ist. Der Gewichtsanteil der glykolytisch arbeitenden Flug-Muskulatur am Gesamtkörpergewicht übertrifft den der meisten anderen Vögel weit. In einem allometrischen Vergleich führt das dazu, daß die Hirngewichte der Hühnervögel immer unterschätzt werden. Leistungsflieger, deren Flugmuskulatur überwiegend von oxidativ arbeitenden (FOG-Fasern), roten Muskelfasern aufgebaut wird, und immer einen geringeren Anteil am Körpergewicht darstellt, werden dagegen stark überbewertet.

2) Der anatomische Differenzierungsgrad des Adultgehirnes muß bekannt sein, um die quantitativen Daten richtig einordnen zu können. Das Beispiel der Laufhühnchen zeigt, daß auch Vögel mit gering differenziertem Gehirn ein relativ sehr großes Gehirn besitzen können.

3) Ein Vergleich von "Vermehrungszahlen" der Endhirn-Hemisphären ist nur sinnvoll, wenn der Entwicklungszustand des Gehirnes beim Schlupf wirklich bekannt ist und wenn das Wachstum einzelner telencephaler Areale bekannt ist. Ungleiche Schlupfzustände und die unterschiedliche Entwicklung von Hirnarealen müssen berücksichtigt werden, sonst werden zufällige quantitative Übereinstimmungen zusammengefaßt und biologisch wichtige Unterschiede verwischt. So fällt das starke Wachstum des Laufhühnchen-Gehirnes nach dem Schlupf entsprechend den PORTMANNschen Vermehrungszahlen weit in den Bereich der hoch cerebralisierten Nesthocker. Dies trifft weder für die Anatomie seines Gehirnes noch für den Ontogenesetyp zu.

VIII DISKUSSION DER ERGEBNISSE

In dieser Studie sollen durch vergleichend anatomische Untersuchungen der Ontogenese der exemplarisch ausgewählten Organsystemen Integument, Skelet und Gehirn die Unterschiede zwischen nestflüchtenden und nesthockenden Vögeln dargestellt und unter funktionellen und evolutionsbiologischen Gesichtpunkten diskutiert werden. In einer generellen systematischen Übersicht wurde zunächst festgestellt, in welchen Vogel-Familien die 8 verschiedenen Ontogenesetypen (NICE 1962) der Nestflüchter, Platzhocker oder Nesthocker vorkommen, und bei welchem Nahrungsspektrum und bei welchen Nistplätzen die einzelnen Ontogenesetypen zu finden sind. Sodann wurde anhand von Normalstadien der Zeitverlauf der Embryonalentwicklung bei 6 Arten von 4 verschiedenen Ontogenesetypen bestimmt und die Entwicklung des Integumentes, des Skeletsystems und des Gehirnes untersucht.

Die Entwicklung des Körpers und seiner Organe folgt in den untersuchten Arten einem festen Zeitmuster, das für die verschiedenen Ontogenesetypen erstaunlich generalisiert ist. Dieses Zeitmuster wird dargestellt und die untersuchten Arten werden anhand der bei ihnen auftretenden Abweichungen miteinander verglichen. Aus diesem Vergleich der Arten und dem Zeitmuster ihrer Ontogenesen können dann nicht nur Aussagen über die funktionellen Anpassungen ihrer Schlüpflinge gemacht werden, sondern auch Aussagen über die mögliche Evolution ihrer Ontogenesen. In dieser Abschlußdiskussion sollen daher zunächst für die einzelnen Arten deren charakteristische Ontogenese-Merkmale in ihren gegenseitigen Abhängigkeiten dargestellt werden. Hierbei steht der funktionelle Reifezustand der Schlüpflinge im Mittelpunkt der Darstellung. Aus der vorangehenden Befundbeschreibung ist deutlich geworden, daß der Schlupfzeitpunkt und der Entwicklungszustand der Schlüpflinge nicht definitiv feststehen, sondern veränderlich sind. Dies muß bei der Diskussion der Befunde berücksichtigt werden.

VIII.1 Zeitmuster der Ontogenesen

A) Zeitmuster der Ontogenese bei *Coturnix coturnix*

Wachteln gehören zum Nesthocker Typ 2. Sie schlüpfen als bedunte, lokomotorisch aktive und selbständige Küken, die bereits kurze Zeit nach dem Schlupf den Eltern folgen und mit der selbständigen Nahrungsaufnahme beginnen. Der Zeitplan ihrer 18-tägigen Embryonalentwicklung ist auf diesen Schlupfzustand ausgerichtet.

Die embryonale Frühentwicklung bis zur Ausbildung der Körpergrundgestalt im Stadium 22 ist nach 4 1/2 Tagen abgeschlossen und nimmt einen Anteil von 25% der gesamten Embryonalentwicklungs-Zeit ein. Die anschließende erste Phase der Ausbildung der Organstrukturen und einer ersten Gewebedifferenzierung dauert 3 Tage bis zum 8. Embryonaltag, in dem das Stadium 33 erreicht wird. Bis zu diesem Zeitpunkt sind 42% der Embryonalentwicklungs-Zeit vergangen. Bis zum 14. Tag schreitet die Organdifferenzierung fort und die arttypischen Merkmale bilden sich heraus. Diese Phase ist nach 78% der gesamten Entwicklungszeit abgeschlossen. Der Embryo hat dann die Gestalt und das äußere Aussehen eines Schlüpflings angenommen. Die letzten 22% der Embryonalentwicklungs-Zeit werden von den Stadien 39 bis 41 eingenommen, in denen der Embryo noch wächst, eine Ausreifung der Organe zur Funktionsfähigkeit stattfindet und durch den Beginn der Lungenatmung, das beginnende Veröden des Allantoiskreislaufes sowie das Einziehen des Dottersackes der Schlupf vorbereitet wird.

Die durchschnittliche Dauer der Stadien nimmt in den ersten drei Phasen der Embryonalentwicklung langsam von 6 Stunden auf 12 bis 24 Stunden in den Stadien 35 bis 38 zu. Das Stadium 39 dauert 24 bis 36 Stunden, die gesamte spätembryonale Wachstumsphase vom Stadium 39 bis zum Schlupf 4 Tage. Damit sind die

Stadien 39 bis 41 der letzten Phase der Embryonalentwicklung verlängert und dadurch deutlich von den vorausgehenden Phasen abgesetzt.

In diesem zeitlichen Ablauf der Embryonalentwicklung treten im Stadium 28 die ersten Federanlagen auf, im Stadium 33 ist das vollständige Pterylosemuster der Konturfedern angelegt. Zwischen den Stadien 34 und 38 wird die Basis der zunächst papillenförmig vorgewölbten Federanlagen in die Dermis versenkt, und die Federanlagen wachsen zu langen fadenförmigen Gebilden aus. Gleichzeitig finden die Federfollikel Anschluß an den sich differenzierenden dermalen Verankerungsapparat der Federn und an die Federmuskeln. Beim Schlupf sind die Federn sowie der dermale Verankerungs- und Bewegungsapparat mitsamt der Federmuskeln voll ausdifferenziert.

Die knorpelige Anlage des Skeletes ist im Stadium 31 vollständig ausgebildet. Im Stadium 34 mit Beginn der Phase der Organ- und Gewebedifferenzierung treten die ersten Verknöcherungen der knorpeligen Skeletanlagen auf. Bereits im Stadium 39 ist das typische Verteilungsmuster der Ossifikationen wie bei den Schlüpflingen ausgebildet. Bis zum Schlupf nimmt die Ausdehnung der verknöcherten Zonen jedoch noch deutlich zu.

Die Ausdehnung der Ossifikationen des Schlüpflings-Skeletes ist weit fortgeschritten: die Wirbelkörper sind weitgehend verknöchert, die Extremitätenknochen sowie die Skeletelemente des Schulter- und des Beckengürtels sind bis auf schmale Knorpelscheiben in den Wachstumszonen verknöchert; die Decknochen des Schädels schließen dicht aneinander und sind beim Schlupf durch feste Nähte miteinander verbunden.

Das Skelet des Schlüpflings ist durch die weitgehende Verknöcherung auf mechanische Belastbarkeit ausgelegt. Die ausgedehnten Ossifikationen und die geringe Ausdehnung der Knorpelzonen verhindern jedoch gleichzeitig ein schnelles postnatales Wachstum des Skeletes der Wachtel.

Die Zeitpläne der Entwicklung der einzelnen Skeletelemente sind außerordentlich starr. So ossifizieren jene sternalen Rippen, die während der Embryonalentwicklung dem Sternum als laterale und kaudale Fortsätze angegliedert werden und damit einen Funktionswandel erfahren, weiterhin im Zeitplan sternaler Rippen, während die Ossifikation des Sternum erst nach dem Schlupf erfolgt.

Die postembryonale Entwicklung des Gehirnes der Wachtel konnte hier nicht in der Ausführlichkeit dargestellt werden, wie bei den anderen Arten. Die Untersuchung eines Schlüpflings-Gehirnes zeigte einen Differenzierungszustand, bei dem die Fasern des Fasciculus longitudinalis medialis, der Augenmuskelnerven und einige Fasern der Commissura posterior bereits myelinisiert sind. Im Telencephalon sind bei Wachtel-Schlüpflingen noch keine Fasern myelinisiert. Die Entwicklung des Gehirnes ist beim Schlupf relativ weit fortgeschritten, alle vegetativen und motorischen Funktionen sind ausgebildet.

Vom Schlupf bis zum Adulttier vermehrt das Gesamtgehirn der Wachtel sein Volumen um den Faktor 2.88. Die Endhirn-Hemisphären nehmen beim Adulttier das 3.57-fache Volumen der Endhirn-Hemisphären des Schlüpflings ein (SUTTER 1943; FRITZ 1949; eigene Messwerte).

Das Gehirn der adulten Tiere wird aufgrund seiner einfachen anatomischen Organisation, seiner einfachen Faserarchitektur und seiner geringen Volumenentfaltung als basal cerebralisiert eingestuft.

Die Entwicklung des Gesamtkörpergewichtes der Wachtel-Schlüpflinge ist im Vergleich zu gleich großen nesthockenden Arten mit einer Wachstumskonstanten von 0.065 langsam. Die Wachstumsrate des Gesamtkörpergewichtes steht innerhalb einer Vogel-Ordnung jedoch in negativ allometrischer Beziehung zum Gesamtkörpergewicht des Adulttieres. Daß Wachteln innerhalb von 6-8 Wochen Adultgewicht erreichen und geschlechtsreif werden, in absoluter physikalischer Zeit also schnell wachsen, steht nicht im Widerspruch zu diesen Befunden, sondern hängt von der geringen Körpergröße der Wachtel ab. Die Schlüpflinge ganz unterschiedlich großer Hühnervögel wie Wachteln, Haushühner und Truthühner, deren Embryonalentwicklungszeit mit 18 Tagen, 21 Tagen und 28 Tagen jeweils mit der Körpergröße länger wird, besitzen dennoch einen weitgehend gleichen allgemeinen Entwicklungszustand. Wahrscheinlich besteht hier in Anhängigkeit von der Adultgröße eine ähnliche Allometrie-Funktion auch für die Zeitpläne der Organentwicklung. Dies wird in künftigen Arbeiten zu überprüfen sein.

Die Zeitmuster der Ontogenese der Wachtel sind auf frühe Funktionsfähigkeit aller untersuchten Organsysteme angelegt. In 16 bis 18 Tagen Entwicklungszeit sind die untersuchten Organsysteme des Integumentes, des Skeletes und des Gehirnes so weit ausgereift, daß den Schlüpflingen eine weitgehende

Selbständigkeit in der Fortbewegung und der Nahrungsaufnahme sowie ein umfangreiches Verhaltensrepertoire (NICE 1962) möglich sind. Der weit fortgeschrittene anatomische und zytologische Differenzierungszustand des Schlüpflings ist mit einem relativ langsamen postnatalen Wachstum verknüpft: bei weit fortgeschrittenem Ossifikationszustand ist kein schnelles Wachstum der Knochen mehr möglich, da die schmalen Knorpelzonen der Ersatzknochen oder die engen Deckknochennähte nur eine sehr begrenzte Proliferation zulassen. Ebenso schließen sich beim Gehirn ein fortgeschrittener zytologischer Differenzierungszustand und ein schnelles Wachstum gegenseitig aus. Funktionsfähigkeit des Gehirnes setzt voraus, daß ein Großteil der Neurone nicht nur vorhanden, sondern auch seine definitiven Verbindungen erreicht hat und ausdifferenziert ist. Das Wachstum des Gehirnes der Wachtel beruht im Wesentlichen auf der Myelinisierung seiner Faserverbindungen.

Der geschilderte Ontogeneseweg steht in engem funktionellen Bezug zu der ökologischen Situation der Schlüpflinge. Die Schlüpflinge sind sofort nach dem Schlupf in die Nahrungsnische der Elterntiere eingegliedert und nehmen genauso unspezialisiert wie diese ein weites Spektrum verschiedenster Nahrung auf. Grundvoraussetzung dafür sind nicht nur mechanische Belastbarkeit des Skeletes und lokomotorische Ausdauer, sondern gleichzeitig ein funktionsfähig entwickeltes Nervensystem, das die notwendigen Sinnesleistungen zur Nahrungssuche, zum Folgen der Elterntiere und der Feindvermeidung ermöglicht und die dazu notwendigen Bewegungen koordiniert. Auch die Fähigkeit zur Thermoregulation muß schon so weit entwickelt sein und von dem dunigen Neoptil unterstützt werden, daß eine relativ große Unabhängigkeit von den Elterntieren gewährleistet ist, die nur für ein gelegentliches Aufwärmen in Huderpausen unterbrochen wird.

Diese Eigenschaften können in einer Embryonalzeit von 16 bis 18 Tagen entwickelt werden. Die kurze Dauer der Embryonalperiode stellt also keine Limitierung des Entwicklungszustandes dar. Der weit fortgeschrittene Entwicklungszustand des Skeletes und des Gehirnes beim Schlupf limitieren hingegen die Geschwindigkeit des postnatalen Wachstums. Hier ergeben die speziellen histologischen Zusammenhänge von verfügbarer Zellmasse und der von ihr zu erbringenden Vermehrungsleistung determinierende Rahmenbedingungen, die eine weit fortgeschrittene histologische Differenzierung und schnelles postnatales Wachstum gegenseitig ausschließen.

B) Zeitmuster der Ontogenese bei *Turnix suscitator*

Schlüpflinge der Laufhühnchen gehören zum Typ 4 der Nestflüchter. Sie sind beim Schlupf mit einem dunigen Neoptil ausgestattet und motorisch und lokomotorisch sehr aktiv. Sie fressen jedoch nicht selbständig und müssen noch 10 Tage vom Vater mit Insektenlarven gefüttert werden. Die Embryonalentwicklung verläuft mit 12 bis 14 Tagen sehr schnell. *Turniciden* haben die kürzeste Embryonalentwicklung unter den Nestflüchtern.

Das Zeitmuster der Körper-Entwicklung ist nach Stadien verglichen mit dem der Wachtel identisch. In der gleichen Abfolge wie bei der Wachtel werden äußerlich identische Entwicklungsschritte durchlaufen und wie bei der Wachtel ist die Körpergrundgestalt im Stadium 22 ausgebildet. Dies geschieht in einer Entwicklungszeit von maximal 3 1/2 Tagen oder 25% der Embryonalentwicklungs-Zeit. Die Phase der Ausbildung der Organstrukturen ist am 7. Bruttag oder nach 50% der Embryonalentwicklungs-Zeit im Stadium 33 abgeschlossen. Die folgende Phase der weiteren Organ- und Gewebedifferenzierung und der Ausbildung der äußeren Artmerkmale ist im Stadium 38 beendet. Diese Phase dauert bis zum 9. oder 10. Bruttag, was einer relativen Entwicklungsdauer von 64% bis 72% der Entwicklungszeit entspricht. Die letzten Tage bis zum Schlupf, zwischen 36% und 28% der Gesamtentwickungszeit, werden von der spätembryonalen Wachstumsphase der Stadien 39 bis 41 eingenommen und dienen der Vorbereitung des Schlupfes und der folgenden ersten Lebensphase.

Das Stadium 39 dauert durchschnittlich 21 Stunden. In der Dauer dieses Stadium besteht nur ein geringer Unterschied gegenüber vorangehenden Stadien, die in der Entwicklungsphase III durchschnittlich zwischen 12 und 18 Stunden dauern können. Gegenüber der Wachtel bestehen die Unterschiede im Zeitmuster der Embryonalentwicklung vor allem in der Kürze der späten Embryonalstadien, die sich beim Laufhühnchen kaum von den vorangehenden Stadien unterscheiden, bei der Wachtel jedoch deutlich verlängert sind.

Der Zeitplan der Entwicklung der Federn gleicht vollständig dem der Federentwicklung der Wachtelembryonen.

Auch die Entwicklung des Skletes verläuft in den Grundzügen des Zeitplanes gleich wie bei der Wachtel. Die Elemente des vorderen und hinteren Extremitätenskeletes beginnen beim Laufhühnchen erst zwischen Stadium 32 und 34 zu ossifizieren, besonders die Hinterextremitäten zeigen dabei ein überproportionales Längenwachstum. Die Verknöcherung des Beckens beginnt erst im Stadium 36 mit Knochenkernen im Pubis und im Ilium. Trotz dieses späten Beginns ist der Ossifikationszustand des Skeletes des Laufhühnchens beim Schlupf ebenso weit fortgeschritten wie bei der Wachtel, bei der die Ossifikationen früher beginnen und bis zum Schlupf eine absolut längere Zeit vergeht. Beim Schlupf sind alle Skeletelemente des Rumpfes und der Extremitäten bis auf kleine Knorpelzonen an ihren Wachstumsenden verknöchert. Die Deckknochen des Neuralschädels und des Visceralskeletes schließen mit Nähten dicht aneinander, breitere Zuwachsspalten bestehen nicht mehr.

Ein Sondermerkmal der Laufhühnchen ist die frühzeitige Verknöcherung der in Tarso-Metatarsus und Tibiotarsus inkorporierten Tarsalia nach 14 Tagen Embryonalzeit. Die Tarsalia verknöchern bei den meisten anderen Vögeln erst nach dem Schlupf. In diesem frühen Ossifikationszeitpunkt, ebenso wie in dem überproportionalen Längen-Wachstum der Beine kurz vor dem Schlupf liegt eine spezielle Anpassung an die große lokomotorische Aktivität der sehr kleinen Schlüpflinge, die mit dem Vater laufen müssen.

Das Gehirn der Laufhühnchen besitzt einige für einen Nestflüchter ungewöhnliche Merkmale. Dazu gehören die überproportionale Größe des sehr einfach organisierten Adultgehirnes und seine große postnatale Volumenzunahme. Das Gehirn wächst vom Schlupf bis zum adulten Tier auf das 5.7-fache Volumen an, das Telencephalon vermehrt sein Volumen sogar um den Faktor 7.9. (Es besitzt damit einen gleichen Vermehrungsfaktor wie das Telencephalon des Waldkauzes, dessen Telencephalon nach PORTMANN (1962) einen Vermehrungsfaktor von 7.7 aufweist.)

Der Differenzierungszustand des Gehirnes ist nicht ganz so weit fortgeschritten wie bei der Wachtel. Es zeigt außer einigen myelinisierten Fasern im Fasciculus longitudinalis medialis des Rhombencephalon noch keine Markscheidenbildung. Die Zelldichte ist deutlich höher als bei ausgewachsenen Tieren, Zellteilungen finden im Telencephalon noch in kleinen Resten von Proliferationszonen statt.

Die ungewöhnliche Größe des sehr einfach gebauten Adultgehirnes und die starke Volumenvermehrung des Gehirnes vom Schlupf bis zum ausgewachsenen Tier werden als Merkmale einer Verzwergung der *Turniciden* interpretiert, deren Grundcharakteristika anhand der postnatalen Entwicklung des Körpergewichtes und der Geschwindigkeit des Wachstums in einem allometrischen Vergleich mit *Gruiformes* und *Galliformes* begründet wurden (Kapitel III.3).

Das Wachstum des Gesamtkörpergewichtes der Laufhühnchen ist in einem generellen Vergleich mit einer Wachstumskonstanten von 0.073 langsam. Für einen Vertreter der allgemein langsam wachsenden *Gruiformes* ist diese Wachstumskonstante jedoch hoch. Die Höhe der Wachstumskonstanten lässt sich aus der Allometrie-Funktion für die Beziehung zwischen Wachstumsrate und Körpergewicht ableiten. Nach dieser Allometrie-Funktion besitzt das kleine Laufhühnchen die gleiche Wachstumsdynamik wie große Kraniche. Bei seiner geringen Körpergröße durchläuft es seine Wachstumsphase aber in erheblich kürzerer Zeit. Nur durch die Verringerung des Adultkörpergewichtes können die grundsätzlich langsam wachsenden Nestflüchter den Zeitraum des postnatalen Wachstums ihres Körpergewichtes so kurz halten und ihr Adultgewicht so schnell erreichen.

Die Ontogenese der Laufhühnchen zeigt vergleichbar der Wachtel ein Muster aus früher Funktionsfähigkeit und Ausreifung des Skeletsystems und des Gehirnes verbunden mit einem relativ langsamen Wachstum. Der Ossifikationszustand und das Fehlen ausgedehnter Wachstumsknorpel und Zuwachsspalten des Skeletes lassen ein schnelleres Wachstum nach dem Schlupf nicht zu. Durch die Verzwergung der Laufhühnchen kommt es jedoch zu einem im absoluten Zeitmaß schnellen Wachstum. Gleichzeitig wurde die spätembryonale Wachstumsphase offensichtlich auf ein Minimum verkürzt. Abhängig davon besitzt das Gehirn der Schlüpflinge noch kleine Proliferationszonen; bei weitgehender Funktionsfähigkeit des Gehirnes wird die Zahl der

Neurone noch vermehrt. Dies drückt sich im Vergleich zu der Wachtel in der fast doppelt so großen Volumenvermehrung des Gehirnes zwischen Schlüpfling und Adulttier aus.

C) Zeitmuster der Ontogenese bei *Cairina moschata*

Die Schlüpflinge der Moschus-Ente gehören zum Typ 2 der Nestflüchter. Sie sind die selbständigsten Küken unter den hier untersuchten Arten. Sie sind nicht nur im hohen Maße lokomotorisch aktiv, sondern suchen und finden ihre Nahrung auch vollkommen selbständig.

Die Brutzeit ist mit 35 Tagen im Vergleich zu den anderen untersuchten Arten lang, innerhalb der *Anseriformes* stellt sie einen durchschnittlichen Wert dar. - Die Embryonalzeit lässt sich genau wie bei den anderen Arten in vier Großabschnitte untergliedern. Bis zum 6. Entwicklungstag, an dem im Stadium 22 die Körpergrundgestalt ausgebildet ist, bestehen in dem Zeitplan der Stadienfolge kaum Unterschiede zur Entwicklung der Wachtel. In den folgenden Stadien werden die absoluten Zeitdifferenzen aber immer größer. Besonders auffällig ist dies in der spätembryonalen Wachstumsphase zwischen Stadium 39 und dem Schlupf, die bei der Moschus-Ente bis zu 9 Tagen dauern kann.

Die Entwicklung der Federanlagen beginnt im Vergleich zur Wachtel um 2 Stadien verzögert im Stadium 32. Die weitere Entwicklung zeigt dann aber keine wesentlichen Unterschiede mehr. Die Neoptildunen der Schlüpflinge sind mit einem langen Schaft ausgestattet. Dies steht im Gegensatz zu Wachtel und Laufhühnchen, deren Neoptildunen nur eine kurze ringförmige Spule besitzen. Die Ausbildung eines Schaftes an Dunenfedern wird häufig als Adult-Merkmal angesehen. Wie in Kapitel V.6 dargelegt, wird die Länge der Spule der Neoptildunen epigenetisch von der Dauer der Embryonalzeit gesteuert (vergl. BECKER 1959; CLARK 1964). Die Ausbildung eines langen Schaftes der Neoptildunen ist weder ein "Primitiv-Merkmal" noch ein frühzeitig auftretendes Adultmerkmal, sondern ist einfach eine Folge der Länge der Brutdauer.

Der Entwicklungszustand des Skeletes der Schlüpflinge unterscheidet sich nicht von dem bei der Wachtel beschriebenen. Auch bei der Moschus-Ente sind im Stadium 39 die Ossifikationskerne in allen Skeletelementen angelegt. Während der spätembryonalen Wachstumsphase dehnen sich die Ossifikationen weit über die knorpeligen Skeletelemente aus, so daß sie eine fast vollständige Verknöcherung beim Schlupf erreichen.

Im Gegensatz zu Wachtel und Laufhühnchen beginnt die Ossifikation der Extremitätenknochen bereits im Stadium 31, und zwar mit einer perichondralen Knochenmanschette um die Röhrenknochen der vorderen und hinteren Extremität. Auch einige Deckknochen des Visceral-Skeletes (Angulare und Quadratojugale) sind in diesem frühen Stadium bereits angelegt. Die Ossifikation des Skeletes der Moschus-Ente beginnt damit im gleichen Stadium wie beim Reisfink.

Das Gehirn der Schlüpflinge der Moschus-Ente ist sehr weit entwickelt. Es besitzt zytologisch mit myelinisierten Fasern im Telencephalon und dem vollständig ausgereiften Tectum opticum Adultmerkmale. Das Tectum besitzt bereits beim Schlupf 85% des Adultvolumens und hat damit seine Volumenentwicklung weitgehend abgeschlossen. Zellvermehrung findet im Schlüpflings-Gehirn der Moschus-Ente nicht mehr statt. Das postnatale Wachstum des Gehirnes ist daher gering (Faktor 3.45). Dabei besitzt das Gehirn ausgewachsener Moschus-Enten mit einem überdurchschnittlichen Hirnvolumen sowie der besonderen Entwicklung des Nucleus basalis und des Wulstes mit ihren Faserbahnen Merkmale hoher Cerebralisation.

Diese weit fortgeschrittene Entwicklung des Gehirnes beim Schlupf muß im Zusammenhang mit der Verlängerung der Brutzeit im Stadium 39 der Embryonalentwicklung gesehen werden. Die Entwicklung eines so hoch cerebralisierten Gehirnes wie das der Moschus-Ente bis zu einem funktionsfähigen Zustand beim Schlupf, der die große Selbständigkeit der Küken ermöglicht, sowie ein komplexes Prägungsverhalten direkt nach dem Schlupf und eine große Lernfähigkeit erlaubt, kann offensichtlich nicht in einer so kurzen Zeit vonstatten gehen, wie sie die Wachtel in ihrer Entwickung zur Verfügung hat.

Ein Teil der bei der Wachtel und Laufhühnchen postnatal ablaufenden Entwicklung ist bei der Moschus-Ente in die letzte Phase der Embryonalperiode einbezogen worden. Die Verlängerung der

Embryonalperiode im Stadium 39, der weit fortgeschrittene Entwicklungszustand des Gehirnes und die große Selbständigkeit der Schlüpflinge werden als abgeleitete Merkmale und als funktionelle Anpassungen an das sehr selbständige Leben der Küken gesehen. Das geringe postnatale Wachstum des Gehirnes der Moschus-Ente kann nicht als "Primitiv-Merkmal" angesehen werden; es ist vielmehr die Folge des bereits beim Schlupf weit ausgereiften Gehirnes der Moschus-Ente.

D) Die Zeitmuster der Ontogenese bei *Melopsittacus undulatus*

Wellensittiche sind Nesthocker des Types 3. Sie schlüpfen nach 18 Tagen Embryonalentwicklung spärlich bedunt und mit geschlossenen Augen.

Die Embryonalentwicklung der Wellensittiche kann in voller Übereinstimmung mit den anderen untersuchten Arten in vier Phasen und 42 Einzelstadien unterteilt werden. Die Embryonalstadien werden nach den gleichen Merkmalen und Merkmalkombinationen bestimmt wie bei Wachtel, Laufhühnchen und Moschus-Ente. Die äußerlich erkennbaren Entwicklungsschritte, die bei ihnen zur Ausbildung der Schlüpflingsgestalt führen, sind mit denen bei jenen Arten identisch. Vergleicht man hierzu die Zeit-Stadien-Kurven von Wellensittich und Wachtel, so kommen die Kurven bei Überlagerung vollständig zur Deckung. Beim Vergleich von Wachtel und Wellensittich trifft das sowohl für die Absolutzeit-Stadien-Kurven als auch für die Relativzeit-Stadien-Kurven zu.

Obgleich die Wellensittiche nur spärlich bedunt schlüpfen, werden bei ihnen alle Schritte der Federmorphogenese im gleichen Zeitplan und mit allen zytologischen Differenzierungsschritten gefunden. Wie bei den Nestflüchtern werden die Federanlagen im Stadium 28 als Mesenchymverdichtung der Dermis sichtbar und treten, nach Induktion einer verstärkten Zellteilungsaktivität in der Epidermis, als Federpapillen im Stadium 30 über die Epidermis hervor. Mit dem weiteren Auswachsen der Federanlagen zum Fadenstadium werden sie genauso wie bei den Nestflüchtern in die Dermis eingesenkt (Stadien 32 bis 34) und gewinnen Anschluß an den dermalen Verankerungsapparat (Stadien 36 bis 39). Bis in den ultrastrukturellen Bereich konnten alle Zellteilungs- und Zelldifferenzierungs-Schritte, die bei der Wachtel zum Aufbau einer vollständigen Neoptildune führen, nachgewiesen werden. Der Unterschied besteht in der räumlichen Anordnung der Zellen. Ramogen- und Radiogensäulen werden nicht gebildet und die meisten Zellen einer Federanlage verhornen zur Federscheide. Nur wenige Zellsäulen verhornen zu Federstrahlen. Der dermale Verankerungs-und Bewegungsapparat der Feder entwickelt sich im gleichen Zeitplan wie bei der Wachtel. Bis zum Schlupf sind die dermalen Federmuskeln auch an den rudimentären Federn zu einem funktionsfähigen Zustand ausdifferenziert. Eine Retardation der Entwicklung der Federanlagen gibt es nicht, nur eine geringere Ausdifferenzierung der Feder.

Der Entwicklungszustand des Skeletes zeigt beim frisch geschlüpften Wellensittich in der Ausdehnung der ossifizierten Areale einige Unterschiede zu den Nestflüchtern. Das Schlüpflingsskelet eines Wellensittichs ist durch ausgedehnte Knorpelareale ausgezeichnet im Gegensatz zu den Schlüpflingsskeleten der untersuchten Nestflüchter. Zwischen Wellensittich und den Nestflüchtern bestehen jedoch kaum Unterschiede in der Anzahl der ossifizierten Skelet-Elemente und im Zeitpunkt (Stadium), zu dem die ersten Ossifikationen auftreten. Die Columella auris, das Supraoccipitale und die sternalen Rippen sind die einzigen Elemente des Skeletes, die bei der Wachtel, nicht aber beim Wellensittich vor dem Schlupf ossifiziert sind.

Die Muster des zeitlichen Auftretens der Ossifikationen erweisen sich als unabhängig von Ontogenesetyp und stellen sich somit als ausgesprochen starre Zeitmuster dar. So werden die rudimentären Claviculae des Wellensittichs als kleine Knochenschuppen über dem Coracoid jeder Körperseite im Stadium 33 angelegt. In diesem Stadium treten die Claviculae auch bei allen anderen Arten auf, zunächst noch paarig, bevor sie später zur Furcula verschmelzen. Die Bildung einer Furcula unterbleibt beim Wellensittich.

Für die Ossifikation und die Entwicklung großer Knochenareale steht den Wellensittich-Embryonen während der Embryonalentwicklung ausreichend Zeit zur Verfügung. Wenn bei der Wachtel, deren Schlüpflinge mit 7.59g das 5-fache der 1.52g schweren Wellensittich-Schlüpflinge wiegen, das Skelet bis zum Schlupf weitgehend ossifiziert ist, müßte diese Entwicklung auch dem Wellensittich bei gleicher Embryonalentwicklungszeit möglich sein.

Der Wellensittich besitzt nun aber mit einer Wachstumskonstante von 0.231 eine sehr schnelle postnatale Entwicklung des Gesamtkörpergewichtes. Die geringe Ausdehnung ossifizierter Bereiche des Skeletes der Wellensittich-Schlüpflinge und der weitgehende Erhalt großer Knorpelzonen an den Ersatzknochen oder von Zuwachsspalten zwischen den Decknochen des Schädels stellen die notwendige Grundbedingung für ein schnelles Knochenwachstum dar, dessen Aufbauleistung durch den speziellen Histogenesemodus der enchondralen und desmalen Knochenbildung festgelegt ist. Sie müssen als Anpassung an das schnelle postnatale Wachstum der Nestlinge gesehen werden.

Der Entwicklungszustand des Schlüpflings-Gehirnes ist durch den geringen zytologischen Differenzierungsgrad der telencephalen Kerngebiete und den Erhalt periventrikulärer Proliferationsgebiete gekennzeichnet. In ihnen finden bis zum 5. Tage nach dem Schlupf noch Zellteilungen statt. Markscheiden sind nur an einigen efferenten Fasern der Augenmuskelnerven und an Fasern des Nervus stato-acusticus, sowie an einigen wenigen Fasern im Fasciculus longitudinalis medialis des Rhombencephalon zu finden. Erst nach 10 Tagen Nestlingszeit sind die ersten myelinisierten Fasern im Telencephalon zu finden. Der Vorgang der Myelinisierung und Zelldifferenzierung ist auch nach 15 Nestlingstagen noch nicht ganz abgeschlossen. Ein vollständig ausdifferenziertes Gehirn findet man erst beim Adulttier.

Mit diesen postnatalen anatomischen Veränderungen ist ein sehr starkes Volumenwachstum des Gehirnes verbunden. Das Schlüpflings-Gehirn besitzt ein Gesamt-Gewebevolumen von nur 7% des Gehirnes der Adulttiere und vermehrt sein Volumen bis zum adulten Tier auf das 15-fache. Stärker noch als das Gesamtgehirn wachsen die einzelnen striatalen Areale des Telencephalon, unter denen das Neostriatum sein Volumen 28-fach vermehrt, das Palaeostriatum 20-fach und das Archistriatum 31-fach.

Das Gehirn ausgewachsener Wellensittiche ist durch sein sehr großes absolutes und relatives Volumen ausgezeichnet. Verglichen mit dem Hirngewicht, das für Wellensittiche nach der Allometriefunktion für die Beziehung Hirngewicht zu Körpergewicht berechnet werden kann, entspricht dieses Gewicht 233% des berechneten Gewichtes. Die starke Volumenentfaltung kann sehr präzise auf die Entfaltung des Archistriatum und des Neostriatum zurückgeführt werden. Durch ihre Entfaltung wird das Wellensittich-Gehirn weitgehend umgestaltet. Die Bildung des großen "Schläfenlappens", die Lageverschiebung von Telencephalon, Diencephalon, Mesencephalon und Rhombencephalon zueinander, die Umknickung des dritten Ventrikels sowie die Entwicklung der Fasersysteme des Endhirnes mit der palaeostriatalen Faserkapsel beruhen auf der Volumenentfaltung dieser striatalen Areale.

Die Ontogenese des Wellensittichs zeigt in den Zeitplänen der Entwicklung der Körpergestalt, des Integumentes und des Skeletsystems keine grundsätzlichen Unterschiede gegenüber jener der beschriebenen Nestflüchter, auch wenn einzelne Spezialisationen und Abwandlungen in der Entwicklung und Ausreifung der untersuchten Organsysteme beschrieben wurden. Die Neoptilfedern des Wellensittich-Schlüpflings sind rudimentär, doch erfolgt die Anlage der rudimentären Federn sowie die Abfolge der Zellteilungs- und Differenzierungsschritte nach dem gleichen Zeitplan, wie er für die vollständige Ausbildung der Neoptildunen der Wachtel beschrieben wurde.

Das Gleiche gilt für die Entwicklung des Skeletsystems: obgleich der Ossifikationszustand des Skeletes beim Schlupf nicht so weit fortgeschritten ist wie bei der Wachtel, dem Laufhühnchen und der Moschus-Ente, findet die Anlage der Skeletelemente und der Beginn der Ossifikation nach dem gleichen Zeitplan statt wie bei diesen Nestflüchtern. Der geringe Ossifikationszustand des Skeletes kann nur als spezielle Anpassung der histologisch möglichen Aufbauleistung an ein schnelles postnatales Wachstum angesehen werden. Es handelt sich um einen adaptiven und phylogenetisch abgeleiteten Zustand, nicht um einen Zustand der Retardation.

Auch die Zeitpläne der Frühentwicklung des Gehirnes von der ersten Anlage im Stadium 9 bis zur Entwicklung der Hemisphären des Telencephalon im Stadium 22 zeigen keine Unterschiede zu denen anderer Arten. In der weiteren Entwicklung weichen die Größenentwicklung der Hirnanlage und der Augen bei den Nestflüchtern und der Taube einerseits und dem Wellensittich andererseits immer mehr voneinander ab. Beim Schlupf sind dann schließlich die geschilderten großen Unterschiede in der zytologischen Differenzierung und Größenentwicklung ausgebildet.

Dies muß im Zusammenhang mit der Größe des Gehirnes adulter Wellensittiche gesehen werden. Das große Volumen des Wellensittich-Gehirnes setzt die Proliferation und anschließende Differenzierung einer größeren Zahl von Neuronen voraus, als im Gehirn der Wachtel, des Laufhühnchens oder, bezogen auf das Körpergewicht, auch der Moschus-Ente vorhanden sind. Die Proliferation neuronalen Gewebes ist an die Proliferationszonen im Ventrikelependym gebunden. Eine höhere Neuronenzahl ist bei wahrscheinlich konstanter Zellteilungsrate nur über eine Vergrößerung der Teilungsmatrix oder eine Verlängerung der Proliferationsdauer möglich. Da die Teilungsmatrix des Ventrikelependyms nur in der zweiten Dimension vergrößert werden kann, das Gehirnvolumen und die Neuronenzahl aber in der dritten Dimension wachsen, ist ab einem bestimmten Zeit-Volumen-Verhältnis eine weitere Vermehrung der Neuronenzahl nur noch über eine Verlängerung der Proliferationsdauer möglich. Auf diese Weise kommt es zu den so großen anatomischen Unterschieden der adulten Gehirne. Ausgehend von einem gleichen Zeitplan für die Anlage und die Frühentwicklung des Gehirnes zeigen Wellensittiche in der späteren Embryonalentwicklung ein immer stärkeres Abweichen des Zeitplans von dem Zeitplan der Gehirnentwicklung bei den ursprünglichen Nestflüchtern.

Hier sind auch direkte Beziehungen zwischen der schnellen und starken Volumenentwicklung des Gehirnes und dem Ossifikationszustand des Schädelskeletes zu erkennen. Ein schnelles postnatales Wachstum und eine starke Volumenvermehrung des Gehirnes setzen voraus, daß die Knochen des Hirnschädels im notwendigen Zeitmaß einen entspechend großen Raum für das Gehirn aufbauen können und die Größenentwicklung des Gehirnes nicht behindern. Eine solche Entwicklungsvoraussetzung ist aber nur für Nesthocker gegeben, die weder für das Rumpf- noch für das Schädelskelet mechanische Belastbarkeit besitzen müssen.

Die Ontogenese des Wellensittichs zeigt nicht nur die geschilderten Anpassungen der Nestlinge an ein schnelles Wachstum, sondern lässt auch einen engen Bezug zu der ökologischen Situation der Art erkennen. Wellensittiche sind auf Kleinsämereien spezialisierte r-Strategen, die kurzfristig günstige Ernährungsituationen in Buschsteppen ausnutzen können und in kurzer Zeit eine große Zahl von Jungtieren großziehen. Die kurze Brutzeit und das schnelle postnatale Wachstum sind ebenso wie die Fütterung der Jungtiere durch die Eltern, die die räumlich und zeitlich ungleichmäßig verteilen Nahrungsquellen aufsuchen, notwendige Grundbedingungen um die vom Wellensittich besetzte ökologische Nische ausfüllen zu können. Der geringe Ossifikationszustand des Schlüpflingsskeletes, der nur bei den mechanisch nicht belasteten Nesthocker-Schlüpflingen möglich ist, ist zugleich eine Präadaptation für das sehr schnelle postnatale Wachstum. Die Wellensittiche sind innerhalb der Gruppe der Papageien eine Kleinform, wodurch zum einen ihr Wachstum viel schneller verläuft als bei größeren Papageien, zum anderen aber auch erst die Ernährung von Kleinsämereien möglich ist. Der Ontogenesetyp des Nesthockers Wellensittich ist auf diese Weise in ein festes Gefüge voneinander abhängiger Parameter anatomisch-histologischer Wachstumsleistungen, der Populationsdynamik und der Ernährung der Art eingespannt. Die Reduktion des Neoptil scheint in diesem Zusammenhang eine sekundäre Anpassung, da die Thermoregulationsfähigkeit in den ersten Tagen nach dem Schlupf nicht ausgebildet ist, die Nestlinge gehudert werden müssen und daher ein isolierendes Neoptil unnötig ist; auch ist die Verschmutzungsgefahr der nackten Nestlinge geringer. - Die Loris schlüpfen im Gegensatz zu den meisten anderen Papageien bedunt.

Die Entlastung der Schlüpflinge von Futtersuche, lokomotorischen Aktivitäten, Sinneseindrücken und komplexem Kommunikationsverhalten, stellt die Funktion des Gehirnes bis zu einem Minimalzustand frei, erlaubt damit den Erhalt von Proliferationszonen im Telencephalon über den Schlupf hinaus und eine späte postnatale Ausreifung des Gehirnes.

E) Zeitmuster der Ontogenese bei *Lonchura oryzivora*

Reisfinken gehören wie Wellensittiche zum Typ 3 der Nesthocker. Sie schlüpfen vollständig unbefiedert nach 18 Tagen Embryonalentwicklung. Ihre Motilität und die Ausbildung ihres Verhaltenrepertoires sind noch geringer als bei Wellensittich-Schlüpflingen; sie sind "nestlägrig" und nicht nesthockend.

Die Zeitmuster der Entwicklung der Körpergestalt lassen sich dennoch in vollständiger Übereinstimmung mit allen anderen untersuchten Arten in die Normentafel einfügen. Die Abfolge der durch die einzelnen Stadien definierten Entwicklungsschritte ist im Vergleich zu anderen Arten wie der Wachtel identisch. Bei gleicher Zeitdauer der Embryonalentwicklung der Wachtel und des Reisfinken von 18 Tagen lassen sich sowohl die Absolutzeit-Stadien-Kurven als auch die Relativzeit-Stadien-Kurven beider Arten durch Überlagerung vollständig zur Deckung bringen.

Die Anlage der Federn erfolgt beim Reisfink im gleichen Zeitplan wie bei Wachtel, Laufhühnchen und Wellensittich. Sie beginnt im Stadium 28 als subepidermale Mesenchymverdichtung, wölbt sich in den Stadien 29 bis 32 als Federpapille vor und wird in den folgenden Stadien in die Dermis versenkt, ohne daß die Spitze der Federpapille weiter in die Länge wächst. Dadurch wird die gesamte Federanlage in der Dermis versenkt. Dort findet die rudimentäre Ausbildung einer Neoptilfeder statt, die mit der Ausbildung einer echten Federpulpa und eines Pulpagefäßes, mit der Verhornung von Federepithel und Follikelepithel, und mit ihrem vollständig und funktionsfähig entwickelten mesodermalen Verankerungs- und Bewegungsapparat alle Merkmale einer echten Feder besitzt. Die Untergliederung und Anordnung der Zellen des Federepithels zu Ramogen- und Radiogenplatten unterbleibt jedoch, sodaß nur eine zellarme verhornte Federscheide gebildet wird, deren Spitze im Follikelkanal liegt.

Die Federrudimente reichen nicht über die Epidermis hinaus, erreichen sie sogar in vielen Fällen nicht. Dadurch bleibt der Follikelkanal bis zum Schlupf von der inzwischen verhornten Schicht des Periderm verschlossen. Das Periderm überdeckt die Epidermis des gesamten Embryo, verhornt erst kurz vor dem Schlupf und wird zusammen mit verhornenden Zellagen aus dem Stratum germinativum der Epidermis nach dem Schlupf abgestoßen. Die Überdeckung der Federanlagen ist keine embryonale Sonderbildung. Bei den befiedert schlüpfenden Vögeln wird das ebenfalls die Epidermis der Federanlage überdeckende Periderm bereits früh während der Embryonalentwicklung von den auswachsenden Federn durchstoßen.

Alle am Aufbau dieser rudimentären Federanlage beteiligten Zellen erreichen einen ausdifferenzierten Zustand, in dem sie nicht von Zellen ausgewachsener Federn adulter Tiere unterschieden werden können. Die fertig ausgebildeten rudimentären Federn der Reisfinken-Schlüpflinge besitzen keine embryonalen Zellen mehr.

Die Skeletentwicklung der Reisfinken gleicht jener der Wellensittiche: im Schlupfzustand ist das Skelet gering ossifiziert, mit großen Knorpelarealen an den Ersatzknochen und breiten Zuwachsspalten zwischen den Deckknochen. Der Beginn der Ossifikation der einzelnen Skeletelemente erfolgt auch bei den Reisfinken nach dem für die anderen Arten beschriebenen Zeitplan. Die Ossifikation der Röhrenknochen der Extremitäten beginnt sogar etwas früher als bei den anderen Arten mit einer dünnen perichondralen Knochenmanschette im Stadium 28. Dieser frühe Ossifikationsbeginn weist darauf hin, daß es nicht Zeitmangel sein kann, der den geringen Ossifikationszustand des Schlüpflings-Skeletes bewirkt. Bei der Wachtel und beim Laufhühnchen beginnt die Ossifikation des Skeletes erst etwas später zwischen den Stadien 30 und 32, und sie kommt bei der Wachtel in 10 bis 11 Tagen weitgehend zum Abschluß. Eine gleich lange Zeit vergeht bei Reisfink vom Beginn der Ossifikation bis zum Schlupf. Beim Laufhühnchen kommt die Ossifikation sogar innerhalb von nur 7 Tage zu einem viel weiter entwickelten Zustand und erheblich größeren Skelet. Dabei wiegen die Schlüpflinge der Wachtel mit 7.59g fast 5-mal so viel, die der Laufhühnchen mit 3.42g Schlupfgewicht mehr als doppelt so viel wie die 1.59g schweren Schlüpflinge der Reisfinken.

Der große Knorpelanteil des Schlüpflingskeletes wird wie beim Wellensittich als Anpassung an das schnelle postnatale Wachstum des Körpergewichtes angesehen, das mit einer Wachstumskonstanten von 0.357 eine noch höhere Wachstumsrate besitzt als der Wellensittich.

Der Differenzierungszustand des Gehirnes der Reisfinken ist beim Schlupf gering und das gesamte Gehirn ist durch den Erhalt großer Proliferationsgebiete ausgezeichnet. Die embryonale Anlage und Frühentwicklung des Gehirnes bis zum Stadium 20 erfolgt nach dem gleichen Zeitplan wie bei den anderen Arten. Erst nach und nach mit fortschreitendem Alter des Embryo weicht die Entwicklung des Gehirnes von dem allgemeinen Zeitplan ab. Der Erhalt der großen Proliferationszonen und die starke postnatale Volumenentwicklung des Gehirnes, die für das Gesamtgewebevolumen des Gehirnes das 16.34-fache beträgt, für das Telencephalon sogar den Faktor 28.54 erreicht, müssen in der gleichen Weise wie beim Wellensittich interpretiert werden: das relativ sehr große Gehirn erfordert auch eine relativ sehr große Anzahl von Neuronen, die bei wahrscheinlich konstanten Zellteilungsraten und nur begrenzter Proliferationsfläche des Ventrikel-Ependym nur innerhalb eines bestimmten Zeitabschnittes geliefert werden können. Um den Zeiterfordernissen für den Aufbau des Großhirn-Gewebes gerecht zu werden, muß die Proliferationstätigkeit über den Schlupf hinaus verlängert werden. Die starke Proliferation macht die gleichzeitige frühe Ausdifferenzierung des Gehirnes unmöglich. Beim Reisfink haben mit dem Hyperstriatum ventrale und dem Wulst andere Hirnareale eine besondere Volumenentfaltung erfahren als beim Wellensittich. In den Gruppen der *Psittacidae* und der *Estrildidae* wurden in der stammesgeschichtlichen Entwicklung des Gehirnes verschiedene Entwicklungswege parallel eingeschlagen.

Auch der Entwicklungszustand des Reisfinken-Schlüpflings lässt sich funktionell als Anpassungszustand an die Bedingungen des Nestlingslebens und des postnatalen Wachstums verstehen. Wie beim Wellensittich ist der Erhalt großer Knorpelareale im Schlüpflingsskelet eine notwendige Bedingung für das postnatale Wachstum, das mit einer Wachstumskonstanten von 0.357 sehr schnell ist. - Mit der Ernährung von Grassamen sind die Reisfinken auf eine ähnliche Nahrung spezialisiert wie die Wellensittiche. Auch hier ist das Nesthockertum eine notwendige Präadaptation, um die Jungvögel mit in die Nahrungsnische einzugliedern.

F) Zeitmuster der Ontogenese bei *Columba livia f.dom.*

Die Haustaube besitzt als Nesthocker Typ 2 einige Merkmale der Entwicklung, die ihr eine Stellung zwischen den hier untersuchten Nestflüchtern und Nesthockern zuweisen. Tauben schlüpfen nach einer Brutzeit von 18 bis 19 Tagen mit einem dunigen Neoptil und geschlossenen Augen. Mit einer Wachstumskonstanten von 0.221 wachsen die Tauben-Nestlinge sehr schnell heran und erreichen bereits nach 10 Nestlingstagen das 20-fache ihres Schlupfgewichtes.

Die Zeitpläne der Entwicklung der Körpergestalt stimmen mit jenen der anderen beschriebenen Arten völlig überein. Ein Vergleich der Zeit-Stadien-Kurven zeigt auch hier eine volle Übereinstimmung mit dem Kurvenverlauf bei der Wachtel.

Die Entwicklung der Federn verläuft bei der Taube nach dem gleichen Zeitplan wie bei der Wachtel und führt wie bei dieser zu einem voll entwickelten dunigen Neoptil. Reduktionen wie bei Wellensittich oder Reisfink kommen nicht vor.

Der Ossifikationszustand des Schlüpflingsskeletes ist mit dem von Wellensittich und Reisfink zu vergleichen. Abweichend ist jedoch der Zusammenschluß der Deckknochen des Neuralschädels zu einer bereits beim Schlupf geschlossenen Schädel-Seitenwand, die dem Entwicklungszustand bei den Nestflüchtern gleicht. Gleichzeitig bleibt aber die Schädelbasis bis auf Knochenkerne im Basioccipitale, Exoccipitale und Basisphenoid knorpelig.

Dies muß im Zusammenhang mit der Entwicklung des Gehirnes gesehen werden: das Gehirn erfährt zwischen Schlupf und Adult-Tier eine Volumenvermehrung um den Faktor 6.4, was dem entsprechenden Wert beim Laufhühnchen entspricht.

Der Differenzierungszustand des Schlüpflings-Gehirnes nimmt eine Zwischenstellung zwischen dem beim Laufhühnchen und beim Wellensittich ein. Beim Schlupf sind noch kleine Proliferationszonen erhalten, die aber bereits 5 Tage nach dem Schlupf ihre Aktivität vollständig eingestellt haben. Zugleich ist die zytologische Differenzierung der telencephalen Kerngebiete deutlich weiter fortgeschritten als beim Wellensittich. Bereits beim Schlupf sind einzelne Fasern des Fasciculus longitudinalis medialis, des Tractus occipito-mesencephalicus und der Commissura anterior myelinisiert und schon nach 10 Tagen Nestlingszeit hat der Myelinisierungszustand bis auf Fasern im Neostriatum und Hyperstriatum ventrale eine Ausbildung wie beim Adulttier erreicht. Aufgrund der geringen Größenentfaltung in Relation zum Wachstum des Gesamtkörpergewichtes und der einfachen histologisch-anatomischen Organisation besitzt das Adultgehirn der Taube nur einen basalen Cerebralisationsgrad.

Die Taube zeigt in den Zeitplänen der Gefiederentwicklung und des Gehirnes Merkmale der hier besprochenen Nestflüchter. Die Entwicklung des Skeletes und die postnatale Gewichtsentwicklung schließen sich hingegen den Nesthockern an. Der Ossifikationszustand des Schädels besitzt dabei Merkmale beider Gruppen, da einerseits die Deckknochen wie bei den Nestflüchtern dicht aneinander schließen, andererseits die Schädelbasis wie bei den Nestflüchtern noch zum größten Teil knorpelig ist.

Wie bei den beiden anderen Nestflüchtern lässt sich für der geringe Ossifikationszustand des Skeletes der Taube beim Schlupf und der Erhalt großer Knorpelareale mit dem sehr schnellen postnatalen Wachstum in direkten funktionellen Bezug setzen. Ein schnelles Wachstum des Skeletes ist aus histogenetischen Gründen nur möglich, wenn an Ersatzknochen große Knorpelareale erhalten sind und zwischen Deckknochen Zuwachsspalten bestehen. Gerade hier zeigt die Taube, in welch hohem Maße der Ossifikationszustand des Skeletes von diesen einfachen Beziehungen bestimmt wird. Ihr Gehirn, das für einen Nesthocker sehr gering cerebralisiert ist, wächst postnatal nur um einen Faktor von 6.4. Mit diesem geringen Wachtum des Gehirnes, das fast dem des Laufhühnchens entspricht, ist auch das Wachstum der Schädelknochen gering. Der Ossifikationszustand der Deckknochen des Hirnschädels entspricht mit dem Schluß der Knochennähte dem beim Laufhühnchen oder der Wachtel.

Das geringe Wachtum des Gehirnes der Tauben und sein basaler Cerebralisationsgrad sind ein Beleg für die Hypothese, daß eine nesthockende Ontogenese eine Präadaptation für die Volumenvermehrung des Gehirnes und die stammesgeschichtliche Entwicklung hoch cerebralisierter Vögel ist. Von PORTMANN (1954, 1962) wurde dies in der "Präzedenzregel" formuliert, ohne jedoch auf die biologisch-funktionellen Rahmenbedingungen, unter denen eine solche Entwicklung stattfindet, einzugehen.

Taubennestlinge scheinen vor allem auf ein besonders schnelles Wachstum adaptiert zu sein. Hierbei spielen nicht nur Spezialisationen der Nestlinge, die einen vergrößerten Eingeweidetrakt (PORTMANN 1936, 1954) mit einem riesigen Kropf und einem geradezu trichterförmigen, überproportionalen Schnabel besitzen, sondern auch Anpassungen der Elterntiere, die vor allem durch die Erzeugung von Kropfmilch in den ersten Nestlingstagen für eine ausgeglichene Zufuhr hochwertiger Nahrung sorgen. -Vergleichende Untersuchungen zur Ontogenese des Verdauungstraktes sind noch notwendig.

VIII.2 Evolution der Ontogenesen

A) Die Homologie der Zeitpläne

Um Aussagen über die Evolution der Ontogenesen zu machen, müssen die Entwicklungen homologer Strukturen verglichen werden.

Die frühe Embryonalentwicklung der Vögel, die in den Stadien 1 bis 22 abläuft und mit der Ausbildung der Körpergrundgestalt endet, dient der Entwicklung der homologen Keimblattstrukturen und Organe (Neuralrohr, Gehirnanlage, Chorda, Somiten). Die Entwicklung dieser Strukturen, die aufgrund der Übereinstimmung in ihrer ontogenetischen Herkunft, der Lagegleichheit im Gesamtgefüge des Embryo und der Übereinstimmung in ihrer spezifischen Qualität als homolog ausgewiesen sind, verläuft auch nach gleichen Zeitplänen. Wenn sich homologe Organe in der gleichen zeitlichen Abfolge des Auftretens ihrer differenzierten Merkmale entwickeln, dann sind auch die diesen Entwicklungen zugrundeliegenden Zeitpläne homolog. Die Aussagekraft der hier vorgestellten Normentafel beruht auf dem Befund gleicher zeitlicher Abfolgen der einzelnen Entwicklungsstadien. Diese sind ihrerseits ein Ausdruck für die ihnen zugrundeliegenden homologen Zeitpläne.

Im Einzelnen lässt sich die Homologie der Zeitpläne der Organentwicklung besonders deutlich an den zeitlichen Übereinstimmungen in der Federmorphogenese und der Ossifikationen des Skeletes bei den hier untersuchten Arten zeigen.

Die Bildung der subepidermalen Mesenchympapille, die Induktion der Mehrschichtigkeit der Epidermis, die Ausbildung der Federpapille, deren Auswachsen zur fadenförmigen Federanlage und ihre gleichzeitige Versenkung in die Dermis, die Ausbildung des kollagenen Fasernetzes um den Federfollikel und die Differenzierung der dermalen glatten Federmuskeln, erfolgen bei allen Arten zeit- und stadiengleich. Dabei handelt es sich nicht nur um die gleiche zeitliche Abfolge, also die relative Zeitgleichheit, sondern sogar um die gleichen absoluten Zeiten, in denen diese Entwicklungsschritte ablaufen.

Beim Wellensittich und beim Reisfink konnten alle Zellteilungs- und Differenzierungsschritte in der epidermalen Federanlage nachgewiesen werden, die auch bei den Nestflüchtern gefunden wurden. Der Ausfall der Bildung der Ramogen- und Radiogensäulen haben jedoch zur Rudimentation der Federn und zum Verlust des Neoptil geführt. Dennoch werden sowohl die rudimentäre Feder als auch der dermale Verankerungs- und Bewegungsapparat der Feder bei Wellensittich und Reisfink im gleichen Zeitplan der Teilungs- und Differenzierungsschritte wie bei der Wachtel bis zu einem histologisch funktionsfähigen Zustand aufgebaut. Die Zeitpläne der Ontogenese der Federn der Wellensittiche und Reisfinken sind also homolog zu den Zeitplänen der Federentwicklung bei der Wachtel, dem Laufhühnchen und der Moschus-Ente.

In ganz gleicher Art und Weise lässt sich eine Homologie der Zeitpläne für die Entwicklung des Skeletes feststellen. Der geringere Ossifikationszustand des Skeletes der Wellensittiche und der Reisfinken ist ein abgeleitetes Merkmal, das aber in seiner speziellen adaptiven Herausbildung auf dem gleichen Entwicklungs-Zeitplan basiert wie die Entwicklung des Skeletsystems bei den Nestflüchtern.

Die gleiche Entwicklungsabfolge homologer Strukturen nach einem übereinstimmenden Zeitplan, also die zeitliche Homologie der Entwicklungsschritte, wird durch die hier vorgelegten Normentafeln belegt, zu deren Erstellung primär nur die Gleichheit der Stadienmerkmale herangezogen wurde. Die Entwicklungen der einzelnen Organe sind in ein starres Zeitgerüst der Entwicklungsabläufe eingefügt, das auch im Vergleich von nestflüchtenden und nesthockenden Arten kaum Abwandlungen zeigt. Das Auftreten abgeleiteter Merkmale, wie der Ausfall bestimmter Differenzierungschritte bei der Federentwicklung, oder die Umstellung nicht nur des ersten, sondern auch des vierten Zehs in der Entwicklung des Wellensittich-Fußes, ebenso wie die vollständige Reduktion des ersten Zehs bei *Turnix*, bringen einzelne neue, abgeleitete Merkmalsketten in die primär homologen Entwicklungen ein. Der zugrundeliegende homologe Zeitplan bleibt aber weiterhin erkennbar und bestimmt die Abfolge der veränderten Entwicklungsschritte.

Die Zeitpläne der Entwicklungen der einzelnen Organsysteme sind in einem starren Zeitgerüst zu einer funktionell geprägten Kombination von in einzelnen Punkten abgewandelten und aufeinander abgestimmten Entwicklungsabläufen verknüpft. Aus dieser systemhaften Verknüpfung der Zeitpläne mehrerer Organsysteme ergeben sich die Zeitmuster der Embryonalentwicklung, die im Wesentlichen funktionell determiniert sind und auch in stammesgeschichtlichen Zeiträumen kaum noch verändert werden können. Abwandlungsmöglichkeit des Schlupfzustandes können nur in der spätembryonalen Wachstumsphase erreicht werden, durch deren Verlängerung oder Verkürzung der Differenzierungszustand der Gewebe einen unterschiedlichen Grad erreicht und damit den funktionellen und adaptiven Anforderungen an die Schlüpflinge gerecht wird.

B) Ursprüngliche und abgeleitete Merkmale in der Vogelontogenese

Aus der Beschreibung der Ontogenesen der 6 untersuchten Arten wird für jede dieser Arten ein Merkmalskomplex eng aufeinander bezogener Anpassungen der Schlüpflinge an die speziellen Bedingungen des Nestlings- oder Kükenlebens deutlich. Dabei erweisen sich die Zeitpläne der Entwicklung der einzelnen Organe als ein relativ starres Zeitgerüst. Diese Zeitpläne sind in der Embryonalentwicklung systemhaft miteinander zu einem Zeitmuster verknüpft, so daß für eine Abwandlung dieser Zeitpläne nur sehr begrenzte Möglichkeiten bestehen. Auf diesen begrenzten Möglichkeiten beruhen aber alle Anpassungen in der Embryonalentwicklung, die in der Evolution der Ontogenesen bei den Vögeln auftreten.

Nestflüchter vertreten den ursprünglichen Ontogenesetyp der Vögel. Nestflüchtende Jungtiere der gemeinsamen Vorfahren rezenter Reptilien und Vögel waren der Ausgangspunkt für die stammesgeschichtliche Entwicklung der Nestflüchter-Ontogenesen bei Reptilien und Vögeln. PORTMANNs (1936-1965) Ansicht, daß die

Reptilähnlichkeit der rezenten Vogelnestflüchter-Ontogenesen die Ursprünglichkeit der Nestflüchter-Ontogenese belege, muß aufgrund der Nahrungsnischen-Separierung von Eltern und Jungtieren bei Reptilien abgelehnt werden. Bei den Vögeln ist im Gegensatz dazu die Nutzung der gleichen Nahrungsnische durch Eltern und Jungvögel gerade die spezielle Voraussetzung für eine vogeltypische Ausgestaltung der Ontogenese zum Nestflüchter und ihre Weiterentwicklung, wie am Beispiel der Laufhühnchen mit der Verzwergung oder am Beispiel der Moschus-Ente mit der weitentwickelten Selbständigkeit der Schlüpflinge gezeigt wurde.

Die systematisch weite Verbreitung der Nestflüchter unter allgemein als ursprünglich angesehenen Vogelgruppen begründet heute die Ansicht, daß das Nestflüchtertum ursprünglich unter der Vögeln ist. Die vier verschiedenen Typen der Nestflüchter, von denen hier nur zwei untersucht werden konnten, belegen schon mit diesem ursprünglichen Ontogenesemodus eine weit gefächerte Radiation der Vögel. Die Vielfalt der Formen, von den vollständig unabhängigen Schlüpflingen der *Megapodiidae* bis zu den Schlüpflingen der *Gruiformes*, die noch lange Zeit gefüttert werden müssen, zeigt die evolutiven Möglichkeiten dieses Ontogenesemodus auf.

Alle Formen, deren Jungen eine Ontogenese als Platzhocker oder Nesthocker durchlaufen, kommen nur in Familien vor, die eindeutig abgeleitete Merkmale besitzen.

Alle Nestflüchter, die Platzhocker und ein Großteil der Nesthocker sind beim Schlupf mit einem dunigen Neoptil befiedert. Ein duniges Neoptil wird als ursprüngliches Merkmal angesehen. Soweit die Embryonalentwicklung des Gefieders bekannt ist, verläuft sie in allen Arten nach dem gleichen Ontogenesemuster (PORTMANN 1938; GERBER 1939; BROMANN 1941; BECKER 1959). An den drei hier untersuchten Arten der Nestflüchter und an der Taube als Nesthocker konnte neben einer Übereinstimmung in der Morphogenese auch eine Übereinstimmung ihrer Zeitpläne nachgewiesen werden. Die Entwicklungszeit von 18 Tagen bei der Wachtel, aber auch von 13 bis 14 Tagen Entwicklungszeit beim Laufhühnchen setzt der Entwicklung der Federn keine zeitlichen Limitierungen. Die Signalfedern zahlreicher Singvögel belegen, daß selbst 12 Tage Embryonalentwicklung für die Federentwicklung kein Zeitlimit sind; auch in einer so kurzen Zeit ist die Entwicklung vollständiger Federn möglich. Deutlich werden jedoch bei einem Vergleich von Laufhühnchen und Moschus-Ente die epigenetischen Momente der Federentwicklung. In Abhängigkeit von der Länge der Embryonalentwicklung ist die Neoptildune der Laufhühnchen mit einer nur ringförmigen Spule versehen, während bei den lang brütenden Moschus-Enten die Spule der Neoptildune zu einem Schaft ausgewachsen ist und damit sogar schon Adultmerkmale besitzt.

Gegenüber diesem ursprünglichen Entwicklungsweg besitzen der Wellensittich und der Reisfink mit der Unterdrückung der Differenzierung der Ramogen- und Radiogensäulen in der Federanlage und dem fehlenden apikalen Wachstum der Federn abgeleitete Merkmale. Die auch bei ihnen erhaltenen Zellteilungs- und Differenzierungsschritte laufen in dem gleichen Zeitplan ab, in dem bei den Nestflüchtern eine vollständige Feder aufgebaut wird. Der Erhalt dieses alten Zeitplanes der Federentwicklung in der 18-tägigen Embryonalentwicklung der Wellensittiche und Reisfinken und die zytologische Ausreifung der rudimentären Feder belegen, daß keine Retardierung der Federanlagen vorliegt.

Auch für die Entwicklung des Skeletes kann der Entwicklungszustand eines Wachtel-Schlüpflings als ursprünglich angesehen werden. Ein weitgehend gleicher Zeitplan der Skeletentwicklung mit einem übereinstimmenden Auftreten der Ossifikationen und einer übereinstimmenden Ausdehnung der Verknöcherungen wird auch bei den anderen Nestflüchtern, die hier untersucht wurden, gefunden. Der Ablauf des Zeitplanes der Skeletentwicklung ist im Muster der Gesamtentwicklung starr fixiert: zum einen muß die mechanische Stützfunktion des Skeletes ausgebildet sein, zum anderen bestimmen die histogenetisch festgelegten Aufbauleistungen enchondraler und desmaler Verknöcherung den Ossifikationszustand beim Schlupf.

Bei den "nestlägrigen" Singvögeln und Papageien entfällt die mechanische Belastung des Schlüpflingskeletes. Dennoch findet man bei den Nesthockern den gleichen Zeitplan der Skeletentwicklung verwirklicht wie bei den Nestflüchtern. Dabei wird der geringe Ossifikationszustand des Skeletes bei den Nesthockern als abgeleiteter Zustand erkannt und ist seinerseits eine funktionelle Grundvoraussetzung für das schnelle Wachstum der Papageien, Singvögel und Tauben.

Die Ontogenese des Gehirnes der Wachtel als Nestflüchter mit einem sehr einfach organisierten Gehirn, das weder strukturell noch volumetrisch Besonderheiten erkennen lässt (SUTTER 1943; BAYLE et al.1974), wird als ursprünglich angesehen. In der Frühentwicklung des Gehirnes besitzen alle untersuchten Arten bis zum Stadium 22 noch ein übereinstimmendes Muster der Entwicklung. Schon in diesem frühen Stadium werden dann aber zwischen ihnen Unterschiede in der Größenentwicklung erkennbar, die sich bis zum Schlupf kontinuierlich verstärken und zu dem sehr verschiedenen Entwicklungszustand des Gehirnes der Schlüpflinge von Nestflüchtern und Nesthockern führen. Im Vergleich zur Wachtel erscheint das Laufhühnchen mit einem relativ kleinen Schlüpflings-Gehirn und starker Volumenzunahme aller Gehirnareale, sowie dem Erhalt von Proliferationszonen beim Schlupf als abgeleitet. Die relative Größe seines Adult-Gehirnes wurde als Folge der Verzwergung der *Turniciden* angesehen, da der mikroskopisch-anatomische und faserarchitektonische Bau des adulten Gehirnes trotz seiner Größe sehr einfach sind.

Der Hirnbau der Moschus-Enten muß mit der mächtigen Entfaltung des Nucleus basalis und des Wulstes ebenfalls als abgeleitet angesehen werden. Die Differenzierung des Schlüpflings-Gehirnes, das mit Tectum und Hirnstamm schon weitgehend Adultproportionen erreicht, kann nur im Zusammenhang mit der Brutzeitverlängerung als spezielle Anpassung an das extrem selbständige Schlüpflingsleben gesehen werden.

Somit können also schon innerhalb verschiedener Gruppen der Nestflüchter Spezialisationen der Ontogenese nachgewiesen werden, die durch die Anpassung an Besonderheiten des Schlüpflingslebens zu Verschiebungen der Zeitmuster der Hirnentwicklung geführt haben. Die kurze Entwicklungszeit der Laufhühnchen ist nur möglich, da es sich um Zwergformen handelt, deren Gehirn, obgleich relativ überproportional groß, in Absolutwerten sehr klein ist und sich in verhältnismäßig kurzer Zeit zu einem funktionsfähigen Zustand entwickeln kann. Der weit fortgeschrittene Differenzierungszustand der Moschus-Enten ist nur möglich, da die Embryonalperiode verlängert und dadurch Zeit für die Differenzierung des Gehirnes gewonnen wurde.

Bei den Nesthockern Wellensittich und Reisfink bestimmt die postnatale Volumenentfaltung des Gehirnes den Schlupfzustand. Die Zellproliferations-Leistung und die Differenzierungs-geschwindigkeit sind zeitabhängig, denn in ihrer Embryonalentwicklungs-Zeit kann offensichtlich in keiner der beiden Arten das hoch cerebralisierte Gehirn aufgebaut werden. Die Proliferationsdauer muß über den Schlupf hinaus anhalten, während der Differenzierungszustand des Schlüpflings-Gehirnes auf einen Minimalzustand sinkt, der die lebenswichtigen vegetativen Funktionen und die Halte- und Freßreaktionen durch das bereits weiter ausgereifte Rhombencephalon garantiert. Beim Wellensittich sind mit Archistriatum und Neostriatum, beim Reisfink mit Hyperstriatum ventrale und Wulst verschiedene Gehirnareale volumetrisch und zytologisch besonders ausgebildet. Durch diese Unterschiede in der Massenentfaltung telencephaler Areale ergibt sich auch eine sehr unterschiedliche Faserarchitektur der Gehirne beider Arten.

C) Die Evolution der Vogelontogenesen

Wenn auf der Basis dieser Daten Vorstellungen über die Evolution der Ontogenesen bei Vögeln erläutert werden, so besitzen diese aufgrund des begrenzten untersuchten Materials noch einen hypothetischen Charakter. Da die hier vorgestellten Befunde in einigen Punkten im Widerspruch zu bestehenden Theorien stehen, soll die Evolution von Ontogenesen mit diesen neuen Befunden unter neuen Gesichtspunkten diskutiert werden.

Als ursprünglich unter den rezenten Vögeln müssen Arten mit nestflüchtenden Jungen des Types 2 oder 3 angesehen werden. Es sind omnivore oder unspezialisierte Kleintier- und Pflanzenfresser, die in Bodennestern oder Bodenmulden brüten. Ihre Schlüpflinge sind motorisch und lokomotorisch aktiv und fressen selbständig die gleiche Nahrung wie die Elterntiere. Sie sind beim Schlupf mit einem dunigen Neoptil ausgestattet. Ihr Skelet ist beim Schlupf so weit entwickelt, daß es die mechanischen Belastungen selbständiger Bewegung, eigenen Nahrungserwerbs und der notwendigen Feindvermeidung erfüllen kann. Ein schnelles postnatales Wachstum ist ausgeschlossen. Hierfür ist durch die große motorische Aktivität der Betriebstoffwechsel zu hoch, so daß der gleichzeitige Aufbaustoffwechsel damit limitiert ist. Besonders schließt aber der mechanisch notwendige Ossifikationszustand des Skeletes ein schnelles Körperwachstum aus.

Der Entwicklungszustand des Gehirnes beim Schlupf muß alle motorischen und sensorischen Leistungen, die für das Kükenleben notwendig sind, erbringen. Ein bestimmter zytologischer Differenzierungszustand, wie ihn zum Beispiel das Laufhühnchen repräsentiert, muß beim Schlupf mindestens erreicht sein. Da die Proliferationsleistung des Ventrikelependym offensichtlich auf einer Zeitkonstanten beruht, wird damit die Volumenentfaltung des Gehirnes und das Cerebralisationsniveau nestflüchtender Vögel durch die Länge der Embryonalentwicklungs-Zeit und den Schlüpflingszustand limitiert.

Von dieser Ontogeneseform lassen sich bereits innerhalb der Nestflüchter mehrere Evolutions-Linien erkennen, die eigenständige Anpassungen darstellen und Abwandlungen dieses ursprünglichen Ontogenesemodus repräsentieren: ein Weg führt über Brutzeitverlängerung zu einer größeren Selbständigkeit der Jungtiere, wie sie die Entenvögel als Beispiel zeigen. Die Brutzeitverlängerung erfolgt dabei nicht gleichmäßig über alle Embryonalstadien, sondern fast ausschließlich im spätembryonalen Wachstumsstadium 39. Erst dieses Wachstumsstadium besitzt bei zuvor fest gefügten Entwicklungsabläufen Variationsmöglichkeiten, die Abwandlungen der Entwicklungszeit und der Entwicklungszustände erlauben. Mit der Brutzeitverlängerung wird eine weit fortgeschrittene Differenzierung des Gehirnes möglich. Integument und Skelet sind ebenfalls weit entwickelt, doch wird ein entsprechender Entwicklungszustand schon früher erreicht und ist deshalb nicht von der Entwicklungszeit limitiert.

Eine Brutzeitverlängerung ist wiederum nur möglich, wenn die absolute Köpergröße des weiblichen Adultvogels eine Vermehrung des Dottervorrates und damit eine Vergrößerung des Eigewichtes gestattet. Bei Kleinformen, deren Eigröße schon an der oberen Grenze der physiologisch möglichen Größenrelation von Eigewicht zu Körpergewicht liegt, ist eine Vergrößerung des Eigewichtes und damit eine Brutzeitverlängerung wahrscheinlich nicht mehr möglich. Ob die mit abnehmender Körpergröße auch abnehmende Absolutgröße der Eier und der Dottermenge die Brutzeit limitiert und so den Entwicklungszustand der Schlüpflinge bestimmt, oder ob umgekehrt Kleinformen unter den Vögeln erst aus Formen mit nesthockenden Schlüpflingen evoluieren können bleibt zu untersuchen.

Bei den Großfußhühnern hat die Brutzeitverlängerung unter den besonderen Bedingungen einer von Raubfeinden weitgehend freien Inselwelt mit Brutzeiten von 40 bis 60 Tagen eine extreme Ausbildung erfahren. Ausgehend von hühnerartigen bodenbrütenden Vögeln des tropischen Regenwaldes entwickelten sich Formen, die verschiedene physikalische und mikrobielle Wärmequellen zur Erbrütung der Eier nutzten. Die große Selbständigkeit der Schlüpflinge wird durch Brutzeitverlängerung erreicht. CLARK (1960,1964) zeigte dies am Beispiel der Entwicklung der Proportionen der Extremitäten, die dem Entwicklungsmuster anderer Hühnervögel nach dem Schlupf gleicht. Die Entwicklung echter Konturfedern im Neoptil der Schlüpflinge ist bei dieser langen Brutzeit epigenetisch bestimmt und lässt sich ausschließlich mit der Brutzeitverlängerung erklären. Die Entwicklung eines Eizahnes und dessen Abwurf noch während der Embryonalperiode lange vor dem Schlupf und das Schlupfverhalten, bei dem die Eischale durch Stoßen mit den Beinen zertrümmert wird, müssen als abgeleitete Merkmale verstanden werden. Großfußhühner bleiben über jenen Entwicklungszustand hinaus im Ei, in dem andere Hühnervögel schlüpfen, und durchlaufen im Ei die gleiche Größenentwicklung wie geschlüpfte Hühnerküken. Die bei dieser Vogelfamilie extreme Brutzeitverlängerung ist nur möglich, da der Dottervorrat der Eier stark vergrößert ist. So beträgt der Gewichtsanteil des Dotters im Ei der Großfußhühner zwischen 50% bei *Alectura* und 67% bei *Megapodius*, während er generell bei allen anderen Vögeln zwischen 38% und 47% beträgt (DEKKER pers. Mitteilung). Die Brutbiologie der Großfußhühner ist nur bei omnivoren Vögeln oder unspezialisierten Pflanzen und Tierfressern möglich. Mit diesem weiten Nahrungsspektrum ist nur eine begrenzte Nischenbildung und Speziation möglich. So unterscheiden sich die Arten der Großfußhühner bei weitgehend gleicher Ernährung vor allem in den Feuchtigkeits- und Höhenpräferenzen ihrer Habitate.

Auf dem Weg über die Nahrungsspezialisation haben die *Gruiformes* eine Aufspaltung in eine artenreiche Vogelordnung erfahren. Ausgehend von omnivoren Ursprungsformen wurde es mit der Spezialisation auf besondere Nahrungsformen notwendig, daß die nestflüchtenden Küken die Nahrung gezeigt bekommen oder gefüttert werden, da sie zum eigenen Aufsuchen der Nahrung selbst als aktive Nestflüchter noch nicht befähigt sind. Die hier untersuchten *Turniciden* stellen mit der Verzwergung und der dadurch erreichten Schnelligkeit der Entwicklung nochmals einen eigenen Entwicklungsweg innerhalb der Nestflüchter des Types 4 dar.

Vogelarten mit Platzhocker-Jungen können in der Spezialisation auf bestimmte Nahrung noch weiter gehen als die Nestflüchter des Types 4. Sie müssen zu diesem Nahrungserwerb oft große Entfernungen zurückgelegen, die von den Küken nicht bewältigt werden können. Die Eltern bringen die Nahrung zu den am Nistplatz verharrenden Küken. Durch dieses Verhalten ist die Erschließung neuer Nahrungsnischen ebenso möglich, wie das Verharren im Nest auch eine Präadaptation für das Nisten auf Bäumen, an Kliffs oder in Höhlen ist. Soweit dies aus der Literatur bekannt ist, sind bei den Küken der Platzhocker keine besonderen anatomischen Anpassungen beschrieben. Die Entwicklung des Skeletes ist von der Lach- und der Sturm-Möve bekannt (SCHUMACHER & WOLFF 1966a,b) und zeigt keine Unterschiede zu den untersuchten Nestflüchtern. Die Einordnung in diesen Ontogenesetyp wird in erster Linie von Verhaltensunterschieden gegenüber den Nestflüchtern bestimmt.

Echte Nesthocker, wie sie in den Nesthocker-Typen 1 bis 3 zusammengefaßt werden, sind ebenso als Anpassung an bestimmte Formen der Ernährung zu sehen. Nur wenn die Jungvögel im Nest sitzen bleiben und von den Eltern gefüttert werden, ist für die Art die Erschließung solcher Nahrungsnischen wie der Jagd auf fliegende Insekten, Fische, Säuger oder andere Vögel, der Ernährung von Aas oder Blütensäften möglich. Gleichzeitig wird mit dem Nesthockertum Entwicklungsspielraum für Differenzierungen in verschiedene Richtungen gewonnen. So kann durch die gesicherte und hochwertige, proteinreiche Ernährung ein Großteil der Nahrung dem Aufbaustoffwechsel für ein schnelles Wachstum der Nestlinge zugeführt werden kann. Voraussetzung hierfür ist aber nicht nur eine weit fortgeschrittene Entwicklung des Verdauungstraktes, der große Mengen Nahrung in kurzer Zeit aufschließen und verarbeiten kann, sondern auch der Erhalt großer Areale von Wachstumsknorpel im Skelet. Diese Voraussetzung ist durch die weitgehend fehlende mechanische Belastung des Skeletes der "nestlägrigen" Jungvögel gegeben und erlaubt schnelles postnatales Größenwachstum.

Erst mit der Umstellung der Embryonalentwicklung und dem "unreifen" Schlupf, mit dem Verhalten des Nesthockens und der Ernährung der Jungtiere durch die Eltern öffnen sich diese Entwicklungswege. Bei jenen sehr kleinen Arten, die ihre Nestlinge hudern, ist die Entwicklung eines Neoptil überflüssig geworden, da sein Isolationswert bei sehr kleinen Nestlingen ungenügend ist und noch keine selbständige Thermoregulationsfähigkeit besteht. Die Ausbildung des Nestlingsgefieders wird unterdrückt, was durch eine rudimentäre Federentwicklung erreicht wird. Dabei ist der Verlust des Schlüpflingsgefieders ein Anpassungsvorgang, der nicht nur im Sinne einer Energieeinparung, sondern auch im Zusammenhang mit der Entwicklung der Thermoregulationsfähigkeit und der Nesthygiene gesehen werden muß. Die Verschmutzung der Jungtiere durch ein Verkleben des Gefieders wird bei nackten Jungtieren verhindert, die Entwicklung eines dunigen Gefieders beginnt beim Wellensittich zu dem Zeitpunkt, an dem die durchschnittliche Huderzeit durch die Eltern deutlich abnimmt.

Das Nesthockertum ist aber auch eine Präadaptation für die Volumenentwicklung des Gehirnes, das bei konstanten Zell-Teilungsraten auf feste Entwicklungs-Zeiträume angewiesen ist. Bei den Nestflüchtern wird durch die frühe Differenzierung des Gehirnes und seine frühe funktionelle Ausreifung das Erreichen eines höheren Cerebralisationsniveaus limitiert. Bei den Nesthockern wird durch die Entlastung der Nestlinge von den funktionellen Anforderungen der Orientierung, der Nahrungssuche und der Koordination der Muskelbewegungen ein geringerer Differenzierungszustand des Schlüpflings-Gehirnes möglich, das nur die vegetativen Betriebsfunktionen und einfache Verhaltensweisen wie das Sperren und die Kotabgabe steuern muß. Unter diesen Umständen ist dann eine Fortdauer der Zellproliferation besonders im Telencephalon über den Schlupfzeitpunkt hinaus und eine Ausreifung dieser Areale erst nach dem Schlupf möglich. Damit kann die Proliferationsphase der telencephalen Areale länger dauern als die Brutzeit. Auf diese Weise kann, vor allem bei kleinen Vögeln, ein größeres und höher organisiertes Gehirn evoluieren. Bei den hier untersuchten Wellensittichen und Reisfinken sind mit dem Archistriatum und dem Neostriatum einerseits und mit dem Hyperstriatum ventrale und dem Wulst andererseits ganz verschiedene Areale hoch entwickelt und führen zu einem weit divergierenden Bau des Gehirns. Sie zeigen damit aber auch, daß unter den gleichen Prinzipien der Abwandlung in zumindest zwei Ordnungen der Vögel parallel ein unterschiedlicher Bau des Gehirnes evoluierte. In beiden Fällen muß der Vorfahre bereits ein Nesthocker gewesen sein. Aus Literaturangaben über den Hirnbau der Tag- und Nachtraubvögel (STINGELIN 1955) ist zu entnehmen, daß bei diesen Familien wiederum andere Hirnareale besonders stark vergrößert wurden und für ihre Verbindungen eigene Faserbahnen entwickelten. Ein eigenständiger Weg der Nesthocker-Ontogenesen dieser Familien lässt sich anhand der Entwicklung des Gehirnes vermuten.

Nur von Nesthockern des Types 3 evoluierten echte Kleinformen mit Körpergewichten unter 10g. Diese sind im Wesentlichen auf die Ernährung von Kleinsämereien und Kleininsekten spezialisiert und nehmen damit Nahrungsnischen ein, die größeren Vögeln verschlossen sind. Ob bei diesen Kleinformen, die nach den Absolutwerten sehr kleine Eier legen, tatsächlich die geringe Menge des mitgegebenen Dotters die Dauer der Brutzeit limitiert, bleibt zu untersuchen. Bei keiner der untersuchten Arten konnte bisher eine solche Limitierung aufgezeigt werden.

IX ZUSAMMENFASSUNG

In dieser Studie wurden die Zeitmuster der Ontogenesen von nestflüchtenden und nesthockenden Vögeln vergleichend untersucht, um ein funktionelles Verständnis für die Unterschiede zwischen den verschiedenen Ontogenesetypen zu gewinnen. Die Untersuchungen wurden an der Europäischen Wachtel (*Coturnix coturnix*), dem Binden-Laufhühnchen (*Turnix suscitator*) und der Moschus-Ente (*Cairina moschata*) als Vertretern der Nestflüchter und am Wellensittich (*Melopsittacus undulatus*), dem Reisfinken (*Lonchura oryzivora*) und der Brief-Taube (*Columba livia f.dom*) als Vertretern der Nesthocker vorgenommen. Die Entwicklung der Körperform, des Integumentes, des Skeletsystemes und des Gehirnes wurde mit vergleichend-anatomischer und -histologischer Methodik untersucht.

Die Schlüpflinge der Vögel werden anhand der Art ihres Nahrungserwerbes, ihrer motorischen und lokomotorischen Aktivität, sowie des Entwicklungszustandes des Gefieders und der Sinnesorgane in vier verschiedene Nestflüchter-Typen, in einen Platzhocker-Typ und in drei verschiedene Nesthocker-Typen eingeteilt. In einer vergleichenden Übersicht der Ontogenesetypen und der Form der Ernährung für die Familien der Vögel wird dargestellt, daß Vögel mit Nestflüchtern der Typen 1 bis 3 ausschließlich omnivore oder unspezialisierte Kleintier- und Pflanzenfresser sind, bei denen die Schlüpflinge bereits in hohem Maße selbständig sind und die gleiche Nahrungsnische wie die Eltern besetzen. Vögel mit Jungen des Nestflüchter-Types 4 oder mit Platzhockern, die ihre Küken füttern, zeigen eine weitergehende Nahrungsspezialisation auf wirbellose Tiere oder auch Fische, und damit auf eine Form der Nahrung, die auch von sehr selbständigen nestflüchtenden Jungtieren noch nicht selbständig gefangen und aufgenommen werden kann. Unter allen Formen mit nesthockenden Jungen finden sich schließlich in der Ernährung stark spezialisierte Arten. Ihr Nahrungserwerb kann nur von vollständig ausgewachsenen Tieren geleistet werden. Das Nesthocken stellt deshalb für diese Vögel eine notwendige Präadaptation für die Erschließung der Nahrungsnischen der Carnivorie, der Frugivorie, der spezialisierten Insektenjagd, der Sammlung von Kleinsämereien und von Blütensäften dar, die eine voll entwickelte Flugfähigkeit zur Voraussetzung haben.

Um die Zeitpläne der Entwicklung für die einzelnen Organsysteme feststellen zu können, wurden zunächst für alle untersuchten Arten Normentafeln der Embryonalentwicklung erstellt, deren Einteilung in Stadien auf gleichen Entwicklungsschritten beruht. Erst auf dieser Grundlage wird ein Vergleich verschiedener Arten mit unterschiedlichen Ontogenesen möglich. Die in den Normentafeln erfaßte Entwicklung der Körpergestalt zeigt dabei in allen Arten eine so große Übereinstimmung, nicht nur in der Abfolge der Entwicklungsschritte sondern auch in ihren Zeitplänen, daß für alle sechs untersuchten Arten eine gemeinsame Normentafel aufgestellt wurde.

In dieser Normentafel wird die Embryonalentwicklung von der Entwicklung der Keimblätter bis zum Schlupf des Kükens in 42 Stadien unterteilt, die in 4 Entwicklungsphasen zusammengefaßt werden können: in der ersten Phase der embryonalen Frühentwicklung (Stadien 1 bis 22) wird die Körpergrundgestalt herausgebildet. In der zweiten Phase (Stadien 23 bis 33) beginnt die Ausbildung der Organstrukturen mit einer Untergliederung der Organanlagen und einer ersten Gewebedifferenzierung. Die dritte Phase der Embryonalentwicklung (Stadien 34 bis 38) zeigt eine fortschreitende Organ- und Gewebedifferenzierung bis zur Ausbildung arttypischer Merkmalen. In der vierten Phase (Stadien 39 bis 42), der spätembryonalen Wachstumsphase, ist der Embryo bereits vollständig entwickelt, wächst aber noch stark, und der Schlupf wird durch den Beginn der Lungenatmung und das Veröden des Chorio-Allantoiskreislaufes vorbereitet.

Der Vergleich der Arten nach Zeit-Stadien-Kurven ergab eine völlige Übereinstimmung auch in den absoluten Zeitabläufen während der ersten Phase der Embryonalentwicklung. In der zweiten und dritten Phase der Embryonalentwicklung treten kleine Unterschiede in der absoluten Zeitdauer der Stadien zwischen den Arten auf, doch folgt die Gesamtentwicklung dem gleichen Zeitplan. Sehr große Unterschiede bestehen hingegen in der Dauer der spätembryonalen Wachstumsphase, die zwischen 2 1/2 Tagen beim Laufhühnchen und 13 1/2 Tagen bei den Moschus-Ente betragen kann. In der Veränderung der Dauer der spätembryonalen Wachstumsphase liegt ein Schlüssel für das Verständnis der Abwandlung der Ontogenesen bei Vögeln.

Die Embryonalentwicklung des Integumentes wurde makroskopisch sowie mit licht- und elektronenmikroskopischen Techniken untersucht, insbesondere die Entwicklung der epidermalen Federanlagen und ihres dermalen Verankerungs- und Bewegungsapparates. Für die mit einem dunigen Neoptil schlüpfenden Wachtelküken wurde der Zeitplan der Federmorphogenese mit folgenden Grundelementen beschrieben: Entstehen der subepidermalen Mesenchymverdichtung, Auftreten der Mehrschichtigkeit der Epidermis, Aufwölbung der Federanlage zur Federpapille, Versenkung der Federanlage bei gleichzeitigem apikalem Wachstum der Feder, und Anschluß der Feder an das dermale Netz kollagener Fasern und glatter Federmuskeln.

Beim Wellensittich, der nur spärlich befiedert schlüpft, und beim Reisfink, der unbefiedert schlüpft, konnten alle diese Schritte der Federmorphogenese und der Entwicklung des dermalen Verankerungs- und Bewegungsapparates an rudimentären Federn nachgewiesen werden. Die dermalen Federmuskeln beider Arten sind beim Schlupf funktionsfähig, alle Zellen der rudimentären Feder erreichen einen ausdifferenzierten Zustand. Der Zeitplan ihrer Federentwicklung gleicht dem Zeitplan der Federentwicklung bei der Wachtel. Unterschiede bestehen nur in der fehlenden Ausbildung der Ramogen- und Radiogensäulen und dem fehlenden Spitzenwachstum der Feder bei den Nesthockern; dadurch bleibt die Federspitze bei ihnen im Follikelkanal liegen. Die Befunde stehen im Widerspruch zur Theorie PORTMANNs, daß die Entwicklung der Federn bei nesthockenden Vögeln aufgrund des Zeitmangels während der Entwicklung retardiert sei und die in einem embryonalen Entwicklungszustand verharrenden Federanlagen zum Schutze vor Beschädigung in Coriumtaschen versenkt würden.

Die Embryonalentwicklung des Skeletes wurde anhand von knorpel- und knochengefärbten Aufhellungspräparaten dargestellt. Die Zeitpläne der Skeletentwicklung werden für alle Arten ausführlich beschrieben. Die Stadien und der Zeitpunkt, zu dem die ersten enchondralen Ossifikationen oder die ersten desmalen Knochen auftreten, stimmen bei allen Arten mit kleinen Abweichungen überein. Unterschiede zwischen den Arten betragen maximal 2 bis 3 Embryonalstadien und lassen sich weder mit dem Ontogenesetyp in Verbindung bringen noch funktionell verstehen. So erfolgt die Ossifikation der Extremitätenknochen bei der Moschus-Ente und bei Reisfink in den Stadien 30 und 31, beim Laufhühnchen und dem Wellensittich in den Stadien 32 und 33. Bis zum Schlupf haben sich übereinstimmend bei Nestflüchtern und Nesthockern Knochenkerne in den gleichen Skeletelementen entwickelt. Die Columella auris, die sternalen Rippen und das Supraoccipitale sind nur bei den Nestflüchtern ossifiziert, bei den Nesthockern jedoch nicht. Große Unterschiede bestehen hingegen in der Ausdehnung der verknöcherten Bereiche der Skeletelemente. Bei den Nestflüchtern sind die Skeletelemente bis auf kleine Epiphysenknorpel verknöchert und die Deckknochen des Schädels schließen dicht aneinander, bis auf eine fronto-parietale Fontanelle. Bei den Nesthockern sind hingegen an den ersatzverknöcherten Skeletelementen große Wachstumsknorpel-Areale und breite Spalten zwischen den Deckknochen des Schädels erhalten.

Die Unterschiede im Ossifikationszustand des Schlüpflingsskeletes lassen sich funktionell verstehen: das weit ossifizierte Skelet der Nestflüchter-Schlüpflinge ist an die mechanischen Belastungen durch die lokomotorischen Aktivitäten der Schlüpflinge angepaßt; das Fehlen ausgedehnter Zonen von Wachstumsknorpel verhindert jedoch gleichzeitig ein schnelles postnatales Wachstum. Bei den Nesthockern ist der Erhalt großer Knorpelareale eine Anpassung an das sehr schnelle postnatale Wachstum, das anhand der Wachstumskurven des Gesamtkörpergewichtes nachgewiesen wird.

Die postnatale Entwicklung des Gehirnes wird anhand von Serienschnitten durch Gehirne von Schlüpflingen, 5 Tage alten, 10 Tage alten und 15 Tage alten Jungtieren sowie Adulttieren beschrieben. Die Größenentwicklung des Gehirnes wird mit computerunterstützen volumetrischen Meßverfahren untersucht und vergleichend ausgewertet.

Im Differenzierungszustand der Schlüpflingsgehirne der untersuchten Arten bestehen große Unterschiede.

Das Schlüpflings-Gehirn des Laufhühnchens ist für einen Nestflüchter relativ klein, vermehrt sein Volumen aber nach dem Schlupf stark. Die Vermehrung dieses sehr einfach organisierten Gehirnes um den Faktor 5.7 für das Gesamtgehirn oder 7.99 für die Endhirn-Hemisphären liegt in einem Bereich, der sonst nur bei nesthockenden Vögeln zu finden sind. Diese Besonderheit der Größenentwicklung des Gehirnes der Laufhühnchen konnte durch einen allometrischen Vergleich erklärt werden, der zeigte, daß die allgemeine Wachstumsdynamik des Laufhühnchens daraus resultiert, daß es eine Zwergform innerhalb der Gruppe der *Gruiformes* ist.

Das Schlüpflings-Gehirn der Moschus-Ente besitzt einen sehr weit fortgeschrittenen Differenzierungszustand. Das Tectum ist nicht nur zytologisch vollständig ausgereift, sondern besitzt bereits beim Schlupf 85% seines Adultvolumens. Auch die Differenzierung der telencephalen Areale ist sehr weit fortgeschritten und besitzt schon in der Commissura anterior und in Faserbündeln des Neostriatum und des Hyperstriatum ventrale myelinisierte Fasern. Dieser hohe Differenzierungszustand des Schlüpflingsgehirnes wird mit der starken Brutzeitverlängerung im Stadium 39 der Embryonalentwicklung erklärt und als Anpassung an das sehr selbständige Leben der Schlüpflinge interpretiert. - Der weit fortgeschrittene Differenzierungszustand des Schlüpflings-Gehirnes und sein geringes postnatales Wachstum werden im Gegensatz zu PORTMANN nicht als "Primitiv-Merkmale", sondern als Zeichen einer abgeleiteten Entwicklung verstanden.

Die postnatale Entwicklung des Gehirnes der Wellensittiche geht dagegen von einem sehr kleinen und gering differenzierten Schlüpflings-Gehirn aus. Das Schlüpflings-Gehirn, das nur 7% des Volumens eines Adultgehirnes aufweist, besitzt im Telencephalon noch große periventrikuläre Proliferationsgebiete. Die postnatale Volumenentwicklung erfolgt sehr rasch, wobei das Gesamtgehirn sein Volumen um den Faktor 15 vermehrt. Das stärkste Wachstum erfährt das Neostriatum mit einer Volumenvermehrung um den Faktor 28 und das Archistriatum mit einem Vermehrungsfaktor 31, die mit ihrer besonderen Größe und der speziellen Faserarchitektur das Wellensittich-Gehirnes anatomisch charakterisieren, das einen evolutiven Sonderweg der Entwicklung eingeschlagen hat. Die besondere Größe des Gehirns adulter Wellensittiche, das mit 233% weit über einem allometrisch berechneten Volumen für die Körpergröße liegt, geht zum Großteil auf die Massenentfaltung dieser beiden Telencephalon-Areale zurück.

Das Gehirn der Reisfinken zeigt vergleichbare Wachstumsvorgänge, die auf ähnliche Prinzipien der Entwicklung schließen lassen. Im Gegensatz zum Wellensittich besitzt es aber einen ganz anderen anatomisch-histologischen Aufbau. Auch das Gehirn der Reisfinken-Schlüpflinge ist sehr klein und durch große, periventrikuläre Proliferationsgebiete auszeichnet. Das Gehirn vermehrt sein Volumen vom Schlupf bis zum Adult-Tier um den Faktor 16.34. Im Telencephalon haben das Hyperstriatum ventrale und der Wulst eine besondere Massenentfaltung und zytologische Differenzierung erfahren. Aufgrund der Massenentfaltung dieser striatalen Areale besitzt das Gehirn ausgewachsener Reisfinken ein Volumen, das mehr als doppelt so groß ist, wie nach der allgemeinen allometrischen Hirn-Körpergewicht-Beziehung zu erwarten wäre. Das Reisfinken-Gehirn hat im Vergleich zum Wellensittich-Gehirn einen anderen, parallelen Entwicklungsweg in der Stammesgeschichte des Vogelgehirnes eingeschlagen.

In beiden Arten gleicht der Zeitplan der Entwicklung des Gehirnes in der frühen Embryonalentwicklung dem der Nestflüchter. Im Verlaufe der Embryonalentwicklung weicht der Zeitplan und der Differenzierungszustand bei ihnen aber immer weiter von den Nestflüchtern ab und damit bilden sich die Größenunterschiede heraus.

Die Entwicklung des Gehirnes der Taube weist ihr eine Stellung zwischen den Nestflüchtern und den Nesthockern zu. Der zytologische Differenzierungszustand ihres Schlüpflings-Gehirnes ist geringer als bei der Wachtel oder beim Laufhühnchen, aber weiter fortgeschritten als beim Wellensittich oder Reisfink. Die Zellvermehrung aus periventrikulären Proliferationsgebieten besitzt bei der Taube nach dem Schlupf nur noch eine untergeordnete Bedeutung. Die Volumenentwicklung gleicht mit dem Vermehrungsfaktoren von 6.4 für das Gesamtgehirn und 7.4 für das Telencephalon der beim Laufhühnchen.

Die Differenzierungsunterschiede der Schlüpflings-Gehirne von Nestflüchtern und Nesthockern sind auf ihre unterschiedliche Cerebralisation bezogen. Die hohe Cerebralisation von Wellensittich und Reisfink, die sich neben den zytologischen Merkmalen des Gehirnes auch in dem allometrisch überproportionalen Gehirnvolumen der Adulttiere zeigt, beruht auf der Ausbildung einer größeren Neuronenzahl im Telencephalon als beim Laufhühnchen, dessen Gehirn die gleiche absolute Größe besitzt wie das des Reisfinken. Da die Zellteilungsraten offensichtlich zeitkonstante Faktoren sind, kann eine Vermehrung der Neuronenzahl nur über eine Vergrößerung der Teilungsmatrix oder eine Verlängerung der Proliferationsdauer erfolgen. Die Teilungsmatrix ist an das Ventrikelependym gebunden und kann nur begrenzt vergrößert werden. Daher kann die Neuronenzahl nur über eine Verlängerung der

Proliferationsdauer vermehrt werden. Im Falle der untersuchten Nesthocker Wellensittich und Reisfink erfolgt diese Verlängerung der Proliferationsdauer über den Schlupfzeitpunkt hinaus.

Die Entwicklungszeit stellt damit bei der Entwicklung des Gehirnes einen limitierenden Faktor dar. Ein bis zur Funktionsfähigkeit ausdifferenziertes Gehirn und eine starke Volumenvermehrung der Gehirnes durch Fortdauer der Zellproliferation schließen sich gegenseitig aus. Die stammesgeschichtliche Entwicklung hoch cerebralisierter Nestflüchter wie der Moschus-Ente ist daher an eine Verlängerung der Brutzeit gebunden. Nesthocker, bei denen fehlende Koordinationsfähigkeit und Sinnesleistungen durch elterliches Brutpflege-Verhalten kompensiert werden, schlüpfen noch während der Proliferationsphase mit einer minimal entwickelten Funktionsfähigkeit des Gehirnes. Die Verhaltensweise des Nesthockens und die damit verbundene Entlastung des Nestlings von Aufgaben der Sinneswahrnehmung, der Koordination der Bewegungsweisen und komplexer Verhaltensweisen müssen als Präadaptation für eine über den Schlupf hinausreichende Zellproliferation neuronalen Gewebes im Endhirn angesehen werden. Das Nesthocken ist damit zugleich eine wesentliche Voraussetzung für die Evolution hoch cerebralisierter Vögel.

Die Zeitpläne der Entwicklung wurden an der Entwicklung der Körpergestalt, des Integumentes, des Skeletsystemes und der postnatalen Entwicklung des Gehirnes aufgezeigt. Selbst bei so großen anatomischen und histologischen Unterschieden wie in der Ausbildung des Gefieders bei bedunt schlüpfenden Nestflüchtern und nackten Nesthockern lassen sich die gleichen Zeitpläne der Entwicklung aufzeigen. Auf die Zeitpläne des Skeletentwicklung stimmen bei allen untersuchten Arten weitgehend überein.

Die Zeitpläne der Entwicklung einzelner Organsysteme sind funktionell eng miteinander verknüpft und in der zytologischen Differenzierung und dem Funktionszustand der Gewebe und Organe auf einen adaptiven Schlupfzustand hin ausgerichtet. Dadurch sind die Zeitpläne in ein starres Zeitgerüst der Entwicklung eingefügt, das nur an sehr wenigen Punkten, wie im Embryonalstadium 39 Möglichkeiten der Abwandlung von Ontogenese bietet.

SUMMARY

In the present study the time-patterns of ontogenetic development of precocial and altricial birds were investigated by means of comparative anatomical and histological methods. It was the goal of this investigation to gain a functional understanding of how the ontogenetic development of birds became so different during evolution and how it changed from the precocial to the derived altricial condition. - The European quail (*Coturnix coturnix*), the Barred Buttonquail (*Turnix suscitator*) and the domestic duck (*Cairina moschata*) were investigated as examples of precocial birds. Altricial birds were represented by the Budgerigars (*Melopsittacus undulatus*), the Java sparrow (*Lonchura oryzivora*) and the domestic pigeon (*Columba livia* f.dom.). For all species normal stages of embryonic development were described and a table of normal embryonic stages presented. The development of the integument, the skeleton and the brain was studied and the time-patterns of their development compared for functional and evolutionary interpretations.

Bird-hatchlings can be classified according to their nutrition (self-feeding or parental feeding), their motory and locomotory activity (active or inactive), the developmental stage of their integument (naked or feathered) and developmental stage of their sense organs (eyes open or closed). This classification recognizes 8 different types of avian ontogenetic development. According to NICE (1962) 4 types of precocial hatchlings, 1 intermediate semi-precocial type ("Platzhocker") and 3 types of altricial hatchlings can be recognized using these criteria. - Comparing the hatchling type with its nutrition it becomes obvious, that precocial hatchlings of types 1-3, which are self-feeders, belong exclusively to omnivorous or generalized phyto- or zoophagous species. They occupy the same nutritional niche as their parents and feed on the same food. Type 4 precocial birds and semi-precocial birds are much more specialized in their nutrition (hunting of invertebrates) and it becomes necessary to feed the chicks because food gathering is too difficult or exhausting even for these precocial chicks. All altricial birds show a high or sometimes extreme spezialization in nutrition. Only fully grown and adult birds are able to gather food, such as flying insects, seeds, carrion, small vertebrates or nectar.

Thus, ontogenetic development is highly correlated with the nutritional strategy of birds. Since parent birds and their young share the same nutritional niche, precocial young can exist only in environments where the food of the parents is available. On the other hand the altricial behavior of young are is an important preadaptation for the evolutionary development of nutritional spezialisations.

As an initial step for the comparison of precocial and altricial ontogenies and the analysis of the time-pattern of development it was necessary to describe normal stages of embryonic development for all the six species under investigation. The tables of normal stages are based on identical steps of ontogenetic development and differentiation. This formal basis provides a reliable tool for the comparison of time-patterns of development. - The normal development and the embryonic stages are very similar for all 6 species despite their very different hatchling condition. Thus, only one table of normale stages is presented, which is valid for all six species investigated.

42 embryonic stages are described from the early pre- primitive streak stages up to hatching. 4 developmental phases can be recognized: during early embryonic development (stages 1-22) the "Körpergrundgestalt" is developed. In the second phase (stages 23-33) the specific differentiation of organs begins and cytological differentiation starts. This continues in the third phase (stages 34-38) during which the species-specific characteristics are developed. The final phase (stages 39-42) is a time of quantitative foetal growth and physiological changes preparing for hatching. During the latter stages air-breathing by the lungs begins and the chorio-allantoic vessels become reduced.

These ontogenetic stages have been compared in correlation with the time at which they occur during embryogenesis. This is recorded as time-stage-curves. All species compared show an astonishing conformity of stages during the first phase of development. In the second and third phases small differences in the physical time-course of the stages occur. However, these differences are of minimal importance and dissapear when relative time-stage-curves are calculated. In contrast to these findings phase 4 of late embryonic growth is characterised by very large variability in length, especially of stage 39. The late embryonic growth phase varies between a length of 2 1/2 days in the barred buttonquail and 13 1/2 days in the domestic duck. - These differences in the length of the late embryonic growth phase are a key factor for the understanding of the evolution of ontogenies in birds. Evolutionary changes in the ontogeny of birds are mainly restricted to this late embryonic phase.

The embryology of the integument was investigated by macroscopic techniques as well as light- and electron microscopy. The development of epidermal feathers, their dermal collagenous fixation and the dermal apparatus of smooth muscles were studied in detail. A basic time-pattern of development of the feathers is described using the embryos of the European quail as an example. The following morphogenetic pattern is recorded for all species under investigation (and is confirmed by data from the literature): condensation of subepidermal mesenchyme; the epidermis becomes multi-layered by induction of mesenchyme-papilla; downwards displacement of epidermal feather germs into the dermis resulting in dermal pockets; apical growth of feathers; finally establishment of the connection between the feather and the dermal collagenous fixaton and the dermal smooth feather muscles.

All these developmental steps can be recognized in embryos of the European quail as well as budgerigar and the Java sparrow, although their young hatch naked or with very few feathers. At hatch, the dermal smooth muscles of the feather of all species are fully functional and all cells of a feather, even of the rudimentary feathers of the budgerigar or the Java sparrow hatchlings reach their final adult-like differentiation. No cell remains in an embryonic condition (expect for the basal matrix cells, from which a new feather is generated during moult). The time-pattern of feather development in the budgerigar, the Java sparrow and the domestic pigeon resembles the time-pattern of feather development in the quail. Differences in the quantitative development, the reduction of barbs and barbules and the lack of apical growth cause the obvious differences between naked altricial and feathered precocial hatchlings. The findings of this study are in contradiction to PORTMANNs theory, which holds that feather germs of altricial birds remain in an embryonic condition and predicted their retarded postnatal development.

The embryonic development of the skeleton was investigated by means of staining bone and cartilage and whole- specimen clearing. The time patterns of the development of the skeleton are described for all species in detail. The time at which the first ossification of enchondral bone or desmal bone occurs are nearly the same in all species. There is no correlation between the time-pattern of ossification and the ontogenetic type. Small differences were observed but no functional interpretation is possible yet. For example: ossification of the extremities begins at stage 30 or 31 in the domestic duck and the Java sparrow, but at stage 32 or 33 in the Budgerigar and the Barred Buttonquail. At hatching, the same ossification centers are present in precocial and altricial birds. The only differences in ossification were noted in the columella auris, the sternal rips and the supraoccipital bone, which are of cartilaginous character in the altricial birds. Despite these similarities large differences in the extent of ossified areas are described. All skeletal elements of precocial birds are highly ossified at hatch and only very small cartilaginous epiphysis remains. The desmal bones of the skull are sutured and no growing clefts remain. At the other extreme, are the altricial birds, whose extent and area of ossification has remained remarkedly small. Large cartilaginous epiphysis and wide clefts between the desmal bones of the skull remain at hatch. - These differences are interpreted from a functional point of view. Precocial hatchlings, which move, run and are active shortly after hatch, need a skeleton, that provides mechanical stability. A high degree of ossification is required. On the other hand, the young of altricial birds grow very rapidly but have no mechanical load. The large cartilaginous areas of the skeleton of altricial bird-hatchlings are adaptive for very fast postnatal growth, since enchondral bone grows only at its cartilaginous ends. The larger the amount of the cartilage, the more rapid is growth possible. A correlation of bone extension and postnatal growth-rate has been proven here.

The postnatal development of the brain is described for hatchlings, 5, 10 and 15 day-old nestlings and for adult birds. Not only the development and differentiation of the anatomical structures is described but also the quantitative development of brain volume and the growth of several brain nuclei is recorded by means of computer-aided volumetric techniques.

In contrast to the differentiation of the integument and the skeleton the differences between the brains of hatchlings of different species are enormous.

In comparison to the brain of hatchlings of other precocial birds the brain of hatched barred Buttonquail is relatively small. However, whithin a few days after hatch it shows a considerable increase in volume. A growth-factor of 5.7 for the whole brain or 7.99 for the telencephalon characterizes the Turnix brain development. Such a high increase normally is found in the group of altricial birds. Here, the pecularities of the Turnix brain-growth are explained as allometric pecularities of a dwarf- form (within the gruiforme birds).

The brain of the hatched domestic duck is developed to nearly adult size and differentiation. Especially the tectum opticum shows adult aspects, not only in its cytology but also in volume, which approaches the adult: at hatch it posseses 85% of the adult volume. Nerve fibers of the commissura anterior, the fasciculus lateralis prosencephali and the lamina medullaris dorsalis are myelinated. This well-developed brain of domestic duck hatchlings can be correlated with the prolongation of incubation time during embryonic stage 39. During these 12 1 /2 days the brain becomes far more differentiated than in any other bird investigated. The developmental stage of the brain of a hatched duckling is adaptive for an active and a more or less independent life. Here, it is discussed as a derived condition within the precocial birds. - This again is in contrast to the theory of PORTMANN, who discussed the large brain of ducklings and its slow postnatal growth as "primitive" characters.

The brain of the hatched Budgerigar is very small and has a very low level of cytological differentiation. This small hatchling brain, whose volume represents only 7% of the adult brain,is characterized by large areas of periventricular cell proliferation and a rapid increase in volume. The total brain volume increases 15 times. The highest values of nuclar increase are recorded for the neostriatum (28x) and the archistriatum (31x). The large volume of these two telencephalic areas and their complex fiber architecture, represent a unique evolutionary pathway of brain differentiation within birds. The extremely large brain of budgerigars, which exceeds an allometrically expected value by more than 233%, is mainly due to the volume increase of these two telencephalic areas.

The postnatal development of the brain of the Java sparrow shows a similar cytological differentiation and volume increase as the Budgerigar. The brain of a hatchling is very small and still has large zones of periventricular cell proliferation. Between hatch and adulthood the brain increases in volume 16.34 times. This increase is nearly the same as in the budgerigar. However, this volume increase is based on completely different telencephalic areas. The hyperstriatum ventrale and the "Wulst" are the areas of most intensive growth, whereas the neostriatum and the archistriatum are of less importance. Thus, the large brain volume of the Java sparrow, which is more than 200% of the allometrically expected volume, is based on the evolutionary development and expansion of totally different telencephalic areas compared to the budgerigar. Java sparrows and budgerigars are representatives of two different evolutionary pathways in which a high cerebralization was reached in birds.

The postnatal development of the brain of the domestic pigeon is intermediate between the precocial and the altricial birds described here. The stage of its cytological differentiation is lower than in the barred buttonquail and the domestic duck but much farther than in the budgerigar and the Java sparrow. After hatch, periventricular cell proliferation can be observed but it does not contribute significantly to the total increase in brain volume. The increase in total brain volume is 6.4 times, the volume increase of the telencephalon, 7.4 times. These values of volume increase resemble the values recorded for the barred buttonquail.

A hypothesis is presented interpreting these differences of brain development in relation to the ontogeny of precocial or altricial birds. The high cerebralization of budgerigars and Java sparrows, which is demonstrated not only by a large brain volume but also by a high cytological differentiation of telencephalic areas, is presumably based on a larger amount of neurons than in the buttonquail, the domestic duck or the domestic pigeon. Since cell division obviously is a time constant, an increase in neurons can only be obtained by an expansion of proliferating ventricular surface or, since this is not unlimited, by a prolongation of proliferation time. Since the matrix of cell proliferation is coupled with the ventricular surface, an enlargement of proliferating surface is strongly limited. The multiplication of neuron number is only possible if the proliferation requires more time in highly cerebralized birds than in birds with a lower cerebralization.

The time of embryonic development is a factor limiting the cerebralization of avian brains. Functional differentiation of neurons and further proliferation and differentiation of neurogenic cells are mutually exclusive. If the hatchling has a highly differentiated brain, which is necessary for being a precocial bird, a high postnatal increase in brain volume and a high level of cerebralization are excluded. The evolution of highly cerebralized precocial birds, like the domestic duck is coupled with the prolongation of incubation time during stage 39 of embryonic development. On the other hand, the nidicolous behavior of these forms allowes cell proliferation of telencephalic neurons to continue for some time after hatching. Only a small set of functional neurons is need by an altricial nestling, whose parents care for those functions that he is unable to perform. Thus, nidicolous behavior is an important and necessary preadaptation for the evolution of high cerebralization.

The time-patterns of ontogeny of precocial and altricial birds are investigated with the examples of the development of body form, the development of integument, the development of the skeleton and the postnatal development of the brain. Despite clear cut and impressive anatomical differences between precocial and altricial hatchlings, there are no obvious differences in the time patterns of the development of the organ-systems investigated. All differences between precocial and altricial birds described here, can be understood as changes in the quantitative development of organ systems; e.g., although many altricial hatchlings do not possess external feather, all morphogenetic steps of feather development can be recognized and the feather smooth muscles become functional.

The time-patterns of development of single organ-systems are coupled with the development of other organ-systems. Thus, a change in the time-pattern is not possible and each developmental pattern is fixed into a complex and rigid network of developmental constrains and interdependencies. Change in developmental time- patterns is possible only in the late embryonic growth phase of embryonic stages 39-42.

DANKSAGUNG

Die vorliegende Arbeit wurde auf Anregung von Herrn Prof.Dr.Dr.H.R.Duncker begonnen. Ihm danke ich ganz herzlich für die zahlreichen Diskussionen und Anregungen, mit denen er die Arbeit begleitete. Mein besonderer Dank gilt ihm auch für die umfassende Förderung, die er meiner Arbeit entgegenbrachte und für die weitreichenden und uneingeschränkten Arbeitsmöglichkeiten, die er mir am Institut für Anatomie und Zytobiologie der Justus-Liebig-Universität in Gießen geboten hat.

Auf das Herzlichste danke ich Frau Andrea Klein für ihre unermüdliche Hilfe, Ratschläge und Unterstützung bei allen histologischen Arbeiten und Photoarbeiten, sowie bei der Handaufzucht der Laufhühnchen. Durch ihre geduldige Unterstützung hat sie wesentlich zum Gelingen der Arbeit beigetragen. Die Reproduktionen der Photographien und Zeichnungen in dieser Arbeit wurden von ihr angefertigt. Für diese mühevolle Arbeit gilt ihr mein besonderer Dank.

Frau H.Weber danke ich für die Unterstützung bei den elekronenmikroskopischen Arbeiten.

Die Übertragung der Skelet-Zeichnungen in reproduktionsfähige Tuschevorlagen wurde von Frau Margret Roser übernommen. Für die sorgfältige und originalgetreue Umsetzung der Zeichnungen danke ich ihr herzlichst.

Die Arbeit wurde in der Zeit vom Januar 1986 bis Juni 1988 durch ein Promotionsstipendium der Studienstiftung des Deutschen Volkes gefördert. Ich danke den Stipendiengebern für ihre großzügige und bedingungslose Unterstützung.

X SCHRIFTENVERZEICHNIS

ABRAHAM, K.(1901): Einige Beiträge zur Entwicklungsgeschichte des Wellensittichs - Anat.Hefte, Abt.1; Arb.a.anat.Inst., 17(3/4), Heft 56/57; zit. GROSSER & TANDLER (1909)

AHLHEIM, K.H.(1979): Wörterbuch medizinischer Fachausdrücke; Hrsg.: Bibliographisches Institut Mannheim, Wien, Zürich - Dudenverlag, Georg Thieme Verlag Stuttgart

BAUCHOT, R.(1978): Encephalisation in Vertebrates - Brain Behav.Evol., 15: 1-18

BAUMEL, J.J.(1979): Nomina anatomica avium. An annotated anatomical dictionary of birds; edt. by BAUMEL, J.J. et al. - Academic Press, London, New York, Toronto, Sydney, San Francisco

BAYLE, J.D., RAMADE, F. & OLIVIER, J.(1974): Stereotaxic topography of the brain of the Quail (Coturnix coturnix japonica) - J.Physiol.Paris, 88: 219-241

de BEER, G.R. & BARRINGTON, M.A.(1934): The segmentation and chondrification of the skull of the Duck - Phil.Trans.Roy.Soc.London, Ser.B, 223: 411-467

BECKER, R.(1959): Die Strukturanalyse der Gefiederfolgen von Megapodius freycinet reinwardt und ihre Beziehung zu der Nestlingsdune der Hühnervögel - Revue Suisse Zool., 66(23): 411-527

BENNETT, P.M. & HARVEY, P.H.(1985a): Relative brain size and ecology in birds - J.Zool.London (A), 207: 151-169

BENNETT, P.M. & HARVEY, P.H.(1985b): Brain size, development and metabolism in birds and mammals - J.Zool.London (A), 207: 491-509

BENOWITZ, L.(1980): Functional organisation of the avian Telencephalon; in: Comparative Neurology of the Telencephalon, edt.by EBBESSON, S.O.E. - Plenum Press, New York, London

BERKHOUDT, H.; DUBBLEDAM, J.L. & ZEILSTRA, S.(1981): Studies on the somatotopy of the trigeminal system in the Mallard, Anas platyrhynchos L. IV. Tactile representation in the Nucleus basalis - J.Comp.Neurol., 196(3): 407-420

BLOOM, W. & FAWCETT, D.W.(1986): Textbook of Histology; 10.th Edition - W.B.Saunders Company, Philadelphia

BOORD, R.L.(1969): The anatomy of the avian auditory system - Ann.N.Y.Acad.Sci., 167: 186-198

BROMAN, I.(1941): Über die Entstehung und Bedeutung der Embryonaldunen - Morph.Jahrb., 86: 141-217

BUMM, A.(1883): Das Großhirn der Vögel - Z.wiss.Zool., 38: 430-467

BURCKHARDT, D.(1954): Beitrag zur embryonalen Pterylose einiger Nesthocker - Revue Suisse Zool., 61(30): 551-633

BÜSSOW, H. & WULFHEKEL, U.(1972): Die Feinstruktur der glatten Muskelzellen in den großen Arterien der Vögel - Z.Zellforsch., 125: 339-352

BUTLER, A.B.(1980): Cytoarchitectonic and connectional organization of the lacertilian telencephalon with comments on vertebrate forebrain evolution; in: Comparative Neurology of the Telencephalon, edt. by EBBESSON, S.O.E. - Plenum Press, New York, London

CAREY, C.(1983): Structure and function of avian eggs - Current Ornithology; 1: 69-103

CHRISTIDIS, L.(1987): Phylogeny and systematics of Estrildine Finches and their relationship to other seed-eating Passerines - Emu, 87: 119-123

CLARK, G.A.(1960): Notes on the embryology and evolution of the Megapodes - Postilla, Yale Peabody Mus., 45: 1-7

CLARK, G.A.(1964): Ontogeny and evolution of the Megapodes - Postilla, Yale Peabody Mus., 78: 1-37

COHEN, D.H. & KARTEN, H.J.(1974): The structural organization of avian brain: an overview, in: Birds - Brain and Behavior; edt. by GOODMAN, I.J. & SCHEIN, M.W. - Academic Press, New York, San Francisco, London

CRACRAFT, J.(1981): Toward a phylogenetic classification of the recent birds of the world (Class Aves) - Auk, 98: 681-714

CRACRAFT, J.(1986): The origin and early diversification of birds - Palaeobiology, 12(4): 383-399

CRACRAFT, J.(1987): DNA hybridization and avian phylogenetics - Evolutionary Biology, 21: 47-96

CRAIGIE, E.H.(1928): Observations on the brain of the humming bird (Chrysolampis mosquitus LINN. and Chlorostilbon caribaeus LAWR.) - J.Comp.Neurol., 45(2): 377-481

CRAIGIE, E.H.(1930): Studies on the brain of the Kiwi (Apteryx australis) - J.Comp.Neurol., 49(2): 223-357

CRAIGIE, E.H.(1935): The hippocampal and parahippocampal cortex of the Emu (Dromiceius) - J.Comp.Neurol., 61(3): 563-591

CRAIGIE, E.H.(1936): The cerebral cortex of the Ostrich (Struthio) - J.Comp.Neurol., 64(3): 389-415

CRAIGIE, E.H.(1936): Notes on cytoarchitectural features of the lateral cortex and related parts of the cerebral hemisphere in a series of reptiles and birds - Trans.Royal.Soc.Canada, Ser.III Sect.5, 30: 87-125

CRAIGIE, E.H.(1939): The cerebral cortex of Rhea americana - J.Comp.Neurol., 70(3): 331-353

CRILE, G. & QUIRING, D.P.(1940): A record of the body weight and certain organ weights of 3690 animals - The Ohio Journal of Science, 40(5): 219-259

DINGERKUS, G. & UHLER, D.L.(1977): Enzyme clearing of Alcian blue stained whole small vertebrates for demonstration of cartilage - Stain Technology, 32(4): 229-231

DUBBLEDAM, J.L.; BRAUCH, S.M. & DON, A.(1981): Studies on the somatotopy of the trigeminal system, in the Mallard, Anas platyrhynchos L. III. Afferents and organization of the Nucleus basalis - J.Comp.Neurol., 196(3): 391-405

EBINGER, P. & LÖHMER, R.(1984): Comparative quantitative investigations on brains of rock doves, domestic and urban pigeons (Columba livia livia) - Z.zool.Syst.Evolut.forsch., 22: 136-145

EDINGER, L., WALLENBERG, A. & HOLMES, G.(1903): Untersuchungen über die vergleichende Anatomie des Gehirns 5.) Untersuchungen über das Vorderhirn der Vögel. - Abh.Senckenberg Naturforsch.Ges., 20(4): 343-426

EGGELING, v.H.(1938): Allgemeines über den Aufbau knöcherner Skeletteile; in: Handuch der vergleichenden Anatomie der Wirbeltiere; Bd.5, Kap.IV B; Hersg.: BOLK, L.; GÖPPERT, E.; KALLIUS, E. & LUBOSCH, W. -Urban & Schwarzenberg, Berlin, Wien 1938

ENGELBRECHT, D. VAN Z.(1958): The development of the chondrocranium of Pyromelana orix orix - Acta Zoologica, 39: 115-199

ERDMANN, K.(1940): Zur Entwicklungsgeschichte der Knochen im Schädel des Huhnes bis zum Zeitpunkt des Ausschlüpfens aus dem Ei - Z.f.Morphol.Ökol.Tiere, 36(3): 315-400

FREEMAN, W.H. & BRACEGIRDLE, B.(1982): An Atlas of Embryology; Reprint of the third edition 1978 - Heinemann Educational Books Ltd., London

FRITZ, W.(1949): Vergleichende Untersuchungen über den Anteil von Striatumteilen am Hemisphärenvolumen des Vogelgehirns - Revue Suisse Zool., 56(31): 461-491

GERBER, A.(1939): Die embryonale und postembryonale Pterylose der Alectoromorphae - Revue Suisse Zool., 46(7): 162-321

GOLLIEZ, R.(1966): Beitrag zur Pterylose von Melopsittacus undulatus SHAW mit besonderer Berücksichtigung der Filoplumae - Verh.Naturforsch.Ges.Basel, 77: 315-364

GROSSER, O. & TANDLER, J.(1909): Normentafel zur Entwicklungsgeschichte des Kiebitzes (Vanellus cristatus MEYER) - Gustav Fischer Verlag, Jena 1909

HAEFELFINGER, H.-R.(1958): Beiträge zur vergleichenden Ontogenese des Vorderhirns bei Vögeln - Helbig & Lichtenhahn, Basel

HAMBURGER, V. & HAMILTON, H.L.(1951): A series of normal stages in the development of the chick embryo -J.Morph., 88: 49-98

HAUTH (1890): Züchtung des schwarzkehligen Laufhühnchens, Turnix pugnax TEMM. - Gefiederte Welt, 19: 357-358, 367-370, 389-390, 397-401, zit. HOESCH, W.(1959)

HEINROTH, O.(1922): Die Beziehung zwischen Vogelgewicht, Eigewicht, Gelegegewicht und Brutdauer - J.Ornithol., 70: 172-285

HENDRICKX, A.G. & HANZLIK, R.(1965): Developmental stages of the Bob-white Quail embryo (Colinus virginianus) - Biol.Bull., 129: 523-531

HENNIG, A.(1960): Fehler der Volumensbestimmung aus dem Flächeninhalt periodischer Schnitte - Z.mikroskop.anat.Forsch., 66: 513-530

HINCHLIFFE, J.R.(1985): "One, two, three" or "two, three, four": An embryologist's view of the homologies of digits and carpus of modern birds - in: The beginnigs of birds, Proceedings of the International Archaeopteryx Conference Eichstätt 1984; edt. by HECHT, M.K. et al.(1985) Eichstätt

HINCHLIFFE, J.R. & JOHNSON, D.R.(1980): The development of the vertebrate limb - Claredon Press; Oxford

HOESCH, W.(1959): Zur Biologie des südafrikanischen Laufhühnchens Turnix sylvatica lepurana - J.Ornithol., 100(3): 341-349

HOESCH, W.(1960): Zum Brutverhalten des Laufhühnchens Turnix sylvatica lepurana - J.Ornithol., 101(3): 265-275

HOYT, D.F.(1980): Adaptation of avian eggs to incubation period: Variability around allometric regressions is correlated with time - Amer.Zool., 20: 417-425

HUBER, G.C. & CROSBY, E.C.(1929): The nuclei and fiber paths of the avian diencephalon, with consideration of telencephalic and certain mesencephalic centers and connections - J.Comp.Neurol., 48(1): 1-225

HUIJSMANS, D.P.; LAMERS, W.H.; LOS, J.A. & STRACKEE, J.(1986): Toward computerized morphometric facilities: a review of 58 software packages for computer-aided three-dimensional reconstruction, quantification and picture generation from parallel serial sections - The Anatomical Record, 216: 449-470

JUD, E. & KULZER, E.(1975): Ontogenese der Temperaturregulation beim Mäusebussard Buteo buteo L. - Anz.orn.Ges.Bayern, 14: 261-272

KÄLLEN, B.(1962): Embryogenesis of brain nuclei in the chick telencephalon - Ergebn.Anat.Entwicklungsgesch., 36(2): 62-82

KALISCHER, O.(1905): Das Großhirn der Papageien in anatomischer und physiologischer Beziehung - Phys.Abh.Königl.Preuß.Akad.Wissenschaften, 4: 1-105

KAPPERS, C.U.A.; HUBER, G.C. & CROSBY, E.C.(1936): The comparative anatomy of the nervous system of vertebrates, including man: Vol.I and II - The Macmillan Company, New York

KARTEN, H.J.(1967): The organization of the ascending auditory pathway in the Pigeon (Columba livia) - I. Diencephalic projections of the inferior colliculus (Nucleus mesencephali lateralis pars dorsalis) - Brain Research, 6: 409-427

KARTEN, H.J.(1968): The ascending auditory pathway in the Pigeon (Columba livia) - II. Telencephalic projections of the Nucleus ovoidalis thalami - Brain Research, 11: 134-153

KARTEN, H.J.(1969): The organization of the avian telencephalon and some speculations on the phylogeny of the amniote telencephalon - Ann.N.Y.Acad.Sci., 167: 164-179

KARTEN, H.J. & DUBBLEDAM, J.L.(1973): The organization and projections of the palaeostriatal complex in the Pigeon (Columba livia) - J.Comp.Neurol., 148(1): 61-90

KARTEN, H.J. & HODOS, W.(1967): A stereotaxic atlas of the brain of the Pigeon (Columba livia) - Johns Hopkins Press, Baltimore, Maryland

KARTEN, H.J. & HODOS, W.(1970): Telencephalic projections of the nucleus rotundus in the Pigeon (Columba livia) - J.Comp.Neurol., 140: 35-52

KARTEN, H.J.; HODOS, W.; NAUTA, W.J.H. & REVZIN, A.M.(1973): Neuronal connections of the "Visual Wulst" of the avian telencephalon. Experimental studies in the Pigeon (Columba livia) and Owl (Speotyto cunicularia) - J.Comp.Neurol., 150(3): 253-278

KEIBEL, F. & ABRAHAM, K.(1900): Normentafel zur Entwicklungsgeschichte des Huhnes (Gallus domesticus) - Gustav Fischer Verlag, Jena 1900

KELLEY, D.B. & NOTTEBOHM, F.(1979): Projections of the telencephalic auditory nucleus, Field L, in the Canary - J.Comp.Neurol., 183: 455-470

KLEPACEK, I.(im Druck): Comparison of chick an quail embryogenesis, I: Time and duration of individual developmental stages - Fol.Morphol., Prague

KLIMA, M.(1973): Die Frühentwicklung des Schultergürtels und des Brustbeines bei den Monotremen (Mammalia, Prototheria) - Ergebn.Anat., 47: 1-80

KLÜVER, H. & BARRERA E.(1953): A method for the combined staining of cells and fibers in the nervous system - J.Neuropathol.exp.Neurol., 12: 400-403

KOCHER, C.(1948): Das Wachstum des Gehirnes beim Alpensegler (Micropus m.melba L.) - Revue Suisse Zool., 55(3): 57-116

KOECKE, H.U.(1958): Normalstadien der Embryonalentwicklung bei der Hausente (Anas boschas) - Embryologia, 4(1): 55-78

KOECKE, H.U. & KUHN, O.(1962): Die embryonale Pterylose und ihre entwicklungsphysiologischen Vorbedingungen bei der Hausente (Anas boschas domestica) I - Z.Morph.Ökol.Tiere, 50: 651-686

KORR, H.(1980): Proliferation of different cell types in the brain - Advances Anat.Embryol.Cell Biol., 61: 1-72

KUENZEL, W.J. & MASSON, M.(1988): A stereotaxic atlas of the brain of the chick (Gallus domesticus) - John Hopkins University Press, Baltimore & London

KUHLENBECK, H.(1938): The ontogenetic development and phylogenetic significance of the cortex telencephali in the chick - J.Comp.Neurol., 69: 273-301

KUHLENBECK, H.(1975-1977): The central nervous system of vertebrates: Vol.I-V - S.Karger, Basel

LANG, C.(1954): Beiträge zur Entwicklungsgeschichte des Kopfskelettes von Melopsittacus undulatus - Morph.Jb., 94(3/4): 335-390

LENDON, A.(1938): The breeding in captivity of the Little Bustard-Quail (Turnix velox) - Avic.Mag., Ser.5, 3: 78-79

LUCAS, A.M. & STETTENHEIM, P.R.(1972): Avian Anatomy, Integument Vol. I & II - Agriculture Handbook 362, Agricultural Research Service, United States Department of Agriculture, Washington DC

MATSUNO, A.(1987): Ultrastructural classification of smooth muscle cells in invertebrates and vertebrates - Zool.Sci., 4(1): 15-22

MAY, W.(1960): Die Morphologie des Chondrocraniums und Osteocraniums eines Waldkauzembryos (Strix aluco L.) - Z.wiss.Zoologie, 166(1/2): 134-202

MEISE, W.(1941): Über die Vogelwelt von Noesa Penida bei Bali nach einer Sammlung von Baron Viktor von Plessen - J.Ornithol., 89(4): 345-376

MIZE, R.R.(1985): Morphometric measurement using computerized digitizing system; in: The Microcomputer in Cell and Neurobiology research; edt. by MIZE, R.R. - Elsevier, New York

MONTAGNA, W.(1945): A reinvestigation of the development of the wing in the fowl - J.Morph., 76: 87-113

MÜLLER, F.(1968): Methodische Gesichtspunkte zum Studium der Evolution der Säuger-Ontogenesetypen - Revue Suisse Zool., 75(3): 630-643

MÜLLER, F.(1972a): Zur stammesgeschichtlichen Veränderung der Eutheria-Ontogenesen, Teil I: Zur Evolution der Geburtsgestalt - Revue Suisse Zool., 79(1): 1-97

MÜLLER, F.(1972b): Zur stammesgeschichtlichen Veränderung der Eutheria-Ontogenesen, Teil III: Zeitliche Aspekte in der Evolution der Ontogenesetypen - Revue Suisse Zool., 79(2): 567-612

MÜLLER, H.J.(1961): Die Morphologie und Entwicklung des Craniums von Rhea americana L., I: Das knorpelige Neurocranium - Z.wiss.Zool., 165(3/4): 221-319

MÜLLER, H.J.(1963): Die Morphologie und Entwicklung des Craniums von Rhea americana L. II. Visceralskelett, Mittelohr und Osteocranium - Z.wiss.Zool., 168(1/2): 35-118

MUN, A.M. & KOSIN, I.L.(1969): Developmental stages of the broad breasted Bronze Turkey embryo - Biol.Bull., 119: 90-97

NEFF, M.(1973): Untersuchungen über das embryonale und postembryonale Organwachstum bei Vogelarten mit verschiedenem Ontogenesemodus - Revue Suisse Zool., 79(4): 1471-1597

NICE, M.M.(1962): Development of behavior in precocial birds - Trans.Linn.Soc.,New York, 8: 1-211

NORTH, A.J.(1891): Note upon the nidification of Turnix melanotus GOULD - Records Austral.Mus., Sydney, 1(10): 195

NORTHCUTT, R.G.(1969): Discussion of the article from H.J. KARTEN in the same volume - Ann.N.Y.Acad.Sci., 167: 180-185

NOTTEBOHM, F.; STOKES, T.M. & LEONARD, M.L.(1976): Central control of song in the Canary, Serinus canaris - J.Comp.Neurol., 165: 457-486

O'CONNOR, R.J.(1984): The growth and development of birds - Wiley & Sons, Chichester, New York, Brisbane, Toronto, Singapore

PADGETT, C.S. & IVEY, W.D. (1960): The normal development of the Coturnix quail - Anat.Rec., 137: 1-11

PANNER, B.J. & HONIG, C.R.(1967): Filament ultrastructure and organization in vertebrate smooth muscle - J.Cell Biol., 35: 303-321

PATTEN, B.M.(1925): The early embryology of the chick; 3. Aufl. 1925; Reprint 1948 - The Blakiston Company, Philadelphia, Toronto

PEARSON, R.(1972): The Avian Brain - Academic Press, London, New York

PENDLETON, R.C.(1947): Field observations on the spotted Button-quail on Guadalcanal - Auk, 64: 417-421

PETERS, H.M. & MÜLLER, R.(1951): Die junge Silbermöve (*Larus argentatus*) als "Platzhocker" - Die Vogelwarte, 16(2): 62-69

PETERS, J.L.(1934-1979): Check-list of the birds of the world - Cambridge University Press, Cambridge Massachusetts

PORTMANN, A.(1936): Die Ontogenese der Vögel als Evolutionsproblem - Verh.Schweiz.Naturforsch.Ges., 1936: 224-241

PORTMANN, A.(1937): Beobachtungen über die postembryonale Entwicklung des Rosenpelikans - Revue Suisse Zool., 44(21): 363-370

PORTMANN, A.(1938): Beiträge zur Kenntnis der Postembryonalentwicklung der Vögel - Revue Suisse Zool., 45(6): 273-348

PORTMANN, A.(1939): Nesthocker und Nestflüchter als Entwicklungszustände von verschiedener Wertigkeit bei Vögeln und Säugern - Revue Suisse Zool., 46(12): 385-390

PORTMANN, A.(1942): Die Ontogenese und das Problem der morphologischen Wertigkeit - Generalvers.Schweiz.Zool.Ges., Freiburg 28.-29.März 1942

PORTMANN, A.(1946): Etudes sur la cerebralisation chez les oiseaux - Alauda, 14(1): 2-20

PORTMANN, A.(1947): Etudes sur las cerebralisation chez les oiseaux II. - Les indices intra-cerebraux - Alauda, 15(1): 1-15

PORTMANN, A.(1954): Die postembryonale Entwicklung der Vögel als Evolutionsproblem - Acta XI.Congr.Int.Orn.(Basel 1954): 138-151

PORTMANN, A.(1959): Die Entwicklungsperiode vom 11. bis 14. Bruttag und die Verkürzung der Brutzeit bei Vögeln - Vierteljahresschrift Naturforsch.Ges.Zürich, 104 (Festschrift Steiner)

PORTMANN, A.(1962): Cerebralisation und Ontogenese - Medizin. Grundlagenforsch., 4: 1-62

PORTMANN, A.(1963): Die Vogelfeder als morphologisches Problem - Verh.Naturforsch.Ges.Basel, 74: 106-132

PORTMANN, A.(1965): Über die Evolution der Tragzeit bei Säugetieren - Revue Suisse Zool., 72(3): 657-666

PORTMANN, A. & SUTTER, E.(1940): Über die postembryonale Entwicklung des Gehirnes bei Vögeln - Revue Suisse Zool., 47(11): 195-202

PORTMANN, A. & VISCHER, L.(1942): Über das Verhältnis von Sinnesorganen, Stoffwechselorganen und Bewegungsapparat in der Körpermasse der Vögel - Revue Suisse Zool., 49: 277-282

RAHN, H.; PAGANELLI, C.V. & AR, A.(1975): Relation of avian egg weight to body weight - Auk, 92: 750-765

RAHN, H.; SOTHERLAND, P.R. & PAGANELLI, C.V.(1985): Interrelationship between egg mass and adult body mass and metabolism among passerine birds - J.Ornithol., 126(3): 263-271

RAMON, P.(1896): Estructura del encefalo del chameleón - Rev.trimest.micrograf., 1: 46-82

REHKÄMPER, G.; HAASE, E. & FRAHM, H.D.(1988): Allometric comparison of brain weight and brain structure volumes in different breeds of the domestic Pigeon, Columba livia f.d.(Fantails, Homing Pigeons, Strassers) - Brain Behav.Evol., 31: 141-149

REHKÄMPER, G.; ZILLES, K. & SCHLEICHER, A.(1984): A quantitative approach to cytoarchitectonics - IX. The areal pattern of the hyperstriatum ventrale in the domestic pigeon, Columba livia f.dom. - Anatomy and Embryology, 169: 319-327

REHKÄMPER, G.; ZILLES, K. & SCHLEICHER, A.(1985): A quantitative approach to cytoarchitectonics - X. The areal pattern of the neostriatum in the domestic pigeon Columba livia f.dom.; A cyto- and myeloarchitectonical study - Anatomy and Embryology, 171: 435-355

REMPEL, A.G. & EASTLICK, H.J.(1957): Developmental stages of normal white silkie embryos - Northw.Sci., 31: 1-13

RENOUX, J.(1971): L'embryon de Poulet, Traveaux pratiques de biologie animale - Doin Editeurs, Paris

RENSCH, B.(1931): Die Vogelwelt von Lombok, Sumbawa und Flores - Mitt.Zool.Mus.Berlin, 17(4): 451-637

RICKLEFFS, R.E.(1967): A graphical method of fitting equations to growth curves - Ecology, 48(6): 978-983

RICKLEFFS, R.E.(1968a): Patterns of growth in birds - Ibis, 110(4): 419-451

RICKLEFFS, R.E.(1968b): Patterns of growth in birds II. Growth rate and mode of development - Ibis, 115(2): 177-201

RICKLEFFS, R.E.(1979a): Patterns of growth in birds V. A comparative study of development in the Starling, Common Tern and Japanese Quail - Auk, 96: 10-30

RICKLEFFS, R.E.(1979b): Adaptation, constraint, and compromise in avian postnatal development - Biol.Rev., 54: 269-290

ROBILLER, F.(1978): Prachtfinken - Verlag J.Neumann-Neudamm, Melsungen, Berlin, Basel, Wien

ROMANOFF, A.L.(1960): The avian embryo. Structural and functional development - The Macmillan Company, New York

ROMEIS, B.(1968): Mikroskopische Technik; 16. Aufl. - R.Oldenbourg Verlag, München, Wien

ROSE, M.(1914): Über die cytoarchitektonische Gliederung des Vorderhirns der Vögel - J.Psychol.Neurol., 21: 278-352

SANDREUTER, A.(1951): Vergleichende Untersuchungen über die Blutbildung in der Ontogenese von Haushuhn und Star - Acta.Anat., Suppl.14 ad Vol.11: 1-72

SAWYER, R.H.; KNAPP, L.W. & O'GUIN, W.M.(1986): Epidermis, Dermis and appendages. Chapter 11; in: Biology of the Integument - Vol. II Vertebrates; edt.by: BEREITER-HAHN, J.; MALTOLTSY, A.G. & RICHARDS, K.S. - Springer Verlag, Berlin, Heidelberg, New York, Tokyo

SCHEPELMANN, C.(1986): Das blutbildende Knochenmark bei Wachstum und Pneumatisation des Skelettes der Taube - Dissertation an der Justus-Liebig-Universität Gießen; Fachbereich Humanmedizin 1986

SCHIFFERLI, A.(1948): Über Markscheidenbildung im Gehirn von Huhn und Star - Revue Suisse Zool., 55(4): 117-212

SCHINZ, H.R. & ZANGERL, R.(1937): Beiträge zur Osteogenese beim Haushuhn, bei der Haustaube und beim Steißfuß - Eine vergleichend osteologische Studie - Denkschr.Schweizer.naturforsch.Ges., 72(2): 116-179

SCHUMACHER, G.-H. & WOLFF, E.(1966a): Zur vergleichenden Osteogenese von Gallus domesticus L., Larus ridibundus L. und Larus canus L.; I: Zeitliches Erscheinen der Ossifikationen bei Gallus domesticus L. - Morphol.Jb., 110: 359-373

SCHUMACHER, G.-H. & WOLFF, E.(1966b): Zur vergleichenden Osteogenese von Gallus domesticus L., Larus ridibundus L. und Larus canus L. - II. Zeitliches Erscheinen der Ossifikationen bei Larus ridibundus und Larus canus - Morphol.Jb., 110: 620-635

SCHERDTFEGER, W.K. & SMEETS, W.J.A.J.(1988): The forebrain of Reptiles - Current concepts of structure and function; International Symposium on recent advances in understanding the structure and function of the forebrain in Reptiles (Aug. 13-14 1987 in Frankfurt, Germany) - Karger, Basel, München ect.

SENN, D.G.(1968): Bau und Ontogenese von Zwischenhirn und Mittelhirn bei Lacerta sicula (RAFINESQUE) - Acta Anatomica, Suppl.55(1) ad Vol.71: 1-150

SENN, D.G.(1970): Zur Ontogenese des Tectum opticum von Natrix natrix (L.) - Acta anat., 76: 545-563

SENN, D.G.(1971): Structure and development of the optic tectum of the snapping turtle (Chelydra serpentina L.) - Acta anat., 80: 46-57

SETH-SMITH, D.(1903): On the breeding of Turnix varia - Avic.Mag., n.s. 1: 317-324; zit. HOESCH, W.(1959)

SETH-SMITH, D.(1905): On the breeding of Turnix varia - Avic.Mag., n.s. 3: 295-301; zit. HOESCH, W.(1959)

SIBLEY, C.G. & AHLQUIST, J.E.(1985a): The relationship of some groups of African birds, based on comparison of the genetic material DNA - Proc.Intern.Symp.African Vertebr., Bonn 1985: 115-161

SIBLEY, C.G. & AHLQUIST, J.E.(1985b): Phylogeny and classification of New World suboscine passerine birds (Passeriformes: Oligomyodi: Tyrannides), in: Neotropical Ornithology; edt. by MORTON, E.S.; RIDGELY, R.S. & BUCKLEY, F.G. - American Orn.Union Monogr., 36: 396-428

SIBLEY, C.G. & AHLQUIST, J.E.(1987): DNA hybridization and avian phylogenetics, Reply to Cracraft - Evolutionary Biology, 21: 97-125

SIBLEY, C.G., AHLQUIST, J.E. & MONROE, B.L.(1988): A classification of the living birds of the world based on DNA-DNA hybridization studies - Auk, 105(3): 409-423

SKUTCH, A.(1976): Parent birds and their young - The Corrie Herring Hooks series, No.2, University of Texas Press, Austin and London

STAMPS, J.; CLARK, A.; ARROWOOD, P. & KUS, B.(1985): Parent-offspring conflict in Budgerigars - Behavior, 94(1/2): 1-40

STARCK, D.(1975): Embryologie, Ein Lehrbuch auf allgemeinbiologischer Grundlage; 3.Aufl.1975 - Georg Thieme Verlag, Stuttgart

STARCK, D.(1978-1982): Vergleichende Anatomie der Wirbeltiere: Bände 1-3 - Springer Verlag, Berlin, Heidelberg, New York

STARCK, J.M. & KRIETE A.(1989): Morphometry and 3-D reconstruction of serial sections, methodical aspects - Europ.J.Cell Biol., 48, Suppl.25: 99-102

STEINER, H.(1922): Die ontogenetische und phylogenetische Entwicklung des Vogelflügelskelettes - Acta Zool.(Stockholm), 3: 307-366

STEPHAN, H.(1960): Methodische Studien über den quantitativen Vergleich architektonischer Struktureinheiten des Gehirnes - Z.wiss.Zool., 164: 143-172

STINGELIN, W.(1955): Studien am Vorderhirn von Waldkauz (Strix aluco L.) und Turmfalk (Falco tinnunculus L.) - Diss.Phil.Nat.Fakultät Basel 1955

STINGELIN, W.(1958a): Vergleichend morphologische Untersuchungen am Vorderhirn der Vögel auf cytologischer und cytoarchitektonischer Grundlage - Helbig & Lichtenhahn, Basel

STINGELIN, W.(1958b): Differenzierung und Gestalt des Vorderhirns der Vögel - Revue Suisse Zool., 65(29): 427-434

STINGELIN, W.(1962): Ergebnisse der Vogelgehirnforschung - Verh.Naturf.Ges.Basel, 73(2): 300-317

STINGELIN, W.(1965): Qualitative und quantitative Untersuchungen an Kerngebieten der Medulla oblongata bei Vögeln - Bibl.Anatomica, 6: 1-116

STINGELIN, W. & SENN, D.G.(1969): Morphological studies on the brain of Sauropsida - Ann.N.Y.Acad.Sci., 167: 156-163

STOKES, T.M.; LEONARD, C.M. & NOTTEBOHM, F.(1974): The Telencephalon, Diencephalon and Mesencephalon of the Canary, Serinus canaria, in stereotaxic coordinates - J.Comp.Neurol., 156: 337-374

STRESEMANN, E.(1934): Sauropsida: Aves; in: Handbuch der Zoologie; Bd.7/2: 1-899; edt. KÜKENTHAL, W. & KRUMBACH, T. - Walter de Gruyter & Co., Berlin, Leibzig 1927-1934

SUTTER, E.(1943): Über das embryonale und postembryonale Hirnwachstum bei Hühnern und Sperlingsvögeln - Denkschr.Schweizer.Naturf.Ges., 75(1): 1-110

SUTTER, E.(1946): Über das Wachstum des Kleinhirnes bei Vögeln - Revue Suisse Zool., 53: 447-454

VEENMAN, C.L. & GOTTSCHALDT, K.-M.(1986): The Nucleus basalis - Neostriatum complex in the Goose (Anser anser L.) - Advances in Anatomy, Embryology and Cell Biology, 96: 1-85

VERBEEK, N.A.M. (1988): Development of a stable body temperature and growth rates in nestlings of three ground nesting passerines in alpine tundra - J.Ornithol., 129: 449-456

VERHEIJEN, J.A.J.(1964): Breeding season on the island of Flores, Indonesia - Ardea, 52: 194-201

VOOS, K.H.(1950): The breeding seasons of birds in Indonesia - Ibis, 92: 279-287

WEBER, R.(1950): Tranistorische Verschlüsse von Fernsinnesorganen in der Embryonalperiode von Amnioten - Revue Suisse Zool., 57(3): 19-108

WHITE, C.M.N. & BRUCE, M.D.(1986): The birds of Wallacea - B.O.U. Checklist No.7; British Ornithologists Union, London

WINKLER, D.W. & WALTERS, J.R.(1983): The determination of cluch size in precocial birds - Current Ornithology, 1: 33-68

YAMASAKI, M. & TONOSAKI, A. (1988): Developmental stages of the Society Finch, Lonchura striata var. domestica - Develop.Growth & Differ., 30(5): 515-542

YOUNG, S.J.; ROYER, S.M.; GROVES, P.M. & KINNAMON, J.C.(1987): Three-dimensional reconstruction from serial micrographs using the IBM-PC - J.Electron Microscopy Technique, 6: 207-217

YOUNGREN, O.M. & PHILLIPS, R.E.(1978): A stereotaxic atlas of the brain of the three-day-old demestic chick - J.Comp.Neurol., 181(3): 567-599

ZEIER, H.(1971): Archistriatal lesions and response inhibition in the Pigeon - Brain Research, 31: 327-339

ZEIER, H. & KARTEN, H.J.(1971): The archistriatum of the Pigeon: organization of afferent and efferent connections - Brain Research, 31: 313-326

ZEIGLER, H.P. & KARTEN, H.J.(1973a): Brain mechanisms and feeding behavior in the Pigeon (Columba livia): I. Quinto-frontal structures - J.Comp.Neurol., 152: 59-82

ZEIGLER, H.P. & KARTEN, H.J.(1973b): Brain mechanisms and feeding behavior in the Pigeon (Columba livia): II. Analysis of feeding behavior deficits after lesions of quinto-frontal structures - J.Comp.Neurol., 152: 83-102

ZILLES, K.; SCHLEICHER, A. & PEHLEMANN, F.W.(1982): How many sections must be measured in order to reconstruct the volume of a structure using serial sections? - Microscopica Acta, 86(4): 339-346